高等职业教育园林类专业系列教材
浙江省“十一五”重点建设教材

园林植物

张建新　主　编
徐双双　副主编

科学出版社
北　京

内 容 简 介

本书是根据园林专业的社会需求，结合职业资格证书的考核要求构建知识与结构，突出以能力为本位的指导思想，突出应用型、技能型人才培养目标，力求体现国内外新知识、新技术。

全书内容包括植物形态结构和园林植物分类与应用两个单元，单元1植物形态结构包括植物细胞学基础、植物组织、种子植物的营养器官和生殖器官；单元2园林植物分类与应用包括园林植物分类的基础知识、木本园林植物和草本园林植物等。本书具有教学目标、拓展知识、相关链接等内容，注重实训教学，图文并茂。

本书适合高职高专院校园林、园艺等专业教学，也可供建筑学、城市规划、环境艺术、环境保护、旅游等专业教学，也适合职业培训及园林绿化的技术人员参考使用。

本课程学习网站与课件下载地址：http：/zjxhj. lszjy. com/index2. asp

图书在版编目（CIP）数据

园林植物/张建新主编 .—北京：科学出版社，2012
（高等职业教育园林类专业系列教材·浙江省“十一五”重点建设教材）
ISBN 978-7-03-034284-3

Ⅰ.①园… Ⅱ.①张… Ⅲ.①园林植物-高等职业教育-教材 Ⅳ.①S688

中国版本图书馆CIP数据核字（2012）第093565号

责任编辑：何舒民 杜 晓/责任校对：刘玉靖
责任印制：吕春珉/封面设计：美光制版有限公司

科学出版社 出版
北京东黄城根北街16号
邮政编码：100717
http：//www. sciencep. com
北京鑫丰华彩印有限公司印刷
科学出版社发行 各地新华书店经销
*
2012年5月第 一 版 开本：787×1092 1/16
2021年8月第四次印刷 印张：30 1/4
字数：701 000

定价：66. 00元

（如有印装质量问题，我社负责调换〈鑫丰华〉）
销售部电话 010-62134988 编辑部电话 010-62137154（VA03）

序
Preface

随着现代生产力的发展和人民生活水平的提高，人们对生活的追求将从数量型转为质量型，从物质型转为精神型，从户内型转为户外型，生态休闲正在成为人们日益增长的生活需求的重要组成部分。就一个城市来说，生态环境好，就能更好地吸引人才、资金和物资，处于竞争的有利地位。因此，建设生态城市已成为城市竞争的焦点和经济社会可持续发展的重要基础。目前许多城市提出建设“生态城市”、“花园城市”、“森林城市”的目标，城市园林建设越来越受到重视，促进了园林行业的蓬勃发展；与此同时，社会主义新农村建设、规模村镇建设与改造，都促使社会对园林类专业人才需求日益增加。从事园林工作岗位的高技能人才和生产一线的技术管理型人才的培养，特别是与园林景观设计、园林工程招投标文件编制、工程预决算、园林工程施工组织管理、苗木生产经营与管理、园林植物租摆、园林植物造型与装饰、园林工程养护管理等职业岗位相适应的高技能人才的培养，自然就成为园林类高等职业教育关注和着力的重点。

2007 年 12 月，我们组织了 9 所院校，在上海召开了预备会议。与会人员在如何进行园林专业的教学改革和课程改革，以及教材建设等方面交换了意见，并决定以宁波城市职业技术学院环境学院的研究工作为基础，结合国家社会科学基金“十一五”规划（教育科学）“以就业为导向的职业教育教学理论与实践研究”课题（BJA060049）的子课题“以就业为导向的高等职业教育园林类专业教学整体解决方案设计与实践研究”，组织全国相关院校，对园林类专业的教学整体解决方案设计及教材建设进行系统研究。为了有效地开展这项工作，组建了以卓丽环（上海农林职业技术学院）为课题组长，祝志勇（宁波城市职业技术学院环境学院）、成海钟（苏州农业职业技术学院）、关继东（辽宁林业职业技术学院）、周兴元（江苏农林职业技术学院）、周业生（广西生态工程职业技术学院）、朱迎迎（上海城市管理职业技术学院）、贺建伟（国家林业局职业教育研究中心）、何舒民（科学出版社职教技术出版中心）为副组长的课题研究领导团队。

2008 年 5 月，课题组在上海农林职业技术学院和宁波城市职业技术学院环境学院召开了第二次会议；2009 年 1 月在北京召开了第三次会议。会议在深刻理解本专业人才培养目标、就业岗位群、人才培养规格基础上，构建了课程体系，并认真剖析每门课程的性质、任务、课程类型、教学目标、知识能力结构、工作项目构成、学习情境等，制订了每门课程的教学标准，确定了教材编写大纲，并决定开发立体化教材。全国有23所高等职业院校的50多位园林技术和园林工程技术专业的教师、企业人员和行业代表参加了课题研究。

三次会议后，在课程推进的过程中，课题组成员以课题研究的成果为基础，对园林类专业系列教材的特色、定位、编写思路、课程标准和编写大纲进行了充分讨论与反复修改，确定了首批启动23本（园林技术专业12本、园林工程技术专业11本）教材的编写，并计划2010年年底完成。主编、副主编和参编由全国具有该门课程丰富教学经验的专家学者、一线教师和部分企业人员担任。

本套教材是该课题成果的重要组成部分。教材的开发与编写宗旨是按照教育部对高等职业教育教材建设的要求，以职业能力培养为核心，集中体现专业教学过程与相关职业岗位工作过程的一致性。

本套教材的特点是紧密结合生产实际，体现园林类专业“以就业为导向，能力为本位”的课程体系和教学内容改革成果，理论基础突出专业技能所需要的知识结构，并与实训项目配合；实践操作则大多选材于实际工作任务，采用任务驱动与案例分析结合的方式，旨在培养实际工作能力。在内容上对单元或项目有总结和归纳，尽量结合生产或工作实际进行编写，做到整套教材编写内容上的衔接有序，图文并茂，其内容能满足高职高专相关专业教学和职业岗位培训的应用。

希望我们的这些工作能够对园林类专业的教学和课程改革有所帮助，更希望有更多的同仁对我们的工作提出意见和建议，为推动和实现园林类专业教学改革与发展做出我们应有的贡献。

卓丽环

2009年8月

前言

Foreword

随着时代的发展，人们对生存环境的生态质量和景观质量的要求不断提高，渴望回归自然的呼声趋于强烈，植物在园林中地位越来越重要，植物造园也成为现代园林发展的主流。学会识别和使用各种园林植物，是园林规划设计、园林工程施工与管理、园林植物栽培养护、花卉装饰等园林类专业学习的基础，也是今后从事园林工作的基础。

“园林植物”是高等职业院校园林类专业的一门专业基础课程。本书根据园林类专业高技能人才的培养目标，分析园林类专业高技能人才的职业岗位所需要的园林植物基本知识和技能要求；同时紧密结合职业资格证书的考核，达到园林专业职业资格证书中相关技术考核的基本要求。

本书具有以下特色：

1）内容源于对园林从业人员的职业岗位和对园林植物专业知识技能的分析，针对性强，突出园林植物基本知识和技能掌握。

2）内容全面。既包括我国园林中常用的传统优良园林植物，又介绍了近几年在园林中引种的新、优、特等园林植物种类，同时体现乡土树种和花卉，并做到文字与图片对应，图文并茂。

3）内容理论与实践紧密结合。不仅系统编写了基本理论知识，同时还编写了实训内容，提出实训目标。将园林植物的理论知识与实践技能紧密结合起来。

本课程配有学习网站，地址为：http：//zjxhj. lszjy. com/index2. asp

本书是浙江省重点教材建设项目，由高职院校的一线骨干教师编写和审定。浙江丽水职业技术学院张建新担任主编，负责起草制定该课程的教材编写大纲，设计了教材的内容体系、知识点和实践技能项目。张建新对全书进行统稿，并承担了绪论、单元1植物形态结构的植物细胞学基础、植物组织、种子植物的营养器官、单元2园林植物分类与应用的园林植物分类的基本知识、草本园林植物的编写；徐双双承担了单元2园林植物分类与应用的草本园林植物的编写；张金锋、张浩、郭春梅、徐巧萍、王丽新共同承担了单元2园林植物分类与应用的木本园林植物的编写；傅金尧承担了单元1植物形态结构的种子植物的生殖器官的编写。本书在编写过程中，得到了园林企业的专家们的热情指导和鼓励，并采纳了部分相关院校园林专业教师的意见。许多文字和图片引用了参考文献列出的作者的文献，在此也一并致谢。

由于编者的业务水平和专业能力有限，书中难免存在不足，请读者谅解，还望诸位专家、学者和同行不吝指正，并将使用中的意见反馈给我们，以便今后修订，使之进一步完善。

编　者

2011 年 11 月

目录

4 种子植物的营养器官

5 种子植物的生殖器官

6 园林植物分类的基础知识

第2部分 主要园林植物分类与应用

7 木本园林植物

8 草本园林植物

绪　论

教学目标

1. 了解我国园林植物资源的特点及利用现状。
2. 掌握园林植物的概念和园林植物研究内容。
3. 培养学生严谨的学风、稳固的专业思想。

1.1　园林植物的作用、地位与内容

1.1.1　园林植物的定义、作用与地位

园林植物即适用于园林绿化的植物材料，包括木本和草本的观花、观叶或观果植物，以及适用于园林、绿地和风景名胜区的防护植物与经济植物。室内花卉装饰用的植物也属于园林植物。

“园林植物”是园林专业重要的基础课，是景观规划、园林工程设计、花卉树木栽培与养护、园艺新品种培育等技术的基础。

1.1.2　研究内容

园林植物主要研究植物的形态构造、生长发育规律和适合园林观赏的树种的分类法、分类特征、地理分布、繁殖方法、应用技术等，为进一步学习专业课打下基础。

1.2　我国园林植物资源的特点及其贡献

1.2.1　我国园林植物资源的特点

1. 种类和品种极为丰富

我国幅员辽阔，自然生态环境复杂，形成了世界上最大的植物种质资源库，也是世界栽培植物最大的起源中心。据统计，全国有近 30 000 种高等植物，其中乔灌木约 8 000 种，很多著名的园林植物以我国为分布中心（表 1-1）。

2. 特有珍稀种类丰富

中国古代，气候比较温暖湿润，植被十分茂盛，又由于地形复杂，第四纪冰川时代，没有直接受到北方大陆冰盖的破坏，基本上保持了原来的珍稀植物，如银杏科银杏属

(*Ginkgo*)、松科金钱松属（*Pseudolarix*）、松科银杉属（*Cathaya*）、木兰科观光木属（*Tsoongiodendron*）、蜡梅科夏蜡梅属（*Calycanthus*）、百合科百合属（*Lilium*）、兰科兰属（*Cypripedium*），其中有许多属于特产珍稀种类。

表 1-1　我国部分著名园林植物占世界比例

属　名	世界种数	国产种数	国产占世界种数/%	属　名	世界种数	国产种数	国产占世界种数/%
刚竹属 *Phyllostachys*	50	50	100.0	角蒿属 *Inacarvillea*	15	11	73.3
蜡梅属 *Chimonanthus*	6	6	100.0	木莲属 *Manglietrisia*	30	22	73.3
猕猴桃属 *Actinidia*	54	52	96.3	蜡瓣花属 *Corylopsis*	30	21	70.0
山茶属 *Camellia*	280	240	85.7	火棘属 *Pyracantha*	10	7	70.0
溲疏属 *Deutzia*	60	50	83.3	花楸属 *Sorbus*	80	55	68.8
木犀属 *Osmanthus*	30	25	83.3	石楠属 *Photinia*	60	40	66.8
桃叶珊瑚属 *Aucuba*	12	10	83.3	兰属 *Cymbidium*	50	31	62.0
绿绒蒿属 *Meconopsis*	45	37	82.2	绣球属 *Hydrangea*	73	45	61.6
丁香属 *Syringa*	27	22	81.5	落新妇属 *Astilbe*	25	15	60.0
四照花属 *Dendrobenthamia*	10	8	80.0	杜鹃花属 *Rhododendron*	900	530	58.9
女贞属 *Ligustrum*	50	38	76.0	含笑属 *michelia*	60	35	58.3
槭属 *Acer*	200	150	75.0	栒子属 *Cotoneaster*	90	50	55.6
石蒜属 *Lycoris*	20	15	75.0	马先蒿属 *Pedicularis*	600	329	54.8

有些属我国所产种数虽不及半数或更少，但却具有很高的观赏价值，如乌头属（*Aconitum*）、侧金牛属（*Adonis*）、七叶树属（*Aesculus*）、银莲花属（*Anemone*）、耧斗菜属（*Aquilegia*）、紫金牛属（*Ardisia*）、紫菀属（*Aster*）、秋海棠属（*Begonia*）、小檗属（*Berberia*）、醉鱼草属（*Buddleja*）、苏铁属（*Cycas*）、兰属、瑞香属（*Daphne*）、卫矛属（*Euonymus*）、龙胆属（*Gentiana*）、金丝桃属（*Hypericum*）、冬青属（*Ilex*）、凤仙花属（*Impatiens*）、百合属、忍冬属（*Lonicera*）木兰属（*Magnolia*）、绣线梅属（*Neillia*）、芍药属（*Paeonia*）、独蒜兰属（*Pleione*）、万年青属（*Rohdea*）、唐松草属（*Thalictrum*）、络石属（*Trachelospermum*）、万带兰属（*Vanda*）、堇菜属（*Viola*）、蔷薇属（*Rosa*）、雀梅藤属（*Sageretia*）、景天属（*Sedum*）、野茉莉属（*Styrax*）等。这些属中都有一些种有待开发利用。

3．品种优良，特点突出

中国花卉种质资源所具备的优良品质和突出特长主要表现为以下方面。

（1）多季开花的种与品种多

多季开花的植物主要表现在一年四季或三季能开花不断。这是培育周年开花新品种的重要基因资源及难得的育种材料。

四季开花的种类如月季花及其品种‘月月红’、‘月月粉’、‘月月紫’、‘微球月季’、‘小月季’等；香水月季及其品种‘彩晕香水月季’、‘淡黄香水月季’。这些种或品种在温度适合时，四季开花不断。

（2）早花类型及品种多

早花类的植物多在冬季或早春较低温度条件下开花，是培育低能耗花卉品种的重要基因资源与育种的材料，具有重要的经济价值。我国早春开花的梅花（*Prunus mume*），从南方的11月下旬到长江中下游的2月中下旬，其花粉可在0～2℃发芽，在6～8℃可完成受精过程。低温开花的花卉还有蜡梅（*Chimonanthus praecox*）。

（3）奇异类型与品种多

如金花茶（*Camellia nitidissima*）、大花黄牡丹（*Paeonia ludlowii*）、梅花的黄香型等珍稀黄色种类或品种及变色类、台阁类、天然龙游类、枝条天然下垂类品种等。

（4）香花多

如米仔兰（*Aglaia odorata*）、兰花（*Cymbidium* spp.）、木犀（*Osmanthus fragrans*）、茉莉（*Jasminum sambac*）、木香（*Rosa banksiae*）等。

（5）抗性强的种类和品种多

中国原产的很多花卉具有抗寒、抗旱、抗病、耐热、耐盐碱、适应性强等特性，这些种类对世界植物的育种及栽培起到了重要作用。如中国的榆树（*Ulmus pumila*）具有很强的抗荷兰腐烂病的能力，在美国榆树面临极为严重的腐烂病流行时，是用中国的榆树与美国的榆树进行杂交育种从而挽救了美国的榆树业。中国西藏原产及分布的光核桃具有花期晚、抗性强的特点，用它与美国的杏进行杂交能提高普通杏的抗性并能延期开花，使美国栽培的杏能避免晚霜的危害，避免了经济损失。

1.2.2 我国园林植物资源对世界园林的贡献

我国原产的园林植物在欧洲、北美园林中占有十分重要的地位。据苏雪痕1984年统计，英国爱丁堡皇家植物园引自中国的植物就有1527种，如杜鹃花属306种、栒子属56种、报春花属（*Primula*）40种、蔷薇属32种、小檗属30种、忍冬属25种、花楸属（*Sorbus*）21种、槭属20种、樱属（*Cerasus*）17种、荚蒾属（*Viburnum*）17种、龙胆属14种、卫矛属13种、百合属12种、绣线菊属11种、芍药属11种、醉鱼草属10种、虎耳草属（*Saxifraga*）10种、桦木属（*Betula*）9种、溲疏属（*Deutzia*）9种、丁香属9种、山梅花属（*Philadelphus*）8种。大量的中国植物装点英国园林，并以其为亲本，培育出许多观赏品种，没有中国的植物，就没有英国的花园。正因如此，在花园中常展示中国稀有、珍贵的植物，建立了诸如墙园、杜鹃园、槭树园、花楸园、牡丹芍药园、岩石园等众多专类园，增添了公园中四季景观和色彩。如丘园近60种墙园植物中有29种来自中国，重要的有紫藤（*Wisteria sinensis*）、迎春（*Jasminum nudiflorum*）、素芳花（*J. officinale*）、火棘（*Pyracantha fortuneana*）、连翘（*Forsythia nudiflorum*）、蜡梅、盖冠藤（*Pileostegia viburnoides*）、钻地风（*Schizophragma integrifolium*）、女萎（*Clematis apiifolia*）、木通（*Akebia quinata*）、黄脉金银花（*Lonicera japonica* 'Aureo-reticulata'）、华中五味子（*Schisandra sphenanthera*）、东北雷公藤（*Tripterygium regelii*）、凌霄（*Campsis grandiflora*）、粉叶藤山柳（*Clematoclethera integrifolia*）、绞股蓝（*Gynostemma pentaphylla*）等；槭树园中收集了近50种来自中国的槭树，成为园中优美的秋色树种，如血皮槭（*Acer griseum*）、青皮槭（*A. cappadocium*）、青榨槭（*A. davidii*）、疏花槭（*A. laxiflorum*）、茶条槭（*Acer ginnala*）、地锦槭（*A. mono*）、桐状槭（*A. platanoides*）、红槭（*A. rubescens*）、鸡爪槭（*A. palmatum*）等；岩石园中常用原产中国的栒子属植物和其他球根、宿根花卉及高山植物来重现高山植物景观，如匍匐栒子（*Cotoneaster adpressa*）、平枝栒子（*C. horizontalis*）、黄杨叶栒子（*C. buxifolius*）、小叶黄杨叶栒子（*C. vellaeus*）、长柄矮生栒子（*C. dammerii* var. *radicans*）、小叶栒子（f. *microphyllus*）、白毛小叶栒子（var. *cochleatus*）等。

英国公园的春景是由大量的中国杜鹃花、报春花和玉兰属植物美化的。仅木兰属植物的花期就可以从2～3月直到初夏，如2～3月开花的滇藏木兰（*Magnolia campbelii*），3～5月的开花的玉兰（*M. denudata*），4～7月开花的紫玉兰（*M. liliflora*），6月开花的圆叶玉兰（*M. sinensis*）和厚朴（*M. officinalis*），5～8月开花的天女花（*M. sieboldii*）等。冬天开花的木本观赏植物几乎都来自中国，著名的有金缕梅（*Hamamelis mollis*）、迎春、蜡梅、郁香忍冬（*Lonicera fragrantissima*）、香荚蒾（*Viburnum farreri*）等。

中国植物在世界园林植物新品种培育中也发挥了巨大的作用。杂种维氏玉兰（*Magnolia×veitchii*）的亲本就是原产中国的滇藏木兰和玉兰；杂种荚蒾的亲本则是原产中国的香荚蒾和喜马拉雅的大花荚蒾（*Viburnum grandiflorum*）；很多杂种杜鹃的亲本都是原产中国的高山杜鹃，如云锦杜鹃（*Rhododendron fortunei*）、隐蕊杜鹃（*Rh. intricatum*）和密枝杜鹃（*Rh. fastgiatum*）。

现代月季品种多达2万余个，但回顾育种历史，原产中国的蔷薇属植物起了极为重大的作用。欧洲各国原产的蔷薇属植物只有夏季开花的法国蔷薇（*Rosa gallica*）、突厥蔷薇（*R. damascens*）和百叶蔷薇（*R. centifolia*）等。亨利于1889年在华南和西南发现了巨蔷薇（*R. gigantea*）、1900年在华中发现了四季开花的中国月季（*R. chinensis*）并先后引入欧洲，其中包括4个重要的中国月季品种矮生红月季、宫粉月季、彩晕香水月季和黄花香水月季。这些种类和品种的引进不仅大大丰富了欧洲蔷薇园的色彩，延长了蔷薇园的花期，而且更为重要的是，欧洲园艺工作者利用这些品种和伊朗的麝香蔷薇（*R. moschata*）杂交，形成了著名的怒瓦赛蒂蔷薇品种群，与突厥蔷薇杂交形成了波邦蔷薇品种群，与法国蔷薇杂交、回交形成了新型杂交长春月季和杂交香水月季品种群。这些杂交品种直到今日仍是欧洲和世界各地花园中最重要的观赏品种。

原产中国的野蔷薇（*R. multiflora*）和光叶蔷薇（*R. wichuriana*）是欧洲攀援蔷薇杂交品种的祖先，此外，还有木香、华西蔷薇、刺梗蔷薇（*R. setipoda*）、大卫蔷薇（*R. davidii*）、黄刺玫（*R. xanthina*）、黄蔷薇（*R. hugonis*）、报春刺玫（*R. primula*）和峨眉蔷薇（*R. omeiensis*）等都曾引入欧洲、北美洲栽培或进行种间杂交培育新品种。

中国原产的醉鱼草属植物驳骨丹，花序长达25cm，冬季开花，洁白而芳香，是优良的冬季花木，我国园林中至今鲜见应用，而英国早在1876年就从中国台湾引入，并与产自马达加斯加的黄花醉鱼草杂交，育成杂种蜡黄醉鱼草（*Buddleja×lewisiana*），继而选育出不少新品种，如玛格丽特（'Margaret Pike'），冬季开淡黄色花，1953年和1954年分别荣获英国皇家园艺协会优秀奖和一级证书奖。

1937年后，一些重瓣的山茶园艺品种从中国沿海口岸传到西欧。近年来，在欧洲最流行的则是从云南省引入的怒江山茶（*Camellia saluenensis*）及怒江山茶与山茶的一些杂交种。这些杂交种比山茶花更为耐寒，花朵较多，花期较长，且更美丽动人，深受欧洲、北美人士喜爱。美国收集了我国大量山茶属及其近缘属的许多野生种与栽培品种，利用这批包括山茶属20个种和4个近缘属植物71个引种材料作为主要杂交亲本，经过10多年的努力，终于在全世界首次育成了抗寒和芳香的山茶新品种。在这项工作中，我国丰富的山茶种质资源所起作用很大。比如培育芳香山茶品种的杂交育种中，我国的茶梅（*C. sasanqua*）、连蕊茶（*C. fraterna*）、油茶（*C. oleifera*）和希陶山茶（*C. tsaii*）都起了巨大作用。自从1965年我国发现金花茶后，世界各国竞相获得金黄色山茶花的原始种质资源。

正如亨利·威尔逊在《中国——花园之母》的序言中所说："中国确是花园之母，因为我们所有的花园都深深受惠于她所提供的优秀植物，从早春开花的连翘（*Forsythia suspensa*）、玉兰，夏季的牡丹（*Paeonia suffruticosa*），到秋天的菊花（*Dendranthema morifolium*），显然都是中国贡献给世界园林的珍贵资源。"

1.2.3 我国野生园林植物资源的合理开发利用

野生园林植物资源的开发利用通常包括以下三方面：进行野生园林植物资源的调查；制定引种规划和实施计划；开展引种驯化工作。

1. 野生园林植物资源的调查

该项工作是野生园林植物资源开发利用前必须进行的基础工作。调查的目的是查清野生园林资源的种类、数量和分布规律，为合理开发利用和种质资源的保护提供科学依据。

在调查之前首先要组成有领导干部、科技人员和熟悉情况的群众参加的调查队伍，并且要进行技术培训和试点工作，是参加调查的人员熟悉技术规程，明确调查方法，操作要领，保证调查质量。其次是做好资源搜集工作。搜集调查地区的地形图、林相图、植被图、土地利用现状图、航空片、卫星片等图面资源和气象、水文、地质、植被等文字资料，以及调查地区历年来对主要观赏树种采集、利用的情况等。

调查方法通常采用地被植物学调查法，在样地内采样并进行调查，详细填写各种调查表格。特别要注意样方内调查对象的株树、生长情况、开花结果情况、主要观赏特性等的调查和记载，还要同时采集树木标本的拍照，做到将所有基础资料搜集完整后再进行内业汇总。

通过调查应提供下列成果：

野生园林植物资源名录 按科排列，记载树种学名、中名、俗名、生境、分布规律及观赏特性等。

主要野生园林植物的数量和生长状况 记载株数、株高、地径（或胸径）及开花结实情况。

野生树种园林植物资源分布图 将外业工作底图的调查要素绘到地形图上。比例尺大小根据调查地区的大小和要上图的最小面积确定。野生园林植物资源分布图应明确标示出主要野生园林植物的分布位置及规律、分布面积及数量。低于最小面积不能上图的，可用符号标定其分布位置，并注明株数或面积。

在编制野生园林植物资源分布图的同时，还要写出"野生园林植物资源分布图说明书"，对主要野生园林植物进行详细说明和评价，以供开发利用时参考。

2. 引种规划和实施计划

在已经查清资源种类、数量、分布规律和生态条件的基础上，结合园林绿化的需求，制定出引种规划和具体的实施方案。规划要有科学性、先进性和可行性。要做到保护与利用并举，当前利用与长远利用利益相结合。提出引种试验和生产推广的规模与范围，土地、设备及各种条件，人员组织，完成年限，社会效益和经济效益的预测等。然后按规划要求分年度实施，每年订出实施方案。实施方案应包括引种园林植物的种类、数量、时间及引种地点，繁殖材料的收集、繁殖技术与试验内容，观察记载项目等，并作出详细安排。

3．引种驯化

树木引种驯化应注意气候相似的原则。气候相似主要是指温度相似，因为温度是树木分布的限制因子，决定着树木的分布区。所以在纬度相似地区之间引种容易获得成功，而在不同纬度之间引种，要从垂直带谱上寻找气候的相似性，如在云南海拔3000m生长的云香木，可引种到北京海拔50m的平原上，因为两地温度相似，否则不易获得成功。另外，北种南引比南种北引容易获得成功。这是因为南种北引存在能否越冬和成活的问题，而北种南引较易成活，只是在生长上存在能否逐渐适应的问题。

树木引种驯化必须经过严格而周密、认真而细致的试验，只有通过试验证明，确实能够适应而且能获得明显的效益，达到引种目的之后，才可以大面积推广应用。引种试验一般可分为引种试栽（初级阶段）、适应性与区域性试验（中试阶段）和引种结果评价与批量生产三个阶段。

初级阶段首先要进行繁殖材料的选择，然后进行育苗试验和幼苗生长习性与适应性观察。中试阶段对选择出来的种类（种源）苗木，可进行适应性与区域性试验，并可同时进行生物学特性观察和栽培技术研究。对投入适应性、区域性试验的树木，要求在露地栽培条件下能正常发育，抗性较强，无严重病虫害等，主要性状表现应近似或优于野生分布区，在生长量和观赏价值上能达到目的要求。试验地点的选择应考虑引种树木的生态要求，并能代表一定地区的气候、土壤、地形和海拔等条件。引种试验评价应从以下几个方面考虑：

1）引种树木在试验区的生物学特性及适应性表现。分析影响其生长发育的主要生态因子及限制因子，并提出具体措施。

2）引种树木在适生条件下反应出来的生长指标、观赏特性及抗逆性（抗寒性、抗旱性、抗病性、抗涝性）等方面的表现，分析引种效益，确定有无推广价值。

3）综合各区域、各立地的试验观察结果，分析最适宜的种源区与可扩大栽培范围，为提出采种地区与定制最适宜区和较适宜区的生产区域提供依据。

4）根据引种树木的生物学特性和栽培技术试验，提出行之有效的栽培管理措施。

5）通过不同立地、不同区域的适应性观察，进行引种树木的筛选与利用。

从以上5个方面进行综合评价，提出能否开展批量生产的意见。

通过引种试验和评价，如已达到或基本达到引种目的要求，就可立即组织批量生产，为推广应用创造条件。批量生产实际上是区域试验的继续，是引种试验得出评价后的补充和验证，仍属于引种试验阶段。经过引种试验、试验评价和成果鉴定，提出生产推广意见。引种试验成功的树木，只有通过生产推广，变成群众性的栽培，才能使引种试验的成果产生经济效益。因此，还应重视推广应用工作。

树木引种驯化是一项长期工作，从开始到结束都应有详细而完整的观察记载资料，并建立齐全的技术档案。

1.2.4 园林植物的配植方式及应用

1. 园林植物的配植方式

配植方式是搭配植物的样式，一般分为规则式和自然式两大类。规则式的特点是整齐、严谨，有固定的株行距。自然式的特点是灵活、自然、参差有致，无固定的株行距。

（1）规则式配植

选用树形美观、规格一致的数种，按固定的几何图形进行种植，称规则式配植。在规则式配植中又可分为以下几种类型：

对植 在公园和广场的入口、建筑物前等处，左右各植一株或多株树木，使之对称呼应的配植。

列植 在工厂和居住区的建筑物前、规则式道路和广场边缘或围墙边缘，树木以固定的株行距呈单行或多行的行列式栽植，称列植。多见于行道树、绿篱、林带、水边等种植形式中。

三角形种植 树木以固定的株行距按等边三角形或等腰三角形的形式种植。等边三角形的方式有利于树冠和根系对空间的充分利用。

中心植 一般在广场、花坛的中心点种植单株或单丛树木的种植形式。

环植 按一定的株行距把植物栽为圆形的一种方式，包括环形、半圆形、弧形、双环、多环、多弧等富于变化的方式。

多边形 包括正方形栽植、长方形栽植和有固定株行距的带状栽植等。

（2）自然式配植

多选择树形美观的植物，以不规则的株行距配植成各种形式。

孤植（单值） 即单株树孤立种植。

丛植 指由三五株至八九株同种或异种植物以不等距离种植在一起成为一个整体。

群植 以一两种乔木为主，与树种乔木和灌木搭配，组成 20 ~ 30 株或更多的较大面积的植物群体。

林植 林植是指较大规模成带成片的种植方式，是森林的概念在园林中的应用。这种配植形式多出现于城市森林，包括城市公园，自然风景区中的风景林带、工矿厂区的防护林带和城市外围的绿化及防护林带。

散点植 以单株或双株、三株的丛植为一个点在一定面积上进行有节奏和韵律的散点种植，强调点与点之前的呼应的动态联系，特点是既体现个体的特性，又使其处于无形的联系中。

（3）混合式配植

在一定的单元面积上采用规则式和自然式相结合的配植方式，这种方式常用于面积较大的城市绿化和城市建设中。

2. 园林植物的应用

（1）行道树

栽植在道路（如公路、园路、街道等）两侧，以遮荫、美化为目的的乔木树种。

（2）庭荫树

栽植于庭院、绿地或公园等地，能形成大片绿荫供人纳凉之用的树木，庭荫树又称遮荫树、绿荫树等。

（3）独赏树

独赏树又称孤植树、标本树、孤行树或独植树，指为表现树木的形体美，可独立成为景观供人观赏的树种。

（4）群植树

群植体现的是群体美，可应用于较大面积的开阔场地上作为树丛的陪衬，也可种植在草坪或绿地的边缘作为背景。与丛植不同之处在于所用的树种株树增加、面积扩大，是人工组成的群体，必须多从整体上来探讨生物学与美观、适用等问题，是树木群落学知识在园林应用中的反映，是风景园林景观中的树木造景提倡的种植方式。群植最有利于发挥效益。

（5）观赏植物

凡具有美丽的花朵或花序、花形、花色或芳香等有观赏价值的植物，据其观赏部位又可分为以下6类：

观形 指形体及姿态有较高观赏价值的一类植物，如：龙柏（*Sabina chinensis* cv. Kaizuca）、榕树（*Ficus microcarpa*）、龙爪槐（*Sophora japonica* cv. Penduia）、灯台树（*Swida controversa*）等。

观花 指花色、花香、花形等有较高观赏价值的一类植物，如冬樱树（*Cerasus cerasoides*）、月季（*Rosa chinensis*）、玉兰、莲花（*Nelumbo nucifera*）等。

观叶 指叶的色彩、形态、大小等有独特之处，可供观赏，如鹅掌柴（*Schefflera octophylla*）、鸡爪槭、乌桕（*Sapium sebiferum*）、云南七叶树（*Aesculus wangii*）、铁线蕨（*Adiantum capillus-veneris*）等

观果 果实具较高观赏价值的一类树木，或果形奇特，或色彩艳丽，或果实巨大等，如柚子（*Citrus maxima*）、金钱槭（*Dipteronia sinensis*）、复羽叶栾树（*Koelreuteria bipinata*）、青钱柳（*Cyclocarya paliurus*）等。

观枝干 指枝干具有独特的风姿，或具奇特的色彩，或具奇异的附属物等可供观赏的植物，如白皮松（*Pinus bungeana*）、梧桐（*Firmiana platanifolia*）、青榨槭（*Acer davidii*）、紫薇（*Lagerstroemia indica*）等。

观根 指裸露的根具观赏价值的植物，如榕树（*Ficus microcarpa*）、露兜树（*Pandanus tectorius*）等。

（6）垂直绿化植物

垂直绿化是指利用攀援或悬垂植物装饰建筑物墙面、栏杆、棚架、杆柱及陡直的山坡等立体空间的一种绿化形式。垂直绿化占地少，能充分利用空间，在人口众多、建筑密度大、绿化用地不足的城市尤其重要。藤本植物本身不能直立生长，是靠卷须、吸盘或吸附根等器官缠绕或攀附于它物而生长的，是垂直绿化的理想材料，在园林景观中，藤本植物可以起到遮蔽景观不佳的建筑物、防日晒、降低气温、吸附尘埃、增加绿视率的作用。

（7）绿篱及造型植物

将树木的密植成行，按照一定的规格修剪或不修剪，形成绿色的墙，称为绿篱。在园林中，绿篱（称为树篱或植篱）主要起分割空间、遮蔽视线、衬托景物、美化环境以及防护作用等。绿篱可做成装饰图案、背景植物衬托、构成夹景和透景、突出水池或建筑物的外轮廓等。

(8) 地被植物

地被植物是指株丛紧密低矮，用以覆盖园林地面、防止杂草滋生的植物。草坪植物本身也是地被植物，因其占有特殊重要的地位，所以专门另列一类。除草本植物外，木本植物中的矮小丛木、半蔓性的灌木、木质藤本以及蕨类植物均可用作园林地被植物。

园林植物的作用

园林植物除具有美化环境、陶冶情操的功能外，还具有改善环境，净化空气的作用。植物通过光合作用，吸收二氧化碳放出氧气。数据显示，每公顷森林每天可消耗1000kg二氧化碳，放出730kg氧气。这就是人们到公园中后感觉神清气爽的原因。城市中，园林植物是空气中二氧化碳和氧气的调节器。在光合作用中，植物每吸收44g二氧化碳可放出32g氧气，园林植物为保护人们的健康默默地做着贡献。当然不同植物光合作用的强度是不同的，如每1g重的新鲜松树针叶在1h内能吸收二氧化碳3.3mg，同等情况下柳树却能吸收8.0mg。通常，阔叶树种吸收二氧化碳的能力强于针叶树种。居住区园林植物的应用中，应充分考虑这个因素，合理地进行配置。此外，还要给习惯早锻炼的人提个醒，早晨日出前植物尚未进行光合作用，此时空气中含氧量较低，最好在日出后再进行锻炼，相比较而言，下午空气中氧气含量较高，此时锻炼为佳。

园林植物还能分泌杀菌素。统计数据显示，城市中空气的细菌数比公园绿地多7倍以上。公园绿地中细菌少的原因之一是很多植物能分泌杀菌素。根据科学家对植物分泌杀菌素的系列科学研究得知，具有杀灭细菌、真菌和原生动物能力的主要园林植物有：雪松、侧柏、圆柏、黄栌、大叶黄杨、合欢、刺槐、紫薇、广玉兰、木槿、茉莉、洋丁香、悬铃木、石榴、枣、钻天杨、垂柳、栾树、臭椿及一些蔷薇属植物。此外，植物中一些芳香性挥发物质还可以起到使人们精神愉悦的效果。

园林植物又可以吸收有毒气体。城市中的空气中含有许多有毒物质，某些植物的叶片可以吸收解毒，从而减少空气中有毒物质的含量。当然，吸收和分解有毒物质时，植物的叶片也会受到一定影响，产生卷叶或焦叶等现象。经过实验可知，汽车尾气排放而产生的大量二氧化硫，臭椿、旱柳、榆、忍冬、卫矛、山桃既有较强的吸毒能力又有较强的抗性，是良好的净化二氧化硫的树种。此外，丁香、连翘、刺槐、银杏、油松也具有一定的吸收二氧化硫的功能。普遍来说，落叶植物的吸硫能力强于常绿阔叶植物。对于氯气，如臭椿、旱柳、卫矛、忍冬、丁香、银杏、刺槐、珍珠花等也具有一定的吸收能力。

园林植物具有很强阻滞尘埃的作用。城市中的尘埃除含有土壤微粒外，还含有细菌和其他金属性粉尘、矿物粉尘等，它们即会影响人体健康又会造成环境的污染。园林植物的枝叶可以阻滞空气中的尘埃，相当于一个滤尘器，使空气清洁。各种植物的滞尘能力差别很大，其中榆树、朴树、广玉兰、女贞、大叶黄杨、刺槐、臭椿、紫薇、悬铃木、蜡梅、加杨等植物具有较强的滞尘作用。通常，树冠大而浓密、叶面多毛或粗糙以及分泌有油脂或黏液的植物都具有较强滞尘力。

植物对于改善小环境内的空气湿度有很大影响。一株中等大小的杨树，夏季白天每小时叶片可蒸腾5kg水到空气中，一天即达半吨。如果在一块场地种植100株杨树，相当于每天在该处洒50t水的效果。不同的植物具有不同的蒸腾能力。不同植物的蒸腾度相差很大，有目标地选择蒸腾度较强的植物种植对提高空气湿度有明显作用。

园林植物还具有减弱光照和降低噪声的作用。阳光照射到植物上时，一部分被叶面反射，一部分被枝叶吸收，还有一部分透过枝叶投射到林下。由于植物吸收的光波段主要是红橙光和蓝紫光，反射的部分主要是绿光，所以从光质上说，园林植物下和草坪上具有大量绿色波段的光，这种绿光要比铺装地面上的光线柔和的多，对眼睛有良好的保健作用。在夏季还能使人在精神上觉得爽快和宁静。城市生活中有的很多噪声，如汽车行驶声、空调外机声等，园林植物具有降低这些噪声的作用。单棵树木的隔音效果虽较小，丛植的树阵和枝叶浓密的绿篱墙隔音效果就十分显著了。实践证明，隔音效果较好的园林植物有：雪松、松柏、悬铃木、梧桐、垂柳、臭椿、榕树等。

小　　结

主要介绍了园林植物的定义、作用、地位与研究内容。

园林植物的种质资源的特点有：①种类和品种极为丰富；②特有珍稀种类丰富；③品种优良，特点突出。

我国园林植物种质资源对世界园林的贡献主要表现在我国原产的园林植物在欧洲、北美园林中占有十分重要的地位，同时中国植物在世界园林植物新品种培育中发挥了巨大的作用。

野生园林植物资源的开发利用通常包括以下三方面：进行野生园林植物资源的调查；制定引种规划和实施计划；开展引种驯化工作。

园林植物的配置方式有规则式配置、自然式配置和混合式配置。园林植物可以做行道树、庭荫树、独赏树、群植树、观赏植物、垂直绿化植物、绿篱及造型植物和地被植物。

相关链接

1. 刘奕清，王大来．观赏植物［M］．北京：化学工业出版社，2009.
2. 臧德奎．园林植物造景［M］．北京：中国林业出版社，2008.
3. 中国数字植物标本馆 http：//www. cvh. org. cn/
4. 中国珍稀濒危植物 http：//jky. qzedu. cn/zhsj/zxzw/zxzwzy. htm

练习题

一、名词解释

1. 对植　2. 列植　3. 丛植　4. 群植

二、问答题

1. 我国园林植物种质资源的特点及其对世界园林的贡献有哪些?
2. 园林植物在园林上有哪些应用?
3. 如何合理开发利用我国园林植物种质资源?

第 1 部分　植物形态结构与分类基础

植物细胞学基础

教学目标

1. 熟悉细胞的形态与大小。
2. 熟悉细胞分裂的类型及特征。
3. 理解植物细胞各部分的结构和功能。
4. 掌握各种细胞器的结构和功能。
5. 能够识别细胞各部分的结构。
6. 培养学生具有严谨的科学精神。

2.1 植物细胞

2.1.1 植物细胞的概念

细胞是生命活动最基本的结构单位、功能单位和繁殖单位。生物界除了病毒和噬菌体具有前细胞形态外，所有植物和动物，不论低等的或高等的，都是由细胞构成的。植物的生命活动是通过细胞的生命活动体现出来的。某些蓝藻和绿藻等单细胞植物，一个细胞就是一个独立的个体，一切生命活动都由这一细胞完成。常见的花卉、树木等多细胞植物是由多个细胞组成，细胞之间有了功能上的分工和形态结构上的分化，每个细胞担负一种或几种特定的功能，并与其他细胞密切协作，共同完成植物体的生长发育等一系列复杂的生命过程。

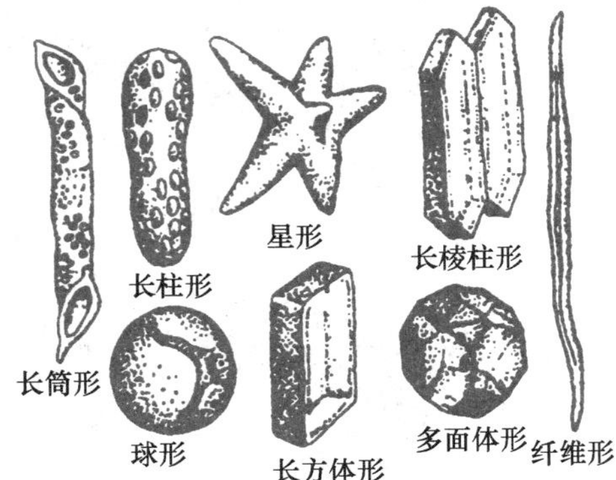

图 2-1　细胞形状

（引自刘仁林，2003）

2.1.2 植物细胞的形状及大小

1. 细胞的形状

植物细胞的形状是多种多样的。有球形、椭圆形、多面体、纤维形、长柱形等（图 2-1）。细胞的形状主要决定于担负的生理功能及其所处的环境条件。例如，种子植物导管细胞，在长期适应输导水分和无机盐的情况下，细胞呈长筒形，并连接成相通的“管道”；又如起支持作用的纤维细胞，一般呈长梭形，并聚集在一起，加强支持的作用。细胞形状的多样性，也体现了功能决定形态，形态适应

于功能这样一个规律。

2. 细胞的大小

植物细胞一般是很小的，最小的球菌细胞直径只有0.5μm。在种子植物中，一般细胞的直径为10～100μm，但也有少数的细胞肉眼可以直接看到。例如番茄和西瓜果肉细胞，直径可达1mm，棉花种子的表皮毛可长达75mm，麻茎中纤维细胞可达550mm。绝大多数的细胞体积都很小。体积小，则表面积大，有利于和外界进行物质交换，对细胞生活具有特殊意义。

2.1.3 植物细胞的基本结构

植物细胞都由原生质体和细胞壁两部分组成（图2-2）。细胞壁包在原生质体外面，是植物细胞特有的；原生质体是分化了的原生质，是细胞内有生命活动部分的总称。随着细胞的生命活动，细胞内产生各种后含物。

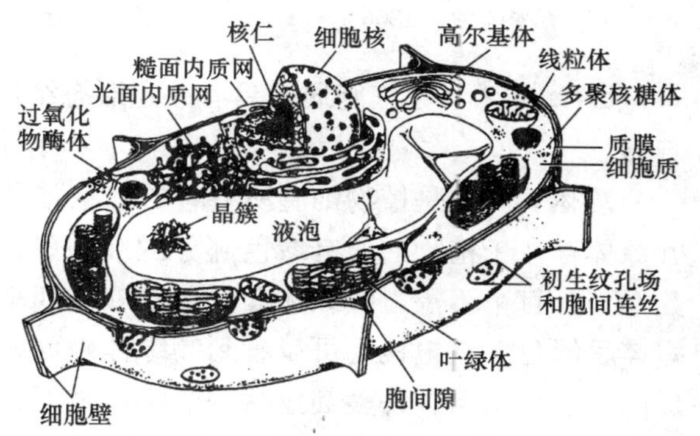

图2-2 植物细胞亚显微结构立体模式图
（引自贾东坡，2006）

1. 原生质体

（1）细胞核

植物中除了最低等的类群——细菌和蓝藻外，所有生活细胞都具细胞核。人们将具有细胞核的，称真核生物；无明显细胞核的，称为原核生物。细胞核一般呈球形或椭圆形，存在于细胞质内。通常一个细胞只有一个细胞核，少数也有两个或多个的。

细胞核的结构，随着细胞周期的改变而相应地变化。间期核的结构可分为核膜、核仁、核质三部分（图2-3）。核膜为双层膜，包被在核的外围。膜上有许多小孔，称为核孔。核孔是控制细胞核与细胞质之间物质交换的通道。核膜内充满核质，其中被碱性染料染色的物质叫染色质，不染色的部分叫核液。染色质是细胞中遗传物质存在的主要形式，主要成分是DNA和蛋白质。当细胞进入分裂期时，这些染色质便形成染色体。核液是细胞核内没有明显结构的基质，其中含水、蛋白质、RNA和一些酶等物质。核质内有一个或数个折光性很强的球状小体，叫核仁，由核糖核酸和磷蛋白组成。

（2）细胞质

细胞质充满在细胞核与细胞壁之间，它包括质膜、细胞器和胞基质三部分。

①质膜　是包围在细胞质表面的一层薄膜。质膜主要是由脂类物质和蛋白质组成，此外还有少量的糖类等。质膜具有选择透性，细胞与外界环境的物质交换由质膜完成。除质膜外，细胞内还存在大量的膜系统，称为胞内膜。质膜和胞内膜统称生物膜。关于生物膜的结构，近几年提出了流动镶嵌型（图2-4），已经得到较普遍的赞同和支持。

生物膜有多种生理功能。生物膜除了保障细胞内细胞器按室分工，使细胞的生命活动有条不紊地进行。生物膜是选择透性膜，控制着细胞内外、细胞器间的物质交换，影响细胞的代谢作用。另外生物膜大大增加了原生质内部的表面积，为各种生理活动提供了场所。

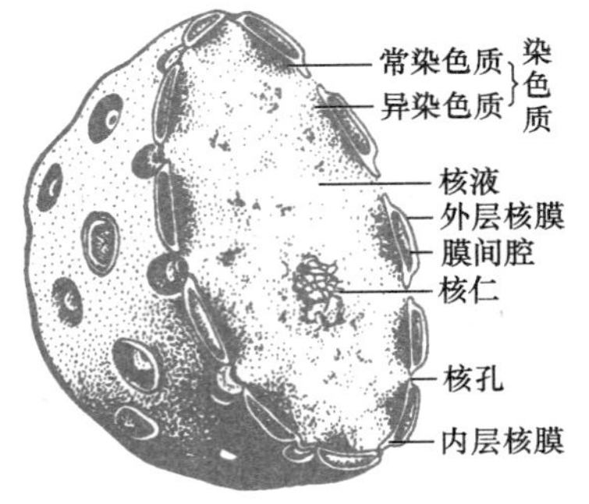

图 2-3 间期核的超微结构图
（引自贾东坡，2006）

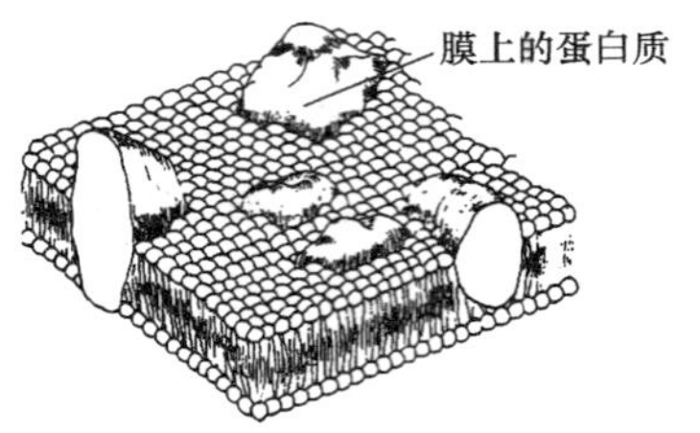

图 2-4 生物膜结构流动镶嵌模型
（引自陆时万等，1991）

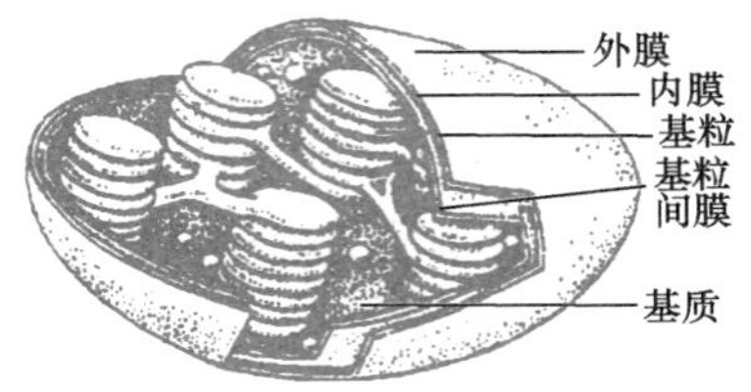

图 2-5 叶绿体立体结构图解
（引自刘仁林，2003）

② 细胞器　是细胞质中具有一定形态结构和生理功能的亚单位。植物细胞中有多种细胞器。

质体　质体是植物细胞所特有的细胞器，质体可分叶绿体、有色体和白色体三种类型。叶绿体存在于植物的所有绿色部分的细胞里，叶绿体大多数呈扁椭圆形，一个细胞内有十几个至几百个不等，叶绿体含叶绿素和类胡萝卜素两类色素。由于叶绿素的含量较高，叶绿体呈绿色。在电镜下可以看到叶绿体外面是由两层单位膜组成的被膜，其内部也有膜形成的一系列结构，许多圆盘状的类囊体相互重叠，形成一个个柱状体单位，称为基粒。在基粒之间有基粒间膜（基质片层）相连接（图 2-5）。叶绿体色素及许多光合作用有关的酶，定位于基粒体层上，基质不含色素，但也具有另一些酶类。基粒和基质分别完成光合作用中不同的化学反应。叶绿体的主要功能是吸收太阳光能进行光合作用。有色体含有胡萝卜素和叶黄素。由于两者的比例不同而呈现红黄之间的各种颜色。有色体存在于植物的花瓣、果实的细胞中或植物的其他部分。白色体不含色素，呈无色颗粒状。主要功能是积累贮藏营养物质。

线粒体　在光学显微镜下，呈线状或颗粒状。在电镜下，可看到线粒体有内外两层膜组成（图 2-6）。外膜光滑，内膜有许多管状或片状突起，称为嵴。内外膜之间的空隙及嵴之间的腔内，充满着液态基质，基质中含有许多与呼吸作用有关的酶，是进行呼吸作用的细胞器，细胞生命活动的需要的能量约 95% 来自线粒体，因此，线粒体被称为细胞能量的“动力站”。

内质网　内质网存在于细胞中，由单层膜构成的网状管道系统（图 2-7）。管道的各种形状延伸和扩展，成为各类管、泡、囊或池，形成相互沟通的网状系统。在电镜下，内质网为二层平行的膜，中间夹有一个窄的空间。每层膜的厚度约为 5.0nm，二层膜之间距离只有 40.0～70.0nm。内质网有两种类型，一种是在膜的外表附着有许多核糖体，称为粗糙内质网。另一种在膜的外表面则没有核糖体附着，称为光滑型内质网。前者的功能是参与蛋白质的合成，后者与脂类、激素的合成有关。内质网在蛋白质等物质的贮存和转运中起重要作用。

高尔基体　高尔基体本是一由系列扁平的囊和小泡组成（图 2-8）。扁平囊由间层膜围成，直径约 0.5～1μm，中央似盘底，边缘或多或少出现穿孔。当穿孔扩大时，囊的边缘便显得像网状的结构。在网状部分的外侧，局部区域膨大，形成小泡，小泡从高尔基体囊泡上分离出去。

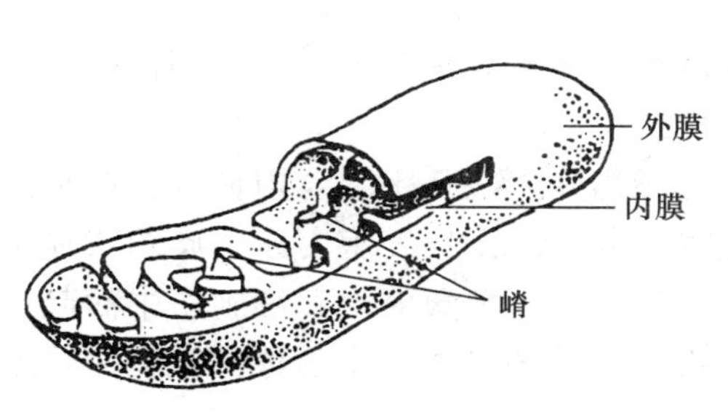

图 2-6 线粒体的立体结构图解
（引自陆时万等，1992）

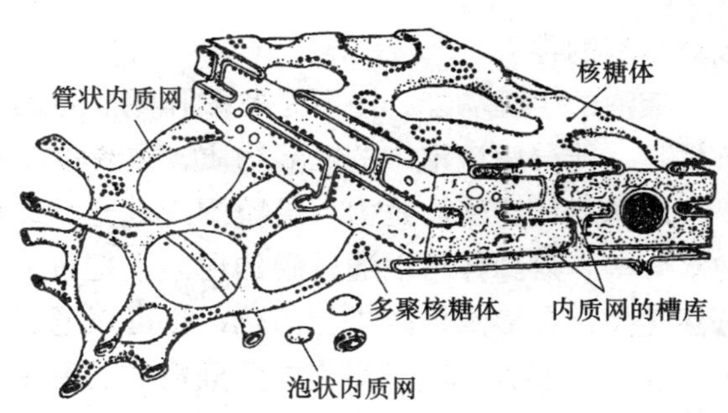

图 2-7 内质网的立体结构图
（引自吴万春，1991）

高尔基体主要是对粗糙内质网运来的蛋白质进行加工、浓缩、贮存和运输，排出细胞。高尔基体参与细胞壁的形成，即高尔基体能合成纤维、半纤维素等构成细胞壁的物质，在有丝分裂时，参与新壁的构成。高尔基尔体还具有分泌作用，如根冠细胞中的高尔基体能分泌黏液。

核糖体 又称核糖蛋白体，生活细胞中都含有核糖体。分布在粗糙型内质网上或分散在细胞质中。叶绿体基质中或线粒体中也有核糖体。核糖体的化学成分是核酸和蛋白质，其中核酸约占 60%，蛋白质占 40%。在细胞质中，它们可以游离状态存在，也可以附着于粗糙型内质网的膜上。核糖体是合成蛋白质的主要场所。在蛋白质合成活动旺盛的细胞中，常可在电镜下见到核糖体串在一起形成一个聚合体，称为多核蛋白体或多核糖体。

液泡 液泡是植物细胞中的显著特征之一。在幼小的植物细胞中，有多个的分散小液泡，细胞成长过程中，这些小液泡相互融合使体积增大，最后形成一个大液泡（图 2-9），占据细胞中央很大空间，将细胞质和细胞核挤成一薄层而紧贴着细胞壁使细胞质与环境有较大的接触面，有利于物质交换和细胞的代谢活动。

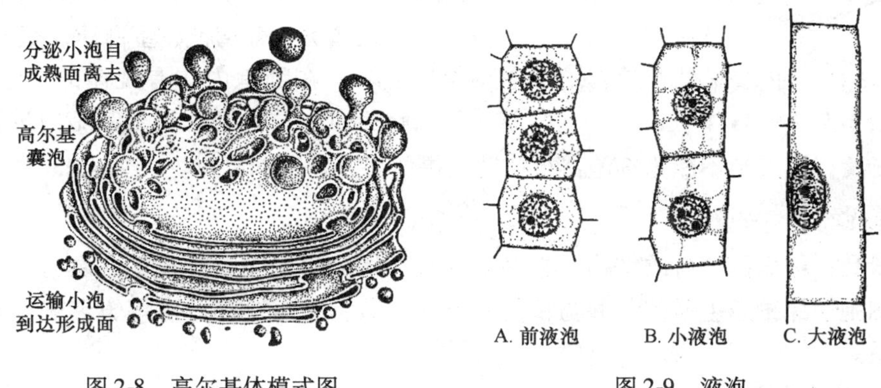

图 2-8 高尔基体模式图
（引自徐汉卿，1994）

图 2-9 液泡
（引自强胜，2006）

液泡被一层液泡膜包着，膜内充满着细胞液，并含有多种有机物和无机物，有的是代谢贮藏物，如糖、有机酸、蛋白质、生物碱、丹宁、色素等。如甜菜根和甘蔗的茎液泡含有大量的蔗糖，许多果实含有大量的有机酸，烟草的液泡中含有花青素，花青素的颜色随着细胞液的酸碱性不同而有变化，酸性时呈现红色，碱性呈蓝色，中性呈紫色。有些细胞液泡中含有一些晶体，如草酸钙结晶，这种液泡成为存储细胞代谢废物的场所，能减轻草酸对细胞的毒害。

液泡的生理功能，主要是贮藏作用。但因含有许多水解酶，也具有消化作用，在一定条件下，能分解液泡中的贮藏物质，重新参与各种代谢活动。

溶酶体 溶酶体是由单层膜围成的泡状结构，直径为0.25～0.3μm。内含有各种不同的水解酶。溶酶体可以通过膜的内陷，把进入细胞的病毒、细菌及细胞内原生质的其他组分吞噬掉，在溶酶体内进行消化；也可以通过本身膜的分解，把酶释放到细胞质中而起作用。这样，溶酶体对于细胞内贮藏物质的利用，消除不必要的衰老原生质体的结构，导致原生质体解体都有特定的作用。

圆球体 圆球体是一层膜围成的球形小体，直径约0.1～1.0μm。它是一种贮藏细胞器，是积累脂肪的场所。

微体 微体是由一层膜包围的小体，直径约0.2～1.5μm。主要有两种：一是过氧化物酶体，存在于高等植物叶的光合细胞中，常与叶绿体、线粒体相伴存在，执行光呼吸的功能；另一种为乙醛酸循环体，存在于油料植物种子和大麦、小麦种子的糊粉层及玉米的盾片中，与脂肪代谢有关，能将脂肪分解成糖。

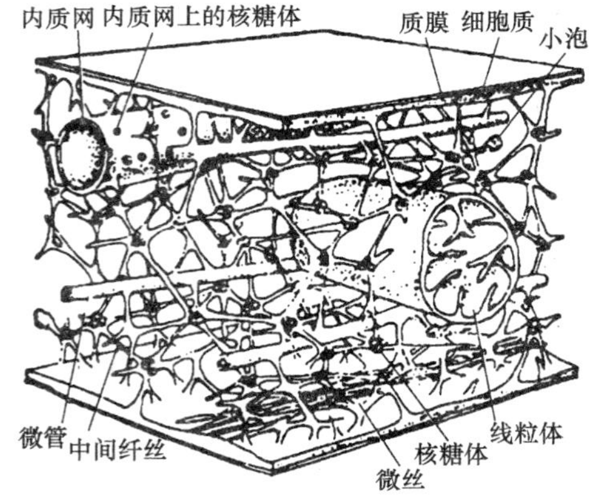

图2-10　细胞骨架模式图
（引自高信曾，1984）

细胞骨架 细胞骨架是由微管、中间纤维和纤丝组成的一个复杂的网状系统，它遍布于细胞基质中（图2-10）。近几年，发现细胞骨架不仅在维持细胞的形态、保持细胞内部结构的有序性中起作用，而且与细胞运动、物质运输、能量转换、信息传递、细胞分裂、基因表达及细胞分化等生命活动有关。

③ *胞基质* 胞基质存在于细胞器外围，是一具有弹性和黏滞性能的透明胶体溶液。胞基质的化学成分很复杂，含有水、无机盐和溶于水中的气体等小分子，以及脂类、葡萄糖、蛋白质、氨基酸、酶、核酸等细胞器，在细胞内作有规律的持续的流动，这种运动称胞质运动。胞基质是细胞内进行各种生化活动的场所，同时还不断为细胞器行使动能提供必需的营养原料。

2. 细胞壁

细胞壁是植物细胞特有的结构。它是由原生质体分泌的物质形成的，具有一定的硬度和弹性。细胞壁保护原生质体，并与植物的吸收、蒸腾、运输和分泌等方面和生理活动有很大的关系。

（1）细胞壁的化学成分

高等植物和绿藻等细胞壁的主要成分是多糖，包括纤维素、果胶质和半纤维素。植物体不同细胞的细胞壁成分可以不同，这是由于细胞壁中还渗入了其他各种物质的结果。常见的物质有角质、木栓质、木质素等。

（2）细胞壁的结构

细胞壁的结构可分三层：胞间层、初生壁、次生壁（图2-11）。

① *胞间层* 又称中层，是相邻两个细胞间所共有部分。主要成分是果胶质，能使相邻

的细胞粘结在一起。同时又有一定的可塑性，能缓冲细胞间挤压又不致影响细胞的生长。果胶质可能被果胶酶溶解，果实成熟时产生果胶酶将果胶质分解，细胞彼此分开，使果实变软。

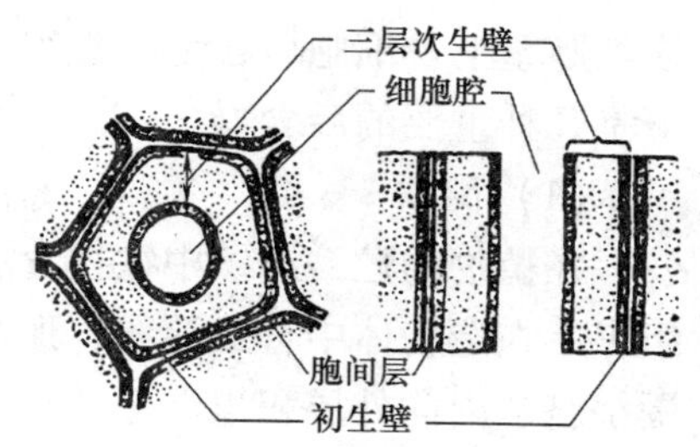

图 2-11 细胞壁
（引自王世东，2008）

② *初生壁* 初生壁是在细胞停止生长前原生质分泌形成的细胞层，存在于胞间层内侧。主要成分是纤维素、半纤维素和果胶质。初生壁较薄，约 1～3μm，质地较柔软，有较大的塑性，能随着细胞的生长而延展。

③ *次生壁* 次生壁是细胞停止生长后，在初生壁内侧继续积累的细胞壁。它的主要成分是纤维素，并含有少量的半纤维素。细胞在生长分化过程中，由原生质体合成一些不同性质的化学物质结合到细胞壁内，使次生壁发生变化。常见的变化有木质化、矿质化、角质化、栓质化。

木质化 细胞壁中渗入木质的一种变化叫木质化。木质是三种醇类化合物脱氢形成的高分子聚合物。细胞壁木质化后变硬，加强机械支持作用。如导管、管胞、纤维均为细胞壁木质化的细胞。

矿质化 矿质渗入细胞壁的过程称为矿质化。矿质是指钾、镁、钙、硅的不溶化合物。细胞壁矿化后硬度增大，加强了植物的支持力。水稻、小麦、玉米的茎、叶表皮细胞的细胞壁，由于渗入二氧化硅而发生硅质化。

角质化 角质化是细胞外壁为角质所浸透，并在细胞壁外表面堆积成膜的过程。称为角质化。角质是一种脂类化合物，能使细胞壁栓化后，不透水，不透气，但可透光。角质层发达的植物，能防止水分过分蒸腾和微生物的侵袭。

栓质化 木栓质渗入细胞壁起的变化。木栓质也是脂类化合物。细胞壁栓化后，不透水，不透气，增强了保护作用，细胞即变为死细胞，仅剩留细胞壁。老根茎处表都有这类木栓细胞。

次生壁的增厚是不均匀的，有的地方不增厚，形成了许多凹陷的区域，称为纹孔。相邻两个细胞上的纹孔常相对存在称为纹孔。相邻两个细胞上的纹孔常相对存在称为纹孔对。纹孔之间的胞间层和初生壁合称纹孔膜。纹孔是细胞之间水分和物质交换的通道。分为单纹孔和具缘纹孔两种类型。单纹孔是次生壁在沉积时，于纹孔形成处终止而不延伸。具缘纹孔是次生壁在沉积时，于纹孔形成处向内延伸，形成弓形拱起物。

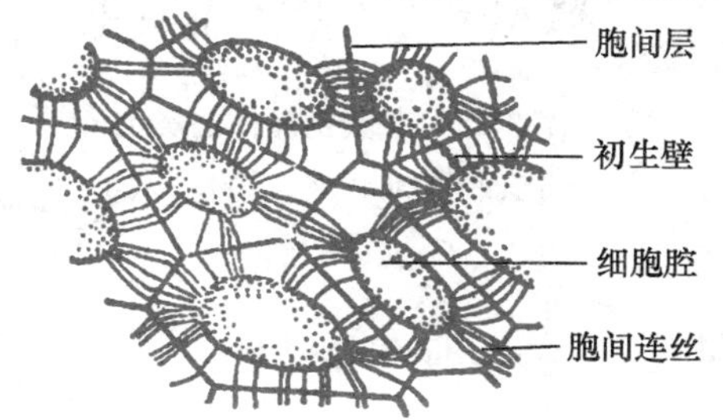

图 2-12 具胚乳细胞的胞间连丝
（引自刘仁林，2003）

初生壁上也有一些较薄的凹陷区域，分布着许多小孔，是相邻两细胞原生质细丝连接的通道。这些贯穿细胞壁而联系两细胞的原生质细丝称为胞间连丝（图 2-12）。细胞壁的其他部分也有少量胞间连丝。胞间连丝是引导物质和信息的桥梁，它将植物体的所有的原生质体连接在一起，使所有细胞成为一个有机的整体。

3. 细胞后含物

细胞后含物是指植物细胞中的贮藏物质和代谢物质。它们存在于细胞质中，细胞器内或细胞壁上。细胞后含物种类很多，如淀粉、蛋白质、脂肪、丹宁、晶体、生物碱等。以下是几种重要的后含物。

(1) 淀粉

在植物的贮藏组织中往往含有大量淀粉。植物光合作用的产物以蔗糖等形式运入贮藏组织后在造粉体中合成淀粉，形成淀粉粒。造粉体积累淀粉时，先从一个起点——脐开始，围绕脐从内向外层积累，形成许多同心层次——轮纹。脐可位于中央或偏于一侧，轮纹被认为是由于两种不同结构的淀粉（直链淀粉和支链淀粉）交替积累而成。淀粉粒的形态，大小和结构是不同的（图2-13），这些特征可以作为鉴别植物种类的依据之一。

(2) 蛋白质

贮藏的蛋白质常成固体状态，与原生质体中呈胶体状态的蛋白质性质不同。前者无生命，仅为细胞活动的产物。贮藏的蛋白质常以糊粉粒形式分布在细胞质内，是贮有无定形的蛋白质小液泡，在籽粒成熟过程中脱水而成，如小麦的糊粉层。而核桃、蓖麻糊粉粒内除了无定形的蛋白质外，还有蛋白质的拟晶体和球晶体（图2-14）。贮藏的蛋白质与碘呈黄色反应。蛋白质在油料种子中最多，如核桃、花生、大豆、蓖麻等。

(3) 脂肪

脂肪是含能量最高而体积最小的贮藏物。普遍存在于种子及果实中，在常温下呈固体的为脂肪，液体的为油类。它们是造油体合成的，以固体和油滴的形式存在于细胞质中。其折光率很强，在光镜下可见。与苏丹Ⅲ乙醇溶液变成橙红色。

(4) 晶体

在植物细胞的液泡中，常存在各种形状晶体。常见的有草酸钙晶体，它们有各种各样形状（图2-15），草酸是代谢产物，对细胞有害，晶体的形成降低了草酸的毒害作用。

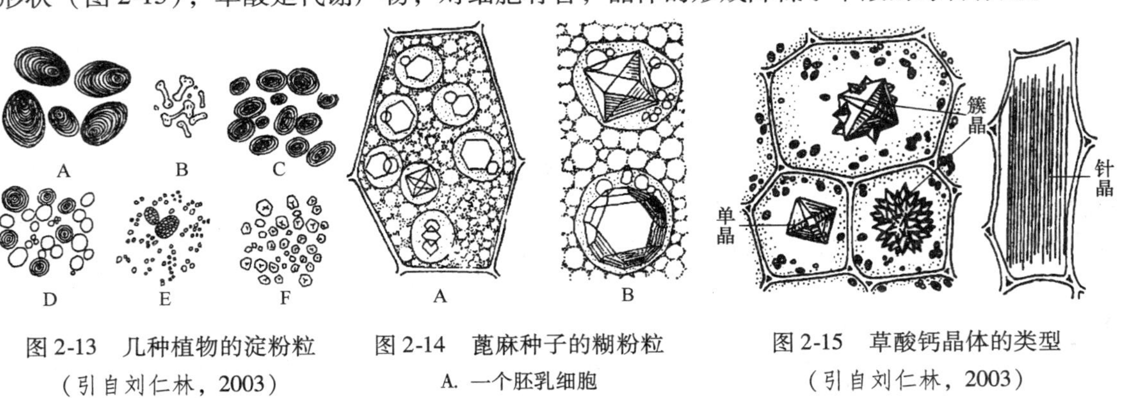

图2-13 几种植物的淀粉粒
（引自刘仁林，2003）

图2-14 蓖麻种子的糊粉粒
A. 一个胚乳细胞
B：A中一部分放大，示二个含有拟晶体和磷酸钙盐球体的糊粉粒
（引自刘仁林，2003）

图2-15 草酸钙晶体的类型
（引自刘仁林，2003）

2.2 植物细胞的繁殖

植物的生长主要是由于植物体内细胞的繁殖、增大和分化的结果。细胞的繁殖是通过细胞分裂的方式进行的。植物细胞分裂方式有：有丝分裂、减数分裂、无丝分裂。

2.2.1 细胞周期

细胞周期是指细胞从上一次分裂结束并开始生长到下一次分裂终了所经历的全部过程。细胞周期包括间期和分裂期（图2-16）。

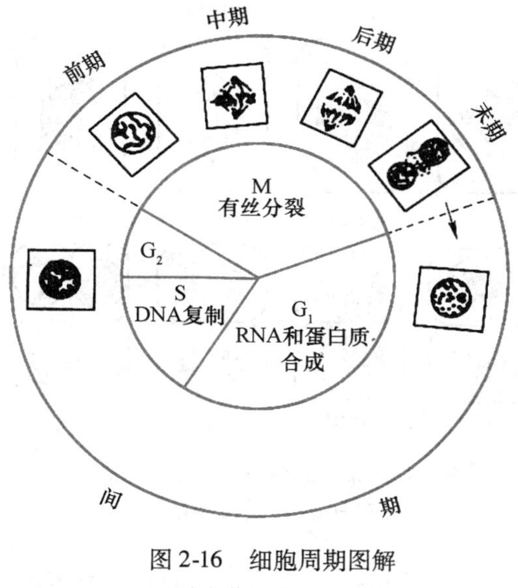

图2-16 细胞周期图解
（引自徐汉卿，1994）

1．间期

间期是从前一次分裂结束，到下一次分裂开始的一段时间，它是分裂前的准备时期，核内发生一系列的生物化学变化，主要是RNA的合成、蛋白质的合成、DNA的复制等。为细胞分裂进行物质上的准备。同时，细胞内还进行能量积累，以供分裂活动需要。间期又可分三个时期：

DNA合成前期（G_1期） 指从前一次分裂结束开始到合成DNA以前的间隔时期，此期内主要合成RNA、蛋白质和磷脂等。

DNA分成期（S期） 是细胞核DNA复制结束的时期。这个时期是完成DNA的复制和组蛋白合成基本完成。

DNA合成后期（G_2期） 指从S期结束到有丝分裂开始前的时期。在这个时期细胞对将要到来的分裂期进行了物质与能量的准备。

2．分裂期

细胞经过间期后进入分裂期，细胞开始出现染色体，又出现了纺锤丝。细胞中已复制的DNA将以染色体的形式平均分配到两个子细胞中去，每一子细胞将得与母细胞同样的一组遗传物质。

2.2.2 有丝分裂

有丝分裂又称间接分裂。它是一种最普遍而常见的分裂方式。这种分裂方式的过程包括核分裂和细胞质分裂两个步骤。在有丝分裂中，细胞核中出现染色体与纺锤体。

细胞有丝分裂是一个连续的过程，为了认识和研究的方便，通常根据细胞核发生的可见变化将其分为前期、中期、后期和末期四个时期（图2-17）。有丝分裂的结果，由一个母细胞产生两个与母细胞在遗传上完全相同的子细胞。

2.2.3 减数分裂

减数分裂是植物有性生殖中进行的一种细胞分裂方式。在种子植物中，减数分裂发生在花粉母细胞开始形成花粉即小孢子和胚囊母细胞开始形成胚囊前的大孢子的时候。减数分裂的整个过程包括两次连续分裂，而DNA只复制一次。因此，一个母细胞经减数分裂后形成四个子细胞，每个子细胞的染色体数目为母细胞的一半，减数分裂由此得名。减数分裂过程如图2-18所示，减数分裂属于有丝分裂的范畴。

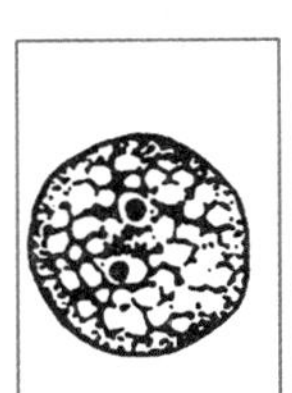

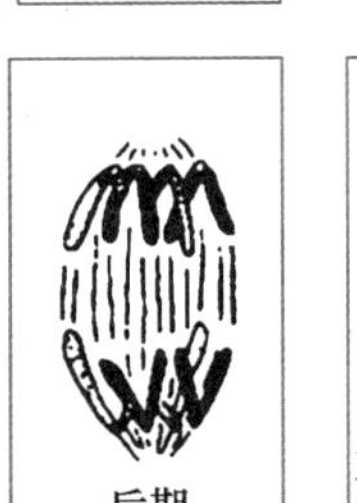

图 2-17　有丝分裂图解
(引自徐汉卿，1994)

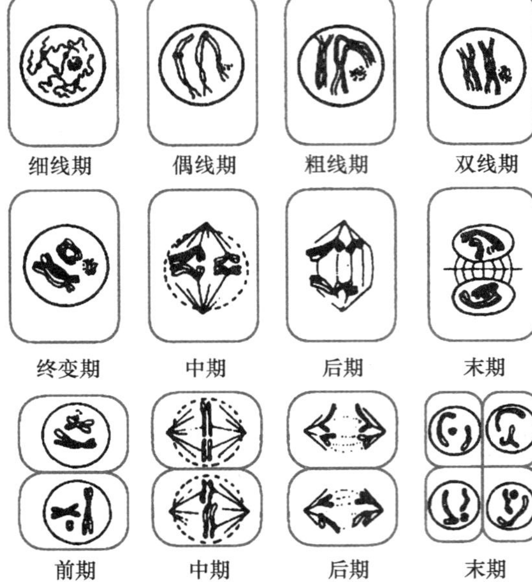

图 2-18　植物细胞的减数分裂图解
(引自徐汉卿，1994)

减数分裂在植物遗传和进化中有着非常重要的意义。首先，由于花粉母细胞减数分裂产生单倍体的单核花粉粒，形成单倍体的雄配子（精子）。胚囊母细胞减数分裂产生了单倍体单核胚囊，形成单倍体的雌配子（卵细胞）后，精卵融合，又形成了二倍染色体的胚，这样使各种植物染色体数目保持不变，使其遗传上具有相对而言的稳定性。其次，在减数分裂中出现了染色单体片断的交换现象和同源染色体之间进行交叉，极大地丰富了植物遗传性的变异性，促进了物种的进化。

2.2.4　无丝分裂

无丝分裂也称直接分裂，它的核分裂过程较简单，核内不出现染色体，不发生像有丝分裂过程中出现的一系列复杂的变化。无丝分裂时，细胞核直接分裂，核先伸长，然后中部缢缩、变细，最后断裂，形成两个子核，在两核中间产生新壁，形成两个子细胞。

无丝分裂不仅在低等植物中比较常见，而在高等植物的某些器官中也常出现。例如：甘薯的块根、马铃薯的块茎、大麦茎的居间分生组织及胚乳、愈伤组织等均有无丝分裂发生。无丝分裂过程简单，消耗能量小，分裂速度快。但遗传物质不是平均分配到两个子细胞中，所以子细胞的遗传可能是不稳定的。

拓展知识

植物细胞的全能性

植物细胞全能性（totipotency）就是植物体的每个细胞都与合子一样，均有再生成

完整植物体的遗传上的潜在能力。为什么植物细胞具有全能性呢？我们知道，一个植物体的全部细胞，都是从合子经过有丝分裂产生的。合子是一个特异性的细胞，它具有本种植物所特有的全部遗传信息。因此，植物体内的每一个体细胞也都具有和合子完全一样的 DNA 序链和相同的细胞质环境。当这些细胞在植物体内的时候，由于受到所在器官和组织环境的束缚，仅仅表现一定的形态和局部的功能。可是它们的遗传潜力并没有丧失，全部遗传信息仍然被保持在 DNA 的序链之中，一旦脱离了原来器官组织的束缚，成为游离状态，在一定的营养条件和植物激素的诱导下，细胞的全能性就能表现出来。于是就像一个合子那样，由单个细胞形成愈伤组织然后成为胚状体，再进而长成一棵完整的植株。所以离体培养之所以能够成功，首先是由于植物细胞具有全能性的缘故。

小　　结

植物细胞是构成植物体的形态结构和生命活动的基本单位。

植物细胞的形状多种多样，大小差异很大。

细胞的基本结构由原生质体和细胞壁两部分组成。

细胞壁的结构分为：胞间层、初生壁和次生壁。细胞壁的主要成分是由纤维素构成。在形成次生壁时，细胞壁常特化，常见的有木质化、角质化、栓质化和矿质化等。

原生质体由细胞质和细胞核组成。细胞质由质膜、细胞器和胞基质组成，质膜主要是由脂类物质和蛋白质组成，此外还有少量的糖类等；质膜的功能：①选择透性。②半渗透。③接受和传递外界的信号。细胞器有质体、线粒体、内质网、高尔基体、核糖体、液泡、溶酶体、圆球体、微体等。植物细胞内有细胞骨架。细胞骨架由微管、中间纤维和微丝组成，在细胞质中互相交织形成复杂的网络系统。胞基质是细胞内生命活动的场所，成分较复杂。细胞核是贮藏遗传物质的场所，由核膜、核仁和核质三部分组成。

细胞的繁殖是通过细胞分裂的方式进行的。植物细胞分裂方式有：有丝分裂、减数分裂、无丝分裂。

有丝分裂是一种最普遍的细胞分裂方式，其首先是进行核分裂，随后是细胞质分裂，最后产生两个子细胞，分裂的结果是染色体数目保持不变。

减数分裂是与植物的性细胞形成有关，细胞连续两次，产生四个子细胞，分裂结果染色体数目减少一半。

无丝分裂比较简单，分裂过程中核内不出现染色体等一系列复杂变化。

相关链接

1. 李淑珍，关力．植物学［M］．北京：北京大学出版社，2007.
2. 强胜．植物学［M］．北京：高等教育出版社，2006.
3. 华中师范大学生命科学学院 http：//jpkc. ccnu. edu. cn/sj/2003/zwx/wlkt/wljy. htm
4. 植物学精品课程网 http：//jpkc. njau. edu. cn/botany/
5. 西北大学精品课程 http：//jpkc. nwu. edu. cn/zwx/page/skja. html

练习题

一、名词解释

1. 细胞器 2. 有丝分裂 3. 减数分裂 4. 胞间连丝 5. 质体 6. 细胞周期 7. 染色体 8. 染色质 9. 联会 10. 同源染色体

二、问答题

1. 植物的花、果等颜色是由什么因素造成的?
2. 液泡是怎样形成的?它有哪些重要的生理功能?
3. 植物细胞有哪些结构保证了多细胞植物体中细胞之间进行有效的物质和信息传递?
4. 有丝分裂和减数分裂的主要区别是什么?它们各有什么重要意义?

植物组织

教学目标

1. 熟悉植物组织的种类。
2. 掌握植物各组织的特点和功能。
3. 能够正确识别各类植物组织。
4. 培养学生善于沟通和合作的良好品质。

植物组组是指具有相同来源的同一种或数种类型细胞组成的结构和功能单位。构成组织的细胞群可以来源于一个细胞，也可由同一群分生细胞生长、分化形成。植物体内的各种组织在形态构成及功能上具有相对独立性，一定条件下，一团活的组织有发育成植株的可能性，但对整个有机体又有其从属性。植物组织之间存在着密切的关系，有机组合，共同完成植物的生理活动。某些组织在一定程度上可以相互转化。

3.1 植物组织的类型

种子植物的组织结构是植物界中最为复杂的，按照其发育特点，植物组织可分为生组织和成熟组织两大类。

3.1.1 分生组织

1．分生组织的概念

植物的分生组织是具有细胞有分裂能力的细胞群。它是分化产生其他各种组织的基础，由于分生组织上的存在，种子植物的个体总保持生长的能力或潜能。

2．分生组织的类型

根据分生组织在植物体内的位置不同，可分为顶端分生组织、侧生分生组织和居间分生组织（图3-1）。

顶端分生组织　植物的根尖、茎端有分生组织，称为顶端分生组织。它们分裂活动，可使根、茎不断伸长，并在茎上形成侧枝和叶，使植物体扩大营养面积。茎的顶端分生组织还可以形成生殖器官。

顶端分生组织细胞的特征是：细胞小而等径，具有薄壁，细胞核相对较大，细胞质浓厚，液泡不明显，细胞缺少内含物。

侧生分生组织　侧生分生组织分布在根和茎的周围，靠近器官的边缘。它包括形成层和木栓形成层。形成层的活动使根和茎不断增粗，以适应植物营养面积的扩大。木栓形成层的活动是使长粗的根、茎表面或受伤的器官表面形成新的保护组织。

侧生分生组织与顶端分生组织不同，形成层细胞大部分呈纺锤形，液泡明显，细胞质不浓厚。而且它们的分裂活动往往随季节的变化具有明显的周期性。

单子叶植物中一般没有侧生分生组织，一般不会进行加粗生长。

居间分生组织 在有些植物发育过程中，在已分化的成熟组织间夹着一些未完全分化的分生组织，称为居间分生组织。居间分生组织属于初生分生组织。在玉米、小麦等单子叶植物中，居间分生组织分布在节间的下方，它们旺盛的细胞分裂活动使植株快速生长、增高。韭菜和葱的叶子基部也有居间分生组织，割去叶子的上部后叶还能生长。

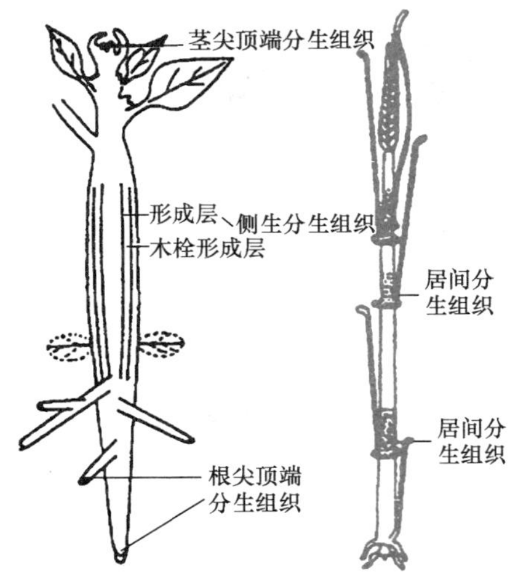

图 3-1　分生组织在植物体内的分布示意图（引自王世东，2008）

居间分生组织与顶端分生组织和侧生分生组织相比，细胞持续活动的时间较短，分裂一段时间后，所有的细胞都完全转变成成熟组织。

根据分生组织的来源和性质分，可分原生分生组织、初生分组织和次生分生组织。

原生分生组织 原生分生组织是直接由胚细胞保留下来的，一般具有持久而强烈的分裂能力。位于根尖、茎尖较前的部位。

初生分生组织 初生分生组织由原分生组织的细胞分裂衍生而来。这些细胞在形态上已出现了最初的分化，但细胞仍具有很强的分裂能力，是发育形成初生成熟组织的主要分生组织。因此，它是一种边分裂边分化组织，逐渐向成熟组织过渡。

次生分生组织 次生分生组织是由已经分化的成熟组织的细胞，经过生理和形态上变化，脱离了原来的分化状态，重新恢复分裂（能力）活动的组织。

3.1.2　成熟组织

1. 成熟组织的概念

分生组织衍生的大部细胞，逐渐丧失分裂的能力，进一步生长和分化，形成的其他各种组织，称为成熟组织，有时也称永久组织。

2. 成熟组织分类

成熟组织可以按照功能分为保护组织、薄壁组织、机械组织、输导组织、分泌组织。

（1）保护组织

覆盖于植物体表，起保护作用的组织，它的作用是能减少植物失水，防止病原微生物的侵入，还能控制植物与外界的气体交换。保护组织可分为表皮和周皮。

表皮 由初生分生组织（原表皮）发育而来，主要分布于叶与幼嫩的根、茎及花果的表面。表皮一般都是一层细胞。表皮细胞扁平，排列紧密，无细胞间隙，是生活细胞，一般不含叶绿体，无色透明含有较大液泡。叶、茎等表皮层外面有角质层，其上还可覆盖一

层蜡质，可防止过分失水，也可以保护植物免受侵害。叶表皮上有气孔，是气体出入的门户。气孔是由两个保卫细胞组成（图 3-2）。保卫细胞有叶绿体。禾本科植物保卫细胞旁侧，还有一对副卫细胞。保卫细胞有调节气孔开闭，可以调节植物水分蒸腾和气体交换。

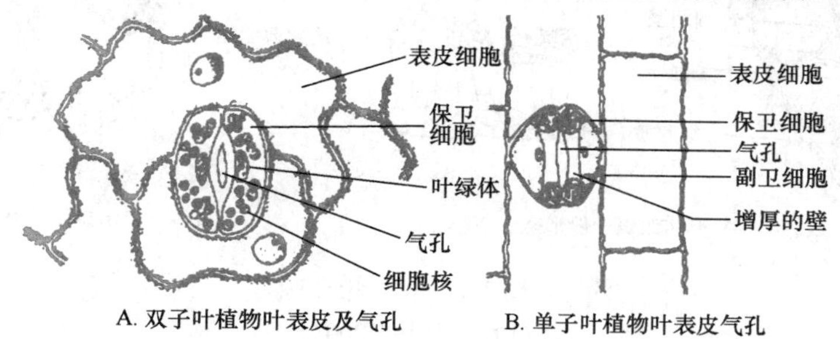

图 3-2 气孔
（引自刘仁林，2003）

表皮上还有普遍存在的表皮毛或腺毛（图 3-3）。表皮毛的存在加强了保护作用。有的植物具有分泌功能的表皮毛，可以分泌出芳香油、黏液、树脂、樟脑等物质。此外，根的表皮和根毛具有吸收的作用。

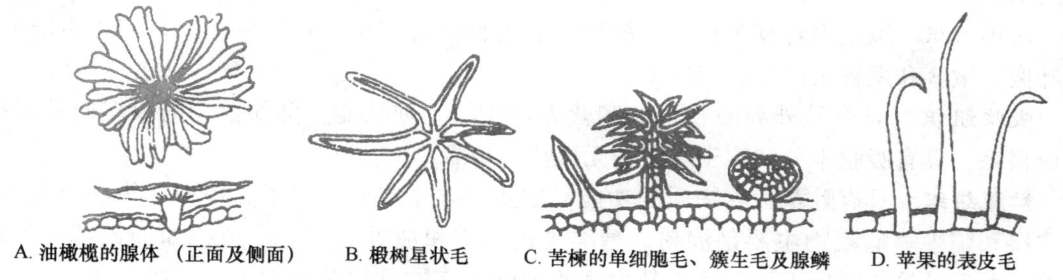

图 3-3 表皮上的毛状物
（引自刘仁林，2003）

周皮 周皮是取代表皮的次生保护组织。在双子叶植物和裸子植物的根茎，由于不断增粗，致使表皮破坏，这时表皮的保护功能由周皮取代。细胞成熟时，原生质解体，细胞壁高度木栓化，是具有不透水、绝缘、隔热、耐腐蚀等特性的保护组织。

周皮是由木栓形成层向外分裂的几层细胞分化而成。木栓形成层向内分裂还分化成栓内层，与木栓形成层、栓内层合称周皮。周皮是一种由多种组织复合而成的具有较强保护功能的结构（图 3-4）。

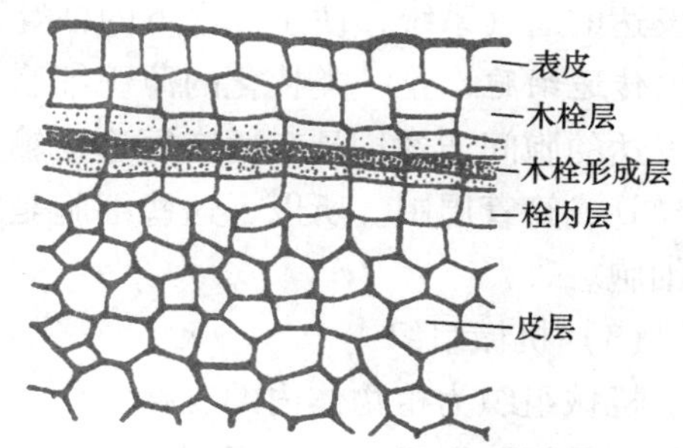

图 3-4 棉茎的部分横切面，示周皮及结构
（引自刘仁林，2003）

（2）薄壁组织（基本组织）

植物体各种器官都是具有薄壁组织，如根、茎、叶、花、果实以及种子中都含有薄壁组织，是指物体的基本部分，故称基本组织。由于基本组织都是由薄壁细胞组成的，所以又称薄壁组织（图 3-5）。

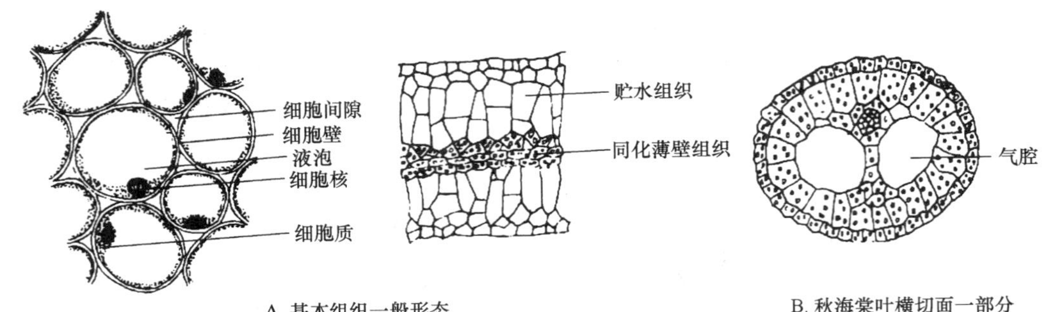

A. 基本组织一般形态　　　　B. 秋海棠叶横切面一部分

图 3-5　基本组织
（引自刘仁林，2003）

薄壁组织细胞的共同特点是：细胞壁薄，细胞排列疏松，有明显的细胞间隙，液泡较大，核相对较小。这些细胞一般分化程度较低，具有很强分生潜能，在一定的条件下可转变为分生组织。这对于创伤的愈合、扦插、嫁接的成活和进行组织离体培养等有实际意义。

根据生理功能不同，薄壁组织又可分为同化组织、吸收组织、贮藏组织、通气组织、传递细胞。

同化组织　细胞内含有大量的叶绿体，能进行光合作用，合成有机物，同化组织分布于叶肉、嫩茎和发育中的果实和种子中。

吸收组织　具有从外界吸收水分和营养物质的生理功能。例如根尖的表皮向外突出，形成根毛，具有吸收水分和溶于水中的无机盐的功能。

贮藏组织　具有贮藏营养物质的功能，主要存在于果实、种子、块根、块茎以及根茎的皮层和髓中。贮藏物主要是淀粉、糖类、蛋白质和油类等。有些植物如仙人掌、芦荟、景天、龙舌兰等能适应干旱环境，其中某些细胞具有贮藏水分的功能，这类细胞较大，液泡中含有大量的黏液性汁液，能有效地保存水分，这类细胞为贮水组织。

通气组织　水生与湿生植物体内的细胞间隙发达，形成气道或气腔，在体内形成了一个发达的通气系统，使生于水下的根等器官能得到氧气，称为通气组织。

传递细胞　是一类特化的薄壁细胞，这种细胞最显著的特征是具有内突生长的细胞壁和发达的胞间连丝，具有适应短途运输物质的生理功能。普遍存在于叶的小叶脉中，茎节及导管或筛管周围。所以，这些细胞是一类与物质快速传递密切相关的薄壁细胞。称为传递细胞。

（3）机械组织

机械组织为植物体内的支持组织。它有很强的抗压、抗张和抗曲挠的性能。机械组织的特性是细胞局部或全部不同程度加厚。机械组织可分为厚角组织和厚壁组织两类。

厚角组织　厚角组织是长轴形的细胞，一般比薄壁细胞长，细胞壁上有不规则的增厚，在横切面上可以看出增厚的部分多在细胞的角隅处（图 3-6）。其细胞都具有生活的原生质体，常含叶绿体，可进行光合作用。细胞壁的成分除纤维素外，还含有较多的果胶质，也具有其他成分，但不木质化。因此具有有一定的坚韧性、可塑性和伸展性，即可支持器官的直立，又可适应器官的迅速生长。它们普遍存在于尚在生长或经常摇摆的器官中，如幼茎、花柄、叶柄等表皮内侧常有分布（图 3-7）。

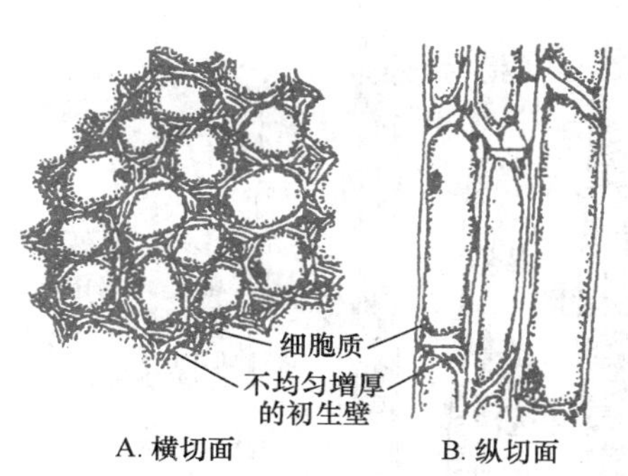

图 3-6 薄荷茎的厚角组织
（引自陆时万，1992）

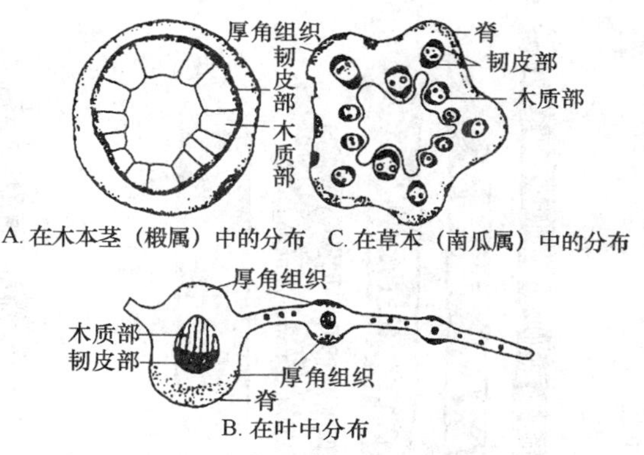

图 3-7 厚角组织的分布图解
（引自陆时万，1992）

厚壁组织 厚壁组织具有均匀增厚的次生壁，常木质化。细胞成熟时，原生质体分解，成为只留有细胞壁的死细胞。根据细胞的形状，厚壁细胞可分为石细胞和纤维两类。

石细胞 这类细胞的形状多为等径的，或稍伸长，或呈芒状、骨状，细胞壁强烈增厚并木质化（图 3-8），石细胞分布很广，梨果肉中的白色硬粒就是成团石细胞。各种坚果和种子的硬壳中的主要是石细胞。茶树、桂花的叶片中，具有单个的分枝状石细胞，散布于肉细胞间，增加了叶的硬度，与茶叶的品质也有关系。

纤维 纤维细胞是两端尖细成梭状的细长细胞，长度一般比宽大许多倍。木质化程度很不一致。木质纤维，细胞壁木质化，坚硬有力，支持力很强。韧皮纤维，细胞壁不木质化或只轻度木质化，韧性强，纤维通常在植物体内互相重叠排列，紧密地结合成束，称为纤维束（图 3-9）。增加组织的强度。

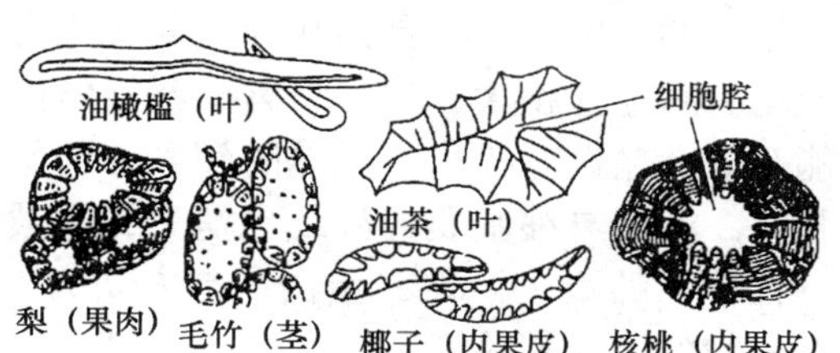

图 3-8 石细胞
（引自曹慧娟，2005）

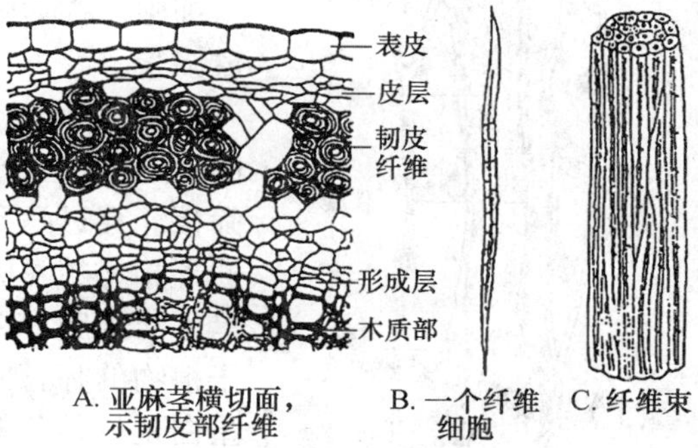

表皮
皮层
韧皮纤维
形成层
木质部
A. 亚麻茎横切面，示韧皮部纤维
B. 一个纤维细胞
C. 纤维束

图 3-9 纤维
（引自陆时万，1992）

（4）输导组织

输导组织是植物体内长距离输导水分和有机物的组织，其中输导水分和无机盐的结构为导管和管胞，输导有机物的主要有筛管和伴胞。在整个植物体的各器官内形成一个输导系统。

导管和管胞 导管和管胞成熟时，都没有生活原生质体的厚壁管状细胞。由于次生壁增厚不均匀，通常呈环状、螺旋状、梯状、网纹状加厚，或全部加厚只留有纹孔。所以形成了环纹导管、螺纹导管、梯纹导管、网纹导管、孔纹导管（图 3-10）和环纹管胞、螺纹管胞、梯纹管胞、网纹管胞、孔纹管胞（图 3-11）。

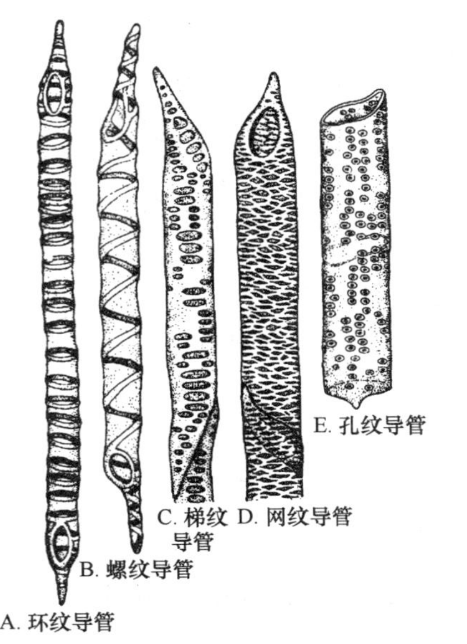

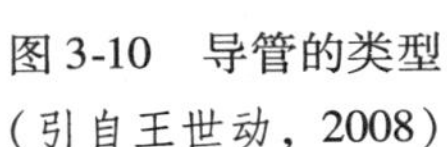
图 3-10　导管的类型
（引自王世动，2008）

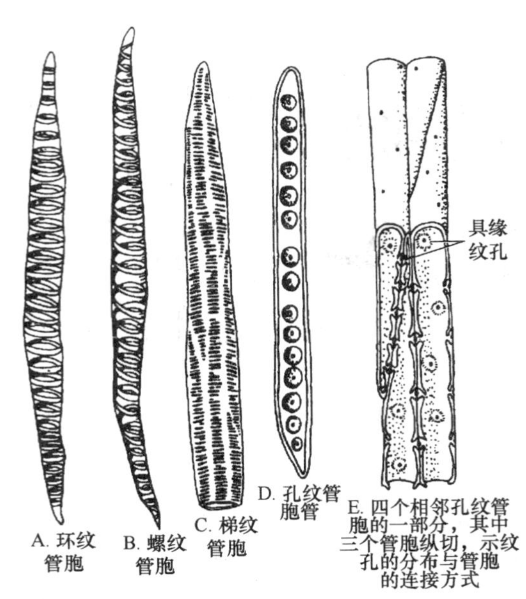

图 3-11　管胞的类型
（引自王世动，2008）

导管和管胞的主要区别是导管由许多成为导管分子的管状细胞纵连而成，其相连处的端壁形成穿孔，使导管成为中空的长管。而管胞是狭长的细胞，两端尖锐，末端没有穿孔。上下排列的管胞以斜端相互连接，水流依次从一个管胞斜端上的纹孔进入另一个管胞，其运输能力远不如导管。

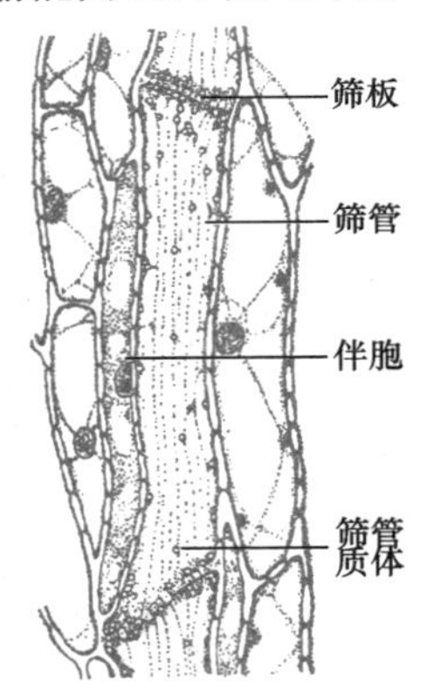

图 3-12　筛管与伴胞的纵切面
（引自李杨汉，1984）

筛管和伴胞　筛管是运输有机物的结构，其组成单位是长形活细胞，称为筛管分子（图 3-12），多个筛管分子以顶端相连而成筛管。

筛管分子只具初生壁。壁的主要成分是果胶和纤维素。在它的上下端壁上分化出许多较大的孔称筛孔，具筛孔的端壁特化为筛板。穿过筛孔原生质丝比胞间连丝粗大，称联络索。联络索沟通了相邻的筛管分子，能有效地输送有机物。成熟的筛管分子虽是生活细胞，但没有细胞核，液泡与细胞质的界线也消失，在被子植物的筛管中，还有一种特殊的蛋白，称 P 蛋白，有人认为 P 蛋白是一种收缩蛋白与有机物的运输有关。

筛管分子中没有细胞核，其代谢、运输过程中所需的能量、纤维素或调控信息均由伴胞来提供。伴胞是细小的薄壁细胞，有细胞核和浓厚的细胞质。伴胞与筛管是从分生细胞的同一母细胞分裂而来。因此，筛管和伴胞在功能上是密切相关，共同完成有机物的运输。

（5）分泌组织

某些植物体内有些细胞常分泌一些特殊物质，如挥发油、树脂、乳汁、蜜汁和其他液汁等，这些细胞称为分泌细胞。分泌细胞或特化组合称为分泌结构。根据分泌物是否排出体外，分泌结构可分成外分泌结构和内分泌结构两大类。常见的外分泌结构有腺表皮、腺鳞、盐腺、腺毛、蜜腺和排水器（图 3-13）。常见的内分泌结构有分泌细胞、分泌腔、分泌道和乳汁管（图 3-14）。

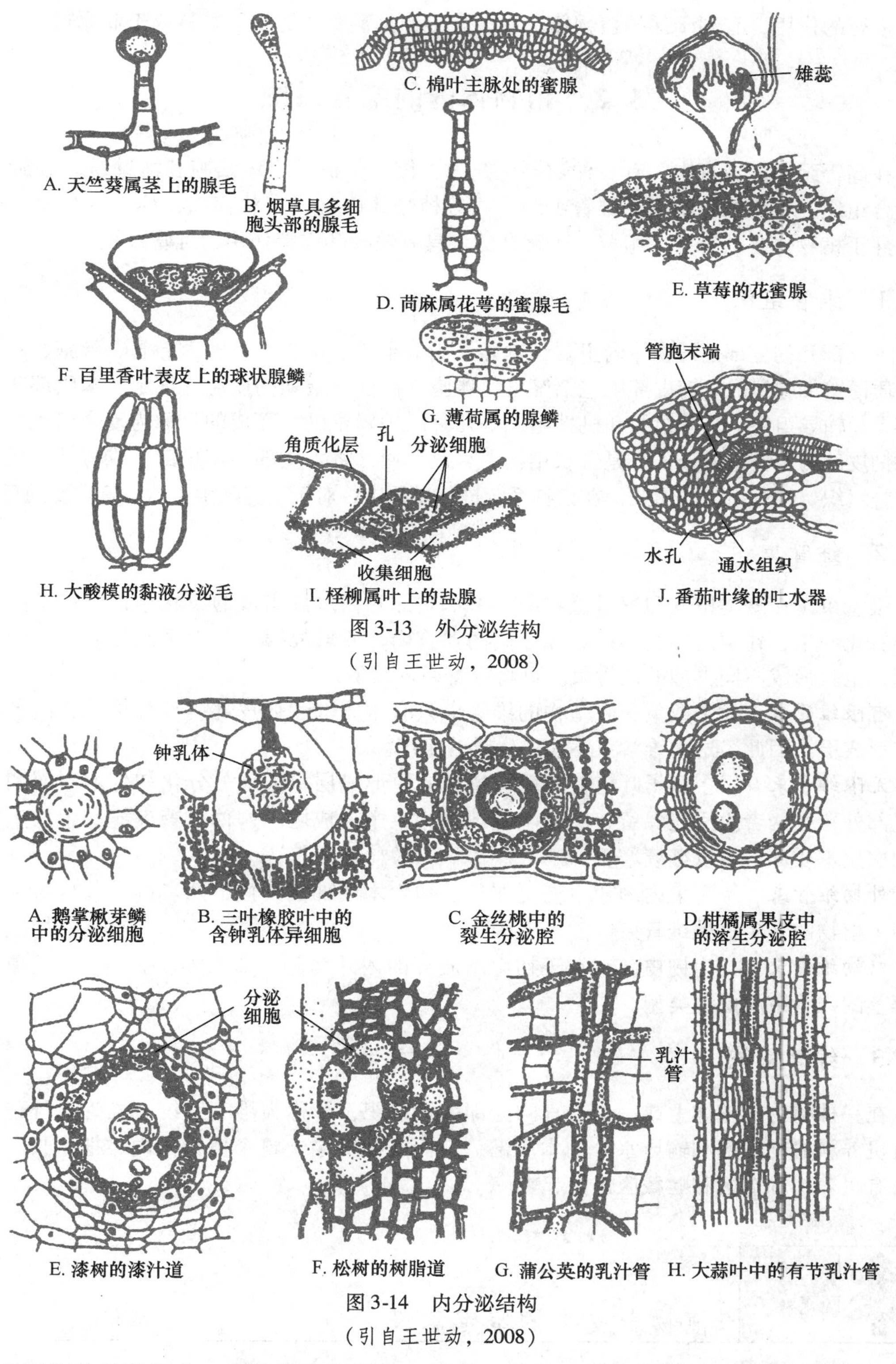

图 3-13 外分泌结构

（引自王世动，2008）

图 3-14 内分泌结构

（引自王世动，2008）

分泌物的种类很多，常见的有挥发油、树脂、蜜汁、糖类、单宁、黏液、盐类、杀菌素等，这些分泌物，有的能引诱昆虫，有利于花粉传播，有的对某些病菌及其他生物起抑制或杀死的作用，有利于保护植物体。许多分泌物是重要的药物、香料或工业原料。

3.2 植物体内的维管系统

在高等组织的器官中，有一种输导组织为主体，与机械组织细胞和薄壁组织细胞组成的复合组织，称为维管组织。维管组织在高等植物体内常以束状存在，称为维管束。维管束贯穿于植物体各器官中，组成一个复杂的、具有输导和支持作用的维管系统。

3.2.1 维管组织

木质部和韧皮部是植物体内主要起输导作用的组织。木质部一般由导管、管胞、木纤维和木质薄壁细胞组成。韧皮部则包括筛管、伴胞、韧皮纤维和韧皮薄壁细胞。木质部和韧皮部都是由输导组织、基本组织和机械组织等几种组织紧密配合而成的，称为复合组织。木质部和韧皮部的主要组成分子都是管状结构。因此，通常将木质部和韧皮部，或将其中之一称为维管组织。维管组织的形成，在植物系统进化过程中，对于适应陆生生活有着重要的意义。

3.2.2 维管束

维管束是在蕨类植物和种子植物中，由木质部和韧皮部组成的束状结构，它是由原形成层分化而来，在不同种类的植物或不同的器官内，原形成层分化木质部和韧皮部的情况不同，也就形成不同类型的维管束。可将维管束分为下列几种：

有限维管束 大多数单子叶植物的维管束只有木质部和韧皮部两部分构成，两者之间没有形成层。因此，这类维管束不能产生维管组织。

无限维管束 很多双子叶植物和裸子植物的原形成层除大部分分化初生木质部和初生韧皮部外，在两者之间还保留一层分生组织称为束中形成层。这种维管束能产生次生韧皮部和次生木质部，可以继续增粗。

外韧维管束 维管束内的初生韧皮部位于初生木质部的外侧，两者内外并生成束。一般种子植物的茎尖这种维管束。

双韧维管束 初生韧皮部存在于初生木质部的内外两侧。如瓜类、茄类、马铃薯、甘薯等茎的维管束属此种类型。

3.2.3 维管系统

在一株植物的整体上或一个器官的全部维管组织，总称为维管系统。维管系统包括输导有机养料的韧皮部和输导水分的木质部，它们连续贯穿于整个植物体内，把生长、发育区与有机养料制造区和贮藏区连接起来。

植物表皮毛的鉴定意义

表皮毛存在于大多数被子植物、一些裸　子植物和一些苔藓植物的地上部分的表面

上，在被子植物中，依植物种类，可能分布于叶片、茎、花瓣、叶柄、花梗个种皮等。植物拟南芥表皮毛的分化和发育研究已取得了长足的进步，并已深入到分子水平，克隆到与表皮毛发育相关的基因已有40多个。表皮毛的存在，增加了表皮层厚度，可能对低温下的生存有物理的保温作用；高温干旱环境中，表皮毛具有反射阳光（包括紫外线）、阻止水分过度散失等功能；外果皮表面的表皮毛使其易于散布，有利于种子的传播；表皮毛的存在还有减少机械损伤的作用；柑橘内果皮的表皮毛储藏有大量的营养物质，是食用的主要部分。

不同的植物体表面，有的光滑，有的具表皮毛，而表皮毛的长短、形态和结构是鉴别植物的重要特征。尤其是在花类药用植物粉末鉴定时，表皮毛的形态鉴定尤其显得重要。即使在同一种植物中，表皮毛的形态和结构可能也有多样性特征，如金银花品种之一毛忍冬，植物体表面就有两种腺毛，一种较长大，头部黄棕色或淡棕色，倒卵形或倒圆锥形，顶端较平坦或稍凹陷，侧面观约9～26个细胞，排成3～4层，直径56～95μm，柄部3～5（6）细胞，长75～200（400）μm；另一种较短小，头部类圆形或倒圆锥形，侧面观约5～9个细胞，直径34～40μm，柄2～3（4）个细胞，长52～90μm。厚壁非腺毛单细胞，黄色或淡黄色，长短不一，长40～100（1500）μm，体部直径10～20（24）μm，壁厚3～12μm，表面有疣状突起及单或双螺旋纹，胞腔明显，足部稍膨大。

实训3.1 植物组织观察

1. 目的

通过实验掌握各种植物的形态特征及分布。学习徒手切片的制作方法及组织离析方法。

2. 用品与材料

显微镜、解剖镜（或放大镜）、离心机、水浴锅、刀片、镊子、载玻片、盖玻片、培养皿。榆树枝条、天竺葵叶、梨核、一串红茎、胡颓子叶、四照花叶、溲疏叶、露珠草叶、根尖纵切装片、夹竹桃茎横切片、蔷薇1年生茎横切装片、南瓜茎纵切装片、石菖蒲地下茎横切装片。10%铬酸1份+10%硝酸1份；1%番红水溶液。

3. 内容和方法

3.1　分生组织

将蚕豆根尖纵切片置于显微镜低倍镜下，可看到根尖最前端是一些染色较浅、形状较大的细胞，如帽状套在根的最先端。其后有一部分细胞，体积小，细胞壁薄、形状规则，核大且染色较深，这就是根尖的分生组织，再往上的细胞开始沿纵轴纵向延伸。现在我们将分生组织区的细胞移至视野中央，然后转至高倍镜观察，可以看到许多细胞正处在有丝分裂的不同阶段，仔细辨认便可区分间期、前期、中期、后期、末期的特点。

3.2　保护组织

3.2.1　观察表皮、表皮上的气孔及表皮毛。

取天竺葵叶，撕取其下表皮，制成临时装片。在低倍镜下观察，可以看到天竺葵叶的下表皮是由许多形状不规则的细胞紧密排列而成，除了两个半月形保卫细胞组成的气孔器外，与外界没有其他通道，在保卫细胞中还有叶绿体。在高倍镜下，气孔的结构显得更为清晰。在天竺葵叶的表皮上，还能找到两种毛，一种是属于表皮的附属物，即表皮毛，它的外形长而细尖；另一种是表皮的延伸物，即腺毛，它的外形细长，但顶端呈头状，它实际上属于分泌组织，使天竺葵具有特殊气味。

3.2.2 皮孔。取椴树多年生茎横切装片、镜检，可见最外面有几层排列整齐的死细胞，无核，呈橘红色，为木栓层。木栓层以内有几层细胞是具有细胞核的，其中紧贴木栓层的一层细胞为木栓形成层，它排列较紧密，细胞形状也较为规则。木栓形成层以内的便是栓内层，它的细胞内有时能见到叶绿体。

3.3 输导组织

3.3.1 观察纤维、导管、管胞与木薄壁细胞的形态。

取榆树枝条（或火材梗）切成小段，除去外皮，放入盛有铬酸—硝酸的植物组织分离液中（1 份 10% 铬酸 +1 份 10% 硝酸），置于 30 ~40℃的温箱（或水浴锅）内。2 ~3 天后取出，然后将已软化的材料用玻璃棒捣碎，放于试管中，离心约 2 ~3min，吸去上层酸液。将底下沉淀物水洗，再离心，重复 1 ~2 次。然后将离心得到的沉淀挑于载玻片上，以 1% 番红染色 6min。再做临时装片，镜检，可以区分出纤维、导管、管胞与木薄壁细胞。

纤维：细胞长梭形，两端尖，细胞壁上面有狭小纹孔，细胞腔内无内含物。

导管：细胞两端穿孔，细胞壁上呈各种增厚，细胞一般较粗，细胞腔内无内含物。

管胞：细胞两端不穿孔，顶端窄，其他特征似导管。

木薄壁细胞：细胞长方柱、壁薄，有内含物。

上述过程总结如下：

火柴梗小段（或榆树枝条）→等量 10% 铬酸与硝酸，浸泡 2 天→捣碎→收集→离心 2 ~3min→吸去上层酸液→水洗→离心→吸取上层液→挑取沉淀于载玻片→1% 番红染色→盖片→镜检

3.3.2 各种导管类型的区分。

取南瓜茎纵切装片，观察区分各种不同类型的导管。

3.4 机械组织

3.4.1 纤维。

制作切片的方法与观察输导组织中的纤维相同。

3.4.2 石细胞。

取梨果肉近核处的“砂粒”置于载玻片上。压碎，制成临时装片，以 1% 番红溶液染色，镜检，可清楚地看到近于等径的石细胞具有极厚的木质化壁，它们被染成红色，中间的细胞腔窄小，厚壁上具有纹孔和纹孔道，细胞腔与纹孔道呈星芒状。

3.4.3 厚角组织的观察。

取一串红嫩茎制横切徒手切片，可以看到一串红茎横切面的呈方形，其茎的棱角处具明显加厚，这就是厚角组织。

3.4.4 各种不同类型维管束的观察。

观察夹竹桃茎横切装片，注意其双韧维管束；

蔷薇 1 年生茎横切装片，注意其外韧维管束；

观察石菖蒲底下茎横切装片。注意其周皮维管束。

3.5 分泌组织

用解剖镜或放大镜观察以下植物的叶片，注意胡颓子的鳞毛，溲疏的星状毛，四照花的丁字毛，露珠草与天竺葵的腺毛。

3.6 薄壁组织

由于薄壁组织是与填充于其他组织（除分生、分泌组织外）之间的细胞群，因此，取植物各种器官装片均能观察到。在上述已经使用的装片中，也能区分观察。薄壁组织的特点：细胞大、壁薄、液泡大、细胞排列疏松等。

4. 作业

4.1 绘制表皮、纤维、导管、石细胞、厚角组织的示意图。

4.2 将实验观察的各种组织加以归类。

小　结

植物组织是指具有相同来源的同一种或数种类型细胞组成的结构和功能单位。植物组织类型多种多样，通常按发育程度将植物组织分为分生组织和成熟组织两大类。其中，分生组织则指那些位于特定、能持续或周期性进行分裂的细胞群。按在植物体内存在部位不同，分生组织可划分为顶端分生组织、侧生分生组织和居间分生组织；按来源性质可分为原分生组织、初生分生组织和次生分生组织。成熟组织在形态结构、执行的生理功能方面差异很大，可分为保护组织、基本组织、机械组织、输导组织和分泌组织5种类型。

植物体内由导管、管胞、木纤维和木薄壁细胞等组成的结构，称为木质部；韧皮部则一般包括筛管（或筛胞）、伴胞、韧皮纤维、韧皮薄壁细胞等部分。由于木质部或韧皮部的主要分子都是管状结构，因此，通常将木质部和韧皮部或其中之一称为维管组织。维管组织的形成，是植物在系统进化过程中对陆生生活的适应。蕨类植物和种子植物体内，都有维管组织的分化，种子植物则更发达。通常将这两类植物称为维管植物。

由原分生组织分化而来，木质部和韧皮部共同组成的束状结构称为维管束。维管束内形成层的有无，将维管束分为有限维管束和无限维管束；根据木质部与韧皮部的位置和排列情况，将维管束分为外韧维管束和双韧维管束。

相关链接

1. 李淑珍，关力．植物学［M］．北京：北京大学出版社，2007.
2. 强胜．植物学［M］．北京：高等教育出版社，2006.
3. 华中师范大学生命科学院 http：//jpkc. ccnu. edu. cn/sj/2003/zwx/wlkt/wljy. htm
4. 植物学精品课程网 http：//jpkc. njau. edu. cn/botany/
5. 西北大学精品课程 http：//jpkc. nwu. edu. cn/zwx/page/skja. html

练习题

一、名词解释

1. 组织　2. 石细胞　3. 筛管　4. 传递细胞　5. 分泌组织　6. 分生组织　7. 成熟组织　8. 无限维管束　9. 维管组织　10. 维管束

二、问答题

1. 表皮和周皮有什么区别？从外观上如何区别具表皮的枝条和具周皮的枝条？
2. 薄壁组织有什么特点？它对植物生活有什么意义？
3. 从细胞形态和在植物体内分布部位的角度分析，厚角组织与厚壁组织有何异同点？
4. 管胞和导管在结构、功能及分布方面有何不同？筛管有什么特征？
5. 根据木质部与韧皮部的位置和排列情况，可将维管束分为哪4种类型？举例说明它们的特征。

种子植物的营养器官

教学目标

1. 了解根系在土壤中的分布；根瘤和菌根的概念及形成过程。

2. 理解根尖分区及根的伸长生长。

3. 掌握根的形态；根的变态；根的初生、次生结构。

4. 能够正确识别区分根与根系的类型；能用专业术语描述根的形态。

5. 了解双子叶植物茎和单子叶植物茎的形态结构差异。

6. 理解茎尖的分区以及各区的特点；维管形成层和木栓形成层发生与茎加粗关系。

7. 掌握芽的概念及类型、茎的形态和结构；茎的生长方式和分枝类型；茎的变态；初生生长和次生生长的概念。

8. 能够正确识别茎的形态和结构。

9. 能用专业术语描述茎的形态和结构。

10. 理解单子叶植物叶的表皮构成特点，泡状细胞的位置、结构特点和功能；叶片的结构和功能关系，叶的形态结构与生态环境的关系。

11. 掌握叶的组成和叶的形态；叶的变态；单叶、复叶的概念以及复叶的类型；双子叶植物叶片和单子叶植物叶片的结构；落叶树和常绿树的概念。

12. 能够正确识别和区分叶的形态、单叶和复叶区别、复叶的类型。

13. 能用专业术语描述叶的形态。

4.1 根

根是植物体的地下营养器官。它的主要功能是吸收，输导水分和无机盐，并使植物固定在土壤，还能合成许多重要的物质如氨基酸、激素和植物碱等。此外，有些植物的根还具有贮藏营养物质和繁殖的功能。如番薯、大丽菊等。

4.1.1 根的形态

1. 根的类型

植物的根按来源可分为主根和侧根；按发生部位可分为定根和不定根。由种子胚根发育形成的称为主根，主根上的分枝以及由分枝再发生的各级分枝称为侧根。主根与侧根都是直接或间接由胚根发育而成的，称为定根。植物从茎、叶等部位长出来的根，称为不定根。园林生产中，常利用植物产生的不定根进行扦插、压条等营养器官的繁殖。

2. 根系的类型

植物个体全部根的总体，称为根系。根系可分为直根系和须根系（图4-1）。

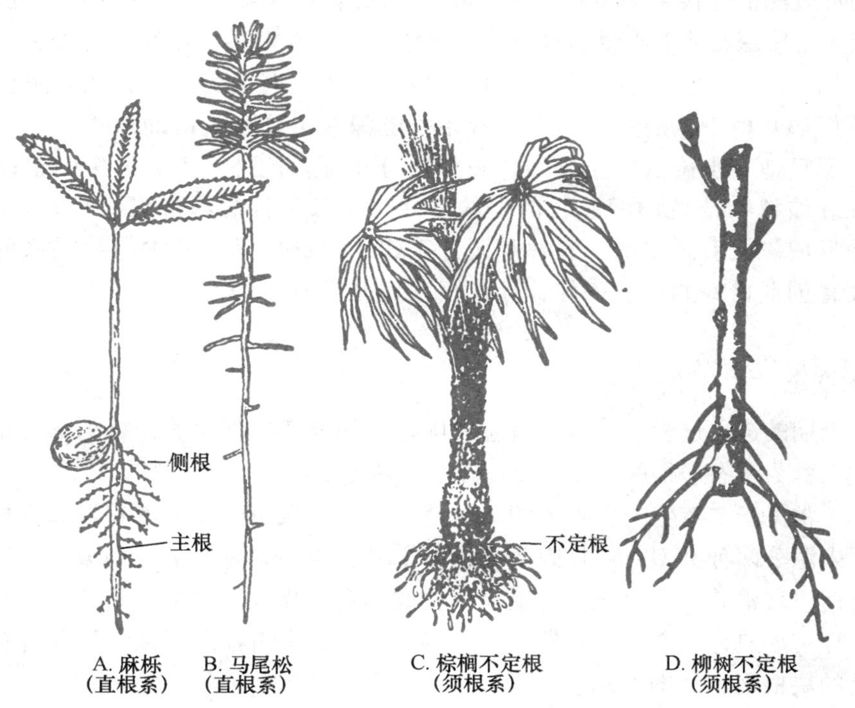

图4-1 根的种类与根系的类型

（引自刘仁林，2003）

直根系　由主根及各级侧根组成。根系发达粗壮，垂直向下生长，侧根较细小，与主根有明显区别，这种根系叫直根系。大部分双子叶植物和裸子植物的根系都属于这种类型，如麻栎、马尾松、向日葵、蒲公英、果树和林木的实生苗等。

须根系　主根不发达或早期停止生长，由茎的基部形成许多粗细相似的不定根，细长如须，呈丛生状态。这种根系称为须根系，如竹、棕榈、小麦、水稻及鳞茎、植物葱、韭、蒜、百合等单子叶植物的根系。

3. 根系在土壤中的分布与生产的关系

根系在土壤中的分布与植物生长有很大关系。植物的地上部分必须依赖根系从土壤中吸收水分和营养，并借助根系固着与土中。因此，根系在土壤中生长与茎叶的发育必须保持一定平衡。在自然条件下，根系的深度与宽度往往大于树冠面积的5~15倍，根在土壤中分布的深度和宽度，因植物的种类，生长发育状况、土壤环境以及人为的影响等因素而不同。

根据根系在土壤中分布的状况，又可分为两类。深根性主根发达，深入土层可达3~5m，甚至10m以上，垂直向下生长，如蓖麻、马尾松等。浅根系主根不发达，侧根或不定根向四面扩张，并占有较大面积，长度远远超过主根，根系大部分分布在土壤表层，如小麦、水稻、刺槐及悬铃木等。

根系的深浅决定于植物的遗传本性，也受外界条件，特别是土壤条件的影响。长期适应生长在河流两岸或低湿地区的树种，如柳树、枫杨等，由于在土壤表层中就获得充足的水分，因而形成浅根性根系的特征；而长年生长在干旱地区的马尾松或沙漠地区的植物，根系必须深入土壤深层才能吸收到水分，因而形成深根性根系的特性。这种特性也不是绝对不变的，同一种植物生长在不同的条件下根系分布也有很大差异，如马尾松虽然属深根性树种，但如栽植于贫瘠的土壤中，根系不能深入土层生长因而成为水平扩展；而生长在深厚土层且地下水位低的土壤中，则根系分布深。此外，人为的影响也能改变根系分布的特性。如植物苗期的灌溉、苗木的移栽、压条和扦插易形成浅根系。种子繁殖，深根施肥易形成深根系。因此，农林和园艺工作中，都应掌握各种植物根系的特性，并为根系的发育创造良好的环境条件，促使根系健全发育，为地上部分的繁茂和稳产打下良好基础。

4. 根的变态

植物在长期的进化过程中，由于适应环境条件的改变，其营养器官的形态结构及生理发生了变化，称为变态。根的变态主要有以下几种类型：

贮藏根　常见于二年生或多年生的草本植物，这些根中贮藏大量养料以供抽茎开花时所需。根据来源分两种类型，一是肉质直根，主要由主根发育而成，如萝卜、胡萝卜和甜菜的根属于肉质直根。二是块根，由植物侧根或不定根膨大而成的。因此，在外形上比较不规则，一株可形成许多膨大的块根。它的膨大部分完全由根所形成。番薯的肥大肉质根就是最常见的块根之一（图4-2）。

支持根　有些植物可以从靠近地面的茎节上生出许多不定根，伸入土中以加固植株。如玉米、高粱、甘蔗等都有支持根，生长在南方的榕树，常在侧枝上产生下垂的不定根，进入土壤，形成“独木成林”的特有景观。支持根也有吸收的机能。

呼吸根　呼吸根存在于一部分生长在沼泽或热带海滩地带的植物，如红树、水松等。它们有许多支根，从腐泥中向上生长，挺立在泥外空气中（图4-3）。呼吸根外有呼吸孔，内有发达的通气组织，有利于通气和贮存气体，以适应在缺氧的土壤条件下维持植物的正常生长。

气根　生长在热带的兰科植物能自茎部产生不定根，悬垂在空中称为气根（榕树的不定根到达地面以前，具有吸收功能）。气根在构造上缺乏根毛和表皮，由死细胞构成的根被所代替，根被具有吸水作用。

攀援根　有些植物的茎细长柔软不能直立，如常青藤、络石、凌霄等。茎上产生不定

根以固着在其他树干、石山或墙壁等表面，攀援上升，这类不定根称攀援根(图4-4)。

图4-2 番薯的块根
（引自崔玲华，2005）

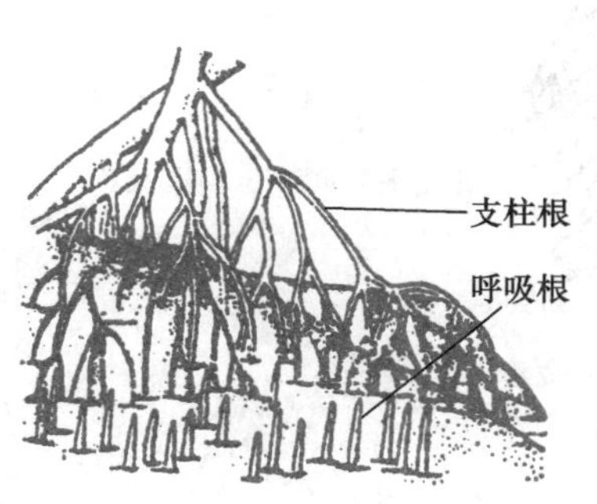

图4-3 红树的支持根和呼吸根
（引自崔玲华，2005）

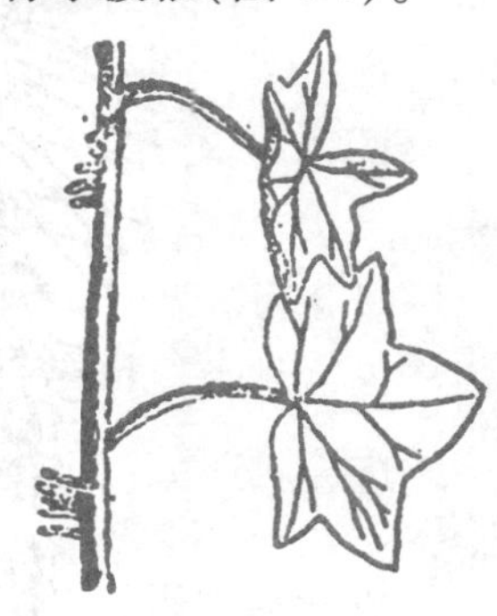
图4-4 常春藤的攀援根
（引自崔玲华，2005）

寄生根 有些寄生植物，如桑寄生属、槲寄生属、菟丝子属的植物，它们的叶片退化成小鳞片，不能进行光合作用，而是借助于茎上形成的不定根（或称吸器），伸入寄主体内吸收水分和营养物质，这种根称为寄生根（图4-5）。

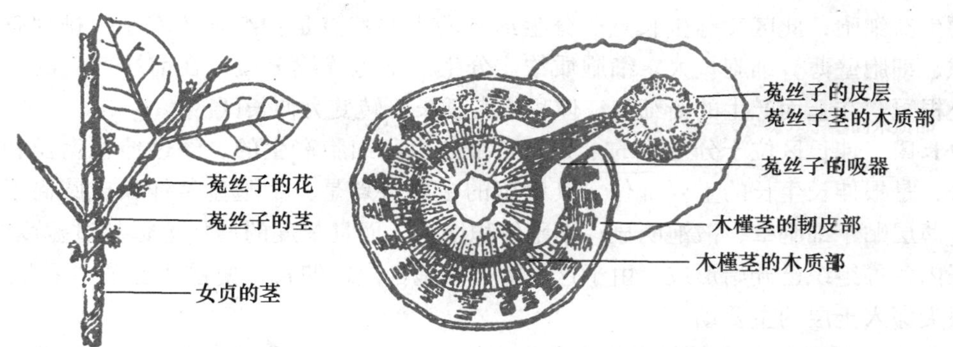

图4-5 菟丝子的寄生根
（引自崔玲华，2005）

4.1.2 根的构造

1. 根尖及分区

从根尖端到着生根毛的部分称为根尖。每一条根都有根尖，是根的伸长生长，分枝和吸收活动最重要的部位。根尖从顶端自下而上可分为根冠、分生区、伸长区和成熟区四部分(图4-6和图4-7)。各区的生理机能不同，细胞形态结构也不同，但各区之间并无严格的界线，而是逐渐过渡的。

根冠 根冠像帽状，长在根的尖端，保护着内部幼嫩的分生区，使之不致在深入土壤时被坚硬的土粒所伤害。根冠由生活的薄壁细胞所组成，外层细胞排列疏松，细胞壁黏液化，起润滑作用，使根在土壤中容易推进。根冠除了保护功能外，还能控制分生组织的向地性生长。

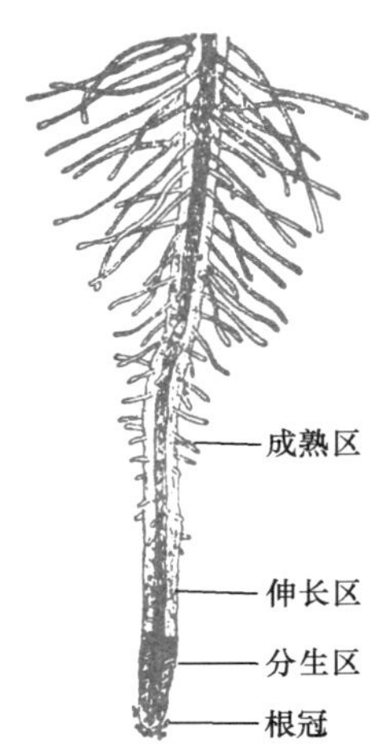

图 4-6　根尖各部分
（引自崔玲华，2005）

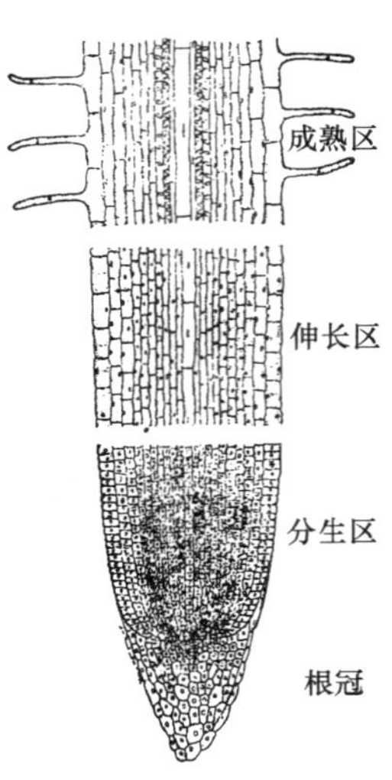

图 4-7　根尖纵切图解
（引自崔玲华，2005）

分生区　分生区位于根冠的上方约 1 ~ 2mm，全由分生组织细胞构成，能不断进行有丝分裂增生新细胞，此区又称生长点。分生细胞的主要特点是：细胞体积小，排列整齐，无胞间隙，细胞壁薄，细胞核大，细胞质浓。分生区细胞连续分裂，在前端产生的新细胞不断补充根冠，在上面产生的新细胞，体积增大延长，转变为伸长区。

伸长区　伸长区位于分生区的上方，是由分生区细胞产生的。经过伸长生长和初步分化而来，是根伸长生长的重要部位，其细胞的主要特点是：细胞显著伸长成圆筒形，细胞质成一薄层贴于细胞壁，液泡明显，细胞体积增大。而且长度的增加远远超过宽度的增加，同时根内各种组织已开始形成，由于这一部分细胞剧烈地伸长，使根在土壤中不断地延伸，成为根尖深入土层的主要动力。

成熟区　成熟区位于伸长区的上方，由伸长区的细胞分化成熟而来，这部分细胞停止伸长，分化成各种组织。它的表面密生根毛，故又称根毛区。根毛是一部分表皮细胞向外突出形成的。根毛的数目很多，每平方毫米有数百根，这些根毛伸入到土壤颗粒的间隙中，增加了根的吸收面积。因此成熟区是根部吸收水肥的主要部分，根毛的长度约几毫米到几厘米不等。因植物种类和所处外界条件不同而异。根毛生存时间不长，一般经过几天到十多天便枯萎死亡，但幼根向前生长，不断形成新的根毛区以代替老的根毛区。因此随着根的生长，可以不断保持根系的强大吸收能力。

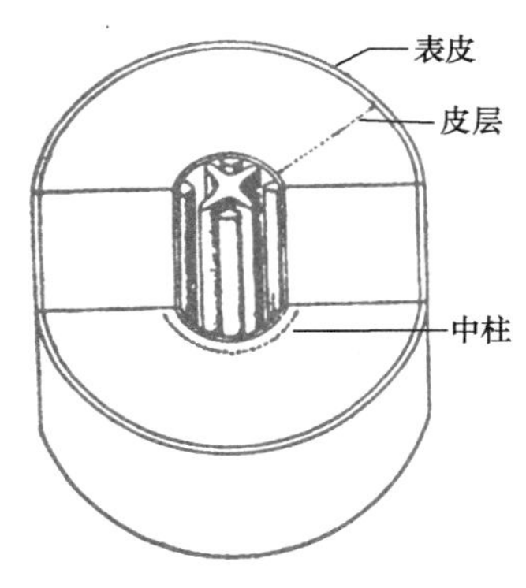

图 4-8　根的初生构造立体图
（引自崔玲华，2005）

2. 根的伸长生长与初生构造

由初生分生组织经分裂、生长和分化的过程，称为初生生长。初生生长主要是植物的伸长生长。经初生生长所形成的成熟组织称为初生组织。由初生组织组成植物的构造称初生构造。

由根毛区作横切，可见根的初生构造由外而内分为表皮、皮层和维管柱三部分（图 4-8 和图 4-9）。

（1）表皮

表皮位于根的表面，最外一层细胞，细胞排列紧密，细胞壁薄，水分和无机盐可以自由通过。许多表皮细胞的外壁突起伸长，形成根毛（图4-10），扩大了根的吸收面积。植物移栽时，常因损伤根毛而影响水分的吸收，使植物由于失水而引起暂时萎蔫，如果不产生新的根毛，就可引起植物枯萎死亡。所以，根毛区的表皮细胞吸收作用较其保护作用更为重要。

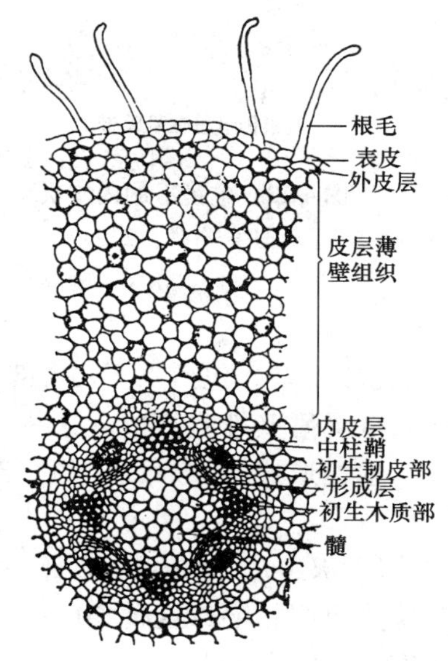

图4-9 刺槐根的初生构造（开始次生生长）
（引自崔玲华，2005）

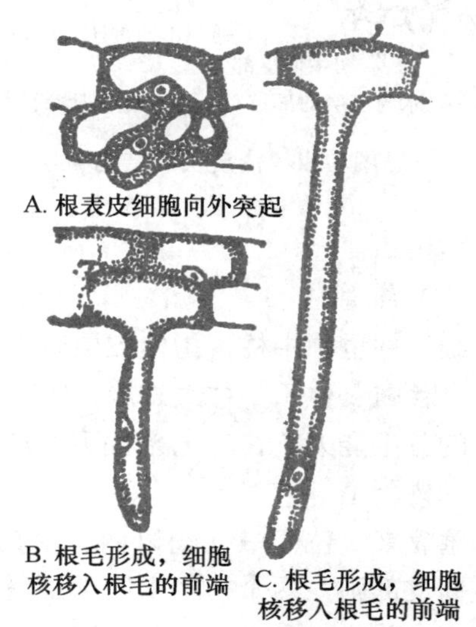

图4-10 根毛的发育
（引自崔玲华，2005）

（2）皮层

位于表皮与维管柱之间，由多层排列疏松的薄壁细胞组成。是水分和盐类从根毛到中柱运输途径，皮层在根中占有很大部分。皮层也具有贮藏营养物质和一定的通气作用。皮层的外层及最内层通常排列紧密，细胞形态构造和皮层中部细胞不同，因而分别称为外皮层和内皮层。当根毛枯死，表皮细胞破坏，外皮层细胞的胞壁栓化，代替表皮起保护作用。内皮层细胞较小，通常是生活的，细胞排列紧密而整齐。内皮层结构比较特殊，其细胞的径向壁和横向壁有木化和栓化的带状增厚，称凯氏带（图4-11）。在横切面上，其侧壁增厚的部分呈点状，叫凯氏点。

电镜观察表明在凯氏带处内皮层细胞质膜较厚，并紧紧地与凯氏带附着在一起（图4-12）。凯氏带的这种特殊结构，对根内水分和物质的运输起着控制作用，即由皮层进入中柱的水分和离子被凯氏带所阻隔，不能通过胞间隙、细胞壁或壁与质膜之间进入，而必须全部经过内皮层的质膜及原生质体系统才能进入中柱，起到了控制作用。同时也起到减少水分和溶液的散失而保证其进入导管中。

许多单子叶植物和少数双子叶植物的内皮层细胞五面壁（即侧壁、上下壁和内壁）加厚，并木质化，只靠近皮层的外壁不增厚，所以在横切面呈马蹄形。这种细胞物质很难通过，成为死细胞。在正对中柱木质部的一些内皮层细胞仍保持薄壁状态，这种细胞叫通道细胞。这样进入皮层的水和无机盐类可通过通道细胞进入木质部导管。

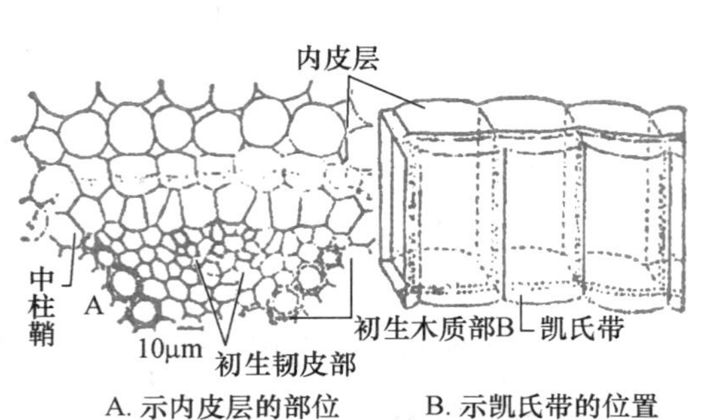

图 4-11 内皮层的结构
（引自崔玲华，2005）

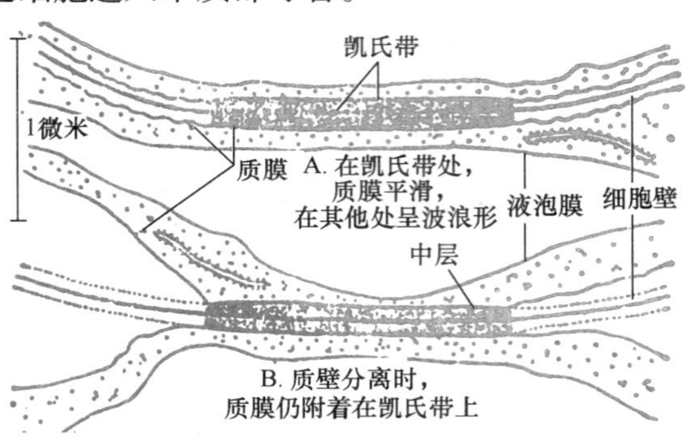

图 4-12 电镜下的内皮层
（引自崔玲华，2005）

（3）维管柱

维管柱也称中柱，指内皮层以内的部分。它的构造比较复杂，包括以下几个部分：

中柱鞘　位于中柱最外层，紧靠内皮层，由一层或多层薄壁细胞组成。这些细胞具有潜在的分生能力，在一定条件下，产生侧根、不定芽、木栓形成层、形成层的一部分、乳汁管和树脂道等。

维管束　位于中柱鞘以内，由初生木质部和初生韧皮部组成。初生木质部呈辐射状，初生韧皮部则在两个初生木质部辐射角之间，中间有薄壁组织相隔，这种相间排列方式是根所特有的。具有次生生长的植物，这种薄壁组织可以转化为形成层。

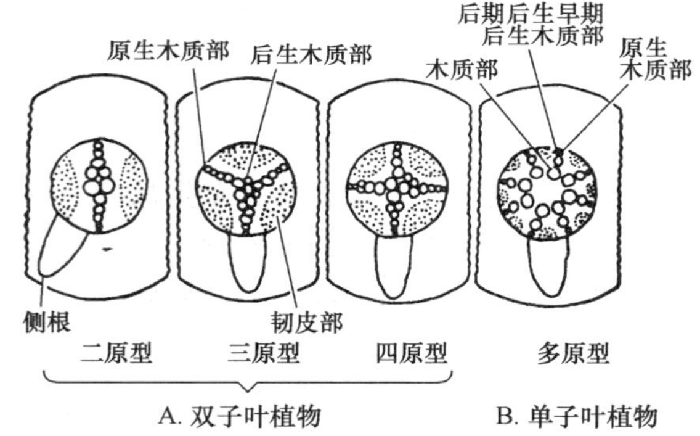

图 4-13 根初生木质部的各种类型及侧根发生的位置
（引自崔玲华，2005）

初生木质部是指植物体具有输导和支持功能的一种复合组织，主要由导管、管胞、木纤维和木薄壁细胞组成。其中导管和管胞是输导水和无机盐的，是木质部的主要部分。木质部的细胞壁多数木质化，木纤维是其中特化的支持部分，故木质部又有支持功能。在根的初生构造中，具有两个原生木质部的称为二原型，如萝卜、菜、烟草。具有三个原生木质部的称为三原型，如豌豆、柳树。具有四个原生木质部的称为四原型，如蚕豆（图 4-13）。

初生韧皮部主要由筛管、伴胞、韧皮纤维和韧皮薄壁细胞组成，叶片制造的有机物营养物质主要有韧皮部输送到根、茎、花、果实等部位。

髓　大多数单子叶植物和少数双子叶植物，中心不形成导管而仍为薄壁细胞或厚壁细胞组成的髓。但大多数双子叶植物的根中没有髓，根的中央仍然是初生木质部。有些单子叶植物的中柱中央形成髓空，如毛竹。也有的中央只有一个后生木质部的导管。

3. 根的增粗生长与次生构造

单子叶植物和少数双子叶植物的根内无形成层，所以没有增粗生长。而大多数双子叶植物和裸子植物的根，在根毛区内能产生形成层和木栓形成层，它们具有旺盛的分裂能力和分裂活动，增加新的组织，使根不断增粗。这种过程称次生生长。由它们产生的次生维管组织和周皮共同组成的构造，称次生构造（图 4-14）。

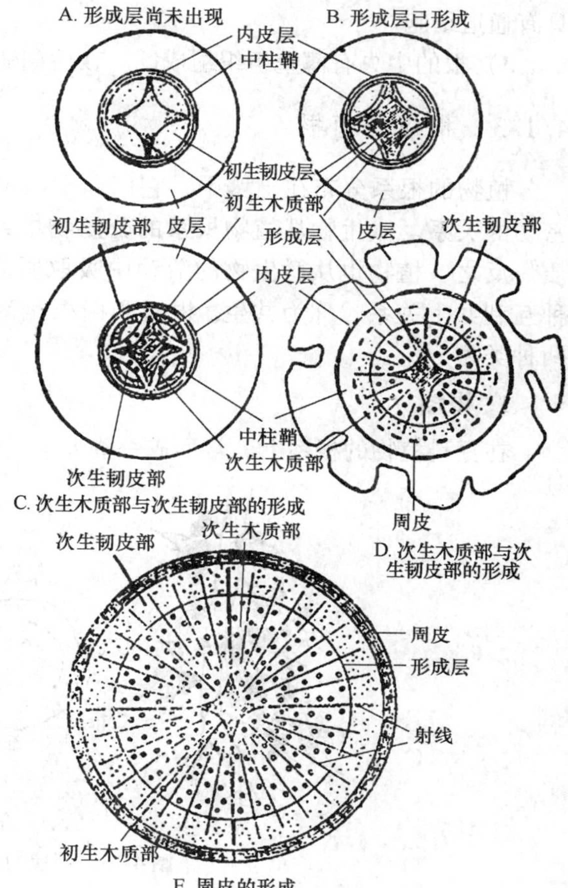

图 4-14 根的增粗生长过程图解
（引自崔玲华，2005）

形成层的产生及活动 根在增粗生长以前，在初生木质部和初生韧皮部之间的薄壁组织恢复分生能力转变为形成层，同时，与木质部放射角相对的中柱鞘细胞也恢复分裂形成形成层，并与初生木质部和初生韧皮部之间薄壁组织中产生的形成层连接，于是片断状的形成层就连接成为一个波状的形成层环。

形成层形成后，主要进行平周分裂。向内分裂形成次生木质部，加在初生木质部外方，向外分裂产生次生韧皮部，加在初生韧皮部内方。

形成层除产生次生木质部与次生韧皮部外，还能产生一些径向排列的射线薄壁细胞，在横切面上呈辐射状排列，分布于次生韧皮部与次生木质部之中，称维管射线，其中位于木质部的称木射线，位于韧皮部的称韧皮射线，而由髓直接通向皮层的称髓射线。射线是木质部与韧皮部之间的横向运输通道（图 4-15）。

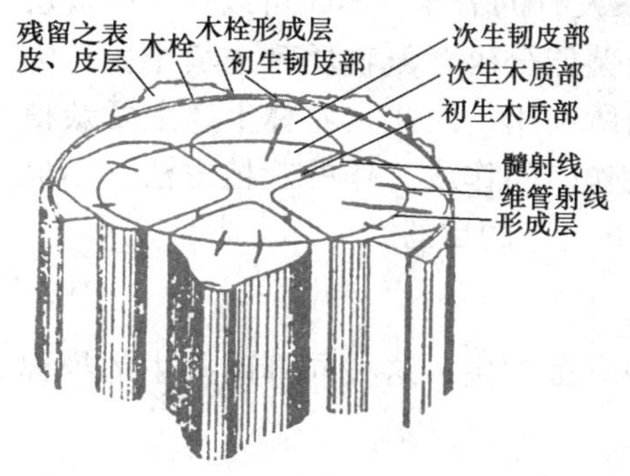

图 4-15 根的次生构造立体图解
（引自崔玲华，2005）

木栓形成层的产生和活动 由于形成层的活动，引起中柱的次生增粗，中柱外围的皮层及表皮被撑破。这是伴随而发生的现象是根的中柱鞘细胞恢复分裂能力，形成木栓形成层。木栓形成层进行平周分裂。向内分裂产生栓内层，向外分裂产生木栓层，三者共同组成周皮。周皮包于根外，起保护作用。

4. 单子叶植物根的结构（禾本科）

禾本科植物根的构造由外向内依次为表皮、皮层、中柱三部分。与双子叶植物根的构造区别如下：

1）禾本科植物的根内薄壁组织不能恢复分裂能力产生形成层。它在发育后期加厚并木质化成为厚壁组织。故禾本科植物只有初生构造，没有次生构造。不能进行增粗生长。

2）在生长后期，外皮的部分细胞变为厚壁的机械组织，起支持和保护作用。内皮层中具有通道细胞。

3）根的中央有薄壁组织组成髓。在后期变为厚壁组织以加强中柱的支持与固定作用。

4.1.3 根瘤与菌根

植物的根系分布在土壤中，它们和土壤中的微生物（细菌、放线菌、真菌等）有着密切的关系。微生物从植物根系的分泌物中或有的直接进入植物根内吸收所需的营养物质。反之，植物也从微生物的活动中吸取所需的物质。即高等植物与微生物之间形成一种互利共生关系，称为共生。根瘤和菌根是高等植物根系和土壤微生物之间共生关系的两种类型。

1．根瘤

在豆科植物的根系上，常形成一些大小不等的瘤状突起，称为根瘤（图4-16）。

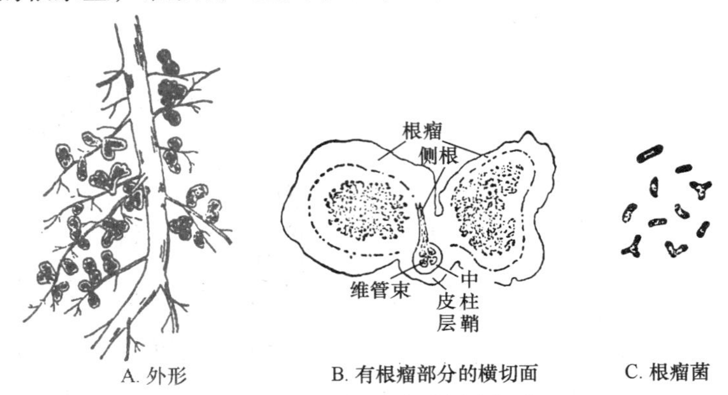

图4-16　刺槐的根瘤及根瘤细菌
（引自崔玲华，2005）

根瘤的形成是由于土壤中的根瘤菌侵入到根部的皮层或中柱鞘的部位，从而引起这部分细胞的强烈分裂和生长，使根的局部膨大形成瘤状突起。根瘤菌能固定空气中的游离氮，将大气中的游离氮（N_2）转变为（NH_3），供给植物生长发育的需要，同时可以从根的皮层细胞中取得其生长发育所需要的水分和养料。由于根瘤菌能分泌含氮物质到土壤中去，因而可增加土壤肥力，根瘤也在土壤中脱落，为其他植物所利用，因此在农林生产上常栽植可以产生根瘤的植物，如利用豆科植物与其他农作物轮作，间作或套作的栽植方法，不但可以节约氮肥，而且还能用以改良土壤，达到不施肥而获高产的目的。

2．菌根

自然界中，不少高等植物的根可以与土壤中的某些真菌共生，这种同真菌共生的根称菌根（图4-17）。

根据菌丝在根中存在的部位不同，可分为三种类型。

外生菌根　真菌的菌丝包被在幼根的表面，或进入皮层细胞的间隙中，代替根毛的作用，扩大了根系的吸收面积。这种菌根的根尖外型略变粗或二叉分枝，不具根毛。如马尾松、油松、冷杉、云杉、柳、毛白杨等。

内生菌根　菌丝侵入到皮层的细胞腔内和腔间隙中，根尖具根毛，外形呈瘤状突起，如银杏、侧柏、五角枫、圆柏、葡萄、某些兰科植物等。内生菌根主要能加强吸收机能，

促进根内物质的运输。

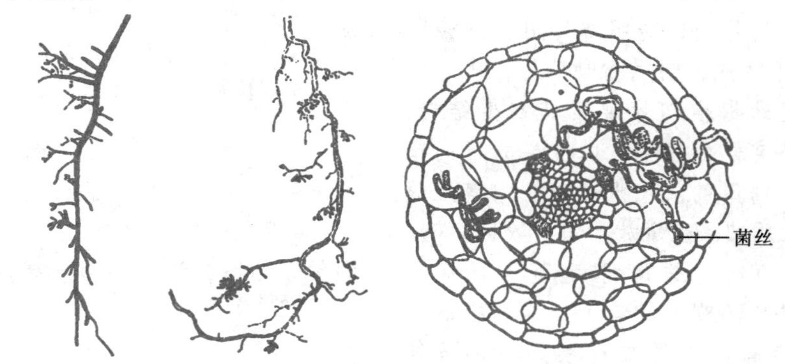

A. 桤叶槭的内生菌根　B. 马尾松外生菌根外形　C. 桤叶槭内生菌根横切面

图4-17　菌根

（引自崔玲华，2005）

内外生菌根　菌丝不仅包围根尖，也侵入皮层细胞的细胞腔及腔间隙中，此种类型存在较普遍，如桦木、草莓、苹果、柽柳等植物，它们既有外生根菌又有内生根菌。

实训4.1 根的形态与结构观察

1. 目的

1.1　了解根系的类型。

1.2　区分根尖各区结构，以了解根是怎样伸长生长的。观察双子叶植物根初生结构和次生结构特征，以了解根的增粗生长。熟练使用显微镜。

2. 用品与材料

显微镜、放大镜、培养皿、滤纸、盖玻片、载玻片、镊子、双面刀片、1%番红溶液。

大豆、菠菜、葱、洋葱的根，玉米（或小麦、水稻）的籽粒、蚕豆（或大豆、棉花）的种子、小麦（或洋葱）根尖纵切片、蚕豆幼根横切片、毛茛或其他植物老根横切片。

3. 内容与方法

3.1　根系的类型

观察大豆、菠菜、葱、洋葱的根系，区分直根系和须根系。

3.2　根尖及其分区

3.2.1　材料的培养。在实验前5～7天，用几个培养皿（或搪瓷盘），内铺滤纸，将玉米（或小麦、水稻）籽粒浸入水后均匀地排在潮湿滤纸上，并加盖。然后放入恒温箱中或温暖的地方，温度保持15～25℃，使根长到1～2cm，即可观察。

3.2.2　根尖及其分区的观察。选择生长良好而直的幼根，用刀片从有根毛处切下，放在载玻片（片下垫一黑纸），不要加水，用肉眼或放大镜观察它的外形和分区。

3.2.3　根尖分区的内部结构。取小麦（或洋葱）根尖纵切片，在显微镜下观察。由根尖向上辨认各区，观察不同发芽时期根的形态，注意根冠位置及形态，根毛发生位置，侧根发生位置。

3.3　根的初生结构

双子叶植物根的初生结构。在实验前10天左右，将蚕豆（或大豆）种子同玉米籽粒进行催芽处理，待幼根长到1~2cm时，在根毛区做徒手横切片，选透明薄片用番红染色1~2min，用水冲洗，制成临时装片，盖片观察，或用蚕豆幼根横切片观察其初生结构：表皮有无向外突起的根毛；内皮层的径向壁有无凸透镜状增厚的凯氏点；中柱内有无放射状的初生木质部，注意放射角的数目。

3.4　根的次生结构 取毛茛老根横切片，先在低倍镜下观察其各个结构所在的部位，然后转换高倍镜详细观察其各部分结构：周皮、韧皮部、形成部、木质部，维管射线。

4. 作业

4.1　绘出根尖纵切面及横切面构造的部分图，注明各部分名称。

4.2　绘蚕豆（或其他双子叶植物）幼根横切面图，注明各部分结构名称。

拓展知识　植物的根

根是维管植物体轴的地下部分，主要起固着和吸收作用，同时还有合成和贮藏有机物，以及进行营养繁殖的功能。根上不生长叶和花，它虽然和茎一样有分枝，但分枝（侧根）来源不同。藻类和苔藓植物没有根，蕨类植物中最原始的松叶蕨、梅西蕨和古代最早的陆生化石莱尼蕨也没有真正的根，只在地下的根状茎上有具吸收功能的假根；大多数现存的蕨类植物、裸子植物和被子植物才有真正根的结构。根是陆生植物从土壤中吸收水分和无机盐的器官，也是固定地上植物体的器官。

小　结

根系是植物重要的地下器官，其主要功能是吸收和支持，种类有定根和不定根，定根包括主根和侧根。根系有直根系和须根系两种。

根的变态贮藏根、支持根、呼吸根、气根、攀援根和寄生根等。

根尖可分为根冠、分生区、伸长区和成熟区四部分。吸收的主要部分是成熟区。根的初生构造有表皮、皮层和中柱三部分组成。根的次生结构是维管形成层和木栓形成层活动的结果。维管形成层是由初生韧皮部与初生木质部的薄壁细胞以及中柱鞘细胞形成，它产生的次生韧皮部和次生木质部行使次生根的运输和支持功能；而木栓形成层由中柱鞘产生，进而产生周皮，行使次生根的保护作用。

有些植物的根行使不同的特殊功能，产生相应的变态，还有一些植物的根与细菌或真菌共生，形成根瘤或菌根。菌根有内生菌根、外生菌根和内外生菌根。

相关链接

1. 李淑珍，关力．植物学［M］．北京：北京大学出版社，2007.

2. 强胜．植物学［M］．北京：高等教育出版社，2006.

3. 华中师范大学生命科学院 http：//jpkc. ccnu. edu. cn/sj/2003/zwx/wlkt/wljy. htm

4. 植物学精品课程网 http：//jpkc. njau. edu. cn/botany/

练习题

一、名词解释

1. 主根 2. 根系 3. 直根系 4. 须根系 5. 不定根 6. 外始式 7. 凯氏带 8. 贮藏根 9. 变态根 10. 次生构造 11. 通道细胞

二、问答题

1. 根尖可以分为几个区？各区有何特点和功能？
2. 双子叶植物茎叶的初生结构，次生结构怎样？
3. 解释双子叶植物的茎为何能增粗，而单子叶植物的茎不能增粗？

4.2 茎

茎具有支撑枝叶和运输养料的功能，能把根吸收的水和无机盐送到枝、叶和其他部分，把叶制造的有机质输送到根和其他部分，把植物体的生理活动联成一个整体。此外，茎还有储藏作用和繁殖作用。

4.2.1 茎的基本形态

大多数种子植物茎的外形为圆柱形，也有少数植物的茎有其他形状，如莎草科植物的茎呈三角柱形，唇形科植物茎为方柱形，有些仙人掌科植物的茎为扁圆形或多角柱形。植物的茎通常具有主杆和侧枝，着生叶和芽的茎称为枝条。枝条上着生叶的部位称节，相邻两节之间的无叶部分称节间，叶片与枝条之间所形成的夹角称叶腋，叶腋处生有腋芽，枝条顶端着生顶芽。叶片脱落后留下的痕迹称叶痕，叶痕中有突起的小点称叶迹，维管束痕是叶柄维管束断离后留下的痕迹。在木本植物的枝条上还有一些黄褐色的小突起，称皮孔，它们是枝条与外界气体交换的通道。皮孔最早由于枝条不断加粗而胀裂，因此在老茎上通常看不到皮孔。在枝条上还可看到芽鳞痕，它是顶芽开放后芽鳞脱落留下的痕迹。根据芽鳞痕的数目可以判断枝条的年龄(图 4-18)。

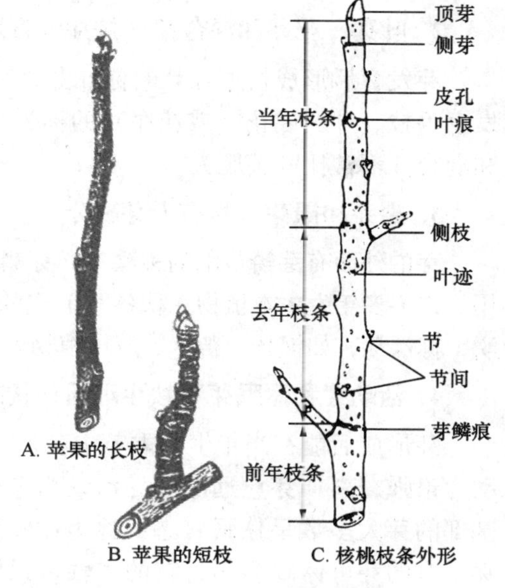

图 4-18 枝条的形态
(引自刘仁林，2003)

植物在生长发育过程中，由于茎的伸长生长有快有慢，因此节间有长短之分。节间特别短的称短枝，而节间较长的枝条称长枝。如银杏、落叶松的短枝着生在长枝上，叶簇生在短枝顶端。松的短枝极度缩短，针叶成束着生于短枝顶端。苹果、柑橘、梨等果树上也有长短之分，长枝通常不能形成花芽，因而又称为营养枝，短枝上有芽的分化，能开花结果，所以又称为结果枝。

4.2.2 芽的类型

茎的顶端和叶腋处都生有芽，枝条和花都是由芽开放而形成的。因此，芽是枝条和花的原始体。一株树木的树冠就是各级枝条上的芽逐年开放形成的。

根据芽生长的位置、性质、结构和生理形态可将芽分为各种类型（图4-19）。

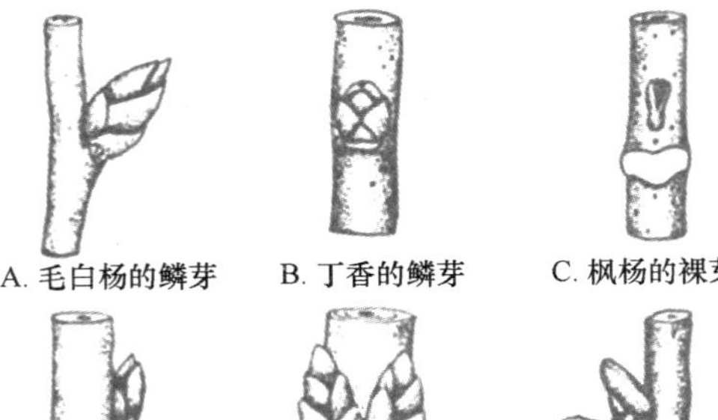

图4-19　芽的类型
（引自刘仁林，2003）

1．定芽和不定芽（依芽的位置分）

在枝条上生长有固定位置的芽，称定芽。定芽包括顶芽和腋芽，着生在枝条顶端的芽叫定芽。着生在叶腋的芽，叫腋芽（或侧芽）。大多数植物的叶腋通常只有一个腋芽，但有的植物叶腋内可生两个以上的芽，其中一个为腋芽，位于两侧的称副芽，这些芽并列着生，又称并生芽，如桃树、刺槐等。有些植物的芽成垂直方向上下重叠而生，称叠生芽，如紫穗槐、野茉莉等。有些植株的腋芽为叶柄基部所覆盖，落叶后才露出，称为柄下芽，如悬铃木、刺槐、石蜡等。

除定芽外，有些植物在老茎、根或芽，特别是受创伤的部位也能形成芽，这种芽称不定芽。如从秋海棠叶上、柳属、桑属植物的老茎上长出的芽。由于不定芽可产生新植株，因而在农林生产中利用这种特性来繁殖植物。

2．叶芽、花芽和混合芽（按芽发育后所形成的器官分）

芽发育后形成枝条和叶的称叶芽；芽发育后形成花或花序的称花芽；如果一个芽同时发育为枝、叶、或花（或花序）的称为混合芽，如梨、苹果、丁香等都具有混合芽。花芽和混合芽都常比叶芽肥大。

3．鳞芽和裸芽（按有无芽鳞分）

芽的外面有芽鳞包围的称鳞芽，芽鳞为变态叶，其外常覆盖绒毛或蜡质，可增强保护作用。许多多年生木本植物在秋冬季形成的芽，多属于鳞芽，如毛白杨。有些植物的芽不具芽鳞，称裸芽，如枫杨，苦木、草本植物等。裸芽的幼叶裸露，但叶上常密被绒毛以防寒。

4．活动芽和休眠芽（按生理活动状态来分）

芽形成后能在当年生长季节中萌发成枝条或花的，称活动芽。一般来说，植物顶芽活动力最强，离顶芽愈远的腋芽活动力愈弱，枝条基部的芽大多数呈休眠状态，称为休眠芽或潜伏芽。有的芽可休眠多年，它的主轴可以随茎的增粗而伸长（图4-20）。由于顶芽对腋芽的生长有抑制作用，因而当顶芽受损或生长受阻时，休眠芽就会萌发。在园林或果树修剪时，人们常利用这种原理进行果树修剪和绿化树木整形。

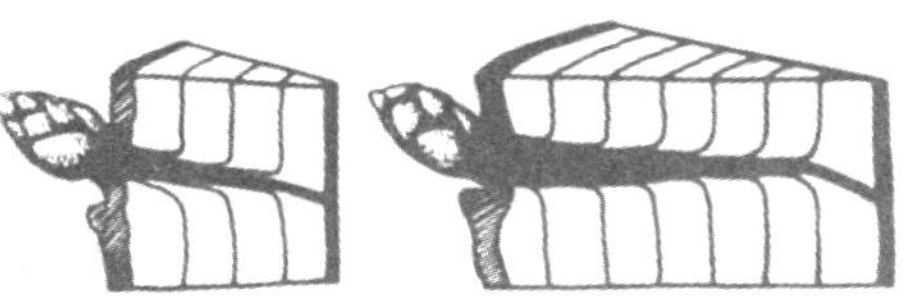

图4-20　休眠芽的主轴随茎的加粗而伸长
（引自崔玲华，2005）

4.2.3 茎的生长方式

各种植物的茎在长期进化过程中，为了适宜各自不同的环境条件，因而有了各自的生长习性，形成了不同类型的茎。一般来说可分为四种（图4-21）。

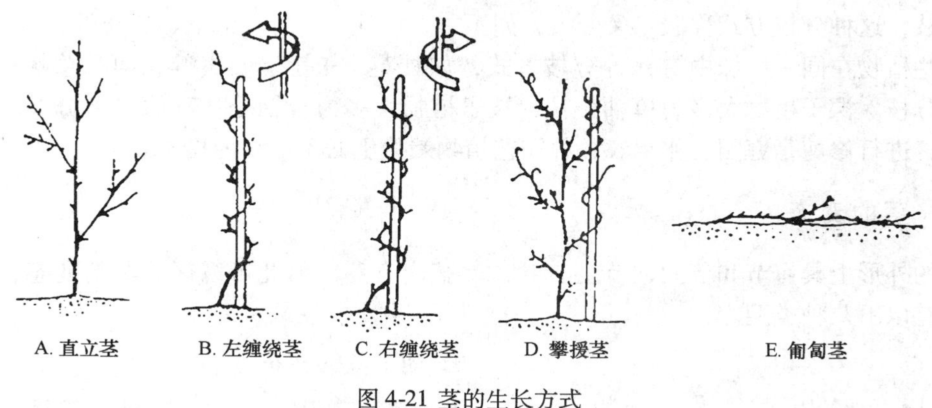

图4-21 茎的生长方式
（引自崔玲华，2005）

直立茎 大多数植物的茎是直立的，生长的方向与根相反，一般垂直向上生长。如杨属、松属、杉属、向日葵等。

攀缘茎 茎幼时较柔软，不能直立，依靠卷须或特有的结构攀缘在其他物体上才能向上生长，如葡萄和瓜类等以卷须攀缘，络石、常春藤等以气生根攀缘，爬山虎以吸盘攀缘，猪殃殃以钩刺攀缘等。

缠绕茎 茎细长柔软不能直立，成螺旋状缠绕在其他物体上向上生长，如牵牛、紫藤等。

匍匐茎 植物茎沿地面匍匐生长，在茎上不但生有叶子，并往往在接触地面的节部处生有不定根，如甘薯、草莓等。

4.2.4 茎的分枝方式

分枝是植物的基本特性之一，是普遍存在现象（棕榈科植物除外），每种植物茎都有一定的分枝方式，常见植物的分枝方式有三种（图4-22）。

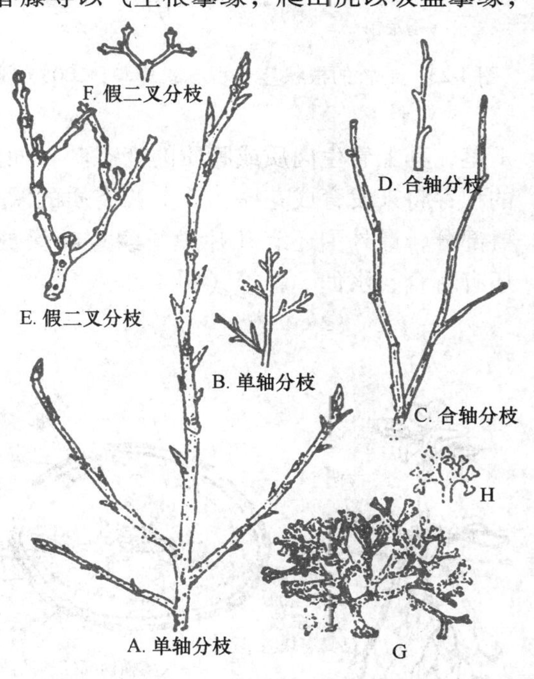

图4-22 茎的分枝类型
（引自崔玲华，2005）

单轴分枝（总状分枝） 顶端优势明显的主茎的顶芽生长始终占主导，形成通直的主干，主茎上又有多次分枝，形成圆锥形、尖塔形的树冠，侧枝的生长始终不如主茎，这种分枝出材率最高，如松、杉、杨等树种。

合轴分枝 主干的顶芽生长到一定时间便停止生长，由靠近顶芽的侧芽代替顶芽发育成新枝，新枝的顶芽生长到一定时期又由靠近顶芽的侧芽所代替，如此形成了弯曲的主轴称合轴分枝。在较幼的枝条上，可看到接替的曲折情况，而较老的茎上不明显。这种树冠开张如伞状，扩大了光合作用面积，有利于透光通风，也有利于花芽发育，如榆、柳、槭、桃、桑、苹果等。

假二歧分枝　顶芽停止生长或形成花芽后，由顶芽下方两个对生的腋芽同时发育成叉状的分枝，这种分枝方式称假二叉分枝，如丁香、茉莉、石竹、泡桐、梓树等。

有些植物在同一植株中有几种分枝方式，如杜英、玉兰、女贞等，即有总状分枝，又有合轴分枝。裸子植物大多为单轴分枝，被子植物大多为合轴分枝和假二叉分枝。根据分枝规律，进行修剪是庭园工作、农、林园艺植物栽培上必不可少的措施。

4.2.5　茎的变态

茎的外形上具有节和节间，节上有叶，叶腋内有芽，借此可以区分茎的变态，常见茎的变态有以下几种类型。

1. 地下茎的变态

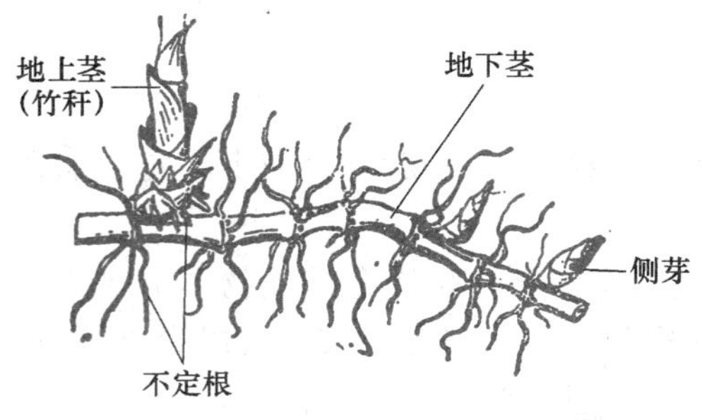

图 4-23　毛竹的根状茎（引自崔玲华，2005）

根状茎　蔓生于土层下，具有明显的节与节间，节部有退化的鳞片叶，叶腋内有腋芽，顶端有顶芽，可形成为地上枝，节上产生不定根，具繁殖作用，如竹类、芦苇、鸢尾、莲等（图 4-23）。

块茎　为节间缩短膨大的肉质地下茎，形状不规则，如马铃薯（图 4-24）顶端有顶芽，四周有许多作螺旋状排列的“芽眼”，每个芽眼内有几枚侧芽，芽眼着生处为节，两个芽眼间为节间。

鳞茎　是一种节间极短，扁平或圆盘状的地下茎，其上着生肉质或膜质的变态叶。如洋葱鳞茎，中央节间缩短的茎称为鳞茎盘，顶端的顶芽将来发育成花序，节上长肉质的鳞片叶包围鳞茎盘，贮有大量营养物质，为食用主要部分，最外围还有几片膜质鳞片叶保护，叶腋有腋芽，鳞茎盘下端长有不定根。此外，还有百合、水仙、蒜等（图 4-25）。

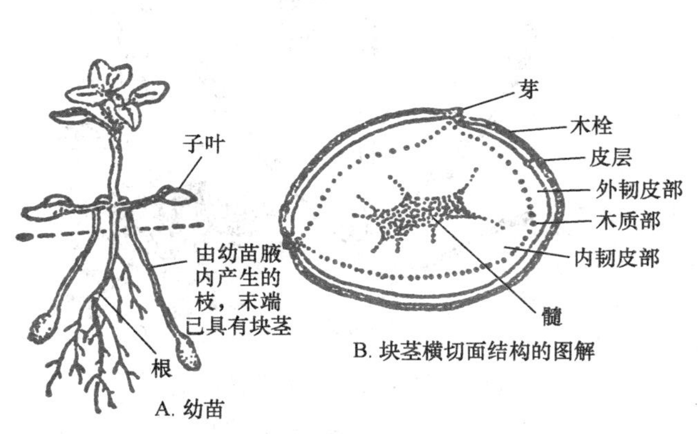

图 4-24　马铃薯的块茎
（引自崔玲华，2005）

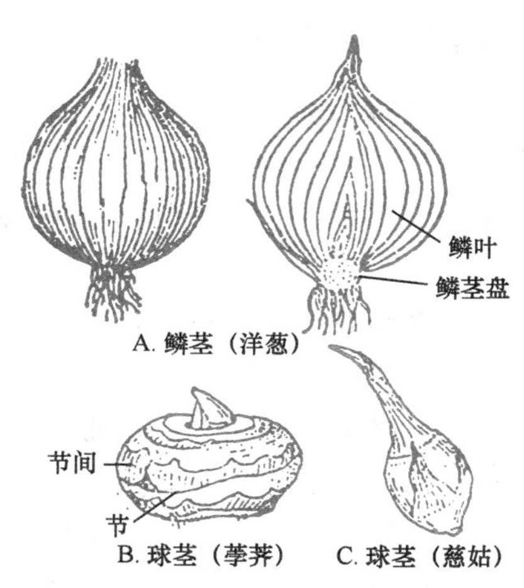

图 4-25　茎的变态（地下茎）
（引自崔玲华，2005）

球茎　是节间缩短、膨大成球形的地下变态茎。具有明显的节和节间，节上生有起保护作用的鳞片及腋芽，其内部贮存养料，如荸荠、慈姑、芋等（图4-25）。

2. 地上茎的变态

茎刺　茎变为具有保护功能的刺，如山楂、柑橘的单刺，皂荚的分枝刺。蔷薇、月季上的皮刺是由表皮形成的，数量多而分布无规则，与维管束无联系，是茎表皮的突出物而不是茎的变态（图4-26C、D）。

茎卷须　许多攀援植物的茎细长柔软，不能直立变成卷须，如南瓜、黄瓜的卷须由腋芽发育形成，葡萄的茎卷须由顶芽发育形成（图4-26A）。

叶状茎（叶状枝）　叶退化，茎变态成叶片状代替叶的生理功能。如蟹爪兰、昙花、天门冬等。竹节蓼的叶状枝极显著，叶小或全缺，假叶树的侧枝变为叶状枝，叶退化为鳞片状，叶腋可生小花（图4-26E、F）。

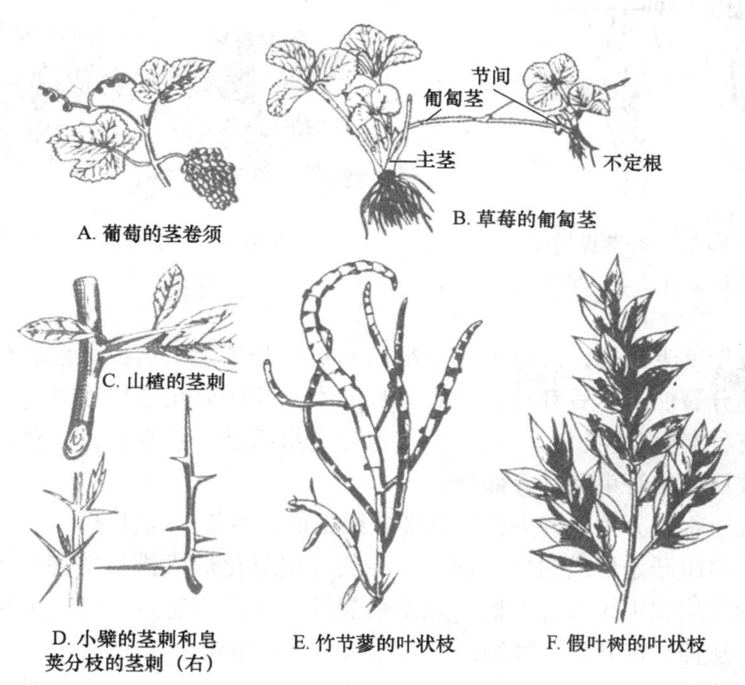

图4-26　茎的变态（地上茎）
（引自崔玲华，2005）

肉状茎　茎肥厚多汁，常为绿色，可贮藏水分和养料，能进行光合作用，如莴苣、榨菜、球茎甘蓝和仙人掌科植物。

4.2.6　茎的构造

1. 叶芽的构造

从芽的纵切面可以看到芽的结构（图4-27）：芽的中央有芽轴，它是未发育的茎。芽轴的顶端由分生组织构成，叫生长锥。在生长锥基部周围有凸起，将来发育成叶，叫叶原基。靠近芽轴下部的叶原基分化程度较高，叶腋处生有小凸起，将来可发育成腋芽，叫叶芽原基。此外，在芽的最外面还有起保护作用的芽鳞。

2．茎尖的分区

茎尖基本上和根尖相同，也是由分生组织组成，但茎尖没有类似根冠的结构，而分生区却形成了一些叶原基突起，增加了茎尖结构的复杂性。

茎尖自上而下可分为三个区，即分生区、伸长区和成熟区（图4-28）。

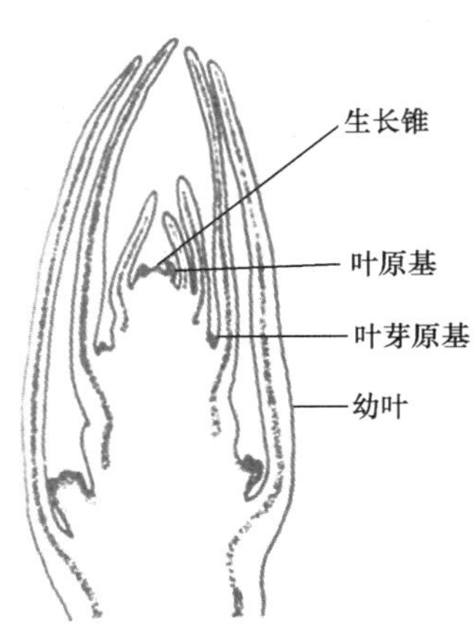

图4-27 叶芽纵切面
（引自崔玲华，2005）

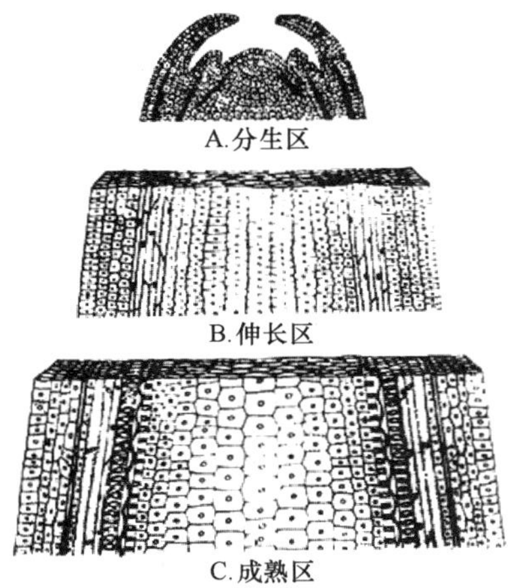

图4-28 茎尖分区纵剖面图
（引自崔玲华，2005）

分生区 位于茎尖前端，由原生分生组织和初生分生组织组成。前者位于最先端，其细胞具有很强的分裂能力；后者具有一定分裂能力并开始分化形成原表皮层、基本分生组织和原形成层三种初生分生组织。这三种初生分生组织进一步生长，分化形成茎的成熟组织，即表皮、皮层、维管束和髓等部分。

伸长区 位于细胞分生区的下面，这部分细胞迅速生长，是使茎伸长生长的主要部分。同时，初生分生组织开始形成初生组织，如原表皮层分化形成排列整齐的表皮，基本分生组织分化形成形成层和中央部分的髓，原形成层分化形成维管束。外观上可见芽已开始伸长，芽鳞脱离。从伸长区开始，细胞逐渐分化形成各种组织。

成熟区 细胞伸长生长停止，组织分化基本完成，形成茎的初生构造。此时，芽已发育为幼嫩的新枝。

3．双子叶植物茎构造

（1）双子叶植物茎的初生构造

通过双子叶植物茎尖成熟区作横切面，自外而内分为表皮、皮层和中柱三部分（图4-29）、（图4-30）。

①*表皮* 位于幼茎最外的一层活细胞，是初生保护组织。细胞呈长方形，排列紧密，无胞间隙，不含叶绿体。外壁常角化或附有蜡层或表皮毛。表皮上分布少量的气孔，为内外气体交换的通道。

②*皮层* 位于表皮内方，由多层薄壁细胞组成，细胞排列疏松，细胞内常含有叶绿体，因而幼茎常为绿色，能进行光合作用。通常靠近表皮的几层细胞常分化为厚角组织，

增加幼茎的机械作用。有些植物的皮层中有纤维和石细胞（图4-30）。

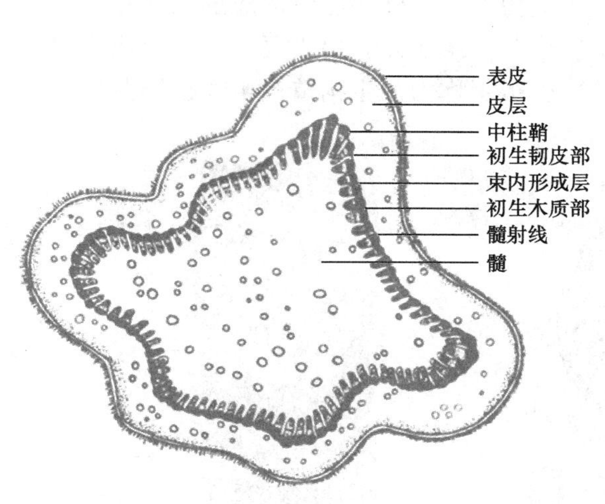

图4-29 楝茎初生构造示意图
（引自刘仁林，2003）

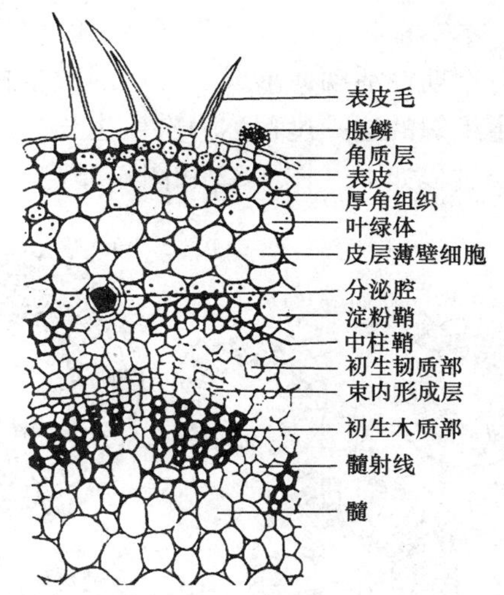

图4-30 楝茎横切面的一部分（初生构造）
（引自刘仁林，2003）

③ 中柱　皮层以内所有的组织称为中柱，包括中柱鞘、维管束、髓和髓射线四部分（图4-30）。

中柱鞘　位于中柱的最外层，由一至几层细胞组成。有些植物中柱鞘是由薄壁细胞组成的。在一定条件下可恢复分生能力，产生不定根、不定芽和木栓形成层。

维管束　是中柱内最重要的部分，由初生韧皮部、束内形成层和初生木质部组成。维管束在中柱内成环状排列（图4-30和图4-31）。初生韧皮部位于维管束的外侧，由筛管、伴胞、韧皮纤维和韧皮薄壁细胞组成，主要功能是输导有机物质。初生木质部位于维管束的内方，由导管、管胞、木薄壁细胞和木纤维组成，主要功能是输送水分和无机盐，并具有机械支持作用。束内形成层位于初生韧皮部和初生木质部之间，具有细胞分裂能力，能产生茎的次生结构。

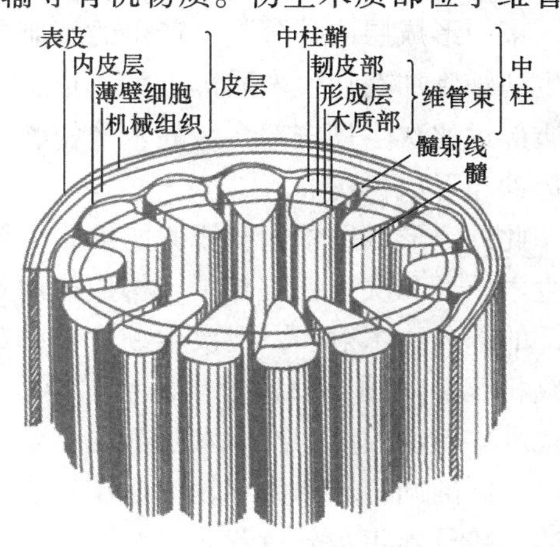

图4-31 双子叶植物茎初生构造立体图
（引自崔玲华，2005）

髓　位于中柱的中心，由薄壁细胞组成（图4-30）。通常贮藏丰富养料，有的植物的髓中还有异细胞，如晶体、单宁、淀粉、石细胞等。有的植物节间的髓在生长过程中毁坏，形成髓腔，如南瓜，有时在节间还留存一些片状髓组织，如核桃、枫杨属。

髓射线　位于各维管束之间的薄壁组织（图4-31），内连髓部，外通皮层，在横切面上呈放射状排列，是茎内横向运输的通道，在插枝繁殖时，射线细胞常能恢复分裂能力产生不定根。髓射线与髓部及其他部分的薄壁组织同为茎的贮藏组织。

(2) 双子叶植物茎的次生构造

木本植物的茎，每年除茎尖的增高生长，产生初生构造外，还由形成层和木栓形成层进行周期性活动，形成了发达的次生构造。由次生分生组织——形成层和木栓形成层产生次生组织的这一过程称为次生生长，所形成的次生组织称为次生构造。木本植物茎的次生生长过程如下（图 4-32 和图 4-33）：

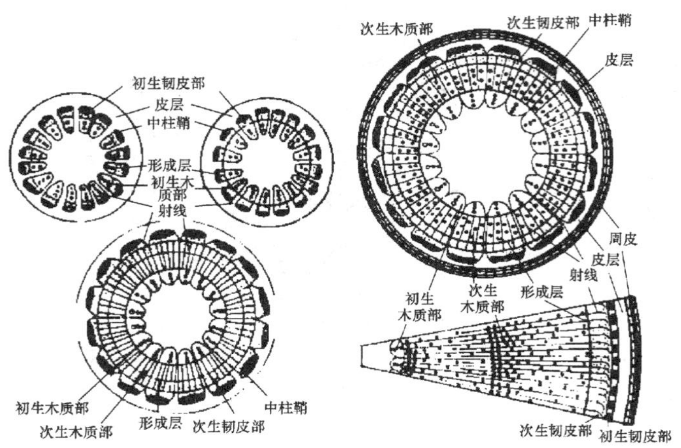

图 4-32 茎增粗生长图解
（引自刘仁林，2003）

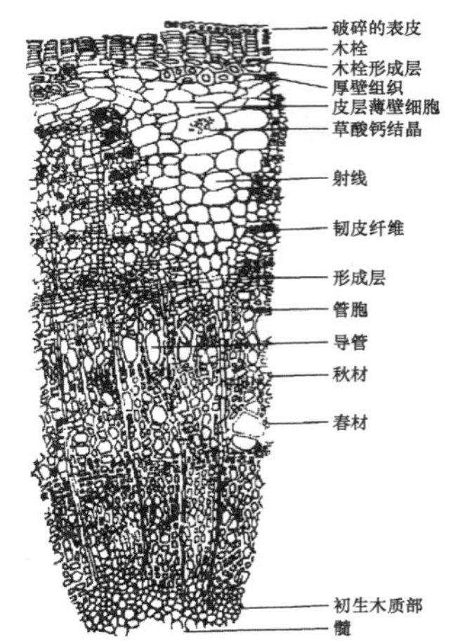

图 4-33 3 年生椴树茎的次生构造
（引自崔玲华，2005）

形成层的产生与活动 在茎的初生构造中，每一个维管束都有束内形成层，但它们互不连接，为髓射线所间断。次生构造形成时，对着束内形成层的髓射线细胞恢复分裂能力，由薄壁细胞转变为分生组织，形成束间形成层，并与原来的束内形成层连接在一起，成为一个连续的形成层环（图 4-32）。

束内形成层向外分裂，产生的细胞加在初生韧皮部内面，成为次生韧皮部；向内分裂产生的细胞加在初生木质部外面，成为次生木质部。在形成层的分裂过程中，形成的次生木质部远比次生韧皮部多，故木本植物的茎主要由次生木质部占据，而次生韧皮部在茎的周边参与形成树皮。

此外，形成层中的射线原始细胞分裂，向内向外产生大量的薄壁细胞，放射状分布在次生木质部和次生韧皮部中，构成横向运输和贮藏的组织，称为维管射线。其中在次生木质部的部分称木射线，在次生韧皮部的部分称为韧皮射线。维管射线不到达髓部，可与髓射线相区别（图 4-33）

木本植物的茎的次生木质部在一年的生长期内，因季节的显著变化，在横切面上形成深浅不同的同心环称为年轮。一年只有一个年轮，所以根据树干基部的年轮数，可推测树木的年龄及当年水分及营养状况。

木栓形成层的产生与活动 双子叶植物茎形成层的活动，维管组织不断扩大，其外围的表皮或皮层细胞恢复分裂能力形成木栓形成层。向外分裂产生木栓层，向内产生栓内层。木栓层、木栓形成层、栓内层三者合称周皮。周皮形成以后，表皮细胞死亡并脱落，在表皮原来气孔的位置上，由于木栓形成层的细胞分裂，产生一团排列疏松的薄壁细胞，形成一个缝状的裂口，叫皮孔。它是植物体内外的通道。

木栓形成层的寿命因植物种类不同而异，一般生存几个月就死亡。当木栓形成层死亡后，皮层深处的薄壁组织又产生新的木栓形成层。由于木栓形成层细胞的胞壁栓化，木栓层外方的组织被新形成的木栓层所隔断，得不到水分、养分而死亡。这些死亡的组织，包括其外方的多次周皮，称为树皮。但习惯也把形成层以外的所有部分统称为树皮，包括历年产生的周皮、一些死的周皮、韧皮部等，使树皮有更好的保护作用。

4. 单子叶植物茎的构造

单子叶植物茎尖的构造与双子叶植物相同，但由它所发育的茎的构造则是不同的。单子叶植物茎构造的类型较多，以毛竹为例说明其基本特征（图 4-34 ~ 图 4-36）。

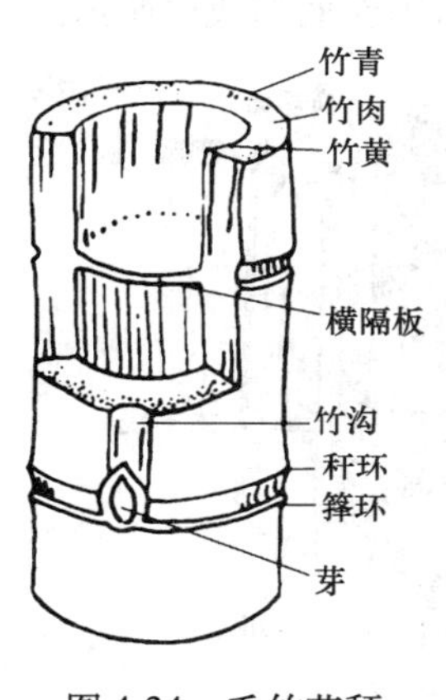

图 4-34　毛竹茎秆
（引自崔玲华，2005）

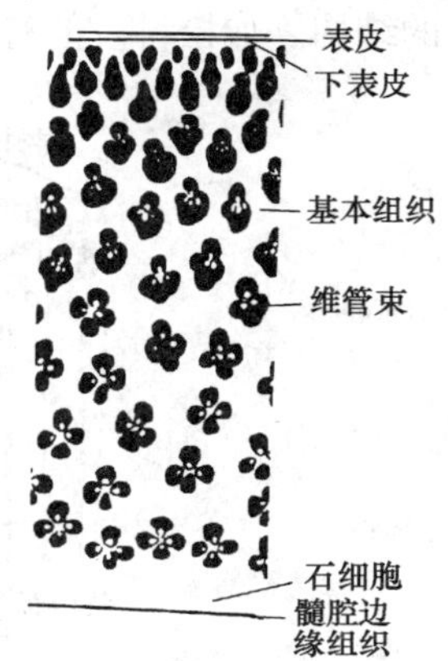

图 4-35　毛竹秆横切
（引自崔玲华，2005）

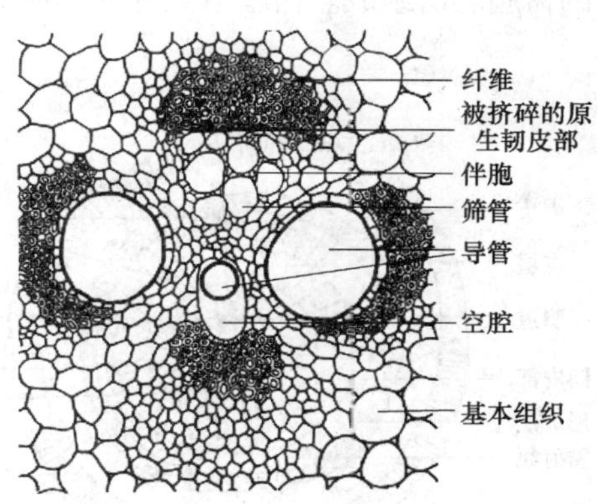

图 4-36　毛竹茎的维管束
（引自崔玲华，2005）

毛竹在外形上和大多数禾本科植物一样，具有明显的节和节间，毛竹的节间是中空的，中空部分称为髓腔，其周围的壁，称为竹壁。竹壁自外而内可就分为竹青、竹肉和竹黄三部分（图 4-34），在显微镜下观察竹壁的横切面，自外而内分为下列各部分：

表皮　最外面的一层生活细胞，由长形细胞和短形细胞相间排列，壁厚，外壁硅质化或角质化，有少数气孔。表皮内方有几层小而壁厚的细胞，是茎外方的机械组织。

基本组织　表皮以内除维管束和各种机械组织外，均为基本组织。靠近表皮的基本组织细胞小而密，常含叶绿体，故竹青呈现绿色。茎中央的基本组织在发育过程中破裂而形成髓腔。随竹龄增加，基本组织细胞壁逐渐增厚并木化，成为坚硬的竹杆。

维管束　维管束的数目很多，散生在基本组织中（图 4-35）。靠外方的维管束小，分布较密，维管束只有纤维细胞。靠近内方的维管束较大，分布较稀，每个维管束四周有由纤维构成的维管束鞘。维管束包括初生韧皮部和与初生木质部，韧皮部在外方，木质部在内方。木质部通常只有 3 个导管，常排列成“V”字形（图 4-36）。木质部和韧皮部间无形成层。由于缺乏形成层，也不能产生木栓形成层，因此不能产生次生组织。所以，竹杆直径的大小，在笋期已基本确定，不再增粗。从笋尖至基部的增粗生长，是笋尖分生组织细胞分裂及细胞体积增大形成的。

上述毛竹茎的构造，其中维管束散生于基本组织中，每个维管束缺乏形成层，没有次生构造，这是单子叶植物茎构造的基本特征。只有少数的单子叶植物，如棕榈科、龙舌兰科植物，在茎内靠外侧的基本组织能产生一圈分生组织，经分化产生新的维管束，从而使茎增粗。

5．裸子植物茎的构造

裸子植物都是木本植物，茎的结构与木本双子叶植物茎相似，有发达的次生构造，不同的是木质部和韧皮部的组成成分（图4-37）。

木质部中几乎无导管，主要由管胞组成，晚材中可能有纤维管胞，既是裸子植物的输导组织，也是机械组织。在横切面上，管胞呈四边形，排列整齐。在径切面上，管胞呈梭状，壁上有具缘纹孔（图4-38）。韧皮部主要由筛胞和薄壁细胞组成，没有筛管和伴胞。多数裸子植物体内具有树脂道，它是一种细长的管状结构，由许多分泌细胞（上皮细胞）和中间的树脂腔所组成。树脂道是有些树种所固有的结构。如松科。但有些也可因伤而形成树脂道。

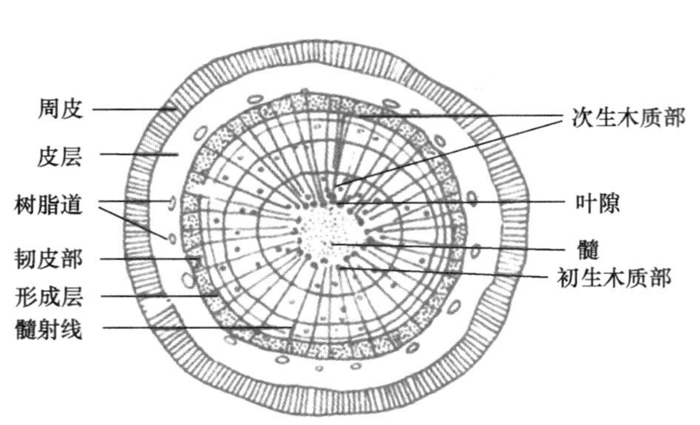

图4-37　油松幼茎的次生构造
（引自崔玲华，2005）

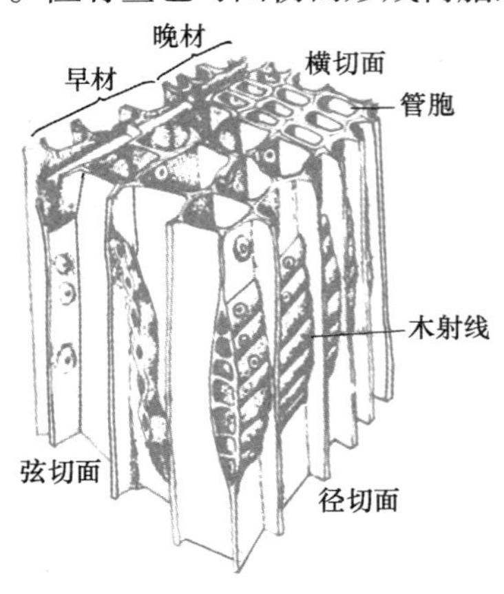

图4-38　松茎次生木质部立体结构
（引自崔玲华，2005）

 实训4.2　茎的形态与结构观察

1．目的

1.1　掌握茎的形态及芽的类型。

1.2　熟悉双子叶植物茎、单子叶植物茎和裸子植物茎的构造特征及双子叶植物茎的次生结构。

2．用品与材料

显微镜、盖玻片、载玻片、镊子、刀片、5%间苯三酚（用95%酒精配制）、盐酸、红墨水。

金钱松、大叶黄杨、加杨、二球悬铃木、金银木、枫杨、金钟花等枝条。蚕豆或向日葵幼茎横切制片，禾本科植物（小麦、玉米，竹笋节间等）幼茎及幼茎横切制片。双子叶植物茎的次生构造横切片，裸子植物木本茎的横切片。

3．内容与方法

3.1　茎的形态观察

3.1.1　枝条的观察。

（1）观察金钱松的长短枝。

（2）取加杨的枝条进行观察，区分节、节间、叶腋、叶痕、芽鳞痕、皮孔等。

3.1.2　观察芽形态及类型。

（1）取大叶黄杨顶芽，用利刀自正中

剖开，用放大镜观察芽尖、芽鳞等。

(2) 观察其他材料的芽，区分各种类型的芽。

3.1.3 观察芽的类型。

3.2 双子叶植物茎的初生结构

取向日葵（或大豆、棉花、蚕豆）幼茎做徒手横切片，用红墨水染色。即在载玻片上点一滴红墨水，放入切片材料，盖上盖玻片（不要冲洗），由于各部分组织对红墨水附着能力不同，因此镜检时，在低倍镜下就可以清楚地看出各部分分布情况及特点。也可用向日葵或大豆茎的初生结构横切片观察表皮、皮层、维管束、髓射线与髓几个部分。

3.3 单子叶植物茎的构造

3.3.1 玉米茎的构造。取玉米茎，在节间做徒手横切切片，将切片材料置于载玻片上，加一滴盐酸，2～3min后，吸去多余盐酸，再加一滴5%间苯三酚，几秒钟后，可见材料中有红色出现，盖上盖玻片观察。由于用间苯三酚染色分色清楚，木质化细胞被染成红色，其余部分均不着色。玉米茎结构可分表皮、厚壁组织、薄壁组织、维管束、髓腔（有或无）几部分。

3.3.2 玉米（或水稻）茎的结构。取玉米（或水稻）茎横切片，置于低倍镜下观察，区分表皮、下皮、基本组织、维管束、髓腔（有或无）的位置排列及细胞结构特点。在低倍镜下选择一典型维管束移到视野中央，再换成高倍镜观察，找出维管束鞘、韧皮部、木质部的位置，并观察其组成部分；判断维管束的类型；明确木质部导管分化的特点；明确髓腔形成的原因。

3.4 双子叶植物茎的次生构造

取阔叶树2～3年生（椴树）或向日葵茎横切片，置于显微镜下观察从外到内观察下列各部分：周皮、皮层、中柱鞘纤维，韧皮部、形成层、木质部、髓及髓射线，找出年轮界限并判断是几年生的茎或枝条；春材和秋材的界限和主要区别；正确识别维管射线和髓射线。

3.5 裸子植物茎的观察

取松或杉木2～3年生茎的横切片在低倍镜下由外向内依次观察周皮、皮层、中柱的位置；树脂道分布部位；再换成高倍镜观察：周皮的三层细胞结构的特征；韧皮部、形成层、木质部的区别；并区别双子叶植物木本茎与裸子植物木本茎结构成分上的异同点。

4. 作业

4.1 绘向日葵（或大豆、棉花）幼茎横切面图，并注明各部分结构名称。

4.2 绘玉米茎横切面图，注明各部分结构名称。

哪些园林植物的汁液有毒

园林植物中汁液有毒的种类，主要集中在天南星科、夹竹桃科、石蒜科的植物体内，如：大戟科的变叶木、夹竹桃、霸王鞭、猩猩草、一品红、高山积雪、铁海棠、麒麟花、红背桂、佛肚树、红雀珊瑚、油桐等；夹竹桃科的红花夹竹桃、黄花夹竹桃、白花夹竹桃、长春花、沙漠玫瑰等；天南星科的海芋、马蹄莲、花叶芋、花叶万年青等；石蒜科的红花石蒜、水仙、玫瑰石蒜、黄花石蒜等。此外，毛茛科的乌头属植物，如：高乌头、牛扁等；马鞭草科的五色梅；杜鹃花科的黄花杜鹃、映山杜鹃等；豆科的害羞草；百合科的郁金香；瑞香科的芫花等　均有毒。

小　结

茎的主要功能是支持和输导，并具有繁殖和贮藏作用，绿色的幼茎还进行光合作用。

芽依据位置可分为定芽和不定芽；依据发育形成不同器官可分叶芽、花芽和混合芽；依据有无保护结构可分裸芽和鳞芽；依据生理活动状态可分活动芽和休眠芽。

茎的基本形态有节、节间、叶腋、皮孔、叶痕、及芽鳞痕等；枝条可分长枝和短枝。茎的分枝有单轴分枝、合轴分枝和假二歧分枝三种。茎的生长方式有直立茎、缠绕茎、攀缘茎和匍匐茎四种。地上茎的变态有茎刺、茎卷须、叶状茎和肉质茎；地下茎的变态有鳞茎、球茎、块茎和根状茎四种。

茎尖可分分生区、伸长区和成熟区三部分。双子叶植物茎的初生结构由表皮、皮层和中柱三部分组成。表皮是初生保护组织。中柱由维管束、髓射线和髓组成。双子叶植物茎的次生结构是由于维管形成层和木栓形成层的发生和活动。维管形成层分束间形成层和束内形成层，其活动的结果产生大量的次生韧皮部、次生木质部和射线，使茎不断增粗。木栓形成层可由表皮、皮层、韧皮薄壁细胞等产生，其分裂、分化所形成的木栓层，代替了表皮的保护作用。

大多数单子叶植物茎只有初生结构，分为表皮、基本组织和维管束三部分。

裸子植物茎的结构与双子叶植物茎的结构基本一致，其主要区别是裸子植物茎的韧皮部主要是筛胞；木质部一般以管胞为主，没有导管。

相关链接

1. 李淑珍，关力．植物学［M］．北京：北京大学出版社，2007.
2. 强胜．植物学［M］．北京：高等教育出版社，2006.
3. 华中师范大学生命科学院 http：//jpkc. ccnu. edu. cn/sj/2003/zwx/wlkt/wljy. htm
4. 植物学精品课程网 http：//jpkc. njau. edu. cn/botany/
5. 西北大学精品课程 http：//jpkc. nwu. edu. cn/zwx/page/skja. html

练习题

一、名词解释

1. 节间　2. 叶迹　3. 总状分枝　4. 合轴分枝　5. 假二叉分枝　6. 芽鳞痕　7. 维管射线　8. 晚材和早材　9. 束内形成层

二、问答题

1. 双子叶植物茎是怎样增粗的？
2. 说明禾本科植物茎的构造？
3. 从形态上看，地下茎的变态与根有何不同？
4. 如何从外形区分根和茎？如何从结构上鉴别双子叶植物根和茎的初生结构及根和茎的次生结构？

4.3 叶

叶着生在茎的节部，由茎尖的叶原基发育而来的器官，其主要生理功能是进行光合作用与蒸腾作用。光合作用制造植物生长发育所需的有机物。蒸腾作用可促进植物对水分和无机盐的吸收与运输，并调节植物的体温。此外，叶还具有进行气体交换、吸收矿质元素和贮藏有机物等功能，少数植物的叶还能繁殖新植株，如秋海棠、景天等植物可用叶来进行扦插繁殖。

4.3.1 叶的组成

典型的叶可分为叶片、叶柄和托叶三部分（图4-39）。叶片通常是绿色扁平的，是进行光合作用的主要部分，有各种形状和大小，叶柄连接叶片着生于茎上，是叶与茎之间物质交换的通道；托叶的形状大小随植物种类而不同。叶片、叶柄、托叶三部分都具有的叶称完全叶，如梨、桃、月季、豆科、蔷薇科植物的叶。有些植物的叶缺乏托叶，如丁香、泡桐等；或托叶、叶柄均缺，如蓝桉等，称为不完全叶（图4-39）。

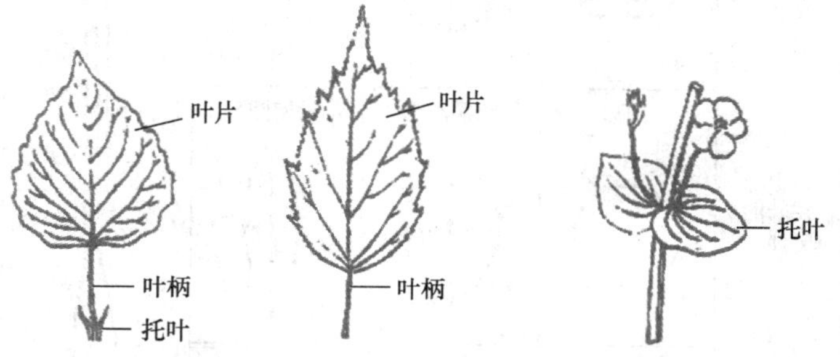

图4-39　完全叶和不完全叶
（引自刘仁林，2003）

禾本科植物叶的形态与一般的叶不同，由叶片、叶鞘、叶舌和叶耳四部分组成（图4-40）。叶片成条形或狭带形，其下部为抱茎的叶鞘，具有保护幼芽、居间分生组织以及加强茎秆的支持作用。叶片与叶鞘相连处的外侧有一色泽稍淡的环，称为叶枕。叶枕有弹性和延伸性，借以调节叶片的位置。叶鞘与叶片相连处的内侧有一膜状突生物称为叶舌，具有防止害虫、水分、病菌、孢子等进入叶鞘的作用。在叶舌的两旁有一对从叶片基部边缘伸出的耳状突出物，称为叶耳。叶舌、叶耳的有无、形状、大小、色泽等，常可作为鉴定禾本科植物种类的依据。

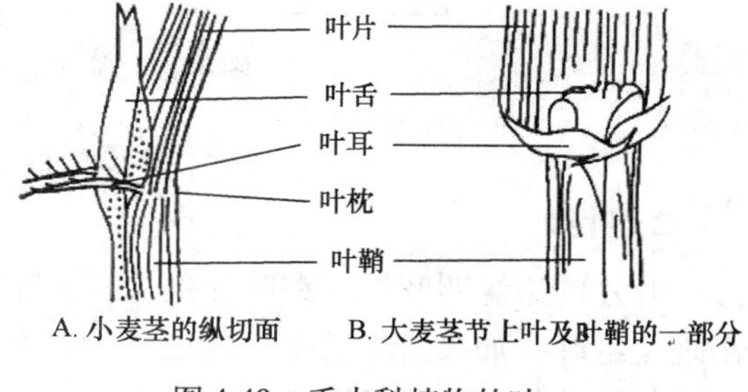

图4-40　禾本科植物的叶
（引自崔玲华，2005）

叶的形态是多种多样的，因每种植物具有一定形态的叶。因此，叶的形态是识别植物的重要特征之一。

4.3.2 叶片形态

植物叶片的形态多种多样，大小不同，形态各异。以大小而言，长度可由几毫米（如卷柏）到数米（如亚马逊酒椰的叶片达22m）。叶的形态变化也很大，但分类地位相近的植物叶形较相似。叶形通常指叶片的形状。整个叶片的形状、叶缘、叶尖、叶基及叶脉的分布等，每种植物都有其特点。

1. 叶形

叶片的形状差别很大。不同种类的植物，或同一株植物，叶的形态有所不同，但主要是以叶片的长度和宽度的比例及最宽处所处的位置来确定（图4-41）。

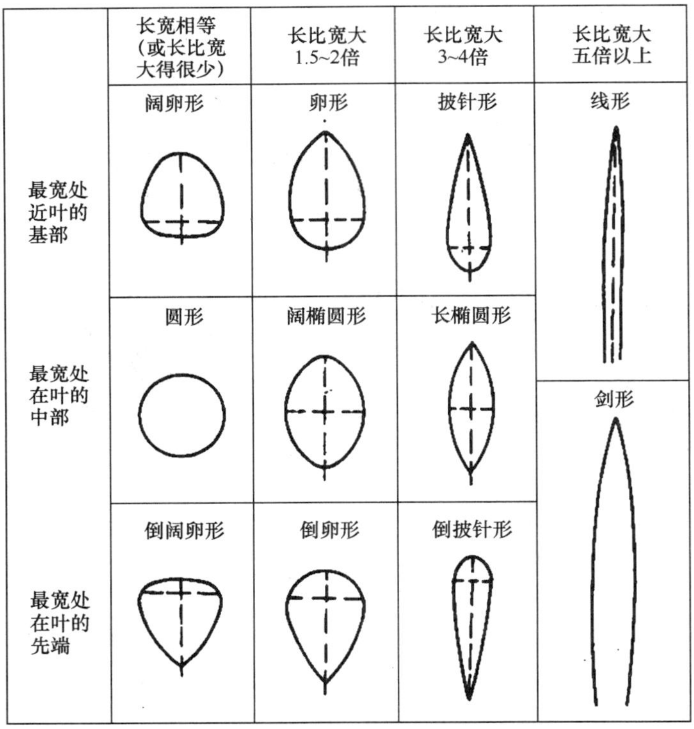

	长宽相等（或长比宽大得很少）	长比宽大1.5~2倍	长比宽大3~4倍	长比宽大五倍以上
最宽处近叶的基部	阔卵形	卵形	披针形	线形
最宽处在叶的中部	圆形	阔椭圆形	长椭圆形	
最宽处在叶的先端	倒阔卵形	倒卵形	倒披针形	剑形

图4-41 单叶的各种形状（依全形分）

（引自崔玲华，2005）

2. 叶缘

叶片的边缘叫叶缘。在叶片生长时，叶的边缘生长以均一的速度进行，结果叶缘平整，出现全缘叶，如果边缘的生长速度不均，有的部位有较强烈的生长，而另一些部位生长缓慢或很早就停止生长，因而使叶的边缘出现波状、齿状等形态（图4-42）。如果叶缘凹凸很深，叫做叶裂。叶裂的类型如图4-43所示。

3. 叶尖与叶基

叶尖和叶基各种各样的形态，也都是由于叶片局部的生长情况不同所造成的（图4-44）。

全缘
锯齿
牙齿
(齿端向外)
钝齿
波状
深裂
全裂

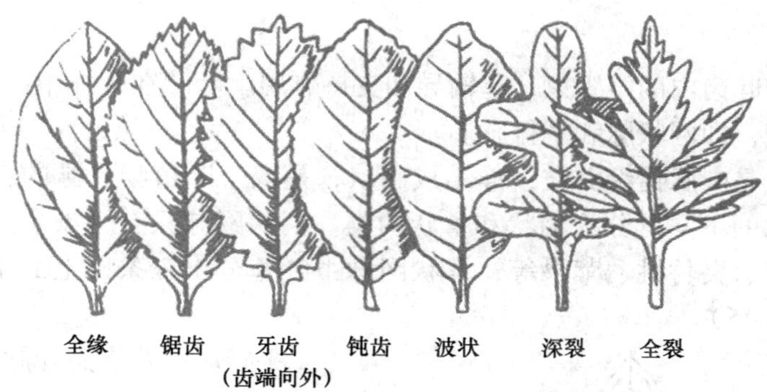

图 4-42 叶缘的基本类型
(引自崔玲华，2005)

掌状
羽状
全裂的
全裂的达基部
木薯
马铃薯
深裂的
深裂的深于半个叶片宽度的一半
蓖麻
蒲公英
浅裂的
浅裂的不到半个叶片宽度的一半
棉花
油菜

图 4-43 叶裂的类型
(引自崔玲华，2005)

渐尖
锐尖
尾尖
钝尖
尖凹
倒心形
心形
耳垂形
箭形
楔形
戟形
圆形
偏形

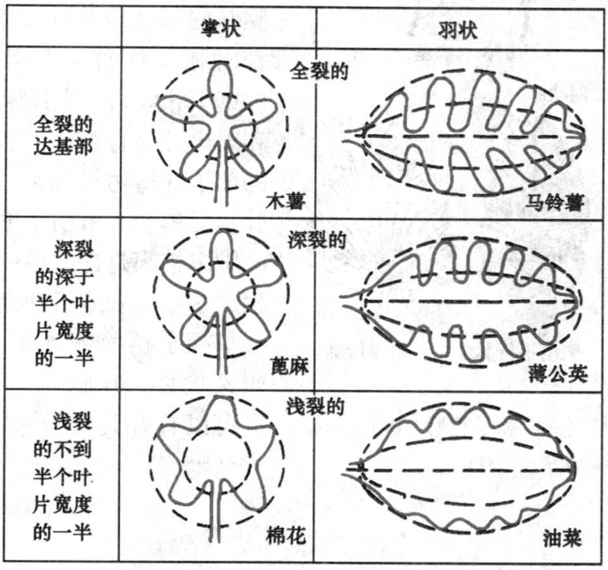

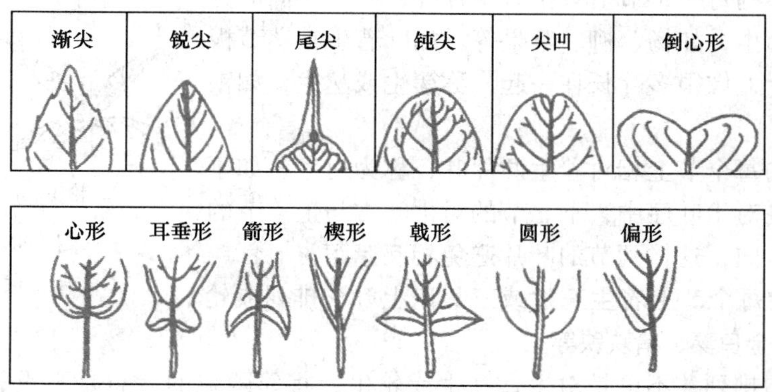

图 4-44 叶尖与叶基的类型
(引自崔玲华，2005)

4. 叶脉

叶脉是贯穿在叶肉内的维管束，起输导和支持作用。叶脉在叶片中的分布形式叫叶脉，常见的有两种类型，即网状脉和平行脉。

网状脉的特点是叶脉错综分枝，连结成网状，是双子叶植物叶脉的特征之一。网状脉又因中脉分出侧脉的不同再分为羽状和掌状两类。羽状网脉只有一条主脉，侧脉较小，向两侧分枝，如女贞、夹竹桃、苹果等；掌状网脉由叶基分出三条以上的主脉，如蓖麻、南瓜、葡萄等（图4-45）。

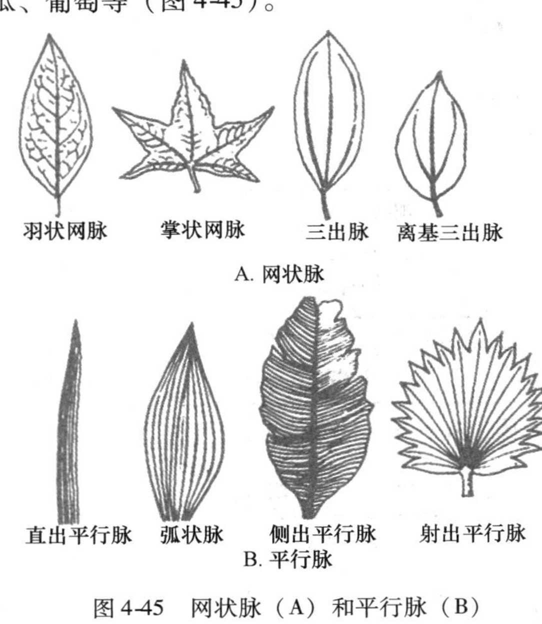

图4-45　网状脉（A）和平行脉（B）
（引自崔玲华，2005）

平行脉的特点是叶脉相互平行不交叉，中脉和侧脉自叶片基部发出，至叶片顶端汇合，各脉之间仍有细脉相连。这种叶脉是单子叶植物的特征之一。平行脉又根据侧脉的形状或自中脉分枝位置的不同分为直出脉（如竹、玉米、小麦等）；弧状脉（如鸭跖草），侧出脉（如芭蕉、香蕉等）和射出脉（棕榈）（图4-45）。只有及少数的单子叶植物（如芋、薯蓣等）的叶具网状脉，但单子叶植物无论是平行脉或网状脉其叶脉末梢都是连结在一起的，没有自由的末梢，这一点和双子叶植物的叶脉不同。

裸子植物银杏具有另一类型的叶脉，叫叉状脉，叶脉为二叉状分枝，在一片叶上可以有好几级分枝。这种脉序常见于蕨类植物。

4.3.3　叶序

叶在茎上的排列方式称为叶序。叶序有三种基本类型，即互生、对生和轮生（图4-46）。

互生　在茎的每一个节上只生有一片叶，叶以不同的方向在茎上交互而生，如杨、柳、苹果等。如叶着生在茎节极度缩短的短枝上，像很多叶长在一起，称簇生或丛生，如银杏、落叶松等。

对生　茎的每个节上相对着生两片叶，称为对生，如丁香、薄荷等。在对生叶序中，下一节的对生叶常与上一节的叶交叉成垂直方向，这样两节的叶片避免相互遮荫。

轮生　茎的每个节上着生三片或三片以上叶，排列成轮状，如夹竹桃、金鱼藻、猪殃殃等。

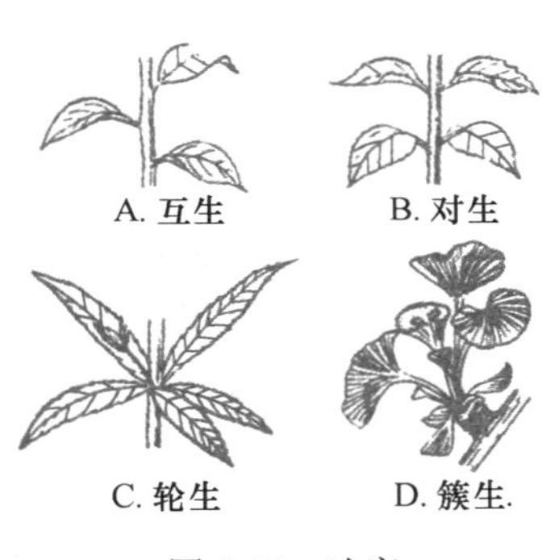

图4-46　叶序
（引自王世动，2008）

叶在茎上的排列，不论是对生、互生或轮生，相邻两节的叶总是不重叠的。往往枝条上部叶的叶柄比较短，下部叶的叶柄比较长，同时，各节叶着生的方向不同，结果使同一枝条上的叶不至于相互遮蔽，形成镶嵌式的排列，叫做叶镶嵌（图4-47）。这是叶子由于生

理功能的需要而长期适应环境而产生的生态现象。

通常每一种植物具有其特定形状的叶子，可作为植物分类的依据。但也有些植物在同一植株上具有不同形状的叶子，这种现象称为异形叶性（图 4-48）。

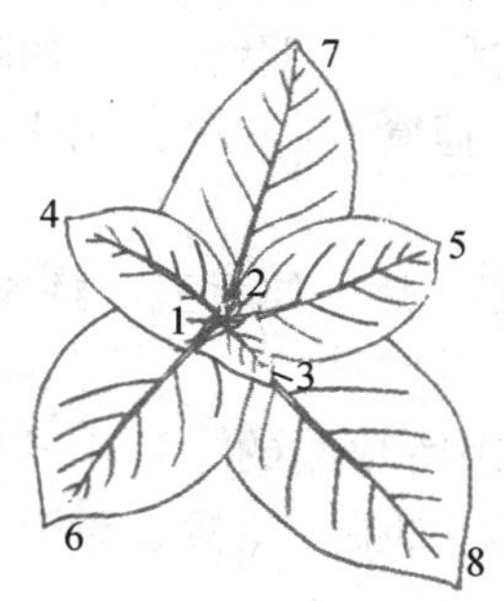

图 4-47 叶镶嵌现象
（幼小烟草种植物顶上观，图中数字显示叶的顺序）
（引自崔玲华，2005）

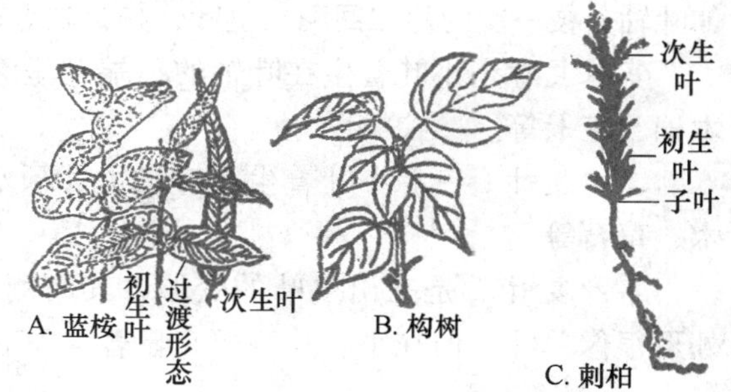

图 4-48 异形叶性
（引自崔玲华，2005）

植物的异形叶性可以由不同的生态条件形成，也可以由植物发育年龄的不同而形成。例如，水毛茛生在水中的叶细裂如丝，而生长在空气中的叶扁平的。慈姑沉在水中的叶为带状，浮在水面的叶为椭圆形，生长在空气中的叶箭形。这些异形叶性是由于环境因素的影响而产生的，称生态异形叶性。有的植物如桧柏，幼年植株上的叶为针形，发育年龄老的枝上的叶为鳞片状，这种由于发育年龄不同而产生的异形叶性称为系统发育异形叶性。异形叶性进一步说明了在自然界中的同一植物体因环境条件的差异而产生叶器官形态的变化。同时，也说明了叶的可塑性和变异性是较大的。

4.3.4 单叶与复叶

一个叶柄上只长一个叶片的，称为单叶，如桃、李、柿、苹果等。一个叶柄上着生两个以上叶片的，称复叶，复叶有一总叶柄，称叶轴，叶轴上着生许多小叶，每一小叶的叶柄叫做小叶柄。根据小叶排列的方式不同可分为以下几种类型（图 4-49）。

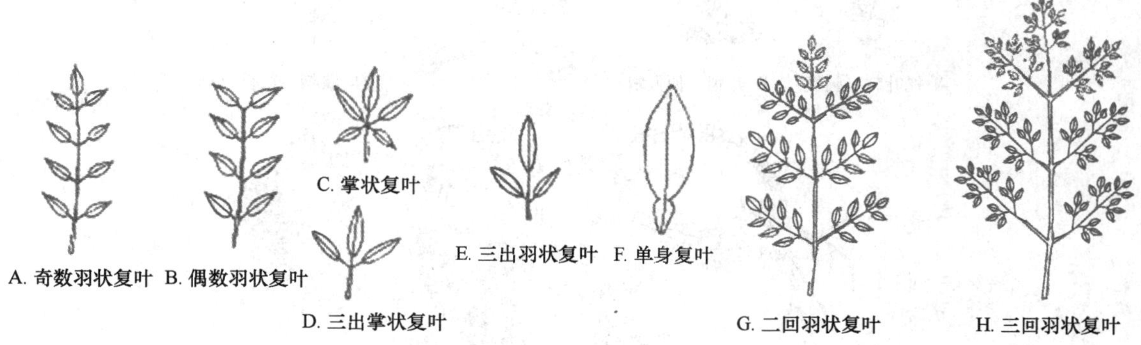

图 4-49 复叶的类型
（引自崔玲华，2005）

羽状复叶 小叶排列在叶轴两侧，呈羽毛状。其中叶轴顶端只有一个小叶的称奇数羽状复叶，如月季、刺槐等；叶轴顶端长两个小叶的称偶数羽状复叶，如皂荚、黄连木、荔枝、花生、蚕豆等。

羽状复叶的叶轴不分枝，小叶直接着生在叶轴两侧的称一回羽状复叶，如槐树、月季等；如叶轴分枝一次的称二回羽状复叶，如合欢等；叶轴分枝两次称三回羽状复叶，如南天竹。

掌状复叶　小叶着生在叶轴的顶端，呈掌状排列，小叶通常 5 ~ 9 个，如大麻、五加、木棉、三七等。

三出复叶　三片小叶着生在叶轴上，顶端一片，两边各一片，如大豆、酢浆草、重阳木、草莓等

单身复叶　是三出复叶的变形，其两侧的小叶退化仅保留顶端的一片小叶特别发达，外形很像单叶，但在小叶片基部有显著的关节，叶柄上有翼，如柚、柑橘、甜橙等。

4.3.5　叶的变态

叶生长在茎的节上，当其功能发生改变时，叶的形态也会发生变化，称为变态叶。叶的变态有以下几种：

苞叶　是生在花或花序下面的一种特殊的叶，有保护花或果实的作用，有的还可作为区别植物科属的特征，如玉米雌花序外面的苞叶，向日葵花序外边的总苞，一品红、叶子花、鸽子树的苞片等。

芽鳞　芽鳞是包在芽外的鳞片，有时外被有毛，用以保护幼嫩的芽组织及减少蒸腾。树木的冬芽大都具有芽鳞。竹子的笋箨也是一种芽鳞，是叶的变态。

叶刺　叶的一部分或全部都变为刺，如小檗、仙人掌。叶刺与茎刺的区别在于叶刺发生于枝条的下方而茎刺在叶腋部位发生。如果在枝条基部两侧发生，则为托叶刺，如刺槐（图 4-50）。

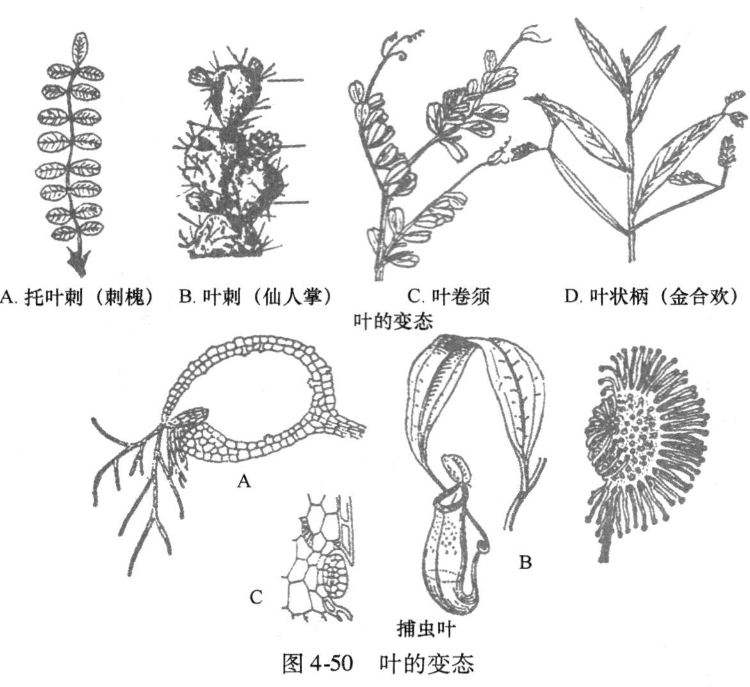

图 4-50　叶的变态

（引自崔玲华，2005）

叶卷须 有些植物叶变为卷须，攀援在其他植物上，如豌豆叶先端的卷须，就是由小叶片及复叶的叶轴变态而成。叶卷须与茎卷须的区别在于叶卷须与枝条的腋间具有芽，而茎卷须的腋内无芽（图4-51）。

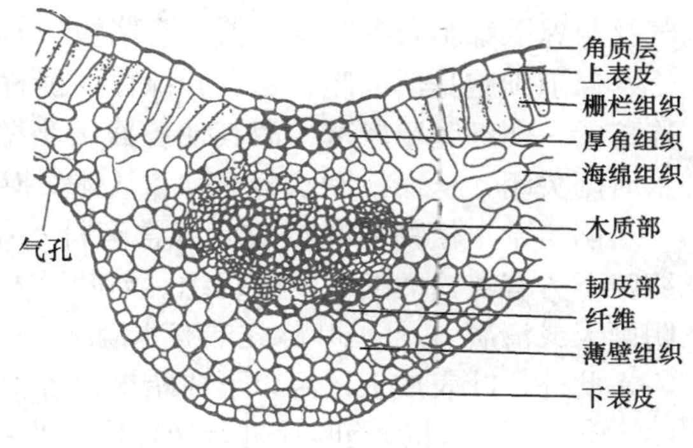

图4-51 女贞叶的横切面
（引自崔玲华，2005）

叶状柄 我国南方的台湾相思树，幼苗时为羽状复叶，成长后叶片退化，叶柄变扁平状代替叶片的功能，称为叶状柄，如金合欢的羽状复叶叶轴变为扁平叶状，叶状柄和叶状茎一样，是对于干旱的一种适应性（图4-50）。

捕叶虫 有些植物具有能捕食小虫的叶，称为捕虫叶（图4-50），捕虫叶上有分泌黏液和消化液的腺毛（如茅膏菜的触毛），当捕捉昆虫后，由腺毛分泌消化液，把昆虫消化吸收。捕虫叶有的呈瓶状（如猪笼草），有的为束状（如狸藻），有的呈盘状（如茅膏菜）。

4.3.6 叶的结构

1. 双子叶植物叶的构造

（1）叶柄的构造

叶柄的构造和茎的构造大致相似，由表皮，基本组织和维管束三部分组成。一般叶柄的横切面呈半月形，外围一层组织是表皮层，表皮以内为皮层薄壁组织，其中有厚角组织，这是叶柄的主要机械组织。维管束成半圆形分散排列在皮层薄壁组织中。每个维管束和茎的维管束结构相似。木质部在向茎的一面，韧皮部在背茎的一面，二者之间有一层形成层，但只有短期的活动。

（2）叶片的构造

双子叶植物叶片由表皮、叶肉、叶脉三部分组成（图4-51）。

① *表皮* 表皮是覆盖在叶片外表的保护组织，分上表皮和下表皮，通常由一层生活细胞组成，不含叶绿体，排列紧密，无细胞间隙。从正面观察，细胞呈不规则的波状与相邻细胞彼此紧密镶嵌，在横切面上则呈长方形，细胞外壁角化，并形成角质层或表皮毛覆盖防止水分过度蒸腾。一般上表皮角质层较厚，如热带植物的叶子。而下表皮较薄，角质层的厚度随植物种类而不同，也随植物生长环境不同而有差异。

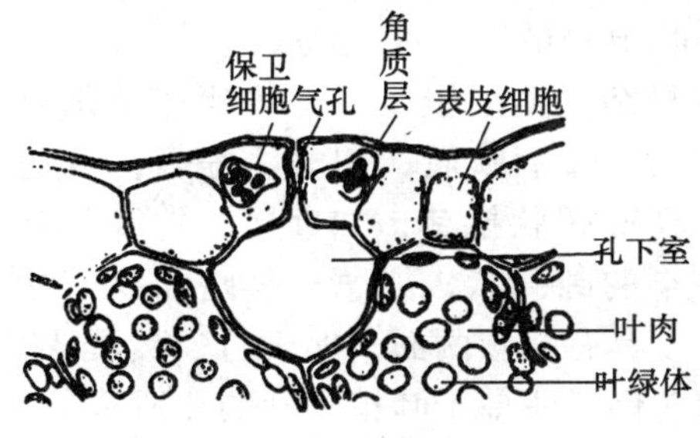

图4-52 气孔器的构造
（引自崔玲华，2005）

在叶的表皮细胞间分布着大量的气孔。通常上下表皮都有，但下表皮气孔较多，数目随植物种类、生态环境而有差异，从每平方厘米的数千个到数万个。单位面积的气孔数目，木本植物比草本植物多，干燥向阳地生长的植物比阴湿环境生长的植物多；陆生植物叶片位置愈高，气孔数目愈多。沉水植物叶上表皮无气孔，而浮生水面的叶，气孔分布在上表皮。

大多数双子叶植物气孔由两个肾形的保卫细胞组成，两个保卫细胞之间的孔隙即为气孔（图4-52）。

气孔与保卫细胞合称为气孔器。有些植物如甘薯等还具有副卫细胞。

保卫细胞是活细胞，含有叶绿体，能进行光合作用。它的构造较特殊，与表皮细胞相连接的一侧细胞壁较薄，而其他各面细胞壁较厚，当保卫细胞吸水膨胀时，气孔张开，缺水时则关闭，从而控制水分蒸腾和气体交换。

阴生草本植物在叶尖或叶缘常有排水结构，称为水孔。它的保卫细胞没有关闭能力，缝隙下方有疏松的贮水薄壁组织，与叶脉末端的细胞相连，以排出叶肉过多的水分。因此，阴雨天或清晨，可见叶脉先端有水滴。

此外，叶表皮上还可以形成蜡被及各种表皮毛以减少蒸腾，加强保护作用。

② 叶肉　叶肉是叶片进行光合作用的主要部分，由同化薄壁组织组成。一般分化为栅栏组织和海绵组织。

栅栏组织由 1～4 层圆柱形的细胞组成，通常在上表皮的下方，细胞的排列如栅栏状，细胞内含有大量的叶绿体。叶绿体在栅栏组织中能随着光照条件而移动。

海绵组织由许多形状不规则的细胞组成，在栅栏组织与下表皮之间，细胞排列疏松，叶绿体含量较少，细胞之间有较大的胞间隙与气孔构成叶内的通气系统，有利于气体交换。

栅栏组织与海绵组织的分化，与叶的功能及生态条件紧密联系，具有栅栏组织与海绵组织之分的叶，称为异面叶（二面叶）。异面叶通常保持水平位置，叶面接受阳光较多，可以扩大光合作用的面积，大多数植物的叶属于这种类型。有些植物的叶与枝条夹角很少，在茎上着生呈垂直状态，叶两面受光情况差异不大，因而叶片两面的内部构造相似，无栅栏组织与海绵组织的区别。这种叶称为等面叶。如蓝桉，夹竹桃，垂柳等。也有些植物的叶仅有海绵组织，如水生植物。

③ 叶脉　叶脉是分布在叶肉中的维管束，纵横交错成网状排列。主脉较粗大，通常在叶背上隆起。主脉是由厚壁组织的维管束鞘和维管束组成的，而且近下表皮的机械组织较发达。维管束包括木质部、韧皮部和形成层三部分，木质部在上方近轴面，由导管、管胞、薄壁细胞和厚壁细胞组成，韧皮部在下方远轴面，由筛管、伴胞、薄壁细胞组成，分别和茎中的木质部和韧皮部连接。形成层活动期短，很快就停止活动而失去作用。

侧脉的构造比较简单，它的外围没有机械组织，仅有一圈薄壁组织的维管束鞘包围，维管束内无形成层，木质部只有螺纹导管，韧皮部只有筛管无伴胞。整个维管束的细胞比主脉小，数目也较少。

叶脉分枝愈细，构造也愈简单，脉梢部分的木质部往往只剩下螺纹加厚的管胞，游离在薄壁组织中，韧皮部只有薄壁细胞与叶肉细胞结合在一起。

2. 单子叶植物叶的构造

单子叶植物的叶具平行脉，它的形态和结构比较复杂，类型较多，有些叶片呈狭长条状或带状，叶柄膜质，如韭、蒜等；有些叶片或叶柄成鞘状抱茎，如鸢尾、竹等；有些叶成中空的圆筒状，如葱；有些和双子叶植物一样，具有背腹两面，如玉竹、菝葜等。现以毛竹为例说明单子叶植物叶的一般特征。

通过竹叶作横切面，可以看到表皮、叶肉和维管束三部分（图 4-53）。

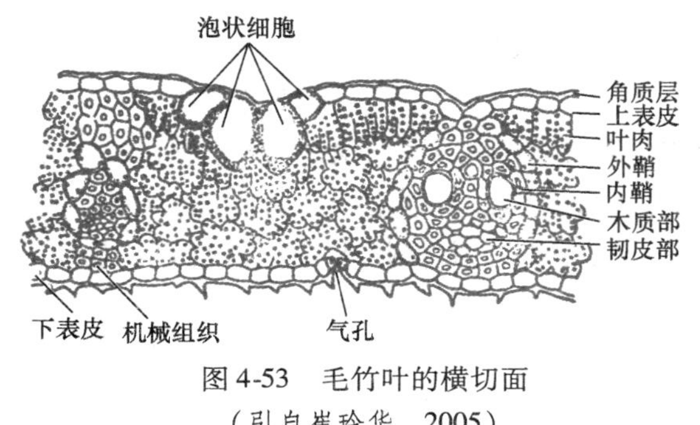

图 4-53　毛竹叶的横切面
（引自崔玲华，2005）

① *表皮* 表皮分为上表皮和下表皮，由表皮细胞、泡状细胞和气孔有规律地排列而成。表皮细胞有长短二种细胞，长细胞的长径沿叶的纵轴方向排列，细胞壁角化，构成表皮的大部分；短细胞位于二个长细胞之间。一种短细胞壁硅质化称为硅细胞，另一种短细胞壁栓化，称为栓细胞。硅细胞常向外突出成刺状，使表皮坚硬而粗糙，以加强保护和机械功能。

在相邻两叶脉之间的上表皮上有几个特殊形态的大型薄壁细胞，称泡状细胞（运动细胞）。在横切面上，泡状细胞排列成扇形。中间的细胞最大，两侧的较小，细胞内具有大液泡，天气干燥时，细胞失水收缩，使叶片向上卷曲成筒状以减少叶的蒸腾；天气湿润，蒸腾减少时，又吸水膨胀，使叶片展开。

表皮上的气孔，由两个哑铃形的保卫细胞和两个梭形的副卫细胞构成，副卫细胞位于保卫细胞的外方，哑铃形的保卫细胞两端球形，壁薄，中间壁厚，当保卫细胞吸水时，两端的球形部分膨大、互相撑开，于是气孔开放，失水时，两端收缩，气孔关闭。

② *叶肉* 叶肉细胞靠上表皮的为圆柱形、排列整齐，下方的细胞形状不一，细胞壁向细胞腔内折叠，叶绿体沿折叠的壁排列，以扩大光合作用的面积。

③ *叶脉* 主脉和侧脉平行排列在叶肉组织中，在横切面可以看到大小叶脉相互交替排列。大的叶脉由维管束及其外围的维管束鞘组成。维管束鞘常为两层，外层为薄壁细胞，内层为厚壁细胞。维管束包括木质部与韧皮部，木质部在上方，韧皮部在下方，木质部与韧皮部之间无形成层。在维管束和上下表皮之间，常成束状或成片的厚壁纤维细胞，以增强叶片的支持作用。

上述竹叶的构造特征，如具有泡状细胞；叶内无明显分化的栅栏组织和海绵组织，维管束有维管束鞘包围；气孔的保卫细胞为哑铃形，有副卫细胞等，都是禾本科植物叶构造的共同特征。

3. 裸子植物叶的构造

不少种类的裸子植物的叶构造也和一般双子叶植物叶一样，有栅栏组织与海绵组织的分化，如苏铁、银杏、冷杉属、杉属、紫杉属、罗汉松属、榧属等。但也有不少种类不具此结构。下面以松属针叶为例，说明裸子植物叶的构造。

松针在横切面上可以分为以下几个部分（图 4-54）。

表皮系统 表皮系统包括表皮，下表皮及气孔器等结构。表皮由一层连续的砖形厚壁细胞组成，外面覆盖着较厚的角质层。在叶的转角处表皮细胞的角质层较厚。无上下表皮区别。表皮内方有一至多层厚壁纤维状的下皮层细胞。下皮层细胞的层数，因种类不同而不同，在转角处的层数较多。

气孔从表皮层下陷到下皮层内，称为内陷气孔。气孔成行排列，每个气孔由一对保卫细胞和一对副卫细胞构成。保卫细胞呈椭圆形，先端有喙。侧壁与下皮层相连（图 4-55），内陷气孔形成下陷的空腔，称孔下室，空腔阻止了外界流动的干燥空气和气孔接触，是减少叶内的水分蒸腾，适应干旱的一种旱生结构。

叶肉 松属的叶肉细胞由细胞壁内褶、含叶绿体的薄壁细胞组成，位于下皮层的内方，细胞壁的内褶增加了叶绿体在细胞内排列的面积，扩大了光合面积。

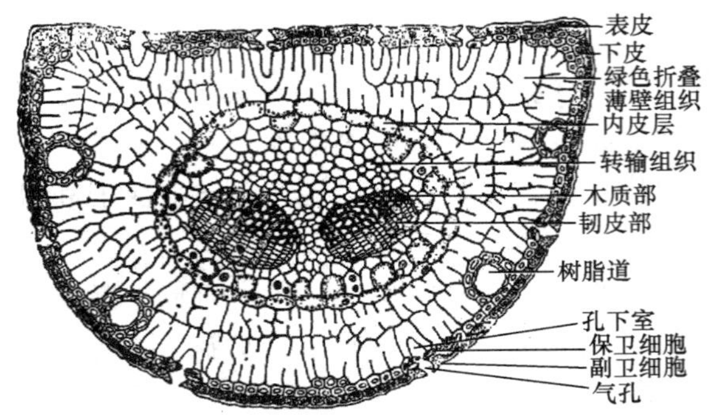

图 4-54　马尾松叶的横切面
（引自崔玲华，2005）

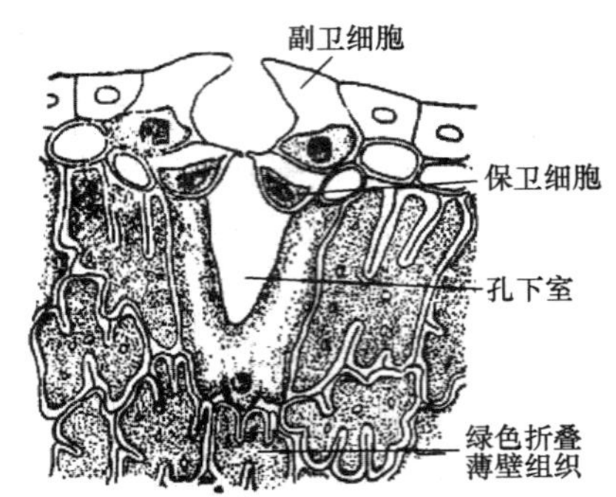

图 4-55　马尾松叶的气孔器
（引自崔玲华，2005）

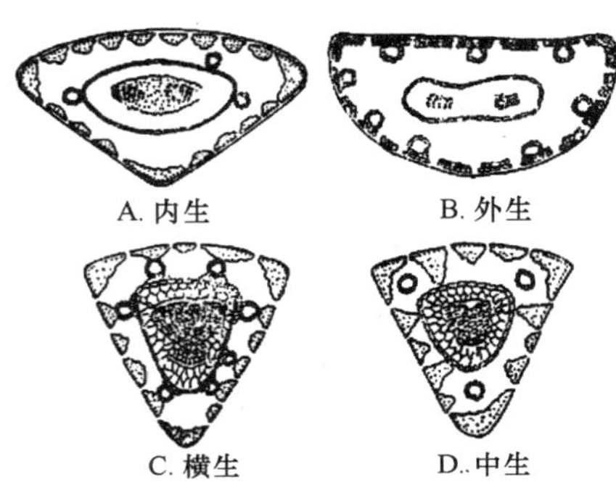

图 4-56　松属叶树脂道生长的位置
（引自崔玲华，2005）

叶肉组织内分布着树脂道，树脂道的位置，根据种的不同而异，可作为分种参考的依据。有些种类的树脂道与下表皮相连接，称为外生树脂道，如马尾松，赤松等；湿地松的树脂道与内皮层相接，称内生树脂道；红松，黑松的树脂道在叶肉组织中，既不与下皮层相连接也不与内皮层相接，称中生树脂道；热带松的树脂道既与下皮层相接又与内皮层相接，称横生树脂道（图 4-56）。

叶肉的最内方有一层排列整齐、无胞间隙的厚壁细胞组成的内皮层，其细胞壁增厚，径向壁上有凯氏点。由于内皮层的存在，叶肉组织与维管束之间有明显的分界。

维管束　维管束分布在针叶的中央（内皮层以内），维管束的数目随种类而异。有些种类具有两个维管束，如马尾松，油松、云南松等；有些种类只有一个维管束，如华山松、红松等。维管束的木质部在腹面（叶束的内方）、韧皮部在背面，木质部与韧皮部的成分与根、茎相同。

在维管束与内皮层之间，有几层紧密排列的转输组织，包围着维管束。转输组织由转输薄壁细胞和转输管胞组成。转输组织是维管束与叶肉之间水分和养料运输的通道。

上述松属针叶解剖构造上的特征，如具有下皮层、肉陷气孔、内皮层及转输组织等，在其他松柏类植物中也有，只是数量和排列上的差别而已。大多数松柏类植物的叶肉细胞不褶叠。也有些无内皮层，如紫杉、红杉、水杉等。松柏类植物的叶大多数有树脂道分布。

4.3.7　叶的形态结构与环境的关系

叶的形态构造不仅与它的生理功能相适应，而且与它所处的生态（外界）条件也是密切相关的。长期生活在干旱缺水条件下的植物，有较强的抗旱能力，也具有适应干旱的结构。通常反应出两种适应形式：一种是叶片小而厚，角质层发达或被有表皮毛，产生下皮层，气孔下陷；机械组织发达；叶肉细胞折叠；叶脉分布密等。裸子植物的针叶、

鳞叶以及毛竹叶都属这种类型。另一种类型是叶肥厚，有发达的贮水组织，细胞液浓度高，保水能力强。如龙舌兰、马齿苋、景天科及仙人掌科、生长在盐碱地上的猪毛菜、盐蒿等。

长期生活在潮湿多水情况下的湿生植物，它们的抗旱能力很低，不能忍受干旱缺水的条件。这类植物它们的表面积通常增大，同时，由于蒸腾量减少，角质层不发达或没有，表皮毛也减少，海绵组织发达；叶脉和机械组织不发达、胞间隙大等，这些特征都是与湿生条件相适应的。

光照强弱对叶的结构也有很大影响，有些植物在充足阳光下才能生长好，不能忍受蔽荫的环境，这类植物称为阳地植物，阳地植物的叶称为阳叶，如松、桦、山杨、刺槐、桃、苹果等。它们的形态结构常倾向于旱生结构特点。另一类适应较弱的光照条件下生长，它们不能忍受强光的照射，这类植物称阴地植物，它们的叶称为阴叶，其结构常倾向于湿生形态，如咖啡、砂仁和一些林下植物。

叶对生态条件的反应最明显，可塑性最大。即使同一种植物，由于生长条件的不同，也会引起不同程度的变化。甚至同一株树上的叶片，由于着生部位和受光的不同，在形态结构上也有变化，如丁香阳叶和阴叶。

在栽培植物、树木或作物群体中，顶部和向阳部位的叶具阳叶结构，而背阴部位的叶趋向阴叶特点。

4.3.8　叶的寿命与落叶

植物叶的寿命是有一定的，因不同种类而异。草本植物的叶，随着植物的死亡而枯萎。生长在湿带的杨柳、榆、槐、椿、楝、合欢等树木，它们的叶在春季长出，到冬季则全部枯萎而脱落，叶的寿命只有一个生长季，这样的树木称落叶树。而有的植物叶的寿命为1年以上至多年，每年都有一部分叶片枯萎脱落，但植株上仍有大量的叶子存在，同时，每年增生新叶，这种树木称常绿树，如松、柏、冬青、女贞、荔枝、龙眼、芒果等，常绿树叶的生存期因不同种类而异，如松属叶可生活2~5年，冷杉3~10年。树木产生落叶的现象是受内外条件影响的，是长期适应环境而产生的。叶片通常经过一定时期活动后，细胞内积累了过多的矿物质，引起细胞生理机能的衰老而死亡；另外，由于冬季干旱，植物根系吸水量减少，落叶可减少水分的消耗，以维持体内水分的平衡。

树木在落叶之前，叶柄基部的一些细胞进行分裂，形成由几层小型薄壁细胞组成的离区（图4-57）。之后不久，该细胞群的胞间层黏液化，组成胞间层的果胶酸钙转化为可溶性的果胶和果胶酸，而使离区的细胞彼此分离形成离层。在离层形成的同时，叶也逐渐枯萎，由于叶片的重力和风雨等外力作用，叶从离层处脱落。脱落前，紧接离层下的几层细胞栓化，在叶柄的断面处形成保护层。有的植物还在断痕处形成与茎的周皮相连接的周皮。由于叶的脱落，在茎上便留有叶痕和叶迹。离层不仅在叶柄基部，在一定条件下亦可在花柄、果柄基部出现，造成落花落果等现象。

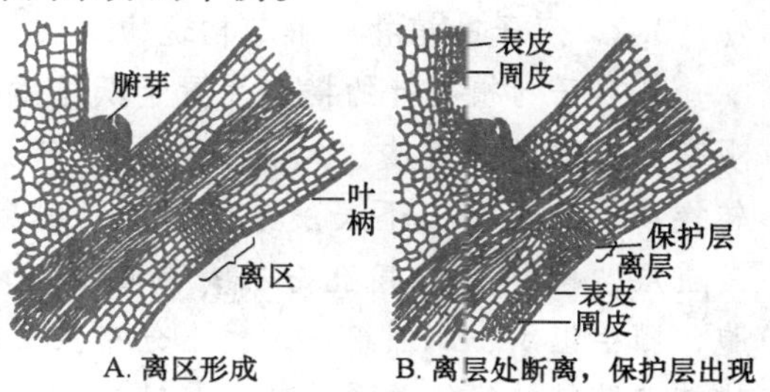

图4-57　棉花叶柄基部示离层形成
（引自崔玲华，2005）

实训4.3 叶的形态与结构观察

1. 目的

了解双子叶植物叶的构造及其与生理机能的关系；了解松属针叶和禾本科叶构造及其与生理机能的关系。通过比较观察，正确掌握双子叶、松属针叶、禾本科叶构造的异同点。

2. 用品与材料

2.1 植物材料 大叶黄杨、桃、毛白杨、女贞、刺槐、合欢、银杏、雪松、葡萄等树种的带叶枝条。

2.2 植物标本 可准确反映叶形、叶尖、叶基、叶缘、单叶、复叶、叶脉等特征的蜡叶标本。

2.3 切片 大豆、棉花、女贞、玉米、水稻叶、松针叶横切片。

3. 内容与方法

3.1 观察叶的形态

3.1.1 观察叶片、叶缘、叶尖、叶基、叶脉、叶裂的形态。

3.1.2 观察单叶和复叶。

3.1.3 观察叶的着生方式。

3.2 双子叶植物叶解剖构造的观察

取双子叶植物叶的横切片置于低倍镜下观察。正确区分表皮、叶肉、叶脉三部分。转换高倍镜观察上下表皮细胞层数、排列，角质层、叶绿体、气孔分布；判断保卫细胞、栅栏组织、海绵组织，找出分布位置结构特点及其功能的关系；叶脉是叶肉中的维管束，它与茎中的维管束相通，构造一致，茎中木质部在内，而叶脉中木质部在上。

3.3 单子叶植物叶解剖构造的观察

取禾本科植物（玉米、水稻、小麦）叶的横切片在低倍镜下观察，找出上下表皮、叶肉和叶脉三部分位置；转换高倍镜，观察上表皮细胞形状、排列，找出泡状细胞分布位置，并指出与功能的关系；观察下表皮细胞结构排列特点，外壁有无硅化物，与生理机能关系；找出气孔器的位置及观察其结构，并比较与双子叶气孔器有何不同；观察叶肉细胞结构、排列，与双子叶植物叶肉有何不同。

3.4 裸子植物叶解剖构造的观察

取松针叶横切片在低倍镜下观察全形并根据形状鉴定为几针一束，找出表皮系统，叶肉内皮层及维管束；转换成高倍镜，观察表皮，下皮层及气孔器的细胞结构、位置，并与被子植物表皮、气孔器比较异同点；观察叶肉细胞形态、排列特点；细胞内叶绿体排列方式与叶形关系；观察内皮层细胞结构及排列；观察树脂道结构、位置，指出属哪一类型树脂道；观察内皮层维管束数量，找出转输组织、木质部、韧皮部位置及细胞结构特点。

4. 作业

4.1 绘双子叶植物叶的结构图，并注明各部分名称。

4.2 绘单子叶植物叶的结构图，并注明各部分名称。

4.3 绘出裸子植物叶的构造图，并注明各部分名称。

叶的作用

在绿色的叶片上，不时排出像雾一样的水气。这种气态水分蒸发到大气中的现象，叫做叶的蒸腾作用。植物形成1kg干物质，大约需要蒸腾30～400kg的水分。植物叶子的蒸腾作用，增加了空气中的湿度，造成多云、多雾，增加了降雨量，改变了环境小气候，防止旱灾发生。绿色植物的蒸腾作用能够吐雾播雨降伏旱魔。

近年来，科学家发现许多植物的叶子能分泌杀菌素，其中有松树、柏树、栎树、桉树、杉树等。据测定，1公顷松林每昼夜能向空气中分泌出大约5kg的挥发性杀菌素。柏树的分泌作用更强达30kg，它们可以杀死像白喉菌、肺结喉菌、痢疾菌等多种病菌。因此，在针叶林里的空气特别清洁、新鲜。

随着工农业的发展，在生产过程中排出大量的有害气体，如二氧化硫、氟化氢等。这些有害气体，有些植物的叶子能够吸收。如夹竹桃的叶子，在污染区，每天能吸收0.069g的硫。泡桐、梧桐、黄杨树等吸收氟化氢的能力很强，还可吸收氯。这些植物的叶子是大自然空气的净化器。

防治噪声，也得请绿叶来帮忙。据测定，一条40m宽的林带，可以把噪音减低10～15分贝，30m宽的林带可以减低6～8分贝，城市公园里的成片树木作用更大，可减少26～43分贝。绿化的街道，枝叶繁茂，可以减少噪音8～10分贝。

小　　结

叶的主要功能是光合作用和蒸腾作用。

双子叶植物叶由叶片、叶柄和托叶三部分组成，叶片是其主要组成部分。禾本科植物叶由叶片、叶鞘、叶舌和叶耳四部分组成。

叶的变态主要包括苞片、芽鳞、叶卷须、鳞叶、叶刺、叶状柄和捕叶虫等。

双子叶植物叶片的结构一般由表皮、叶肉和叶脉三部分。表皮外常有角质层覆盖，表皮上还分布有气孔器、排水孔等结构，部分植物叶片的表皮细胞还特化成表皮毛等特殊结构，具有一定的保护功能。叶肉常有栅栏组织和海绵组织的分化，是光合作用的主要场所；禾本科植物叶一般为等面叶，无栅栏组织和海绵组织之分，但其叶肉细胞多向内形成皱褶，扩大了叶绿体的分布面积，提高了光合效率。

松针叶的结构特殊，角质膜发达，气孔下陷，表皮加厚，叶肉细胞内褶，具树脂道且维管束居中排列，这些都是对于低温和干旱环境的适应。

生态环境的不同使植物叶常呈不同的生态类型。根据植物与水分的关系，可分为旱生和水生植物；根据植物与光照的关系，又可分为阳地植物和阴地植物。

植物叶片具有一定的生活期。到一定的生育时期后，叶片会因衰老而脱落，形成落叶。环境的变化是植物叶衰老脱落的直接原因。一定的环境劣变能引起植物体内产生一系列不利于叶片进一步生长和发育的代谢变化，并最终导致叶柄基部形成离层，在外力的作用下，叶柄从离层处与茎、枝断开。叶片脱落后，离层下方还会形成保护层。落叶是植物对不良环境的一种生态适应。

相关链接

1. 李淑珍，关力．植物学［M］．北京：北京大学出版社，2007.
2. 强胜．植物学［M］．北京：高等教育出版社，2006.
3. 华中师范大学生命科学院 http：//jpkc. ccnu. edu. cn/sj/2003/zwx/wlkt/wljy. htm
4. 植物学精品课程网 http：//jpkc. njau. edu. cn/botany/

练习题

一、名词解释

1. 完全叶　2. 叶镶嵌　3. 复叶　4. 网状脉　5. 异性叶性　6. 异面叶　7. 离层　8. 常绿树　9. 泡状细胞　10. 同源器官

二、填空题

1. 直根系的主根来源于________，侧根起于组织内部的________细胞。

2. 复叶一般分为________、________、________、________等类型。

3. 洋葱、葡萄、仙人掌、荸荠属于________的变态。

4. 竹子在天气干燥时，叶的上表面的________细胞失水收缩，使叶片向上卷曲成筒状以减少叶的蒸腾。

5. 枝条上着生叶子的部位称为________，相邻两节之间称________，叶片与枝条之间所形成的夹角称________，叶腋处生长腋芽。

三、问答题

1. 在温暖湿润的早晨叶缘为何有水珠出现？
2. 叶镶嵌是怎样形成的？有何意义？
3. 试述双子叶植物与单子叶植物在叶的形态，结构方面有哪些不同之处。
4. 试述松针叶为何具有抗旱性。

种子植物的生殖器官

教学目标

1. 了解花芽的分化的概念。

2. 熟悉植物传粉的类型和作用；果实和种子的传播类型。

3. 掌握双受精的概念及意义；花的各部分组成和花序的类型；果实和种子的结构和类型。

4. 掌握裸子植物的生殖器官的结构和种子的形成。

5. 能够正确识别花序的类型、果实和种子的类型。

6. 培养学生诚信、吃苦耐劳、敬业、善于沟通和合作的品质。

5.1 被子植物的生殖器官

5.1.1 花的发生与组成

1. 花芽的分化

花和花序来源于花芽，花芽和叶芽一样，也是由茎的生长锥逐渐分化而来。当植物生长发育到一定阶段，在适宜光周期和温度的条件下，由营养生长转入生殖生长，茎尖的分生组织不再产生叶原基和腋芽原基，而分化成花原基或花序原基，进而形成花或花序，这一过程称为花芽分化。

当花芽分化开始时，使生长锥伸长，横径加大，逐渐由尖变平；这时可决定芽向花发展。在花芽分化过程中，首先在半球形生长锥周围的若干点，由第二、三层细胞进行分裂，产生一轮小突起，即为花萼原基。以后依次由外向内再分化形成花瓣原基，在花瓣原基内侧相继产生2~3轮小突起，即为雄蕊原基。在这些突起继续分化、生长，最后在花芽中央产生突起形成了雌蕊原基。各部原基逐渐长大，最外一轮分化为花萼，向内依次分化出花冠、雄蕊和雌蕊（图5-1）。

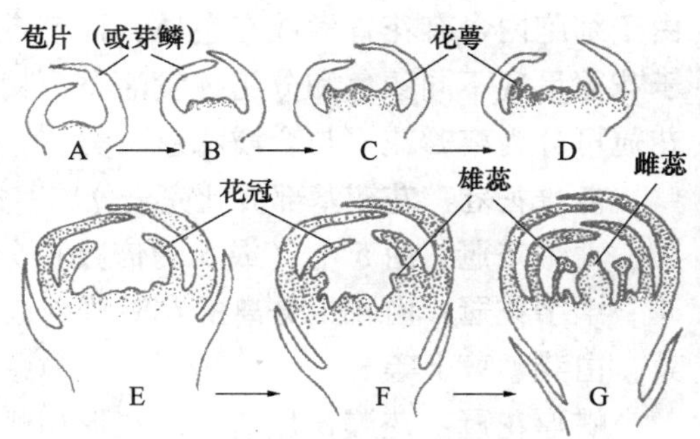

图5-1 花芽的分化
（引自崔玲华，2005）

水稻、小麦和玉米等禾本科植物的花序形成，一般称为穗分化。

花芽分化与外界条件有密切的关系，如充足的养分、适宜的温度、光照都有利于花芽的形成。在栽培管理过程中，通过修剪、水肥控制、生长调节剂的使用等技术措施，为花芽分化创造有利条件，最终获得优质、高产的基础。

2. 花的组成部分及花的类型

一朵完整的花可以分成五个部分：花柄、花托、花被、雄蕊群和雌蕊群。花的各部着生在花梗顶部膨大的花托上（图 5-2）。

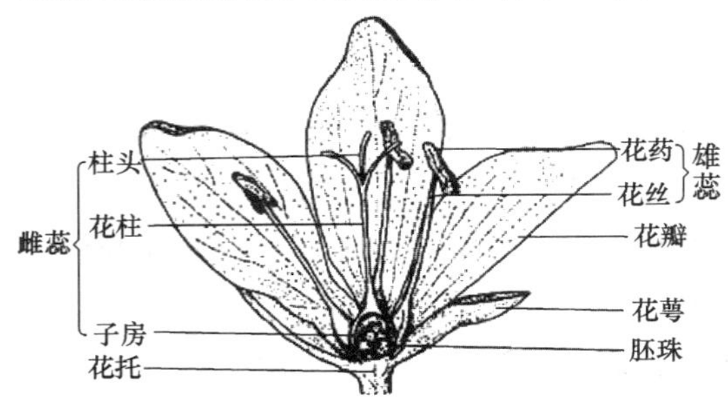

图 5-2　花各部分的模式图
（引自王世动，2008）

（1）花柄和花托

花柄（花梗）是着生花的小枝，使花位于一定的空间，同时又是茎向花输送营养物质的通道。花柄顶端部分为花托，花托的形状因植物种类的不同有多种，有呈圆柱状，如木兰、含笑；有凸起呈圆锥形的，如草莓；也有凹入呈杯状的，如桃、梅；还有膨大呈倒圆锥形的，如莲。

（2）花被

花被是花萼和花冠的总称。花被有保护作用，有些植物的花被还有助于传送花粉。很多植物的花，花萼和花瓣同时存在，像这样的花称为双被花，如油菜、豌豆、番茄等。有些植物的花只有一层花被，即只有花萼或花冠，称为单被花，如甜菜、大麻、桑。有的完全没有花被的。称为无被花，如杨、柳等。

① 花萼　位于花的外侧，由若干萼片组成。一般呈绿色，具有保护幼花和进行光合作用的功能。各萼片完全分离的，称为离萼，如油菜、茶等；彼此连合的称为合萼，如丁香、棉等。合萼下端连合的部分称萼筒。有些植物萼筒伸长成一细长空管，称距，如凤仙花、旱金莲等。花萼也具有两轮，外轮的花萼，称为副萼，如棉花、扶桑等。萼通常在开花后脱落，称落萼。但也有随果实一起发育而宿存的，称宿萼，如番茄、茄子、辣椒等。有保护幼果的作用；有的花萼变成冠毛，如菊科植物的蒲公英萼片变成毛状，称为冠毛。冠毛有利于果实种子借风力传播。

② 花冠　位于花萼的内侧，由若干花瓣组成，排列成一轮或数轮，多数植物的花瓣，由于细胞内含有花青素或有色体，而使花冠呈现不同颜色，有的还能分泌蜜汁和香味，由于花冠呈现不同颜色和分泌挥发油类，具有招引昆虫传粉的功能，还有保护雌雄蕊的作用。花冠可分为离瓣花冠与合瓣花冠两类。

离瓣花冠　花瓣基部彼此完全分离，这种花冠称为离瓣花冠，常见有以下几种（图 5-3）。

蔷薇花冠：由 5 个（或 5 的倍数）分离的花瓣排列成五星辐射状，如桃、李、苹果等。

十字花冠：由 4 个分离的花瓣排列成“十”字形，为十字花科植物的特征之一，如油菜、白菜、萝卜等。

蝶形花冠：花瓣 5 片离生，花形似蝶，最外面的一片最大，称旗瓣，两侧的两瓣称翼瓣，最里面的两瓣，顶部稍联合或不联合，叫龙骨瓣，如大豆、蚕豆等。

合瓣花冠　花瓣全部或基部合生的花冠称为合瓣花冠，常见有以下几种（图 5-4）。

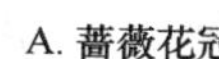

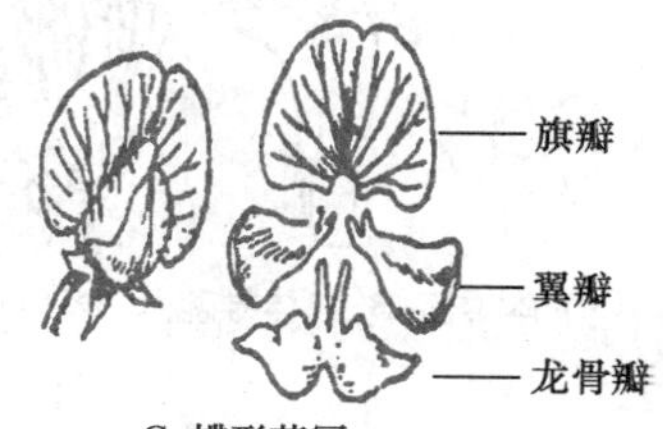

A. 蔷薇花冠　B. 十字花冠　C. 蝶形花冠

图 5-3　离瓣花冠的类型
（引自崔玲华，2005）

A. 唇形花冠　B. 漏斗状花冠　C. 筒状花冠　D. 舌状花冠　E. 钟状花冠　F. 高脚蝶状花冠　G. 坛状花冠

图 5-4　合瓣花冠的类型
（引自崔玲华，2005）

唇形花冠：花冠裂片是上下二唇，如芝麻、薄荷等。

漏斗状花冠：花瓣连合成漏斗状，如牵牛、甘薯等。

筒状花冠：花冠大部分成一管状或圆筒状，花冠裂片向上伸展，如向日葵花序的盘花。

舌状花冠：花冠筒较短，花冠裂片向一侧延伸成舌状，如向日葵花序周边的边花；莴苣花序的花，全为舌状花。

钟状花冠：花冠较短而广，上部扩大成一钟形，如南瓜、桔梗等。

高脚蝶状花冠：花冠下部是狭圆筒状，上部忽然成水平状扩大，如水仙花。

坛状花冠：花冠筒膨大成卵形或球形，上部收缩成一短颈，然后略扩张成一狭口，如浙江柿。

（3）雄蕊群

雄蕊群是一朵花中雄蕊的总称，由多数或一定数目的雄蕊组成，是花的重要组成部分之一。雄蕊由花丝和花药两部分组成。花丝一般细长，着生于花托之上，支撑着花药，有利于散发花粉。花药膨大呈囊状，位于花丝顶端，常分为两个药室，每个药室具一个或两个花粉囊，花粉成熟时，花粉囊开裂，散出大量花粉粒。

雄蕊的数目及类型是鉴别植物的标志之一。雄蕊分为离生雄蕊和合生雄蕊（图 5-5）。

① 离生雄蕊　花中雄蕊各自分离，如蔷薇、石竹等。其中特殊的雄蕊，数目固定，长短悬殊，典型的有：

二强雄蕊　花中雄蕊 4 枚，2 长 2 短，如芝麻、益母草等。

四强雄蕊　花中雄蕊 6 枚，4 长 2 短，如羽衣甘蓝、油菜等十字花科植物。

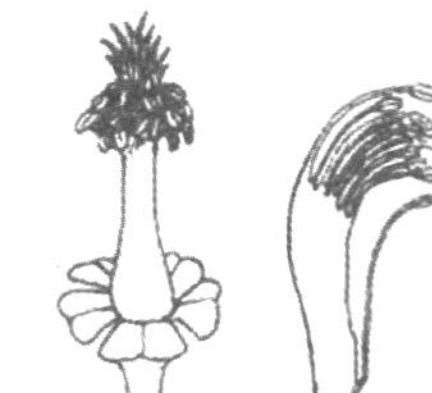

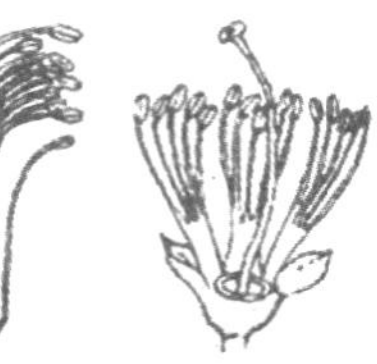

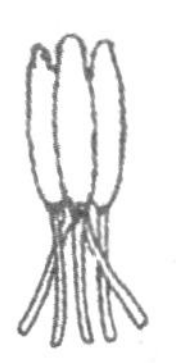

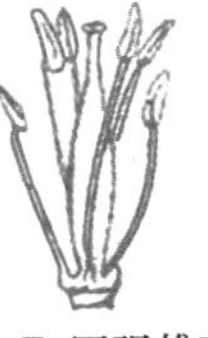

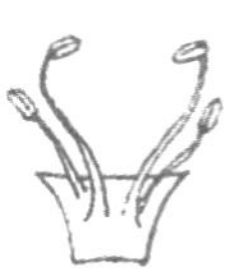

A. 单体雄蕊
B. 二体雄蕊
C. 多体雄蕊
D. 聚药雄蕊
E. 四强雄蕊
F. 二强雄蕊

图 5-5　雄蕊的类型

（引自崔玲华，2005）

② 合生雄蕊　花中雄蕊全部或部分合生，重要的有：

单体雄蕊　花丝下部连合成筒状，花丝上部或花药仍分离，如棉花、木槿等。

二体雄蕊　花丝连合成两组，其中 9 枚花丝连合，另一枚单生，如大豆。

多体雄蕊　雄蕊多数，花丝基部合生成多束，如蓖麻、金丝桃等。

聚药雄蕊　花丝分离，花药合生，如向日葵、菊花等。

（4）雌蕊群

雌蕊位于花的中央部分。由柱头、花柱和子房三部分组成。一朵花中所有的雌蕊称为雌蕊群。雌蕊是由心皮构成的。心皮是具有生殖作用的变态叶，雌蕊由心皮卷合而成。心皮的边缘互相连结处，称为腹缝线，在心皮背面的中肋处也有一条缝线，称背缝线（图 5-6）。

胚珠
心皮
心皮的
侧脉
心皮的
背脉
背缝线
腹缝线

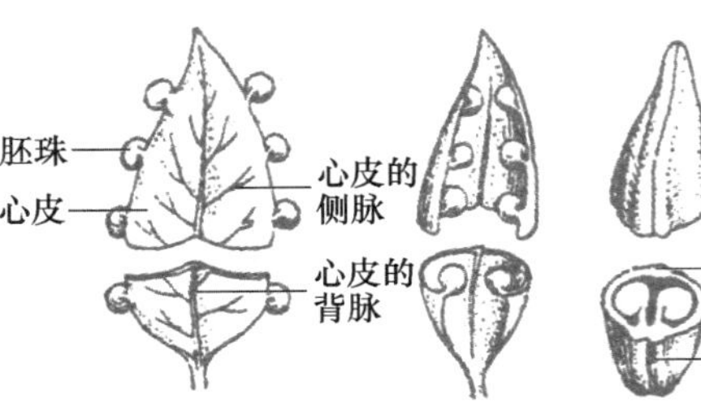

图 5-6　心皮边缘愈合形成雌蕊过程的示意图

（引自崔玲华，2005）

雌蕊的柱头位于雌蕊的顶部，是接受花粉粒的地方。花柱位于柱头和子房之间，是花粉管萌发后花粉管进入子房的通道。子房是雌蕊下部膨大的部位，外部为子房壁，内具一至多个子房室，各室内着生胚珠，受精后，子房发育为果实，子房壁发育成果皮，胚珠发育成种子。

不同种类的植物其雌蕊的类型、子房的位置、胎座的类型常不相同。

① 雌蕊的类型　根据雌蕊中心皮的数目和离合，有以下几种类型（图 5-7）。

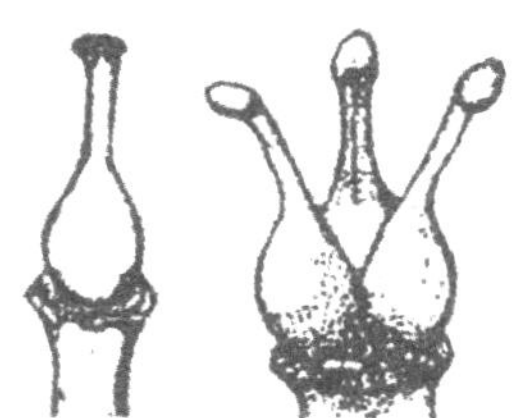

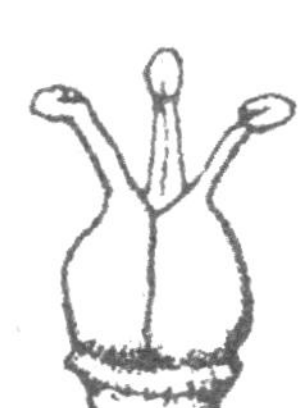

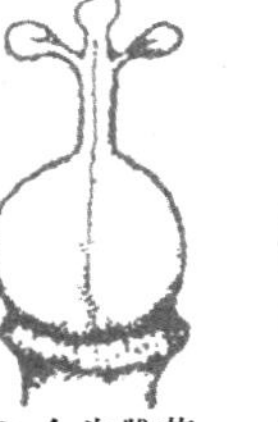

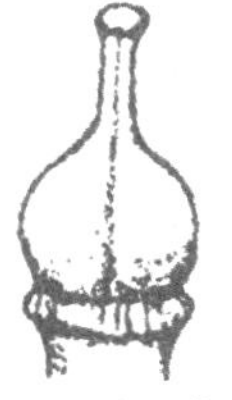

A. 单雌蕊
B. 离生雌蕊
C. 合生雌蕊
D. 合生雌蕊
E. 合生雌蕊

图 5-7　雌蕊的类型

（引自崔玲华，2005）

单雌蕊　一朵花中的雌蕊仅由一个心皮组成，称为单雌蕊，如大豆、蚕豆等。

离生雌蕊　一朵花中的雌蕊是由几个心皮所组成，但心皮彼此分离，每一心皮成为一个雌蕊，称为离生雌蕊。如莲、草莓、八角等。

合生雌蕊　一朵花中由2个至多数心皮卷合而成的一个雌蕊，称为合生雌蕊，属复雌蕊，如棉花、番茄等。

② 子房的位置　根据子房在花托着生的位置和与花托连合情况，子房分为以下三种类型（图5-8）。

A. 子房上位（花下位）

B. 子房上位（花周位）

C. 子房半下位（花周位）

D. 子房下位（花上位）

图5-8　子房位置的类型

（引自崔玲华，2005）

子房上位　子房仅以底部与花托相连，叫子房上位。子房上位分为两种情况，如果子房仅以底部与花托相连，而花被、雄蕊着生位置低于子房，称为子房上位下位花，如油、菜、玉兰等。如果说子房仅以底部和杯状花托的底部相连，花被与雄蕊着生于杯状花托的边缘，称为子房上位周位花，如桃、李等。

子房半下位　子房的下半部陷于杯状花托中，并与花托愈合，上半部仍露在外，花被和雄蕊着生于花托的边缘，如甜菜、马齿苋等。

子房下位　子房埋于下陷的花托中，并与花托愈合，称子房下位，花的其余部分着生在子房的上面花托边缘，称为上位花，如苹果、南瓜等。

③ 胎座的类型　胚珠通常沿心皮腹缝线着生于子房内，着生的部位叫胎座，胎座有以下几种类型（图5-9）。

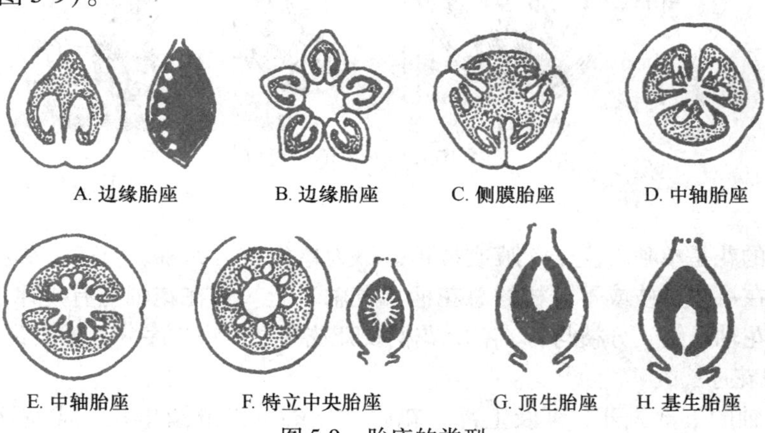

图5-9　胎座的类型

（引自崔玲华，2005）

边缘胎座　单雌蕊，子房一室，胚珠生于心皮的腹缝线上，如豆类。

侧膜胎座　合生雌蕊，子房一室或假数室，胚珠生于心皮的边缘，如油菜、西瓜等。

中轴胎座　合生雌蕊，子房数室，各心皮边缘聚于中央形成中轴，胚珠生于中轴上，如苹果、柑橘、棉、茄、番茄等。

特立中央胎座　合生雌蕊，子房一室或不完全的数室，子房室的基部向上有一个短的中轴，但不到达子房顶，胚珠生于此轴上，如石竹、马齿苋等。

顶生胎座　一室的子房，胚珠着生在子房顶部而悬垂室中，如桑。

基生胎座　由一或二心皮构成的一室子房，胚珠着生在子房的基部。如向日葵。

3. 禾本科植物的花

禾本科是被子植物中的单子叶植物，花的形态和结构比较特殊，与上面所叙述的一般形态很不一样。现以小麦、水稻为例说明。

禾本科植物小麦、水稻的花，和上述的典型花不同，花的最外面有外稃及内稃各一枚，外稃中脉明显，并常延长成芒，外稃内侧部有2枚鳞片（浆片），里边有3或6枚雄蕊。中间是一枚雌蕊。外稃是花基部的苞片，内稃和鳞片是由花被退化而成，开花时，鳞片吸水膨胀，撑开内外稃，使花药和柱头露出稃外，有利于风力传播。

禾本科植物的小花都集生形成小穗（图5-10），每个小穗的基部有一对颖片（护颖），颖片相当于花序外面的总苞片，下面一片叫外颖，上面的一片叫内颖，许多小穗再集中排列为花序（穗）。

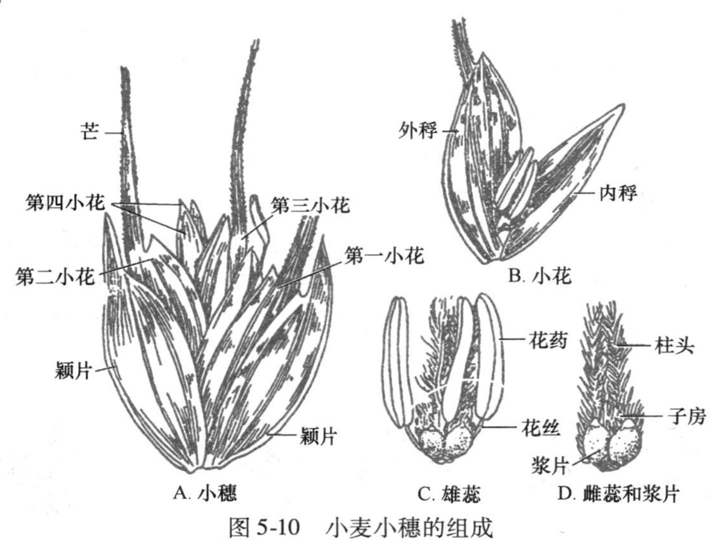

图5-10　小麦小穗的组成

4. 花序

有些植物的花是单独着生于叶腋或枝顶，称为单生花，如桃、芍药、荷花等。但大多数植物的花着生在一个分枝或不分枝的总花柄（花轴）上。花在花轴上有规律的排列方式，称为花序。根据花轴长短、分枝与否、有无花柄及开花顺序，将花序分为无限花序和有限花序。

（1）无限花序

花由花序轴的下部先开，渐及上部，花序轴顶端可以继续生长；或花序轴较短，自外向内逐渐开放的均属无限花序。常见有以下几种。

① 简单花序　花序轴不分枝，称为简单花序（图5-11）。

总状花序　花互生于不分枝的花轴上，各小花的花梗等长，如刺槐、紫藤等。

穗状花序　与总状花序相似，只是无花梗或很短，如车前、马鞭草等。

柔荑花序　单性花排列于一细长而柔软下垂的花轴上，开花后整个花序一起脱落，如杨、柳、板栗和核桃的雄花序。

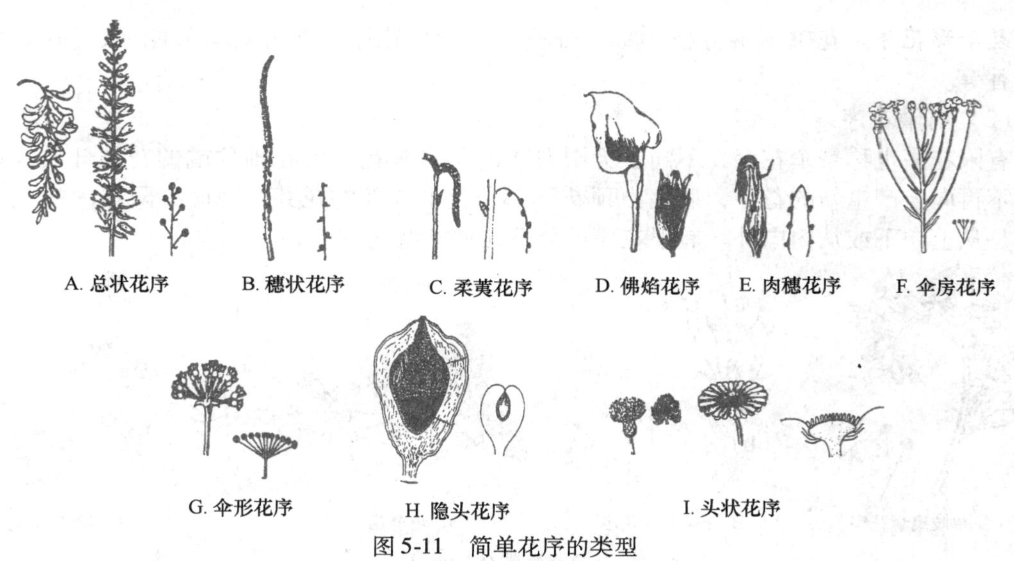

图 5-11 简单花序的类型
（引自崔玲华，2005）

佛焰花序 肉穗花序下面，有一大型佛焰状总苞，称佛焰苞，这类花序称佛焰花序。如天南星、棕榈等。

肉穗花序 穗状花序的花轴膨大呈棒状，花穗基部常为总苞所包围，如玉米的雌花序。

伞房花序 花有柄但不等长，下部的花柄长，上部的花柄渐短，全部花排列近于一个平面，如梨、苹果、山楂等。

伞形花序 花轴顶端集生很多花柄近于等长的花，全部花排列成圆顶状，形如张开的伞，开花顺序是由外向内，如山茱萸、君子兰等。

隐头花序 花序轴顶端膨大，中央凹陷呈壶状，许多无柄或短柄花，全部隐藏于囊内，如无花果。

头状花序 花轴极度缩短而膨大，扁形铺展或隆起，各苞叶常集成总苞，如菊科植物。

② 复合花序 花序的花轴具分枝，每一分枝上又呈现上述的一种简单花序，这类花序称为复合花序。常见种类有以下几种（图 5-12）。

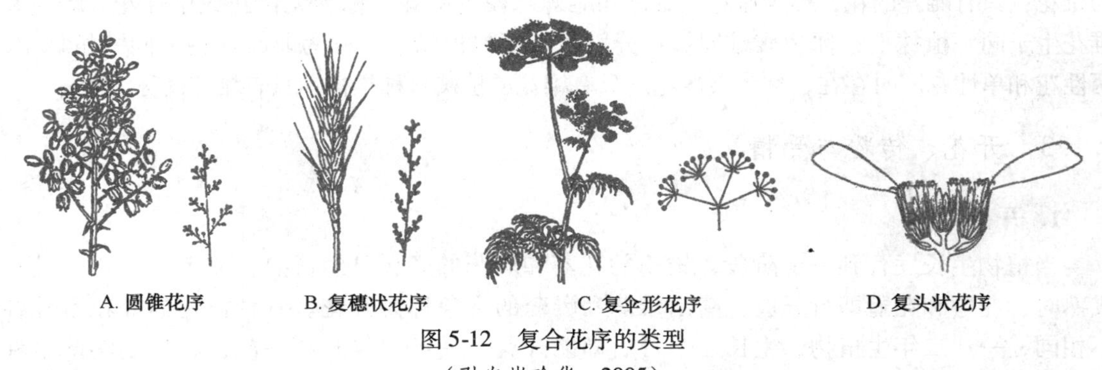

图 5-12 复合花序的类型
（引自崔玲华，2005）

复总状花序（圆锥花序） 在花轴上分生许多小枝，每小枝自成一总状花序，如水稻、丁香等。

复穗状花序 花轴分枝，每小枝均为穗状花序，如小麦、大麦等。

复伞形花序 花轴顶端分枝，每一分枝为一伞形花序，称为复伞形花序，如胡萝卜、小茴香等。

(2) 有限花序

有限花序也称聚伞花序，不同于无限花序的是有限花序的花轴顶端的花先开放，花轴顶端不再向上产生新的花芽，而是由顶花下部分化形成新的花芽，因而有限花序的花开放顺序是从上向下或从内向外。有限花序可分下几种类型（图5-13）。

图5-13 有限花序的类型
（引自崔玲华，2005）

单歧聚伞花序 主轴顶端先生一花，其下形成一侧枝，在枝端又生一花，如此反复，形成一合轴分枝的花序轴。根据分枝排列的方式，分为蝎尾状聚伞花序，如唐草蒲；螺状聚伞花序，如勿忘草等。

二歧聚伞花序 是主轴顶端花下分出两个分枝，如此反复分枝。如石竹科植物。

轮伞花序 聚伞花序着生在对生叶的叶腋，花序轴及花梗极短，呈轮状排列。如益母草。

多歧聚伞花序 主轴顶花下分出3数以上的分枝，各分枝又形成一小的聚伞花序如大戟、猫眼草等。

5.1.2 花与植物的性别

一朵花中花萼、花冠、雄蕊群和雌蕊群四部分齐全称为完全花，如果缺少其中任何一部分的，称不完全花。一朵花中同时具有雌蕊、雄蕊的花，称为两性花。只有雄蕊的花，称为雄花；只有雌蕊的花，称为雌花。雄蕊和雌蕊都没有的花，称为无性花或中性花。雌花和雄花生于同一植株上，称为雌雄同株；分别生于两株植物上，称为雌雄异株；同一植株上，两性花和单性花同时存在，称为杂性花。只有雄花的植株，称雄株；只有雌花的称为雌株。

5.1.3 开花、传粉与受精

1. 开花

当植物生长发育到一定阶段，雄蕊的花药和雌蕊的胚囊已经成熟，或者二者之一已经成熟时，花萼和花冠即行开放，露出雄蕊和雌蕊的现象称为开花。各种植物的开花习性各不相同，一、二年生植物，生长几个月后即能开花，一年中仅开花一次，花后结实产生种子，植株就枯萎死亡。多年生植物在达到开花年龄后，能每年按时开花延续多年。一般多年生草本植物的开花年龄短，木本植物则比较长，如桃树要3～5年，桦属需10～20年，椴属植物为20～25年。竹子虽是多年生植物，但一生往往只开花一次，花后便死去。

一株植物，从第一朵花开放直至最后一朵花开完所经的时间，称为开花期。各种植物

的开花期长短不同，这与植物本身的特性所处的环境条件有关。如小麦为3～6d，梨、苹果为6～12d，油菜为20～40d，棉花、花生和番茄等的开花期可持续1至几个月。一朵花开放时间长短，也因植物的种类而异。如小麦只有5～30min，水稻为1～2h，番茄4d。大多数植物开花都有昼夜周期性。在正常条件下，水稻在上午7～8时开花，小麦在上午9～11时和下午3～5时开花，玉米7～11时开花等。研究掌握植物的开花习性，有利于在栽培上采取相应的技术措施，提高其产品数量和质量，也有助于进行人工杂交，创建新的品种类型。

2. 传粉

成熟的花粉粒借助外力传至雌蕊柱头上的过程，称为传粉。

（1）自花传粉

成熟的花粉落到同一朵花的柱头上的过程称为自花传粉。在实际应用中，有时把同株异花或同种异株传粉也称为自花传粉。花卉中的凤仙花、紫罗兰、金盏菊等。

（2）异花传粉

一朵花的花粉粒落在另一朵花的柱头的过程，称为异花传粉。但在果树栽培中异花传粉是指不同品种间的传粉，林业中是指不同植株间的传粉。花卉中的石竹、万寿菊、百日草、大丽花等都是异花传粉植物。

异花传粉植物的花在结构和生理上形成了许多适应于异花传粉的特点：

单性花 单性花植物必然是异花传粉。如雌雄同株的玉米、瓜类，雌雄异株的桑、杨、柳等。

雌、雄蕊异熟 有些植物的花虽为两性花但花中的雌蕊与雄蕊成熟时间不同，有先有后，花期不遇。如苹果、向日葵等。

雌、雄蕊异长 花虽为两性花，但在同一株上的花中雌雄蕊的长度互不相同，造成自花授粉困难。如荞麦有两种花，一种是雌蕊花柱高于雄蕊，另一种是花柱短而雄蕊长，传粉时，常是长花丝的花粉传到长柱头上或短花丝的花粉落到短花柱的柱头上才能受精，这样减少或避免自花传粉的机会。

雌、雄蕊异位 花两性，但雌雄蕊空间排列不同，可避免或减少自花传粉的机会。

自花不孕 指花粉粒落到同一朵花的柱头上不能结实。自花不孕有两种情况，一种是花粉粒落到同花柱上，根本不萌发，如向日葵等，另一种是花粉粒虽能萌发，但花粉管生长缓慢，不能达到子房进行受精，如番茄。

植物进行异花传粉，必须依靠各种外力的帮助，才能把花粉传播到其他花的柱头上去，传送花粉的媒介有风力、昆虫、鸟和水，最为普遍的是风和昆虫。各种不同外力传粉的花，产生了各种特殊的适应性结构，使传粉得到保证。

（3）异花受粉根据传媒分类

风媒花 靠风力传送花粉的方式称风媒。借助于这类方式传粉的花，称为风媒花。如大部分禾本科植物、杨、桦木等都是风媒植物。

风媒花一般花被小或退化，颜色不鲜艳，也无香味，但常具柔软下垂的花序或雄蕊花丝细长，易为风吹摆散布花粉，每花产生的花粉粒多，小而轻，外壁光滑干燥，适于随风远播；雌蕊的柱头大，呈羽毛状，有利于接受花粉粒。

虫媒花 靠昆虫进行传粉的植物叫虫媒花。多数被子植物依靠昆虫传粉。如泡桐、向日葵和各种瓜类等。常见的传粉昆虫有蜂类、蝶类、蛾类等。这些昆虫来往于花丛之间，或是为了在花中产卵，或是采食花粉、花蜜作为食料。因而不可避免地与花接触，也就这

样地把花粉传送出去。

虫媒花一般具有鲜艳的色彩和特殊的气味，常具有蜜腺，能产生蜜汁，花粉粒较大，外壁粗糙而有花纹，有黏性。容易附在昆虫体上。虫媒花的大小结构及蜜腺位置一般与传粉昆虫的体型、行为都十分吻合，有利于传粉。

3. 花粉管的萌发及受精过程

精细胞与卵细胞相互融合的过程，称为受精。被子植物的卵细胞是位于子房内胚珠的胚囊中，而精子是在花粉粒中。因此，精子必须依靠花粉粒在柱头上萌发，形成花粉管向下传送，经过花柱进入胚囊后，受精作用才有可能进行。

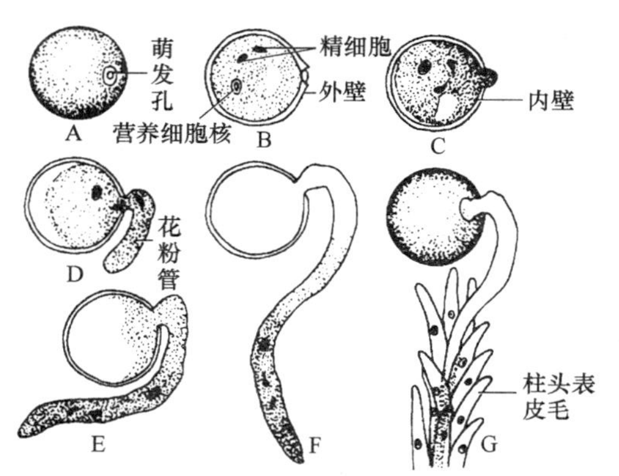

图 5-14 水稻花粉粒萌发和花粉管生长（A～G）（引自强胜，2006）

（1）花粉粒萌发和花粉管的生长

成熟的花粉粒落在柱头上，首先与柱头相互识别，在生理上两者亲和的，则花粉粒可得到柱头的滋养并吸收水分和分泌物，内壁开始从萌发孔突出，继续伸长，产生花粉管。这个过程称花粉粒的萌发（图 5-14）。但是落到柱头上的花粉粒很多，有本种的也有异种植物的花粉，这些花粉不会全部萌发，一般只有雌蕊能识别亲和的花粉，才能萌发。

花粉粒萌发后，花粉管进入柱头，穿过花柱而达到子房。当花粉管生长时，花粉粒中的营养核和两个精子（或一个生殖细胞），随同细胞质都进入花粉管内（生殖细胞在花粉管内也分裂成为两个精子），成为具有 3 个细胞的花粉管。花粉管到达子房后，即向一个胚珠伸进，通常是从珠孔经珠心进入胚囊，称为珠孔受精。有些植物的花粉管是穿过合点进入胚囊，称为合点受精。少数植物的花粉管从胚珠的中部进入胚囊，称中部受精。不管花粉管在生长中取道哪一条途径，最后总能准确的伸向胚珠和胚囊。这一现象产生的原因，一般认为是在雌蕊的某些组织如珠孔道、花柱道、胎座、子房内壁和助细胞等，存在着某些化学物质，能诱导花粉管的定向生长。

（2）双受精过程及其特点

花粉管进入胚囊后，先端破裂，两个精子进入胚囊。这时营养核已经逐渐解体，其中一个精子与卵细胞结合成为合子（受精卵），合子将来发育成胚。另一个精子与极核结合形成三倍体的初生胚乳核，将来发育成胚乳。花粉管中的两个精子分别和卵细胞及极核融合的过程，称为双受精作用（图 5-15）。

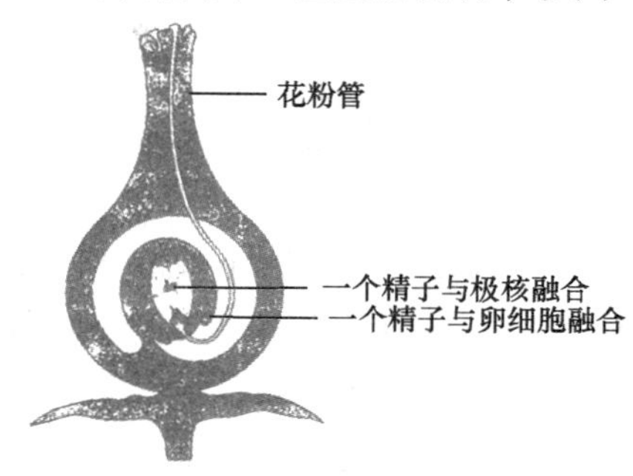

图 5-15 双受精过程的模式图（引自刘仁林，2003）

双受精是被子植物的共同特点，在生物学上具有重要意义。精细胞与卵细胞的融合，两个单倍体的雌雄性细胞融合，形成一个二倍体的合子，恢复了各种植物体原有的染色体的倍数，保持了物种的相对稳定性。其次，精、卵融合将父母本具有差异的遗传物质重新组

合，形成具有双重遗传性的合子。所以，合子发育的新一代植株，往往会发生变异，出现新的遗传性状，如对优良性状进行选择、培育使其稳定，即可育成新的品种。另外，精子与极核融合形成三倍体的初生胚乳核，同样结合了父母本双亲的遗传性，生理上更活跃，形成胚乳后以营养物质供胚吸收，可使子代生活力更强，适应性更广泛。双受精在植物界有性生殖中是最进化、最高级的形式。

5.1.4 果实

1. 果实的形成

被子植物经开花、传粉和受精后，花的各部分随之发生显著变化。花萼、花冠枯萎或宿存，柱头和花柱枯萎，剩下来的只有子房。这时，胚珠发育成种子，子房也随着发育成果实。花梗变为果柄。果实包括由胚珠发育的种子和由子房壁发育的果皮（表 5－1）。由子房发育的果实叫真果。如桃、杏、柑橘等。也有些植物的果实，除子房外，还有花的其他部分参与果实形成的，如苹果、菠萝、梨等的果实，大部分是花托、花序轴参与发育形成的，这类果实称为假果。

表 5-1 受精后花的发育结果

- 花
  - 花柄 → 果柄
  - 花托 → 枯萎或参与形成果实
  - 花萼 → 枯萎或存宿
  - 花冠 → 凋落
  - 雄蕊
    - 花丝 → 枯萎
    - 花药 → 花粉粒 → 花粉
      - 营养核（消失）
      - 生殖核
        - 精于（与卵核 → 合子 → 胚）
        - 精干（与极核 → 受精 → 胚乳）
  - 雌蕊
    - 子房
      - 胚珠
        - 珠心 → 八核胚囊 → 卵核、极核
          - 卵核 + 精子 → 合子 → 胚
          - 极核 + 精子 → 受精 → 胚乳
        - 珠被 → 种皮
        - （胚、胚乳、种皮）→ 种子
      - 子房壁
        - 外层 → 外果皮
        - 中层 → 中果皮
        - 内层 → 内果皮
        - （外果皮、中果皮、内果皮）→ 果皮
      - （种子、果皮）→ 果实
    - 花柱 → 凋落
    - 柱头 → 凋落

2．果实的结构

真果的结构比较简单，外为果皮，内含种子。果皮可分外果皮、中果皮和内果皮三层（图5-16中的A）。外果皮上常有角质、蜡质和表皮毛，并有气孔分布。中果皮很厚，占整个果皮的大部分，在结构上各种植物差异很大。如桃、李、杏的中果皮肉质，刺槐的中果皮革质等。内果皮各种植物差异也很大，有的内果皮细胞木化加厚，非常坚硬，如桃、李、核桃；有的内果皮的表皮毛变为肉质化的汁囊，如柑橘；有的内果皮分离成单个的浆汁细胞，如葡萄、番茄等。假果的结构比较复杂，除子房外，还有其他部分参与果实的形成。如苹果、梨的可食部分，主要由花托发育的，而真正果，即外、中、内三层位于果实中央杯内，仅占很少部分，其内为种子［图5-16（B）］。

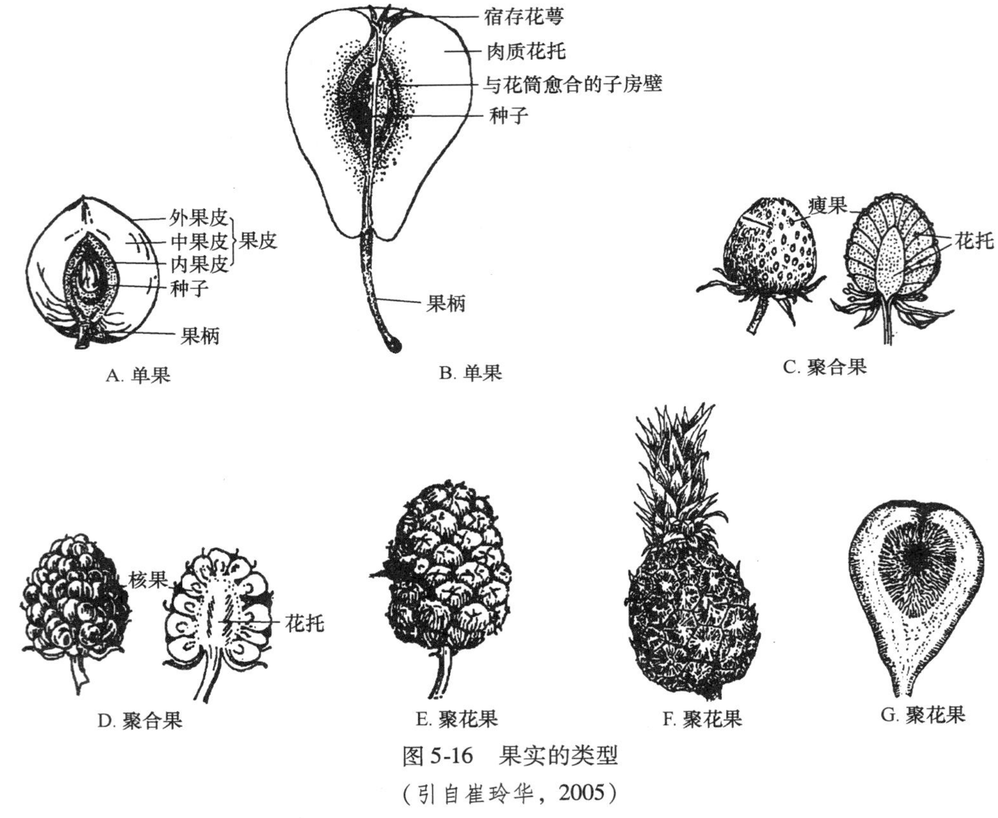

图5-16　果实的类型
（引自崔玲华，2005）

3．果实的类型

果实可分为三大类型，即单果、聚合果和聚花果（图5-16）。

（1）单果

由一朵花中的单雌蕊或复雌蕊形成的果实称为单果。根据果皮的性质与结构，单果又可分为肉质果与干果两大类。

① 肉质果　果实成熟后，肉质多汁，又分为下列几种（图5-17）：

浆果　果皮除最外层都肉质化，充满汁液，含数枚种子，葡萄、枸杞、柿等都属浆果。

柑果　外果皮中果皮疏松纤维状即橘络，内果皮被隔成瓣，向内生产许多肉质多浆汁囊。如柑橘、柚、柠檬、橙等。

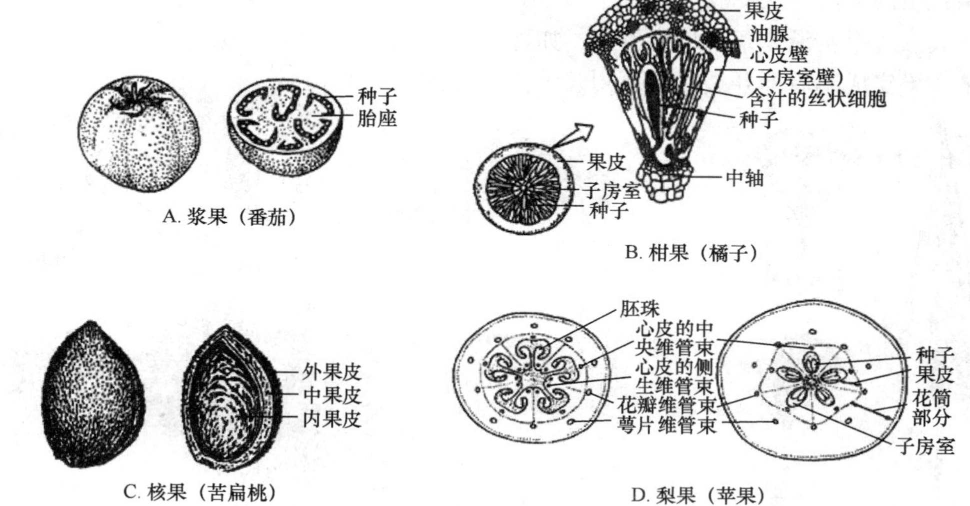

图 5-17 肉质果的类型
（引自崔玲华，2005）

核果 内果皮坚硬，包于种子之外，构成果核。种子一粒，中果皮多肉质，如桃、杏、李、樱桃等。

梨果 为下位子房发育而成的假果。果实外层是花托发育而成，果内大部分由花筒发育而成，子房发育的部分位于果实的中央。由花筒发育的部分和外果皮、中果皮为肉质，内果皮木质化较硬，如苹果、梨、山楂等。

瓠果 由下位子房发育而成的假果。花托和外果皮结合成坚硬的果壁，中果皮和内果皮肉质，胎座发达也肉质化。为葫芦科植物特有。

② 干果 果实成熟后，果皮干燥，又分裂果和闭果两类。

裂果 果皮成熟开裂，散出种子。因心皮数目和分裂方式，又分为：

荚果：由单雌蕊发育形成，成熟时沿心皮背缝线和腹缝线同时开裂，如豆类植物。也有不开裂的，如紫荆、合欢等（图 5-18）。

蓇葖果：由单雌蕊发育而形成的果实，成熟时沿心皮背缝线或腹缝线纵向一面开裂，如飞燕草、芍药、牡丹等（图 5-19）。

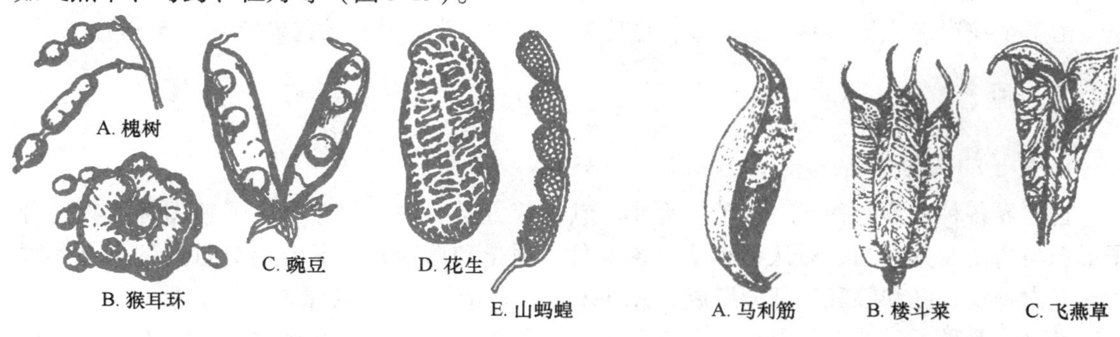

图 5-18 各种荚果
（引自崔玲华，2005）

图 5-19 各种蓇葖果
（引自崔玲华，2005）

角果：由两心皮组成侧膜胎座，由心皮边缘子房室内生出一隔膜称假隔膜，将子房分成2室，成熟时果实沿2条腹缝线裂开，如荠菜、独行菜等（图5-20）。

闭果　果实成熟后不开裂，有下列几种类型（图5-21）。

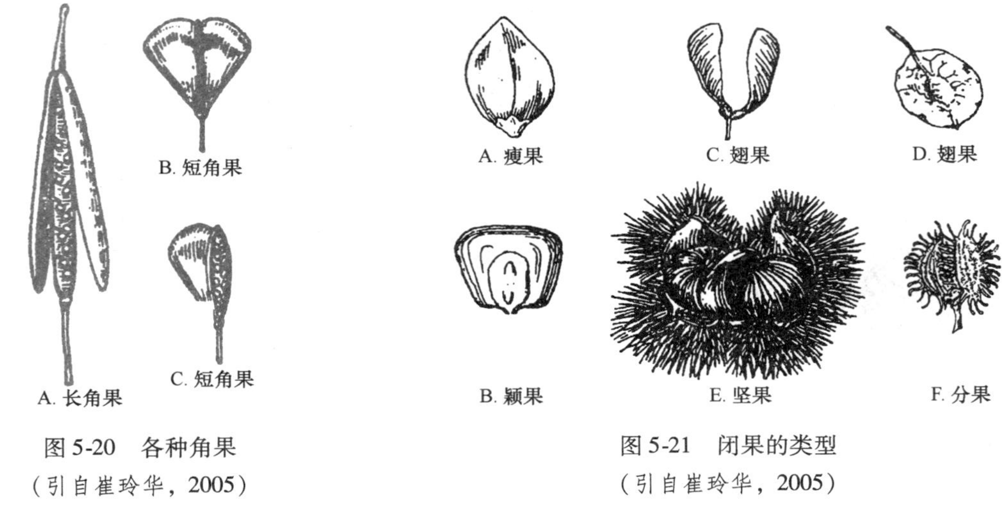

图5-20　各种角果
（引自崔玲华，2005）

图5-21　闭果的类型
（引自崔玲华，2005）

瘦果：果实内含1粒种子，果皮与种皮分离。如1心皮的白头翁，2心皮的向日葵，3心皮的荞麦等。

颖果：由2～3心皮组成，1室含1粒种，果皮与种皮紧密愈合不易分离，如小麦、玉米等禾本科植物的果实。

翅果：果皮向外延伸成翅，如榆、槭树、枫杨等。

坚果：果皮木质化而坚硬，含1粒种子，如榛子、栗子、橡子等。

分果：由2个或2个以上心皮组成，各室含1粒种子，成熟时，各心皮沿中轴分开，如芹菜、胡萝卜等伞形科植物的果实。

（2）聚合果

由一朵花中生有多数离生雌蕊，每一个雌蕊形成一个小果聚生在花托上，称为聚合果，如草莓、莲、悬钩子等（图5-16）。

（3）聚花果

由整个花序形成果实称为聚花果，也称复果，如菠萝、桑、无花果等（图5-16）。

5.1.5　种子

1. 种子的构造

自然界各种植物的种子，形状、大小、颜色等方面有极大的差异。了解园林植物的种子形态与构造及其作用，对认识种子，鉴定种子质量和播种育苗具有十分重要的意义。种子一般由种皮、胚和胚乳三部分组成（图5-22）。受精后花的发育结果见表5-1。

种皮　是种子最外面的保护层，有些植物的种皮仅一层，有些植物的种皮有两层，即外种皮和内种皮。如蔷薇科、大戟科植物。一般种皮坚硬而厚，由厚壁组织组成，有各种色泽、花纹或其他附属物，如马尾松、泡桐等种皮延伸成翅，杨、柳的种子有毛等。

一般而言，一粒种子的外部形态有种脐、种脊和种孔（图 5-23）。种脐是种柄（珠柄）脱落留下的痕迹，常为浅圆形凹陷。种脐部位有一细孔，是种子萌发时胚根伸出的孔道。种脐的一端有一隆起的脊叫种脊。有些植物的种子无种脊，但有种脐和种孔。

胚　胚是种子的重要部分，是包被在种皮内的幼小植物体。因此，一粒种子是否能正常的萌发，关键是胚是否正常。一个胚由胚芽、胚轴、胚根和子叶四个部分构成（图 5-22）。胚芽将来发育成地上部分的主茎和叶，胚根发育成地下部分的初生根，而胚轴大多数将来成为根茎处的部分（图 5-24）。子叶贮藏了丰富的养料，供给种子萌发时的幼苗生长，并且能暂时进行光合作用。一般子叶的寿命较短，20 天左右脱落。

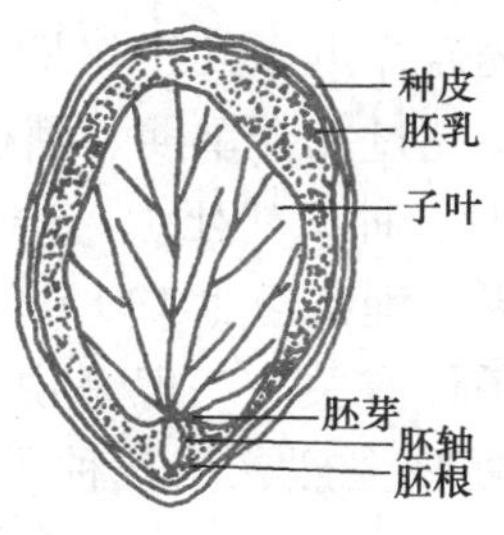

图 5-22　油桐种子纵切面
（引自刘仁林，2003）

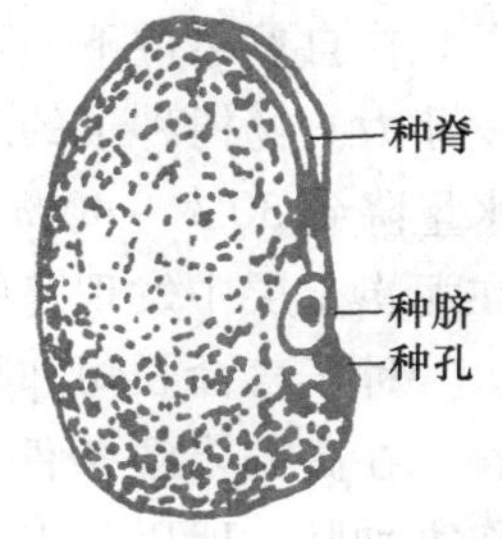

图 5-23　种子的外部形态
（引自刘仁林，2003）

子叶的数目是植物一个比较稳定的遗传性状，因此根据子叶的数目，种子植物分为三大类：双子叶植物、单子叶植物和子叶不定数植物。前二者是被子植物，后者是裸子植物，裸子植物子叶的数目不确定。

胚乳　有胚乳种子的胚乳位于胚和种皮之间（图 5-22），即胚可以看成是埋藏在胚乳中的幼小植物体。胚乳和子叶所占有的体积较大，贮藏了丰富的营养物质，供给种子萌发时利用。同时，许多植物种子的胚乳和子叶所贮藏的营养物质是人类食物和药物的主要来源，如大豆的子叶富含蛋白质、板栗种子的子叶富含淀粉等。

2. 种子的类型

无胚乳种子　这类植物的种子只有种皮和胚两个部分（图 5-25），缺少胚乳，子叶肥厚，贮存了丰富的营养物质，代替了胚乳的功能。子叶在光照条件下变成绿色，含有叶绿素，可以在短时间内进行光合作用，制造有机物，供给幼苗生长，如刺槐、梨、板栗、油茶等都是无胚乳植物。

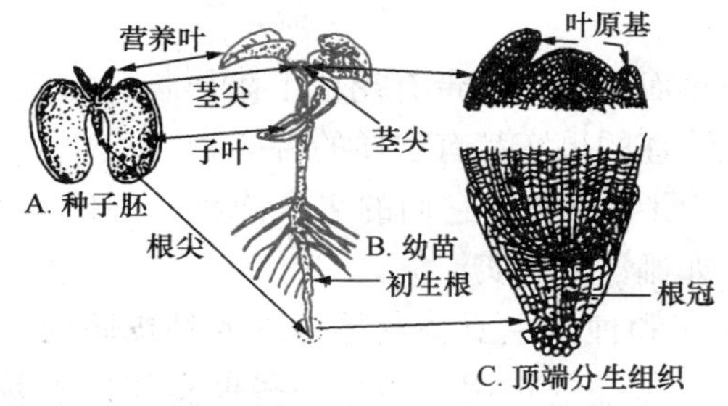

图 5-24　种子至幼苗的发育过程
（引自刘仁林，2003）

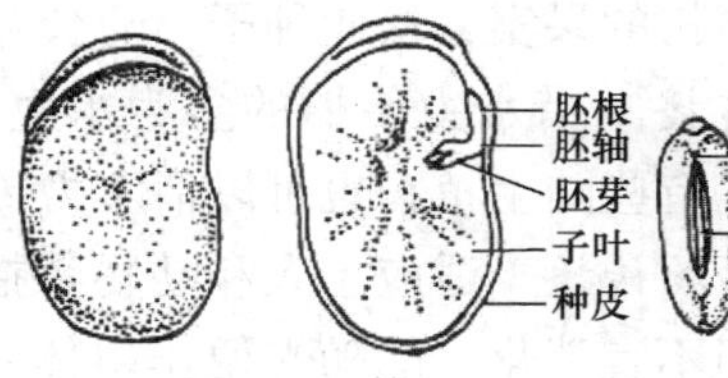

图 5-25　蚕豆的种子
（引自王世动，2008）

有胚乳种子　这类植物的种子由种皮、胚和胚乳三大部分组成（图 5-22）。胚乳占有较大比例，主要为幼苗供应营养物质。大多数双子叶植物和所有的裸子植物的种子都是有胚乳种子。此外，单子叶植物的种子是有胚乳种子，如竹类、稻、麦、玉米等都是有胚乳种子。由于它们的种皮与果皮愈合，难以分开。因此，平常所称的种子实际上是含有种子的果实，这类果实叫颖果。

5.1.6 种子的寿命

在自然条件下，种子的寿命可由几个星期到很多年。寿命短的种子，成熟后12h内有发芽力。杨树种子的寿命不超过几个星期。糖槭的种子在成熟时含水量约为58%，一旦含水量降到30%~40%以下时，种子就死去。寿命长的种子可达百年以上，我国辽宁生多次在泥炭土层中发现莲的瘦果，埋藏至少120年，但仍正常发芽、开花、结果。

种子寿命长短和贮藏条件有关。一般来说，种子在干燥、低温条件下易于保存，寿命长。在高温多湿条件下，呼吸强烈，消耗种子中贮藏的养分，呼吸释放能量，产生高温，伤害种胚，所以丧失生活力。

5.1.7 果实与种子的传播

果实与种子的传播，扩大了植物分布范围。对于植物获得有利的生长条件和种类繁衍有重要意义，经过长期的自然选择，各种果实和种子都具备了适于各自的传播方式（图5-26）。

A. 蒲公英的果实，花萼变为冠毛

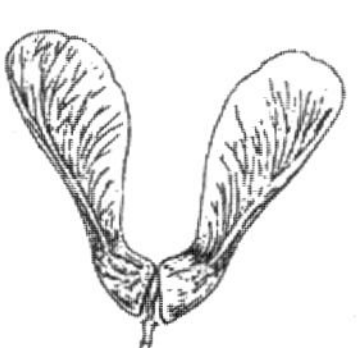

B. 槭的果实，果皮展开成翅状

C. 酸浆的果实，外面包有花萼形成的气囊

D. 铁线莲的果实，花柱残留成羽状

E. 马利筋种子的纤毛

F. 棉花的种子，表皮细胞突出成绒毛

图5-26 借风力传播的果实和种子

（引自王世动，2008）

风力传播 借风力传播的果实和种子一般小而轻，往往带有翅或毛附属物，如鸡爪槭、榆树、白蜡树的果实，松属种子，蒲公英、铁线莲的果实都有这样的特征。

水力传播 借水力传播的多为水生植物和沼生植物，它们的果实或种子能随水漂浮。如莲蓬等。有些陆生植物也可以借水力传播，如椰子的果实。

人和动物传播 适应于人和动物传播的果实和种子主要特点是果皮或种皮坚硬，虽然被食用，但不宜消化，能随粪便排出体外，达到传播的作用。还有一些果实和种子易于粘附人的衣服或动物皮毛上而传播，如苍耳、鬼针草等。

果实弹力传播 有些植物的果实成熟时，果皮干燥而开裂，以弹力将种子弹射到较远的地方，如凤仙花等就具有这种特征。

根据不同植物果实和种子的传播方式，在进行采种时就要采取不同措施。例如松属、杉属具翅的种子可随风散失，菜种就要在球果成熟而未开裂时进行。借果实弹力传播的种子必须在果实成熟而果皮未干燥前采收。

5.2 裸子植物的生殖器官

裸子植物的有性生殖过程与被子植物有极大的相似性，同样经过传粉、受精、产生种子。在进化过程中，它们是在不同阶段出现的两大类植物。裸子植物比被子植物原始，所以裸子植物的生殖器官与被子植物比较，也有明显的不同，如不形成花而产生孢子叶球，胚珠裸露，只形成种子，不形成果实等。

5.2.1 裸子植物的花

裸子植物没有真正的花，其雌、雄生殖器官分别称为雌球花（大孢子叶球）和雄球花（小孢子叶球）。

雄球花（小孢子叶球）的构造 雄球花也称小孢子叶球（图5-27）。春季，松属植物新萌发枝条的基部形成许多长椭圆形、黄褐色的小孢子叶球。每一小孢子叶球由多数膜质的小孢子叶组成。小孢子叶成螺旋状排列在一个长轴上。小孢子叶的下面形成两个并列的长椭圆形的小孢子囊（花粉囊）。发育成熟时在小孢子囊（花粉囊）中有许多小孢子（花粉粒）。花粉粒具有两个气囊，以便于随风传播。

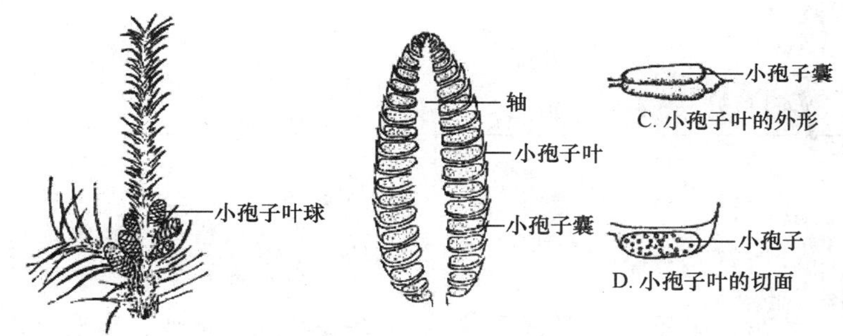

图5-27 松属小孢子叶球的构造
（引自刘仁林，2003）

雌球花（大孢子叶球）的构造 雌球花也称大孢子叶球（图5-28）。春季，与小孢子叶球形成的同时，在新枝顶端形成数个大孢子叶球，呈椭圆形球果状，幼时浅红色，以后变绿。大孢子叶球由木质鳞片状的大孢子叶（珠鳞）和不育的膜质苞片成对螺旋状排列在一长轴上组成。

每一珠鳞的上表面靠近基部形成并列的两个大孢子囊，或称胚珠。胚珠由珠被和珠心两部分组成。珠被包在珠心组织的外面，在珠心顶端处的珠被留下一小孔，叫珠孔。珠心由一团幼嫩的细胞组成。在珠心深处形成大孢子母细胞。大孢子母细胞进行减数分裂，形成4个大孢子（油松中有时形成3个），在珠心组织内排成直行，其中仅远离珠孔的一个成为可育的大孢子。大孢子为单倍体的细胞，继而形成胚乳。

5.2.2 种子的形成

当花粉粒成熟时，借风力传送到雌球花上。此时的雌球花的珠鳞张开，花粉落入胚珠上，然后珠鳞闭合。花粉粒在珠孔上萌发，产生花粉管，穿过胚乳组织后放精子，与卵细胞融合，成为具有二倍体的受精卵。

受精后的卵细胞发育为胚，胚乳细胞发育为胚乳，珠被发育为种皮。这样，整个胚珠形成一粒种子。

传粉之后，大孢子叶球也随之增大形成球果，珠鳞木化，称为种鳞。胚珠形成的种子裸露在种鳞上，所以称裸子植物（图5-29）。

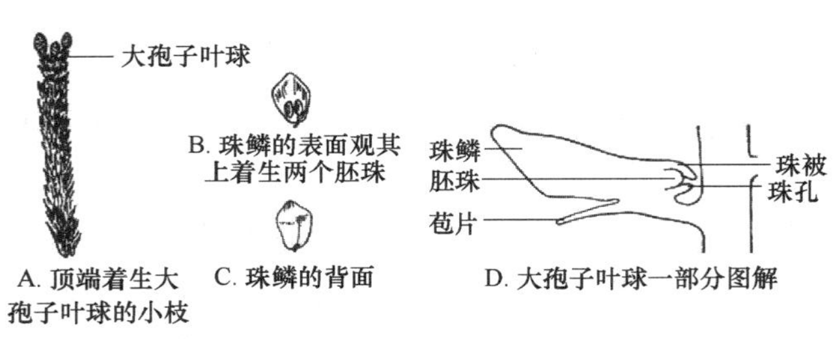

图5-28　松属大孢子叶球的构造
（引自刘仁林，2003）

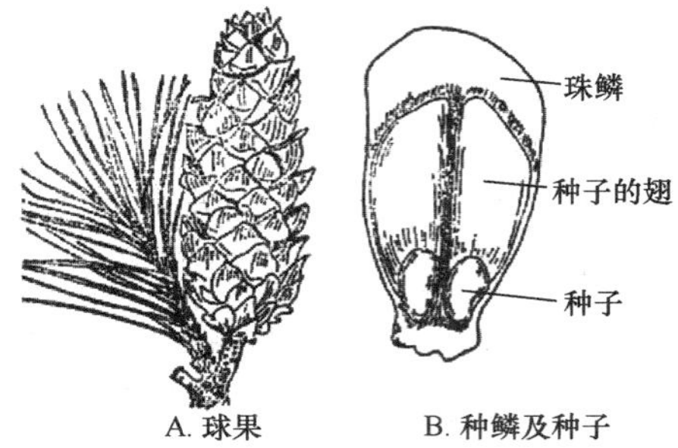

图5-29　松属的球果、种鳞及种子
（引自崔玲华，2005）

实训5.1　花的结构解剖及花序观察

1. 目的

1.1　通过对花、花序的观察，了解被子植物花和花序的构造特点，掌握花的组成及花序类型。学会用形态术语描述花的形态特征，为学习植物分类学奠定基础。

1.2　观察认识花药和子房的构造特征。

2. 用品与材料

显微镜、植物学盒、百合花药和子房横切片；各种花序的标本。

3. 方法与步骤

3.1　花的结构和花序观察

3.1.1　花的形态观察。

材料：各种类型花的新鲜标本或浸泡标本，如桃、槐、木兰、油菜、木槿、向日葵、益母草等植物的花。

方法：借助放大镜或解剖镜等仪器，由外向内观察识别花萼、花冠、雄蕊、雌蕊的形态特征、类型、构造和数目。

3.1.2　花序的观察。

材料：各种类型花序的新鲜标本或浸泡标本，如荠菜（总状花序）、车前（穗状花序）、杨树（柔荑状花序）、马蹄莲（肉穗花序）、千日红（头状花序）、窃衣（伞形花序、复伞形花序）、梨（伞房花序）、无花果（隐头花序）、唐菖蒲（单歧聚伞花序）、石竹（　二歧聚伞花序）、天竺葵（多歧聚伞花序）、益母草（轮伞花序）等植物的花序。

观察要点：各种花序的花轴长短、肉质肥厚与否，小花的着生方式、有柄与否、两性花还是单性花，进一步了解各种花序的特征。

3.2　花药结构的观察

取百合花药横切片制片，先在低倍镜下

观察。可见花药呈蝶状，其中有四个花粉囊，分左右对称两部分，其中间有药隔相连，在药隔处可看到自花丝通入的维管束。换高倍镜观察一个花粉囊的结构，由外至内：表皮、纤维素、中层与绒毡层。

在低倍镜下观察可看到每侧花囊间药隔已经消失，形成大室，因此花药在成熟后仅具有左右二室，注意观察在花药两侧中央，由表皮细胞形成几个大型的唇形细胞，花药由此处裂开，内有许多花粉粒。

3.3 子房结构的观察

取棉花或其他植物的子房，作横切面徒手切片制成临时装片在镜下观察。也可取百合子房横制片，在低倍镜下观察，可看到由三个心皮围合形成3个子房室，胎座为中轴胎座，在每个子房室里有2个倒生胚珠，它们背靠背着生在中轴上。

移动载玻片，选择一个完整而清晰的胚珠，进行观察，可以看到胚珠具有内、外两层珠被、珠孔、珠柄及珠心等部分，珠心内为胚囊，胚囊内可以看到1或2个核或4个核或8个核（成熟的胚囊有8个核，由于8个核不是分布在一个平面上，所以在切片中不易全部看到）。

3.4 花粉粒的观察

取未开放的桃花或梨花的花蕾，摘成熟的花药放置在载玻片上，用镊子将花药折断，挤出花粉粒，滴一滴醋酸洋红染料制涂片，用高倍镜观察。根据花粉粒内核的分裂与否，确定发育期。

4. 作业

4.1 绘出花药的横切面图，并注明各部分的名称。

4.2 绘子房横切面图，标出子房壁、子房室和胚珠，及珠孔、珠柄、珠心，胚囊等部分。

实训 5.2 果实、种子的构造和类型

1. 目的

观察掌握各种果实和种子的构造、类型和形态特征。进一步理解掌握果实的形态术语，为学习植物分类学奠定基础。

2. 用品与材料

解剖镜、培养皿、手持放大镜、手术刀。各种类型的果实、种子标本（新鲜的、浸制的）。

3. 方法与步骤

观察各种果实的外形与开裂方式，剖开果实观察果皮的性质，子房室数、种子数。理解各类型果实的特征。

3.1 划分果实类型

观察桃、花生、草莓、八角、木兰科的果实，桑葚，枫香、无花果的果实，区别哪些果是单果，哪些果是聚合果，哪些果是聚花果。

3.2 划分真果与假果

观察苹果、梨、柑橘和桃等的果实，区别真果与假果。

3.3 划分内质果和干果

观察西红柿、李、杏、桃、苹果、梨、柑橘、黄瓜、板栗、白蜡树的果实，区别肉质果和干果。

3.4 观察各种裂果的类型

如八角的蓇葖果，豆类的荚果，萝卜、白菜的角果，香椿、蓖麻的蒴果。

3.5　观察各种闭果

如观察板栗的坚果，葵花的瘦果，榆树，槭树类的翅果，玉米的颖果，蜀葵的分果。

3.6　观察常见30种园林植物的种子外观特征，包括种子的大小、色泽、形状及其他识别特征。

4. 作业

4.1　绘出蓇葖果、翅果构造图，并注明各部分的名称。

4.2　观察上述植物的果实，列表记录各类型果实的识别特征。

拓展知识

花粉粒的鉴定意义

花粉是植物用来进行有性繁殖的单细胞或2～3细胞的生殖器官。显微镜下的花粉粒是一些玲珑剔透、隽秀艳丽的艺术精品，它的形态结构在漫长的历史演化长河中是最为稳定形状之一，因此，研究现代植物的花粉为蜜源植物的鉴定甚至刑事破案起到作用，即用花粉粒的颜色、大小、形态结构及外壁文等特征来鉴定种甚至种以下的植物以及粉尘来源是具有重要的意义。

花粉最常见的颜色是金黄色、橙黄色，这是因为花粉外壁所含的类胡萝卜素和类黄酮类物质所致。然而许多虫媒植物的花粉，颜色却也丰富多彩。例如蚕豆、大丽花和七叶树的花粉颜色淡了是黄色，浓了就变成了红色。绿色花粉可见于榆树、白头翁、悬钩子和柳叶菜等植物。紫丁香和天竺葵的花粉是蓝色的。紫色花粉在罂粟、桔梗、野芝麻等中能见到。

花粉粒一般都是很小的颗粒，直径只有15～50μm，水稻的花粉粒42～43μm，桃花的花粉50～57μm，玉米花粉77～89μm，棉花的花粉为125～138μm，要在显微镜下才能看得很清楚；而一些大型的花粉粒，如紫茉莉，直径可达250μm，用肉眼也能一粒粒区分开了。花粉粒形态风情万种，植物种类不同，花粉的形状、外壁纹饰、沟孔也各不相同。如果把各种植物的花粉放在显微镜下观察，你就会发现他们真是奇形怪状，形态万千。

水稻或玉米圆球形的花粉，表面非常光滑，而蒲公英、维菊、款冬的花粉，浑身长满了刺；石榴的花粉椭圆形，且有三条纵沟；椴树、白桦的花粉从一侧看上去呈三角形，而落葵的花粉粒却为四边形；赤杨的花粉五角形；熏衣草的花粉六边形。杉树、麦仙翁的花粉一边有一个高高的突起，整个花粉粒像个吸耳球。苦瓜的花粉上布满了网纹，就像一种哈密瓜。苏铁、银杏的花粉粒像个小船。铁杉花粉上众多的突起，使它可以假扮荔枝或龙眼。麻黄的带纵棱的花粉可以冒充阳桃。还有四粒花粉紧紧抱在一起的，成为四合花粉，如杜鹃和香蒲的花粉。围延树的花粉是16合花粉，看上去像个足球。虫媒花粉外壁的这些突起或刺状物都是使它们更容易附着在昆虫身上，而多粒花粉粘在一块，传粉几率更高。松树、云杉、冷杉的每粒花粉都像个圆面包连着两个大气囊，显然这对它们在空气中的漂浮传播起着重要的作用。所有风媒的花粉都很轻，因此能够传播很远。有气囊的花粉传播就更远了。据说北欧的松树花粉可飞跃600多千米的大西洋到达格陵兰岛。

花粉粒表面的孔、沟是供花粉管萌发用的，叫萌发孔或萌发沟。在各种花粉粒上萌

发孔的数目却大不相同，如小麦的花粉只有一个萌发孔，棉花有8～16个，而樟树的花粉却一个萌发孔也没有。萌发沟的数目变化不大，油菜的花粉有3条沟，苹果、梨、烟草的花粉3条孔沟，此外也有些植物的花粉有多条沟或只有一条萌发沟。

花粉粒还具有“不朽”的功绩。专门研究花粉孢子形态的学科叫孢粉学。孢粉学可以分为两个领域，现代孢粉学及古孢粉学。英国加的夫大学的海德和威廉斯于1945年最先创用孢粉学一词。由于花粉和孢子一样，外壁坚固，富含大量的孢粉素和角质，特别是孢粉素是一种复杂的碳、氢、氧化合物，化学稳定性很强，它能耐酸、碱，极难氧化，在高温下也难溶解，因此无论它飘落到哪里，即使在地层中埋藏千万年也不会腐朽烂掉，而能保持外壁形态不变。在石油钻探中，大型化石不仅难以找到，而且易被粉碎。这时，体小、量多的孢粉就成为地层对比的重要手段，还能为寻找生油层及储油层提供古生态及古地理的重要信息。从原油中分离出来的孢粉，可以指示石油生成的地质年代及其迁徙的过程；分析岩心中的孢粉及海相化石，并计算彼此值的变化，可以指示石油形成的地点及层位。当前根据孢粉的颜色来推断石油的成熟度，以指导石油勘探的方法被广泛应用于世界各国石油公司中。

根据各种植物孢粉在地层出现的规律，科学家们可以断定地质年代，研究古植被、古气候的特点，为寻找石油矿藏也能提供依据。花粉是属于植物上的花的生殖器官的一部分，具有顽强的保守性，不易受到环境因素的影响而变异，而且是基因的外部表现。花粉在很大程度上打下了系统发育的烙印，也是研究植物起源、演化的最好材料。

小结

被子植物的生殖器官包括花、果实和种子。花是适应生殖作用的变态短枝。一朵典型的花，由花柄、花托、花萼、花瓣、雄蕊群和雌蕊群组成。其中以雄蕊中的花药和雌蕊中的子房最重要。

植物生长发育到一定时期将从营养生长进入生殖生长，营养芽转变为花芽即发生花芽分化。花芽分化的一般顺序为萼片原基、花瓣原基、雄蕊原基和雌蕊原基。

雄蕊包括花丝和花药。花药由花粉囊和药隔组成。在花粉囊内产生花粉粒。

一朵花中所有的雌蕊的总和称雌蕊群，雌蕊包括柱头、花柱和子房3部分。子房内产生胚珠，胚珠由珠心、珠被、株孔、合点和珠柄等几部分构成。

当雌蕊、雄蕊成熟后，即开花。花粉粒由花粉囊中散出，借外力传到雌蕊柱头上，称为传粉。传粉有自花传粉和异花传粉两种方式，异花传粉对植物生活有利。花粉粒与柱头识别后，亲和的则萌发形成花粉管，花粉管经花柱进入胚珠的胚囊内并释放2个精细胞，分别与卵细胞和极核融合，分别形成合子和初生胚乳核，进一步发育为胚和胚乳，称为双受精。双受精作用是被子植物类群进化的主要特征。

被子植物经过传粉和双受精后，子房发育为果实，胚珠发育为种子。种子的种皮、胚和胚乳（或缺）分别由珠被、受精卵和受精极核发育而来。种子之外则由子房壁发育而来的果皮包被保护。

纯粹由子房发育而来的果实称真果。除子房外，花的其他部分（如花筒、花序轴）也可参与果实的形成，这类果实称为假果。

成熟的果实和种子往往形成各种适应不同传播的形态特征：适应风力传播者，一般小而轻，且常有翅或毛等；借水力传播者，多形成有利于漂浮的结构；借人和动物传播的果实生有刺、钩或黏毛等；借果实弹力传播者，其果皮可发生爆裂或卷曲而将种子弹出。

果实有单果、聚合果和聚花果三大类型。单果分为肉质果和干果两大类。肉质果有浆果、柑果、核果、梨果和瓠果等多种类型；干果以可分为裂果和闭果两类。裂果具体的有荚果、蓇葖果、蒴果和角果等多种类型；闭果具体有瘦果、颖果、翅果、坚果和分果等多种类型。

种子一般由种皮、胚和胚乳三部分组成。种皮是种子最外面的保护层，有些植物的种皮仅一层，有些植物的种皮有两层。在种皮上还可看到种脐、种脊和种孔。胚是种子的重要部分，由胚芽、胚轴、胚根和子叶四个部分构成。有胚乳种子的胚乳位于胚和种皮之间，其所贮藏的营养物质是人类食物和药物的主要来源。种子一般分为有胚乳种子和无胚乳种子两种类型。

裸子植物的有性生殖过程与被子植物有极大的相似性，同样经过传粉、受精、产生种子。也有明显的不同，如不形成花而产生孢子叶球，胚珠裸露，只形成种子，不形成果实等等。其雌、雄生殖器官分别称为雌球花（大孢子叶球）和雄球花（小孢子叶球）。

相关链接

1. 李淑珍，关力．植物学［M］．北京：北京大学出版社，2007.
2. 强胜．植物学［M］．北京：高等教育出版社，2006.
3. 西昌学院精品课程 http：//jpkc. xcc. sc. cn/zwx/index. htm
4. 植物学精品课程网 http：//jpkc. njau. edu. cn/botany/

练习题

一、名词解释

1. 雌雄异株　2. 上位子房　3. 双受精　4. 风媒花　5. 真果　6. 假果　7. 二强雄蕊　8. 总状花序

二、填空题

1. 雄蕊由________、________组成，雌蕊由________、________、________组成。

2. 通常种子由________发育而来，果实由________发育而来，根据参与果实形成的部分，桃属于________果，梨属于________果。

3. 植物的花开放以后，花粉传到柱头上的过程称为________，自然界中存在________和________两种类型。

4. ________是被子植物特有的器官，通常由花的________发育而成。

三、简答题

1. 什么叫双受精？说明受精作用的过程及双受精的生物学意义。
2. 果实包括哪几大类，它们各自特征是什么？
3. 举例说明花冠的类型？
4. 以水稻、小麦为例，说明禾本科植物花的结构特点。
5. 举例说明花序的类型及特点。
6. 什么是传粉？为什么异花传粉具有优越性？植物对异花传粉具有哪些适应特点？

园林植物分类的基础知识

教学目标 ☞

1. 了解园林植物分类的途径；生物界的划分。
2. 熟悉植物分类方法和分类系统；植物界的基本类群；种的概念。
3. 掌握植物分类检索表的应用；植物分类单位和植物名称；植物标本的采集与制作。
4. 学会编制检索表；植物标本的采集、制作与鉴定。
5. 能够使用检索表鉴定园林植物。

6.1 园林植物分类的途径

6.1.1 植物分类的方法

植物分类学是在人类认识植物和利用植物的社会实践中发展起来的一门古老科学，它的任务不仅仅是识别物种、鉴别名称，而且要阐明物中之间的亲缘关系，并建立自然的分类系统。现在所知自然界的植物约有50余万种，为了更好的发掘、利用和改造它们，就必需学好植物分类的基础知识，对植物进行系统科学的分类。

植物分类的方法可分为人为分类法和自然分类法两种。

人为分类法是按照人们的目的和方法，以植物一个或几个特征或经济意义作为分类依据分类方法。如将植物分为木本或草本植物，粮食或经济作物等。此种方法简单易懂，便于掌握，但不能反映植物类群的进化规律与亲缘关系。

自然分类法是以植物进化过程中亲缘关系的远近作为分类标准的分类方法。判断亲级关系的程度，是根据植物相同的点的多少，例如小麦和水稻有许多相同点，因此认为它们较亲近，小麦与油菜相同点较少，所以它们较疏远。这种方法科学较强，在生产实践中也有重要意义。例如，可根据植物亲缘关系，选择亲本以进行人工杂交，培育新品种；也可根据亲缘关系，探索植物资源。

6.1.2 植物分类系统

百余年来，建立的分类系统有数十个，其中最著名的有恩格勒系统（A. Engler）和哈钦松系统（J. Hutchinson）。恩格勒（1844～1930）是德国的植物学家。他认为柔荑花序类植物在双子叶植物中是比较原始的类群，单子叶植物比双子叶植物原始，因此在系统中把单子叶植物排列在双子叶植物前面。哈钦松是英国植物学家。在哈钦松系统中把被子植物分为双子叶植物纲和单子叶植物纲，然后把双子叶植物纲分为木本支和草本支；把单子叶植物纲分为萼花区、冠花区和颖花区。哈钦松系统分类的特点是：认为木兰目植物比较原始，因此在被子植物系统中把木兰目排在前面；而且认为木本支与草本支分别以木兰目和毛茛目为原始点平行进化。二是柔荑花序类植物比较进化，是次生（或退化）的表现。三是单子叶植物比双子叶植物进化。

6.1.3 植物分类单位

种是分类的基本单位，也是各级单位的起点。所谓种，是指起源一共同的祖先，具有相似的形态特征，且能进行自然交配，产生正常后代（少数例外）并具有一定自然分布区的生物类群。种内个体由于受环境影响而产生显著差异时，可视差异大小分为亚种、变种等。其中变种是最常用的。集种成属、集属成科，集科成目，由此类推组成纲、门、界等分类单位。因此界、门、纲、目、科、属、种成为分类学的各级分类单位。在各级单位中，根据需要可再分成亚级，现以水稻为例说明分类上所用单位：

界：植物界（Vegetabile）

门：被子植物纲（Angiospermae）

纲：单子叶植物纲（Monocotyledoneae）

亚纲：颖花亚纲（Glumifiorae）

目：禾本目（Graminales）

科：禾本科（Gramineas）

属：稻属（*Oryza*）

种：稻（*Oryza satiua* L.）

品种不是分类学上的单位，它只用于栽培植物，而不存在野生植物中，如葡萄的玫瑰香、龙眼、巨峰都是品种。

6.1.4 植物命名法则

每种植物在不同的国度和地区，其名称也不相同，因而就易出现同物异名或异物同名的混乱现象，造成识别植物、利用植物、交流经验等的障碍。为此，有一共同的命名法则是非常必要的。国际上规定，植物任何一级分类单位，均须按照《国际植物命名法规》，用拉文或拉丁化的文字进行命名，这样的命名叫做学名。它是世界范围内通用的唯一正式名称。

植物的学名，是以瑞典植物学家林奈（C. Linnaeus）所倡用的双名法给植物命名的。它的组成是：属名 + 种加词（种区别词） + 命名人姓氏缩写。如水稻：*Oryza satiua* L.，桑树：*Morus alba* L. 属名都是名词，如桑树学名的属名是拉丁文名词 *morus*（桑树），属名第一个字母要大写。种加词一般是形容词，起着标志这一植物种的作用，第一个字母要小写。如桑树的学名种加词 *alba* 是"白色"的意思。命名人姓氏，除单音节外均应缩写，缩写时要加省略号"."，且第一个字母要大写如 Linnaeus（林奈）缩写为 L.。

如果是亚种，其学名组成是：属名 + 种加词 + 命名人 + sub.（亚种的缩写） + 亚种加词 + 亚种命名人，如紫花地丁（堇菜科）：*Viola philippica* sub. *manda* W. Beck

如果是变种，其学名组成是：属名 + 种加词 + 命名人 + var.（变种的缩写） + 变种加词 + 变种命名人，如柿子椒（茄科）：*Capsicum frutescens* L. var. *grgrossum* Bail.

6.1.5 植物检索表的编制和使用

植物检索表是鉴定植物必备的工具，因此必须学会正确使用它。检索表的编制是根据法国人拉马克（Lamarck，1974～1829）的二歧分类原则，把各植物类群突出的形态特征进行比较，分成相对的两个分支，在相同的项目下，以不同点分开，依次下去一直编到科、属或种的检索表的终点为止。通常有下列两种形式。

1. 定距检索表（等距检索表）

在这种检索表中，相对立的特征被编为同样号码，且在书页左边距离处开始描写，如此继续下去，描写行越来越短，直至科、属或种的学名为止，查出植物的名称。优点是将相对性状的特征都排列在同样距离，一目了然，便于比较。缺点是两相对性状常分开列出，不便于比较，且如果编排的种类过多，检索表势必浪费很多篇幅。

各类群植物定距检索表

1. 植物体无根、茎、叶分化，不产生胚
2. 植物体不为藻、菌共生体
3. 有叶绿体，自养植物 ………………………………………………… 藻类（Algae）
3. 无叶绿体，异养植物 ………………………………………………… 真菌（Fungi）
2. 植物体为藻、菌共生体 ……………………………………………… 地衣（Lihenes）
1. 植物体有根、茎、叶分化，产生胚
4. 有茎、叶分化，无真正的根 ………………………………… 苔藓植物门（Bryophyta）
4. 有茎、叶分化，并出现真正的根
5. 不产生种子，以孢子繁殖 ………………………………… 蕨类植物门（Pterdophyta）
5. 产生种子，以种子繁殖
6. 种子或胚珠裸露 ………………………………………… 裸子植物门（Gymnospermae）
6. 种子或胚珠包被在果皮或子房中 ………………………… 被子植物门（Angiospermae）

2. 平行检索表

在这种检索表中，每一对照性状的描写紧紧相接，便于比较，在每一行之末，或为一学名，或为一数字。如为数字，则另起一行重写，与另一相对性状平行排列，如此直至终了为止，左边数字均平头写。缺点是类群间分类不明显，使用时比较繁琐。例如：

1. 植物无花，无种子，以孢子繁殖……………………………………………………… 2
1. 植物有花，以种子繁殖 ……………………………………………………………… 3
2. 小型绿色植物，结构简单，仅有茎、叶之分，有时为扁平的叶状体，不是真正的根和维管束 ………………………………………………………… 苔藓植物门（Bryophyta）
2. 中型或大型草本，少为木本植物，分化根、茎、叶，并有维管束…… 蕨类植物门（Pterdophyta）
3. 胚珠裸露，不包于子房内 ………………………………… 裸子植物门（Gymnospermae）
3. 胚珠包于子房内 ………………………………………… 被子植物门（Angiospermae）

利用检索表鉴定植物时，可以从科一直检索到种，但要有完整的检索表资料，而且还要有性状完整的检索对象标本，另外，对检索表中使用的各种形态学术语及检索对象形态特征，应有正确的理解和分辨，否则，容易出现偏差。

6.2 植物界的基本类群

植物分类等级为确定植物物种在分类系统的位置提供了科学方法。但是如此丰富的植物种类，可以划分多少个基本类群呢？随着科学技术的发展，生物界的划分有不同的观点。

6.2.1 生物界的划分

在18世纪瑞典植物学家林奈把生物划分为动物界和植物界。1886年，赫克尔（Haeckel）提出三界系统，即原生生物界（包括菌类、低等藻类和海绵）、植物界、动物界。1938年科帕兰（Copeland）根据有机体的细胞结构水平主张建立四界系统，即原核生物（包括蓝藻、细菌）、原始有核界（包括低等的真核藻类、原生动物、真核菌类）、后生植物界和后生动物界。1969年维德克（Whittaker）依据营养方式不同提出五界系统，即原生生物界、原核生物界、真菌界、植物界和动物界。1977年我国学者陈世骧考虑到病毒的特殊性，提出六界系统，即非胞生物界、原生生物界、原核生物界、真菌界、植物界和动物界。

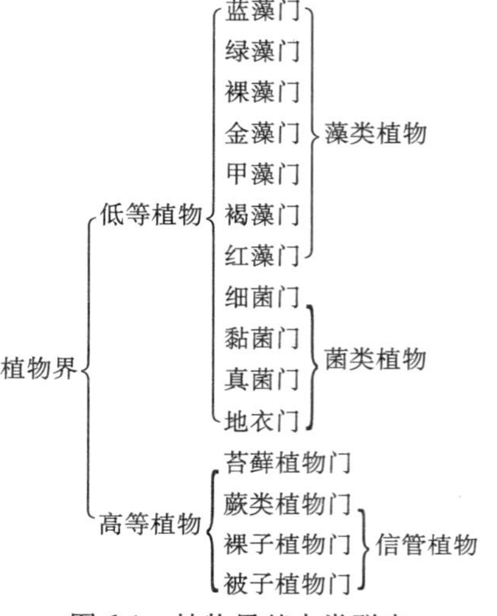

图6-1 植物界基本类群表

6.2.2 植物界的基本类群

根据植物的形态结构、生活习性和亲缘关系等，可将植物界分为两大类15个门（图6-1）。

实训6.1 植物标本的采集与制作

1. 目的

学会植物标本的采集和制作方法。

2. 用品与材料

采集铲、枝剪、标本夹、采集箱、剪刀、镊子、放大镜、标本瓶或广口瓶、标本记录本、号牌、铅笔、台纸、标本签、针线、盖纸、胶水、甲醛、酒精、硫酸铜、醋酸铜、冰醋酸、甘油、氯化铜、硼酸、亚硫酸。

3. 方法与步骤

3.1 蜡叶标本

将采集来的植物压干，装订在台纸上（38cm×27cm），贴上采集记录卡和标本签，就成了一份蜡叶标本。

3.1.1 标本的选取：采集标本时，草本植物必须具有根、茎、叶、花或果，木本植物必须是具有花或果的标本。标本的长和宽，不应超过35cm×25cm。为了应用和交换，每种植物至少要采集3～5份。然后拴好号牌，尽快防入采集箱内。

3.1.2 特征的记录：标本编号后，认真进行观察，将特征记录在采集记录卡上，记录时要注意下列事项：

1）填写的采集号数必须与号牌同号；

2）性状填写乔木、灌木、草本或藤本等；

3）胸高直径指从树干基部向上1.3m处的树干直径，一般草本和小灌木不填；

4）栖地指路边、林下、林缘、岸边、水里等；

5）叶主要记载背腹面的颜色，毛的有无和类型，是否具乳液等项；

6）花主要记载颜色和形状，花被和雌雄蕊的数目；

7）果实主要记载颜色和类型；

8）树皮记载颜色和裂开的状态。

土名、科名、学名等如当时难以确定，可在返回后经鉴定后填写。

3.1.3　标本的整理和压制。把野外采来的标本，压入带有吸水纸的标本夹里，每天至少换纸一次，每次要仔细加工整理标本。特别是第一次换纸整理很重要。要用镊子把每一朵花、每一片叶展平，凡有折叠的部分，都要展开，多余的叶片，可从叶基上面剪掉，留下叶柄和叶基，用以表示叶序类型的叶基的形态。去掉多余的花，应留下花柄。叶片既要压正面也要压反面。有利于展现植物的全部特征。

对于马齿苋、景天一类肉质多浆植物，采集后可用开水烫一下，杀死它的细胞（花不能），这种处理方法对云杉、冷杉等裸子植物都适用，因为裸子植物若不烫，叶子干了以后，常会脱落。

对于标本上的鳞茎、球茎、块根等，可先用开水烫死细胞，再纵向切去1/2后进行压制。

3.1.4　上台纸。标本压干后，放在台纸上可，摆好位置（要留好左上角后右下角贴标本签和记录卡的复写单），用刀片沿标本的各部在适当位置，切出数对小纵口，把已准备好的大约2mm宽的玻璃纸，从纵口部位穿入，在将玻璃纸的两端呈相反方向，轻轻拉紧，用胶水粘在台纸背后，这种方法固定的标本美观又牢固。也可用针线进行固定，这种规定方法迅速但不如前法美观牢固。

3.1.5　鉴定。标本固定后要进行种类的鉴定，鉴定时主要应根据花果的形态特征。如果自己鉴定不了，可请有关人员帮忙，然后把鉴定经过写入标本签，再把它贴在台纸右下角处，最后把这种植物野外记录卡的复写单贴在台纸的左上角。为了防止标本磨损，应该在台纸最上面贴上盖纸。这样，一份完整的蜡叶标本就制成了。植物标本签见图6-2。

植物标本			
采集号数		采集人	
科名			
学名			
中名			
			年　月　日

植物采集标本签			
地点		海拔高度	
栖地			
性状			
高度		胸高直径	
茎			
叶			
花			
果实			
备注			
土名		科名	
学名			

图6-2　植物标本签

3.2 浸渍标本

浸渍标本的方法很多，下面主要介绍几种。

3.2.1 浸渍标本的一般方法。

1）70%酒精浸泡。

2）70%酒精+10%甲醛混合浸泡。

3）5%~10%甲醛液浸泡。

3.2.2 绿色保存法。

1）在50%的冰醋酸中加入醋酸铜结晶，直到饱和不溶为止，此溶液作为母液。

2）将一份母液加四份水，加热到85℃，将植物放入，可见植物由绿变褐，再又变绿。

3）将再次变绿的植物取出，用清水冲洗，然后保存在10%甲醛或70%酒精液中。比较薄嫩的植物不宜加热，可直接放入下述溶液中保存：

50%酒精	90ml
市售甲醛液	5ml
甘油	2.5ml
冰醋酸（或普通醋酸）	2.5ml（或7.5ml）
氯化铜	10g

3.2.3 红色保存法。

甲醛、硼酸固定 红色桃子可用1%甲醛、0.08%硼酸固定1~3天（视果皮厚薄而定），当果皮由红变褐后取出洗净，放入1%~2%亚硫酸、0.2%的硼酸保存。如桃子带有绿色，可在保存液加入少量硫酸铜，待果稍着色后，仍用上液保存。

硫酸铜固定 红色果实带有绿色花萼和枝叶的辣椒、番茄、西瓜（红色胎座部分应切开进行固定）和绿色带红的甘蔗等，可用5%硫酸铜固定1~2周，待果实由红变褐色时取出洗净，用1%~2%亚硫酸保存。

3.2.4 标本瓶封口法。

暂时封口法 用蜂蜡和松香各一份，分别熔化混合，加入少量凡士林调成胶物状，涂于瓶盖边缘，并将盖压紧。或将石蜡熔化，用毛笔涂于盖与瓶口相接的缝上，再用线或纱布将瓶盖与瓶口接紧，倒转标本瓶，把瓶盖部分浸入熔化的石蜡中，达到严密封口。

永久封口法 以酪胶及消石灰各一份混合，加入水调成糊状进行封盖，干燥后由于酪酸钙硬化而密封。

4. 作业

每个学生装订10份标本，并鉴定出学名。

植物分类的基本知识

Species（种）：是生物分类的基本单位。它是具有一定的自然分布区和一定的生理、形态特征的生物类群。同一种中的各个个体具有相同的遗传性状，而且彼此杂交可以产生能育后代，但与另一个种的个体杂交，在一般情况下，则不能产生后代（或不育）。种是生物进化与自然选择的产物。

Population（种群）：是物种的结构单元，一个物种是由若干个种群所组成，一个种群又由同种许多个体所组成，而各个种群总是不连续地分布于一定的区域内（即种的分布区域）。每一种群内即是一个集体，自成一个繁殖体系，个体之间进行有性繁殖，交流基因，维持种的繁衍。

Subspecies（亚种）：一个种内的类群。形态上有差别，分布上或生态上或季节上有隔离，这样的类群称亚种。

Variety（变种）：Varietas是一个种内有

形态变异，变异比较稳定，它分布的范围比亚种小得多，是一个种的地方种（local race）

Form（变型）：forma 有形态变异，但看不出有一定的分布区，而是零星分布的个体，这样的个体视为变型。

Cultivar（栽培品种）：指为了农业和园艺上的目的，凡具有任何一种特征（形态学的、生理学的、细胞化学的或其他）的栽培个体的集合，且被繁殖后（无性的或有性的），仍能保持这种可资区别的特征。

小　　结

主要介绍了植物的分类方法、分类系统、分类单位、命名法则、检索表的编制和使用和植物的基本类群。

植物的分类主要讲了植物分类的方法可分为人为分类法和自然分类法两种。

植物的分类系统重点介绍了有恩格勒系统（A. Engler）和哈钦松系统（J. Hutchinson）。

植物的分类单位从大到小有界、门、纲、目、科、属、种，其中种为进本单位，根据需要可再分成亚级。

植物的命名是以瑞典植物学家林奈（C. Linnaeus）所倡用的双名法给植物命名的。它的组成是：属名 + 种加词（种区别词） + 命名人姓氏缩写。如果是亚种，其学名组成是：属名 + 种加词 + 命名人 + sub.（亚种的缩写） + 亚种加词 + 亚种命名人。如果是变种，其学名组成是：属名 + 种加词 + 命名人 + var.（变种的缩写） + 变种加词 + 变种命名人。

检索表的编制是根据法国人拉马克（Lamarck，1974 ~ 1829）的二歧分类原则，把各植物类群突出的形态特征进行比较，分成相对的两个分支，在相同的项目下，以不同点分开，依次下去直编到科、属或种的检索表的终点为止。通常有定距检索表和平行检索表两种形式。

植物的基本类群由低等植物和高等植物组成。低等植物包括蓝藻门、绿藻门、裸藻门、金藻门、甲藻门、褐藻门、红藻门、细菌门、黏菌门、真菌门、地衣门 11 个门，其中蓝藻门、绿藻门、裸藻门、金藻门、甲藻门、褐藻门、红藻门为藻类植物；细菌门、黏菌门、真菌门称为菌类植物。高等植物包括苔藓植物门、蕨类植物门、裸子植物门、被子植物门 4 个门，因蕨类植物门、裸子植物门、被子植物门由维管组织，又称维管植物。

相关链接

1. 李淑珍，关力．植物学［M］．北京：北京大学出版社，2007.
2. 强胜．植物学［M］．北京：高等教育出版社，2006.
3. 华中师范大学生命科学学院 http：//jpkc. ccnu. edu. cn/sj/2003/zwx/wlkt/wljy. htm
4. 植物学精品课程网 http：//jpkc. njau. edu. cn/botany/

练习题

一、名词解释

1. 双名法　2. 种　3. 低等植物　4. 高等植物　5. 被子植物　6. 裸子植物

二、填空题

1. 植物分类方法可分为________和________两种。________分类法是按照人们的________和________，以植物________或________特征或________作为分类依据分类的方法。________分类法是以植物________过程中________关系的________作为分类标准的分类方法。

2. 植物的拉丁学名是以瑞典植物学家林奈所提倡的________来给植物命名的。________是以两个词来给植物命名的，第一个词是________，多数是名词，第一个字母要大写；第二个词是________，多数为形容词，以描述该种的主要特征，第一个字母小写。一个完整的学名还要在种名之后附以________。

3. 植物界划分为________和________两大类群。根据进化顺序，高等植物分为________、________、________和________四门。

三、简答题

1. 常见采用的植物分类系统包括哪几种？
2. 植物分类系统的各级分类基本单位是什么？
3. 试根据校园常见的10种园林植物编制植物分类检索表。
4. 植物界包括哪些基本类群？

第 2 部分　主要园林植物分类与应用

木本园林植物

教学目标 ☞

1. 了解我国丰富的木本园林植物资源及其经济价值。
2. 熟悉针叶树类的特性、分类及其在园林中的应用。
3. 熟悉各科的主要特征及常见木本园林植物的主要特征及所属科名。
4. 掌握常见木本园林植物的观赏特性、习性、分布、园林应用和繁殖。
5. 会识别常见木本园林植物。
6. 建园时会合理配置各种园林植物。
7. 具有较强的实践能力和良好的职业道德。
8. 激发热爱园林和生态环境建设事业的思想。

7.1 针叶树类园林植物

7.1.1 针叶树类的特性及其在园林中的应用

1. 针叶树类的特征和特性

针叶树种主要是乔木或灌木，稀为木质藤本。茎有形成层，能产生次生构造，次生木质部具管胞，稀具导管，韧皮部中无伴胞。叶多为针形、条形或鳞形，无托叶。球花单性，雌、雄同株或异株，胚珠裸露，不包于子房内。种子有胚乳，子叶1至多数。

针叶树种多生长缓慢，寿命长，适应范围广，多数种类在各地林区组成针叶林或针、阔叶混交林，为林业生产上的主要用材和绿化树种，也是制造纤维、树脂、单宁及药用等原料树种，有些种类的枝叶、花粉、种子及根皮可入药，具有很高的经济价值。

2. 针叶树类在园林中的应用

针叶树种以常绿、高大、树形独特和良好的适应环境能力备受园林工作者的厚爱。主要有以下用途：

独赏树　又称孤植树、独植树。主要表现树木的体形美，可以独立成为景物观赏，如雪松、南洋杉、金钱松、日本金松、巨杉，这五种树被称作世界五大庭园观赏树种。

庭荫树　又称绿荫树，主要用以形成绿荫供游人纳凉避免暴晒，也能起到装饰作用，如银杏、油松、白皮松等。

行道树　是以美化、遮荫和防护为目的，在道路两侧栽植的树木，如银杏、桧柏、油松等。

群丛与片林　在大面积风景区中，常将针树种群丛栽植或植为片林，以组成风景林，如松、柏混交林，针、阔混交林，常用树种主要有油松、侧柏、红松、马尾松、云杉、冷杉等。

绿篱及绿雕塑　绿篱主要起分隔空间、划分场地、遮蔽视线、衬托景物、美化环境以及防护等作用。在针叶树种中，常用的绿篱树种主要有侧柏、桧柏等，常用作雕塑材料的树种主要是东北红豆杉。

地被材料　针叶树中常用作地被材料的树种主要有砂地柏、铺地柏等。主要起到覆盖地表、避免黄土露天、起固土作用。

7.1.2　针叶树的分类

针叶树的分类以植物系统分类法中的“种”为基础，根据针叶树类的生长性状、生态习性、观赏性状、园林用途等一个方面或综合特性的差异，以有利于园林建设工作为目的的。下面是常用人为分类的几种方法。

1）按针叶类树木的生长性状分类：

乔木类　可按叶片生长习性分为两类，一类是常绿针叶树，如雪松、白皮松、圆柏、罗汉松等；另一类是落叶针叶树，如水杉、落羽杉、池杉、落叶松、金钱松等。

灌木类　如铺地柏、砂地柏等常绿灌木为主。

2）按主要观赏性状分类：

① 赏果树类的如银杏等。

② 赏叶树类　如：银杏、金钱松、洒金柏、竹柏等。

③ 赏干枝树类（干枝类）的如：白皮松等。

④ 赏形树类的主要从冠形上来说，针叶树类在园林的构图、布局与组景上都起着重要的作用。常见的冠形有：

尖塔形　顶端优势明显，中央主干生长较旺盛，树冠剖面基本以树干为中心，左右对称，整个形体从底部向上逐渐收缩，整体形态如尖塔形。如雪松、水杉等。

圆柱形　顶端优势仍然明显，主干生长旺盛，但是树冠基部与顶部都不开展，树冠上部和下部直径相差不大，树冠冠长远大于树冠冠径，整体形态如圆柱形。如塔柏、杜松、北美圆柏等。

圆锥形　树体呈现上小下大，从下往上越来越窄细的冠形。如圆柏等。

广卵形　如侧柏等。

卵圆形　如球柏等。

盘伞形　大枝平展，顶部较平。如老年期的油松等。

密球形　这类树木的树形构成以弧线为主，给人以优美、圆润、柔和、生动的感觉。如万峰桧。

倒卵形　如千头柏。

丛生形　如翠柏。

偃卧形　如鹿角桧。

匍匐形　如铺地柏。

⑤ 赏根树类，指根具有较高的观赏价值、奇特裸露、盘根露爪的树种，如：池杉、水松、落羽杉等的气生根。

7.1.3 落叶针叶树

1. 松科 Pinaceae

常绿或落叶乔木，稀灌木，有树脂。常绿或落叶乔木，稀灌木状；仅具长枝，或兼具长枝及短枝。叶针形或条形，基部不下延，条形叶扁平，稀呈四棱形，在长枝上螺旋状排列，散生，在短枝上簇生；针叶2、3或5针一束，着生于极不发育的短枝顶端，基部包有叶鞘。雌雄同株或异株；雄球花长卵形或圆柱形，有多数雄蕊，每雄蕊有2花药，花粉粒有气囊或无气囊；雌球花呈球果状，有多数呈螺旋状排列的珠鳞，每珠鳞有2倒生胚珠，苞鳞与种鳞分离，球果成熟时种鳞裂开，每种鳞上有2粒种子；种子有翅，稀无翅。

10属230余种，大多分布于北半球。我国10属约93种24变种，其中引入栽培24种及2变种，广布全国各地。

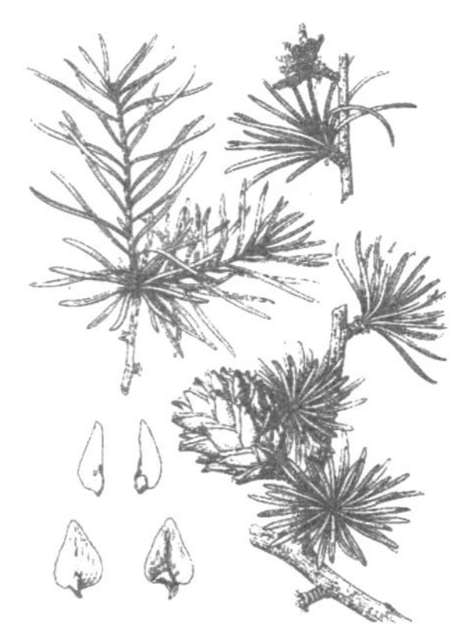

图7-1 金钱松
（引自吴玉华，2008）

（1）金钱松（图7-1）

别名：金松

学名：*Pseudolarix amabilis*（Lindl.）Gord.

产地及分布：产江苏南部、安徽南部和西部、浙江、江西；湖南、福建北部、四川东部、湖北西部海拔1000m以下地带，浙江西天目山可达1400m。

【形态特征】落叶乔木，高达40m，胸径1m。树冠宽塔形，树干通直，树皮赤褐色，呈狭长鳞片状剥离；具长枝与短枝。大枝平展，不规则轮生，枝叶稀疏；冬芽卵形，先端尖，芽鳞长尖，叶条形，柔软，在长枝上螺旋状互生，短枝上簇生，叶长2～5.5cm；宽1.5～4mm。1年生长枝黄褐或赤褐色，无毛。雄球花数个簇生于短枝顶部，有柄，黄色花粉有气囊；雌球花单生于短枝顶部，紫红色。球果卵形或倒卵形，长6～7.5cm，径4～5cm，有短柄，当年成熟，淡红褐色，种鳞木质，熟时脱落；苞鳞小，基部与种鳞相结合，不露出，种子卵形，白色，种翅连同种子几乎与种鳞等长。花期4～5月；果10～11月上旬成熟。子叶4～6，发芽时出土。

【观赏期】整个生长季，秋季观叶。

【生态习性】喜光，幼时稍耐荫，喜温凉湿润气候和深厚肥沃、排水良好的而又适当湿润的中性或酸性壤土。能耐－20℃的低温。抗风力强，不耐干旱也不耐积水；生长速度中等偏快，枝条萌芽力较强。

【繁殖要点】播种繁殖。

【园林用途】金钱松为著名的行道树，为世界五大观赏树种之一，树体高大、树干挺拔，树冠塔形，树型美观，树姿端庄、秀丽；入秋叶变为金黄色极为美丽，圆如铜钱，因此而得名。植于池旁、溪畔或与其他树木混植成丛，别有情趣，在浙江西天目山金钱松常与银杏、柳杉、杉木、枫香、交让木、毛竹等混生能形成美丽的自然景色。成为江南地区

园林观赏树种，已被定为国家二级保护植物。

（2）日本落叶松（图 7-2）

学名：*Larix kaempferi*（Lamb.）Carr.

产地及分布：原产日本。中国已引入栽培，在山东青岛崂山、河北的北戴河、河南的鸡公山、江西庐山以及北京、天津、西安等地均有栽培。

【形态特征】乔木，高可达 30m，1 年生长枝淡黄或淡红褐色，有白粉。球果广卵形，长 2～3cm；种鳞上部边缘向后反卷。

【观赏期】整个生长季。

【生态习性】阳性树种。喜肥、喜水、喜温暖湿润的气候环境，抗风力差，不耐干旱也不耐积水；生长快。枝条萌芽力较强，有相当的耐碱性。

【繁殖要点】播种繁殖。

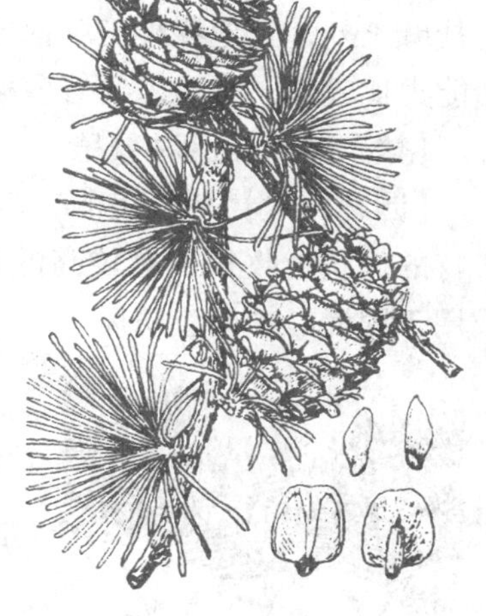

图 7-2 日本落叶松

（引自张天麟，2010）

【园林用途】本种适应性强、生长快、抗病力强，是绿化中有希望推广的树种；树干端直、古朴，树冠塔形，叶色翠绿，姿态优美，是良好的园林绿化点缀树种，园林配置应用广泛。并在东北东部以南山区已成为主要的造林树种。

2. 杉科 Taxodiaceae

常绿或落叶乔木，稀灌木；树干端直，树皮裂成长条片脱落；大枝轮生或近轮生；树冠尖塔形或圆锥形。叶鳞形、披针形、锥形或条形，螺旋排列状或交互对生（水杉属）；雌雄同株，单性；雄球花的雄蕊和雌球花的珠鳞螺旋排列或交互对生组成，每 1 雄蕊有花药 2～9 个，花粉无气囊；珠鳞（大孢子叶）与苞鳞半合生或合生，或苞鳞退化，每一内有胚珠 2～9 倒生或直生胚珠，球果当年成熟；球果木质或革质，每种鳞有 2～9 种子。

10 属 16 种，分布于东亚、北美及大洋洲塔斯马尼亚。中国产 5 属 7 种，引入栽培 4 属 7 种。

图 7-3 水松

（引自吴玉华，2008）

（1）水松（图 7-3）

学名：*Glyptostrobus pensilis*（Staunt.）Koch.

产地及分布：中国特有树种。分布于广东、福建、广西、江西、四川、云南、四川等地。长江流域以南公园中有栽培。

【形态特征】落叶乔木，高 8～16m，树冠圆锥形。树皮呈扭状长条浅裂，生于湿生环境者，干基部膨大，有伸出土面或水面的吸收根。枝条稀疏，大枝平伸或斜展，短枝从 2 年生的顶芽或多年生的腋芽伸出。叶互生，叶多型：鳞叶螺旋状着生于多年生或当年生的主枝上，宿存；线形叶两侧扁平，薄，常排成 2 列，先端尖，基部渐窄，淡绿色；线状锥形叶两侧扁，先端渐尖或尖钝，微向外弯；线形叶及线状锥形叶冬季均与短枝同落。花期 1～2月，果 10～11 月成熟。

【观赏期】整个生长季观叶或树形。

【生态习性】强阳性树，喜温暖湿润的气候和水湿环境。耐水湿在沼泽地则呼吸根发达，在排水良好土地上则呼吸根不发达，干基也不膨大。性强健，对土壤适应性较强，除重盐碱土外，其他各种土壤都能生长，最宜富含水分的冲渍土。不耐低温和干旱。萌芽更新能力比较强，可按需要修剪树形。

【繁殖要点】播种繁殖。

【园林用途】树形美丽，树干浑圆，大枝平展，春叶鲜绿色，入秋后转为红褐色，并有奇特的瘤状吸收根，有较高的观赏价值。适用于暖地的园林绿化，宜于低湿地成片造林，或用于固堤、护岸、防风。

图 7-4　水杉

（引自张天麟，2010）

（2）水杉（图 7-4）

学名：*Metasequoia glyptostroboides* Hu et Cheng.

产地及分布：中国特产的孑遗珍贵树种，产于四川石柱、湖北利川及湖南龙山。现国内广泛栽培。

【形态特征】落叶乔木，高达 35m，干基部常膨大，幼树树冠尖塔形，老树则为广圆头形。树皮灰褐色，浅裂，呈窄长条状脱落，内皮红褐色。大枝不规则轮生，小枝对生。叶条形，扁平，羽状对生，嫩绿色，入冬与小枝同时脱落。果近球形，长 1.8～2.5cm，熟时深褐色，花期 2 月；果当年 11 月成熟。

【观赏期】整个生长季观叶或树形。

【生态习性】阳性树种，幼苗稍耐避荫。喜温暖湿润气候，耐 -8℃的低温，喜深厚肥沃的酸性土，不耐涝。生长速度较快，通常 25～30 年生大树始结实。

【繁殖要点】播种和扦插繁殖。

【园林用途】树干高大通直，姿态优美，叶色秀丽，秋叶转棕褐色，在园林中孤植、列植、丛植或成片林植于行道路旁、河旁、建筑物旁、郊区及风景区均甚美观。

（3）池杉（图 7-5）

别名：池柏、沼杉、沼落羽松

学名：*Taxodium ascendens* Brongn.

产地及分布：原产北美东南部。南京、南通、杭州、武汉、庐山、广州、广西等长江南北水网地区广泛引种栽培。

【形态特征】落叶乔木，高达 25m；树干基部膨大，常有膝状的呼吸根，在低湿地处生长的膝根尤为显著。树皮褐色，纵裂，呈长条片脱落；枝向上伸展，树冠常较窄，呈尖塔形；当年生小枝绿色，细长，常略向下弯垂，2 年生小枝褐红色内曲，在枝上螺旋状伸展，上部微向外伸展或近直展，下部多贴近小枝，基部下延，先端渐尖，上面中脉略隆起，下面有棱脊，每边有气孔线 2～4。球果圆球形或有短梗，向下斜垂，熟时褐黄色。长 2～4cm；种子不

图 7-5　池杉小枝

（引自吴玉华，2008）

规则三角形，略扁，红褐色，长1.3～1.8cm，边缘有锐脊。花期3～4月，球果10～11月成熟。

【观赏期】整个生长季观叶或树形。

【生态习性】强阳性树种，不耐荫。喜温暖湿润气候和深厚疏松之酸性、微酸性土。耐涝，又较耐旱，对碱性土颇敏感，pH达7.2以上时，即可发生叶片黄化现象。萌芽力强，速生树种。7～9年生树始结实。

【繁殖要点】播种和扦插繁殖。

【园林用途】树形优美，枝叶秀丽婆娑，春季翠绿，夏季绿荫，秋叶棕褐色，是观赏价值很高的园林树种，特适水滨湿地成片栽植，或庭院、草坪低洼等地孤植或丛植构成园林佳景。此树生长快，材质优良，加之树冠狭窄，枝干富韧性，枝叶稀疏，荫蔽面积小，耐水湿，抗风力强，故特适在长江流域及珠江三角洲等农田水网地区、水库附近以及"四旁"造林绿化，以供防风、防浪并生产木材等用。

（4）落羽杉（图7-6）

别名：落羽松

学名：*Taxodium distichum*（L.）Rich.

产地及分布：原产美国东南部。在长江流域、华南及河南南部鸡公山广泛栽植。

【形态特征】落叶乔木，高达50m，树冠在幼年期呈圆锥形，老树则开展成伞形，树干尖削度大，基部常膨大而有屈膝状的呼吸根；树皮呈长条状剥落，枝条平展，大树的小枝略下垂；侧生小枝排成2列。叶条形，扁平，先端尖，排成羽状2列，上面中脉凹下，淡绿色，秋季凋落前变暗红褐色。球果圆球形或卵圆形，径约2.5cm，熟时淡褐黄色；种子褐色，长1.2～1.8cm，花期5月；球果翌年10月成熟。

图7-6 落羽杉

（引自张天麟，2010）

【观赏期】整个生长季观叶或树形。

【生态习性】强阳性树；喜暖热湿润气候，极耐水湿，土壤以湿润而富含腐殖质者最佳。抗风性强。

【繁殖要点】播种及扦插繁殖。

【园林用途】落羽杉树形整齐美观，近羽毛状的叶极为秀丽，入秋叶变成古铜色，是良好的秋色叶树种。最适水旁配植又有防风护岸之效。落羽杉与水杉、水松、巨杉、红杉同为孓遗树种。是世界著名的园林树木。具有粗大的板根，奇特的"膝根"，不同季节不同的色泽，充分展现了落羽杉的自然美与色彩美。1986年评选的羊城八景的龙洞琪林就是以落羽杉为主体树种，形成了春夏秋冬四季不同的景观。落羽杉除了可做水景树种外，也可用于庭院绿化及行道树等，也是优良的材用树种。

7.1.4 常绿针叶树

1. 苏铁科 Cycadaceae

常绿乔木或灌木，茎干直立粗壮，圆柱形，少分枝，茎干上部常残留有鳞叶及营养叶的叶基。叶有鳞形叶及营养叶，二者相互成环着生。鳞形叶小，密被褐色毡毛，营养叶大，革质，羽状深裂，裂片仅具一条中脉，集生于干顶部；雌雄异株，小孢子叶球顶生，小孢子叶鳞片状或盾状，螺旋排列，腹面生有多数小孢子囊；大孢子叶扁平，上部羽状分裂或几不分裂，生于干顶鳞形叶及营养叶之间，螺旋排列于中轴上，呈球花状，胚珠 2～10，生于大孢子叶柄的两侧，种子核果状，有三层种皮，胚乳丰富。子叶 2，不出土。

10 属 110 种；中国 1 属 8 种。

图 7-7 苏铁
（引自张天麟，2010）

（1）苏铁（图 7-7）

别名：凤尾蕉

学名：*Cycas revoluta* Thunb.

产地及分布：原产中国南部福建、广东、广西、台湾各省，现各地均有栽培。日本、印尼及菲律宾也有分布。

【形态特征】常绿乔木，茎干圆柱状，一般高达 2～5m，通常不分枝，茎部密被宿存的叶基和叶痕。叶羽状分裂，基部小叶成刺状，羽片条形，厚革质而坚硬，长达 9～18cm，边缘显著反卷，先端锐尖；雌雄异株，雄球花圆柱形，黄色，密被黄褐色绒毛，直立于茎顶；雌球花扁球形，上部羽状分裂，其下方两侧着生有 2～10 个裸露的胚珠。花期 6～8 月，种子 10～11 月成熟，种子大，卵形而稍扁，熟时红褐色或橘红色。

【观赏期】四季观赏。

【生态习性】阳性树种，喜暖热湿润气候，不耐寒，在温度低于 0℃ 时极易受害。生长速度缓慢，寿命可达 200 余年。

【繁殖要点】可用播种、分蘖、埋茎等法繁殖。

【园林用途】苏铁树形古雅优美，四季常青，叶色光亮，具热带风光的观赏效果，可孤植、对植、列植、丛植和混植，南方多植于庭前阶旁、花坛的中心及草坪内，华南植物园和南宁青秀山公园建有“苏铁园”景点，也常盆栽布置厅室或于大型会场内供装饰用，北方宜作大型盆栽；羽叶是插花的良好配叶。

2. 南洋杉科 Araucariaceae

常绿乔木，大枝轮生，皮层多具树脂。叶螺旋状互生，稀交叉对生；叶锥形、鳞形、宽卵形或披针形。雌雄异株，罕同株；雄球花圆柱形，单生、簇生叶腋或枝顶，雄蕊多数，螺旋状排列，上部鳞片状，呈卵形或披针形，每雄蕊有 4～20 枚悬垂的花药，下部狭窄，花药纵裂，花粉粒无气囊。雌球花单生枝顶，椭圆形或近球形，由多数螺旋状排列的苞鳞组成，苞鳞发达，珠鳞不发育或与苞鳞腹面合生仅先端分离，每珠鳞或苞鳞有 1 倒生胚珠。球果熟时苞鳞木质或革质；种子扁平无翅或两侧有翅或顶端具翅，子叶 2，稀 4 枚。

共 2 属约 40 种，分布于南半球热带及亚热带地区。中国引入 2 属 4 种。

（1）南洋杉（图 7-8）

学名：*Araucaria cunninghamii* Sweet.

产地及分布：原产大洋洲东南沿海地区。广州、厦门、云南西双版纳、海南等地均有露地栽培，在其他城市也常作盆栽观赏用。

【形态特征】常绿乔木，高达 60～70m，树冠尖塔形，老树时成平顶状。树皮粗糙，横裂，主枝轮生，平展或斜展，侧枝平展或稍下垂。生于侧枝及幼枝上的多呈钻状，质软，开展，排列疏松，长 0.7～1.7cm；生于老枝上的则密聚，卵形或三角状钻形，长 0.6～1.0cm。雌雄异株。球果卵形，苞鳞刺状且尖头向后强烈弯曲；种子两侧有翅。

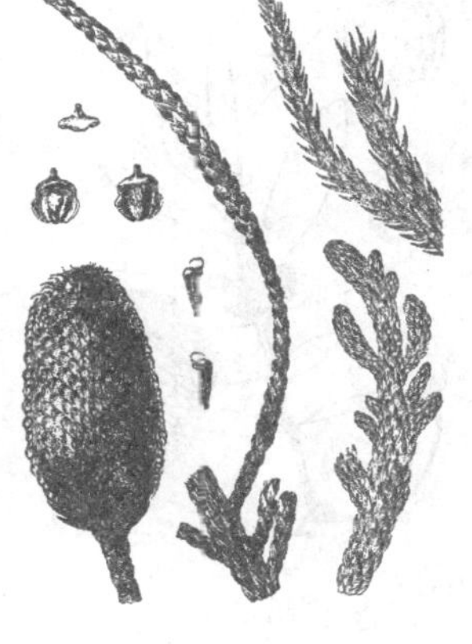

图 7-8 南洋杉

（引自吴玉华，2008）

【观赏期】四季观赏。

【类型及品种】园林中栽培品种有：

1）银灰南洋杉 cv. Glauca，叶呈银灰色。

2）垂枝南洋杉 cv. Pendula，枝下垂。

【生态习性】阳性树种，幼株耐荫，喜暖热湿润气候，不耐干燥及寒冷，喜生肥沃土壤，较耐风。生长迅速，再生能力强，砍伐后易生萌蘖。

【繁殖要点】播种繁殖。

【园林用途】南洋杉与雪松、日本金松、金钱松、巨杉（世界爷）合称为世界五大公园树。主干浑圆通直、苍翠而挺拔，树冠尖塔形，优雅壮观，宜列植、对植、丛植、群植或混植，是优良行道树、风景树。如在厦门万石植物园门外即用南洋杉作行道树，十分壮观。但以选无强风地点为宜，以免树冠偏斜。又是珍贵的室内盆栽装饰树种。

（2）大叶南洋杉（图 7-9）

学名：*Araucaria bidwillii* Hook.

产地及分布：原产澳大利亚，在福州、厦门、广州等地有栽培。

【形态特征】常绿乔木，高达 50m。树冠塔形，大枝轮生而平展，小枝羽状密生并下垂。叶较宽大，在枝上排列成二列，卵状披针形或披针形，长 2.5～6.5cm，有多条平行脉，无主脉。雄球花圆柱形，单生叶腋，球果大，近宽椭圆形或球形，长达 30cm，苞鳞的先端呈三角状突尖向后反曲；花期 6 月，第三年秋后成熟，种子先端肥大、外露，两侧无翅。

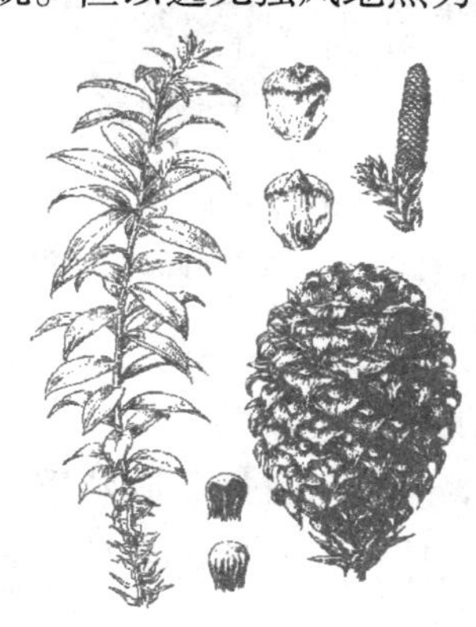

图 7-9 大叶南洋杉

（引自吴玉华，2008）

【观赏期】四季观赏。

【生态习性】不耐寒。

繁殖、观赏与应用同南洋杉。

（3）贝壳杉（图 7-10）

学名：*Agathis dammara*（Lamb.）Rich.

产地及分布：原产澳大利亚、新西兰、菲律宾和马来半岛等一些太平洋岛屿，我国福州、厦门、昆明等地有引种。

图 7-10　贝壳杉
（引自吴玉华，2008）

【形态特征】常绿乔木，高可达 38m，树冠圆锥形，小枝略下垂，脱落后在枝上留有圆形枝痕。叶螺旋对生，深绿色，革质，矩圆状披针形或椭圆形，长 5 ~ 12cm，宽 1.2 ~ 5cm，具多数不明显的并列细脉，叶缘增厚，边缘反曲或微反曲。雌雄同株或异株，雄球花圆柱形，单生；球果近圆球形或宽卵圆形，只一侧有发育的膜质翅，长达 10cm，种子倒卵形。

【观赏期】四季观叶或树形。

【生态习性】阳性树种，喜温暖湿润气候，不耐寒，生长快。适生于深厚肥沃、湿润、排水良好土壤。

【繁殖要点】播种繁殖。

【园林用途】树体高大，姿态优美，枝繁叶茂，叶色多变，是世界上最大的树种之一，可孤植、丛植或混植，常用作庭荫树、独赏树、风景树和行道树。

3. 松科 Pinaceae

（1）冷杉（图 7-11）

学名：*Abies fabri*（Mast.）Craib.

产地及分布：我国特有树种，分布于四川大渡河流域、青衣江流域、金沙江上游、安宁河下游等地的高山上部，江西庐山有栽培。

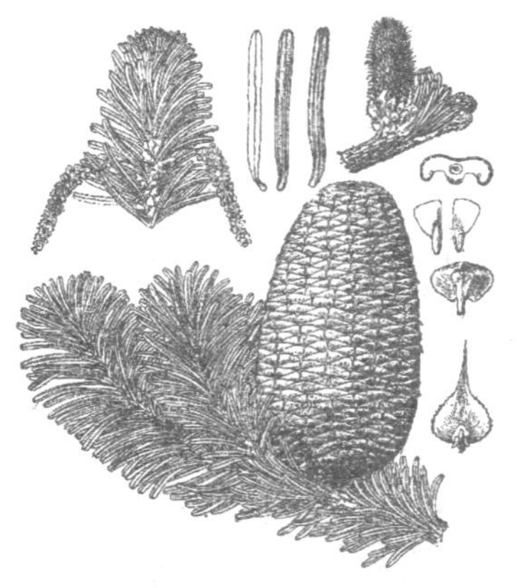
图 7-11　冷杉
（引自吴玉华，2008）

【形态特征】乔木，高达 40m，树冠尖塔形。树皮深灰色，呈不规则薄片状裂纹。一年生枝淡褐黄、淡灰黄或淡褐色，凹槽疏生短毛或无毛。冬芽有树脂，叶长 1.5 ~ 3.0cm，宽 2.0 ~ 2.5mm，先端微凹或钝，叶缘反卷或微反卷，下面有 2 条白色气孔带，叶内树脂道 2，边生，球果卵状圆柱形或短圆柱形，熟时暗蓝黑色，略被白粉，长 6 ~ 11cm，径 3.0 ~ 4.5cm，有短梗。花期 5 月，果当年 10 月成熟，种子长椭圆形，种翅黑褐色。

【观赏期】四季观赏。

【生态习性】耐荫性树种，喜温凉、云雾多、空气湿润的气候，喜排水良好、腐殖质丰富的酸性棕色土壤。生长速度快，在海拔 2000 ~ 4000m 地带组成纯林，与铁杉、云杉、亮叶水青冈、扇叶槭、五加等组成混交林。

【繁殖要点】播种繁殖。

【园林用途】树姿古朴，冠态优美，宜丛植、群植用，易形成庄严、肃静的气氛，可应用于风景区、城市园林中配植。

（2）臭冷杉（图 7-12）

别名：华北冷杉、臭松

学名：*Abies nephrolepis*（Trautv.）Maxim.

产地及分布：河北、山西、辽宁、吉林及黑龙江东部海拔 300 ~ 2100m 地带。俄罗斯东

部及朝鲜也有分布。

【形态特征】乔木，高达30m，树冠尖塔形至圆锥形。树皮青灰白色，浅裂或不裂。一年生枝淡黄褐或淡灰褐色，密生褐色短柔毛。冬芽有树脂，叶条形，长1～3cm，宽约1.5mm，上面亮绿色，下面有2条白色气孔带，营养枝上的叶端有凹缺或两裂，果枝上的叶端常尖或有凹缺。球果卵状圆柱形或圆柱形，长4.5～9.5cm，熟时紫黑色或紫褐色，无柄，花期4～5月。果当年9～10月成熟。

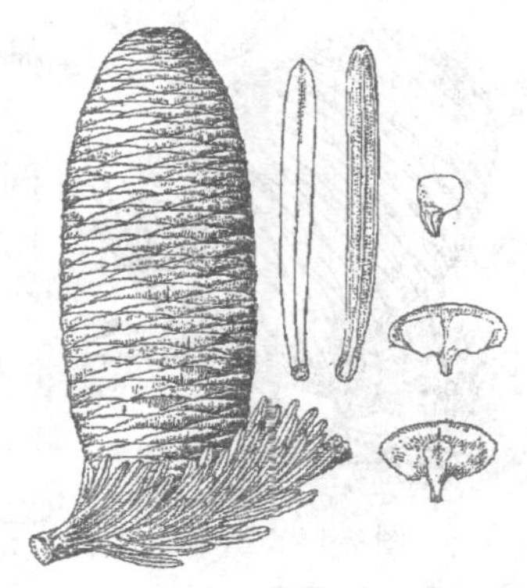

图7-12　臭冷杉
（引自吴玉华，2008）

【观赏期】四季观赏。

【生态习性】阴性树种，喜冷湿环境，喜土壤湿润深厚。在自然界中多成混交林，也有成小面积纯林。根系浅生长较缓慢。

【繁殖要点】播种繁殖。

【园林用途】树冠尖圆形，秀丽壮观，宜列植或成片种植。在海拔较高的自然风景区与云杉等成混交林。

（3）银杉（图7-13）

别名：杉公子

学名：*Cathaya argyrophylla* chun et Kuang.

产地及分布：我国特有树种，国家一级保护植物。广西、四川、湖南、贵州。多生海拔1400～1800m的阳坡阔叶林和山脊地带。

【形态特征】常绿乔木，高达20m，树皮暗灰色，老则裂成不规则薄片；叶条形，边缘反卷，幼时具睫毛。雄球花穗状圆柱形，基部有苞片承托；雌球花基部无苞片，球果熟时暗褐色，卵形、长卵形或长圆形，下垂；种鳞13～16，蚌壳状，近圆形，种子斜倒卵圆形，斜倒卵形，有斑纹。花期5月，球果10月成熟。

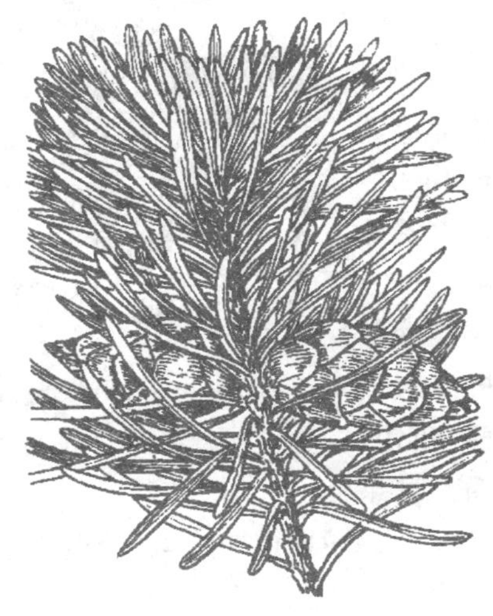

图7-13　银杉
（引自张天麟，2010）

【观赏期】四季观赏。

【生态习性】阳性树，喜温暖、湿润气候和排水良好的酸性土壤。

【繁殖要点】播种或嫁接繁殖。

【园林用途】树势如苍虬，壮丽可观。可植于南方适地的风景区及园林中。

（4）雪松（图7-14）

别名：香柏

学名：*Cedrus deodara*（Roxb.）Loud.

产地及分布：原产喜马拉雅山，中国西藏南部及印度、阿富汗至印度海拔1300～3300m地带。中国自1920年起引种，现在长江流域各大城市中多有栽培。

【形态特征】常绿乔木，高达50mm，树冠塔形。树皮灰褐色，鳞片状裂；大枝呈不规则轮生，平展；一年生长枝淡黄褐色，有毛，短枝灰色。叶针形，灰绿色，长2.5～5cm，

图 7-14　雪松
（引自张天麟，2010）

宽与厚相等，各面有数条气孔线，在短枝顶端聚生 20～60 枚。雌雄异株，稀同株，雌雄球花异枝；雄球花圆柱形；雌球花卵圆形。球果卵圆形、宽椭圆形或近球形，长 7～12cm。种鳞阔扇状倒三角形，背面密被锈色短绒毛；种子三角状，种翅宽大。花期 10～11 月；球果翌年 9～10 月成熟。

【观赏期】四季观赏树形。

【生态习性】阳性树种，幼苗期耐荫力较强。喜温凉气候，耐寒能力较强，喜土层深厚而排水良好的、微酸性及微碱性土壤上，浅根性树种，生长速度较快。

【繁殖要点】播种、扦插及嫁接法繁殖。

【园林用途】雪松树体高大，树姿雄伟挺拔，大枝低垂，优美俊逸，为世界著名五大公园树之一。孤植于草坪、建筑前庭、广场或对植于建筑物的两旁、公园门的入口处等。也适宜丛植、片植及与柏类树种混植。但对 HF 和 SO_2 抗性差，不宜栽植于空气污染较重的厂区附近。

（5）青杆云杉（图 7-15）

别名：魏氏云杉、细叶云杉

学名：*Picea wilsonii* Mast.

产地及分布：为我国特有树种，分布河北、山西、甘肃中南部、陕西南部、湖北西部、青海东部及四川等地区山地海拔 1400～2800m 地带。北京、太原、西安、江西庐山等地城市园林中常见栽培。为国产云杉属中分布较广的树种之一 。

图 7-15　青杆云杉
（引自吴玉华，2008）

【形态特征】乔木，高达 50m，树冠圆锥形，一年生小枝淡黄绿、淡黄或淡黄灰色，无毛，罕疏生短毛，二、三年生枝淡灰或灰色。芽灰色，无树脂，小枝基部宿存芽鳞紧贴小枝。叶较短，长 0.8～1.3cm，横断面菱形或扁菱形，各有气孔线 4～6 条。球果卵圆柱形或圆柱状长卵形，成熟前绿色，熟时黄褐或淡褐色，长 4～8cm，径 2.5～4.0cm。花期 4 月，球果 10 月成熟。

【观赏期】四季观赏。

【生态习性】阴性树种，适应性较强，耐寒，在气候温凉、土壤深厚、湿润、排水良好的微酸性地带生长良好。

【繁殖要点】播种繁殖。

【园林用途】树形整齐，树冠枝叶繁密，叶较白杆细密，层次清晰，观赏价值较高，为优美园林观赏树和用材树。在自然界中有纯林，也常与白杆、白桦、红桦、臭冷杉、山杨等混生。

（6）白杆云杉（图 7-16）

别名：麦氏云杉、毛枝云杉

学名：*Picea meyeri* Rehd. et Wils.

产地及分布：中国特产树种。在山西、河北、内蒙 1600～2700m 的海拔地带。华北城市园林中多见栽培。

【形态特征】高达30m，树皮灰褐色，裂成不规则的薄块片脱落，树冠塔形。大枝平展，一年生枝黄褐色二、三年生枝淡黄褐色、淡褐色或褐色；冬芽圆锥形，间或侧芽成卵状圆锥形，褐色，微有树脂，光滑无毛，基部芽鳞有背脊，上部芽鳞的先端常微向外反曲，小枝基部宿存芽鳞的先端微反卷或开展。叶四棱状条形，横断面菱形，弯曲，呈有粉状青绿色，端钝，四面有气孔线，叶长1.3~3.0cm，宽约2mm，螺旋状排列，球果长圆状圆柱形，初期浓紫色，成熟前种鳞背部绿色而上部边缘紫红色，成熟时则变为有光泽的黄褐色，长5~9cm，径2.5~3.5cm；种鳞倒卵形，先端扇形，基部狭，背部有条纹；苞鳞匙形，先端圆而有不明显锯齿；种子倒卵形，种翅淡褐色。花期4月；果9~10月成熟。

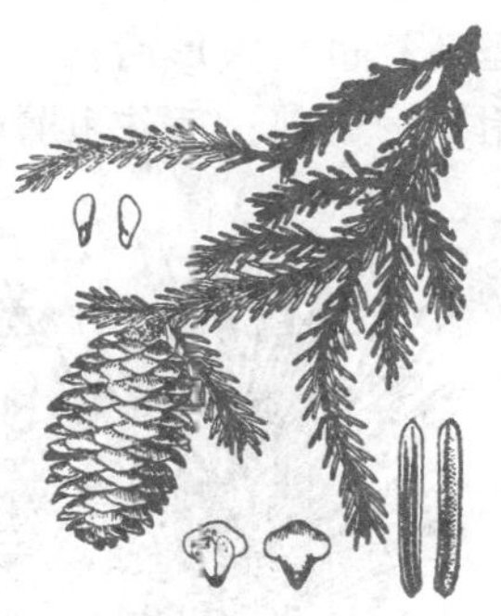

图7-16 白杄云杉
（引自吴玉华，2008）

【观赏期】四季观赏。

【生态习性】阴性树种，喜冷凉湿润环境，要求排水良、疏松、肥沃，微酸性的灰色或棕色森林地土壤。为浅根性树种，生长速度缓慢。20年以后生长加快。

【繁殖要点】用种子繁殖，通常春播，约经2~3周即带种壳出土，再过4~5日壳脱落。幼苗生长极慢，当年高约7cm。

【园林用途】树形端正，枝叶茂密，下枝能长期存在，适孤植，丛植时亦能长期保持郁闭，华北地区高山上部的造林树种。亦可栽培作庭园树，北京庭园多有栽培，庐山等南方风景区也有引种栽培。常与臭冷杉混交或与桦树、山杨等阔叶落叶树混交。

（7）日本五针松

别名：五钗松、日本五须松、五针松

学名：*Pinus parviflora* Sieb. et Zucc.

产地及分布：原产日本。长江流域部分城市及青岛等地园林中有栽培。

【形态特征】常绿乔木，在原产地高达25m，胸径1m；幼树树皮淡灰色，平滑，大树树皮暗灰色，裂成鳞状块片脱落；枝平展，树冠圆锥形；一年生枝幼嫩时绿色，后呈黄褐色，密生淡黄色柔毛；冬芽卵圆形，无树脂。针叶5针1束，微弯曲，长3.5~5.5cm，径不及1mm，边缘具细锯齿，背面暗绿色，无气孔线，腹面每侧有3~6条灰白色气孔线；横切面三角形，背面有2个边生树脂道，腹面1个中生或无树脂道；叶鞘早落。球果卵圆形或卵状椭圆形，几无梗，熟时种鳞张开，长4~7.5cm，径3.5~4.5cm；鳞盾淡褐色或暗灰褐色，近斜方形，先端圆，鳞脐凹下，微内曲，边缘薄，两侧边向外弯，下部底边宽楔形；种子为不规则倒卵圆形，近褐色，具黑色斑纹，长8~10mm，径约7mm，种翅宽6~8mm，连种子长1.8~2cm。

【观赏期】四季观赏。

【生态习性】阳性树种，但比赤松及黑松耐荫。喜生于土壤深厚、排水良好、适当湿润之处，在阴湿之处生长不良。虽对海风有较强的抗性，但不适于砂地生长。生长速度缓慢。不耐移植，移植时不论大小苗均需带土球。耐整形。

【繁殖要点】用播种、嫁接或扦插繁殖。但因种子不易采得，一般采用嫁接繁殖。嫁接繁殖时，多用切接法，腹接也可以。砧木用3年生黑松实生苗。

【园林用途】本种姿态苍劲秀丽，针叶葱郁纤秀，是名贵的观赏树种之一。可配置奇峰怪石，也可整形后在公园、庭院、宾馆作点景树，适宜与各种古典或现代的建筑配置。因耐整形修剪，适作盆景、桩景等用。

图 7-17　白皮松
（引自张天麟，2010）

(8) 白皮松（图 7-17）

别名：虎皮松、白骨松、蛇皮松

学名：*Pinus bungeana* Zucc.

产地及分布：为中国特有树种，分布华北、西北和华中地区。

【形态特征】常绿乔木，高达 30m，树冠阔圆锥形、卵形或圆头形。树皮淡灰绿色或粉白色，呈不规则鳞片状剥落。1 年生小枝灰绿色，光滑无毛；大枝自近地面处斜出。冬芽卵形，赤褐色。针叶 3 针 1 束，边缘有细锯齿；基部叶鞘早落。雄球花序长约 10cm，鲜黄色；球果圆锥状卵形，成熟时淡黄褐色，近于无柄；鳞背宽阔而隆起，有横脊，鳞脐有刺。种子大，卵形褐色，子叶 9 ~ 11。花期 4 ~ 5；果翌年 9 ~ 11 月成熟。

【观赏期】四季观赏。

【生态习性】阳性树种，稍耐荫，幼树略耐半荫，抗寒力强，耐旱、耐干燥瘠薄，是松类树种中能适应钙质黄土及轻度盐碱土壤的主要针叶树种。在深厚肥沃、向阳温暖、排水良好之地生长最为茂盛。深根性树种，较抗风，生长速度中等。白皮松寿命很长，有千余年的古树。对二氧化碳有较强的抗性。

【繁殖要点】播种繁殖。

【园林用途】中国特产树，是东亚唯一的三针松，是珍贵、长寿树种。其树姿优美，树皮斑驳美观，针叶短粗亮丽，苍翠葱郁而挺拔，自古以来即用于配植宫廷、寺院以及名园之中，已成为北京园林的特色树种。宜孤植、对植、列植、群植或与假山、岩洞相配，使苍松奇峰相映成趣，尤为雅观，或片植成纯林，雄伟壮观。

(9) 马尾松（图 7-18）

别名：枞树、青松

学名：*Pinus massoniana* Lamb.

产地及分布：分布极广，秦岭、淮河流域以南，台湾有少量分布。

【形态特征】常绿乔木，高达 45m，树冠在壮年期呈圆锥形，老年期广伞状；干皮红褐色，呈不规则裂片；一年生小枝淡黄褐色，轮生；冬芽圆柱形，端褐色。叶 2 针 1 束，长 12 ~ 20cm，质软，叶缘有细锯齿，树脂道 4 ~ 7，边生。球果长卵形，长 4 ~ 7cm，有短柄，成熟时栗褐色，脱落而不宿存树上，鳞盾微突起或平，鳞脐稍凹，无刺。种子长 4 ~ 5mm，翅长 1.5cm。子叶 5 ~ 8。花期 4 ~ 5 月；果翌年 10 ~ 12 月成熟。

图 7-18　马尾松
（引自吴玉华，2008）

【观赏期】四季观赏。

【生态习性】强阳性树，幼苗也不耐荫庇。喜温暖湿润气候，耐寒性较强。对土壤要求不严格，喜微酸性土壤，但怕水涝，不耐盐碱，在石砾土、沙质土、黏土、山脊和阳坡的冲刷薄地上，以及陡峭的石山岩缝里都能生长。马尾松根系深广，生长速度中等而偏快，寿命约为300年左右。根系发达，主根明显，有根菌。

【繁殖要点】播种繁殖。

【园林用途】马尾松树形高大雄伟，是江南及华南自然风景区和普遍绿化及荒山造林的先锋树种。

（10）黄山松

学名：*Pinus taiwanensis* Hayata.

产地及分布：广布于安徽、浙江、江西、湖南、福建、台湾诸省及河南南部、湖北东部，生长在海拔800m以上的高峰山顶、陡坡、山脊、裸岩等地段。

【形态特征】常绿乔木，高达30～35m，胸径达80cm，树冠伞形。1年生小枝淡黄褐色或暗红褐色，无毛。叶2针1束，长5～13cm，树脂道3～7（～9），中生。球果卵形，长3～5cm，径3～4cm，几无梗，可宿存树上数年之久，鳞背稍肥厚隆起，横脊显著，鳞脊有短刺。花期4～5月，果翌年10月成熟。子叶6～7枚。

【观赏期】四季观赏。

【生态习性】阳性树种，性喜凉爽湿润的高山气候，喜排水良好、土层深厚的酸性黄壤，亦耐瘠薄。根系深，有菌根菌共生。生长速度中等偏慢。在自然界中的高山中山地带常成纯林。

【繁殖要点】播种繁殖。

【园林用途】本种树形优美雄伟，可供自然风景区的高、中山地带绿化配植用。材质轻软，强度中等，可供建筑、家具用，也可采割松脂供工业与医药用。

（11）黑松

别名：白芽松

学名：*Pinus thunbergii* Parlatore

产地及分布：原产日本及朝鲜半岛东部沿海地区。我国山东、江苏、安徽、浙江、福建等沿海诸省普遍栽培。

【形态特征】常绿乔木，高可达30m，树皮带灰黑色。冬芽银白色，圆筒形。针叶2针1束，粗硬，长约6～15cm，断面半圆形，树脂道6～11，中生。叶鞘由20多个鳞片形成，长约1.2cm。花期4～5月，雌花生于新芽的顶端，呈紫色，圆锥状卵形、卵圆形。雄花生于新芽的基部，呈黄色。球果至翌年秋天成熟，种子有薄翅。果鳞的鳞背稍厚，横脊显著，鳞脐具有短刺。子叶5～10。

【观赏期】四季观赏。

【生态习性】阳性树种，喜光，耐干旱、瘠薄及盐碱土。适生于温暖湿润的海洋性气候区域，喜微酸性砂质壤土，最宜在土层深厚、土质疏松，且含有腐殖质的砂质土壤处生长。因其耐海雾，抗海风，也可在海滩盐土地方生长。抗病虫能力强，生长慢，寿命长。

【繁殖要点】以播种繁殖为主，亦可用营养繁殖。其中枝插和针叶束插均可获得成功，但难度比较大，生产上仍以播种育苗为主。苗床播种、容器育苗应用都很普遍。

【园林用途】黑松一年四季常青，抗病虫能力强，是荒山绿化，道路行道绿化首选树种。最适宜作海崖风景林、防护林、海滨行道树、庭荫树，整枝、造型后也可以用于公园、绿地内配置假山、花坛或孤植与草坪。

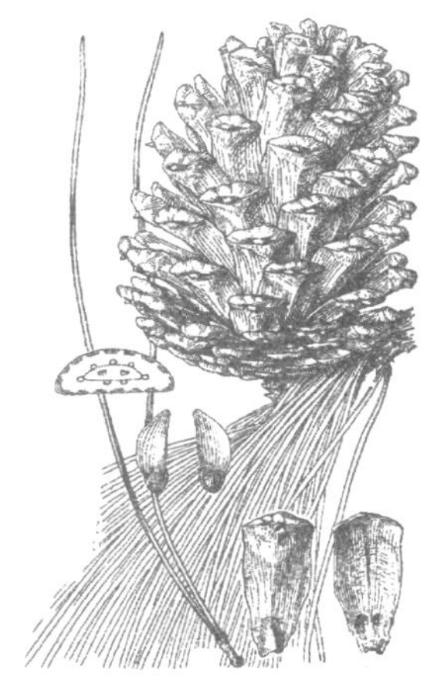
图 7-19　湿地松
（引自吴玉华，2008）

（12）湿地松（图 7-19）

学名：*Pinus elliottii* Engelm.

产地及分布：原产北美东南部。中国长江以南广大地区引种造林，前期表现良好。

【形态特征】常绿乔木，高达 30～36m，树皮灰褐色，纵裂成大鳞片状剥落；针叶 2 针、或 2、3 针 1 束并存，粗硬，深绿色，有光泽，腹背两面均有气孔线，叶缘具细锯齿，叶鞘长约 1.2cm。球果常 2～4 个聚生，圆锥状卵形，长 6.5～16.5cm，有梗，种鳞平直或稍反曲，鳞盾肥厚，鳞脐疣状，先端急尖；种子卵圆形，黑色而有灰色斑点，种翅易脱落。花期 2～3 月；果翌年 9 月成熟。

【观赏期】四季观赏。

【生态习性】强阳性树种，忌荫蔽。喜温暖湿润多雨气候，耐寒，又能抗高温。耐旱亦耐水湿，可忍耐短期淹水。根系发达，抗风力强。喜深厚肥沃的中性至强酸性土壤，在碱土中种植有黄化现象。

【繁殖要点】播种繁殖。

【园林用途】树型整齐，树姿挺拔、苍劲而优美，主干端直，侧枝整齐而不庞杂。可独植、列植、丛植、片植或林植于园林或造林，长江以南的园林、自然风景区、高速公路、铁道两侧普遍应用，也可种植在水畔、海滨公园低湿地带。

4. 杉科 Taxodiaceae

（1）柳杉（图 7-20）

别名：长叶孔雀松

学名：*Cryptomeria fortunei* Hooibrenk ex. Otto et. Dietr.

产地及分布：产于浙江天目山、福建南屏及江西庐山等处 1100m 以下地带，南方等地有栽培，生长良好。

图 7-20　柳杉
（引自吴玉华，2008）

【形态特征】常绿乔木，高达 40m，树冠塔圆锥形，树皮赤棕色，纤维状裂成长条片剥落，大枝斜展或平展，小枝常下垂，绿色。叶锥形，微向内曲。雌球花淡绿色。球果熟时深褐色，径 1.5～2.0cm。种鳞约 20 枚，每种鳞有种子 2 粒，花期 4 月，果 10～11 月成熟。

【观赏期】四季观赏。

【生态习性】为中等阳性树，略耐荫，也略耐寒，喜空气湿度较高，怕夏季酷热或干旱，喜生长于深厚肥沃、排水良好的砂质壤土，浅根性树种，生长速度中等。

【繁殖要点】播种、扦插繁殖。

【园林用途】柳杉树形圆整而高大，树干粗壮，极为雄伟，适独植、对植，也宜丛植或

群植。在江南习俗中，自古以来常用作墓道树，也宜作风景林栽植。

（2）日本柳杉（图7-21）

别名：孔雀松

学名：*Cryptomeria japonica*（L. f.）D. Don.

产地及分布：原产日本。中国有引入，在南京、上海、扬州、无锡、南通及庐山均有栽培。

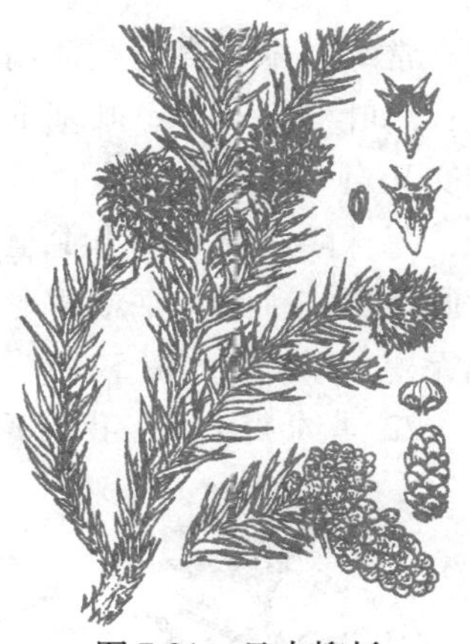

图7-21　日本柳杉

（引自张天麟，2010）

【形态特征】常绿乔木，树冠圆锥形。树皮暗褐色，侧枝密生。叶锥形，形状与柳杉相似，但其叶直伸，先端不内曲，略短，而且其叶片在冬季绿色不变。球花单性同株，花期3～4月，雄球花长圆形，集生于枝顶，雌球花近球形，单生于小枝顶端。球果球状，种鳞20～30枚，苞鳞尖头及种鳞先端之裂齿较长，每种鳞有种子2～5粒。11月成熟。

【观赏期】四季观赏。

【生态习性】为略喜光树种，稍耐荫。喜温暖湿润气候，略耐寒，畏高温炎热。忌干旱，适生于深厚肥沃、排水良好的砂质壤土，积水时易烂根。对二氧化硫等有毒气体比柳杉具更强的吸收能力。

【繁殖要点】以播种繁殖为主。在10～11月采集球果，阴干取种干藏，翌春播种。

【园林用途】日本柳杉树形圆满丰盈，高大雄伟，孤植、列植、对植、丛植都适宜。园艺品种很多，有呈灌木状的观赏用品种。

图7-22　杉木

（引自吴玉华，2008）

（3）杉木（图7-22）

别名：沙木、沙树、刺杉

学名：*Cunninghamia lanceolata*（Lamb.）Hook.

产地及分布：分布广，北自淮河以南，南至雷州半岛，东自江苏、浙江、福建沿海，西至青藏高原东南部河谷地区均有分布。

【形态特征】高达30m，树冠幼年期为尖塔形，大树为广圆锥形，树皮褐色，裂成长条片状脱落。叶披针形或条状披针形，常略弯而呈镰状，革质，坚硬，深绿而有光泽，长2～6cm，宽3～5mm，在相当粗的主枝、主干上也常有反卷状枯叶宿存不落；球果卵圆至圆球形，长2.5～5cm，径2～4cm，熟时苞鳞革质，棕黄色，种子长卵或长圆形，扁平，长6～8mm，暗褐色，两侧有狭翅，每果内约含种子200粒；子叶2，发芽时出土。花期4月，果10月下旬成熟。

【观赏期】四季观赏。

【生态习性】阳性树种，喜温暖湿润气候，耐寒较强，最喜深厚肥沃排水良好的酸性土壤，为速生树种，根系强大，易生不定根，萌芽力强，寿命可达500年以上。

【繁殖要点】播种繁殖。

【园林用途】主干端直，适于园林中列植、丛植、群植或片植成风景林、防护林。是我国南方木材树种之一。

5. 柏科 Cupressaceae

常绿乔木、直立或匍匐灌木，树皮常成较窄的长条片脱落。叶鳞形、刺形，或兼而有之；鳞叶交叉对生，叶基下延；刺叶3~4枚轮生。球花单性，雌雄同株或异株；雄蕊和珠鳞交叉对生或3枚轮生；雄球花具3~8对雄蕊，每雄蕊具2~6花药；雌球花具3~16珠鳞，每珠鳞腹面基部有1至多数直立胚珠，苞鳞与珠鳞完全合生，仅苞鳞尖头分离。球果常圆球形，种鳞扁平或盾形，木质或肉质，熟时张开或肉质合生呈浆果状，种子两侧具翅或无翅，子叶2，稀5~6。

22属约150种，我国8属32种6变种，分布几遍全国。引入栽培1属1种。

图7-23　侧柏
（引自吴玉华，2008）

（1）侧柏（图7-23）

别名：柏树、扁柏、香柏

学名：*Platycladus orientalis*（L.）Franco.

产地及分布：为中国特产种，华北地区有野生。除青海、新疆外，全国均有分布。

【形态特征】常绿乔木，高达20m余，树皮薄，浅灰褐色，浅纵裂成片。枝条向上伸展或斜展，幼树树冠卵状尖塔形，老树广卵形。生鳞叶的小枝细，直展或斜展，扁平，排成一平面；叶鳞形，二型，交叉对生，排成四列，长1~3mm，先端微钝，小枝中央的叶露出的部分呈倒卵状菱形或斜方形，背面中间有腺点，两侧的叶船形，两面绿色，无白粉。雌雄同株，雄球花黄色，有6~12个交互对生的雄蕊，每雄蕊有2~4个花药，单生于短枝顶端，卵形；雌球花有珠鳞4对，交叉对生，仅中间2对的珠鳞内有直立胚珠1~2枚，最下一对短小或退化；球果卵状长椭圆形，当年成熟，成熟时开裂，种鳞木质；种子卵圆或近椭圆形，灰或紫褐色，有窄翅或无翅。花期4月，球果熟10月。

【观赏期】四季观赏。

【类型及品种】园林中常见的栽培品种有：

1）千头柏 cv. Sieboldii，丛生灌木，分枝密生直展，树冠卵球形，叶鲜绿色。常孤植于庭院或花坛中，亦可作绿篱，如都江堰市篱堆公园正门内道旁的千头柏是不可多得的美景。

2）洒金千头柏 cv. Aurea，与千头柏之主要区别是嫩叶金黄色。

3）金塔柏 cv. Beverleyensis，小乔木，树冠窄塔形，叶金黄色。

4）窄冠侧柏 cv. Zhaiguancebai，矮型灌木，枝向上伸展或微斜上伸展，叶光绿色。

5）金叶千头柏（金黄球柏）cv. Semperaurescens，矮型灌木，分枝紧密，树冠近球形，叶全年金黄色。

【生态习性】阳性树种，幼时稍耐荫，喜温暖湿润气候；适应性强，对土壤要求不严，耐干旱瘠薄及轻度盐碱土壤并生长良好；抗风能力较弱，抗SO_2、HCl等有毒气体。萌芽能力强。

【繁殖要点】播种繁殖。

【园林用途】侧柏是中国应用最广泛的园林绿化树种之一，树姿古朴苍劲，树冠广圆形，枝叶葱郁，生长速度偏慢，寿命长，自古以来即常栽植于庭园、寺庙、陵园、墓地和

纪念堂馆等处，如在北京天坛，大片的侧柏和桧柏与皇穹宇、祈年殿的汉白玉栏杆以及青砖石路形成强烈的烘托，充分地突出了主体建筑，表达了主题思想，营造出了肃静清幽的气氛，而祈年殿、皇穹宇及天桥等在建筑形式上、色彩上与柏墙相互呼应，巧妙地表达了“大地与天通灵”的主题。新近流行的侧柏栽培品种，如“洒金千头柏”、“金叶千头柏”等，在城市绿化带配置色块中更是异军突起，与“金叶女贞”、“红叶小檗”、“红花木”等争黄斗紫、相映生辉。

（2）北美香柏（图7-24）

别名：美国侧柏、金钟柏

学名：*Thuja occidentalis* L.

产地及分布：原产北美东部，我国华东地区引种栽培，北京可以露地过冬。

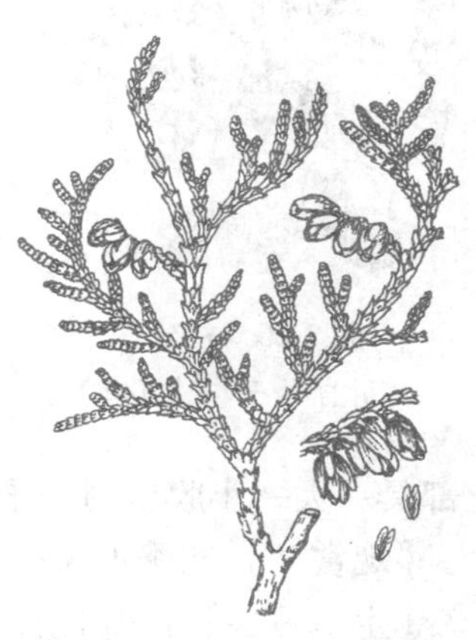

图7-24 北美香柏
（引自吴玉华，2008）

【形态特征】常绿乔木，高达20m，树冠窄塔形，树皮红褐色或桔褐色，分枝短；小枝扁，末端水平伸展。两侧鳞叶与中央叶等长或稍短，先端尖而内弯，紧贴小枝，中间鳞叶明显隆起，背面（尖头下面）有透明油腺点，鳞叶揉碎有香气；球果长椭圆形，种鳞4～5对，仅基部有2～3对能育，各具有1～2粒种子。种子扁，窄而长，两侧具窄翅。

【观赏期】四季观赏。

【生态习性】阳性树种，稍耐荫，耐寒、耐水湿，生于湿润的石灰岩土壤。耐修剪，生长较慢，寿命长。抗烟尘和有毒气体能力强。

【繁殖要点】播种、扦插或嫁接繁殖。

【园林用途】树冠优美整齐，可孤植、列植于庭园、广场等处，亦可作风景小品配植，还可作绿篱栽种。

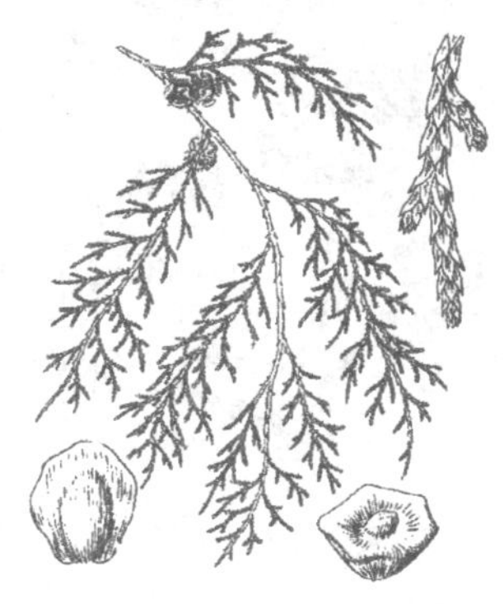

图7-25 柏木
（引自吴玉华，2008）

（3）柏木（图7-25）

别名：柏树、垂丝柏

学名：*Cupressus funebris* Endl.

产地及分布：我国特产，广布长江流域各地，南达两广，西至甘肃、陕西，以川、鄂、黔等地栽培为盛。垂直分布主要在海拔300～1000m之间。

【形态特征】常绿乔木，高达35m。树冠圆锥形，树皮淡褐色，生鳞叶小枝扁平，排成一平面。两面同形，绿色，细而下垂，鳞叶先端锐尖。球果圆形，种鳞4对，顶端为不规则五角形或方形。能育种鳞有5～6枚种子，种熟期翌年5～6月。

【观赏期】四季可观叶或树形。

【生态习性】阳性树种，要求温暖湿润的气候环境。对土壤适应性广，但以石灰岩土或钙质紫色土生长最好。耐干旱瘠薄，稍耐水湿，浅根性。萌芽力强，耐修剪，抗有毒气体能力强。

【繁殖要点】播种或扦插繁殖。

【园林用途】树姿秀丽清雅，细而下垂的小枝轻盈飘逸。宜作公园、风景林或片植作石灰岩山地造林绿化树种。柏木苍劲而寿长，为寺庙、陵园等处常见之古树。

图 7-26　福建柏
（引自吴玉华，2008）

（4）福建柏（图 7-26）

别名：建柏、滇柏

学名：*Fokienia hodginsii*（Dunn）Henry et Thomas.

产地及分布：我国西南部、南部至东部及越南。

【形态特征】常绿乔木，树皮紫褐色，浅纵裂。小枝三出羽状分枝，并成一平面；鳞叶二型，小枝中央的叶较小，紧贴，两侧较大，对折而覆盖中央之叶的侧边，交互对生，背面有明显粉白色的气孔带；雌雄同株，球花单生枝顶；雄球花卵形至长椭圆形，由 5～6 对交互对生的雄蕊组成，每一雄蕊有药室 2～4 个，药隔鳞片状；雌球花顶生，由 6～8 对珠鳞组成，每一珠鳞内有胚珠 2；球果球形，种鳞盾状；种子卵状，上部具一大一小膜质翅，子叶 2 枚。花期 3～4 月，球果翌年 10～11 月成熟。

【观赏期】四季可观叶或树形。

【生态习性】阳性树种，稍耐荫。要求温暖多雨潮湿的山地气候。适生有机质丰富的酸性的黄壤土上生长良好。浅根性，正常结实在 20 年前后。

【繁殖要点】播种繁殖。

【园林用途】树姿挺拔雄伟，叶背气孔带似花纹般，蓝白相间奇特可爱，引人入胜。园林中宜于荫蔽处与其他树种配植，或于山地风景名胜区片植成风景林，用作造林时宜选山坡中部以下缓坡及山洼等土层较厚的地方。

（5）圆柏（图 7-27）

别名：刺柏、桧、桧柏

学名：*Sabina chinensis*（L）. Ant.

产地及分布：产于内蒙古拉山、广东、广西北部及云南等地，朝鲜、日本也有分布。

图 7-27　圆柏
（引自吴玉华，2008）

【形态特征】常绿乔木，高达 25m。树皮灰褐色，裂成长条片状剥落。幼树树冠尖塔形，全为刺叶，轮生或对生；老树树冠广圆形。鳞叶小枝近圆形或近四棱，直立、斜生或略下垂，壮年树兼有鳞叶和刺叶；鳞叶先端钝尖或微尖，背部有近中部具微凹的腺体，刺叶 3 叶轮生，腹面微凹，具 2 条白粉带。雌雄异株，稀同株，球果圆球形，浆果状。内有种子 1～4 粒。花期 4 月中下旬，球果翌年 10～11 月成熟。

【观赏期】四季可观叶或树形。

【类型及品种】园林中常见栽培品种有：

1）龙柏 cv. Kaizuca，树冠柱状塔形，侧枝向一方扭转斜上，犹如蟠龙绕在柱上，形似“龙抱柱”，故名。小枝在枝端密集，多为鳞叶，下部有时具有少数刺叶。龙柏树态扭曲，树姿奇特，与古典建筑相配，更显清奇典雅。可孤植或列植于庭院、路旁、亭台附近。亦为高速公路常见的绿化树种。

2）匍地龙柏 cv. Kaizuca procumbens，形似龙柏，与龙柏之主要区别是：无直立主干，植株就地平展，枝匍匐生长，多为磷叶。

3）塔柏 cv. Pyramidalis，高达 6m，树冠圆柱状塔形，枝近直立，密集。刺形叶为主，对生及轮生，兼有一些鳞形叶。为栽培最普遍的品种，华北，长江流域极常见。

4）鹿角柏 cv. Pfitzerlana 丛生灌木，从基部生出数枝向四方斜向直立生长的枝干。多为刺叶，枝顶有鳞叶，叶色灰紫或灰蓝色。

5）洒金柏（金叶桧）cv. Aurea，乔木或灌木，树冠新枝常出现金黄色的枝叶，似洒了一层金子在上面，二年后变绿色。叶有鳞叶和刺叶两种。

6）铺地柏 var. *procumbens*，为圆柏的一个变种，为匍匐小灌木，枝匍地而生，小枝被白粉，全为刺叶。铺地柏树枝奇特，宜悬崖、石壁、假山、坡地、墙隅处栽植，也是盆栽和制作盆景的好材料。

【生态习性】阳性树种，较耐荫。喜凉爽温暖气候，耐寒、耐热。喜湿润肥沃、排水良好的土壤，钙质土、中性土、微酸性土壤都能生长；耐旱亦稍耐湿，深根性树种，忌积水。对 SO_2、Cl_2 和 HF 等抗性强；深根性，耐修剪，易整形；长寿树种。

【繁殖要点】播种或扦插繁殖。

【园林用途】幼龄树树冠整齐尖塔形，树形优美、四季苍绿，大树干枝扭曲，姿态奇古，可以独树成景，抗性强而寿长，是我国传统的园林树种，古庭院、古寺庙、陵墓、殿堂四周、风景名胜区等多有千年古柏，“清”、“奇”、“古”、“怪”各具幽趣。如北京的天坛、中山公园，曲阜的孔庙，泰山炳灵殿，苏州冯异祠，重庆缙云寺等处均有几百年或上千年古圆柏。一般植于庭园、路侧、园路转角、亭台附近；或于树丛、林缘孤植、丛植、点植以增加层次感；植于草坪一侧，或群植做主景树背景，或于园之四周作树墙、绿篱等，可获良效。孤植圆柏，常可自成一景；尤其在老柏根际缀以太湖石或花草，饶有诗情画意，耐人品赏。也可人工剪扎成鸟、兽、台、柱、建筑等各种造型，借以装饰园景，引人入胜。

（6）北美圆柏（图 7-28）

别名：铅笔柏

学名：*Sabina virginiana*（L）. Ant.

产地及分布：原产北美。我国华东地区引种栽培作庭院树种。

【形态特征】常绿乔木，高达 30m，树皮红褐色，裂成长条片状剥落。枝条直立或斜向外伸展，形成柱状圆锥形或圆锥形树冠。叶二型，生鳞叶的小枝细，四棱形；鳞叶排列较疏，棱状卵形，先端急尖或渐尖，背面中下部有凹腺体；刺叶出现在幼树或大树上，交互对生，斜展，长 5～6mm，上面凹，被有白粉。雌雄异株，球果近球形或卵圆形，花期 3 月，当年 10～11 月成熟，内有种子 1～2 粒。

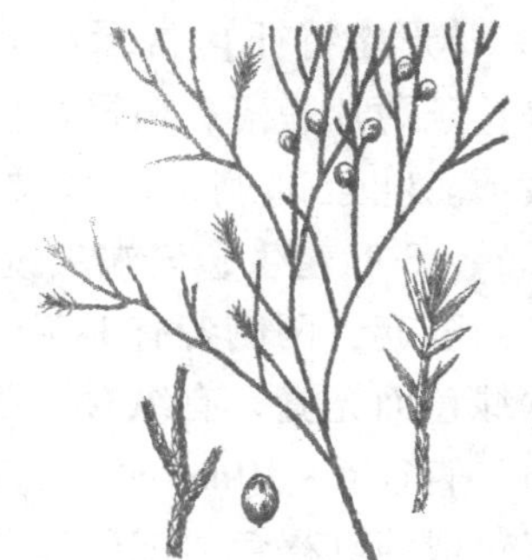

图 7-28 北美圆柏
（引自吴玉华，2008）

【观赏期】四季可观叶或树形。

【生态习性】阳性树种，耐荫。适应性强，耐寒还能抗热，能耐干旱、瘠薄，又耐低湿，在各种土壤上均能生长，生长速度比圆柏快。抗污染。

【繁殖要点】播种繁殖。

【园林用途】四季浓郁，植株冠形笔直挺拔，性耐修剪又有很强的耐荫性，故作绿篱比侧柏优良，下枝不易枯，冬季颜色不变褐色或黄色，且可植于建筑之北侧阴处，我国古来多配植于庙宇陵墓作墓道树或柏林。能耐干旱、瘠薄，是造林绿化的首选树种。

图 7-29 铺地柏
（引自吴玉华，2008）

（7）铺地柏（图 7-29）

别名：爬地柏、矮桧、匍地柏、偃柏

学名：*Sabina procumbens*（Endl.）Iwata et Kusaka

产地及分布：原产日本，我国各地园林中常见栽培。

【形态特征】常绿匍匐小灌木，高达 75cm，枝条延地面扩展，褐色，密生小枝，枝梢及小枝向上斜展。叶全为刺叶，3 叶交叉轮生，叶上面有 2 条白色气孔线，下面基部有 2 白色斑点，叶基下延生长，叶长 6 ~ 8mm；球果球形，内含种子 2 ~ 3 粒。

【观赏期】四季可观叶或树形。

【生态习性】阳性树，能在干燥的砂地上生长良好，喜石灰质的肥沃土壤，忌低湿地。

【繁殖要点】扦插繁殖。

【园林用途】枝条蜿蜒匍匐前伸，颜色独特，耐修剪，在园林中适于点缀山石，掩蔽石缝、草坪角隅或庭园地被装饰，又为缓土坡的良好地被植物，各地亦经常盆栽观赏。

（8）刺柏（图 7-30）

别名：缨络柏、台湾柏、红柏、红心柏

学名：*Juniperus formosana* Hayata

产地及分布：我国特有树种，分布于长江以南各省区，我国台湾省也有，南京、上海等地庭园中有栽培。

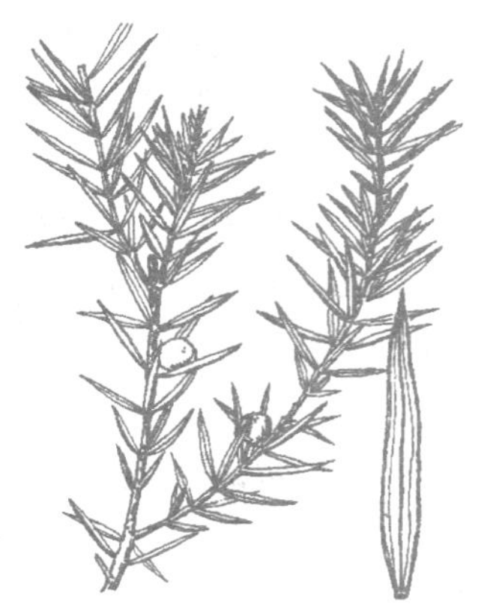

图 7-30 刺柏
（引自张天麟，2010）

【形态特征】常绿小乔木，高达 15m。树皮褐色，纵裂，呈长条薄片脱落；树冠塔形，大枝斜展或直伸，小枝下垂，三棱形。叶全部刺形，坚硬且尖锐，长 12 ~ 20mm，宽 1.2 ~ 2mm，3 叶轮生，先端尖锐，基部不下延；表面平凹，中脉绿色而隆起，两侧各有 1 条白色气孔带，较绿色的边带宽；背面深绿色而光亮，有纵脊。雌雄同株或异株，球果近圆球形，肉质，直径 6 ~ 10mm，顶端有 3 条皱纹和三角状钝尖突起，淡红色或淡红褐色，成熟后顶稍开裂，有种子 1 ~ 3 粒。种子半月形，有 3 棱。花期 4 月，果需翌年 10 月成熟。

【观赏期】四季可观叶或树形。

【生态习性】阳性树种，耐荫，好温湿气候，亦抗寒、抗风、耐旱、抗热，适应用性强。

【繁殖要点】播种、嫁接繁殖。

【园林用途】小枝软而长，下垂，树姿优美，叶片苍翠，冬夏常青，果淡红色或淡红褐色。在园林中可对植、列植，孤植或群植，为优良的园林绿化树种。心材红褐色，纹理直，结构细，有香气，并耐水湿，可作船底、桥柱以及工艺品用材。

（9）杜松（图 7-31）

别名：欧洲刺柏、普圆柏

学名：*Juniperus rigida* Sieb et Zucc.

产地及分布：产于我国东北、华北及西北各省、自治区的干燥山地；海拔自东北 500m 以下低山区至西北 2200m 高山地带。朝鲜、日本也有分布。

图 7-31 杜松

（引自张天麟，2010）

【形态特征】常绿乔木，高 12m。树冠圆柱形，老时圆头形。大枝直立，小枝下垂。刺形叶条状、质坚硬、端尖，上面凹下成深槽，槽内有一条窄白粉带，背面有明显的纵脊。球果熟时呈淡褐黄色或蓝黑色，被白粉。种子近卵形，顶端尖，有 4 条不显著的棱。花期 5 月，球果翌年 10 月成熟。

【观赏期】四季可观叶或树形。

【生态习性】强阳性树种，也耐荫。喜冷凉气候，耐寒。对土壤的适应性强，喜石灰岩形成的栗钙土或黄土形成的灰钙土，可以在海边干燥的岩缝间或沙砾地生长。深根性树种，主根长，侧根发达。抗潮、风能力强。

【繁殖要点】播种或扦插繁殖。

【园林用途】枝叶浓密下垂，树姿优美，北方各地栽植为庭园树、风景树、行道树和海崖绿化树种。适宜于公园、庭园、绿地、陵园墓地孤植、对植、丛植和列植，还可以栽植绿篱，盆栽或制作盆景，供室内装饰。

6. 罗汉松科 Podocarpaceae

常绿乔木或灌木。叶条形、披针形、椭圆形或鳞形，叶螺旋状着生，稀对生或近对生。雌雄异株，稀同株；雄球花穗状，簇生叶腋或顶生，稀顶生，雄蕊多数，各具花药 2；雌球花单生叶腋或枝顶，顶端或部分的珠鳞着生胚珠 1。种子核果状或坚果状，具假种皮，种子有胚乳，子叶 2。

共 8 属约 130 余种，我国产 2 属 14 种 3 变种。

（1）罗汉松（图 7-32）

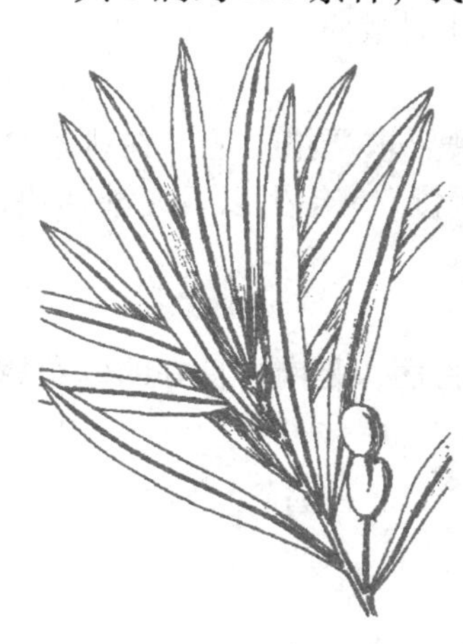

图 7-32 罗汉松

（引自张天麟，2010）

别名：罗汉杉、长青罗汉杉、土杉

学名：*Podocarpus macrophyllus*（Thunb.）D. Don.

产地及分布：产于长江流域以南至华南、西南海拔 1000m 以下，日本也有分布。

【形态特征】常绿乔木，高达 20m，枝干开展密生，树冠广卵形。树皮灰褐色，呈薄片状脱落。叶条状披针形，螺旋状互生，长 7～12cm，宽达 1cm，上面深绿色，有光泽。先端突尖或钝尖，两面中脉明显而隆起，表面浓绿色，有光泽，背面淡绿色，有时被白粉。雄球花 3～5 簇生叶腋，圆柱形，雌球花单生于叶腋。种子卵形，未熟时绿色，熟时紫黑色，外被白粉。花期 4～5 月，种子 8～11 月成熟。

【观赏期】四季可观叶或树形，秋季可观果。

【类型及品种】常见变种有：

1）短叶罗汉松（小叶罗汉松）var. *maki*（Sieb）Endl.，小乔木或灌木，枝直向上斜生。叶短而密生，长2~7cm，宽3~7mm，先端钝或圆，原产日本。中国江南各地园林中常有栽培，满树上紫红点点，颇富奇趣。宜孤植作庭荫树、绿篱或盆景树。

2）狭叶罗汉松 var. *angustifolius* Bl.，灌木，叶较狭，长5~10cm，宽3~6mm，先端长尖头，产四川、贵州、江西等省，日本也有分布。宜绿篱或盆景树。

3）柱冠罗汉松 var. *chingii* N. E. Gray，树冠圆柱状，叶较小，产浙江，作绿篱或盆景树。

【生态习性】阳性树种，能耐半荫。喜温暖、湿润环境，耐寒力稍弱。耐修剪。适生于深厚肥沃湿润、排水良好的土壤。

【繁殖要点】播种或扦插繁殖。

【园林用途】树姿秀丽葱郁，夏、秋季果实累累，惹人喜爱，是广泛用于庭园绿化的优良树种，宜孤植作庭荫树或对植、散植于厅、堂之前、墙垣、山石旁配植。耐修剪及海岸环境，故特别适宜于海岸边植作美化及防风高篱工厂绿化等用。作盆栽或一般绿篱用，很是美观。

（2）竹柏（图7-33）

图7-33 竹柏
（引自吴玉华，2008）

别名：罗汉柴、大果竹柏

学名：*Nageia nagi*（Thunb.）Kuntz.（Podocarpus nagi（Thunb.）Zoll. et Mor. ex Zoll.）

产地及分布：产于南岭山地及以南地区海拔1000m以下的常绿阔叶林中，日本也有分布。

【形态特征】高达20m，树冠圆锥形，树皮呈小块薄片状脱落。叶对生或近对生，长卵形、卵状披针形或针状椭圆形，革质，长3.5~9cm，宽1.5~2.5cm，具多数平行细脉，无中脉。雄球花腋生，常呈分枝状。种子球形，熟时暗紫色，有白粉，外种皮骨质。花期3~4月，种子10~11月成熟。

【观赏期】四季观叶或树形。

【生态习性】中性偏阴树种，喜温热潮湿多雨气候，对土壤要求严格，适于在排水良好、肥厚湿润、呈酸性的沙壤或轻黏壤土上生长。幼龄时生长缓慢，5年生以后逐渐加快，30年生达到最高峰，此后生长逐渐减慢。

【繁殖要点】播种及扦插繁殖。

【园林用途】叶形奇异，枝叶青翠有光泽，树冠浓郁，树形秀丽，是南方良好的庭荫树和园林中的行道树，也是风景区和城乡四旁绿化的优秀树种。

（3）鸡毛松（图7-34）

别名：爪哇罗汉松、岭南罗汉松、爪哇松、异叶罗汉松

学名：*Podocarpus imbricatus* Pine.

产地及分布：在中国主要分布于海南，广东、广西和云南等地有零星散生，国外的印度尼西亚、越南、菲律宾也有分布。

【形态特征】常绿乔木，高达35m，胸径达2m，树干通直；树皮浅灰褐色或暗灰褐色，

平滑或略粗糙，鳞片状脱落。叶二型，螺旋状排列，下延生长，鳞形、钻形或线形、常二者生于同一枝上；成龄树或果枝或小枝下部的叶小而紧密，鳞形或钻形，长2～3mm，先端内弯；幼树、萌生枝或小枝上部的叶线形，扁平，质软，排成羽状两列，长6～12mm，宽约1.2mm，两面有气孔线，先端有微急尖的长尖头。雌雄异株，雄球花穗状，单生枝顶，长约1cm；雌球花单个或成对生于小枝顶端，通常仅1个发育。种子核果状，全部被肉质假种皮所包，种子卵圆形，长5～6mm，有光泽，成熟时假种皮红色；种托肉外面密被乳头状凸起；无梗。3～4月开花，10～11月种子成熟。

图7-34 鸡毛松
（引自张天麟，2010）

【观赏期】成熟时假种皮红色，秋季可观果，四季可观叶或树形。

【生态习性】分布区较广，热量差异较大，但喜冬无严寒、夏不酷热的山地气候。年平均温18～23℃，极端最低温为0℃以上，在北缘可下达-3℃或更低，年降水量1500～2500mm，相对湿度常在80%以上。土壤为山地黄壤，pH5.5～6.0。

【繁殖要点】主要用种子繁殖。当种子肉质假种皮呈红色时即可采种。

【园林用途】鸡毛松枝叶秀丽，可供华南区园林绿化及造林用。

7. 红豆杉科 Taxaceae

常绿乔木或灌木。叶条形，少数条状披针形，螺旋状排列或交互对生。雌雄异株，少同株；雄球花单生叶腋或苞腋，或成穗状花序集生枝顶，雄蕊多数，花药3～9；雌球花单生或成对生于叶腋或苞腋，顶端苞片着生直立1胚珠，种子当年或翌年成熟，核果状或坚果状，全包或部分包于杯状或瓶状的肉质假种皮中。胚乳丰富，子叶2。

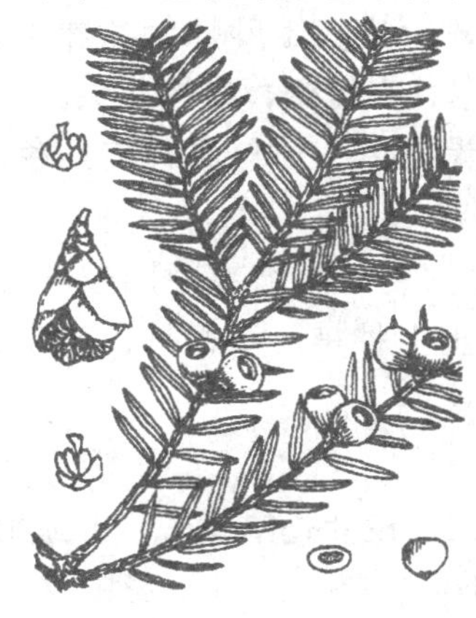
图7-35 红豆杉
（引自张天麟，2010）

（1）红豆杉（图7-35）

别名：紫杉，赤柏松

学名：*Taxus chinensis*（Pilger）Rehd.

产地及分布：云南东北部，东南部和西北部，甘肃，陕西，湖北，湖南，广西，安徽，贵州，四川等海拔1500～2000m的山地。

【形态特征】常绿乔木，高30m，干径达1m。叶螺旋状，基部扭转为二列，条形。略微弯曲，长1～2.5cm，宽2～2.5mm，叶缘微反曲，叶端渐尖，叶背有2条宽黄绿色或灰绿色气孔带，中脉上密生有细小凸点，叶缘绿带极窄。雌雄异株，雄球花单生于叶腋；雌球花的胚珠单生于花轴上部侧生短轴的顶端，基部有圆盘状假种皮。种子扁卵圆形，有2棱。种脐卵圆形，假种皮杯状，红色。

【观赏期】四季可观叶或树形，秋季观果。

【种类及品种】常见变种：南方红豆杉（美丽红豆杉）var. *mairei* Cheng et L. K，常绿乔木，高16m。叶螺旋状着生，排成两列，条形，微弯或近镰状，长2~3.5cm，宽3~4.5cm，背面有两条黄绿色气孔带，与原种不同是边缘常不反曲，绿色边带较宽，先端渐尖，上面中脉凸起，中脉带上有排列均匀的乳头点，或完全无乳头点。种子倒卵形，微扁，先端微有二纵脊，生于红色肉质杯状假种皮中。习性、繁殖、观赏与应用同红豆杉。

【生态习性】阴性树种，喜温暖湿润气候，多散生在湿润肥沃沟谷荫处和半荫处林下，适于疏松、不积水的微酸到中性土。

【繁殖要点】播种或扦插繁殖。

【园林用途】枝叶终年深绿，秋季成熟的种子包于鲜红的假种皮内，使枝条鲜艳夺目，是庭园中不可多得的耐荫观赏树种。可在阴面种植观赏，也可配于假山石旁或稀疏林下。

图7-36 东北红豆杉
（引自吴玉华，2008）

（2）东北红豆杉（图7-36）

别名：紫杉

学名：*Taxus cuspidata* Sieb et Zucc.

产地及分布：中国东北、日本、朝鲜和俄罗斯东北地区。

【形态特征】常绿乔木，高达20m，树冠倒卵形或阔卵形，树皮红褐色或灰红色，薄质，片状剥裂。枝条密生，小枝带红褐色，一年生枝深绿色，秋后呈淡红褐色。叶生于主枝上者为螺旋状排列，在侧枝上叶柄基部扭转向左右排成不规则两列。叶线形，半直或稍弯曲，长1.5~2.5cm，宽2.5mm，表面深绿色，有光泽。雌雄异株，球花生于前年枝的叶腋，雄球花具9~14雄蕊，雌球花具一胚珠，胚珠卵形、淡红色，直生。种子卵形，成熟时紫褐色，有光泽，长约6mm，直径5mm。外覆上部开口的假种皮，成熟时倒卵圆形，呈杯状，浓红色，肉质，富浆汁。花期5~6月，种子9~10月成熟。

【观赏期】四季可观叶或树形，秋季观果。

【类型及品种】栽培品种有矮紫杉cv. Nana，半球状常绿灌木，主枝上叶螺旋状着生，侧枝上叶呈不规则两列，与小枝约成45°角斜展，叶条形，基部窄，有短柄，先端凸尖。雌雄异株，单生叶腋。种子坚果状，卵形或三角状卵形，微扁，赤褐色，外包假种皮红色。生长迟缓，有耐寒和极强的耐荫性，是北方地区园林绿化的好材料。

【生态习性】属阴性树种，喜冷凉湿润气候，抗寒性强；多散生于阴坡或半阴坡的湿润、肥沃的针阔混交林下，适于在疏松湿润排水良好的砂质壤土上种植。浅根性，怕涝，忌盐碱 。

【繁殖要点】播种或扦插繁殖。

【园林用途】是珍稀的药用植物和绿化观赏树种。其树形端正，枝叶苍翠茂密，可孤植或群植，也适宜绿篱或修剪成各种形状；具有独特的盆景观赏价值，是东北红豆杉的又一大特色，应用矮化技术处理的盆景造型古朴典雅，枝叶紧凑而不密集，舒展而不松散，红茎、红枝、绿叶、红豆使其具有观茎、观枝、观叶、观果的多重观赏价值；光滑的红茎代表坦荡与高贵，常绿的针叶表达坚毅与永恒，酷似“相思豆”的红豆彰显了爱心与思念。整株造型含而不露，超凡脱俗，具有浓厚的生活气息和文化底蕴。东北红豆杉因其资源稀少，被列为我国一级珍稀树种加以保护。

(3) 白豆杉(图7-37)

别名：短水松

学名：*Pseudotaxus chienii*(W. C. Cheng) W. C. Cheng

产地及分布：星散分布于浙江、江西、湖南、广西和广东海拔900～1400m陡坡深谷密林下或悬岩上。

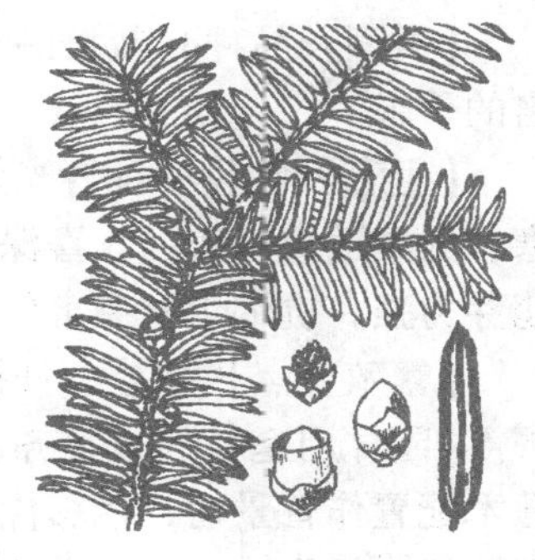
图7-37　白豆杉
(引自张天麟，2010)

【形态特征】常绿灌木或小乔木，高达4m；枝条轮生，小枝近对生或近轮生，基部扭转呈二列，线形，直或微弯，长1.5～2.6cm，宽2.4～4.5mm，先端骤尖，基部近圆形，下延生长，具短柄，两面中脉隆起，上面光绿色，下面有2条白色气孔带，横切面上无树脂道。雌雄异株，球花单生叶腋；雄球花近球形，基部有4对交互对生的苞片，雌球花有4列交互对生的苞片，每列3～4枚，顶端1枚苞腋有1直立胚珠，着生于盘状珠被上。种子坚果状，卵圆形，稍扁，长5～7mm。着生于肉质、白色、杯状的假种皮中，基部有宿存苞片，具短梗或几无梗。冬芽于3月中旬膨大，4月上旬展叶；花于3月下旬至4月上旬开放，种子于9月下旬至10月上旬成熟。

【观赏期】四季可观叶或树形，秋季观果。

【生态习性】白豆杉为阴性树种，一般喜生长在郁闭度高的林荫下，在干热和强光照下生长萎缩，干形弯曲。根系发达，岩缝内也可扎根，但成丛生灌木。幼年生长缓慢。土壤喜山地黄壤，强酸性，pH为4.2～4.5，有机质含量5.4%～18.4%，肥力较高。

【繁殖要点】通常用播种法繁殖，亦可扦插。有种子繁殖，在生境相似的林冠下播种育苗，移栽时多带宿土。在苗圃育苗，必须遮荫，并经常灌水保湿。也可进行扦插繁殖，成活率在85%以上。

【园林用途】适合中国长江流域植物园、公园栽植。用作隐蔽。绿篱和背景树的配置。因喜荫蔽的环境，课余常绿阔叶树混合种植。北方温室盆栽生长良好，可用中性腐叶土种植。经修剪可成各种形状，亦可供制作树桩盆景用植物材料。

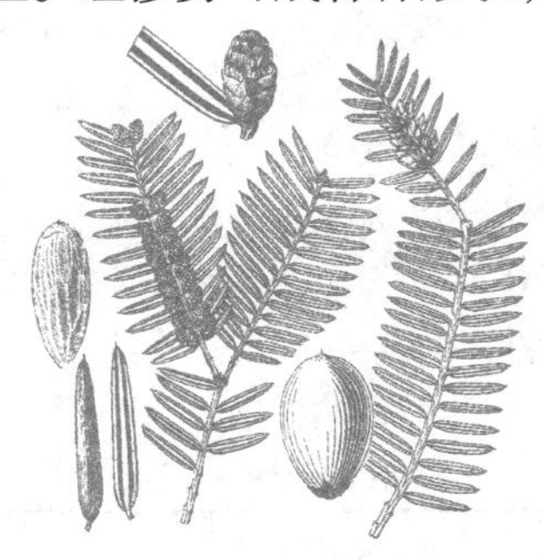
图7-38　榧树
(引自吴玉华，2008)

(4) 榧树(图7-38)

别名：圆榧

学名：*Torreya grandis* Fort. et Lindl.

产地及分布：中国特有树种，产于我国江苏南部，浙江、福建北部，安徽南部及大别山区、江西北部，西至湖南西南、贵州松桃等地海拔1400m以下山地。浙江西天目山海拔1000m以下有野生大树。

【形态特征】常绿乔木，高达25m，胸径1m。树皮灰褐色纵裂，一年生小枝绿色，2～3年生小枝黄绿色，冬芽卵圆形有光泽。叶条形，通常直，长1.1～2.5cm，宽2.5～3.5mm，先端突尖成刺状短尖头，上面光绿色有两条稍明显的纵脊，下面黄绿色的气孔带与绿色中脉及边带等宽。种子椭圆形、倒卵形或卵圆形，熟时假种皮淡紫褐色，被白粉，胚乳微皱。花期4月；种子翌年10月成熟。

【观赏期】四季观赏。

【类型及品种】栽培品种有香榧 cv. Merrillii，高达20m，叶深绿色、质较软。种子是著名的干果。

【生态习性】中等喜光树种，能耐荫，生长在阴地山谷树势好；喜温暖湿润环境，稍耐寒；土壤适应性较强，喜深厚肥沃的酸性沙壤土，钙质土亦可以生长，忌积水。病虫害少，萌芽力强，抗烟尘及有害气体能力强。生长缓慢，寿命长。

【繁殖要点】嫁接、扦插或播种繁殖。

【园林用途】树冠整齐，枝叶浓郁蔚然成荫。大树宜孤植作庭荫树或与石榴、海棠等花灌木配置作背景树，色彩优美。可在草坪边缘丛植，大门入口对植或丛植于建筑周围，抗污染能力较强，适应城市生态环境，街头绿地、工矿区都可以使用，是绿化用途广、经济价值高的园林树种，应在适生地区积极推广利用。

实训7.1 常见针叶树类园林植物观察识别与鉴定

1. 实训目的

1.1 观察各种球果，熟悉球果构造及各部分形态术语。

1.2 掌握常见针叶类园林植物树种的形态特征，区别易混淆树种。

2. 观察材料与用具

2.1 材料：本地区常见针叶类植物标本（鲜标本或蜡叶标本）。

2.2 工具：钢卷尺、直尺、卡尺、铅笔、笔记本、放大镜。

3. 观察、记载

3.1 观察植物植株的叶型（叶片类型、大小、裂刻）、叶色（正反两面）、株型、分枝状况和枝条类型等。如苏铁大、小孢子叶和种子，金钱松球果，雪松球果，马尾松球花和球果，日本柳杉球果，水杉雄球花和球果，侧柏雌、雄球花和球果，柏木球果，圆柏球花、球果以及叶型、长度

3.2 观察记录

仔细观察各种针叶树类园林植物的形态特征，并填写表7-1。

4. 考核评估

4.1 优秀：90分以上。

4.2 优良：80~89分。

4.3 良好：70~79分。

4.4 及格：60~69分。

表7-1 裸子植物的形态特征

植物种类	株型	枝条类型	叶型（叶片类型、大小、裂刻）	叶色（正反两面）	大、小孢子叶球	种子

注：本实训分2~3次完成，约需6学时（可按松、杉、柏三科进行）。实训地点在校内实验室、校外实训基地完成。

裸子植物

针叶类园林树木属于裸子植物门，除了上述50种外，还有很多，如：铁杉、红松、华山松、樟子松、秃杉、日本花柏、铅笔柏等。

裸子植物门（Gymnospermae）是植物界的1门，既是颈卵器植物，又是种子植物，它们有胚珠（不同于蕨类植物门），但心皮不包成子房，且胚珠裸露，胚乳（即雌性原叶体）在受精前已形成（不同于被子植物门）。

最初的裸子植物出现约34 500万年前至39 500万年之间的古生代泥盆纪，经历石炭纪、二叠纪、中生代至新生代第四纪。从裸子植物发生到现在，地史气候经过多次重大变化，其类群也随之多次演替，并沿着不同的进化路线发展。

1. 形态特征

裸子植物为多年生木本植物，大多为单轴分枝的高大乔木，少为灌木，稀为藤本；次生木质部几全由管胞组成，稀具导管。叶多为线形、针形或鳞形，稀为羽状全裂、扇形、阔叶形、带状或膜质鞘状。花单性，雌雄异株或同株；小孢子叶球（雄球花）具多数小孢子叶（雄蕊），小孢子叶具多数至2个小孢子囊（花药），小孢子（花粉）具气囊或船形具单沟，或球形外壁上具一乳头状突起或具明显或不明显的萌发孔或无萌发孔，或橄榄形具多纵肋和凹沟，有时还具一远极沟，多为风媒传粉，花粉萌发后花粉管内有两个游动或不游动的精子；大孢子叶（珠鳞、珠托、珠领、套被）不形成封闭的子房，着生一至多枚裸露的胚珠，多数丛生树干顶端或生于轴上形成大孢子叶球（雌球花）；胚珠直立或倒生，由胚囊、珠心和珠被组成，顶端有珠孔。种子裸露于种鳞之上，或多少被变态大孢子叶发育的假种皮所包，其胚由雌配子体的卵细胞受精而成，胚乳由雌配子体的其他部分发育而成，种皮由珠被发育而成；胚具两枚或多枚子叶。裸子植物的染色体基数少（$x=8\sim20$），形较大，在各属基本一致。

2. 生态分布

裸子植物广布于南北半球，尤以北半球更为广泛，从低海拔至高海拔、从低纬度至高纬度几乎都有分布。裸子植物的科、属、种数虽远比被子植物为少，但森林覆盖面积却大致相等。在高纬度及高海拔气候温凉至寒冷的地区，几乎都是某些裸子植物形成的单纯林或组成的混交林。各类裸子植物的分布为：苏铁科（Cycadaceae）、罗汉松科（Podocarpaceae）和南洋杉科（Araucariaceae），除其模式属（即苏铁属、罗汉松属、南洋杉属）的少数种分布于北半球热带及亚热带外，其他属种均产南半球；银杏原产中国，现广泛栽于北半球亚热带及温带地区；松科（Pinaceae）除松属（Pinus）的少数种分布于南半球外，其他属种均产北半球，其中油杉属、金钱松属、黄杉属、雪松属、银杉属以及松属和铁杉属的部分种类分布于亚热带低山至中山地带，随着纬度或海拔的升高，逐渐被耐寒、喜温凉冷湿的少数松树、铁杉及落叶松属、云杉属和冷杉属树种所代替；杉科除单型属密叶杉属产澳大利亚外，其他属种均分布于北半球的亚热带地区；柏科分布于南北半球；三尖杉科分布于东亚南部及中南半岛北部；红豆杉科除澳洲红豆杉属产新喀里多尼亚外，其他属种均分布于北半球亚热带及温带；麻黄科分布于北半球温带及亚热带高山；买麻藤科分布于亚洲、非洲及南美洲的热带及亚热带地区；单型科百岁兰科分布于安哥拉及非洲热带东南部。

3. 分类与进化地位

分类地位：裸子植物 在地球环境大变迁时大批先后灭绝，现幸存的只有八百多种，其中中国占三百多种。裸子植物在高等植物中常作为一个自然类群，其分类单位为门、亚门或纲，包括已灭绝的类群，如种子蕨、开通（Cayoniopsida）、舌羊齿（Giossopteridopsida）、五柱木（Pentaxyopsida）、本内苏铁、科达等，以及现代生存的类群（如苏铁、银杏、松杉、盖子植物等）。在裸子植物分类系统中（如 R. 皮尔格 1926，G. 张伯伦 1935，D. A. 约翰森 1951，A. Л. 塔赫塔江 1953，R. 皮尔格和 H. 梅尔希奥 1954，W. 齐默尔曼 1959，郑万钧 1978 等），对现存的各类裸子植物有以下分歧意见：①将银杏置于苏铁纲中与苏铁并列，或置于松杉纲中与松杉并列，或银杏、苏铁、松杉均并列为纲。这是以银杏营养体的结构和生殖器官的发育作比较研究，所强调的性状不同而得出的不同结论。②将红豆杉科置于松杉纲中或单独成纲，与苏铁、银杏、松杉和盖子植物并列。这是对红豆杉科具有单一的顶生胚珠作不同解释而得出的两种绝然不同的意见。③松杉纲（目）所含各科是否根据雌球花形成球果与否而归为两个亚纲（或亚目）。

进化演化：较多的学者认为裸子植物是由前裸子植物（Progymnospermae）和种子蕨（Pteridospermopsida，即苏铁蕨 Cycadofilicopsida）演化而来。真蕨类（Filicopsida）与前裸子植物可能共同起源于裸蕨类（Psilophyta），而种子蕨类与其他裸子植物又平行起源于前裸子植物。科达类（Cordaitopsida）可能起源于前裸子植物，而本内苏铁类（Bennettitopsida，即拟苏铁类 Cycadeoideopsida）可能起源于种子蕨类的皱叶羊齿类（Lyginopteridatae），苏铁类（Gycadopsida）与皱叶羊齿类亲缘关系密切。银杏类（Ginkgopsida）与苛得狄类可能有共同的起源，它们可能是由前裸子植物的同一个分枝中演化出来，或一开始就彼此独立演化成两个平行分枝。松杉类（Coniferopsida）与苛得狄类有着很近的亲缘关系。盖子植物（Chlamydospermopsida）是极特殊的类群，因缺乏古植物学资料，未见有阐明其起源与演化的报道。

4. 应用

裸子植物除少数类群（如买麻藤属及松科的一些属）外，均具有双黄酮类化合物，常见的有穗花杉双黄酮、西阿多黄素、银杏黄素、桔黄素、榧黄素等。黄酮类化合物则普遍存在，常见的有檞皮素、山奈酚和杨梅树皮素等。生物碱仅在三尖杉科、麻黄科和买麻藤科中存在，可供药用。苏铁科、红豆杉科和罗汉松科的部分属种可供观赏，其他种类多为高大乔木，其树干通直，出材率高，材质较优良，供建筑、家具及工业用材，占世界木材供应量的 50% 以上；部分树种可割制松香和提取松节油；少数树种的种子可食；部分树种为速生造林树种或园林绿化树种；生于江河上游的为水源林；生于高山陡坡的可防止雨水冲刷。

小 结

本节主要内容包括：

1. 针叶树基本知识。针叶树多为乔木或灌木，稀为木质藤本。叶多为针形、条形或鳞形，无托叶。球花单性，雌、雄同株或异株，胚珠裸露。种子有胚乳，子叶1至多数。

针叶树种多生长缓慢，寿命长，适应范围广，多数种类在各地林区组成针叶林或针、阔叶混交林，为林业生产上的主要用材和绿化树种，具有较高的经济价值。

针叶树种在园林中的应用形式有独赏树、庭荫树、行道树、树丛、树群与片林、绿篱及绿雕塑、地被材料等。

2. 介绍40种针叶树种的识别要点、产地与分布、习性、繁殖与栽培、观赏与应用等。其中包括：金钱松、日本落叶松、水杉、池杉、落羽杉、苏铁、南洋杉、大叶南洋杉、贝壳杉、冷杉、臭冷杉、银杉、雪松、青杆云杉、白杆云杉、日本五针松、白皮松、马尾松、黄山松、黑松、湿地松、柳杉、日本柳杉、杉木、侧柏、北美香柏、柏木、福建柏、圆柏、北美圆柏、铺地柏、刺柏、杜松、罗汉松、竹柏、鸡毛松、红豆杉、东北红豆杉、白豆杉、榧树。

相关链接

1. 郑万钧．中国树木志1~4卷［M］．北京：中国林业出版社，2003.

2. 陈有民．园林树木学［M］．北京：中国林业出版社，1990.

3. 中国数字植物标本馆 http：//www. cvh. org. cn/

4. 中国植物图像库 http：//www. plantphoto. cn/

练习题

1. 松科、杉科、柏科有何异同点，各科分属的主要依据是什么？

2. 列表区别日本五针松、黄山松、白皮松、马尾松、黑松。

3. 按下列要求选择适当的树种：

（1）色叶树种；

（2）耐水湿，适合在沼泽地种植的树种；

（3）适合在石灰岩山地或钙质土绿化的树种；

（4）适合于干旱瘠薄的立地种植的树种；

（5）适合于烈士陵园栽植的树种。

4. 列举当地的裸子植物类树种。

5. 请写出世界五大庭园观赏树种。

7.2 阔叶树类园林植物

7.2.1 落叶乔木

1. 银杏科 Ginkgoaceae

落叶乔木，枝具长短枝。叶片互生，在长枝上螺旋状排列，在短枝上3~5片树叶成簇着生，叶扇形，二叉状叶脉。雌雄异株，稀同株，球花单生，柔荑花序状，雄蕊多数；雌球花有长柄，柄端常分2叉（稀多叉），叉端各生1珠座，各有1个胚珠，通常仅1个胚珠发育成种子。

本科现仅存1属1种，是中国特有树种。

图7-39 银杏
（引自祁承经，2005）

（1）银杏（图7-39）

别名：白果树、公孙树、鸭掌树

学名：*Ginkgo biloba* L.

产地及分布：北起沈阳，南至广州，东起华东沿海，西南至云贵西部2000m海拔以下地区，以江苏、安徽、浙江为栽培中心。

【形态特征】落叶乔木，高达40m，树冠广卵形，叶扇形，顶端常2裂，有细长叶柄。花期4~5月；种子9~10月成熟；种子核果状，具长柄，椭圆形倒卵形或近球形，成熟时淡黄或橙黄色，外种皮肉质，被白粉，中种皮骨质，白色，具2~3纵脊，内种皮膜质，淡红褐色，子叶2。

【观赏期】观叶为主，秋季。

【类型及品种】主要变种、变型、品种有：

1）塔状银杏 f. *fastigiata* Rehd.，树冠呈尖塔形。

2）斑叶银杏 f. *variegata* Carr.，叶片具黄斑。

3）裂叶银杏 cv. *lacinata*，叶片大、缺刻深。

4）黄叶银杏 f. *aurea* Beiss.，叶片黄色。

5）叶籽银杏 var. *epiphylla* Mak.，种柄与叶柄合生，部分种子着生在叶上。

【生态习性】阳性树种，较耐寒，不耐湿热，不耐盐碱土或过湿土壤；生长缓慢，寿命极长，深根性。

【繁殖要点】播种、扦插、嫁接繁殖。

【园林用途】被称为植物界的“活化石”，树姿雄伟壮丽，叶形奇特，春夏碧绿，秋叶金黄，是著名的“秋色叶树种”，适宜作庭荫树、行道树、独赏树或疏林形成秋色景观。

2. 胡桃科 Juglandaceae

落叶乔木，稀常绿。具芳香树脂，树皮有臭味。叶互生，羽状复叶，无托叶。花单性，雌雄同株，偶有两性花。雄花序为柔荑花序下垂，雌花序单生或合生，组成柔荑花序或穗

状花序。子房下位，1室1胚珠，柱头2。核果、坚果或翅果。种子无胚乳。

共9属60余种，中国有8属24种2变种。

（1）胡桃（图7-40）

别名：核桃

学名：*Juglans regia* L.

产地及分布：原产新疆，栽培时间久，分布广。

【形态特征】落叶乔木，树冠广卵形至扁球；树皮灰白色，深纵裂，一回奇数羽状复叶，互生，全缘，小叶5~9个，先端小叶较大，长卵形，叶背脉腋处有毛；花单性，雌雄同株，雄花序为柔荑花序下垂，雌花序为穗状花序直立；坚果近球形，无毛，花期4月，果期9月。

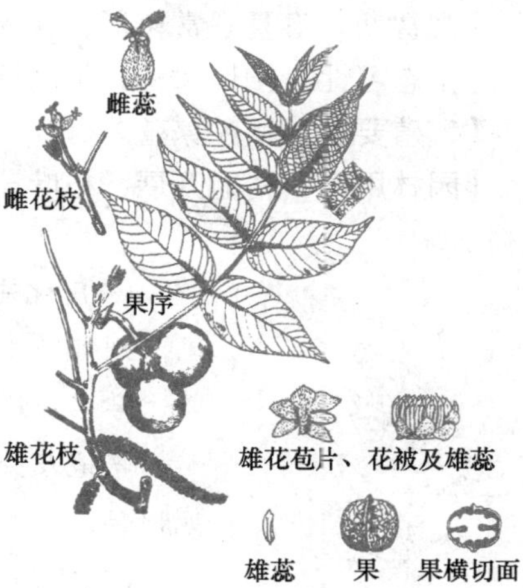

图7-40 胡桃
（引自祁承经，2005）

【观赏期】观叶为主，秋季。

【生态习性】阳性树种，喜温凉气候，耐干冷，不耐湿热，耐寒，生长快，寿命长。

【繁殖要点】播种、嫁接繁殖。

【园林用途】良好庭荫树，秋叶金黄，种仁含油量高，是优良的植物性食用油，可做风景林和经济林。

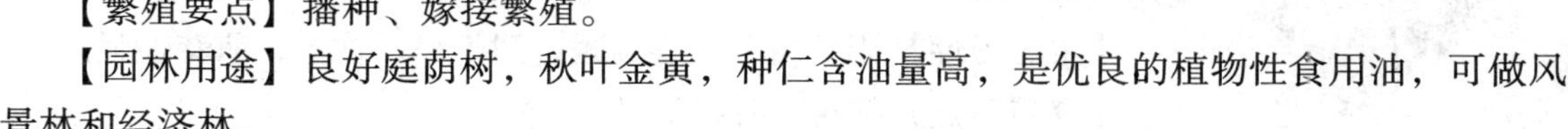

（2）胡桃楸

别名：楸子、核桃楸

学名：*Juglans mandshurica* Maxim.

产地及分布：东北山区300~800m地带，河北、河南、山西、山东、甘肃、新疆等地有栽培。

【形态特征】落叶乔木，树冠广卵形，树皮黑褐色，浅纵裂。小枝粗壮，有黄褐色腺毛和星状毛，具猴脸状叶痕，片状髓；一回奇数羽状复叶，小叶9~17，先端小叶较小，长卵形，互生，叶缘有细锯齿，表面有短柔毛；花单性，雄花序为柔荑花序下垂，雌花序为穗状花序；核果状坚果长椭圆形，密被腺毛，具8条纵棱和雕刻花纹；花期5月，果期9月。

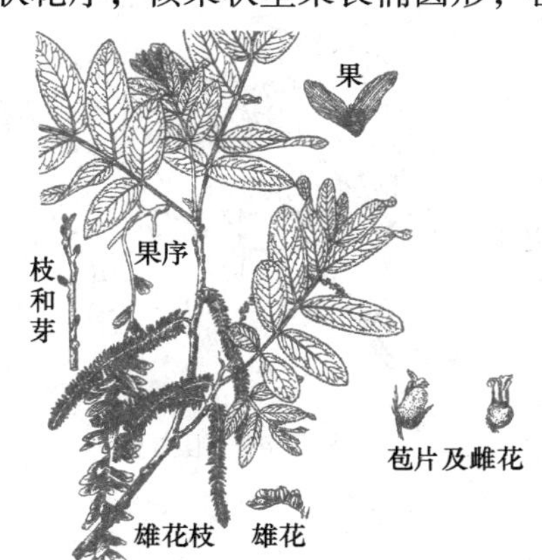

图7-41 枫杨
（引自祁承经，2005）

【观赏期】观叶为主，秋季。

【生态习性】阳性树种，耐寒性强，不耐干旱和贫瘠，深根性，抗风，根蘖力和萌芽力强。

【繁殖要点】播种、嫁接繁殖。

【园林用途】秋叶金黄，可作庭荫树。

（3）枫杨（图7-41）

别名：元宝树

学名：*Pterocarya stenoptera* C. DC.

产地及分布：产于山东、河南、陕西、山西、甘肃、辽宁、内蒙古、黑龙江、北京等地。

【形态特征】落叶乔木，树冠广卵形，小枝髓心片状，裸芽具柄，奇数羽状复叶，但先端小叶不发达，小叶 10～24，小叶矩圆形，有锯齿，叶轴具有叶质窄翅；花单性，雌雄同株；翅果状坚果，果翅条形，似元宝形；花期 4 月，果期 9 月。

【观赏期】春夏观赏树形，秋季观果。

【生态习性】阳性树种，不耐严寒，喜水湿，生长较快。

【繁殖要点】播种繁殖。

【园林用途】树冠开展，枝叶茂密，果形奇特，可作固堤护岸和防风树种，庭荫树、行道树。

图 7-42　化香
（引自吴玉华，2008）

（4）化香（图 7-42）

别名：山麻柳

学名：Pterocarya strobilacea Sieb. et. Zucc.

产地及分布：主要分布于长江流域及西南各省区，是低山丘陵常见树种。日本、朝鲜亦有分布。

【形态特征】落叶乔木。小叶 7～19，卵状长披针形，叶缘重锯齿，基部歪斜；椭圆形果序，球果状，小坚果具翅；花期 5～6 月，果期 10 月。

【生态习性】阳性树种，喜温暖，耐干旱、贫瘠，萌芽性强。

【繁殖要点】播种、扦插繁殖。

【园林用途】荒山绿化先锋树种、庭荫树。

3. 杨柳科 Salicaceae

落叶乔木或灌木；单叶互生，稀对生，有锯齿或裂片，托叶早落；花单性，雌雄异株，柔荑花序，花先叶开放，无花被，有腺体或花盘，雄蕊 2 至多数，雌蕊由 2 心皮合成，子房 1 室；蒴果，种子细长，基部有白色丝状长毛，无胚乳。

共 3 属 620 余种，中国产 3 属约 226 种，分布全国。

（1）银白杨（图 7-43）

学名：*Populus alba* L.

产地及分布：西北、华北、东北大部都有分布。欧洲、北非等地也有分布。

【形态特征】落叶乔木；树冠卵圆形，树皮灰白色，光滑，老时深纵裂，有顶芽；枝髓心五角形，枝条具长短枝；单叶互生，掌状 3～5 浅裂，叶缘由粗锯齿和缺刻，叶基部近心形，老叶背面和叶柄密被白色绒毛；花单性，雌雄异株；蒴果长圆锥形，无毛；花期 4～5 月，果期 5～6 月。

图 7-43　银白杨
（引自吴玉华，2008）

【观赏期】春夏观叶，周年观赏树皮。

【生态习性】阳性树种，抗寒性强，耐干旱，不耐湿热。

【繁殖要点】播种、分蘖、扦插繁殖。

【园林用途】叶背银白色，树皮灰白，具有观赏性，是防风固沙和造林先锋树种，也可作庭荫树、行道树。

（2）新疆杨

学名：*Populus alba* Linn. var. *pyramdalis* Bunge.

产地及分布：主要分布在新疆地区。北方各地亦有栽培。

【形态特征】落叶乔木；树冠圆柱形，树皮灰绿色，老时灰白色，光滑；具长短枝，单叶互生，叶缘具粗锯齿，叶背幼时被白色绒毛，后脱落。

【生态习性】阳性树种，耐干旱，耐盐碱，较耐寒，生长快，深根性，抗性强。

【繁殖要点】扦插、压条、嫁接繁殖。

【园林用途】优良的风景树种，行道树和“四旁”绿化树种。

（3）加拿大杨（图 7-44）

学名：*Populusx canadensis* Moench.

产地及分布：我国各地均有栽培，而以华北、东北及长江流域最多；现广植于欧、亚、美各洲。

【形态特征】落叶乔木；树冠阔卵形，树皮灰褐色，粗糙；小枝在叶柄下有 3 条棱脊；叶近正三角形，先端渐尖，基部截形，叶缘有锯齿，两面无毛；雄花序无毛，雌花柱头 4 裂；蒴果卵圆形；花期 4 月，果期 5 月。

【生态习性】阳性树种，耐寒，喜冲积土；抗二氧化硫；生长快、萌芽力和分蘖力强，寿命较短。

【繁殖要点】扦插繁殖。

【园林用途】树体雄伟，树体高大，树冠宽阔，叶片大荫浓，适合作行道树、庭荫树、防护林及“四旁”绿化和工矿绿化的好树种。

图 7-44 加拿大杨

（引自吴玉华，2008）

（4）毛白杨（图 7-45）

学名：*Populus tomentosa* Carr.

产地及分布：中国特有树种。产于黄河中下游地区。东北和西北地区皆有栽培。

【形态特征】落叶乔木，高可达 30m；树干通直，树皮灰绿色至灰白色，光滑无毛，老时纵裂，具菱形皮孔。枝具长短枝之分。1 年生小枝、芽鳞均有灰白色绒毛。单叶互生。叶表面绿色有光泽，背面密被白色绒毛，叶缘波状，具缺裂，先端渐尖，基部截形或心形，叶柄扁平。花单性，无花被，具花盘，雌雄异株。蒴果绿色，2 裂，种子具长白色纤毛。花期 3 ~ 4 月，果期 5 ~ 6 月。

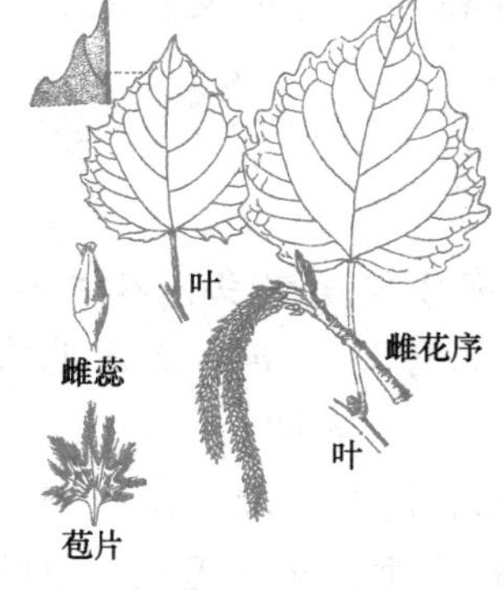

图 7-45 毛白杨

（引自祁承经，2005）

【观赏期】春夏观叶，周年观赏树皮。

【生态习性】阳性树种，喜温暖湿润的气候，较耐寒，可耐 -25℃的低温；适合生长于土层深厚、肥沃、排水良好的砂质壤土中。萌芽能力强，寿命长，抗污染能力强。

【繁殖要点】扦插和嫁接繁殖。

【园林用途】树干端直，树皮美丽，树冠开阔，树荫浓密，叶背洁白，适合于作行道树、庭荫树。为杨属树种中四旁绿化的最佳树种。

(5) 旱柳

别名：柳树、立柳

学名：*Salix matsudana* Koidz.

产地及分布：广泛分布于东北、华北、西北及长江流域各省地区均有，黄河流域是主要分布中心。

【形态特征】落叶乔木，高达20m。树冠广卵形。枝条直立或斜展。老树树皮灰黑色，深纵裂。小枝淡黄绿色，无毛，无顶芽。单叶互生，叶披针形，叶缘具细腺齿，托叶早落。花单性，无花被，具腺体，雌雄异株，腋生葇荑花序，短圆柱形。蒴果2裂。种子小，褐色，被丝状白色细毛。花期4~5月，果期5~6月。

【观赏期】春夏秋观赏树形。

【类型及品种】本种园林中常见栽培的品种有：

1）馒头柳 cv. *Umbraculifera*，分枝密，端梢齐整，树冠形半圆形，状如馒头。北京园林中常见栽培，其观赏效果较原种好。

2）绦柳 cv. *Pendula*，枝条细长下垂，华北园林中常见栽培，常被误认为是垂柳，枝比垂柳短，多呈黄色。叶无毛，叶柄长5~8mm，雌花有2腺体。

3）龙爪柳 cv. *Tortuosa*，枝条扭曲向上，似龙爪状，各地时见栽培观赏。生长势较弱，树体较小。易衰老，寿命短。

【生态习性】阳性树种，不耐庇荫，耐严寒，喜水湿，较耐干旱，喜生长于土层疏松、肥沃、湿润的沙质壤土中。

【繁殖要点】以扦插繁殖为主，播种亦可。

【园林用途】可用作行道树和庭荫树，也可作四旁绿化树种和河岸防护及沙地防护树种。

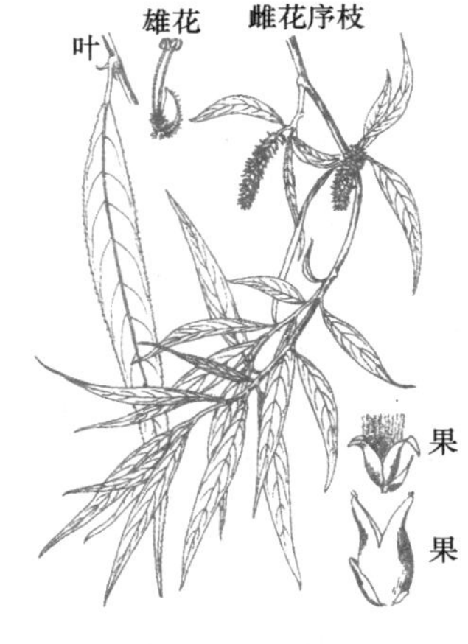

图7-46 垂柳

(引自祁承经，2005)

(6) 垂柳（图7-46）

学名：*Salix babylonica* L.

产地及分布：广布树种。主要分布于江南水乡，以江苏、浙江、湖南、湖北、江西、四川、广东等地。华北地区也有栽培。

【形态特征】落叶乔木，高达18m。树冠开展。树皮灰黑色，不规则开裂。枝无顶芽，小枝细长下垂，光滑无毛。单叶互生，叶窄披针形，长9~16cm，先端长渐尖，基部楔形有时偏斜，叶缘具细腺齿，两面无毛。叶近无柄，被白色短柔毛。花单性，无花被，具腺体，雌雄异株，花与叶同时开放。葇荑花序均生于短枝的枝顶，直出或斜展。蒴果2裂。种子具长绒毛。花期3~4月，果期4~5月。

【观赏期】春夏秋观赏树形。

【类型及品种】常见栽培品种有金枝柳 cv. *Jinzhiliu.*，枝条金黄，极具美感。

【生态习性】湿生阳性树种，阳性树种，极耐水湿，不怕水淹，短期被水淹没不会死

亡，若长期处于积水中，则基部易生出不定根。生长速度较快，寿命较短，30年左右即出现衰老现象。耐寒性也较旱柳弱。

【繁殖要点】播种繁殖和扦插繁殖。一般以扦插繁殖为主。采种后需及时播种。

【园林用途】树冠开展，垂柳枝条细长，柔软下垂，随风轻拂，妩媚多姿，是水旁绿化的优良树种，柔条依依拂水，别有风致，亦可用作行道树、庭荫树、固岸护堤树。此外，垂柳发芽早，落叶晚，对有毒气体抗性较强，并能吸收二氧化硫，故也适用于工厂区绿化。自古以来，人们对柳就非常钟爱。从古代典籍《诗经》中的"昔我往矣，杨柳依依"起，到"沿岸嫩柳临水，随风招展"的西湖垂柳、"碧玉妆成一树高，万条垂下绿丝绦"、"春来无处不春风，偏在湖桥柳色中"、"系春情短柳丝长，隔花人远天涯近"，多少文人墨客吟咏柳之媚色；更有以柳为名的风清雅士，即"宅边有五柳树，因以为号焉"的陶渊明，"柳州柳刺史，种柳柳江边"的柳宗元；"长堤春柳"是扬州二十四景之一，堤边一株杨柳一棵桃，相间得宜，春季桃红柳绿，更有杨柳依依，桃花妖娆，是人们赏春的好地方。

（7）银芽柳

别名：棉花柳、银柳

学名：*Salix leucopithecia* Kimura.

产地及分布：原产于日本；中国上海、南京、杭州等地有栽培。

【形态特征】落叶灌木，枝丛生，高约2~3m。分枝稀疏。枝条绿褐色，具红晕，幼时具绢毛，次年脱落。叶互生，长椭圆形，叶缘具细齿，表面褶皱，深绿色，背面密被灰白色柔毛。雌雄异株，葇荑花序，雄花序为圆柱形，花芽肥大，每个花芽有一个紫红色的苞片，先叶开放，苞片脱落后，即露出银白色的花芽，形似毛笔。花期12~2月。

【观赏期】观芽植物，冬季。

【生态习性】阳性树种，较耐寒，耐涝，不耐干旱。喜湿润而肥沃土地，在水边生长良好。

【繁殖要点】扦插繁殖。

【园林用途】银芽柳花芽银白，萌发成花序时十分美观，是独特的观芽植物。瓶插时间耐久，可供春节前后瓶插观赏。也可与水仙、一品红、山茶花等搭配成束，朴素豪放，极富东方魅力。因其耐湿，也可在园林中配植于池畔、河岸、湖滨和堤防绿化；冬季可剪取枝条观赏。

4. 桦木科 Betulaceae

落叶灌木或乔木，常具树脂腺。冬芽无柄或具柄，芽鳞3~6。单叶互生，羽毛状，叶缘有锯齿或全缘。花单性，雌雄同株；雄花序为葇荑花序；雌花小，无花被或退化小形。果序球果状、穗状或头状，果苞革质或木质，顶端3裂或5裂；雄花有花被，雌花无花被，小坚果两侧具翅。

2属，约130种，主产于北半球温带及较冷地区。中国2属，约40种。

（1）白桦（图7-47）

学名：*Betula platyphylla* Suk

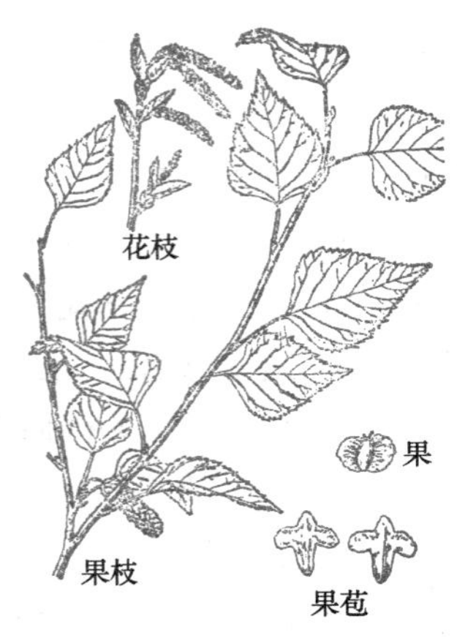

图 7-47　白桦

（引自陈有民，1988）

产地及分布：产东北林区和华北高山。俄罗斯、蒙古、朝鲜、日本等地也有分布。

【形态特征】落叶乔木，高度可达 26m，幼时树皮黄褐色，成年树皮白色，纸片状剥落。单叶互生，三角状卵形或菱状卵形，先端渐尖，基部平截，叶缘有重锯齿，整齐羽状脉 5 ~ 8 对。花单性，雌雄同株。果序单生，圆柱状，下垂；果苞叶质，坚果具膜质宽翅。花期 4 月，果期 9 月。

【观赏期】秋季观叶，周年观赏树皮。

【生态习性】阳性树种，对气候和土壤的适应性较强，耐严寒，耐瘠薄和水湿。生长速度快，寿命较短。

【繁殖要点】播种繁殖。

【园林用途】树干通直，枝条扶疏，柔软下垂，随风吹动，飘逸多姿，树皮光滑洁白，皮孔酷似眼睛，秋叶变黄，十分引人注目，形成独特的景观。可列植、群植于庭院中或作风景林树种。

（2）桤木（图 7-48）

学名：*Alnus cremastogyne* Burk.

产地及分布：分布于四川大部、贵州、云南北部和陕西南部等地。多生于河谷山坡及平原水边。

图 7-48　桤木

（引自陈有民，1988）

【形态特征】落叶乔木，高达 35m，树皮灰色，幼时光滑，老则块状开裂。芽具柄。小枝较细，褐色，无腺点，幼时被灰白色毛，后渐脱落。叶倒卵形至倒卵状披针形，叶缘有细钝锯齿状，叶背密被腺点。雌、雄花序均单生。果序下垂，果梗长 2 ~ 8cm；果翅膜质，宽为果之 1/2。花期 3 月；果熟期 8 ~ 10 月。

【生态习性】阳性树种，喜温湿气候，耐水湿。对土壤的适应性较强，有一定的耐旱和耐瘠薄能力，但以深厚、肥沃、湿润的土壤上生长最佳。根系发达，生长迅速。

【繁殖要点】播种繁殖。

【园林用途】适于作庭荫树、混交片植林、风景林或防护林，在公路、公园、庭园、低湿地或河滩绿化等地种植。

5. 壳斗科 Fagaceae

常绿或落叶乔木，稀灌木。单叶互生，全缘，叶脉羽状；托叶早落。花单性同株；无花瓣，萼 4 ~ 6 深裂；雄花多为葇荑花序，下垂，稀头状花序，雄蕊常与萼片同数或为其倍数；雌花单生或 2 ~ 3（5）生于总苞内，总苞单生或呈穗状，子房下位，3 ~ 7 室，每室胚珠 1 ~ 2，仅 1 胚珠发育成种子。坚果 1 ~ 3，稀 5，生于总苞内，成熟总苞木质化，并形成盘状、杯状或球状之“壳斗”，外有刺或鳞片。每壳斗具 1 ~ 3 坚果，种子无胚乳，子叶 2 枚，肥大，平凸，不出土。

8 属，约 900 种，中国产 7 属，约 300 余种。

（1）板栗（图 7-49）

别名：栗

学名：*Castanea mollissima* Bl.（C. bungeana Bl.）

产地及分布：中国特产树种，现北自吉林以南，南至两广，西达甘肃、四川、云南等省区均有栽培。

图 7-49　板栗

（引自陈有民，1988）

【形态特征】落叶乔木，高达 20m，胸径达 1m；树冠扁球形。树皮深灰色，不规则深纵裂，1 年生小枝有灰色绒毛；无顶芽。叶长椭圆形至长椭圆状披针形，叶缘锯齿具芒状尖头，叶背面常有灰白色柔毛。雄花序直立；雌花常生于雄花序下部；总苞球形，直径 6～8cm，密被长针刺，内含 1～3 坚果。花期5～6 月；果熟期 9～10 月。

【生态习性】阳性树种；北方品种较能耐寒（绝对最低气温 −30℃）、耐旱；南方品种则喜温暖而不怕炎热，但耐寒、耐旱性较差。对土壤要求不严格，以土层深厚湿润，排水良好、含有机质多的沙壤或沙质土为最好。深根性树种，根系发达，根萌蘖力强，寿命长。对有毒气体 SO_2、Cl_2 有较强抵抗力。

【繁殖要点】播种、嫁接繁殖。

【园林用途】树冠圆广，枝茂叶大，适于在公园草坪及坡地孤植或群植均适宜；亦可用作山区绿化造林和水土保持树种。目前主要作干果生产栽培。

（2）栓皮栎（图 7-50）

学名：*Quercus variabilis* Bl.

产地及分布：分布广，北自辽宁、河北至西南、华南均有分布；朝鲜、日本亦有分布。

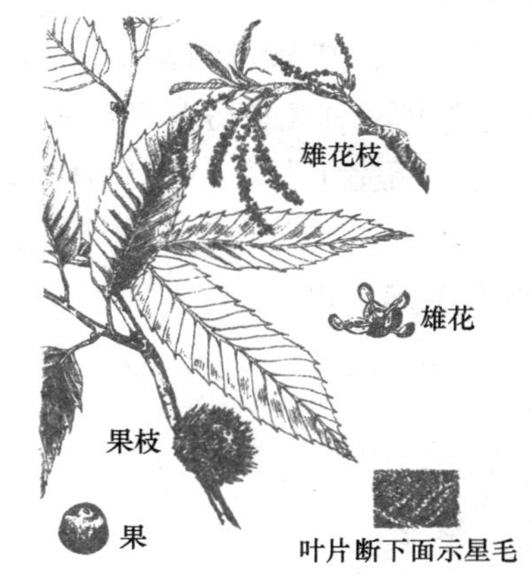

图 7-50　栓皮栎

（引自祁承经，2005）

【形态特征】落叶乔木，高达 30m，树冠广卵形，树皮暗褐色，深纵裂，木栓层很厚。小枝无毛；冬芽圆锥形。叶长椭圆形或卵状披针形，先端渐尖，基部圆形或楔形，缘有芒状锯齿，背面被灰白色星状毛，侧脉 12～16 对。雄花序生于当年生枝下部，雌花单生或双生于当年生枝叶腋。壳斗杯状，包坚果 2/3，小苞片钻形，反卷，有毛。坚果卵球形或椭球形。花期 3～4 月；果翌年 9～10 月成熟。

【观赏期】观叶植物，秋季叶为橙褐色。

【类型及品种】变种有：塔形栓皮栎 var. *pyramidalis* T. B. Chao et al.，树冠塔形，产于河南南召地区。

【生态习性】阳性树种，幼树以有侧方庇荫为好，喜湿润气候，耐寒，亦耐干旱、瘠薄，对土壤要求不严格，以深厚、肥沃湿润而排水良好壤土和砂质壤土最适宜，不耐积水。深根性，不耐移植；萌芽力强，寿命长。

【繁殖要点】播种法繁殖，分蘖法亦可。

【园林用途】栓皮栎树干通直，枝条广展，树冠雄伟，浓荫如盖，夏季绿叶亮泽，秋季叶色转为橙褐色，季相变化明显，是优良的园林绿化树种，可孤植、列植、丛植或与其他树种混植。木材坚韧耐磨，纹理直，耐水湿，结构略粗，是重要用材。

(3) 白栎

学名：*Quercus fabri* Hance.

产地及分布：广布于淮河以南、长江流域至华南、西南各省区，多生于山坡杂木林中。

【形态特征】落叶乔木，高达20m。小枝被灰色至灰褐色绒毛。叶倒卵形至椭圆状倒卵形，长7~15cm，宽3~8cm，先端钝或短渐尖，基部楔形至窄圆形，叶缘有波状粗钝齿，背面灰白色，密被星状毛，侧脉8~12对；叶柄短，仅3~5mm，被褐黄色绒毛。壳斗碗状，包坚果1/3~1/2，小苞片呈瘤状突起；坚果长椭球形，无毛。花期4~5月；果10月。

【观赏期】春夏秋观赏树形，秋季观叶。

【生态习性】阳性树种，喜温暖气候，耐干旱瘠薄，但在肥沃湿润处生长最好。萌芽力强。

【繁殖要点】播种繁殖。

【园林用途】树形优美，枝叶茂密，叶果形奇，极具情趣，夏叶深绿，秋叶紫红，季相变化明显。可植为庭荫树，适宜栽植在宽阔地带。

6. 榆科 Ulmaceae

乔木或灌木，小枝细，无顶芽。单叶互生，排成二列，有锯齿，基部两侧常不对称，羽状脉或3出脉，托叶早落。花小，两性或单性同株，单生或簇生短的聚伞房花序或总状花序，单被花，雄蕊4~8与花萼同数对生，子房上位，1~2室，每室1胚珠，柱头羽状2裂。翅果、坚果或核果。种子通常无胚乳。

约16属230种，主产热带或温带；我国8属约58种，遍布全国。

图7-51 榆树

（引自吴玉华，2008）

(1) 榆树（图7-51）

别名：白榆、家榆

学名：*Ulmus pumila* L.

产地及分布：产于华东、华北、东北、西北等地区，华北、淮北平原常见。

【形态特征】树高达25m。树冠圆球形。树皮纵裂。粗糙，暗灰色。小枝灰色，细长，排成二列。叶二列状互生，卵状长椭圆形，长2~6cm，先端尖，基部偏斜，缘具重锯齿。花簇生于去年生枝上，叶前开花。翅果近圆形，顶端有缺口，种子位于中央。花期3~4月；果期4~5月。

【类型及品种】园林常见栽培品种有：

1）垂枝榆 cv. Tenue，树干上部的主干不明显，分枝较多，树冠伞形，树皮灰白色，较光滑，一至三年生枝条下垂而不卷曲或扭曲。生长快，自然造型好，树冠丰满，花先叶开放。内蒙、河南、河北、北京和辽宁有栽培。

2）龙爪榆 cv. Pendula，与榆树的区别主要在于小枝卷曲或而下垂。河北、河南等地有栽培。

【生态习性】阳性树种，耐寒，适应干冷气候。对土壤要求不严，耐干旱瘠薄，耐轻度盐碱，不耐水湿。根系发达，抗风，萌芽力强，耐修剪，生长迅速，寿命长。对烟尘和有毒气体的抗性较强。

【繁殖要点】播种繁殖，也可分蘖繁殖。

【园林用途】树体高大，冠大荫浓，适应性强，是城镇在城乡绿化中宜作行道树、庭荫树、防护林及“四旁”绿化。也是营造防风林、水土保持林和盐碱地造林的主要树种之一，植于草坪、山坡地；常密植作树篱。老树残桩可制作树桩盆景。幼叶及幼果可食。

（2）榔榆（图 7-52）

别名：小叶榆

学名：*Ulmus parvifolia* jacq.

产地及分布：主产华北中部至华东、中南及西南地区，朝鲜、日本也有分布。

图 7-52　榔榆
（引自吴玉华，2008）

【形态特征】树皮薄鳞片状剥落。叶较小而质厚，卵状椭圆形至倒卵形，长 2～5m，缘具单锯齿，基歪斜。翅果长椭圆形，长约 1m。花期 8～9 月；果期 10～11 月。

【观赏期】春夏秋观赏树形，周年观赏树皮。

【生态习性】阳性树种，稍耐荫。喜温暖湿润气候，耐寒；喜肥沃湿润土壤，亦有一定耐干旱瘠薄能力。在酸性、中性、石灰性的坡地、平原、溪边均能生长。生长速度中等，寿命较长。深根性，萌芽力强，对烟尘及有毒气体的抗性较强。

【繁殖要点】播种繁殖。

【园林用途】树形优美，姿态潇洒，树皮斑驳鳞裂，枝叶细密，具有较高的观赏价值。在园林中孤植、丛植，或与亭、榭、山石配置都十分合适，也可栽作行道树、庭荫树或制作盆景，并适合作厂矿区绿化树种。

图 7-53　榉树
（引自吴玉华，2008）

（3）榉树（图 7-53）

别名：大叶榉

学名：*Zelkova schneideriana* Hand. -Mazz.

产地及分布：产淮河及秦岭以南，长江中下游至华南、西南各省区。

【形态特征】落叶乔木，高达 25m，树冠倒卵状伞形，胸径 1m，树皮深灰色，光滑。一年生枝有毛。叶卵状长椭圆形，先端渐尖，基部宽楔形，桃形锯齿排列整齐，内曲，表面粗糙，背面密生灰色柔毛，坚果小，歪斜且有皱纹。花期 3～4 月，果熟期 10～11 月。

【观赏树】秋季观叶。

【生态习性】阳性树种，略耐荫；喜温暖湿润气候，喜深厚、肥沃而湿润的土壤，忌积水，也不耐干旱瘠薄。耐烟尘，抗污染。深根性，抗风强，寿命长。

【繁殖要点】播种繁殖。

【园林用途】树姿雄伟，树冠开阔，枝细叶美，绿荫覆地；秋叶红艳，可作庭园秋季观叶树。列植入行道、公路旁作行道树，也可林植、群植作风景林。居民区、农村“四旁”绿化都可应用，也是长江中下游各地的造林树种。新绿娇嫩、萌芽力强是制作树桩盆景的好材料。

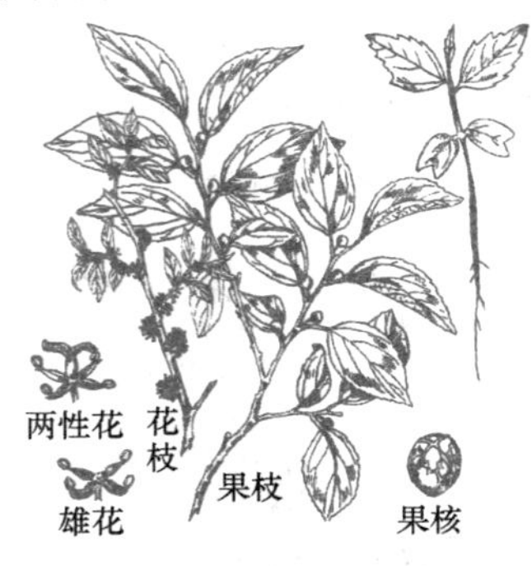

图 7-54　朴树
（引自祁承经，2005）

(4) 朴树（图 7-54）

学名：*Celtis sinensis* Pers.

产地及分布：分布陕西、河南以及华南、西南各省区，散生于平原及低山，村落附近常见；朝鲜、日本、中南半岛也有分布。

【形态特征】高达 20m，树冠扁球形，树皮灰色，平滑；幼枝有短柔毛，后脱落；叶卵状椭圆形，基部偏斜，中部以上有粗钝锯齿；表面凹下，背面明显隆起，沿叶脉及脉腋疏生毛。核果近球形单生或 2～3 并生叶腋，熟时橙红色。花期 4 月；果熟期 9～10 月。

【生态习性】阳性树种，稍耐荫。喜温暖湿润气候，喜生长于深厚、湿润和疏松的土壤，耐干旱瘠薄和轻度盐碱。适应性强，深根性，抗风、耐烟尘，抗污染，萌芽力强，生长较快，寿命长。

【繁殖要点】播种繁殖。

【园林用途】树冠圆满宽阔，树荫浓郁，适合公园、庭园作庭荫树，也可作行道树，是工矿工绿化、农村“四旁”绿化及防风固堤的好树种，作桩景的上等材料，根皮可入药。

(5) 小叶朴（图 7-55）

别名：黑弹树

学名：*Celtis Bungeana* BI.

产地及分布：我国东北南部、华北、长江流域及西南各地。

【形态特征】高达 15～20m，小枝通常无毛；叶长卵形，长4～8cm，先端渐尖，基部不对称，中部以上有浅钝齿或近全缘，两面无毛；果单生，熟时紫黑色，果柄为叶柄长 2 倍以上，果核表面平滑。

图 7-55　小叶朴
（引自吴玉华，2008）

【观赏期】春夏观赏树形。

【生态习性】阳性树种，也较耐荫，耐寒，耐旱，喜黏质土；深根性，萌蘖力强，生长慢，寿命长。

【繁殖要点】播种繁殖。

【园林用途】本种枝叶茂密，树形美观，树皮光滑，宜作庭荫树及城乡绿化树种，也是制作盆景的好材料。

（6）大叶朴（图7-56）

别名：朝鲜朴

学名：*Celtis Koraiensis* Nakai.

产地及分布：华北及辽宁等地，朝鲜、日本也有分布。

【形态特征】落叶乔木，高达12m，小枝褐色，通常无毛，叶卵圆形，较大，长8~15cm，先端圆形或截形，有尾状尖头；核果球形，径1~1.2cm，果柄较叶长或近等长，橙色。

图7-56 大叶朴
（引自吴玉华，2008）

【生态习性】阳性树种，耐寒，喜生向阳山坡及岩石间杂木林中。

【繁殖要点】播种繁殖。

【园林用途】树形高大，冠大荫浓，可孤植、丛植、列植作庭荫树和行道树，栽植于风景区、公园绿地和街道等地。

（7）青檀（图7-57）

图7-57 青檀
（引自吴玉华，2008）

别名：翼朴

学名：*Pteroceltis tatarinowii* Maxim.

产地及分布：中国特产，黄河流域及长江流域以南。

【形态特征】落叶乔木，高达20m，树皮灰色；长片状剥落；叶互生，卵形，3主脉直伸，侧脉不达齿端，基部全缘，基部以上有锐锯齿，背面脉腋有簇生毛；花单性同株；坚果两侧有薄木质翅；花期4月；果熟期8~9月。

【生态习性】阳性树种，稍耐荫；对土壤要求不严，耐干旱瘠薄，喜生于石灰岩山地，为石灰岩山地指示树种；根系发达，萌芽力强，寿命长。

【繁殖要点】播种繁殖。

【园林用途】树体高大，树冠开阔，宜作庭荫树、行道树；可孤植、丛植于溪边，是石灰岩山地绿化造林的先锋树种；木材坚硬，纹理直，结构细，可作建筑、家具等用材。树皮纤维优良，为著名的宣纸原料。为国家三级重点保护树种。

7. 桑科 Moraceae

常绿或落叶乔木、灌木或藤本，稀为草本，常有乳液。枝无顶芽，芽鳞3~6。单叶互生，稀对生，全缘或有锯齿，分裂或不分裂，叶脉掌状或羽状；托叶2枚，早落。花小，单性同株或异株；花序腋生，典型成对，常密集为头状花序、隐头花序或柔荑花序；单被花，通常4片，雄蕊与花被片同数且对生。子房1室，稀2室，上位、下位或半下位，每室有1悬垂胚珠，花柱2。果为瘦果或核果状，围以肉质变厚的花被，或藏于其内形成聚花果，或生于中空的肉质花序托内壁，形成隐花果。

约53属，1400种，主产北温带，我国有12属153种，各地均有分布。

（1）构树（图7-58）

学名：*Broussonetia papyrifera*（L.）L'Her. ex Vent.

产地及分布：分布很广，北自华北、西北，南到华南、西南各省均有，为各地低山、

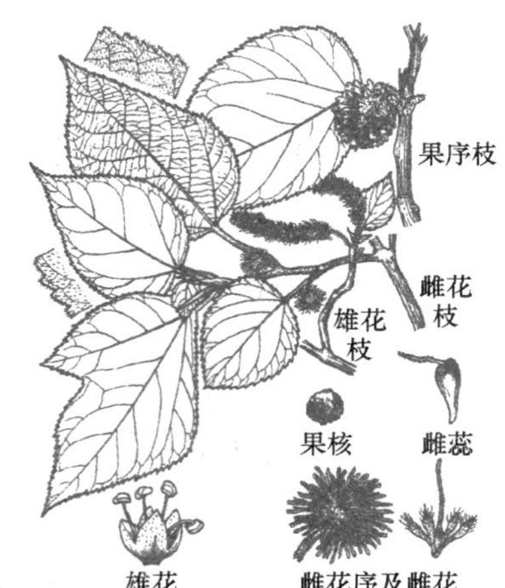

图 7-58　构树
（引自祁承经，2005）

平原习见树种；日本、越南、印度等国亦有分布。

【形态特征】落叶乔木，高达 10～20m，树体富含乳汁，枝条粗壮开展，树皮暗灰色，小枝密生柔毛。叶阔卵形，单叶互生，阔卵形或长卵形，边缘有粗齿，不分裂或常不规则 3～5 裂，两面均有较多的糙毛，三出脉。雌雄异株，雌花头状花序，雄花序为葇荑花序。聚花果肉质球形，橘红色。5 月开花，9 月果熟。

【生态习性】阳性树种，稍耐荫，对气候、土壤适应性极强，能耐北方的干冷和南方的湿热气候；耐干旱和瘠薄，亦耐湿，喜钙质土，也可在酸性、中性土上生长。生长快。

【繁殖要点】种子繁殖，或埋根、扦插、分蘖、压条等法繁殖。

【园林用途】构树外貌虽较粗野，但枝叶茂密且适应性强，特别是对烟尘及有毒气体抗性很强，是城乡绿化的重要树种，尤其适合用作工矿区及荒山坡地绿化，亦可选作庭荫树及防护林用。

（2）柘树（图 7-59）

学名：*Cudrania tricuspidata* Bureau ex Lavall.

产地及分布：主产我国华东、中南及西南各地，华北除内蒙古外都有分布。山野路边常见。

图 7-59　柘树
（引自陈有民，1988）

【形态特征】落叶小乔木，高 10m，常呈灌木状，有枝刺，幼树与成树的叶形有区别。树皮薄片状剥落。叶卵形或倒卵形，全缘，有时 3 裂。聚花果橘红色或橙黄色，球形皱缩，肉质。花期 5～6 月；果熟 9～10 月。

【观赏期】9～10 月观果。

【生态习性】阳性树种亦耐荫。耐寒，喜钙土树种，耐干旱瘠薄，多生于山脊的石缝中，适生性很强。生于较荫蔽湿润的地方，则叶形较大，质较嫩；生于干燥瘠薄之地，叶形较小，先端常 3 裂。根系发达，生长较慢。

【繁殖要点】播种或扦插繁殖。

【园林用途】柘树叶秀果丽，适应性强，可在公园的边角、背阴处、街头绿地作庭荫树或刺篱。是风景区绿化荒滩保持水土的首选乡土树种。

（3）无花果（图 7-60）

学名：*Ficus carica* Linn.

产地及分布：原产于欧洲地中海沿岸和中亚地区，我国长江流域和华北沿海地带栽植较多。

【形态特征】落叶小乔木或灌木，高达 6～12m，有乳汁，干皮灰褐色，平滑或不规则纵裂。小枝粗壮无毛，托叶包被幼芽，脱落后在枝上留有极为明显的环状托叶痕。单叶互生，厚膜质，宽卵形，3～5 掌状深裂，边缘波状或有粗齿，上面粗糙，下面有短毛。肉质花序托有短梗，单生于叶腋，隐花果梨形，熟时紫黄色或黑紫色；瘦果卵形，淡棕黄色。花期4～5月，果自6月中旬至10月均可成花结果。微有香气，味甜。

【观赏期】春夏观赏树形，6～10月观果。

【生态习性】阳性树种，喜温暖湿润的海洋性气候，耐寒性不强，不抗涝，较耐干旱，对土壤要求不严；根系发达，生长较快。

【繁殖要点】以扦插繁育为主，也可播种或压条繁育。

【园林用途】无花果枝繁叶茂，树态优雅，叶片宽大，果实奇特，夏秋果实累累，是优良的庭院绿化和经济树种，具有抗多种有毒气体的特性，耐烟尘，少病虫害，可用于厂矿绿化和家庭副业生产，北方常温室盆栽。

图7-60　无花果
（引自陈有民，1988）

(4) **黄葛树（图7-61）**

别名：黄葛榕、大叶榕

学名：*Ficus virens* Ait. var. *sublanceolata*（Miq.）Corner.

产地及分布：产于我国西南、华南，多生于山谷林、疏林或溪边。

【形态特征】落叶或半落叶乔木，高达15～25m，叶薄革质或坚纸质，长椭圆形或近披针形，长可达20cm，先端渐尖，基部圆形或近心形，全缘，侧脉7～10对，无毛，榕果无总梗成对腋生，近球形、径5～8mm，熟时黄色或红色，花果期4～8月。

图7-61　黄葛树
（引自张天麟，2010）

【观赏期】全年观赏树形。

【生态习性】阳性树种，喜温暖、高温湿润气候，耐旱而不耐寒，抗风，抗大气污染，对土质要求不严，生长迅速，萌发力强，易栽植。

【繁殖要点】播种或扦插繁殖。

【园林用途】树冠广卵形，枝叶开展，新叶展放后鲜红色的托叶纷纷落地，甚为美观。在川西宅旁、桥畔、路侧随处可见，是当地最常用的庭荫树、行道树之一，是重庆的市树。因果实密生枝干，成熟时鸟群集树上取食，故称雀榕。

(5) **桑树（图7-62）**

学名：*Morus alba* L.

产地及分布：原产我国中部，分布于南北各地，以长江流域及黄河中下游各地栽培最多，朝鲜、蒙古、日本、中亚细亚及欧洲也有分布。

【形态特征】落叶乔木或灌木，高达15m，树冠倒广卵形。树体富含乳汁，树皮黄褐色。单叶互生，叶卵形至广卵形，先端尖或钝，基部圆形或心形，稍偏斜，边缘有粗锯齿，幼树叶有时分裂；叶面无毛，有光泽，叶背沿脉被疏毛，脉腋有簇生毛。雌雄异株，葇荑花序，花柱极短或无，宿存；聚花果（桑

图7-62　桑树
（引自祁承经，2005）

椹）圆柱形，熟时紫黑色、红色或近白色。花期4月，果期5～6月。

【观赏期】5～6月观果，秋季观叶。

【类型及品种】园林中常见栽培品种有：

1）龙桑 cv. Tortuosa 枝条扭曲，状如龙游。

2）垂枝桑 cv. Pendula 枝条长下垂。

【生态习性】阳性树种，喜温暖湿润气候，耐寒，耐干旱瘠薄和水湿，在微酸性、中性、石灰质和轻盐碱（含盐0.2%以下）土壤上均能生长，以土层深厚、肥沃、湿润处生长最好。根系发达，萌蘖性强，耐修剪，易更新。对 H_2S、SO_2 等有毒气体抗性强。

【繁殖要点】播种、扦插、压条、分根、嫁接繁殖要点。

【园林用途】树冠宽阔，树叶茂密，夏季红果累累，秋季叶色变黄，颇为美观，且能抗烟尘及有毒气体，适于城市、工矿区及农村四旁绿化。适应性强，为良好的行道树、庭荫树、防护林及经济树种，此外，桑叶可养蚕。

（6）鸡桑（图7-63）

学名：*Morus australis* Poir.

产地及分布：主要产于我国华北、中南及西南。朝鲜、日本、印度、中印半岛及印度尼西亚也有分布。

图7-63　鸡桑

（引自吴玉华，2008）

【形态特征】落叶小乔木或灌木，高8m。叶卵形，先端急尖或渐尖，基部截形或心形，叶缘具粗锯齿，不裂或有时3～5裂，表面密被短毛，粗糙，背面沿脉疏被柔毛。雌雄异株，花柱明显，宿存。聚花果成熟时红色或暗紫色。花期3～4月，果期4～5月。

【观赏期】4～5月观果。

【生态习性】阳性树种，耐寒，耐干旱瘠薄，喜生于石灰质土壤。根系发达，萌蘖性强。

【繁殖要点】播种、扦插、压条繁殖要点。

【园林用途】树冠开展，枝叶茂密，果实红艳，可作绿化观赏树种，也是石灰岩山地绿化造林树种。

（7）蒙桑（图7-64）

学名：*Morus mongolica* Schneid.

产地及分布：产于我国东北、内蒙古、华北至华中及西南各省区。生于向阳山坡、及平原、丘陵、灌丛、疏林中。

图7-64　蒙桑

（引自吴玉华，2008）

【形态特征】落叶小乔木或灌木，高3～8m；树皮灰褐色老时不规则纵裂；小枝灰褐色至红褐色，光滑无毛，幼时有白粉；冬芽暗灰白色至灰褐色。叶卵形至椭圆状卵形，常3～5缺刻状裂，顶端渐尖或尾状渐尖，基部心形，边缘有粗锯齿，齿尖刺芒状，尖刺长约2mm，两面光绿色，无毛，或幼时在叶上面有细毛；雌雄异株，花柱明显。聚花果圆柱形，熟时红色或近紫黑色。花期3～4月，果期5～6月。

【观赏期】5~6月观果。

【生态习性】阳性树种，耐旱，耐寒，怕涝，抗风。

【繁殖要点】播种、扦插和压条繁殖。

【园林用途】适宜做庭荫树、防护林及经济树种。

8. 木兰科 Magnoliaceae

常绿或落叶，乔木或灌木。小枝上具托叶环痕。单叶互生，全缘，稀浅裂，羽状脉。花具芳香油，花大，单生、顶生或腋生；花被3片或9片，每轮3~4轮；雄蕊和雌蕊多数，螺旋状排列杂伸长的花序托上，雄蕊生于下部，雌蕊群在上部；聚合蓇葖果，稀聚合翅果。

约15属300余种，主要分布在亚洲和北美洲热带、亚热带或温带地区。我国有11属，165种，是木兰科种类最丰富的地区。主要分布于长江流域及以南地区。

(1) 鹅掌楸（图7-65）

别名：马褂木

学名：*Liriodendron chinense*（Hemsl）Sarg.

产地及分布：产于长江流域以南。

【形态特征】落叶乔木，高可达40m。叶常截形，两侧各具一凹裂，叶片似马褂状，叶背面有白粉状突起无毛，叶具长柄。花生于枝顶，黄绿色，花蕊浅黄色，聚合果翅果纺锤形，由小坚果组成。花期4~5月，果期9~10月。

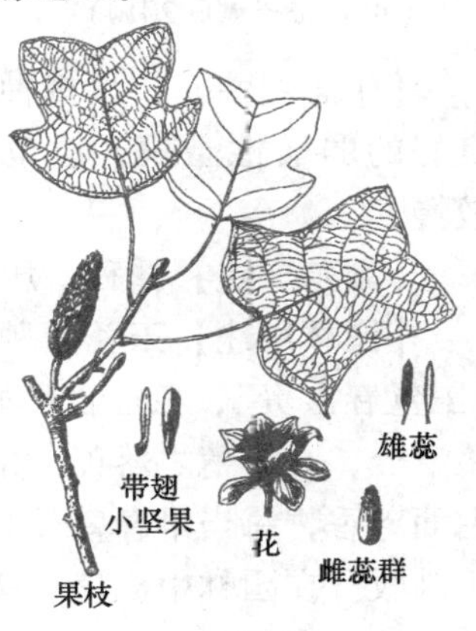

图7-65 鹅掌楸
（引自祁承经，2005）

【观赏期】春夏秋观叶，4~5月观花。

【生态习性】阳性树种，喜暖凉湿润气候，耐寒性不强；喜深厚肥沃、排水良好的土壤，忌低湿水涝。速生树种。对二氧化硫有中度抗性。

【繁殖要点】播种和嫁接繁殖要点

【园林用途】鹅掌楸为世界五大行道树种之一（与悬铃木、银杏、七叶树、椴树称为世界五大行道树种），树干挺拔，叶形奇特，花大色奇，秋季叶变为黄色，是优良的园林景观树种。可孤植、对植、列植、群植。可作庭荫树和行道树。

(2) 北美鹅掌楸（图7-66）

学名：*Liriodendron tulipifera* L.

产地及分布：原产北美，世界各国多植为园林树。我国的青岛、南京、杭州、上海、昆明等地均有栽培。

【形态特征】与鹅掌楸的区别是叶较宽短，侧裂较短浅，近基部有小裂片，叶端凹入，幼叶背有细毛，老叶背面无白粉，花大而似郁金香，花瓣浅黄绿色，在内方近基部有显著的佛焰状橙黄色斑。

图7-66 北美鹅掌楸
（引自吴玉华，2008）

【观赏期】春夏秋观叶，4~5月观花。

【生态习性】、【繁殖要点】、【园林用途】同鹅掌楸相似。

图7-67 玉兰
（引自张天麟，2010）

（3）玉兰（图7-67）

别名：白玉兰、望春花、木花树

学名：*Magnolia denudata* Desr.

产地及分布：主产于陕西秦岭南北坡，安徽、浙江、江西、湖南、广东、辽宁抚顺、大连、北京等地都有栽培。

【形态特征】落叶乔木，高15m，树冠卵形。干皮深灰色，老时粗糙。枝灰褐色。单叶互生，倒卵状椭圆形，表面光泽，全缘。叶柄短，被柔毛。花两性，单生于枝顶，花蕾密被绒毛，花大型，直径13～15cm，白色，芳香，花瓣与萼片相似，共9片，每3片1轮，果为蓇葖果，成熟时暗红色。花早春先叶开放，果期9～10月。

【观赏期】早春观花。

【生态习性】阳性树种，稍耐荫；喜温暖湿润气候，具一定耐寒性；喜肥沃湿润且排水良好的弱酸性土壤，但也能生长于碱性土（pH7～8）中。根肉质，忌水淹。生长速度较慢。

【繁殖要点】播种、压条或嫁接繁殖。

【园林用途】玉兰是驰名中外的著名的庭园树种，与海棠、迎春、牡丹、桂花并称为“玉堂春富贵”，象征吉祥如意，富贵满堂。伟大诗人屈原的《离骚》中就有“朝饮木兰之坠露兮，夕餐菊之落英”的佳句，以示其高洁的品格。其从树到花形俱美，花朵硕大，洁白而芳香，每当早春盛开时节，满树晶莹清丽，如冰似雪，远远望去，犹如雪山琼岛，美不胜收。在园林中孤植、从植，片植形成景观。

（4）紫玉兰（图7-68）

别名：木兰、木笔、辛夷

学名：*Magnolia liliflora*. D.

产地及分布：原产我国中部，现除严寒地区外均有栽培。

图7-68 紫玉兰
（引自祁承经，2005）

【形态特征】落叶大灌木或小乔木，高3～5m。树皮及老枝灰白色，小枝紫褐色，具白色皮孔。芽大如笔头，外被黄色绢毛。叶椭圆形，先端渐尖，叶背沿叶脉有毛。花外面紫色、里面白色或粉红色。聚合果，长圆形。种子外被红色假种皮。早春先叶开花，果期10～11月。

【观赏期】早春观花。

【类型及品质】同属种类：二乔木兰 *Magnolia soulangeana* Soul. -Bod.，落叶小乔木或灌木，高达8m。叶倒卵状椭圆形。花大，有芳香气味，呈钟状，花被6～9枚，外表面淡紫色，内表面白色，外轮3片仅达内轮的1/2，或有时小形而绿色。花先叶开放，花期与玉兰相同。二乔玉兰都比玉兰和木兰更为耐旱、耐寒，移植难。

【生态习性】阳性树种，喜温暖、湿润的气候条件，喜肥沃、排水良好的土壤，不耐盐

碱土、黏土和过干的土壤，较耐寒，肉质根忌积水，不耐修剪。

【繁殖要点】分株、压条繁殖。

【园林用途】花形优雅，亭亭玉立，花大色紫，味香色美，花蕾形大如笔头，故有“木笔”之称。栽培历史悠久，为我国人民所喜爱地传统花木。宜配植于建筑前庭、园路两侧；可与其他木兰类树种配植成专类园。

9. 樟科 Lauraceae

乔木或灌木，植物体具油细胞，有香气。单叶互生，稀对生或轮生；全缘，稀有缺裂；三出脉、离基三出脉或羽状脉，无托叶。花小，整齐，两性或单性，圆锥花序、伞形花序或总状花序；花被片6，2轮；雄蕊3~4轮，每轮3或2枚，第3轮雄蕊花丝基部有2枚腺体，两性花最内轮为退化雄蕊；花药2~4室，舌瓣开裂。单雌蕊，子房上位，1室1胚珠。核果或浆果；种子无胚乳。或4枚。

约45属2000多种，广布于热带和亚热带地区，主产于东南亚和巴西；我国20属，437种，主要分布于长江流域以南地区。多为我国南方常绿阔叶林的建群树种。

（1）檫木（图7-69）

学名：*Sassafras tzumu*（Hemsl.）Hemsl.

产地及分布：分布于长江以南多数省区，南至南岭，西至四川、贵州、云南。垂直分布在东部多为海拔200~1600m，西部多为1000~1800m。

图7-69 檫木

（引自陈有民，1988）

【形态特征】落叶乔木，树皮黄色，后变灰色，有纵裂。小枝绿色无毛；单叶互生，卵形或倒卵形，全缘或1~3浅裂，羽状脉，近基部第二对侧脉特别粗长；短圆锥花序顶生，花黄色，先于叶开放，花期3月；核果近球形，蓝黑色，被白粉，果托、果柄红色，8月果熟。

【观赏期】春季观花，秋季观叶。

【生态习性】阳性树种，喜温暖湿润气候及深厚、肥沃、排水良好的酸性土壤，不耐旱，忌水湿，深根性，生长快。

【繁殖要点】播种或分根蘖繁殖。

【园林用途】春开黄花，且先于叶开放，叶形奇特，秋季变红，花、叶均具有较高的观赏价值，可用于庭园、公园栽植或用作行道树，也可用于山区造林绿化。

10. 悬铃木科 Platanaceae

落叶乔木，树干皮呈片状剥落。单叶互生，掌状分裂，叶柄下芽，芽鳞1；有托叶，早落。花单性，雌雄同株，花密集成球形头状花序，下垂；萼片3~8，花瓣与萼片同数；雄花有3~8雄蕊，花丝近于无；雌花有3~8分离心皮，花柱伸长，子房上位，1室，有1~2胚珠。聚合果呈球形，小坚果有棱角，基部有褐色长毛，内有种子1粒。

1属，约11种，产北美洲至墨西哥、欧洲东南部；亚洲西南至印度；中国引入栽培3种。

图 7-70　二球悬铃木
（引自祁承经，2005）

(1) 二球悬铃木（图 7-70）

别名：英桐

学名：*Platanus acerifolia*（Ait.）Willd.

产地及分布：世界各国多有栽培，我国北部和中部有栽培。

【形态特征】高达 35m，枝条开展，干皮呈片状剥落，幼枝密生褐色绒毛；叶片广卵形至三角状广卵形，宽 12～25cm，3～5 裂，裂片三角形、卵形或宽三角形，叶裂深度约达全叶的 1/3，叶柄长 3～10cm。球果通常为 2 球 1 串，偶尔有单球或 3 球 1 串，果径约 2.5cm，有由宿存花柱形成的刺毛。花期 4～5 月；果 9～10 月成熟。本种是法桐和美桐的杂种。

【类型及品种】本种主要栽培种有：

1）‘银斑’英桐 cv. Argengto Variegata，叶有白斑。

2）‘金斑’英桐 cv. Kelseyana，叶有黄色斑。

3）‘塔型’英桐 cv. Pyramidalis，树冠呈狭圆锥形，叶通常 3 裂，长度常大于宽度，叶基圆形。

同属园林常见种类有：

1）一球悬铃木（美桐）*Platanus occidentalis* L.，大乔木；树冠圆形或卵圆形。叶 3～5 浅裂，宽度大于长度，裂片呈广三角形。球果多数单生，偶尔有 2 球一串，宿存的花柱短，球面较滑；小坚果之间无突伸毛；原产北美东南部，中国有少量栽培，耐寒力比法桐稍差。

2）三球悬铃木（法桐）*Platanus orientalis* L.，大乔木，树冠阔钟形；干皮灰褐绿色至灰白色，呈薄片状剥落。幼枝、幼叶密生褐色星状毛。叶掌状 5～7 裂，深裂达中部，裂片长大于宽。花序头状，黄绿色。多数坚果聚合呈球形，3～6 球成一串，宿存花柱长，呈刺毛状，果柄长而下垂。花期 4～5 月；果 9～10 月成熟。原产欧洲；印度、小亚细亦有分布；中国有栽培；略耐寒。

【生态习性】阳性树树；喜温暖气候，具有一定抗寒力；对土壤的适应能力极强，能耐干旱、瘠薄，潮湿的沼泽地等均能生长，对不良环境因子抗性最强的一种；抗烟性强，对 SO_2 及 Cl_2 等有毒气体有较强的抗性。萌芽性强，耐重剪；生长迅速，寿命长。

【繁殖要点】播种及扦插繁殖。

【园林用途】树形雄伟端正，叶大荫浓，树冠广阔，干皮光洁，是世界著名的行道树，尤其是在城乡绿化中作为行道树被广泛应用，有“行道树之王”的美称，世界五大行道树树种之一。

11. 金缕梅科 Hamamelidaceae

乔木或灌木，常具星状毛。单叶互生，全缘，稀有齿，羽状脉；托叶早落。花单性或杂性同株，头状花序，也有穗状花序。萼片、花瓣、雄蕊通常均为 4～5，有时无花瓣，雌蕊由 2 心皮合成，子房通常下位或半下位，2 室，花柱 2，分离，中轴胎座，蒴果木质，2（4）裂。

约 27 属，140 种，主产东亚之亚热带；中国产 17 属，约 76 种。

(1) 枫香(图7-71)

别名:枫树

学名:*Liquidamba formosana* Hance.

产地及分布:产中国长江流域及以南地区,西至四川、贵州、南至广东,东到台湾;日本也有分布。垂直分布一般在海拔1000~1500m以下的丘陵及平原。

图7-71 枫香

(引自张天麟,2010)

【形态特征】落叶乔木;树冠广卵形或略扁平。树皮灰色,浅纵裂,老时不规则深裂。叶常为掌状3裂(萌芽枝的叶常为5~7裂),长6~12cm,基部心形或截形,裂片先端尖,缘有锯齿;幼叶有毛,后渐脱落。果序较大,径3~4cm,宿存花柱长达1.5cm,有刺状萼片宿存。

【观赏期】3~4月观赏花朵,10月观赏果实。秋后观赏变成红色的叶片。

【生态习性】阳性树种,幼树稍耐荫;喜温暖湿润气候及深厚湿润土壤,也能耐干旱瘠薄,较不耐水湿。深根性,萌蘖性强,幼年生长慢,入壮年后生长转快。SO_2、Cl_2 等有较强抗性,抗风力强。

【繁殖要点】播种繁殖,也可以扦插。

【园林用途】"霜叶红于二月花",枫香树冠宽阔,气势雄伟,深秋叶色红艳,美丽壮观,古往今来都是著名的秋色叶树种;"江枫渔火对愁眠"、"停车坐爱枫林晚"、"数树丹枫映苍松"等古代诗句皆描绘了以枫香为主要观赏对象的秋色美景。适宜低山、丘陵地区营造风景林,也可以作庭院荫树,或于草地孤植、丛植,或于山坡与其他树木混植。倘与常绿树丛配合种植,秋季红绿相衬,会显得格外美丽。枫香具有较强的耐火性和对有毒气体的抗性,可用于厂矿区绿化。

12. 蔷薇科 Rosaceae

乔木,灌木、藤本或草本,常有枝刺或皮刺。单叶或复叶,互生,稀对生,有托叶,稀无托叶。叶缘有锯齿稀全缘。花两性稀单性,通常辐射对称,单生或合生,胚珠1至数个,子房上位或下位。核果、梨果、瘦果、蓇葖果、蒴果。

本科有四个亚科124属,3300种,我国有51属,1056种。

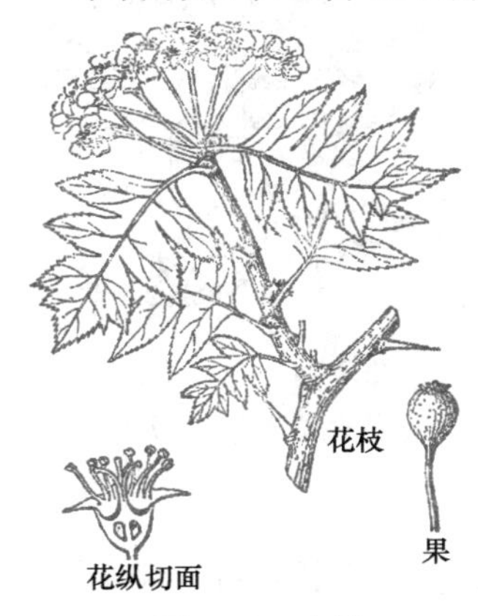

图7-72 山楂

(引自陈有民,1988)

(1) 山楂(图7-72)

别名:山里红

学名:*Crataegus pinnatifida* Bunge

产地及分布:北京、河北、山西、内蒙古、东北地区、江苏、山东、陕西等地。

【形态特征】叶三角形卵形或菱状卵形,羽状分裂,裂片有不规则尖锯齿;复伞房花序,有毛;花白色;梨果扁球形,红色;花期5~6月,果期8~11月。

【观赏期】5~6月观花,8~11月观果。

【生态习性】阳性树种,耐寒、耐旱、耐贫瘠。

【繁殖要点】播种繁殖。

【园林用途】春季观花，秋季观果，可作行道树。是重要的经济树种。

图 7-73　海棠花
（引自吴玉华，2008）

（2）海棠花（图 7-73）

别名：海棠

学名：*Malus spectabilis* Borkh.

分布及产地：原产中国，是久经栽培的著名观赏树种，华北、华东尤为常见。

【形态特征】小乔木，树形峭立，枝条直立，高可达 8m。小枝红褐色，幼时疏生柔毛，叶椭圆形至长椭圆形，长 5 ~ 8cm，先端短锐尖，基部广楔形至圆形，缘具紧贴细锯齿，背面幼时有柔毛。花蕾色红艳，开放后呈淡粉红色，径 4 ~ 5cm，单瓣或重瓣；萼片较萼筒短或等长，三角状卵形，宿存；花梗长 2 ~ 3cm。果近球形，黄色，径约 2cm，基部不凹陷，果味苦。花期 4 ~ 5 月；果熟期 9 月。

【观赏期】4 ~ 5 月观花，9 月观果。

【类型及品种】常见在栽培品种有：

1）重瓣粉海棠 cv. Riversii，叶较宽大，花重瓣、较大、粉红色。为北京庭园常见的观赏树种。

2）重瓣粉海棠 cv. Albi-plena，花白色，重瓣。

【生态习性】阳性树种，不耐荫。耐寒，对土壤要求不严，耐旱，亦耐盐碱，不耐湿，萌蘖性强。

【繁殖要点】播种、分株、嫁接繁殖。

【园林用途】花枝繁茂，美丽动人，是著名观赏花木。宜配置在门庭入口两旁，亭台、院落角隅，堂前、栏外和窗边。在观花树丛中作主体树种，下配灌木类海棠，后衬常绿之乔木，妩媚动人；亦可植于草坪边缘、水边池畔、园路两侧，可作盆景或切花材料。

（3）西府海棠（图 7-74）

别名：小果海棠

学名：*Malus micromalus* Mak.

产地及分布：原产我国中部，各地均有栽培。

【形态特征】小乔木，高达 5m，树枝直立性强；小枝紫褐色或暗褐色，幼时有短柔毛。叶长椭圆形，长 5 ~ 10cm，先端渐尖，基部广楔形，边缘具锐锯齿，背面幼时有毛，叶质硬实，表面有光泽；叶柄细长，2 ~ 3cm。花淡红色，径约 4cm，花柱 5，4 ~ 7 朵构成伞形总状花序；花梗及花萼均具有柔毛，萼片短，有时脱落。果红色，果径 1.5 ~ 2cm。花期 4 ~ 5 月；果熟期 9 ~ 10 月。

图 7-74　西府海棠
（引自吴玉华，2008）

【观赏期】4 ~ 5 月观花，9 ~ 10 月观果。

【生态习性】阳性树种，较耐旱，耐寒，在肥沃排水良好的砂壤土生长良好。

【繁殖要点】扦插、嫁接繁殖。

【园林用途】西府海棠春天开花粉红美丽，秋季红果缀满枝头，可谓花繁果艳，观赏价值较高，宜植于门、亭、廊的两侧，也是假山湖石的配植树种；果味甜而带酸，可鲜食及加工成蜜饯，因此是良好的庭园观赏树兼果用树种。

（4）垂丝海棠（图7-75）

学名：*Malus halliana*（voes）Koehne.

产地及分布：产于江苏、浙江、安徽、陕西、四川、云南等省，各地广泛栽培。

【形态特征】落叶小乔木，高5m。树冠疏散，树冠开展。小枝细弱，最初有毛，不久脱落，紫色或紫褐色。叶卵形至长卵形，长3.5～8cm，锯齿细钝或近全缘，质较厚实，叶柄及中脉紫红色，幼叶疏被柔毛后脱落。花4～7朵簇生于小枝顶端，花梗细长下垂状，花梗与萼筒、萼片在向阳面呈紫红色，花粉红色有紫晕。果倒卵形，果径6～8mm，紫色。花期4月，果熟期9～10月。

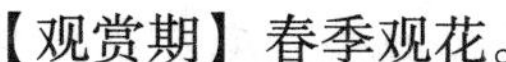

图7-75 垂丝海棠

（引自吴玉华，2008）

【观赏期】春季观花。

【类型及品种】常见变种有：

1）重瓣垂丝海棠 var. *parkmanii* rehd.，花重瓣。

2）白花垂丝海棠 var. *spontanea* Rehd.，花较小，花梗较短，花白色。

【生态习性】喜温暖湿润气候，耐寒性不强，北京在良好的小气候条件下勉强能露地栽植。

【繁殖要点】嫁接繁殖。

【园林用途】花繁色艳，朵朵下垂，是著名的庭园观赏花木。在江南庭园中尤为常见；在北方常盆栽观赏。

（5）杏（图7-76）

别名：杏花、杏树

学名：*Prunus armeniaca* L.

产地及分布：我国长江流域以北各地均有栽培，是北方常见的果树。

【形态特征】落叶乔木，高达15m。树冠圆整。树皮黑褐色，不规则纵裂；小枝红褐色。叶宽卵状椭圆形，先端突渐尖，基部近圆或微心形，钝锯齿，背面中脉基部两侧疏生柔毛或簇生毛，叶柄红色，无毛。花两性，单生，白色至淡粉色，萼紫红，先叶开放。果球形，杏黄色，一侧有红晕，径约3cm，有沟槽及有细柔毛；核扁平光滑。花期3～4月，果熟期6～7月。

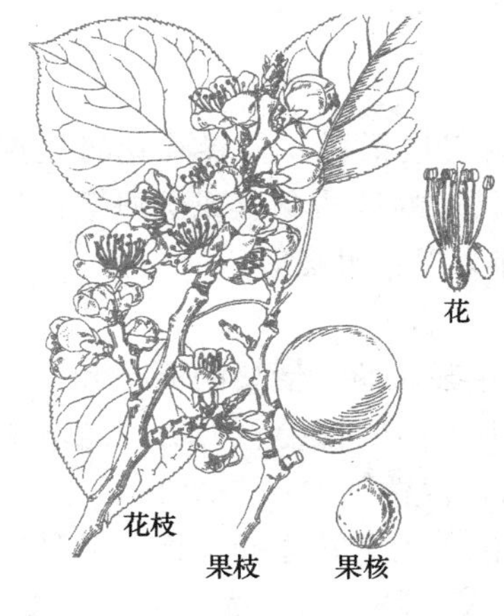

图7-76 杏

（引自祁承经，2005）

【观赏期】春季观花，秋季观果。

【类型及品种】常见变种有：

1）山杏 var. *ansu* Maxim.，花2朵并生，稀3朵簇生。果密生绒毛，红色、橙红色，径约2cm。

2）垂枝杏 var. *pendula* jaeg. 枝下垂，叶、果较小。

【生态习性】阳性树种，光照不足时枝叶徒长。耐寒，亦耐高温。喜干燥气候，忌水湿，对土壤要求不严，喜土层深厚排水良好的砂壤土、砾壤土。稍耐盐碱、耐旱。成枝力较差，不耐修剪。

【繁殖要点】播种繁殖。

【园林用途】早春开花宛若烟霞，是我国北方主要的早春花木，又称“北梅”。宜群植或片植于山坡，则漫山遍野红霞尽染，有“十里杏花村”的景观；可与苍松、翠柏配植于水畔、湖边或植于山石崖边、庭院堂前，则“万树江边杏，新开一夜风；满园深浅色，尽在绿坡中”、“一枝红杏出墙来”。

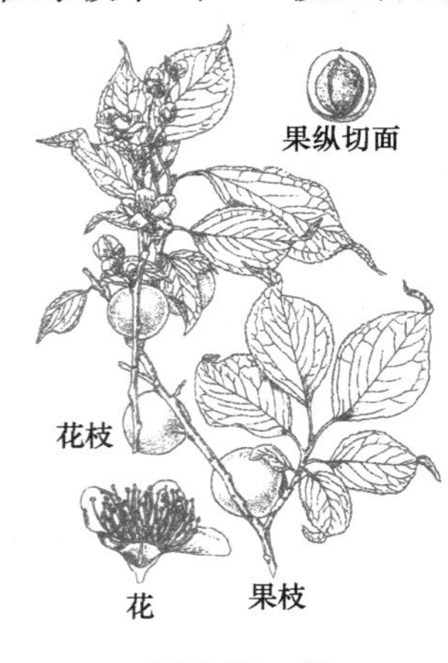

图7-77　梅
（引自祁承经，2005）

（6）梅（图7-77）

别名：梅花、春梅

学名：*Prunus mune* Sieb. et Zucc.

产地及分布：原产于我国西南，四川、湖北、广西等省（自治区），现西藏波密海拔2100m的山地沟谷有成片野生梅树，横断山脉是梅花的中心原产地，秦岭以南至南岭各地都有分布。梅花是南京、武汉等城市的市花。

【形态特征】落叶乔木，高达15m。树冠圆整。树皮灰褐色，小枝细长，绿色，先端刺状。叶宽卵形、卵形，先端尾状渐长尖，基部宽楔形，近圆，细尖锯齿，背面沿脉有短柔毛，叶柄顶端有2腺体，托叶早落。花单生或2朵并生，先叶开放，白色或淡粉红色，芳香。果球形，一侧有浅沟槽，径2～3cm，绿黄色密生细毛，果肉黏核，味酸。核有蜂窝状穴孔。花期1～3月，果熟期5～6月。

【观赏期】1～3月观花。

【生态习性】阳性树种，稍耐荫，喜温暖湿润气候，不耐气候干燥，早春开花时气温0℃以下仍可开放。对土壤要求不严，以表土疏松、底土稍带黏质的砾质黏土或砾质壤土生长好，枝条充实、花繁。耐瘠薄，喜排水良好，忌积水。萌芽力强，耐修剪。

【繁殖要点】嫁接、播种繁殖。

【园林用途】梅花树姿苍劲古朴、疏枝横斜，花色素雅，花态秀丽，恬淡的清香和丰盛的果实，开花于早春，虽残雪犹存却已报春光，自古以来就为人们所喜爱、为历代著名文人所讴歌，留下许多咏梅佳句：“疏影横斜水清浅，暗香浮动月黄昏”，“万花敢向雪中出，一树独先天下春”，描述了梅的姿、韵、色、香等神态。为我国十大名花之一，梅花品种繁多，园林用途广，可在公园、庭院配植“梅花绕屋”的佳景，又有松、竹、梅“岁寒三友”和梅、兰、竹、菊“四君子”的配植方式。也可在风景区群植成“梅坞”、“梅岭”、“梅园”、“梅溪”等，梅花盛开时，一望无际，真如“香雪海”，蔚为壮观，构成“踏雪寻梅”的景观，如苏州邓尉的香雪海，每当梅林盛开之际香闻数十里，可谓盛极一时，正是“江都车马满斜晖、争赴城南未掩扉，要识梅花无尽藏，人人襟袖带香归”了。还可盆栽室内观赏，虬枝屈曲，风致古雅，是树桩盆景的上等材料。

(7) 桃 (图7-78)

别名：桃花

学名：*Prunus persica*（L.）Batsch.

产地及分布：原产于我国甘肃、陕西高原地带，全国都有栽培，栽培历史悠久。

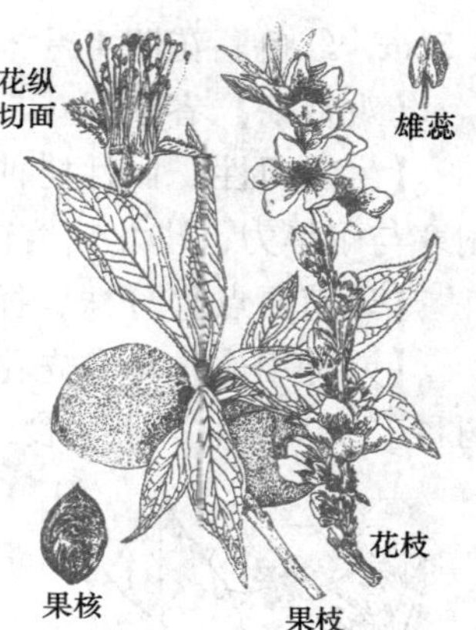

图7-78 桃
（引自祁承经，2005）

【形态特征】落叶小乔木，高8m。小枝红褐色或褐绿色，无毛，芽密生灰白色绒毛。叶椭圆状披针形，叶缘细钝锯齿，托叶线形，有腺齿。花单生，先叶开放，粉红色。果卵球形，表面密生绒毛，肉质多汁。花期3～4月，果熟期6～8月。

【观赏期】3～4月观花。

【类型及品种】观赏桃常见变型有：

1）碧桃 f. *duplex* Rehb.，花粉红色，重瓣。

2）白碧桃 f. *alba* Schneid.，花白色，重瓣。

3）红碧桃 f. *rubro-plena* Schneid. 花深红色，重瓣。

4）洒金碧桃（二乔碧桃）f. *versicolor* Voss.，花红、白两色相间或同一株上花两色，重瓣。

5）寿星桃 f. *densa* Mak.，树形矮小，枝紧密，节间短，花有红色、白色两个重瓣品种。

6）垂枝桃 f. *pendula* Dipp.，枝下垂，花重瓣，有白、红、粉红、洒金等半重瓣、重瓣等不同品种。

7）紫叶桃 f. *atropurea* Schneid，叶常年紫红色，花淡红色，单瓣或重瓣。

【生态习性】阳性树种，不耐荫。耐干旱气候，有一定的耐寒力。对土壤要求不严，耐贫瘠、盐碱，须排水良好，不耐积水及地下水位过高。在黏重土壤栽种易产生发生流胶病。浅根性，根蘖性强，生长迅速，寿命短。

【繁殖要点】嫁接、播种繁殖。

【园林用途】桃花烂漫芳菲，妩媚可爱，盛开时节皆“桃之夭夭，灼灼其华”。可孤植、列植、群植于山坡、池畔、山石旁、墙际、草坪、林缘，构成三月桃花满树红的春景。常与柳树配置于池边、糊畔，“绿丝映碧波，桃枝更妖艳”，形成“桃红柳绿”之动人春色，如西湖苏堤，春天桃花盛开，柳树发新叶，一派生机盎然的景象，加之春风和煦，令人心旷神怡；用各种品种的桃配植成专类景点，形成“桃花源”；还可作盆栽、桩景和切花观赏。

图7-79 樱桃
（引自吴玉华，2008）

(8) 樱桃 (图7-79)

学名：*Prunus pseudocerasus* Lindl.

产地及分布：河北、陕西、甘肃、山东、山西、江苏、江西、贵州、广西等区均有分布。

【形态特征】落叶小乔木，高可达8m。叶卵形卵状椭圆形，长7～12cm，先端锐尖，基部圆形，缘有大小不等重锯齿，齿尖有腺，上面无毛或微有毛，背面疏生柔毛。花白色，径约1.5～2.5cm，萼筒有毛；3～6朵簇生成总状花序。果近球形，径1～

1.5cm，红色。花期4月，先叶开放；果5～6月成熟。

【观赏期】春季观花，初夏观果。

【生态习性】阳性树种，喜温暖而略湿润的气候及肥沃而排水良好的砂壤土，有一定的耐寒与耐旱力，华北栽培较普遍。萌蘖力强，生长迅速。

【繁殖要点】分株、扦插及压条繁殖。

【园林用途】早春先花后叶，后有红果，是观花、观果树种。是园林中观赏及果实兼用树种。果实味甜，可生食或制罐头。

（9）李（图7-80）

学名：*Prunus salicina*

产地及分布：产于长江流域和西北地区，现各地广为栽培。

图7-80　李
（引自陈有民，1988）

【形态特征】落叶乔木。树冠扁球形，叶倒卵形或椭圆状倒卵形，边缘具细密重锯齿。花瓣5，白色。果卵圆形，紫红色。

【观赏期】春季观花，夏季观果。

【生态习性】阳性树种，也耐半荫，耐寒；喜肥沃、湿润的黏质土壤，在酸性土、钙质土中均能生长。不耐干旱、瘠薄及积水。

【繁殖要点】嫁接、分株或播种繁殖。

【园林用途】花色白而繁茂，有“艳如桃李”之句。果大红而丰产，适于在庭院、宅旁以及城市园林绿地中栽植，是颇为优美的观花赏果树种。鲜果除供食用外，核仁可榨油、药用，根、叶、花、树胶也可药用。

（10）樱花（图7-81）

学名：*Prunus serrulata* Lindl.

产地及分布：产于我国长江流域，东北南部也有分布，生于海拔1500m以上的山谷、疏林内。朝鲜、日本均有分布。

图7-81　樱花
（引自吴玉华，2008）

【形态特征】落叶乔木，高达15m。树皮栗褐色，光滑，小枝赤褐色，无毛，有锈色唇形皮孔。叶卵形至卵状椭圆形，先端尾尖，叶缘芒状单或重锯齿，两面无毛，叶柄端有2～4腺体。花3～5朵成短伞房总状花序，花白色或淡红色，单瓣，花梗与萼无毛。果卵形，由红变紫褐色。花期4～5月，与叶同时开放，果熟期6～7月。

【观赏期】4～5月观花。

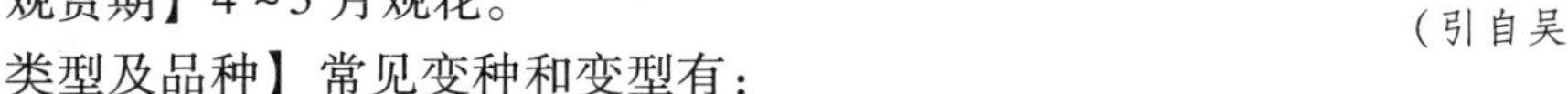

【类型及品种】常见变种和变型有：

1）山樱花 var. *spontanea* Wils.，花单瓣，形较小，径约2cm，白色或粉红色，花梗及萼均无毛，2～3朵排成总状花序。产于长江流域；朝鲜、日本也有分布。

2）毛樱花 var. *pubescens* Wils.，与山樱花相似，但叶两面、叶柄、花梗及萼均多少有毛；花瓣长1.2～1.6cm。产于长江流域、黄河下游；朝鲜、日本亦有分布。

3）重瓣白樱花 f. *albo-plena* Schneid.，花白色，重瓣。在华南有悠久的栽培历史。

4）红白樱花 f. *albo-rosea* Wils.，花重瓣，花蕾淡红色，开后白色。

5）垂枝樱花 f. *pendula* Bean.，枝开展而下垂；花粉红色，瓣数多达 50 以上，花萼有时为 10 片。

6）重瓣红樱花 f. *rosea* Wils.，花粉红色，极重瓣。

7）瑰丽樱花 f. *superba* Wils.，花甚大，淡红色，重瓣，有长梗。

【生态习性】樱花喜阳光，稍耐荫，喜凉爽、通风的环境，不耐炎热，耐寒。但栽培品种在北京仍需选小气候良好处种植。喜深厚肥沃、排水良好的土壤，过湿、过黏处不易种植。根系较浅，不耐旱，不耐盐碱。对烟尘、有害气体及海潮风的抵抗力均较弱。

【繁殖要点】嫁接、播种繁殖。

【园林用途】树形高大，枝叶繁茂，绿荫如盖。春季繁花似锦，花朵轻盈娇艳、妩媚多姿，宜成片群植，落英缤纷，充分展现其幽雅又艳丽的观赏效果。也可作行道树、孤赏树，散植于草坪、溪边、林缘、坡地、路旁，开花时艳丽多姿，醉人心扉；花枝可作切花欣赏。

13. 苏木科 Caesalpiniaceae

乔木或灌木，稀为草本。叶为一或二回羽状复叶，稀单叶或单小叶，托叶通常缺；花常大形美丽，两性，稀单性或杂性异株，稍左右对称，排成总状、穗状或圆锥花序，稀为聚伞花序，或簇生，萼片 5 或上面 2 枚合生；花瓣 5 或更少，或缺，上部（近轴）的 1 枚位于最内面，其余为覆瓦状排列；雄蕊通常 10，极少多数，分离或部分连合，花药 2 室，纵裂或顶孔开裂，子房上位，1 心皮 1 心室，边缘胎座。荚果开裂或沿腹缝线具窄翅。种子有丰富胚乳或无胚乳，胚大。

约 152 属 2800 种，我国引入的有 22 属，92 种，南北均有分布，但主产地为西南部。

（1）凤凰木（图 7-82）

学名：*Delonix regia* Raf.

产地及分布：中国广东、广西、云南及海滩诸省区有栽培。原产于马达加斯加岛及非洲热带，现广植于热带各地。

【形态特征】落叶乔木，高达 20m。树冠开展如伞状。复叶羽片 10～24 对，对生，小叶 20～40 对，对生，近矩圆形，长 5～8mm，先端钝圆，基部歪斜，表面中脉凹下，侧脉不明显，两面均有毛，托叶羽状。花萼绿色，花瓣 5，鲜红色，上部的花瓣有黄色条纹，或白色具红边，瓣上有红斑点。荚果扁平，木质，长 30～60cm。花期 5～8 月，果期 8～10 月。

图 7-82　凤凰木
（引自祁承经，2005）

【观赏期】5～8 月观花。

【生态习性】阳性树种照充足，耐高温高湿，不耐寒，宜肥沃、排水良好的土壤，也耐瘠薄，耐烟尘差。生长迅速，根系发达，移植易活。

【繁殖要点】播种繁殖。

【园林用途】凤凰木树冠宽阔平展，枝叶茂密；夏初开花，犹如火焰；开花时红花绿叶，对比强烈，相映成趣。可作行道树、庭荫树；若植于水畔，枝叶探向水边，与倒影相衬，更觉婀娜多姿。

图7-83　皂荚

（引自吴玉华，2008）

（2）皂荚（图7-83）

学名：*Gleditsia sinensis* lam.

产地及分布：原产中国长江流域，分布极广，自中国北部至南部及西南均有分布。多生于平原、山谷及丘陵地区。

【形态特征】落叶乔木，高达15~30m，枝刺圆而有分枝。一回偶数羽状复叶，小叶3~7对，卵状椭圆形至卵状披针形，边缘有细钝锯齿。总状花序腋生，花黄白色，杂性，花萼、花瓣各为4。荚果带状，微肥厚，黑棕色，被白粉，长可达30cm以上。

【生态习性】阳性树种，稍耐荫；喜温暖湿润气候；对土壤要求不严，但深厚肥沃适当湿润土壤最好，在石灰质及盐碱甚至黏土或砂土均能正常生长，耐旱性强，深根性，生长速度慢，寿命长。

【繁殖要点】播种繁殖。

【园林用途】皂荚冠大荫浓，寿命较长，非常适宜作庭荫树、行道树、风景区、丘陵地作造林树种，也可作四旁绿化树种或截干使其萌生成灌木状刺篱用。

14. 含羞草科 Mimosaceae

多为木本，稀草本，有根瘤。叶柄具叶枕，叶为二回羽状复叶，或叶片退化成叶状柄。头状、总状或穗状花序，花常两性，辐射对称，萼和瓣3~6，镊合状排列，雄蕊多数，稀与花瓣同数或为其倍数，雌蕊1，子房上位。荚果。

约56属，2500种，主要分布在热带、亚热带地区。我国引入栽培共17属，约60余种。

（1）合欢（图7-84）

学名：*Albizia julibrissin* Durazz.

产地及分布：分布于黄河流域至南部珠江流域之广大地区，产亚洲及非洲带和热带地区。

【形态特征】落叶乔木，高达16m，树皮平滑，褐灰色。二回羽状复叶，互生，羽片4~15对，小叶20~40对，昼展夜闭，小叶剑状长圆形，长10mm，中脉偏于上缘。头状花序多数排成伞房状，腋生或顶生，花绿白色，雄蕊多数，花丝粉红色，伸出花冠外，如绒缨状。荚果扁条状，长9~17cm，花期6~7月；果期9~10月成熟。

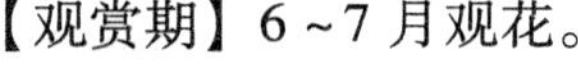

图7-84　合欢

（引自陈有民，1988）

【观赏期】6~7月观花。

【类型及品种】同属种类：山合欢 *Albizzia kalkora*（Roxb.）Prain 落叶乔木，高4~15m。2回羽状复叶，羽片2~3对，小叶5~14对，线状长圆形，长1.5~4.5cm，宽1~1.8cm，顶端圆形而有细尖，基部近圆形，偏斜，中脉显著偏向叶片的上侧，两面密生短柔毛。头状花序，2~3个生于上部叶腋或多个排成顶生伞房状；花白色。荚果长7~17cm，宽1.5~3cm，深棕色；种子4~12颗。花期5~7月，果期9~11

月。生于溪沟边、路旁和山坡上；分布于华北、华东、华南、西南及陕西、甘肃等省。

【生态习性】阳性树种，喜温暖气候，有一定耐寒能力；耐干旱、瘠薄，忌水涝，对土壤要求不苛，在排水良好、肥沃土壤上。生长迅速，枝条开展。

【繁殖要点】播种繁殖。

【园林用途】树姿优美，叶形雅致，纤细似羽，绿荫如伞，红花成簇，有色有香，秀美别致，宜作庭荫树和行道树，于屋旁、草坪、池畔等处孤植或片植，并且对氯化氢、二氧化氮抗性强，对二氧化硫、氯气有一定的抗性。

（2）金合欢（图7-85）

别名：鸭皂树、牛角花、刺球花、消息花

学名：*Acacia farnesiana*（L.）Willd.

产地及分布：原产于热带美洲，我国浙江南部、台湾、华南、西南和重庆等地有栽培。

图7-85　金合欢
（引自张天麟，2010）

【形态特征】落叶小乔木或灌木，高2～4m。多分枝、曲折状，茎枝及叶轴有针状刺。二回羽状复叶，羽片和叶片均对生，小叶线状矩圆形，主脉居中，侧脉不显。头状花序腋生，球形，花黄色，极香。荚果近圆柱状，长4～10cm，直径1～1.5cm。花期3～6月，果期7～11月。

【观赏期】3～6月观赏花朵。

【生态习性】喜光。喜欢生长于土壤疏松、湿润、较肥沃的空旷地方。

【繁殖要点】播种或扦插繁殖。

【园林用途】在园林中作为刺篱用。

图7-86　海红豆
（引自吴玉华，2008）

（3）海红豆（图7-86）

学名：*Adenanthera pavonina* var. *microsperma*（Teijsm. & Binn.）Nielsen

产地及分布：分布于华南、西南及福建、台湾等地，东南亚至中南半岛亦有分布。

【形态特征】落叶乔木，高达5～30m。树皮黄褐色，大树呈红褐色，嫩枝被微柔毛。二回羽状复叶，羽片4～12对，对生或近对生，每羽片有小叶8～18片，互生，矩圆形或卵形，长2～4cm。总状花序，花小，白色至淡黄色，雄蕊10枚，与花冠近等长，荚果带状而扭曲。种子鲜红色，扁圆形，光亮。花期4～7月；果期7～11月。

【生态习性】喜温暖湿润气候，阳性树种，稍耐荫，对土壤要求较严格，喜土层深厚、肥沃、排水好的沙壤土。

【繁殖要点】播种繁殖。

【园林用途】树冠伞状半圆形，树姿婆娑秀丽，叶色翠绿雅致，冬季凋零，初春吐绿，为热带、南亚热带优良的园林风景树，宜在庭园中孤植或片植。其鲜红美丽的种子，可作装饰品。

15. 蝶形花科 Papilionaceae（Fabaceae）

草本、灌木或乔木，直立或攀援状。复叶或单叶，叶枕发达；具托叶，有时刺状。花常两性，左右对称；萼片5，常合生；花冠蝶形，花瓣5，覆瓦状排列，最上方1片为旗瓣，位于最外面，侧面两片为翼瓣，最内两瓣为龙骨瓣；雄蕊常10，单体或2体，或全部分离；子房上位，心皮单生，1室，边缘胎座。荚果。

约482属约12000种，世界各地均有，主产于北温带。我国110属约1100种。

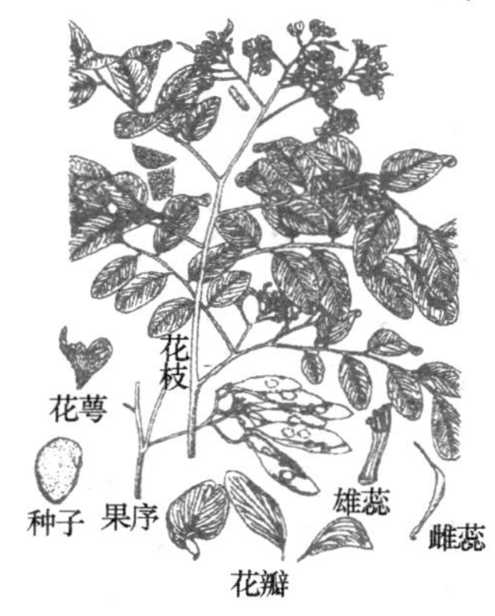

图7-87　黄檀
（引自祁承经，2005）

（1）黄檀（图7-87）

学名：*Dalbergia hupeana* Hance

产地及分布：产山东、江苏、安徽、浙江、江西、福建、湖北、湖南、广东、广西、四川、贵州、云南。

【形态特征】乔木，高15～20m。复叶长15～25cm，叶轴及叶柄被疏毛；小叶7～11片，椭圆至长圆形，长3.5～6cm，宽2.5～4cm，先端钝形或微凹，基部圆形或阔楔形，两面无毛。圆锥花序顶生或近顶部腋生，疏被锈色短柔毛。萼齿5，不等长；花冠白色或淡紫色，旗瓣圆形；雄蕊10，2体（5+5）。荚果舌状或长圆形，种子1～3。花期5～7月，果期10～11月。

【类型及品种】同属种类有：南岭黄檀（南岭檀）*Dalbergia balansae* Prain，乔木，高6～15m。复叶长10～15cm，叶轴及叶柄均有疏毛；小叶13～15片，长圆形，下面初被微柔毛。圆锥花序腋生，疏被短柔毛或近无毛；花冠白色，旗瓣圆形。荚果舌状或长圆形，种子1。花期5～6月，果期10～11月。产香港、浙江、华南、西南。耐干旱贫瘠，荒山荒地绿化的先锋树种。

【生态习性】阳性树种，喜温暖气候，耐干旱贫瘠，在酸性、中性土壤均能生长，在石灰质土壤上生长良好。

【繁殖要点】播种繁殖。

【园林用途】荒山荒地绿化的先锋树种。可作庭荫树、风景树、行道树应用，可作为石灰质土壤绿化树种。花香，开花能吸引大量蜂蝶，也可放养紫胶虫。

（2）刺桐（图7-88）

别名：海桐、鸡桐木、空桐树

学名：*Erythrina variegata* Linn.

产地及分布：原产印度至大洋洲海岸林中、马来西亚、印度尼西亚、柬埔寨、老挝、越南等国家。我国台湾、福建、广东、广西等省区有栽培。

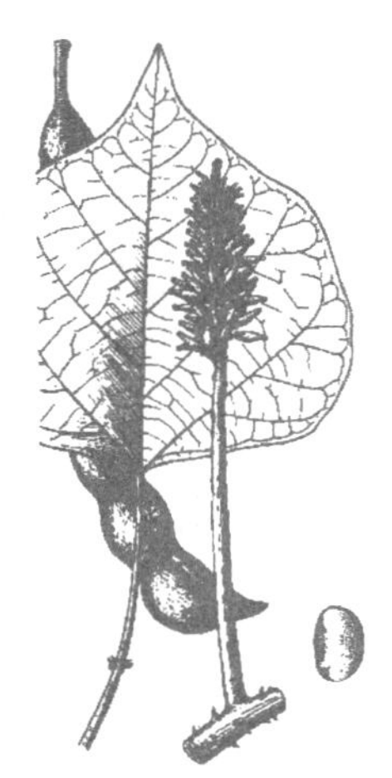

图7-88　刺桐
（引自吴玉华，2008）

【形态特征】落叶乔木，高达20m。干皮灰色，具圆锥状皮刺，分枝粗壮。小叶宽卵形或菱状卵形，长15～30cm，先端钝，基部阔楔形或截形。总状花序顶生，花萼常带暗绿色，佛焰苞状，口部偏斜，一边开裂；旗瓣红色，长而前伸，龙骨瓣明显短于旗瓣，比翼瓣稍长。雄蕊1枚离生，9枚基部合生，顶部分离，直伸。荚果念珠状。花期2～3月。果成熟期9月。

【观赏期】春季观花。

【类型及品种】园林中常见的种类有：

1）龙牙花（象牙红、珊瑚树）*Erythrina corallodendron* Linn.，茎散生皮刺。小叶菱状卵形，总状花序顶生，花萼、花瓣深红色，花萼钟状，先端2浅裂；旗瓣瘦长，前伸，龙骨瓣较短，比翼瓣长。荚果种子间缢缩，先端有喙。花期6～11月。原产美洲热带。

2）鸡冠刺桐 *Erythrina crista-galli* Linn.，茎、叶柄稍具皮刺。小叶长卵形或披针状长椭圆形，总状花序顶生，花萼、花瓣均鲜红色，花萼钟状，先端2浅裂；旗瓣宽大，直立，龙骨瓣比旗瓣稍短，明显比翼瓣长。花期约4～7月。原产巴西和阿根廷北部。龙牙花和鸡冠刺桐在华南各地庭院均有栽培，是美丽的观花树种。

【生态习性】阳性树种，喜温暖湿润气候，耐干旱，耐水湿，耐海潮，不耐寒，抗风，抗大气污染。喜肥沃、疏松土壤，萌芽力强。生长快，适应性强。

【繁殖要点】扦插繁殖为主，也可播种繁殖。

【园林用途】枝叶苍翠浓密，花开时满枝累串、如火如血，是优良的观赏树种，可单植或散植于草地、建筑物旁、池塘边，供公园、绿地及风景区美化，或列植公路及街道旁作行道树。叶、皮和根可入药，有祛风湿、舒筋通络等功效。为我国泉州市市花，环城遍植而称“刺桐城”；也是阿根廷国花。

（3）刺槐（图7-89）

别名：洋槐

学名：*Robinia pseudoacacia* L.

产地及分布：原产美国东部，我国各地栽培，尤以黄河、淮河流域最常见。

【形态特征】乔木，高10～25m；小枝幼时有棱脊，微被毛，后无毛；具托叶刺。叶轴上面有沟槽，小叶5～23枚，椭圆形、长椭圆形或卵形，长2～5cm，先端圆，微凹，有小尖头，上面绿色，下面灰绿色。花白色，芳香，花序轴、花梗被平伏细柔毛。荚果先端上弯，具尖头。花期4～6月，果期8～9月。

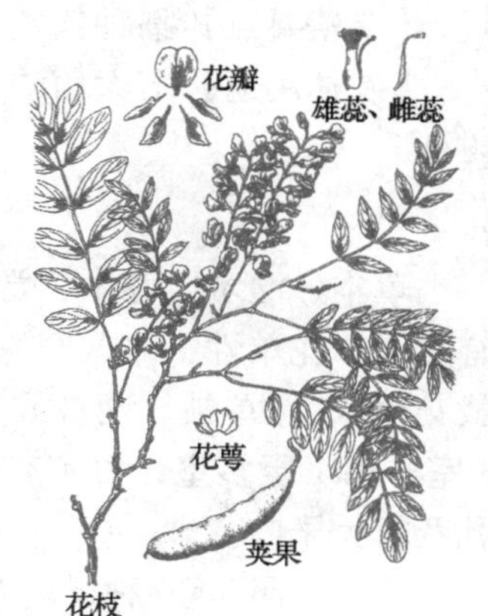

图7-89 刺槐
（引自祁承经，2005）

【观赏期】4～6月观花。

【类型及品种】园林常见变种有：

1）伞形洋槐 var. *umbraculifera* DC.，枝稠密无刺，树冠近球形。

2）塔形洋槐 var. *pyramidalis*（Pepin）Schneid，枝挺立无刺，树冠圆柱形。

【生态习性】强阳性树种，不耐荫，喜干燥、凉爽气候，较耐干旱瘠薄，能在中性、石灰性、酸性土壤以及轻度盐碱土上生长。浅根性，易风倒；萌蘖性强，寿命较短。

【繁殖要点】播种、分蘖或扦插繁殖。

【园林用途】树大枝浓，叶色鲜翠，花开时绿白相映，素雅芳香，适宜作庭荫树、行道树，也是优良的“四旁”绿化和水土保持树种；花可食及提取香精，又是良好的蜜源植物；种子油可制皂。

（4）槐（图7-90）

别名：槐树、国槐

学名：*Sophora japonica* Linn.

图 7-90 槐
（引自祁承经，2005）

产地及分布：原产我国，现南北各地广泛栽植。日本、朝鲜、越南也有。

【形态特征】乔木，树皮灰褐色，纵裂，小枝绿色，无毛。叶柄基部膨大包裹侧芽，为柄下芽；托叶多变，早落；小叶 7～17，卵状披针形或卵状椭圆形，长 2.5～6cm，先端渐尖，基部稍偏斜，下面灰白色，初被疏短柔毛。圆锥花序，花白色或淡黄绿色，旗瓣有紫色脉纹。荚果串珠状，果皮肉质，不开裂。花期 7～8 月。果成熟期 8～10 月。

【观赏期】7～8 月观花。

【类型及品种】栽培常见变型种类有：龙爪槐 f. *pendula* Hort，枝扭转下垂，树冠如伞，姿态别致。

【生态习性】阳性树种，稍耐荫，能适应干冷气候。喜生于土层深厚、湿润肥沃、排水良好的沙质壤土，在中性土、石灰质土及微酸性土均可生长，深根性，根系发达，抗风力强，萌芽力强。生长快，寿命长。对 SO_2、Cl_2、HCl 及烟尘等抗性强。

【繁殖要点】播种繁殖。

【园林用途】冠大荫浓，花期较长，果形串串如珠，可作庭荫树、行道树和厂矿区绿化树种。

16. 大戟科 Euphorbiaceae

草本、灌木或乔木，常有乳汁。叶互生，单叶，稀复叶，有托叶，基部或叶柄上有时有腺体。花单性，雌雄同株或异株，花序各式，常为聚伞花序或特殊的杯状聚伞花序（大戟花序）；花单被、两被或无花被；有花盘或退化为腺体；雄蕊极多或 1；子房上位，通常 3 室，稀 1 至多室，每室有胚珠 1。蒴果，分裂成 3 瓣，或浆果状不开裂；种子有丰富的胚乳及宽大子叶。

约 300 属 8000 种，广布全世界，主产热带。我国 70 属 460 余种，主产长江流域以南及西南地区，大部分有毒，有些可供园林观赏。

（1）重阳木（图 7-91）

学名：*Bischofia polycarpa*（Lévl.）Airy Shaw

产地及分布：产秦岭、淮河流域以南至福建、两广东北部，长江中游常见。

【形态特征】落叶乔木，高达 15m，全株无毛。小叶纸质，卵形或椭圆状卵形，长 5～9（14）cm，顶生小叶通常较大，先端突尖或短渐尖，基部圆形或浅心形，边缘有钝细锯齿，每 1cm 长 4～5 个。总状花序。果球形，径 5～7mm，褐红色。花期 4～5 月，果期 10～11 月。

图 7-91 重阳木
（引自吴玉华，2008）

【生态习性】阳性树种，稍耐荫，喜温暖气候，耐寒性较弱。对土壤要求不严，但在湿润、肥沃的土壤中生长最好。耐水湿，根系发达，抗风力强。速生，对大气污染有一定抗性。

【繁殖要点】播种繁殖。

【园林用途】树姿优美，冠如伞盖，花色淡绿，花叶同放，秋叶转红，艳丽夺目，是良

好的庭荫和行道树种，可用于堤岸、溪边、湖畔和草坪周围，孤植、丛植或与常绿树种配置，秋日分外壮丽。

（2）乌桕（图7-92）

学名：*Sapium sebiferum*（L.）Roxb.

产地及分布：原产我国，分布甚广，主产于黄河以南各省区。日本、印度、越南也有。

【形态特征】落叶乔木，高达15m，全体无毛，小枝细。叶纸质，全缘，菱形或菱状卵形，长3～8cm，先端尾尖，基部阔楔形，两面均光滑无毛，叶柄细长。穗状花序顶生，花小，黄绿色。蒴果木质，三棱状球形，熟时黑色，三裂。种子黑色，外被白蜡，固着于中轴上，经冬不落。花期4～8月，果熟期10～11月。

图7-92 乌桕

（引自陈有民，1988）

【观赏期】秋季观叶。

【生态习性】阳性树种，喜温暖环境，稍耐寒。适生于深厚肥沃、含水丰富的土壤，对酸性、钙质土、盐碱土均能适应，稍耐干旱和瘠薄，耐水湿。主根发达，抗风力强。寿命较长。对SO_2、HCl抗性强。

【繁殖要点】播种繁殖。

【园林用途】树冠整齐，叶形秀丽，秋叶经霜时变殷红、橙黄等色，如火如荼，鲜艳夺目，有“乌桕赤于枫，园林二月中”之赞辞，红叶白子相映衬，十分美丽。可与庭廊、花墙、山石配置，可孤植、丛植于草坪和湖畔、池边，在园林绿化中可栽作护堤树、庭荫树及行道树。

（3）油桐（图7-93）

学名：*Vernicia fordii*（Hemsl.）Airy Shaw.

产地及分布：四川、重庆、湖南、湖北、浙江、江西、福建、安徽、贵州、广西、陕西、河南等地。

【形态特征】落叶乔木。叶全缘或3浅裂，掌状脉；叶柄先端有紫红色腺体；雌雄同株，顶生聚伞花序，花瓣5，花白色基部带红色，雄蕊8～10，子房3～8室；核果卵圆形，先端尖，果皮光滑；花期4～5月，果期10月。

图7-93 油桐

（引自张天麟，2010）

【类型及品种】同属种类木油桐 *Vernicia montana* Lour. 树形高大，外果皮有3～4纵棱，并有许多皱纹。

【生态习性】阳性树种。喜温暖湿润气候，不耐涝，对二氧化硫敏感。

【繁殖要点】播种繁殖。

【园林用途】叶形美丽，姿态潇洒，为优良观赏树种和重要油料树种。

17. 芸香科 Rutaceae

常绿或落叶乔木、灌木或藤本，稀草本，有时具刺，全体含挥发芳香油。复叶互生，稀单叶，偶有对生，常具透明腺点，无托叶。花两性，稀单性，多为辐射对称；萼片4～5片，分离或连合；花瓣4～5离生；雄与花瓣同数或为其倍数，有花盘，常位于雄蕊内侧；

子房上位，心皮2～5或多数、离生或合生。胚珠每室1～2个，稀多数，中轴胎座。蒴果，浆果（柑果）核果，稀蓇葖果；种子有或无胚乳。

约150属1700种，主产热带和亚热带。我国产28属约150种28变种，南北均有分布。

（1）黄檗（图7-94）

图7-94　黄檗
（引自陈有民，1988）

学名：*Phellodendron amurense* Rupr.

产地及分布：主产于东北、华北各省 、河南和安徽北部。

【形态特征】高达30m，枝扩展，树皮厚，浅灰或灰褐色，深沟状或不规则网状开裂，小枝暗紫红色，无毛。羽状复叶对生，有小叶5～13片，小叶纸质，卵状披针形或卵形，顶部长渐尖，基部阔楔形不对称，叶缘有钝齿和缘毛，叶面无毛或中脉有疏短毛，叶背仅基部中脉两侧密被长柔毛，撕裂后有臭味；顶生圆锥花序；萼细小，阔卵形；花瓣紫红色；雄花的雄蕊比花瓣长。果圆球形，蓝黑色。花期5～6月，果期9～10月。

【观赏期】秋季观叶。

【生态习性】阳性树种，稍耐荫，耐严寒，不耐干旱瘠薄及水湿地区，宜于平原或低丘陵坡地、路旁、住宅旁及溪河附近水土较好的地方种植。秋季落叶前叶色由绿转黄而明亮。深根性，

【繁殖要点】播种繁殖。

【园林用途】树种树冠整齐，生长健旺，是理想的绿荫树或行道树。因其雌株的肉质果易污染街道，作行道树时以选雄株为佳。

（2）枸橘

别名：铁篱寨、臭橘、枸橘李、枳、臭杞

学名：*Citrus reticulata* Blanco

产地及分布：原产中国，分布甚广，主产于我国长江以南各省，凡无严重霜冻地区均可栽培。

【形态特征】落叶小乔木，高达5m，小枝绿色有棱，常有枝刺。3小叶复叶，小叶长椭圆形 ，长2.5～6cm，叶端钝。叶缘波状浅齿，侧生小叶较小，叶基偏斜。叶长卵状披针形，长4～8cm。花黄白色，径3.5～5cm，单生或簇生叶腋。果扁球形，径5～7cm，橙黄色或橙红色，芳香果皮薄易剥离。春季开花，10～12月果熟。

【观赏期】春季叶前开花，10月果熟。

【类型及品种】常见同属种类有：佛手 *Citrus medica* var. *sarcodactylis*（Noot.）Swingle.，果实顶端分裂如拳或张开如指，其分裂数即为心皮数目。裂纹如拳者称拳佛手，张开如指者叫开佛手。果皮厚，果肉几乎完全退化。果熟期11～12月。

【生态习性】阳性树种，喜温暖湿润气候，有一定的耐寒性，要求肥沃、湿润的微酸性土壤。萌生性强，耐修剪。

【繁殖要点】嫁接繁殖为主，也可播种繁殖和扦插繁殖。

【园林用途】枸橘枝条四季青绿，枝叶茂密，春季满树盛开花香，秋冬黄果累累，是我国著名水果，品种极多，也是庭园、花园绿化风景树，是园林结合生产的经济树种。因其

树冠整齐，叶色葱绿，花香馥郁，柑果金黄，十分惹人喜爱。在大型园林中建有橘园，小型庭园中则宜孤植或丛植；在园林中多用作绿篱或屏障树。

18. 苦木科 Simarubaceae

乔木或灌木。树皮味苦。羽状复叶互生，稀单叶。单性异株或杂性，花小，整齐，圆锥或总状花序腋生；萼3~5裂；花瓣3~5，稀无花瓣；雄蕊与花瓣同数或为其2倍；子房上位，心皮2~5离生或合生，胚珠1。核果、蒴果或翅果。

20属约120种，中国有4属约10种，产长江以南各省，个别种类分布华北及东北南部。

（1）臭椿（图7-95）

别名：樗

学名：*Ailanthus altissima* Swingle

产地及分布：原产我国华南、西南、东北南部各地，现华北、西北分布最多。

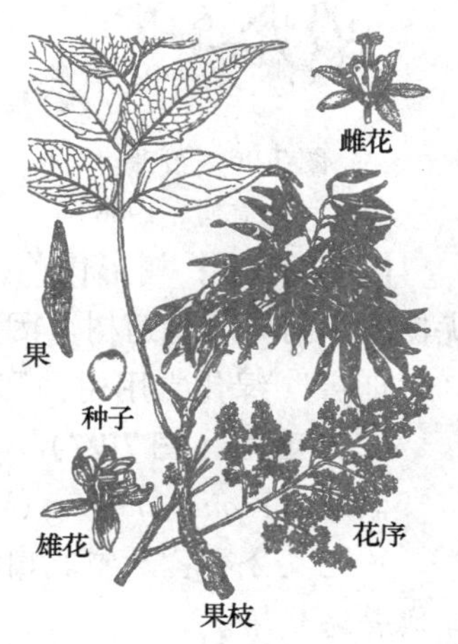

图7-95 臭椿
（引自祁承经，2005）

【形态特征】落叶乔木，高达30m，树冠开阔。树皮灰色，粗糙不裂。小枝粗壮，无顶芽。叶痕大，奇数羽状复叶；小叶13~25，卵状披针形，先端渐长尖，基部具腺齿1~2对，中上部全缘，下面稍有白粉，无毛或仅沿中肪有毛。花杂性，排成多分枝的圆锥花序，黄绿色，翅果淡褐色，翅果长圆状椭圆形。花期4~5月；果熟期9~10月。

【观赏期】春季观叶，秋季观果。

【生态习性】阳性树种，适应干冷气候，能耐－35℃低温。对土壤适应性强，耐干瘠，是石灰岩山地常见树种。可耐含盐量0.6%的盐碱土，不耐积水，耐烟尘，抗有毒气体。深根性，根蘖性强，生长快，寿命长。

【繁殖要点】播种繁殖，也可分蘖及根插繁殖。

【园林用途】树干通直高大，树冠干阔，叶大荫浓，新春嫩叶红色，秋季翅果红黄相间，是优良的庭荫树、行道树、公路树。适应性强，适于荒山造林和盐碱绿化，更适于污染严重的工矿区、街头绿化。华北山地及平原防护林的重要速生用材和荒山造林的先锋树种。

19. 楝科 Meliaceae

乔木或灌木，稀草本。羽状复叶，稀单叶，互生，稀对生，无托叶。花两性，整齐，圆锥或聚伞花序，顶生或腋生；萼4~5裂，花瓣4~5（3~7），分离或基部连合；雄蕊4~12，花丝合生为筒状，内生花盘；子房上位，常2~5室，胚珠2。蒴果、核果或浆果，种子有翅或无翅。

约50属1400种；我国15属约59种，另引入3属3种，主产长江以南。

（1）苦楝（图7-96）

别名：楝树

学名：*Melia azedarach* Linn.

图 7-96　苦楝

（引自陈有明，1988）

产地及分布：分布我国河北以南至华南，山西、河南、山东、山西等各省也有栽培。

【形态特征】落叶乔木，高达 30m。树冠宽阔形。小叶卵形、卵状椭圆形，先端尖，基部楔形，锯齿粗钝。圆锥花序，花芳香，淡紫色。核果球形，熟时黄色，经冬不落。花期 4～5 月；果熟期 10～11 月。

【观赏期】春夏观赏树形，4～5 月观花。

【生态习性】阳性树种，喜温暖气候，不耐寒，对土壤要求不严，耐轻度盐碱，稍耐干瘠，较耐湿。耐烟尘，对 SO_2 抗性强。浅根性，侧根发达，主根不明显。萌芽力强，生长快，但寿命短。

【繁殖要点】播种繁殖。

【园林用途】树形优美，叶形秀丽，春夏之交开淡紫色花朵，颇为美丽，且有淡香，是优良的庭荫树、行道树。因耐烟尘、抗 SO_2，是良好的城市及工矿区绿化树种，也是江南地区“四旁”绿化常用树种和黄河以南低山平原地区速生用材料树种。

（2）香椿（图 7-97）

学名：*Toona sinensis*（A. Juss.）Roem.

产地及分布：原产我国中部，辽宁南部、黄河及长江流域各地普遍栽培。

【形态特征】落叶乔木，高达 25m，树皮暗褐色，浅纵裂。有顶芽，小枝粗壮，叶痕大。偶数、稀奇数羽状复叶，有香气；小叶 10～20，矩圆形或矩圆状披针形，先端渐长尖，基部偏斜，有锯齿。圆锥花序顶生，花白色，芳香。蒴果椭圆形，红褐色，种子上端具翅。花期 6 月；果熟期 10～11。

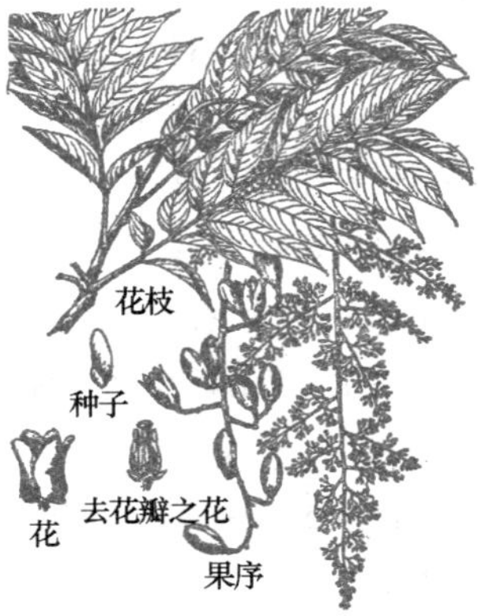

图 7-97　香椿

（引自陈有民，1988）

【观赏期】春季观叶。

【繁殖要点】播种育苗和分株繁殖。

【生态习性】阳性树种，有一定耐寒性。对土壤要求不严，稍耐盐碱，耐水湿，对有害气体抗性强。萌蘖性、萌芽力强，耐修剪。

【园林用途】树干通直，树冠开阔，枝叶浓密，嫩叶红艳，常用作庭荫树、行道树、“四旁”绿化树。是华北、华东、华中低山丘陵或平原地区重要用材料种，有“中国桃花心木”之称。嫩芽、嫩叶可食，可培育成灌木状以采摘嫩叶。是重要的经济林树种。

20. 漆树科 Anacardiaceae

多为乔木或灌木，韧皮部有树脂道，有乳液或水状汁液。叶互生，羽状复叶或单叶或掌状 3 小叶，无托叶。花小，整齐，单性或杂性、两性，圆锥花序；花萼 3～5 裂，花瓣常与萼片同数，稀无花瓣；雄蕊与花瓣同数或为其 2 倍；有花盘；心皮多合生，子房上位，1（2～5）室，每室 1 胚珠。多为核果，果皮多含树脂，有时具蜡质或油。种子 1，无胚乳或有少量胚乳。

约 60 属 600 余种，中国 16 属，54 种（包括引种的 1 属）。

(1) **南酸枣（图7-98）**

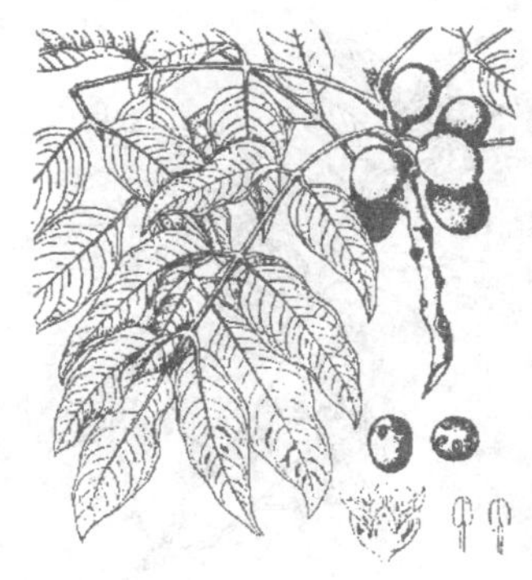
图7-98　南酸枣
（引自吴玉华，2008）

学名：*Choerospondias axillaris*（Roxb.）Burtt et Hill

产地及分布：产西藏、云南、贵州、广西、广东、湖南、江西、福建、浙江、安徽等省区。印度、中南半岛、日本也有。

【形态特征】高达20m。小枝粗壮，暗紫褐色。叶长25～40cm，叶轴无毛，小叶7～13，卵形、卵状披针形或卵状长圆形，长4～12cm，先端长渐尖，基部稍歪斜，全缘，苗期或萌枝小叶有粗锯齿，两面无毛或叶背脉腋有簇生毛。果黄色，长2～2.5cm。花期4月，果期8～10月。

【生态习性】阳性树种，适应性强，耐干旱、瘠薄，生长快。

【繁殖要点】播种繁殖。

【园林用途】冠大荫浓，宜作庭荫树、行道树及工矿区绿化树。

(2) **黄栌（图7-99）**

图7-99　黄栌
（引自吴玉华，2008）

学名：*Cotinus coggygria* Scop.

产地及分布：产西南、华北和浙江。南欧、叙利亚、伊朗、巴基斯坦及印度北部也有。

【形态特征】落叶灌木或乔木，高达5～8m；小枝被蜡粉。叶倒卵形或卵圆形，长3～8cm，先端圆形或微凹，无毛或仅背面脉上被短柔毛，叶柄细长，1～4cm。花小，黄绿色。果序长5～20cm，不孕花的花梗紫绿色，羽毛状宿存。花期4～5月，果期6～7月。

【观赏期】秋季观叶。

【类型及品种】常见变种有：

1）红叶 var. *cinerea*，叶两面被灰色柔毛。

2）毛黄栌 var. *pubescens*，小枝、叶脉均被灰色绢毛。

3）垂枝黄栌 var. *pendula*，枝条下垂，树冠伞形。

4）紫叶黄栌 var. *purpurens*，叶紫色，花序有暗紫色毛。

【生态习性】阳性树种，耐半荫；耐寒冷，耐干旱贫瘠，不耐水湿，耐盐碱。喜深厚、肥沃、排水良好的砂质土壤。生长快，萌蘖性强。

【繁殖要点】播种、扦插或分株繁殖。

【园林用途】深秋满树通红，艳丽无比，是北方秋季重要的观叶树种。常植于山坡上或常绿树丛前。

(3) **黄连木（图7-100）**

别名：楷木

学名：*Pistacia chinensis* Bunge.

图 7-100　黄连木
（引自祁承经，2005）

产地及分布：分布广，产黄河流域及其以南及华北、西北；菲律宾也有。

【形态特征】落叶乔木，高达 30m，树皮薄片状翘裂、剥落，小枝微被毛或近无毛。奇数羽状复叶，小叶 11 ~ 13，对生或近对生，披针形或卵状披针形，长 5 ~ 10cm，先端渐尖或长渐尖，基部偏斜。圆锥花序；果倒卵状球形，略压扁，紫红色。先花后叶，花期 3 ~ 4 月，果期 9 ~ 11 月。

【观赏期】春季观花，秋季观叶。

【生态习性】阳性树种，幼时稍耐荫，喜温暖气候，耐干旱瘠薄，在肥沃疏松湿润的土壤上生长好。

【繁殖要点】播种繁殖。

【园林用途】树冠浑圆，枝叶繁密秀丽，宜作庭荫树、行道树、风景树。

（4）火炬树

别名：鹿角漆

学名：*Rhusty typhina* L.

产地及分布：原产北美洲，现华北、西北多引种栽培。

【形态特征】落叶小乔木，分枝少，小枝粗壮密被长绒毛。叶互生，奇数羽状复叶。小叶 9 ~ 27 片，长椭圆状披针形，缘有整齐锯齿，叶表面绿色，背面有白粉，均被密柔毛。雌雄异株，圆锥花序直立顶生，雌花序及核果深红色，密生绒毛，密集成火炬形。花期 6 ~ 7 月，果期 8 ~ 11 月。

【观赏期】夏季观花，秋季观叶。

【生态习性】阳性树种，适应性极强，喜温暖气候，耐寒、耐干旱贫瘠、耐酸碱，可在石砾山坡荒地上生长。根系发达。根蘖力强。

【繁殖要点】播种繁殖。

【园林用途】秋叶变红，十分鲜艳；雌花序及果穗鲜红，夏秋缀于枝头，形如火炬，大而醒目，颇为奇特，是著名的秋叶树种；宜作行道树、风景林和或作荒山绿化及水土保持树种。

（5）盐肤木（图 7-101）

学名：*Rhus chinensis* Mill.

产地及分布：除黑龙江、吉林、内蒙古、青海、宁夏、新疆外，其他各省具有分布。

【形态特征】小乔木或灌木。奇数羽状复叶，叶轴具窄翅，小叶 7 ~ 13，卵状椭圆形，叶缘有粗锯齿，背面密被褐色毛；顶生大型圆锥花序，花小，杂性同株；核果扁球形，红色；花期 7 ~ 8 月，果期 10 ~ 11 月。

【分布】秋冬观叶。

【生态习性】阳性树种。耐寒，耐干旱，耐瘠薄，根蘖性强。

图 7-101　盐肤木
（引自祁承经，2005）

【繁殖要点】播种、分根蘖繁殖。

【园林用途】树冠冠形不整齐，但经霜后转红，加上紫红色果序，具有观赏价值，宜群植。

21. 槭树科 Aceraceae

乔木或灌木。叶对生，单叶或复叶，无托叶。花单性、杂性或两性，总状、圆锥或伞房花序；萼片4～5，花瓣4～5或无，稀不发育；雄蕊4～10；雌蕊由2心皮合成，子房上位，扁平，2室，每室具2胚珠。翅果，两侧或周围有翅。

本科共2属，约200余种，主产北半球温带地区。中国产2属，约140种。

（1）三角槭（图7-102）

别名：三角枫

学名：*Acer buergerianum* Miq.

产地及分布：为我国原产树种，主产长江中下游各省，北到山东，南至广东、台湾均有分布。

图7-102　三角槭
（引自吴玉华，2008）

【形态特征】落叶乔木，高5～10m，树皮暗褐色，片状剥落。叶通常3裂，裂片三角形，近于等大，顶端短渐尖，长4～10cm，基部圆形或广楔形，3主脉，全缘或略有浅齿，背面有白粉，幼时有毛。顶生伞房花序，有柔毛；花杂性，黄绿色，子房密生长柔毛。果核两面凸起，翅果棕黄色，两翅呈镰刀状，两翅开展成锐角或近于平行，花期4月，果9月成熟。

【观赏期】秋季观叶。

【生态习性】弱阳性树种，稍耐荫，喜温暖湿润气候及酸性、中性土壤，较耐水湿，有一定耐寒能力，北京可露地越冬。萌芽力强，耐修剪。根系发达，根萌性强。

【繁殖要点】以播种繁殖为主。

【园林用途】叶繁茂，春季花色黄绿，夏季浓荫覆地，入秋叶片变红，是良好的园林绿化树种和观叶树种。用作行道或庭荫树以及草坪中点缀较为适宜。耐修剪，可盘扎造型，用作树桩盆景。江南一带有的作绿篱栽培。

（2）茶条槭（图7-103）

图7-103　茶条槭
（引自吴玉华，2008）

学名：*Acer ginnala* Maxim.

产地及分布：产于东北、华北及长江下游各省。

【形态特征】落叶小乔木，树高6～10m。树支灰色，粗糙。叶卵状椭圆形，常3裂中裂片较大，有时不裂或羽状5浅裂，基部圆形或近心形，缘有不整齐重锯齿，表面无毛，背面脉上及脉腋有长柔毛。花杂性，伞状花序圆锥形，顶生。果核两面突起，果翅张开成锐角或近于平行，紫红色。花期5～6月，果期9月。

【观赏期】秋季观叶。

【生态习性】弱阳性，耐半荫；耐寒，也喜温暖；喜深厚而排水良好的砂质壤土。深根性，萌蘖性强；耐风雪，抗烟尘，能适应城市环境。

【繁殖要点】播种繁殖。

【园林用途】树干直而洁净，花有清香，夏季果翅红色美丽，秋叶鲜红色，适宜作为秋色叶树种点缀园林及山景，也可作行道树、庭荫树。

（3）五角枫

别名：五角槭、色木槭

学名：*Acer mono* Maxim.

产地及分布：广布于东北、华北及长江流域各省。是我国槭树科中分布最广的一种。

【形态特征】落叶乔木，高可达20m。叶常掌状5裂，基部心形，裂片卵状三角形，全缘，两面无毛或仅背面脉腋有簇毛，网状脉两面明显隆起。花杂性，黄绿色，顶生伞房花序。果核扁平或微隆起，果翅展开成钝角，翅长为果核的2倍。花期4月，果9～10月成熟。

【观赏期】秋季观叶。

【生态习性】弱阳性树种，稍耐荫。喜温凉湿润气候，对土壤要求不严格。生长速度中等，深根性，病虫害少。

【繁殖要点】播种繁殖。

【园林用途】树姿优美，叶、果秀丽，秋季叶色变成黄色或红色，可增加秋色之美。宜作庭荫树、行道树或风景园林树种。

图7-104　鸡爪槭
（引自吴玉华，2008）

（4）鸡爪槭（图7-104）

别名：鸡爪枫、青枫

学名：*Acer palmatum* Thunb.

产地及分布：产中国、日本和朝鲜；中国分布于长江流域各省，山东、河南、浙江也有。

【形态特征】落叶小乔木，树冠伞形。树皮平滑，灰褐色。小枝细长，光滑。紫色或灰紫色。单叶对生，掌状7～9裂，基部心形，裂片卵状长椭圆形至披针形，先端锐尖。缘有重锯齿，背面脉腋有白簇毛。花杂性，紫色，伞房花序顶生，无毛。翅果无毛，两翅展开成钝角，花期5月，果10月成熟。

【观赏期】秋季观叶。

【类型及品种】鸡爪槭园艺变种很多，常见的有：

1）红枫（紫红鸡爪槭）var. *atropurpureum*，叶深裂几达叶片基部，裂片长圆状披针形，叶红色或紫红色。枝条紫红色，叶掌状裂，终年呈紫红色。

2）细叶鸡爪槭（羽毛枫）var. *dissectum*，叶掌状深裂达基部，为七至十一裂，裂片又羽状分裂，具细尖齿。树冠开展，枝略下垂。

3）深红细叶鸡爪槭（红羽毛枫）var. *ornatum*，又名红细叶鸡爪槭、红羽毛枫。外形同细叶鸡爪槭，但叶片呈紫红色。

4）小叶鸡爪槭（蓑衣槭）var. *thunbergii* Pax.，叶较小，掌状7深裂，裂片窄，基部心形，先端长尖，翅果短小。秋季为橙红或鲜红色。

【生态习性】弱阳性树种，耐半荫，喜温暖湿润气候及肥沃、湿润而排水良好的土壤。耐寒性不强，在阳光曝晒的地方生长不良，在高大树木庇荫下长势良好。

【繁殖要点】播种繁殖，园艺变种常用嫁接或扦插繁殖。

【园林用途】叶形秀丽，入秋后转为鲜红色，色艳如花，灿烂如霞，为优良的观叶树种。无论栽植何处，无不引人入胜。植于草坪、土丘、溪边、池畔和路隅、墙边、亭廊、山石间点缀，均十分得体，若以常绿树或白粉墙作背景衬托，尤感美丽多姿。制成盆景或盆栽用于室内美化也极雅致。

（5）元宝槭（图 7-105）

学名：*Acer truncatum Bunge.*

产地及分布：主产黄河中下游各省，东北南部、江苏北部及安徽南部也有分布。

图 7-105 元宝槭
（引自陈有民，1988）

【形态特征】落叶乔木，高达 10～13m，树冠卵形或倒广卵形。干皮灰黄色，浅纵裂，小枝浅黄色，光滑无毛。单叶对生，叶掌状 5 裂，有时中裂片又 3 小裂，裂片先端渐尖，叶基通常截形，全缘，两面无毛。花杂性，黄绿色，顶生伞房花序。翅果扁平，两翅展开略成直角，翅长等于或略长于果核。花期在 4 月，果 10 月成熟。

【观赏期】观叶植物，春秋观叶。

【生态习性】弱阳性树种，耐半荫，喜生于阴坡及山谷。喜温凉气候及肥沃、湿润而排水良好的土壤，稍耐旱，不耐涝。萌蘖力强，深根性，抗性强，对环境适应性强。

【繁殖要点】播种繁殖。

【园林用途】树姿优美，枝叶浓绿，叶形秀丽，嫩叶红色，秋色叶变色早，且持续时间长，多变为黄色、橙色及红色，为著名秋季观红叶树种。宜作庭荫树、行道树或风景园林树种。在城市绿化中，适于建筑物附近、庭院及绿地内散植、丛植；在郊野公园利用坡地片植，也会收到较好的效果。

22. 无患子科 Sapindaceae

乔木或灌木，稀为草质藤本。叶常互生，羽状复叶，稀掌状复叶或单叶。花整齐或左右对称，两性或单性，圆锥、总状或伞房花序，具外生花盘，萼片 4～5，花瓣 4～5 或缺，常具鳞片，雄蕊 5～10，通常 8 枚，子房上位，心皮 2～4，合生，每心皮含胚珠 1～2 枚。蒴果、核果、坚果或分果，无胚乳。

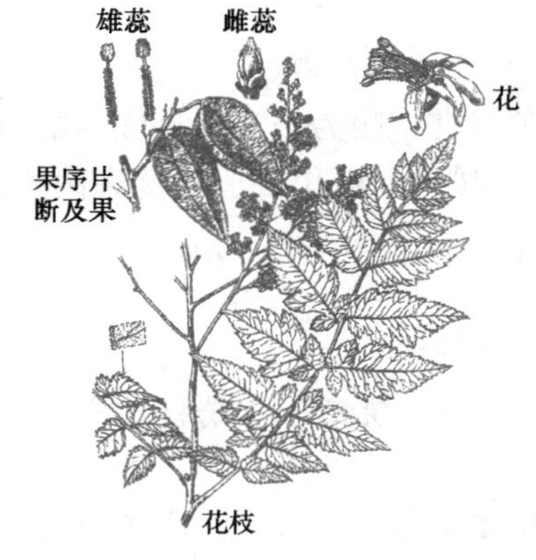

图 7-106 栾树
（引自祁承经，2005）

150 属 2000 种，分布于热带和亚热带，少数分布于温带。我国 25 属 53 种 2 亚种 3 变种。主产于西南部至东南部。

（1）栾树（图 7-106）

别名：木栾

学名：*Koelreuteria paniculata* Laxm.

产地及分布：在我国分布很广，北起辽宁南部，经黄河流域，西至甘肃东南部及四川中部，南至长江流域及福建，庭园中常见栽培。

【形态特征】高达 25m。一回羽状复叶，有时小部分深裂而呈不完全的二回羽状分裂；小叶 7～15 枚，卵形或椭圆形，长5~10cm，先端尖，小叶边缘有稍粗大、不规则的钝锯齿，近基部的齿常疏离而呈分裂状，下面沿脉腋有毛。圆锥花序顶生，花瓣鲜黄色，4枚，大小不等，雄蕊5~8，子房3室。蒴果三角状卵形，长4~5cm，顶端尖，成熟时红褐色或橙红色。种子球形，黑色。6~7月开花；9~10月果熟。

【观赏期】春秋观叶，夏季观花，秋季观果。

【类型及品种】园林中常见的同属树种有黄山栾树（全缘叶栾树）*Koelreuteria bipinnata* Franch. var. *integrifoliola*（Merr.）T. Chen，与复羽叶栾树特征相似，二回羽状复叶，不同点是，小叶全缘，有时近顶端边缘略有锯齿。

【生态习性】阳性树种。为温带及亚热带树种，对土壤要求不严，较耐干燥瘠薄，多生地石灰岩山地。深根性，萌芽性强。

【繁殖要点】播种繁殖。

【园林用途】树种枝叶茂密而秀丽，春季嫩叶带红色，入秋叶色变黄，夏季满树黄花，阵风过去，金片纷飞，故此英国人称之曰金雨树（golden rain tree），花后幼果很快又染上红晕。在园林中可以孤植、丛植或与其他观花或观叶树种配植。宜作庭荫树、园景树及行道树，亦可用作防护林、水土保持及荒山绿化树种。

（2）无患子（图7-107）

别名：木患子

学名：*Sapindus mukorossi* Gaertn.

产地及分布：分布于我国淮河流域以南各地，西至湖北、四川、西南至云南南部，东至台湾，南达广东、广西、海南。

【形态特征】高达20m，树皮灰色，芽2枚叠生。偶数羽状复叶，小叶8~16枚，卵状或椭圆状披针形，长6~15cm，无毛或近无毛。圆锥花序顶生，花小，5数，雌蕊3心皮。核果球型，淡黄色，径1.5~1.8cm。5~6月开花；10月果熟。

【观赏期】观叶植物，秋季观叶。

【生态习性】阳性树种；要求温暖气候，在酸性土、钙质土上均能生长。常生于山谷、丘陵土层深厚之地。深根性，抗风力强。对SO_2抗性较强。

图7-107　无患子
（引自吴玉华，2008）

【繁殖要点】播种繁殖。

【园林用途】树形高大，枝条开展，绿荫稠密，秋季叶色转红，颇为美观，是优美的绿荫树和观叶树。在园林中可与其他针阔叶树混栽，形成自然景观；也可作行道树、庭荫树。南方寺庙中多植。

（3）文冠果（图7-108）

学名：*Xanthoceras sorbifolia* Bunge.

产地及分布：原产我国西北部至东北部，河北、山东、山西、陕西、河南、辽宁及内蒙等省，黄土高原丘陵至沟壑地区常见。

【形态特征】落叶灌木或小乔木，树高可长到2~8m。树皮灰色，有直裂。小枝有短茸毛。叶互生，奇数羽状复叶，小叶9~19枚，椭圆形至披针形，无柄，多对生；长3~5cm，宽1~1.5cm，叶缘具锐齿。叶面暗绿，光滑无毛。总状花序，两性花的花序顶生，雄花序

腋生。花萼5枚，花瓣5片，白色质薄；雄蕊8枚，花呈五瓣星状，黄蕊、红心、白瓣儿边，基部具黄变红之斑晕；蒴果近卵形，由绿变黄白色，有种子20粒。花期4~5月，果8~9月。

【观赏期】春季观花。

【生态习性】阳性树种，也能耐半荫；耐严寒、耐干旱、耐瘠薄、耐盐碱，不耐水涝；喜土层深厚、肥沃和排水良好的微碱性土壤。抗病虫害能力强；深根性，主根发达，萌蘖性强，生长快，寿命可达数百年。

【繁殖要点】以播种繁殖为主，也可用分株、根插、嫁接、压条等。

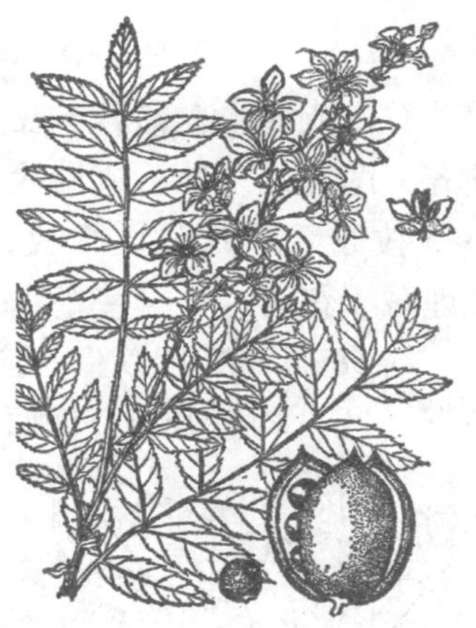

图7-108 文冠果

（引自陈有民，1988）

【园林用途】花序大而花朵密，春天白花满树，香气四溢，且有秀丽光洁的绿叶与之相衬映，既高洁清新，又宜人引蜂，是珍贵的园林观赏树，可以植于草坪中、假山旁、建筑物前等各种绿地中，景观效果出众；抗性很强，是荒山绿化的首选树种。

23. 七叶树科 Hippocastanaceae

乔木，稀灌木，冬芽通常具黏液。掌状复叶对生，小叶常5~9片，无托叶。圆锥花序或总状花序顶生，花杂性同株，萼片4~5，花瓣4~5，大小不等基部爪状，花盘环状或偏在一边。雄蕊5~9，着生花盘内，子房上位，3室，每室有2胚珠，花柱细长，具花盘。蒴果革质，平滑或有刺，3裂或近球形；种子通常每室1颗，种脐宽大，无胚乳。

共2属，30余种，广布于北温带。我国只有1属，约10种。

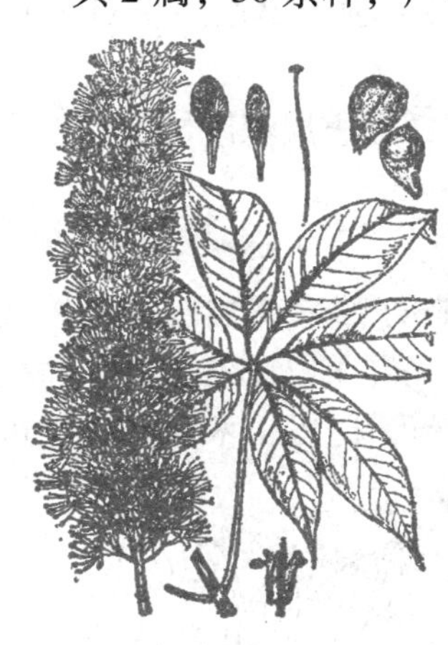

图7-109 七叶树

（引自陈有民，1988）

（1）七叶树（图7-109）

别名：天师栗、娑罗树

学名：*Aesculus chinensis Bunge*

产地及分布：我国黄河流域及东部各省均有栽培，仅秦岭有野生。自然分布在海拔700m以下的山地。

【形态特征】落叶乔木，高可达25m。树皮灰褐色，片状剥落。小枝光滑粗壮，冬芽肥大。掌状复叶对生，小叶5~7片，倒卵状长椭圆形至长椭圆状倒披针形，长9~16cm。圆锥花序密集，圆柱形，长约25cm，花小，白色，芳香。蒴果球形，直径3~4cm，密生疣点。种子深褐色，形如板栗。花期5月；果9~10月成熟。

【观赏期】初夏观花。

【生态习性】阳性树种，稍耐荫，喜温暖气候，也能耐寒。喜深厚、肥沃、湿润而排水良好的土壤。深根性，萌芽力不强。生长速度中等偏慢，寿命长。

【繁殖要点】播种繁殖。

【园林用途】树干耸直，冠大荫浓，叶大而形美，初夏繁花满树，硕大的白色花序又似一盏华丽的烛台，蔚然可观，是世界著名的观赏树种，四大行道树之一。在风景区和小庭院中可作行道树、庭荫树或骨干景观树。七叶树与佛教有着很深的渊源，因此很多古刹名寺如杭州灵隐寺、北京卧佛寺、大觉寺中都有大树栽植。

24. 鼠李科 Rhamnaceae

乔木或灌木，稀藤本或草本；常有枝刺或托叶刺。单叶互生，稀对生；有托叶。花小，整齐，两性或杂性，成腋生聚伞、圆锥花序或簇生；萼 4～5 裂，裂片镊合状排列；花瓣 4～5 枚或无；雄蕊 4～5 枚，与花瓣对生，常为内卷的花瓣所包被；具内生花盘，子房上位或埋藏于花盘，2～4 室，每室胚珠 1。核果、蒴果或翅状坚果。

约 58 属 900 种以上，广泛分布于温带至热带地区。我国 14 属 133 种 32 变种 1 变型，各省（区）均有分布，以西南和华南的种类最为丰富。

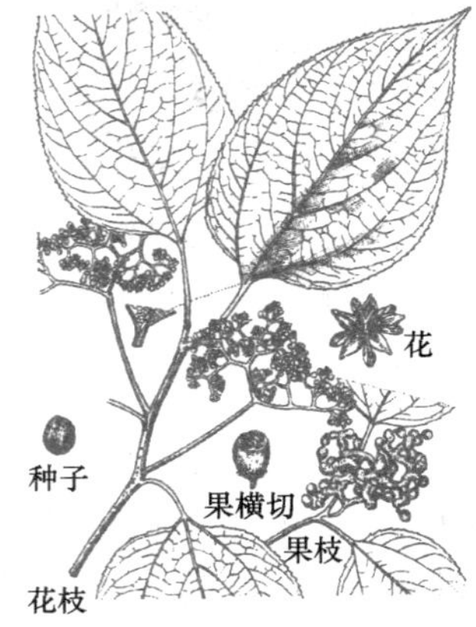

图 7-110　枳椇

（引自祁承经，2005）

（1）枳椇（图 7-110）

别名：拐枣、鸡爪树

学名：*Hovenia dulcis* Thunb.

产地及分布：我国华北南部至长江流域及其以南地区普遍分布，西至陕西、四川、云南。日本也产。多生于阳光充足的沟边、路旁或山谷中。

【形态特征】落叶乔木，高达 15～25m，树冠圆形或倒卵形，树皮灰黑色，深纵裂；小枝红褐色。单叶互生，广卵形至卵状椭圆形，长 8～16cm，先端渐尖，基部近圆形，缘有粗钝锯齿，基部 3 出脉，叶脉及主脉常带红晕，背面无毛或仅叶脉上有柔毛；叶柄长 3～5cm，红褐色。花小，两性，淡黄绿色，花柱浅裂；子房上位，3 室，花盘有毛，聚伞花序腋生或顶生；蒴果球形，果梗弯曲，肥大肉质，经霜后味甜可食（俗称鸡爪梨）。种子黑色。花期 5～6 月，果 9～10 月成熟。

【生态习性】阳性树种，有一定的耐寒能力；对土壤要求不严，在土层深厚、湿润而排水良好处生长快。深根性，萌芽力强。

【繁殖要点】主要播种繁殖，也可扦插或分蘖繁殖。

【园林用途】树态优美，枝叶荫浓，生长快，适应性强，是良好的庭荫树、行道树及“四旁”绿化树种。木材硬度适中，纹理美观，可作建筑、家具、车、船及工艺美术用材。果序梗肥大肉质，富含糖分，可生食和酿酒。果实为清凉、利尿药；树皮、木汁及叶也可供药用。

（2）鼠李（图 7-111）

别名：臭李子、老鸹眼

学名：*Rhamnus davurica* Pall.

产地及分布：产于我国东北、内蒙古及华北等地区；朝鲜、蒙古、俄罗斯也有。多生于山坡、沟旁或杂木林中。

【形态特征】落叶灌木或小乔木，高达 10m。树皮灰褐色，环状剥裂；小枝较粗壮，枝端具顶芽，不为刺状，无毛。叶较大，近对生，倒卵状长椭圆形至卵状椭圆形，长 4～10cm，先端锐尖，基部楔形，缘有细圆齿，侧脉 4～5 对；叶柄长 6～25mm。花黄绿色，3～5 朵簇生叶腋或在短枝上簇生，花梗长 1cm。核果

图 7-111　鼠李

（引自张天麟，2010）

球形，径约6mm，熟时紫黑色；种子2枚，卵形，背面有沟。花期5~6月，果期9~10月。

【生态习性】阳性树种，耐寒、耐荫、耐干旱、瘠薄，适应性强。

【繁殖要点】以播种繁殖为主，也可扦插。

【园林用途】枝叶繁密，叶色浓绿，入秋黑果累累，可孤植、丛植于林缘、路边或庭园观赏，颇具野趣。

(3) 枣（图7-112）

别名：红枣

学名：*Zizyphus jujuba* Mill.

产地及分布：原产我国，各地有栽培，以黄河中、下游和华北平原栽培最为普遍。伊朗、俄罗斯中亚地区、蒙古、日本也有分布。

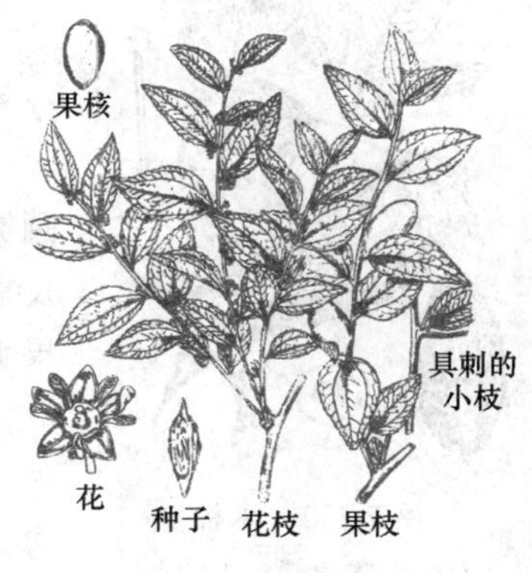

图7-112 枣
（引自祁承经，2005）

【形态特征】落叶乔木，高达10m。树皮灰褐色，条裂；枝有长枝（枣头）、短枝（枣股）和脱落性小枝（枣吊）之分。长枝呈“之”字形曲折，红褐色，光滑，有托叶刺长短各1，长刺直伸，短刺钩曲；短枝在2年生枝上互生；脱落性小枝为纤细下垂的无芽枝，常3~7簇生于短枝节上，冬季与叶俱落。叶卵形至卵状长椭圆形，三出脉。花小，黄绿色，8~9朵簇生于脱落性枝的叶腋，成聚伞花序。核果长椭圆形，熟后暗红色。果核坚硬，两端尖。花期5~6月，果期8~9月成熟。

【观赏期】秋季观果。

【类型及品种】栽培品种很多，约680个品种，在园林中栽培观赏的变种有：

1）无刺枣 var. *inernis Bunge* Rehd.，枝上无刺。果大，味甜。

2）缢痕枣 var. *lageniformis* Hort.，别名葫芦枣，果实中部或中上部有缢痕，形似葫芦。

3）曲枝枣 var. *tortuous* Hort.，别名龙爪枣，枝及叶柄均扭曲，状如龙爪柳。亦可盆栽或制成盆景。

【生态习性】阳性树种，喜干冷气候，耐寒，也耐湿热，耐旱、涝；对土壤要求不严，山坡、丘陵、沙滩、轻碱地都能生长。pH在5.5~8.5之间，以肥沃的微碱性或中性砂壤土生长最好。根系发达，萌蘖力强，耐烟熏，不耐水雾。

【繁殖要点】分株、嫁接和扦插繁殖。

【园林用途】枝干苍劲，翠叶垂荫，丹实粒粒，别具特色。是园林结合生产的良好树种。除设置枣园外，宜作庭荫树及行道树，或丛植、群植于庭院、“四旁”、路边。可孤植、群植宅院、堂前、建筑物角隅，或片植于坡地，幼树可作刺篱材料。对多种有害气体抗性较强，可用于厂矿绿化。老根可作桩景。还是优良的蜜源植物。

25. 木棉科 Bombacaceae

乔木茎枝常具皮刺。叶互生，单叶掌状分裂或掌状复叶，全缘，托叶早落。花大而美丽，两性，单生或成圆锥花序，花萼5裂，裂片微覆瓦状排列，其下常具副萼，花瓣5，常为长形，或有时无花瓣，雄蕊通常多数，分离或连成管状，花药1室，子房上位，2~5室，每室2至多数胚珠，中轴胎座。木质蒴果，室背开裂或不裂，果皮内壁有长毛，种子埋于其中。

约20属180种，分布于热带，以美洲为多。我国1属2种，产云南、贵州、四川、广东、广西、福建、台湾、江西和云南等省区，另引入2属2种。

图7-113　木棉
（引自陈有民，1988）

（1）木棉（图7-113）

学名：*Bombax malabaricum* DC.

产地及分布：产中国华南。印度、马来西亚及澳大利亚也有分布。

【形态特征】落叶大乔木，高达25～40m，树干上具粗短的圆锥状刺，枝条轮生呈水平伸展。掌状复叶互生，小叶5～7枚，长椭圆形，长10～20cm，无毛。花大，红色，簇生近枝端；蒴果大，近木质，内有棉毛。花期2～3月；果期6～7月。

【观赏期】春季观花。

【生态习性】阳性树种，喜温暖气候，不耐寒，耐旱，耐瘠薄，不耐水湿，对土壤要求不严。抗风，抗大气污染。深根性，萌芽性强，速生。

【繁殖要点】播种、分蘖或扦插繁殖。

【园林用途】树形高大雄伟，枝干舒展，分枝层次明显，树冠整齐，多呈伞形，早春先叶开花，满树枝干缀满艳丽而硕大的花朵，如火如荼，耀眼醒目，极为壮丽，是美丽观赏树种，可作行道树或庭园风景树。

26. 千屈菜科 Lythraceae

草本或灌木，稀乔木。单叶对生，全缘，有托叶；总状花序，圆锥花序或两歧聚伞花序，花两性，花瓣常有爪，着生于花萼喉部，雄蕊为花瓣的2倍，或1至多数，子房上位，2～6心皮合生；蒴果，无胚乳。

（1）紫薇（图7-114）

别名：满堂红、痒痒树

学名：*Lagerstroemia indica* Linn.

产地及分布：北起河北，经黄河流域南至广东、广西、海南，西至湖北、四川中部。

【形态特征】落叶小乔木，树干不直，通常呈灌木状，树皮有不规则裂片剥落，内皮光滑；叶片椭圆形或倒卵状椭圆形，叶柄短；顶生圆锥花序，花两性，花色有白色、粉红、紫红色；蒴果椭圆状球形。花期7～9月，果期10～11月。

【观赏期】夏秋季观花。

【生态习性】阳性树种，耐寒，耐旱。

【繁殖要点】播种、扦插。

【园林用途】花色多样，花期长，为优良观赏花木。

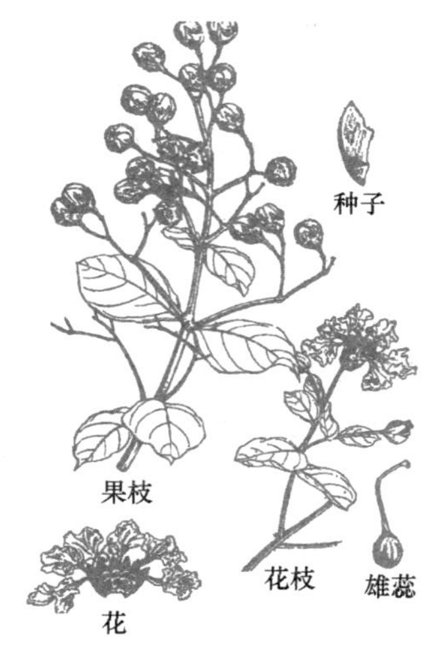

图7-114　紫薇
（引自祁承经，2005）

（2）大花紫薇

别名：大叶紫薇、百里香

学名：*Lagerstroemia speciosa*（Linn.）Pers.

产地及分布：我国福建、广东、广西、云南、海南、香港、澳门等地有栽培。分布于斯里兰卡、印度、马来西亚、越南、菲律宾等国家。

【形态特征】落叶乔木，高可达25m，树皮平滑。小枝圆柱形，无毛或微被秕糠状毛。叶革质，长圆状椭圆形或长圆状卵形，长10～25cm，叶柄粗短。顶生圆锥花序，花冠大，紫或紫红色，花瓣卷皱状；花萼具棱，6裂，裂片反曲；花瓣6，边缘几不皱缩，有短爪。蒴果圆形，成熟茶褐色，6瓣裂。种子多数。花期5～7月，果8～11月成熟。

【观赏期】5～7月观花，秋季观叶。

【生态习性】阳性树种，耐半荫，喜温热湿润气候，有一定的抗寒力和抗旱力。喜生于石灰质土壤。

【繁殖要点】扦插或播种繁殖。

【园林用途】树冠浓密，叶大枝繁，色泽青翠，冬季落叶前叶色变黄或橙红；花大色艳，灿烂夺目，花期长久，是美丽的景观树种。适合作庭荫树、园景树、行道树，可孤植、丛植、列植、片植等。

27. 石榴科 Punicaceae

落叶小乔木或灌木；小枝先端有刺尖；单叶对生，近对生或簇生；花两性，花瓣5～7，雄蕊多数，子房下位；浆果，外果皮革质，种子多数，外果皮肉质多汁，内种皮木质。

1属2种，原产地中海地区及亚洲中部，中国自古引入1种。

（1）石榴（图7-115）

学名：*Punica granatum* L.

产地及分布：我国南北各地除极寒地区外，均有栽培分布。其中以陕西、安徽、山东、江苏、河南、四川、云南及新疆等地较多；原产于伊朗、阿富汗等国家。

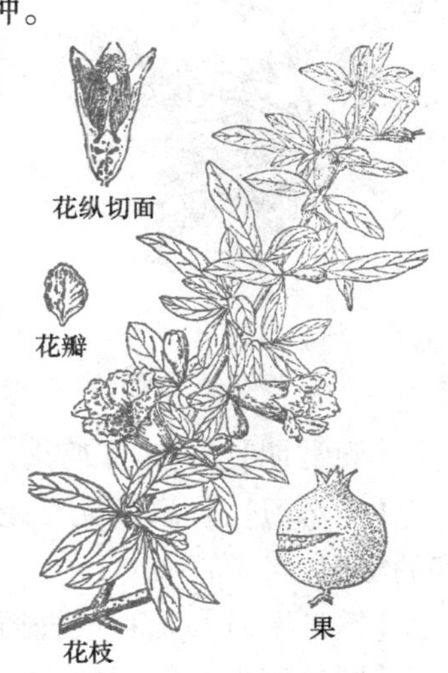

图7-115 石榴

（引自陈有民，1988）

【形态特征】落叶灌木或小乔木，高2～7m，树冠常不整齐。小枝有棱角，无毛，先端常呈刺状。叶对生或簇生，长圆状披针形，或椭圆状披针形，长2～8cm，无毛而有光泽。花1～5朵，生于枝顶或腋生，有短柄；花萼钟形，橘红色，质厚，长2～3cm。花瓣常红色，也有白、黄或深红色的，花瓣皱缩，单瓣或重瓣。浆果近球形，径6～8cm，古铜黄色或古铜红色，具宿存花萼。种子多数，有肉质外种皮。花期5～7月，果期9～10月。

【观赏期】夏季观花，秋季观果。

【类型及品种】石榴因单瓣、重瓣的不同，主要变种有：

1）白石榴 var. *albescens* DC.，花白色，单瓣。

2）黄石榴 var. *flavescens* SW.，花黄色。

3）重瓣白石榴 var. *multiplex* SW，花白色，重瓣。

4）重瓣红石榴 var. *pleniflora* Hayne.，花红色，重瓣。

5）月季石榴 var. *nana* Pers.，矮小灌木，叶线形，花果均较小。

6）玛瑙石榴 var. *legrellei* Vanh.，花红色，重瓣，有黄白色条纹。

7）墨石榴 var. *nigra* Hort.，枝柔细，叶狭小，花果亦小，果熟时呈紫黑色。

【生态习性】阳性树种；喜温暖气候，有一定的耐寒能力，耐一定的干旱瘠薄；喜湿润、肥沃、排水良好的石灰质土壤，萌芽力强。

【繁殖要点】播种或扦插繁殖为主。

【园林用途】石榴花开于初夏。绿叶荫荫之中，燃起一片火红，灿若烟霞，绚烂之极。石榴既可观花、观果又可食用。孤植、丛植于庭院、草坪中或大量配置于自然风景区；亦可做盆景观赏。人们借石榴多籽，来祝愿子孙繁衍，家族兴旺昌盛。石榴树是富贵、吉祥、繁荣的象征，古人称石榴“千房同膜，千子如一”。

28. 山茱萸科 Cornaceae

乔木或灌木，稀草本。单叶对生，稀互生，通常全缘，多无托叶。花两性，稀单性，排成聚伞、伞形、伞房、头状或圆锥花序；花萼4~5裂或不裂，有时无；花瓣4~5，雄蕊常与花瓣同数并互生；子房下位，通常2室。核果或浆果状核果；种子有胚乳。

约14属100余种，产于北半球；中国产5属40种。

（1）灯台树（图7-116）

图7-116 灯台树
（引自祁承经，2005）

别名：瑞木

学名：*cornus controversa* Hemsl.

产地及分布：主产于长江流域及西南各地，北达东北南部，南至广东、广西及台湾。

【形态特征】落叶乔木，高15~20m。树皮暗灰色，老时浅纵裂。枝紫红色，无毛。叶互生，常集生枝梢，卵状椭圆形，长6~13cm，叶端突渐尖，叶基圆形，侧脉6~8对，叶表深绿色，叶背深绿色，疏生贴伏短柔毛，叶柄长2~6.5cm。顶生伞房状聚伞花序，花小，白色。核果球形，径6~7mm，熟时由紫红色变成紫黑色。花期5~6月；果9~10月熟。

【观赏期】5~6月观花，9~10月观果。

【生态习性】喜阳光，稍耐荫；喜温暖湿润气候，有一定耐寒性；喜肥沃湿润而排水良好的土壤。

【繁殖要点】播种或扦插繁殖。

【园林用途】树形整齐，大侧枝呈层状生长，宛若灯台，形成美丽的圆锥状树冠。花色洁白、素雅，果实紫红鲜艳。为优良的庭荫树及行道树。

（2）四照花（图7-117）

学名：*Dendrobenthamia japonica*（DC）Fang var. *chinese*（Osborn）Fang.

产地及分布：长江流域、陕西、山西、甘肃、江苏、安徽、浙江、江西、福建、台湾、河南、湖北、湖南、四川、贵州、云南等省。

【形态特征】落叶小乔木，高达8m；幼枝呈绿色有灰白色短柔毛，单叶对生，全缘厚

纸质，卵状椭圆形，弧形侧脉4～5对，背面粉绿色，被白柔毛，在脉腋有时具簇生的白色或黄色毛；花黄白色，球形头状花序，由40～50朵小花组成，总苞片4枚，卵形或卵状椭圆形；5～6月开花，聚花果球形，熟时粉红色。

图7-117　四照花
（引自陈有民，1988）

【观赏期】初夏观花，秋季观叶观果。

【生态习性】喜光，耐半荫；喜温暖气候湿润环境，适生于肥沃而排水良好的土壤。适应性强，能耐一定程度的寒、旱、瘠薄。多生于海拔600～2200m的林内及阴湿溪边。

【繁殖要点】分蘖、扦插和播种繁殖。

【园林用途】初夏白色苞片美观而显眼，秋叶变红色或红褐色，颇富观赏价值，是美丽的园林观赏树种。

29. 柿树科 Ebenaceae

常绿或落叶，乔木或灌木。单叶互生，稀对生或轮生，全缘，无托叶。花单性异株或杂性，辐射对称，单生或排列成短聚伞花序，腋生；萼3～7裂，宿存，花冠3～7裂；雄花具退化雌蕊，雄蕊与花冠裂片同数或为其2～4倍，生于花冠基部，花丝短，分离或基部合生，花药2室，纵裂；雌花具退化雄蕊4～8粒，子房上位，2～16室，花柱2～8枚，分离或基部合生，每室胚珠1～2。浆果；种子具硬质胚乳，子叶大，叶状。

6属，450余种，分布于热带及亚热带。我国1（2）属，约41种。

图7-118　柿树
（引自祁承经，2005）

（1）柿树（图7-118）

学名：*Diospyros kaki* Thunb.

产地及分布：原产于我国，分布极广，北自河北长城以南，西北至陕西、甘肃南部，南至东南沿海、两广及台湾，西南至四川、贵州、云南均有分布。

【形态特征】落叶乔木，树皮呈长方块状深裂，不易剥落；树冠球形或圆锥形。叶片宽椭圆至卵状椭圆形，长6～18cm，近革质，上面深绿色，有光泽，下面淡绿色；小枝及叶下面密被黄褐色柔毛。花钟状，黄白色，多为雌雄同株异花。果卵形或扁球形，形状多变，大小不一。熟时橙黄色或鲜黄色；萼卵圆形，端钝圆，宿存。花期5～6月，果熟期9～10月。

【观赏期】秋季观果、观叶。

【生态习性】阳性树种，喜温暖亦耐寒，能耐－20℃的短期低温，对土壤要求不严。对有毒气体抗性较强。根系发达，寿命长，300年生的古树还能结果。

【繁殖要点】嫁接繁殖。

【园林用途】柿树树形优美，叶大呈浓绿色而有光泽，在秋季有变红色，是良好的庭荫树。在9月中旬以后，果实渐变橙黄色或橙红色，累累佳实悬于绿荫丛中，极为美观，又因果实不易脱落，叶落后仍能悬于树上故观赏期长，观赏价值较高，是极好的园林结合生产树种，既适宜于城市园林又适于自然风景区中配植应用。

30. 木犀科 Qleaceae

乔木或灌木，稀藤本。单叶或羽状复叶，常对生，稀互生，无托叶。花两性，稀单性，整齐，圆锥、总状、聚伞花序，有时簇生或单生；萼4（6）齿裂，稀无花萼；花冠4（2～9）裂或无；雄蕊2（4～10），着生于花冠筒上；子房上位，2心皮，2室，每室常2胚珠。果为蒴果、浆果、核果、翅果。

约29属600种，广布于温带、亚热带及热带地区；我国13属200余种，南北各省区都有分布。

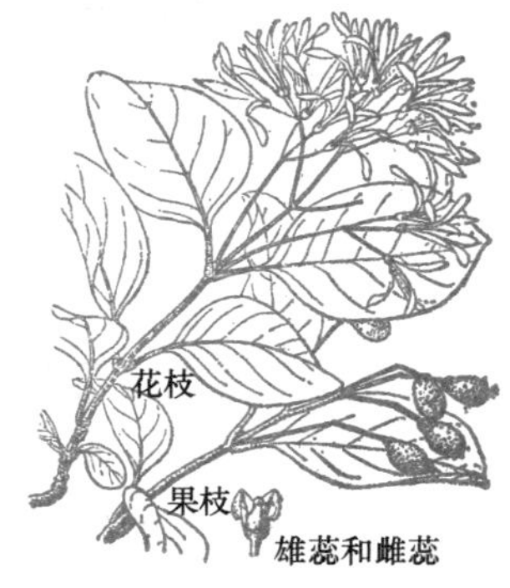

图7-119　流苏树
（引自陈有民，1988）

（1）流苏树（图7-119）

学名：*Chionanthus retusus* Lindl. et paxt.

产地及分布：产河北、山东、山西、河南、甘肃及陕西，南至云南、福建、广东、台湾等地。日本、朝鲜也有。生海拔200～3300m间的河边和山坡。

【形态特征】乔木或灌木，高可达20m；树灰色；大枝皮常纸状剥裂；大枝开展；小枝初时有毛。叶卵形至倒卵状椭圆形，长3～10cm，端钝圆或微凹，全缘或有时有小齿，叶柄基部带紫色。花白色，4裂片狭长，长1～2cm，花冠筒极短。核果卵圆形，长1～1.5cm。花期4～5月，果熟期9～10月。

【观赏期】4～5月观花。

【类型及品种】园林变种有：齿叶流苏树 var. *serrulatus* G. koidz.，叶缘有细锯齿，产我国台湾。

【生态习性】阳性树种，耐寒，抗旱，喜肥厚土壤。生长较慢。

【繁殖要点】播种、扦插或嫁接繁殖。

【园林用途】枝叶繁茂，初夏满树白花，如覆霜盖雪，清丽宜人，是优美的园林观赏树种，不论点缀、群植均具很好的观赏效果。于草坪中数株丛植，也宜于路旁、水池旁、建筑物周围、公园、池畔散植。也可选取老桩进行盆栽，制作桩景。

（2）白蜡树（图7-120）

别名：白荆树、青榔木

学名：*Fraxinus chinensis* Roxb.

产地及分布：东北中南部至黄河流域、长江流域，西至甘肃，南达华南、西南。

【形态特征】落叶乔木，高达15m，树冠卵圆形，冬芽黑褐色。小叶5～9，通常7枚，椭圆形至椭圆状卵形，长3～10cm，端渐尖或突尖，缘有波状齿，下面沿脉有短柔毛，叶柄基部膨大。花序生于当年枝，与叶同时或叶后开放；花萼钟状，无花瓣。果倒披针形，长3～4cm基部窄，先端菱状匙形。花期4～5个月，果熟期8～9月。

【观赏期】秋季观叶。

【生态习性】阳性树种，稍耐荫；适宜温暖湿润气候，亦

图7-120　白蜡树
（引自吴玉华，2008）

耐干旱，耐寒冷。对土壤要求不严。抗烟尘及有毒气体。深根性，根系发达，萌芽、根蘖力均强，生长快，耐修剪。

【繁殖要点】播种繁殖为主，亦可扦插或压条。

【园林用途】树干端正挺秀，叶绿阴浓，枝叶繁茂而鲜绿，秋叶橙黄，是优良的行道树和遮荫树，可用于湖岸绿化和工矿区绿化。

（3）水曲柳（图 7-121）

学名：*Fraxinus mandshurica* Pupr.

产地及分布：我国东北、华北，以小兴安岭为最多。朝鲜、日本、前苏联也有。

【形态特征】落叶乔木，高达 30m，树干通直，树皮灰褐色。小枝略呈四棱形。小叶 7 ~ 13 枚，无柄，叶轴具狭翅，小叶椭圆形或卵状披针形，长 8 ~ 16cm，锯齿细尖，先端长渐尖，基部连叶轴处密生黄褐色绒毛。圆锥花序侧生于去年生小枝上；花单性异株，无花被，翅果扭曲，长圆状披针形。花期 5 ~6 月，果期 10 月。

【观赏期】秋季观叶。

图 7-121　水曲柳
（引自吴玉华，2008）

【生态习性】阳性树种，幼时稍耐荫，耐严寒；喜潮湿但不耐水涝；喜肥，稍耐盐碱。主根浅，侧根发达，萌蘖性强，生长较快，寿命较长。

【繁殖要点】播种或扦插繁殖。

【园林用途】树体端正，树干通直，秋季叶变色，是优良的行道树和绿阴树，还可用于河岸和工矿区绿化。

31. 玄参科 Scrophulariaceae

草本、灌木或少有乔木。单叶对生，少互生、轮生；无托叶。花两性，两侧对称；花序总状、穗状或聚伞状，再组成圆锥花序；花萼 4 ~5 裂，宿存；花冠合生，4 ~5 裂，裂片多少不等或作二唇形；雄蕊通常 4 枚，2 长 2 短；子房上位，2 室，胚珠多数，蒴果，少有浆果状；种子细小，多数。

约 200 属 3000 种，中国约产 60 属，630 余种，南北各地均有分布，以西南部尤多。

图 7-122　楸叶泡桐
（引自吴玉华，2008）

（1）楸叶泡桐（图 7-122）

学名：*Paulownia catalpifolia* Gong. Tong

产地及分布：为中国原产树种，主产河北、河南、山东、山西、陕西等省。多零星分布。黄河中下游至淮河流域，分布于山东、河南、河北、山西、陕西，我省有引种。多生于浅山丘陵地区，平原地区较少，耐干旱瘠薄土壤，适于山上栽培。

【形态特征】落叶乔木，高可达 20m，树冠呈圆锥形，常有明显的中心主干；枝叶密集。单叶互生，叶片长卵形，先端长尖，基部圆形或心形，全缘，深绿色。花两性，顶生狭圆锥聚伞花序，花萼浅裂达 2/5 ~1/3，花冠细长，白色或淡紫色。筒内密被紫色小斑，长 7.5 ~9.5cm。蒴果纺锤形，长 4.5 ~5.5cm。花期 5 月，果熟 9 月。

【生态习性】阳性树种，不耐庇荫，耐寒性强，较抗干旱，对土壤性质要求不严，但对肥力十分敏感，怕积水涝洼。速生。

【繁殖要点】播种、埋根、埋条均易繁殖。

【园林用途】树冠美观，干形端直，树形优美，叶似楸叶，花色淡紫，是一个良好的“四旁”绿化速生树种。

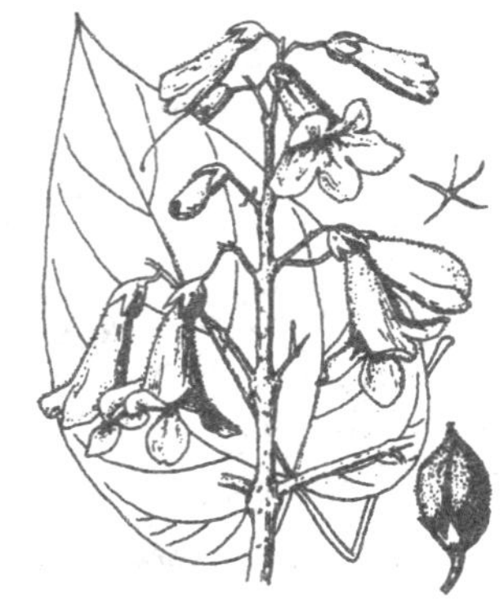

图 7-123 紫花泡桐
（引自张天麟，2010）

（2）紫花泡桐（图 7-123）

学名：*Paulownia tomentosa*（Thunb.）Steud.

产地及分布：山东、河北、河南、江苏、安徽、江西等省。海拔 700m 以下。

【形态特征】落叶乔木；幼枝、幼果、叶柄密被黏性短腺毛。树皮暗灰色，具有皮孔。叶草质，宽卵圆形，先端急尖，基部心形，全缘或波状浅裂，上面疏被星状毛，下面被黄色星状绒毛。圆锥花序顶生，花梗、花轴被土黄色星状绒毛。花萼钟形，被星状绒毛；花冠淡紫色，筒状；雄蕊 4 枚，2 强。花期 3 ~4 月。

【观赏期】3 ~4 月观花。

【生态习性】喜光，耐旱，耐盐碱土壤；生长快。

【繁殖要点】播种、分株或插根。

【园林用途】公路绿化，荒地绿化，防风固沙，森林景观营造。

（3）泡桐（图 7-124）

学名：*paulownia fortunei*（Seem.）Hemsl.

产地及分布：主要分布长江以南各省，海拔 900m 以下。

【形态特征】落叶乔木，树皮灰褐色。幼枝、叶背、花萼、幼果被土黄色星状毛。叶心状长卵圆形，全缘，先端渐尖，基部心形。聚伞花序顶生，总花梗与花梗近等长。花萼 5 裂，花冠白色，内有紫斑，外披星状毛，上唇 2 裂反卷，下唇 3 裂展开。花期 3 月。

【观赏期】3 月观花。

【生态习性】喜光，适应湿润深厚的土壤。

【繁殖要点】播种或插根。

【园林用途】公路绿化，荒山荒地绿化。

图 7-124 泡桐
（引自张天麟，2010）

32. 紫葳科 Bignoniaceae

乔木、灌木或藤本，稀草本。叶对生或轮生，稀互生，单叶或 1 ~3 回羽状复叶，无托叶。花大而美丽，两性，整齐，单生、圆锥或总状花序；萼钟形，上部平截或 2 ~5 齿裂；花冠 5 裂，上唇 2 裂，下唇 3 裂；雄蕊 4 或 2 着生花冠筒上；子房上位，2 心皮，2 室或 1 室，花柱细长，2 裂。蒴果细长圆柱形或阔椭圆形扁平，稀肉质不开裂；种子极多、扁平，常具翅。

约 120 属 650 种，我国 12 属 35 余种，南北各省均有分布，引进 16 属约 8 种 1 变种。

（1）楸树（图 7-125）

学名：*Catalpa bungei* C. A. Mey

产地及分布：原产我国，黄河流域和长江流域广为栽培。

【形态特征】落叶乔木，高达 30m，树冠狭长倒卵形，树干通直，主枝开阔伸展。树皮灰褐色、浅纵裂，小枝灰绿色、无毛。叶三角状的卵形、上 6～16cm，先端尾尖。总状花序伞房状排列，顶生。花冠浅粉紫色，内有紫红色斑点。花期 4～5 月。种子扁平，具长毛。

图 7-125 楸树

（引自祁承经，2005）

【观赏期】4～5 月观花。

【生态习性】阳性树种，喜温凉气候，较耐寒；喜深厚肥沃湿润的土壤，不耐干旱、积水，忌地下水位过高，稍耐盐碱。属深根性树种；萌蘖性强，幼树生长慢，10 年以后生长加快。耐烟尘、抗有害气体能力强，固土防风能力强。寿命长。自花不孕，往往开花而不结实。

【繁殖要点】分根、分蘖繁殖为主，也可扦插或嫁接繁殖。

【园林用途】楸树高大的风姿，淡红素雅的楸花，令人赏心悦目，自古以来楸树就广泛栽植于皇宫庭院，胜景名园之中，如北京的故宫、北海、颐和园、大觉寺等游览圣地和名寺古刹到处可见百年以上的古楸树苍劲挺拔的风姿。楸树树根系发达，耐寒耐旱，固土防风能力强、耐烟尘、抗有害气体，又是农田、铁路、公路、沟坎、河道防护、道路绿化和抗污染的优良树种。

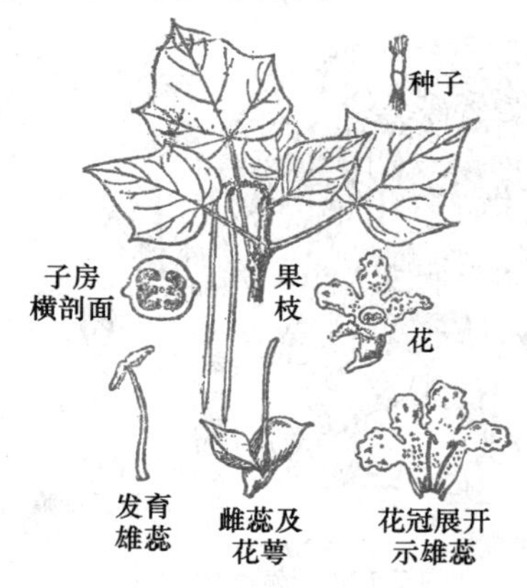

图 7-126 梓树

（引自陈有民，1988）

（2）梓树（图 7-126）

学名：*Catalpa ovata* D. Don

产地及分布：分布较广，东北、华北、华南北部均有，以黄河中下游为分布中心。

【形态特征】落叶乔木，高达 20m，树冠开展，树皮灰褐色、纵裂。单叶对生或有时轮生，叶广卵形或近圆形，长 10～30cm，不分裂或掌状 3～5 浅裂，叶背脉腋有紫斑。圆锥花序顶生，花萼 2 裂，花冠二唇形，淡黄色，内有黄色条纹及紫色斑点，雄蕊 2。蒴果细长如筴，冬季悬垂不落。花期 5～6 月，果期 9～10 月。

【观赏期】春末夏初观花，秋季观果。

【生态习性】阳性树种，稍耐荫；喜温暖湿润，颇耐寒，在暖热气候下生长不良；喜深厚、肥沃的土壤；深根性，不耐干旱瘠薄，能耐轻盐碱土，对 Cl_2、SO_2 及烟尘有较强的抗性。

【繁殖要点】播种繁殖为主，也可扦插或分蘖繁殖要点。

【园林用途】梓树体高大、叶片肥硕、树冠茂密、树干通直，树形优美，春末夏初花朵繁盛，妩媚悦目，果实悬垂如豇豆，是优良行道树、庭荫树；适宜道路、村旁、宅旁配植。古人在房前屋后种植桑树、梓树，“桑梓”即意故乡。

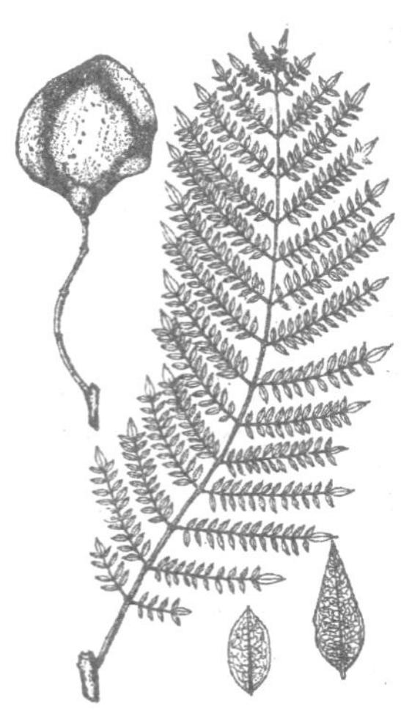
图 7-127　蓝花楹
（引自陈有民，1988）

（3）蓝花楹（图 7-127）

学名：*Jacaranda mimosifolia* D. Don

产地及分布：我国广东（广州）、广西、福建、云南（西双版纳）园林有栽培，原产于巴西、玻利维亚和阿根廷，世界热带地区有栽培。

【形态特征】乔木或灌木，高达 15m，树枝开展，树冠伞形；叶互生，二回羽状复叶，每 1 羽片具小叶 16 ~ 24 对，小叶细小，椭圆状披针形，长 6 ~ 12mm，顶端的 1 枚明显大于其他小叶。初春落叶，春末夏初开花后再发新叶。花蓝色或青紫色，排成顶生或腋生的圆锥花序；萼小，截平形或 5 齿裂；花冠 2 唇形，5 裂；花盘厚；发育雄蕊 4，2 长 2 短；退化雄蕊棒状；子 2 室，有胚珠多数；蒴果木质，扁圆形；种子有翅；花期 5 ~ 6 月，果 8 ~ 10 月成熟。

【观赏期】观花、观叶植物；5 ~ 6 月观花，春夏秋观叶。

【生态习性】阳性树种，能耐半荫；喜高温和干燥的气候，耐干旱，不耐寒，对土壤要求不严，但须排水良好。

【繁殖要点】播种、扦插或压条繁殖。

【园林用途】树姿优美，盛花期满树串串紫蓝花，优美绮丽，为著名为观叶、观花树种、行道树，遮荫树和风景树，庭园、校园、公园、游乐区、庙宇等单植、列植、群植皆宜。

（4）菜豆树（图 7-128）

学名：*Radermachera sinica*（Hance）Hemsl.

产地及分布：产于台湾、广东、广西、贵州和云南，不丹亦产。现华南地区有栽培。

【形态特征】落叶乔木，高 12m。叶为二回奇数羽状复叶，稀为三回羽状复叶，小叶卵形或卵状披针形，先端尾状渐尖，基部宽楔形，全缘，两面无毛。顶生圆锥花序，直立，花萼 5 齿裂，花冠较大，白色至淡黄色，钟状，裂片 5。蒴果线状圆柱形细长，稍弯曲，下垂，多沟槽，长达 85cm，果皮薄革质。种子椭圆形，有膜质翅。花期 5 ~ 9 月；果期 10 ~ 12 月。

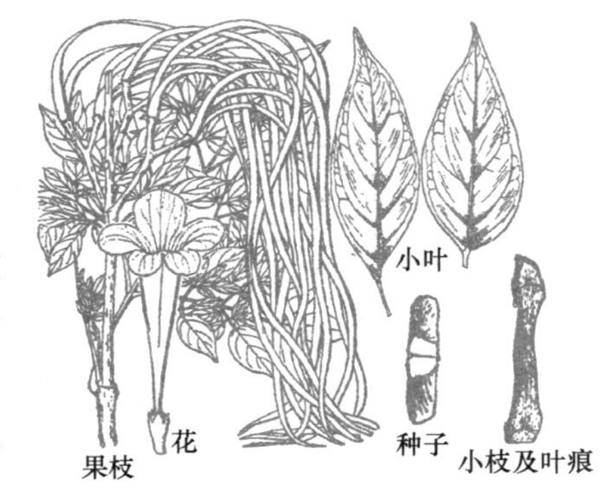

图 7-128　菜豆树
（引自祁承经，2005）

【观赏期】5 ~ 9 月观花，10 ~ 12 月观果。

【生态习性】阳性树种，能耐半荫，喜温暖湿润气候，以富含腐殖质、湿润而排水良好的壤土，但也能耐瘠薄。

【繁殖要点】播种繁殖。

【园林用途】种树干通直，树姿优雅，叶色翠绿亮泽，花与果均有一定的观赏价值，作行道树和园景树。

实训7.2 常见秋色叶树种识别和调查

1. 实训意义、目的与要求

1.1 凡在秋季树种叶片颜色有明显变化并且能保持一定时间的观赏的树种，均可称为“秋色叶树种”。阔叶树类园林植物中的落叶乔木多在秋冬季节叶片颜色发生明显变化，其中一些树种就属于“秋色叶树种”，体现出独特的秋色美景。

1.2 本实训的目的是使学生通过对常见秋色叶树种识别和调查，了解常见秋色叶树种的名称和叶色变化观赏期，体会园林植物的“色彩美”，为以后园林植物种植设计提供一定的理论和实践基础。

2. 实训材料和工具

2.1 实训植物材料：黄色叶秋色叶树种标本：银杏、梧桐、无患子、悬铃木、栾树；红色叶秋色叶树种标本：鸡爪槭、枫香、黄连木、乌桕。

2.2 实训工具：修枝剪、高枝剪、记录本等。

3. 根据标本，填写表7-2

（略）。

4. 考核评估

4.1 优秀：90分以上；
4.2 优良：80~89分；
4.3 良好：70~79分；
4.4 及格：60~69分。

表7-2 常见秋色叶树种识别和调查表

序号	树种	科名	属名	秋季叶色	主要园林观赏价值
1	银杏				
2	梧桐				
3	无患子				
4	悬铃木				
5	栾树				
6	鸡爪槭				
7	枫香				
8	黄连木				
9	乌桕				

拓展知识 秋色叶类识别要点

秋季叶色有显著变化的树种称“秋色叶树”。秋季观叶树种的选择至关重要，如果树种的选择与搭配得当，可以创造出优美的景色，给人们以层林尽染，“不似春光，胜似春光”之感。常见灌木类秋色叶树以红叶树种最多，观赏价值最大，如珍珠花、黄栌、卫矛、红瑞木、杜鹃等。

叶秋季变色期由于正常季节变化，树木出现变色叶，其颜色不再消失，并且新变色之叶在不断增多至全部变色的时期。不能与因夏季干旱或其他原因引起的叶变色混同。常绿树多无叶变色期，除少数外可不记录。

1. 秋叶开始变色期：当观测树木的全株叶片约有5%开始呈现为秋色叶时，为开始变色期。

2. 秋叶全部变色期：全株所有的叶片完全变色时，为秋叶全部变色期。

3. 可供观秋色叶期：以部分（约30% ~ 50%）叶片所呈现的秋色叶，有一定观赏效果的起止日期为准。具体标准因树种品种而异。记录时注明变色方位、部位、比例，颜色并以图示标出该树秋叶变色过程。例如：元宝枫，由绿变成黄、橙、红三色。

秋色叶色呈红色或紫红色的树种有：鸡爪槭、五角枫、茶条槭、地锦、小檗、樱花、盐肤木、柿树、乌桕、卫矛、黄栌等；秋季叶色呈黄色或黄褐色的树种有：银杏、白蜡、鹅掌楸、梧桐、无患子、紫荆、栾树、悬铃木等。

小　　结

主要介绍了阔叶树类园林植物中常见落叶乔木树种的名称、科属、生态习性、自然地理分布、繁殖要点和园林观赏应用价值。

相关链接

1. 陈有民．园林树木学［M］．北京：中国林业出版社，1988.
2. 祁承经，汤庚国．树木学［M］（南方本）．第2版．北京：中国林业出版社，2005.
3. 中国数字植物标本馆 http：//www. cvh. org. cn/
4. 中国植物图像库 http：//www. plantphoto. cn/

练习题

1. 秋色叶树种的定义？列举3 ~ 5 种当地常见的秋色叶树种。
2. 简述银白杨、新疆杨、加拿大杨和毛白杨在形态特征方面的区别。
3. 简述一球悬铃木、二球悬铃木和三球悬铃木在形态特征方面的区别。
4. 简述海棠花、西府海棠和垂丝海棠在形态特征方面的区别。
5. 简述香椿和臭椿在形态特征方面的区别。
6. 简述三角枫、茶条槭、五角枫、鸡爪槭和元宝槭在形态特征方面的区别。

7.2.2 常绿乔木

1. 杨梅科 Myricaceae

常绿或落叶，乔木或灌木。有芳香。单叶互生，全缘或有齿；无托叶。花单性，无花被，雌雄同株或异株，组成葇荑花序，风媒花；雄花序常生于去年枝叶腋或新枝基部，单生、簇生或组成圆锥状花序；雌花序生于叶腋；雌雄同序者则下部为雄花，上部为雌花。雄花单生苞腋，雄蕊2至多数；雌花单生苞腋，子房上位，2心皮，1室，具1枚直生胚珠，柱头丝状2裂。核果外被乳头状突起，基部具有2～4枚小苞片，稀不存在。

共2属，约50种，主要分布热带、亚热带和温带地区。我国有1属，4种，分布于西南部至东部。

（1）杨梅（图7-129）

学名：*Myrica rubra*（Lour.）Sieb. et Zucc.

产地及分布：产长江以南各地，以浙江栽培最多；日本、朝鲜及菲律宾也有分布。

图7-129 杨梅

（引自张天麟，2010）

【形态特征】常绿乔木，高达12m，胸径60cm。树冠整齐，近球形。树皮黄灰黑色，老时纵浅裂。幼枝及叶背有黄色小油腺点。叶倒披针形，先端较钝，基部狭楔形，全缘或者近端部有浅齿。雌雄异株，雄花序紫红色。核果球形，直径一般为1.5～2cm。果实最大的要算东魁杨梅，果实纵径3.93cm，横径3.76cm，平均单果重25g左右，最大单果重52g。果实深红色，也有紫、白等色的，多汁。花期3～4月。果熟期6～7月。

【观赏期】观叶为主，初夏可以观赏红色果实。以夏至节气前后为佳，“夏至杨梅满山红，小暑杨梅出大虫”。

【类型及品种】浙江省主栽品种有东魁杨梅、荸荠种杨梅、丁岙杨梅、晚稻杨梅。地方特色品种有临海早大梅、三门桐子梅、早荠蜜梅、早色、黑晶、水晶杨梅、大炭梅、乌紫杨梅、晚荠蜜梅。

【生态习性】中性树，稍耐荫，不耐烈日直射；喜欢温暖湿润气候以及酸性而排水良好的土壤，中性以及微碱性土上也可以生长。不耐寒，长江以北不适宜栽种。深根性，萌芽性强。对二氧化硫、氯气等有毒气体抗性较强。

【繁殖要点】播种、压条以及嫁接等方法繁殖。播种法于7月初采种，堆沤3～5天后，洗净果肉，晾干。砂藏到9月下旬到10月上旬播种。采用撒播方式，每亩用量为800～1000kg，采用条播方式，每亩用量为260～330kg幼苗要适当遮荫。压条在3～4月间进行，也可以采用高压法，在生产上，此法用得较少。以生产果实为主的，需要嫁接，砧木选用经过移栽的1～2年生健壮实生苗。在3月下旬到4月上旬，在杨梅树液流动之前采用切结法嫁接。

在浙江以2月下旬到3月下旬栽种为宜，定植应选择无风阴天或者小雨天进行，避免干燥天气状况下栽种。栽种应该选择低山丘陵北坡，若在阳坡应和其他树种间植。杨梅为典型的雌雄异株植物，一般以搭配1%雄株为宜，雄株尽可能栽种在花期的上风口。初栽杨梅不能浇肥，即使稀薄的肥料也会引起根系腐烂，严重时植株死亡。

【园林用途】杨梅枝繁叶茂，树冠圆整，初夏又有红果累累，十分可爱，是园林绿化结合生产的优良树种。孤植、丛植于草坪、庭院，或者列植于路边都很合适；若采用密植方式来分隔空间或者起到遮蔽作用，效果也很理想。

2. 壳斗科 Fagaceae

（1）苦槠（图7-130）

图7-130 苦槠

（引自张天麟，2010）

别名：苦槠栲、血槠、槠栗、苦槠子

学名：*Castanopsis sclerophylla*（Lindl.）Schott.

产地及分布：主产我国长江以南各地。

【形态特征】常绿乔木，高达15～20m。树龄可以达到800年以上，胸径可以达到300cm。树冠球形，干皮纵裂，厚而坚硬。小枝绿色，无毛，具棱沟。单叶互生，长椭圆形，中部以上有齿，背面有灰白色或者钱褐色蜡层，苍白色，厚革质。花单生，雌雄同株，雄花穗状、直立、乳白色、有香气。坚果单生于球状总苞内，总苞表面有疣状苞片，果实成串生于枝上。花期5月，果熟期10月。

【观赏期】全年观赏树形，5月可以赏花，10月可以赏果实。

【生态习性】喜光，稍耐荫，喜肥沃湿润酸性土和中性土，也耐干旱瘠薄。深根性，萌芽性强，速度中等偏慢，寿命长。

【繁殖要点】用播种繁殖。春秋两季可以进行移植，以2月下旬到3月下旬进行为好。苗木除带土球外，还需要疏剪部分枝叶，以减少水分蒸发，保证成活。

【园林用途】苦槠树体高大，冠圆，枝叶茂密，颇为壮观，适宜作为孤立木欣赏，或者片植、群植为风景林，或者作为花灌木的背景树。又具有抗污染、抗火能力强，可以用于工厂绿化和四旁绿化。

（2）石栎（图7-131）

别名：柯

学名：*Lithocarpus glaber*（Thunb.）Nakai.

产地及分布：产中国长江以南各省区，常生于海拔500m以下的山区丘陵。生长于山坡林中。

【形态特征】绿乔木，高达20m，树冠半球形，干皮暗褐色，不裂，小枝密生灰黄色绒毛。叶长椭圆形，先端尾尖，基部楔形，全缘或近端部略有钝齿，厚革质，叶背面灰白色，具蜡层，侧脉6～10对，叶脉粗。壳斗盘状或浅碗状，坚果椭圆形，略被白粉。

图7-131 石栎

（引自张天麟，2010）

【观赏期】全年观赏树形，8～9月观赏花朵，翌年9～10月观赏果实。

【生态习性】阳性树种，稍耐荫，喜温暖气候及湿润、深厚土壤，但也较耐干旱和瘠薄。萌芽力强。

【繁殖要点】种子繁殖。

【园林用途】枝叶茂密，绿荫深浓，宜作庭荫树。适用于草坪中孤植、丛植、山坡成片栽植，或作其他花木的背景树。

（3）青冈栎（图 7-132）

别名：青冈、青栲、四季青

学名：*Cyclobalanopsis glauca* Oerst.

产地及分布：主要分布于长江流域及以南各省区，北至河南、陕西及甘肃南部，是本属中分布范围最广且最北的一种。此外，朝鲜、日本、印度亦产。

【形态特征】常绿乔木，高达 20m。树龄可以到达 500 年以上，胸径可以达到 153cm。树皮平滑不裂；小枝幼时有毛，后脱落。叶倒卵状椭圆形或长椭圆形，先端渐尖，基部广楔形，边缘上半部有疏齿，中部以下全缘，叶上面无毛，背面灰绿色，侧脉 8～12 对。总苞单生或 2～3 个集生，碗状，包坚果的 1/3～1/2，鳞片结合成 5～8 条环带。坚果卵形或近球形，无毛。

图 7-132 青冈栎

（引自张天麟，2010）

【观赏期】全年观赏树形，4～5 月观赏花朵，10～11 月观赏果实。

【生态习性】阳性树种，幼时稍耐荫，喜温暖多雨气候，喜钙质土，常生于石灰岩山地，在排水良好、腐殖质深厚的酸性土壤上亦生长很好。深根性。生长速度中等。萌芽力强，耐修剪；抗有毒气体能力较强。

【繁殖要点】播种繁殖。

【园林用途】本种枝叶茂密，树姿优美，四季常青，是良好的观赏及造林树种。宜丛植、群植或与混植成林，但不宜孤植。又因萌芽力强、有较好的抗有毒气体、隔音和防火能力，可用作绿篱、绿墙、厂矿绿化，防风林和防火林树种。

3. 木麻黄科 Casuarinaceae

常绿乔木。小枝纤细，多节，绿色，具棱脊。叶退化成鳞片状，4～12 枚轮生，基部合生成鞘状。花单性，雌雄同株或异株，无花被；雌花排成头状花序，生于短枝端，雌蕊由 2 心皮合成，外被 2 小苞片，子房上位，1 室，2 胚珠；雄花具有 1 雄蕊，成顶生纤细的穗状花序，风媒传粉。果序球形，成熟时木质小苞片裂如蒴果的果瓣，内有具翅小坚果 1 个。

1 属，约有 65 种，主产于大洋洲，延伸至亚洲南部热带地区、太平洋岛屿和非洲东部。中国南部引入栽培 9 种，常见 3 种，适生于华南沿海沙滩及盐碱地。

（1）木麻黄（图 7-133）

学名：*Casuarina equisetifolia* L.

产地及分布：原产大洋洲及其邻近的太平洋地区；广泛栽培于热带美洲和非洲，中国南部沿海地区有栽培。在玉环、温岭、临海、黄岩永宁江边、椒江等沿海地区广泛分布。

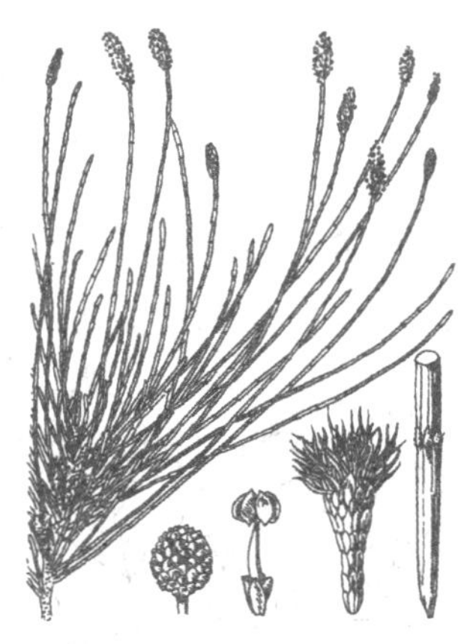

图 7-133 木麻黄
（引自楼炉焕，2000）

【形态特征】常绿乔木，高达 30 ~ 40m。树皮暗褐色，狭长条片状脱落。小枝细软下垂，灰绿色，似松针，长 10 ~ 27cm，粗 0.6 ~ 0.8mm，节间长 4 ~ 6mm，每节通常有退化鳞片 7 枚，节间有棱脊 7 条；部分小枝条冬季脱落。花单性同株。果序球形，径 1 ~ 1.6cm，木质苞片被柔毛；坚果连翅长 5 ~ 7mm，花期 5 月；果熟期 7 ~ 8 月。

【观赏期】全年观赏树形。

【生态习性】强阳性，喜炎热气候，耐干旱、瘠薄、抗盐渍、耐潮湿，不耐寒，小苗在台州地区冬季叶片会受冻越冬，大苗能够安全。生长快，寿命短。

【繁殖要点】种子繁殖，也可用半成熟枝扦插。

【园林用途】本种是我国华南沿海地区造林最适树种，凡沙地和海滨地区均可栽植，防风固沙作用良好；在城市及郊区也可作行道树、防护林或通过整形成绿篱。

4. 桑科 Moraceae

（1）波萝蜜（图 7-134）

别名：木波萝、树波萝

学名：*Artocarpus heterophyllus* Lam.

产地及分布：原产于印度及马来西亚，我国广东、广西、福建、海南、台湾、云南和四川（南部）广泛栽培。

图 7-134 波萝蜜
（引自张天麟，2010）

【形态特征】常绿乔木，高 10 ~ 15m。老树常有板状根，小枝有环状托叶痕，全株有白色乳汁。叶互生，厚革质，无毛，背面粗糙，椭圆形至倒卵形，长 7 ~ 15cm，全缘，或在幼树和萌发枝的叶常分裂。雌雄同株，雄花序顶生或腋生，圆柱形，长 5 ~ 8cm；雌花序生于树干或主枝上，具芳香，聚聚花果圆柱形或近球形，成熟时黄色，可长达 60cm，外皮为六角形瘤状突起；花期 2 ~ 3 月，果 6 ~ 7 月成熟。

【观赏期】全年观赏，2 ~ 3 月观花，6 ~ 7 观果。

【生态习性】阳性树种，耐半荫，喜高温湿润环境，不耐霜冻和干旱，对土质要求不严，但肥沃、潮湿而排水良好的低丘及平地栽培最理想。

【繁殖要点】播种或嫁接繁殖。

【园林用途】木菠萝树形端正，树大荫浓，花有芳香，并其有老茎开花结果的奇特景观。为优美的庭园观赏树。在华南地区可作为庭荫树或行道树。

（2）榕树（图 7-135）

别名：细叶榕树、正榕、榕、笔果、小叶榕

学名：*Ficus microcarpa* L.

产地及分布：产浙江南部、福建、台湾、广东、海南、广西、云南、贵州。印度、缅甸、马来西亚也有分布。目前在我国南方各省的园林绿化中广泛栽培。

图 7-135　榕树
（引自张天麟，2010）

【形态特征】常绿乔木，高达 25m，胸径 2m；树干主枝具有气生根。叶薄革质，椭圆形或者倒卵状椭圆形，长 4 ~ 8cm，宽 3 ~ 4cm，先端钝尖，基部楔形，全缘，侧脉 3 ~ 10 对；叶柄长 0.5 ~ 1cm；托叶披针形，长约 8mm，无毛。雌雄同株；花间有少数短刚毛。榕果成对腋生，熟时黄色或者微红色，扁球形，径 0.6 ~ 1.1cm，无柄；基生苞片 3，宽卵形，宿存；瘦果卵圆形。花期 5 ~ 6 月；果期 10 月。

【观赏期】全年观赏树形及下垂的气根。

【类型及品种】其栽培变种和变种有：

1）黄金榕 ‘Golden Leaves’，灌木，嫩叶或向阳的叶呈金黄色，适宜作绿篱、色块种植。

2）乳斑榕（黄斑榕）‘Miliky Stripe’，常绿小灌木，叶表面绿色并有浅黄色或乳白色的色斑。

3）黄斑榕 ‘Yellow Stripe’，叶大部分为黄色，间有不规则绿斑纹。

4）厚叶榕（卵叶榕、金钱榕）var. *crassilolia*（Shieh）Liao.，叶倒卵状椭圆形，先端钝或圆，厚革质，有光泽。产我国台湾。近年福建、广东等地有引种。常盆栽观赏。

【生态习性】生长快，寿命长，抗污染强。阳性树种，亦耐半荫，喜温暖多雨气候，不耐寒，生长适宜温度为 18 ~ 30℃；耐水湿，气生根能吸收空气中的水分；喜疏松、肥沃的酸性土壤。耐修剪。

【繁殖要点】播种或者扦插，大枝条扦插也容易成活。

【园林用途】树体高大，绿荫浓郁，姿态雄伟，气根下垂于土长粗，形成“独木成林”的热带雨林景观，宜作庭荫树、孤赏树及行道树或风景区群植成林，华南地区制作盆景的主要材料。

图 7-136　高山榕
（引自张天麟，2010）

（3）高山榕（图 7-136）

别名：高榕

学名：*Ficus altissima* Bl.

产地及分布：分布东南亚地区，及中国广东、海南、广西、云南（南部至西部、西北部）、四川，多生山地林中。

【形态特征】常绿乔木，高达 25 ~ 30m，树皮灰色，平滑，有少数气根，顶芽被银白色毛，幼嫩部分稍被微毛。叶互生，厚革质，广卵形至广卵状椭圆形，长 10 ~ 19cm，宽 8 ~ 11cm，顶端钝急尖，基部圆形或钝，全缘，两面无毛浓绿，基出脉 5 ~ 7 对，明显，叶柄长 2 ~ 5cm，粗壮，托叶厚，革质，长2 ~ 3cm。隐头花序成对腋生，榕果近球形，熟时深红色或带黄色。花期 3 ~ 4 月，果期 5 ~ 7 月。

【观赏期】全年观赏。

【类型及品种】栽培变种有斑叶高山榕 ‘Golgen Edgea’，叶缘有不规则浅绿及黄色斑纹。

【生态习性】喜阳，喜高温多湿气候，耐湿，耐干旱瘠薄，对土壤酸度耐性强，速生树种，抗风、抗大气污染。

【繁殖要点】播种或扦插繁殖。

【园林用途】树冠庞大，枝叶茂盛，抗风、抗大气污染，是良好的行道树、孤赏树、庭荫树，适宜工矿区绿化。

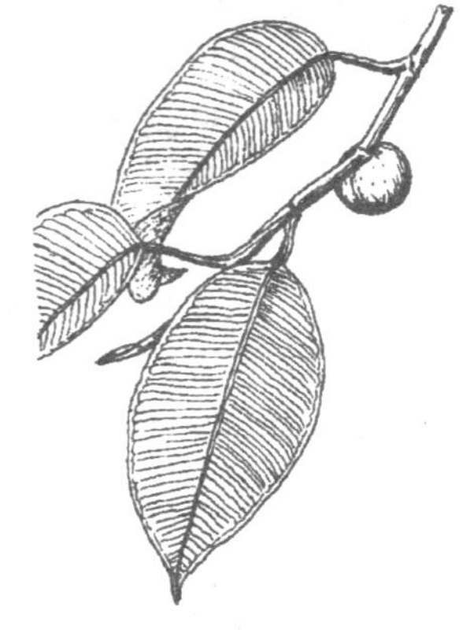

图 7-137　垂叶榕
（引自张天麟，2010）

（4）垂叶榕（图 7-137）

别名：垂榕、吊丝榕

学名：*Ficus benjamina* Linn.

产地及分布：亚洲南部至大洋洲，我国南部至西南部，我国南方广为栽培。

【形态特征】常绿大乔木，高 20 ~ 30m，无气生根，有下垂的枝条。叶互生，薄革质，阔卵状椭圆形或椭圆形，长 3.5 ~ 10cm，宽 2 ~ 5.8cm，顶端尾渐尖或长渐尖，微外弯，基部宽楔形或浑圆，有光泽，全缘，托叶披针形，花序单生或成对腋生，球形或卵形，成熟时黄色或淡红色。花果期 8 ~ 11 月。

【观赏期】全年观赏树形。

【类型及品种】有斑叶‘Variegata’（绿叶有大块黄白色斑）、金叶‘Golden Leaves’（新叶金黄色，后渐变黄绿）、‘Golden Princess’（‘金公主’，叶有乳黄色窄边）、‘Starlight’（‘星光’，叶边有不规则黄白色斑块）、‘Reginald’（‘月光’，叶黄绿色，有少量绿斑）等品种。

【生态习性】阳性树种而耐荫，喜高温湿润气候，适应性强，不耐寒，耐湿而不耐干旱，耐瘠薄，对土质要求不严，但须肥沃和排水良好。抗风，抗大气污染。生长快，萌发力强，耐强度修剪，可作各种造型，移植易成活。

【繁殖要点】扦插或高压繁殖。

【园林用途】树冠广阔，叶片浓绿，光亮，生长迅速，成型较快，四季常绿，耐修剪，作为柱形装饰非常适合；能吸收城市中空气的有害气体，成为兼备净化空气的多用途绿色通道，寿命长，为优良的行道树、庭院树、绿篱树，宜孤植、列植、群植于道路、公园、游乐区、湖滨、江边等绿地。

（5）印度橡皮树（图 7-138）

别名：印度胶榕、印度榕、缅树、印度胶树

学名：*Ficus elastica* Roxb. ex Hornem.

产地及分布：原产印度及马来西亚等地，现我国各地有栽培。

【形态特征】常绿乔木，高达 20 ~ 30m，富含乳汁，有须状气生根，全体无毛。叶互生，厚革质，有光泽，长椭圆形，长 8 ~ 30cm，宽 7 ~ 10cm，先端急尖，基部钝圆形，全缘，中脉明显，侧脉多，不明显，平行展出，叶面暗绿色，叶背淡绿色，托叶大，淡红色，初期包于顶芽外，新叶伸展后托叶脱落，并在枝

图 7-138　印度橡皮树
（引自张天麟，2010）

条上留下托叶痕，花期冬季。

【观赏期】全年观赏，以观叶或红色顶芽为主。

【类型及品种】常见栽培变种有：

1）彩叶橡皮树 var. *variegata*，常绿乔木。树皮光滑，灰褐色，小枝绿色，少分枝。叶面有黄色或黄白色斑块。

2）三色橡皮树 var. *tricolor*，绿叶上有黄白色和粉红色斑，背面中肋红色。

3）美丽橡皮树 var. *decora*，较宽而厚，幼叶背面中肋、叶柄及枝端均为红色。

【生态习性】性喜阳光充足、高温湿润的环境，但不耐寒，耐荫、耐旱、耐瘠薄，抗污染，对土壤要求不严，萌芽力强，生长快，耐修剪。

【繁殖要点】播种、扦插和压条繁殖。

【园林用途】树形丰茂而端庄，叶片宽大而有光泽，我国长江流域及以北各大城市盆栽观赏，在温室越冬。华南地区福建、广东、广西南部、云南南部可露地越冬，作行道树、庭荫树及独赏树或群植。

（6）菩提树

别名：印度菩提树、思维树

学名：*Ficus religiosa* L.

产地及分布：原产印度，亚洲热带广为栽培，我国广东、广西、福建、云南、海南多为栽培。

【形态特征】常绿乔木，株高可达15～25m，有乳汁，树皮黄白色，光滑或微具片状剥落。叶互生，革质，倒卵形或心形绿色而有光泽，长9～17cm，宽8～12cm，顶端骤尖成长尾状，基部宽截形至浅心形，全缘或为波状，基生叶脉三出，侧脉5～7对明显；叶柄纤细，有关节，与叶片等长或长于叶片，托叶小，卵形，先端急尖。花序单个或成对生于叶腋，榕果球形至扁球形，成熟时红色至暗紫色，光滑。花期3～4月，果期5～7月。

【观赏期】全年观赏树形。

【生态习性】阳性树种，较耐荫；喜凉爽湿润气候和深厚、肥沃而排水良好的中性和微酸性土壤。耐寒，抗逆性较差，在干旱瘠薄土壤生长不良，夏季干旱易落叶，不耐盐碱土壤，不耐烟尘污染。深根性，主根发达，耐修剪。病虫害很少。

【繁殖要点】播种和扦插繁殖。

【园林用途】是世界上著名的观赏树种，叶片宽大而有光泽，叶形优雅别致，树冠丰茂，浓荫覆地，是优美的行道树和庭园风景树。菩提树在印度、斯里兰卡、缅甸各地的丛林寺庙中，普遍栽植，它在《梵书》中被称为“觉树”，被虔诚的佛教徒视为圣树，万分敬仰，传说，佛祖释迦牟尼是在菩提树下修成正果（佛），故别名“思维树”。

5. 木兰科 Magnoliaceae

（1）广玉兰（图7-139）

别名：荷花玉兰、大花玉兰、洋玉兰

学名：*Magnolia grandiflora* Linn.

图 7-139 荷花玉兰
（引自吴玉华，2008）

产地及分布：我国长江流域及以南普遍栽培。原产北美。

【形态特征】常绿乔木，高达 30m。树冠卵状圆锥形。树皮灰褐色，鳞片状开裂。叶大型，长圆状披针形或倒卵状长椭圆形，表面深绿色有光泽，厚革质，全缘。花单生于枝顶，洁白，芳香，状如荷花。聚合蓇葖果，圆柱形，外被锈色柔毛。种子外包有红色假种皮，花期 6 ~7 月，果 10 月成熟。

【观赏期】周年观赏，花期 6 ~7 月。

【类型及品种】常见变种有披针叶广玉兰 var. *lanceolata* Ait.，叶长椭圆状披针形，叶缘不成波状，叶背锈色浅淡，毛较少。耐寒性略强。

【生态习性】阳性树种，稍耐荫；耐寒性较强，喜肥沃、湿润而排水良好的酸性土或中性土，不耐干旱瘠薄、水涝和盐碱土壤，对 SO_2、Cl_2、HF、NO_2 等抗性强。

【繁殖要点】播种、嫁接、压条等法繁殖。

【园林用途】树姿雄伟壮丽，叶厚实有光泽，四季常青，花硕大有香气，极具特色适宜草坪孤植作庭荫树种，也适宜列植作行道树，群植作为背景树，借色彩对比收到较突出的景观效果。

（2）白兰花（图 7-140）

别名：白兰、缅桂、白玉兰

学名：*Michelia alba* DC.

产地及分布：华南各地有栽培，原产印度尼西亚、爪哇、菲律宾、马来半岛等地。

图 7-140 白兰花
（引自张天麟，2010）

【形态特征】常绿乔木。高达 20m，胸径 40cm。树皮灰白，幼枝被黄白色柔毛。单叶互生，青绿色，革质有光泽，长椭圆形，叶背被疏柔毛。花白色或略带黄色，花瓣肥厚，长披针形，有浓香。

【观赏期】香花树种，4 ~9 月观花。

【生态习性】阳性树种，耐荫；喜暖热湿润和通风良好的环境，不耐寒，宜疏松、肥沃、排水良好的微酸性土壤，最忌烟气，肉质根、怕积水。

【繁殖要点】压条和嫁接繁殖。

【园林用途】白兰花树姿优美，叶片清翠碧绿，花朵洁白，香如幽兰，在南方园林中孤植、对植或丛植，或与其他香花树种组成“香花园”；北方盆栽，可布置庭院、厅堂、会议室。

（3）深山含笑（图 7-141）

别名：光叶白兰花、光叶白兰、莫夫人含笑、莫氏含笑、粉背白兰、野厚朴

学名：*Michelia maudiae* Dunn

产地及分布：产于广东、广西、湖南、江西、福建、贵州等省，浙江南部也有。

【形态特征】常绿乔木。树高20m。全株无毛。芽、幼枝、叶背均被白粉。叶革质互生，全缘，深绿色，叶背有白粉，宽椭圆形，先端急尖。早春开花，单生于枝顶叶腋处，花大，白色，芳香，花被9片。

图7-141 深山含笑
（引自张天麟，2010）

【观赏期】2~3月观花，9~10月观果。

【生态习性】中性，略耐荫，幼树喜阴；喜欢疏松肥沃的酸性土壤，在微碱性土壤上生长不良；喜欢温暖湿润的气候，较耐寒。抗二氧化硫和氟化氢的能力较强。生长速度较快。

【繁殖要点】以播种繁殖为主。

【园林用途】深山含笑树形优美，枝叶浓密，叶色翠绿，花期早，花型大，花开于树冠外围，盛开时满树白花，清香扑鼻，逗人喜爱，是早春优良的观花树种。适合于肥水条件较好的红黄壤土，丛植、群植和列植都非常合适。也可以作为风景林的组成树种，可以在公园草坪边缘和景区内绿地丛植或者散植。深山含笑对夏秋季节高温不太适应，绿化种植应选择湿润庇荫环境。

（4）乐昌含笑（图7-142）

别名：景烈白兰、南方白兰花、广东含笑

学名：*Michelia chapensis* Dandy

产地及分布：产江西南部、湖南南部、广西东北部及东南部、广东西部及北部。

图7-142 乐昌含笑
（引自张天麟，2010）

【形态特征】常绿乔木。树高30m，胸径达到1.3m。嫩芽被灰色微毛，小枝灰色无毛。叶薄革质，倒卵形或长圆状倒卵形，有光泽。3~4月开花，花黄白色，具芳香。

【观赏期】3~4月观花，9月下旬到10月上旬观果。

【生态习性】阳性而稍耐荫，畏涝，适生于排水良好、疏松肥沃的微酸性土壤，在中性和微碱性土壤上生长不良；喜欢温暖湿润的气候，较耐寒，一年生苗在-7℃时仅有少数叶片和顶芽稍有冻害，大苗无冻害。有较强的抗旱能力。生长速度快。

【繁殖要点】播种或者嫁接繁殖。播种繁殖在9~10月采种，洗净种子，沙藏到翌年2月中下旬播种。

【园林用途】乐昌含笑树干通直，树冠高大、宽阔，树形壮丽，枝叶稠密，花黄白色带绿色，芳香，生长迅速，对土壤适应性强，夏季无日灼，冬季无冻害。是极为优良的园林绿化树种，孤植、丛植、群植和列植均十分适宜。适合于风景区、公园和庭院内丛植或者散植，也可以在建筑物四周点缀，是优良的景观树和庭荫树，若采用行道树或考选作公路两侧绿带基调树种也极相宜。

图 7-143　观光木
（引自楼炉焕，2000）

（5）观光木（图 7-143）

别名：香花木、香木楠、观光木兰、宿轴木兰

学名：*Tsoongiodendron odorum* Chun

产地及分布：主要分布于广西、广东等地。

【形态特征】常绿大乔木，树高 35m，胸径达到 2m。树冠呈阔圆锥状。小枝、芽、花梗、叶柄和叶背均被黄棕色糙状毛；托叶与叶柄贴生，叶膜质，倒卵状椭圆，花单生叶腋，花被片 9（10）枚，3 轮排列，形状与含笑相似，但比含笑更香，并带有较深的紫色斑点。聚合果长椭圆形，垂悬于老枝上。果实硕大，聚合蓇葖果长椭圆形，长达 13cm，径约 9cm，果实重达 0.5 ~ 0.75kg。观光木最早由我国植物学家钟观光（1868 ~ 1940）于 1916 年在广州首次发现。

【观赏期】香花树种，3 ~ 4 月观花，9 ~ 10 月观果。

【生态习性】阳性树种，稍耐荫，幼树忌强光；喜温暖湿润环境，在酸性至中性土壤中长势良好。

【繁殖要点】播种繁殖。播种繁殖在 9 ~ 10 月采种，种子容易丧失发芽力，宜随采随播，或者沙藏到翌年 3 月初播种。

【园林用途】树干通直挺拔，枝叶浓密，绿荫覆盖，适宜孤植、列植和群植或片植于庭院、行道、草坪、风景区等处，也可在山上大面积造林作优质用材林。观光木是我国中部和南方特有的著名园林绿化和香花树种，已列入国家珍稀濒危二级保护植物。处于温度考虑，观光木在中亚热带到南亚热带范围栽种为好。

（6）乐东拟单性木兰（图 7-144）

别名：乐东木兰、观叶木兰、隆南

学名：*Parakmeria lotungensis*（Chun et Tsoong）Law

产地及分布：产湖南、江西、福建、广东、广西、海南、浙江、贵州等地。

【形态特征】常绿大乔木，树高 30m，胸径达到 90cm。全株无毛，树皮灰白色。单叶互生、叶片革质，倒卵状椭圆形或者窄倒卵状椭圆形，长 6 ~ 10cm，宽 2 ~ 3.5cm。花单生枝顶，杂性，雌花和两性花同株，雄花异株。花被片 9 ~ 12 枚。聚合果紫红色，长圆形或者椭圆状卵形，长 3 ~ 6cm，外种皮红色，种子椭圆形或者椭圆状卵形，长 7 ~ 12mm。

图 7-144　乐东拟单性木兰
（引自《浙江植物志》，1993）

【观赏期】5 ~ 6 月观花。9 月下旬到 10 月上旬观果。

【生态习性】阳性树种，稍耐荫；喜温暖湿润环境，适生于酸性轻壤土，在微碱性土壤中也能生长，但是生长量明显下降，较耐旱，耐涝性较弱，喜欢空气湿润，喜欢温暖，耐寒性较强，在 -10℃时，仅部分顶梢和叶片受害。

【繁殖要点】播种或者嫁接繁殖。在 10 月初采种，堆沤、洗净种子、阴干，沙藏到翌年 3 月上中旬播种。

【园林用途】乐东拟单性木兰树干通直高大，树形优美，叶片厚实亮绿有光泽，嫩叶紫红色或者黄褐色，富有变化，花芳香，是珍贵的绿化树种，孤植、丛植、列植和群植均可以，可以作为景观树、庭荫树和行道树。

6. 樟科 Lauraceae

(1) 樟树（图 7-145）

别名：香樟

学名：*Cinnamomum camphora*（Linn.）Presl

产地及分布：分布于我国长江流域以南各省（自治区），主产于浙江、江西、福建、台湾、湖北、湖南、广东、广西、云南等地，尤以台湾最多。越南、朝鲜、日本等国也有。

图 7-145 樟树
（引自楼炉焕，2000）

【形态特征】常绿乔木，高 20～30m，最高可以达到 50m，胸径 4～5m。台州临海有棵大樟树，树龄在 1300 年，高 13m，胸径达到 332cm。树冠卵球形。树皮灰褐色，纵裂。叶互生，卵状椭圆形，长 5～8cm，离基三出脉，脉腋有腺体，背面灰绿色，无毛。圆锥花序腋生于新枝；花被淡黄绿色。核果球形，成熟时黑紫色，果托盘状。花期 5 月，果期 9～11 月。

【观赏期】全年观赏树形。

【生态习性】阳性树种，稍耐荫；喜暖热湿润气候，较耐寒。喜深厚、肥沃而湿润的黏性土，能耐短期水淹，不耐干旱瘠薄。主根发达，深根性，能抗风。萌芽力强，耐修剪。生长速度中等。

【繁殖要点】播种繁殖。

【园林用途】樟树树冠开阔，姿态雄伟，枝叶茂密，绿荫茂密，绿荫蔽日，宜作庭荫树、行道树及营造防护林、风景林。配置于池边、湖畔、平地、山坡等处均十分相宜。若孤植于草坪、旷地，可使树冠广展、浓荫覆地、碧盖如云，更显深远空阔之意境。

(2) 浙江樟（图 7-146）

别名：浙江桂

学名：*Cinnamomum chekiangense* Nakai

产地及分布：分布浙江、江苏、安徽、江西、福建、台湾湖北、湖南、河南等地。

【形态特征】常绿乔木，高 10～16m，全株有芳香及辛辣味，小枝无毛；叶互生或者近对生，长椭圆状广披针形，离基三出脉，近于平行并在表面凸起，叶背有白粉以及细毛。圆锥状聚伞花序腋生。果长圆形，紫黑色。

图 7-146 浙江樟
（引自《浙江植物志》，1993）

【观赏期】4～5 月观赏花朵，10～11 月观赏果实。

【生态习性】喜欢温暖湿润气候，在土层深厚肥沃、排水良好的微酸性黄红壤上生长良好，中性土也能适应。根系深，抗风力强。

【繁殖要点】播种繁殖。

【园林用途】浙江樟树干挺拔，叶茂荫浓，孤植、丛植皆宜，是优良的园林景观树种，又有较好的隔音作用，对二氧化硫抗性强，可以作为防噪声林带树种和厂矿区绿化树种。

图 7-147 红楠
（引自楼炉焕，2000）

（3）红楠（图 7-147）

别名：红润楠、小楠木

学名：*Machilus thunbergii Sieb et Zuce*

产地及分布：分布于我国山东、江苏、安徽、浙江、江西、福建、台湾、湖南、广东、广西等省（自治区），日本、朝鲜也有分布。

【形态特征】常绿乔木，高达 20m。小枝无毛。叶椭圆状倒卵形，长 5～10cm，基部楔形，先端突钝尖，两面无毛，背面有白粉，侧脉 7～10 对，果球形，成熟时蓝黑色，果梗红色。

【观赏期】4 月观花，9～10 月观果。

【生态习性】阳性树种；稍耐荫，喜温暖湿润气候，有一定的耐寒性，是润楠属中最耐寒者。喜肥沃湿润的中性或微酸性土壤。生长较快，寿命长。

【繁殖要点】播种、分株繁殖。

【园林用途】树冠雄伟，姿态优美，枝叶浓密，叶色清新，特别是在果熟期，绿叶丛生，紫黑色的累累果实衬以鲜红色的果梗格外引人注目，令人驻足流连。在园林中，可作孤植、丛植、群植、列植等配植成庭荫树、背景树或隔音树，还可与其他常绿树种混植，再点缀数株色叶树种，绿荫深深，别具情趣。

（4）紫楠（图 7-148）

别名：黄心楠

学名：*Phoebe sheareri*（*Hemsl.*）*Gamble*

产地及分布：我国长江以南以及西南地区广泛分布。

【形态特征】常绿乔木，高达 15m。树皮灰褐色，小枝、叶柄以及花朵密被黄褐色或者灰黑色柔毛。叶革质，倒卵形、椭圆状倒卵形，先端突渐尖或者尾尖，叶片表面无毛或者沿脉有毛，果卵形。

【观赏期】全年观赏树形，4～5 月观花，9～10 月观果。

【生态习性】阴性树种；喜温暖湿润气候以及较为阴湿的环境，在肥沃湿润而排水良好的中性或微酸性土壤中生长良好。深根性，萌芽性强，生长较慢。

图 7-148 紫楠
（引自张天麟，2010）

【繁殖要点】播种繁殖。

【园林用途】紫楠树体高大、端正，叶大荫浓，是优良的观赏树，可以孤植于庭院中心或者在大型建筑物前后配置。紫楠还具有防风、防火、防噪声的功能，宜作为防火林、防风林的树种

（5）楠木（图 7-149）

别名：桢楠、雅楠

学名：*Phoebe zhennan* S. Lee et F. N. We

产地及分布：为我国特渐危种，分布于湖北西部、贵州西北部及四川；多生于海拔1500m以下的阔叶林中。在成都平原广为栽培。

图7-149 楠木
（引自楼炉焕，2000）

【形态特征】常绿乔木，高达30m。树干通直；小枝密被灰黄或灰褐色柔毛。叶革质，椭圆形或长椭圆形，长7～11cm，宽2.5～4cm，先端渐尖，基部楔形，上面无毛或仅基部中上脉有毛，下面密被毛，侧脉8～13对，网脉不明显，叶柄长1.2～2cm。花序明显开展，被毛。果长卵形或椭圆形。

【观赏期】4～5月观赏花朵，9～10月观赏果实。

【生态习性】中性偏阴性树种，幼时耐荫，深根性，适温暖湿润气候，喜排水良好、深厚肥沃的酸性土。生长缓慢，寿命长。

【繁殖要点】播种繁殖。

【园林用途】是驰名中外的珍贵用材树种，树体高大，树干通直，树冠雄伟，宜作庭荫树及风景树用，目前所存林分，多系人工栽培的半自然林和风景保护林，在庙宇、村舍、公园、庭院等处尚有少量的大树。

图7-150 闽楠
（引自张天麟，2010）

（6）闽楠（图7-150）

别名：兴安楠木、楠木、竹叶楠

学名：*Phoebe bournei*（Hemsl.）Yang

产地及分布：产江西、福建、浙江南部、广东、广西北部、湖南、湖北、贵州东部；多生于海拔1000m以下的常绿阔叶林中。

【形态特征】常绿大乔木，高达15～20m。树干通直，分枝少；老树皮灰白色，新树皮带黄褐色。小枝有毛或者近无毛。叶革质或者厚革质，披针形或者倒披针形，先端渐尖或者长渐尖，叶片表面发亮，下面有短柔毛。花序为紧缩不开展的圆锥花序，生于新生枝的中、下部，被毛。果椭圆形或者长圆形。

【观赏期】全年观赏树形，4月观花，10～11月观果。

【生态习性】耐荫性树种；喜温暖湿润气候以及土层深厚肥沃而排水良好的中性或微酸性土壤。深根性，根系发达。根部有较强的萌芽力，寿命长，病虫害少。

【繁殖要点】播种繁殖。

【园林用途】闽楠树体高大、塔形，为我国四大珍贵用材树种之一。春天嫩叶萌发为紫红色，红霞一片，十分壮观；夏季叶色浓绿，油光发亮。是优良的观赏树种。

图7-151 香叶树
（引自《浙江植物志》，1993）

（7）香叶树（图7-151）

别名：香果树、香油果

学名：*Lindera communis* Hemsl.

产地及分布：产华中、华南以及西南各地；多生于丘陵和山地下部疏林中。

【形态特征】常绿小乔木，一般高达4～10m，最高可以达到25m。叶革质，椭圆形或者卵状长椭圆形，长6～8cm。全缘，羽状脉，表面有光泽，背面常有毛。伞形花序，单生或成对生于叶腋。果近球形，直径为0.8～1cm，熟时深红色。

【观赏期】3～4月观花，9～10月观果。

【生态习性】耐荫性树种，适应性较强；喜温暖气候以及湿润酸性土壤。萌芽力强，耐修剪。生长速度中等偏快

【繁殖要点】播种繁殖。种子不耐贮藏，宜采后即播。

【园林用途】香叶树绿叶红果，均颇美观，是优良的观赏树种。

图7-152 银木
（引自楼炉焕，2000）

（8）银木（图7-152）

别名：四川大叶樟、香棍子

学名：*Cinnamomum septentrionale* Hand. -Mzz.

产地及分布：产四川西部、湖北西部、陕西南部以及甘肃南部；多生于海拔1500m以下的山谷或者山坡上。

【形态特征】常绿大乔木，高达25m，胸径达1.5m。老树皮灰色，光滑。小枝较粗，被白色绢毛。叶近革质，椭圆形或者椭圆状倒披针形，长10～15cm，宽5～7cm先端短渐尖，基部楔形，叶片表面被短柔毛，下面被白色绢毛。单叶互生。圆锥花序腋生，长达15cm，多花密集。果球形，直径不到10mm。

【观赏期】全年观赏树形，5～6月观花，10～11月观果。

【生态习性】为较喜光树种，幼苗以及幼树喜欢庇荫环境，成年后则需要充足的阳光。最适的生长环境为温暖湿润的气候条件和深厚肥沃的酸性至中性土壤，对轻碱土也有一定的适应能力，在浅薄、石砾含量过多的土壤以及砂质土上生长较差。

【繁殖要点】播种繁殖。在11月果皮变为紫黑色的时候采种，浸水1～2天、洗净种子、阴干，沙藏到翌年3月上中旬播种。

【园林用途】银木的根部的樟脑含量较高，根材美丽，称为银木。生产迅速，树干通直，树姿壮丽，四季常青，叶背银灰色，熠熠生辉。抗寒性较强，对土壤适应性较广，是公园、风景区和道路绿化的优良树种。

7. 蔷薇科 Rosaceae

（1）石楠（图7-153）

别名：千年红

学名：*Photinia serrulata* Lindi.

产地及分布：产于我国秦岭南坡、淮河流域以南，各地庭园多有栽培。

【形态特征】常绿小乔木，高达4～6m，无毛。叶长椭圆形至倒卵状椭长圆形，长8～20cm，先端尖，叶缘细尖锯齿，叶面革质有光泽，新叶红色。果球形，红色，含1粒种子。

【观赏期】早春观赏红色新叶片。5～7月观赏白色小花朵，10月观赏果实。

图7-153 石楠
（引自张天麟，2010）

【类型及品种】栽培变种斑叶石楠‘Variegata’叶有不规则的白色或淡黄色斑纹。

常见同属种类有：红叶石楠 *Photinia fraseri*，是蔷薇科石楠属杂交种的统称，为常绿小乔木或多枝丛生灌木，单叶轮生，叶披针形到长披针形，长 6 ~ 12cm，宽 2. 8 ~ 4cm，新梢及新叶鲜红色，老叶革质，叶表深绿具光泽，叶背绿色，光滑无毛。顶生伞房圆锥花序，长 10 ~ 18cm。小花白色，约 0. 85cm，花期 4 ~ 5 月。红色梨果，直径 0. 6 ~ 0. 85cm，夏末成熟，可持续挂果到翌年春，目前我国花木界常见的红叶石楠有两个品种，一是‘红罗宾石楠’（‘Red Robin’），叶片较大（10 ~ 20cm），且叶片表面的角质层较厚、光亮。株型较高大，可达 5m，为灌木或小乔木。适合在长江流域以南的地区栽植。另一种为光叶石楠‘鲁宾斯’（‘Ru bens’）。叶片相对较小，一般为 9cm 左右。叶片表面的角质层较薄，外观叶片的光亮程度不如‘红罗宾石楠’。但其株型较小，一般高 3m 左右。适合在黄河流域以南的地区栽植。萌芽性强，耐修剪，可根据园林需要栽培成不同的树形。一至二年生的红叶石楠可修剪成矮小灌木，在园林绿地中作为地被植物片植，或与其他彩叶植物组合成各种图案；也可培育成独干不明显、丛生形的小乔木，群植成大型绿篱或幕墙，在居住区、厂区绿地、街道或公路绿化隔离带应用，当树篱或幕墙一片火红之际，非常艳丽，极具生机盎然之美；还可培育成独干、球形树冠的乔木，在绿地中孤植，或作行道树，或盆栽后在门廊及室内布置。

【生态习性】阳性树种，耐半荫。喜温暖气候，耐干旱、瘠薄土壤，可在石缝中生长，不耐积水。生长慢，萌芽力强，耐修剪。抗 SO_2、Cl_2 污染。

【繁殖要点】播种、扦插、压条繁殖。

【园林用途】树冠圆满，树姿优美，早春嫩叶红艳，老枝浓绿光亮，秋冬红果累累，是优良的观叶、观果树种。可作庭荫树，整形后孤植或对植点缀建筑的门庭两侧、草坪、庭园墙边、路角、池畔、花坛中心。街头绿地、居民新村、厂矿绿化都可观赏与应用，也可作绿墙、绿屏栽种。

（2）椤木石楠（图 7-154）

别名：椤木、水红树花

学名：*Photinia davidsoniae* Rehd. et Wils.

产地及分布：分布在陕西秦岭、长江流域以南直至广东、广西、云南和贵州等地。

【形态特征】常绿乔木，高达 6 ~ 15m。幼枝棕色有毛，后为灰色无毛，树干以及枝条上有刺。叶革质，长圆形，边缘稍有反卷，有带腺的细锯齿，叶柄长度小于 2cm，花白色，多而密，呈顶生复伞房花序。梨果，黄红色。

【观赏期】5 月观赏花朵，9 ~ 10 月观赏果实。

【生态习性】中性树，稍耐荫。喜温暖、湿润气候和排水良好的肥沃壤土，在酸性土、钙质土上均能生长，较耐寒、耐旱，耐修剪。

图 7-154　椤木石楠

（引自张天麟，2010）

【繁殖要点】播种和扦插进行繁殖。秋季和春季移植皆宜，移植须带完整的土球，定植后，管理粗放，不需要特殊养护。

【园林用途】椤木石楠具有大型圆整的树形，较美观，在园林中可以孤植、列植或者与其他树组合成丛植；因为叶幕深绿，作为淡色雕塑的背景材料，效果良好；因为具有刺，耐修剪，又可以密植成为高篱。

图 7-155 枇杷
（引自楼炉焕，2000）

（3）枇杷（图 7-155）

学名：*Eriobotrya japonica*（Thunb.）Lindl.

产地及分布：原产于中国，四川、湖北有野生。南方多作为果树栽种。浙江塘栖、黄岩，福建莆田，湖南洞庭等都是枇杷的有名产地。越南、缅甸、印度、印度尼西亚、日本也有栽培。西安也有露天栽种。

【形态特征】常绿小乔木，高达 10m。黄岩有棵枇杷树，胸径达到 58cm，树高为 8.5m，树龄已有 100 年。云南石林风景区有棵枇杷，树龄达到 130 年，胸径才 28cm。枇杷的幼枝、叶背以及花序均密被锈色绒毛。叶粗大革质，常为倒披针状椭圆形，长 12～30cm，先端尖，基部楔形，锯齿粗钝，侧脉 11～21 对，表面多皱而有光泽。花白色，芳香，10～12 月开花，次年初夏果子成熟。果实近球形或者梨形，黄色或者橙黄色，直径 2～5cm。

【观赏期】10～12 月观赏花朵，初夏观赏果实。

【生态习性】喜光，稍耐荫。喜温暖、湿润气候和排水良好的肥沃土壤。

【繁殖要点】播种和嫁接为主，扦插、压条也可以。

【园林用途】枇杷树形整齐美观，叶大荫浓，常绿而有光泽，冬日白花盛开，初夏黄果累累，浙江多在庭院内栽种，是园林结合生产的好树种。在公路两侧的绿化带中可以丛植。

8. 苏木科（云实科）Caesalpiniaceae

（1）红花羊蹄甲（图 7-156）

学名：*Bauhinia blakeana Dunn*

产地及分布：本种最早发现于香港，现已作为园林树木广泛栽于世界各热带地区。

【形态特征】常绿乔木，高达 5～10m，分枝多，小枝细长，被毛。叶近革质，近圆形或阔心形，长 8～13cm，顶端 2 裂至叶全长的 1/4～1/3，裂片顶端圆形。总状花序顶生或腋生，花瓣红紫色，较宽，具短柄；发育雄蕊 5 枚，其中 3 长 2 短，几乎全年均可开花，盛花期在春、秋两季。通常不结果。

图 7-156 红花羊蹄甲
（引自吴玉华，2008）

【观赏期】全年观赏。

【生态习性】阳性树种，喜温暖至高温湿润气候，适应性强，耐寒、耐旱、耐瘠薄，北回归线以南的广大地区一般可以安全越冬。喜生于肥沃湿润的酸性土，能耐水湿，但不耐干旱。萌芽力强，幼苗主干多不明显。

【繁殖要点】高压法和嫁接法。

【园林用途】树冠平展如伞，枝条柔软稍垂，叶色翠绿，树姿飘洒，花序连串，花大色

艳，花期特长，几乎一年四季均有花开，故绿荫效果、观赏效果俱佳，可作公园、庭园、广场、水滨等处的主体花和行道树。本种为香港市花。

（2）羊蹄甲（图 7-157）

学名：*Bauhinia purpurea* L.

产地及分布：产我国南部福建、广东、广西、云南等。中南半岛、印度、斯里兰卡等有分布。

图 7-157 羊蹄甲
（引自刘仁林，2003）

【形态特征】半常绿乔木或直立灌木，高 4～10m，树皮厚，近光滑，灰色至暗褐色；枝初时略被毛，毛渐脱落。叶近革质，广椭圆形至近圆形，长 5～12cm，顶端 2 裂，裂片为全长的 1/3～1/2，裂片端钝或略尖，有掌状脉 9～13 条，两面无毛。伞房花序顶生或侧生；花桃红色，有时白色，花萼裂为几乎相等的 2 裂片；花瓣倒披针形，较狭窄，具长柄；发育雄蕊 3 枚。荚果扁条形，长 15～30cm，略弯曲。

【观赏期】9～11 月观赏花朵，3～4 观赏果实，全年观赏叶片。

【生态习性】阳性树种，喜暖热湿润气候，较耐寒，喜肥沃湿润之酸性土，耐水湿，但不耐干旱。

【繁殖要点】可用播种及扦插法繁殖。

【园林用途】树冠开展，枝椏低垂，花大而美丽，秋冬时开放，常作行道树及庭园风景树用。

9. 含羞草科 Mimosaceae

（1）大叶相思（图 7-158）

学名：*Acacia auriculiformis* A. Cunn.

产地及分布：我国自 1960 年开始引种，广植于广东、广西、海南、福建等省区。原产于澳大利亚、巴布亚新几内亚及印度尼西亚等地。

图 7-158 大叶相思
（引自张天麟，2010）

【形态特征】常绿乔木，高达 15～30m，小枝有棱，树皮灰褐色，老皮粗糙。幼苗为羽状复叶，后退化为叶状柄，互生，镰状披针形或长圆形，全缘，两面渐狭，纵向平行脉 3～7 条。穗状花序腋生，花黄色。荚果扭曲。

【观赏期】7～8 月及 10～12 月观花，12 月～5 月观果。

【生态习性】阳性树种，耐荫；喜温暖，不耐寒；对立地条件要求不严，耐干旱、瘠薄，在酸性沙土和砖红壤上生长良好，也适于透水性强、含盐量高的滨海沙滩，抗风性强，抗污性强。根系发达，具根瘤，生长快，萌生力强。

【繁殖要点】播种繁殖。

【园林用途】树冠长卵球形，枝叶浓密，适宜公路、庭院、水边绿化的优良树种。

图7-159　台湾相思
（引自张天麟，2010）

（2）台湾相思（图7-159）

学名：*Acacia confusa* Merr.

产地及分布：原产于台湾，福建至华南、云南等广为栽培，东南亚也有分布。

【形态特征】常绿乔木，高达6～15m。叶互生，幼苗为羽状复叶，后退化为叶状柄，叶状柄线状披针形，具纵平行脉3～5条，革质。头状花序腋生，圆球形，花黄色，微香。荚果扁平带状。

【观赏期】3～8月观花，7～10月观果。

【生态习性】阳性树种，可耐轻度蔽荫。喜暖热气候，亦耐低温，对土壤要求不严，喜酸性土，耐干旱瘠薄，耐间歇性水淹。深根性，具有根瘤，生长迅速，萌芽力强。抗风力强。

【繁殖要点】播种繁殖。

【园林用途】树冠卵圆形，宜作行道树、适宜公路、庭院、水边绿化，与松树、桉树等营造混交林，又是绿化荒山、水土保持、防风固沙和薪炭林的优良树种。

10. 蝶形花科 Papilionaceae（Fabaceae）

（1）花榈木（图7-160）

别名：亨氏红豆

学名：*Ormosia henryi* Prain

产地及分布：产浙江、安徽、江西、湖北、湖南、广东、广西、云南、四川等地，越南、泰国也有。

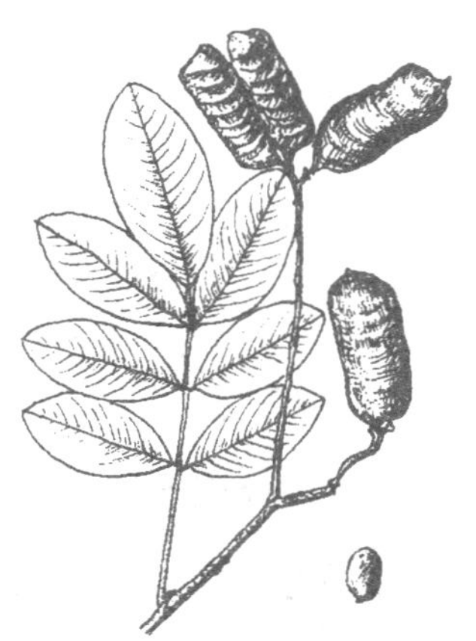

图7-160　花榈木
（引自张天麟，2010）

【形态特征】常绿乔木，高达16m。树皮平滑，青灰绿色。小枝、叶轴、花序密被灰黄色茸毛。裸芽，侧芽常叠生。奇数羽状复叶，互生，小叶5～9，革质，椭圆形、长椭圆形或长椭圆状披针形，长5～14cm，先端急尖，全缘，叶背密被灰黄色茸毛。圆锥花序顶生或总状花序腋生，花冠中央淡绿色，边缘绿色微带淡紫色。荚果扁平，长椭圆形，果瓣革质，紫褐色，先端有喙，种皮鲜红色。

【观赏期】全年观赏树形，秋季观赏红色的种子。

【生态习性】阳性树种，稍耐荫，喜温暖湿润气候，喜肥沃湿润土壤。

【繁殖要点】播种繁殖。

【园林用途】树形优美，可于草坪中孤植、群植，或列植路旁，也可作防火树种。也常作为风水树于庭院中栽种。

（2）红豆树（图7-161）

别名：鄂西红豆树

学名：*Ormosia hosiei* Hemsl. et Wils.

产地及分布：为我国特有种，主产长江流域，多分布于丘陵低山、河边等低海拔地带

的阔叶林中。

图 7-161 红豆树
(引自张天麟，2010)

【形态特征】常绿乔木，高 20m 以上；幼树树皮灰绿色，具灰白色皮孔，老树皮暗灰褐色；小枝绿色，幼时微有毛，后脱落。奇数羽状复叶，小叶 5～7，稀 9，近革质，椭圆状卵形、长圆形或长椭圆形，稀为倒卵形，无毛，背面黄绿色。圆锥花序顶生或腋生，花序轴被毛；花两性；花冠白色或淡红色，微有香气；子房无毛。荚果扁，革质或木质，近圆形无中果皮，内含种子 1～2；种子鲜红色，光亮，近圆形。

【观赏期】全年观赏树形，4～5 月观赏花朵，9～10 月观果及红色种子。

【生态习性】中等阳性树种，喜温暖湿润，雨量充沛，夏季凉爽多雨雾，空气湿度大的气候环境。它对土壤肥力要求中等，但对水分要求较高；在干燥山坡与丘陵顶部则生长不良。主根明显，根系发达，寿命较长，具萌芽力。

【繁殖要点】播种繁殖。

【园林用途】树冠浓荫覆地，是优良的庭园树。种子红艳可爱，通称“红豆”，又名“相思子”，唐朝诗人王维有诗云：“红豆生南国，春来发几枝，愿君多采撷，此物最相思”，以此寄托相思念故之情。种子质地坚硬，经久不变其色，古人常用作项链、耳饰、戒指等装饰物品；木材坚重，有光泽，切面光滑，花纹别致，供作高级家具、工艺雕刻、特种装饰和镶嵌之用，是本属植物经济价值较高的珍贵树种，被列为国家重点保护树种。

11. 芸香科 Rutaceae

(1) 香橼（图 7-162）

图 7-162 香橼
(引自楼炉焕，2000)

别名：枸橼

学名：*Citrus medica* Linn.

产地及分布：长江流域及其以南地区均有分布，广东、广西栽培较多。

【形态特征】常绿小乔木。新生嫩枝及叶通常暗紫红色，茎枝上的刺多且大。叶片椭圆形或卵状椭圆形。总状花序有花 3～11 朵，花两性；花蕾及花瓣至少顶部带淡紫红色；雄蕊多达 60 枚。柑果长椭圆形或卵圆形，果顶有乳状突起，熟时柠檬黄色，果皮粗厚而芳香，果汁黄色，味极酸而苦。花期 4～5 月，果期 9～11 月。

【观赏期】全年观赏树形。4～5 月观赏花朵。9～11 月观赏果实。

【生态习性】性喜温暖湿润、光照充足的气候，宜肥沃、排水良好、通气性佳的沙质壤土。冬季越冬温度要求不能低于 5℃，忌干旱。

【繁殖要点】用扦插或者嫁接均可以。

【园林用途】香橼一年开花多次，芳香宜人；果实硕大而金黄，悬垂枝头，具有较高的观赏价值。适宜栽种在庭院，也可以盆栽观赏。

12. 漆树科 Anacardiaceae

图 7-163　人面子
（引自张天麟，2010）

（1）人面子（图 7-163）

学名：*Dracontomelon duperreanum* Pierre

产地及分布：产广东、广西和云南南部热带地区，越南也有。

【形态特征】常绿大乔木，高达 25m，树冠卵圆形，幼枝被灰色绒毛。叶长 30～45cm，叶轴和小叶柄有柔毛，小叶 11～15，互生，长圆形，长 5～14cm，两面沿中脉疏被柔毛，叶背脉腋具白色髯毛。花序长 10～23cm，花白色。果扁球形，成熟时黄色。果期 9～10 月。

【观赏期】全年观赏树形。9～10 月观果。

【生态习性】阳性树种；喜高温、高湿环境，不耐寒。对土壤要求不严。萌芽力强。

【繁殖要点】播种繁殖。

【园林用途】树形高大伟岸，绿荫如盖，枝叶浓密，层次分明，是优美的行道树、庭院观赏、庭荫树种，可孤植、列植、片植于园林绿地、道路两旁。

（2）芒果（图 7-164）

别名：檬果

学名：*Mangifera indica* L.

产地及分布：原产印度、中南半岛、孟加拉、马来西亚，我国分布于云南、广西、广东、福建、海南、台湾。现全球热带地区广为栽培。

图 7-164　芒果
（引自张天麟，2010）

【形态特征】常绿乔木。高可达 25m，枝叶有浓烈气味。叶长椭圆形至长椭圆状披针形，叶形和大小变化较大，边缘微波状，叶脉两面隆起，叶柄基部膨大。花序被毛，花黄色或淡黄色，芳香，雄蕊仅 1 枚发育，退化雄蕊 3～4。果肾形（栽培品种间果形和大小变化极大），长 8～20cm，熟时黄色，压扁，中果皮肉质，黄色，果核大。春季开花，6～8 月果熟。

【观赏期】全年观赏树形。2～4 月观赏花朵。6～8 月观赏果实。

【生态习性】阳性树种，喜温热湿润、气温年差不大、无霜冻的气候，畏寒。对土壤适应性较强，以土层深厚、肥沃、排水良好的壤土最宜。

【繁殖要点】播种、嫁接繁殖。

【园林用途】树冠宽阔圆整，枝叶浓密，花繁果硕，是我南方重要的庭园、行道、四旁绿化树。

13. 冬青科 Aquifoliaceae

多为常绿乔木或灌木。单叶互生，托叶小而早落。花小，整齐，花单性或杂性异株，簇生或聚伞花序，腋生，无花盘；萼 3～6 裂，常宿存；花瓣 4～5，分离或基部连合；雄蕊与花瓣同数且互生；子房上位，3～多室，每室 1～2 胚珠。核果，种子有胚乳。

共3属400余种；我国产1属118种，分布于长江流域以南。

（1）冬青（图7-165）

别名：紫花冬青

学名：*Ilex chinensis* Sims.（*Ilex purpurea* Hassk.）

产地及分布：长江流域及其以南，西至四川，南达海南。

【形态特征】常绿大乔木，高达20m，树冠卵圆形；树皮平滑不裂，小枝浅绿色，具细棱。叶薄革质，长椭圆形至披针形，长5～11cm，先端渐尖，基部楔形，有疏浅锯齿，表面深绿色，有光泽，侧脉6～9对。雌雄异株，聚伞花序，生于当年嫩枝叶腋，淡紫红色，有香气。核果椭圆形，红色光亮，经冬不落。

图7-165　冬青
（引自楼炉焕，2000）

【观赏期】全年观赏树形，10～11月观果。

【生态习性】阳性树种，稍耐荫；喜温暖湿润气候和肥沃排水良好的酸性土壤，不耐寒，较耐湿。深根性，萌芽力强，耐修剪，生长慢。

【繁殖要点】扦插或播种繁殖。

【园林用途】枝叶繁茂，四季浓荫覆地，秋冬果实红若丹珠，分外艳丽，是优良的庭荫树、园景树，可孤植、丛植于草坪、水边，或列植于门庭、墙边，也可作绿篱或盆景。

（2）大叶冬青（图7-166）

别名：菠萝树、苦丁茶

学名：*Ilex latifolia* Thunb.

产地及分布：产于我国南方，生于低山阔叶林或溪边。

【形态特征】常绿大乔木，高达20m。树冠阔卵形。小枝粗壮有棱。叶厚革质，矩圆形、椭圆形状矩圆形，锯齿细尖而硬，叶柄粗，聚伞花序生于2年生枝叶腋，花淡绿红色。核果球形，熟时深红色。

【观赏期】全年观赏树形，10～11月观赏果实。

【生态习性】耐荫树种，最适合生长于疏林之中，在夏季烈日下，树干和叶片容易遭日灼，也不能在庇荫度过大的林下生长；喜欢湿润的环境；在深厚肥沃的酸性至中性的土壤上生长良好，对二氧化硫抗性强。

图7-166　大叶冬青
（引自楼炉焕，2000）

【繁殖要点】播种繁殖。

【园林用途】大叶冬青枝叶浓密，分枝匀称，树形美观。人们评价其有广玉兰的树干，桂花的树冠。果红似珠，挂果时间长，是优良的园林观果树种和绿化树种，适宜作为园林中的中层树种配置。对植、列植于庭前、门旁，丛植于草坪、路边、林缘。叶片可以制成苦丁茶。

（3）铁冬青（图7-167）

学名：*Ilex rotunda Thunb.*

产地及分布：分布于我国长江流域以南至西南各省以及台湾省。生于海拔800m以下的山坡、谷地林中。日本、朝鲜也有。

图 7-167　铁冬青
（引自楼炉焕，2000）

【形态特征】常绿大乔木，高达 20m；树皮淡灰色，小枝具棱，红褐色，无毛。叶薄革质，宽椭圆形至长圆形，长 4～10cm，宽 2～4.5cm，先端短渐尖，基部楔形，全缘，表面深绿色，有光泽，两面无毛。花序，生于叶腋，花黄白色，有香气。核果球形，红色光亮。

【观赏期】全年观赏树形，9～翌年 2 月观赏果实。

【类型及品种】变种有：毛梗铁冬青（小果铁冬青）var. *microcarpa*（Lindl. ex Paxt.）S. Y. Hu，与原种主要区别为总花梗和花被均被短柔毛，果实较小，直径约 3～4mm。分布与原种大致相同。

【生态习性】耐荫树种，喜欢生长于温暖湿润气候和疏松肥沃、排水良好的酸性土壤。适应性较强，耐瘠薄、耐干旱、耐霜冻。

【繁殖要点】播种繁殖。

【园林用途】铁冬青秋冬时节，绿叶滴翠，红果满枝，十分悦目，是理想的庭院绿化观赏树种。

14. 杜英科 Eiaeocarpaceae

常绿或半落叶乔木，或灌木。单叶互生或对生；有托叶或无。花两性或杂性，成总状或圆锥花序，萼片 4～5，花瓣 4～5 或无，顶端常撕裂状或有齿裂；雄蕊多数，分离，生于花盘上或花盘外，花药线形，顶孔开裂；子房上位，2 至多室，每室 2 至多数胚珠，蒴果或核果；种子椭圆形，具丰富胚乳。

约 12 属 350 种，我国 2 属 50 余种，引入栽培 1 属 1 种。

（1）杜英（图 7-168）

学名：*Elaeocarpus decipiens* Hemsl.

产地及分布：产于广东、广西、福建、台湾、浙江、江西、湖南、贵州和云南，生长于海拔 400～700m，云南上升到 2200m 的林中，日本也有分布。

图 7-168　杜英
（引自张天麟，2010）

【形态特征】常绿乔木。树高 10m，嫩枝及顶芽初时被微毛，不久脱落；叶薄革质，披针形或倒披针形，渐尖，尖头钝，基部渐窄且下延，叶缘有小钝齿；总状花序长 5～10cm，花序轴纤细，有微毛，花梗长 4～5cm；花盘 5 裂，有毛。核果椭圆形，长 2～3cm，熟时淡褐色，内果皮骨质，具沟纹；种子 1，长 1.5cm。花期 3 月，果期 9～10 月。

【观赏期】3 月观赏花朵。9～10 月观赏果实。秋天观赏快要掉落的红色的叶片。

【生态习性】阳性树种，稍耐荫；喜温暖湿润气候，耐寒性不强，适生于酸性之黄壤和红黄山区，对有害气体 SO_2 有一定的抗性强。

【繁殖要点】播种或扦插繁殖。

【园林用途】本种枝叶茂密，树冠圆整，霜后部分叶变红色，红绿相间，颇为美丽。宜于草坪、坡地、林缘、庭前、路口丛植，也可栽作其他花木的背景树，或列植成绿墙起隐蔽遮挡及隔声作用。因对 SO_2 有抗性，可选作工矿区绿化树种。

（2）山杜英（图 7-169）

别名：胆八树

学名：*Elaeocarpus sylvestris*（Lour.）Poir.

产地及分布：主要分布于广东、海南、广西、福建、浙江、江西、湖南、贵州、四川及云南、越南、老挝、泰国也有分布。

图 7-169 山杜英

（引自张天麟，2010）

【形态特征】常绿乔木。高达 10m。树皮深褐色，平滑。小枝红褐色，初疏生短毛，后无毛。叶片纸质，叶倒卵状椭圆形至倒卵状披针形，先端钝尖，基部楔形，钝锯齿，两面无毛，脉腋有时具腺体，总状花序长 5cm 左右，花瓣白色，裂片 8～14，线形；雄蕊多数；子房被绒毛。果椭圆形，暗紫色。

【观赏期】6～8 月观赏花朵。10～12 月观赏果实。秋天观赏快要掉落的红色的叶片。

【生态习性】喜温暖湿润气候，较耐寒性，忌积水。适生于酸性之黄壤和红黄壤，根系发达；萌芽力强，耐修剪。

【繁殖要点】播种繁殖。

【园林用途】山杜英枝叶茂密，郁郁葱葱，霜后部分叶片或者老叶脱落前绯红，红绿相间，鲜艳悦目。适合作为花木的背景树种；也可以列植成绿墙，有遮蔽的作用；对植于庭前、入口，列植曲径小路之侧或者群植草坪边缘、落叶林缘，均十分美观。抗 SO_2 能力强，宜作为厂矿绿化。

图 7-170 秃瓣杜英

（引自《浙江植物志》，1993）

（3）秃瓣杜英（图 7-170）

学名：*Elaeocarpus glabripetalus* Merr.

产地及分布：分布于我国浙江、福建、江西、湖南、广东、广西。

【形态特征】常绿乔木。高可以达到 12m。嫩枝无毛。叶片倒披针形，先端尖，基部窄而下延，无毛，脉腋 8 到 9 对。总状花序长 4～5cm，花淡白色，萼片披针形，花瓣先端撕裂至中部呈流苏状；雄蕊 20～25 枚；子房被绒毛。果椭圆形。花期 7 月，果期 10～11 月。

【观赏期】全年观赏树形。

【生态习性】喜温暖湿润气候，较耐寒性，忌积水。适生于酸性之黄壤和红黄壤，根系发达；萌芽力强，耐修剪。

【繁殖要点】播种繁殖。

【园林用途】已经在杭州、福州、南昌、广州等城市园林中栽培观赏。

图 7-171　水石榕

（引自张天麟，2010）

（4）水石榕（图 7-171）

学名：*Elaeocarpus hainanensis* Oliv.

产地及分布：产海南、广西南部及云南东南部，越南、泰国也有分布。

【形态特征】常绿小乔木，高达 5～6m，树冠圆锥形，分枝假轮生，叶聚生枝顶端，叶革质，狭披针形或倒披针形，边缘密生浅小牙齿；总状花序腋生，比叶短；苞片大，宿存，宽卵形；花大，白色；萼片披针形；花瓣倒卵形，顶端细裂，裂片丝状；雄蕊多数，顶孔开裂，顶端有芒状突起；子房无毛。核果纺锤形，绿色，无毛。花期 6～7 月，秋季果熟。

【观赏期】观花树木，6～7 月观赏花朵。10～11 月观赏果实。

【生态习性】中性树种，喜半荫，喜高温多湿环境，喜湿但不耐积水，也不耐干旱，喜湿润而排水良好、肥沃和丰富有机质的土壤，深根性，抗风力强。

【繁殖要点】播种或扦插。

【园林用途】分枝多而密，花期长，花冠洁白淡雅，为常见的木本花卉，适作庭园风景树，宜于草坪、坡地、林缘、庭前、路口丛植，也可栽作其他花木的背景树。

15. 山茶科 Theaceae

乔木或灌木，多为常绿。单叶互生，羽状脉；无托叶。花常为两性，多单生叶腋，稀形成花序；萼片 5，常宿存；花瓣 5，稀 4 或更多；雄蕊多数，有时基部合成或成束；子房上位，2～10 室，每室 2 至多数胚珠，中轴胎座。蒴果，室背开裂，浆果或核果状而不开裂。本科约 20 属，250 余种，产热带至亚热带；中国产 15 属，190 种，主产长江流域以南。

（1）山茶（图 7-172）

别名：山茶花

学名：*Camellia japonica* L.

产地及分布：原产中国和日本。我国秦岭、淮河以南露地多有栽培，北部温室栽培。

图 7-172　山茶

（引自张天麟，2010）

【形态特征】常绿小乔木或灌木。叶卵形或椭圆形，长 5～11cm，先端短钝渐尖，基部楔形，缘有细齿，表面有明显光泽。花多为大红色，径 6～12cm，无梗，花瓣有单瓣类 1～2 轮，5～7 片；复瓣类花瓣 3～5 轮，20 片左右，多者近 50 片；重瓣类大部雄蕊瓣化，花瓣自然增加，花瓣数在 50 片以上；花瓣近圆形，顶端微凹；萼密被短毛，边缘膜质；花丝及子房均无毛。蒴果近球形，径 2～3cm，无宿存花萼；种子椭圆形。果秋季成熟。花期 2～4 月。

【观赏期】2～4 月观赏花朵。全年观赏叶片。

【类型及品种】山茶是中国十大传统名花之一，栽培历史悠久，园艺品种达 3000 多个。

【生态习性】中性树种，喜半荫，喜温暖湿润气候，忌酷热、干燥及严寒，宜肥沃湿润、排水良好的酸性土壤，pH5～6.5 为宜；黏重土壤或排水不良易烂根死亡。

【繁殖要点】扦插或嫁接繁殖为主。

【园林用途】山茶树冠多姿，四季叶色翠绿，花大色艳，色彩丰富，花期长，是冬末、初春少花季节丰富园林景色的名贵树种。可孤植、群植与庭园、公园、建筑物前，亦可同假山石畔、牡丹园、玉兰园等配植，使之花期交错，构成艳丽的园林春色。

（2）油茶（图7-173）

学名：*Camellia oleifera* Abel

产地及分布：分布于我国秦岭、淮河以南，以浙江、福建、江西、湖南、广西、四川为主产区，多为栽培，海南省在海拔800m以上的原始森林中有野生。印度、越南也有。

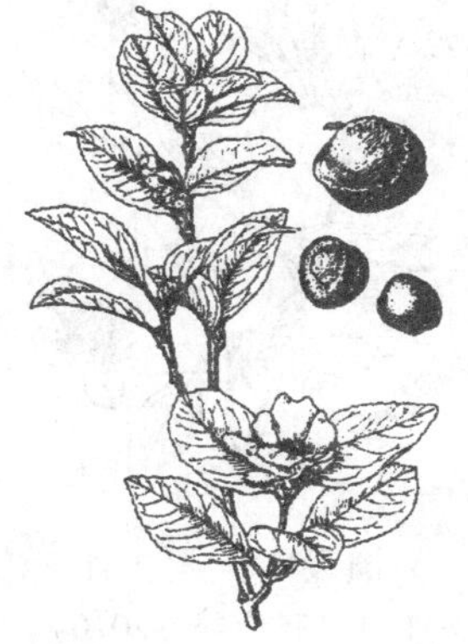

图7-173　油茶

（引自张天麟，2010）

【形态特征】常绿小乔木或灌木，叶革质，椭圆形或者倒卵形，长4～7cm，宽2～4cm，先端尖且有钝尖头，基部楔形，上面有光泽。花顶生，无柄，白色，花瓣有5～7片，长2.5～3cm；雄蕊长1～1.5cm；子房3室，花柱长约1cm，3裂。蒴果近球形，径2～4cm。花期10月，果期翌年9～10月。

【观赏期】全年观赏叶片。10月观花。

【生态习性】喜欢温暖湿润的气候条件，忌烈日，喜欢半荫的散射光照。也耐荫、耐寒，生长适宜温度为18～25℃，最高耐受35℃。超过则受热害而停止生长。适宜开花温度为10～20℃。油茶喜欢肥沃、疏松、微酸性的壤土或者腐殖土，pH在4.5～6.5均能够生长，而以pH在5.5～6.5最好，偏碱性土则不适宜生长。

【繁殖要点】播种、扦插、嫁接等方法繁殖。

【园林用途】油茶枝叶茂密，繁花洁白，结实累累，观赏与经济俱备。适合在树丛、林缘种植，以群植为主，也可孤植，在公园绿地的树丛边缘点缀，效果很好。也可以盆栽、盆景观赏。或者作为绿篱、油料作物。

（3）木荷（图7-174）

别名：荷树、何树

学名：*Schima superba* Gardn. et Champ.

产地及分布：产于江苏南部、安徽南部、浙江、福建、台湾、江西、湖南、湖北、四川、云南、贵州、广西、广东、海南等地，多见于低山丘陵。

图7-174　木荷

（引自张天麟，2010）

【形态特征】常绿乔木，高达30m，胸径1m，主干通直，树皮灰褐色，纵裂，树冠广圆形。叶革质，椭圆形或者倒卵状椭圆形，长7～12cm，宽4～6.5cm，深绿色，光泽，边缘具有钝锯齿。花生于近枝顶的叶腋，白色芳香。蒴果近扁球形，木质。花萼宿存，灰褐色。种子扁平，肾形，边缘有翅。花期6～8月。

【观赏期】6～8月观花。翌年10月观果。全年观赏叶片。

【生态习性】喜欢夏季炎热多雨、冬季温暖的气候，在土层深厚肥沃的酸性土中生长良好，但是也能耐瘠薄。幼苗喜阴，大树喜光，生长速度中等，抗风抗雪能力强，较耐寒。

【繁殖要点】播种繁殖。

【园林用途】木荷树干端直，树冠浓密，叶肉厚，不易燃烧，对有毒气体有一定的抗性。园林上宜作公园绿地背景树和树丛种植，也宜在山坡溪谷营建风景林，其林冠俏丽葱绿，景色优美，林业上常作为防火林。

图 7-175　厚皮香
（引自张天麟，2010）

(4) **厚皮香（图 7-175）**

别名：猪血柴、秤干木

学名：*Ternstroemia gymnanthera*（Wigh et Arn.）Sprague

产地及分布：产于长江以南各省，东起台湾，西至贵州。

【形态特征】常绿小乔木，高达 8m，小枝粗壮，带棕色，近轮生，多次分枝成圆锥形树冠。叶互生，革质，倒卵形或者倒卵状椭圆形，长 5～9.5cm，宽 2.5～4cm，上面暗绿色，侧脉不明显。花两性，淡黄色，径 1.5～2cm。蒴果球形或者卵圆形，成熟时为绛红色带淡黄色。种子扁椭圆形，种皮厚，坚硬。花期 6～7 月。

【观赏期】6～7 月观赏花朵。10 月观赏果实。全年观赏叶片。

【生态习性】为中下层林木优势树种。性喜温暖湿润凉爽的气候，耐庇荫，能耐 -10℃左右的低温。酸性以及中性土壤均能适应。根系发达，抗风能力强，移栽容易成活，不耐强度修剪。生长较缓慢。

【繁殖要点】播种或者扦插繁殖。

【园林用途】厚皮香树姿优美，枝叶茂密，叶厚革质，浓绿有光泽，入秋呈淡紫色。对二氧化硫、氯气、氟化氢抗性强，并能吸收有毒气体，使大气净化，是优良的园林观赏和环境保护树种，可以广泛用于公园、道路、街坊、广场、厂矿以及防护林绿化。

16. 桃金娘科 Myrtaceae

乔木或灌木。单叶对生或互生，全缘，有透明油腺点。无托叶。花两性，有时杂性，单生或为聚伞、总状、圆锥花序。萼管与子房合生，萼齿 4～5，分离或连合成帽状；花瓣与萼片同数，分离或连合；雄蕊通常多数，着生于蜜腺盘边缘，花丝细长；子房下位或半下位，1 至多室。胚珠 2 至多数。蒴果，浆果，核果或坚果，顶部常有隆突的萼檐。

约 100 属 3000 种以上。我国 9 属 120 余种，引入约 6 属 50 余种。

(1) **柠檬桉（图 7-176）**

学名：*Eucalyptus citriodora* Hook. f.

产地及分布：原产于澳大利亚，广东、广西、福建有栽培。

【形态特征】常绿乔木。高达 28m，树干挺直，树皮光滑，灰白色，每年集中大片状脱落，干基无宿存的老树皮。幼态叶披针形，基部圆形，有腺毛，具有浓烈的柠檬气味，叶柄盾状着生；成熟叶狭披针形，稍弯曲，长 10～15cm，两面有黑色腺点。圆锥花序腋生，总花梗有 2 棱。蒴果壶形或坛状，果瓣深藏。

【观赏期】全年。4～9 月观赏花朵。

【生态习性】阳性树种性强，不耐荫，喜温热湿润气候，喜肥沃、疏松、深厚的土壤。不耐寒，易受霜害。较耐干旱，对土壤要求不严。深根性，速生。

图 7-176　柠檬桉
（引自张天麟，2010）

【繁殖要点】播种或扦插繁殖。

【园林用途】树干高大修直，树皮洁白光滑，枝叶芳香飘逸，素有“林中仙女”之美誉。可作公共绿地、草坪边缘、公路旁等绿化树种。花量大，花期长，是优良的蜜源植物。枝叶可提取多种芳香油。

（2）红千层（图7-177）

别名：瓶刷木

学名：*Callistemon rigidus* R. Br.

产地及分布：原产澳大利亚，广东、广西有栽培。在台州玉环等地有引种。

【形态特征】常绿小乔木，嫩枝和幼叶初被长丝毛，后无毛。叶线形，坚纸质，长5～9cm，宽3～6mm，先端尖锐，边脉位于边上，叶片有大而疏的透明油腺点。穗状花序稠密，似瓶刷状，花瓣绿色，雄蕊多数，鲜红色。蒴果半球形。果可在树上宿存多年。花期6～8月。

图7-177 红千层

（引自张天麟，2010）

【观赏期】6～8月观赏花朵，全年观赏叶片。

【生态习性】阳性树种，喜高温湿润气候，不耐寒，不耐荫，喜肥沃疏松、湿润、排水良好的微酸性土壤。抗大气污染能力较强。生长缓慢，萌芽力强，耐修剪。

【繁殖要点】播种繁殖。

【园林用途】花形奇特，色彩鲜艳美丽，开放时火树红花，极具观赏性。可作庭园观赏树、行道树，适种于花坛中央、行道两侧和公园、围篱及草坪等。也宜剪取做切花，插入瓶中，形成奇特美丽的形态。

（3）白千层（图7-178）

学名：*Melaleuca leucadendron* L.

产地及分布：原产澳大利亚，广东、广西、福建、台湾有栽培。

【形态特征】常绿乔木。高达18m；树皮灰白色，厚而松软，呈薄层状剥落；嫩枝灰白色，微被柔毛。叶革质，披针形或狭长圆形，长4～10cm，宽1～2cm，两端尖，基出脉3～5（7），叶片多透明油腺点。穗状花序稠密，似瓶刷状，花瓣绿色，雄蕊多数，白色。蒴果近球形。花期1～2月。

图7-178 白千层

（引自张天麟，2010）

【观赏期】1～2月观花。

【生态习性】阳性树种，喜高温湿润气候，不耐寒，耐水湿，不甚耐旱。

【繁殖要点】播种繁殖。

【园林用途】树形高大优美，树冠整齐，常作行道树、庭园观赏树、四旁绿化树。树皮白色，松软多层，层层剥落，状如白纸，为特殊工业原料。枝叶可提取芳香油。

图 7-179　蒲桃

（引自张天麟，2010）

（4）蒲桃（图 7-179）

学名：*Syzygium jambos*（L.）Alston

产地及分布：产台湾、福建、广西、广东、贵州、云南等省区；中南半岛、马来西亚、印度尼西亚也有。

【形态特征】常绿乔木。高达 10m；小枝圆形。叶革质，有柄，披针形或长圆形，长 12～25cm，宽 3～4.5cm，先端长渐尖，基部阔楔形，上面深绿色，下面浅绿色。伞房花序顶生，花白色，有香气，径 3～4cm；萼齿 4，半圆形，花瓣分离；雄蕊多数，比花瓣长，芽时内卷。果球形或卵形，径 3～5cm，熟时淡黄色。花期 3～4 月。

【观赏期】3～4 月观赏花朵。5～6 月观赏果实。全年观赏叶片。

【生态习性】阳性树种，稍耐荫，喜温暖湿润气候，喜肥沃、疏松、深厚的土壤，耐水湿，不耐干旱贫瘠。

【繁殖要点】播种繁殖。

【园林用途】树冠开展，枝叶浓绿茂密，是优良的水边绿化、防风固沙树种，也常作行道树、庭园观赏树、四旁绿化树应用，可孤植、列植、片植。果可食。花可招蜂引蝶；果为鸟类喜食，可作诱鸟树种，增添城市生物多样性。

17. 五加科 Araliaceae

乔木、灌木或藤本。枝髓较粗大，常有皮刺。单叶、掌状或羽状复叶，互生、对生或轮生，托叶与叶柄基部常合生成鞘状。花整齐，两性，有时单性或杂性，成伞形、头状或穗状花序，再组成各式花序；萼小，花瓣 5～10，分离，雄蕊与花瓣同数或更多，生于花盘外缘，子房下位，1～15 室，每室胚珠 1。浆果或核果，形小，种子扁形。

约 60 属，1200 余种，广布于热带至温带地区。我国 23 属，1175 余种。

（1）鹅掌柴（图 7-180）

别名：鸭脚木

学名：*Schefflera octophylla*（Lour.）Harms

产地及分布：分布我国华东、华南及西南多数省区。日本、印度和越南也有。

【形态特征】常绿乔木或灌木。高达 2～5（～15）m。掌状复叶互生，小叶 6～9 枚，革质，长卵圆形或椭圆形，叶柄长 8～25cm；花白色，有芳香，排成伞形花序又复结成顶生长 25cm 的大圆锥花序；萼 5～6 裂；花瓣 5 枚，肉质；花柱极短，果球形。花期 11～12 月，果期 12 月至翌年 1 月。

【观赏期】11～12 月观赏花朵。12～1 月观赏果实。全年观赏叶片。

图 7-180　鹅掌柴

（引自《浙江植物志》，1993）

【类型及品种】园林中常见同属种类及变种有：

1）鹅掌藤 *Schefflera arboricola*（Hayata）Merr.，常攀援灌木，掌状复叶，具 7～9 小

叶，全缘；复总状花序，顶生，花白色；花瓣5～6；子房5～6室；果卵球形，熟时红黄色。花期7～10月，秋后果熟。

2）香港鹅掌藤 *S. arboricola* cv. HongKong，分枝多，小叶宽阔，叶端钝圆。叶柄短。圆锥状大花序，小花黄绿色，浆果橙红色。

3）香港斑叶鹅掌藤 *S. arboricola* cv. HongKongVariegata，叶绿色，具不规则黄色斑块或斑点，茎干及叶柄常为黄色。

【生态习性】阳性树种，喜暖热湿润气候，喜深厚的酸性土壤，稍耐瘠薄。

【繁殖要点】种子繁殖。

【园林用途】植株紧密，树冠整齐优美，南方常栽于带状花坛或片植于乔木下作地被用。也是良好的盆栽观叶植物。可以欣赏气生根，在台州地区能够露天安全越冬。

（2）幌伞枫（图7-181）

学名：*Heteropanax fragrans*（Roxb.）seem.

产地及分布：分布于我国广西、广东、海南和云南，常生于海拔1400m以下的常绿阔叶林中。印度、缅甸、不丹、锡金、孟加拉及印度尼西亚也有。

【形态特征】常绿乔木，高达30m。3回羽状复叶，长达1m，总叶柄长15～30cm；小叶对，椭圆形，全缘，无毛。圆锥花序长30～40cm，密被锈色星状绒毛，后脱落。果扁。球形。花期秋冬季。

图7-181 幌伞枫

（引自张天麟，2010）

【观赏期】10～12月观赏花朵。翌年2～3月观赏果实。全年观赏叶片。

【生态习性】阳性树种，耐半荫；喜温暖湿润气候，不耐寒，也不耐干旱。

【繁殖要点】种子繁殖。

【园林用途】树冠大而圆整，枝叶浓密，可作庭荫树及行道树，是优美的庭园观赏树种，也可作盆景。

18. 山茱萸科 Cornaceae

（1）香港四照花（图7-182）

别名：山荔枝

学名：*Dendrobenthamia hongkongensis* Hemsl.

产地及分布：浙江南部、江西、湖南、福建、广东、广西、四川、贵州、云南等省。

【形态特征】常绿乔木，高达18m，胸径约40cm；幼枝呈绿色有褐色柔毛，老枝具有多数皮孔。单叶对生，椭圆形、长椭圆形或者倒卵状椭圆形。头状花序顶生，花白色，花序由50～70朵小花组成，总苞片4枚。花期6～7月，果期10月。

图7-182 香港四照花

（引自《浙江植物志》，1993）

【观赏期】6～7月观花。10月观果。全年观赏叶片。

【类型及品种】同属种类有狭叶四照花 *Dendrobenthamia an-*

gustata Fang，主要区别在于香港四照花叶片下面通常无毛或仅有褐色散生的毛被残点，侧脉在上面微陷，下面凸起，而狭叶四照花叶片下面密被贴生白色短柔毛，侧脉在两面凸起。两者在分布区、生态环境、习性、繁殖方法以及观赏特性等方面均甚相似，目前市场上有混淆情况，但是在绿化应用上影响不大。

【生态习性】喜空气湿润、夏季凉爽的环境，能够耐受短期 -8℃低温。适生于肥沃而湿润的疏松土壤。忌干燥、瘠薄、积水以及强阳光环境。

【繁殖要点】扦插和播种繁殖。2～3 月播种，扦插在 6～7 月或者早春萌芽前进行。

【园林用途】香港四照花四季浓绿，叶色光亮，初夏白色苞片美观而显眼，入秋红果累累，果形奇特，是观花、观果俱佳的园林观赏树种。宜配植在林缘、溪旁、草坪一隅，或者丛植于山麓坡地，野趣盎然，也宜在庭院角隅点缀一二，足供赏玩。果实味甜可食，可酿酒。

19. 木犀科 Qleaceae

（1）女贞（图 7-183）

图 7-183　女贞

（引自张天麟，2010）

学名：*Ligustrum lucidum* Ait.

产地及分布：产长江流域及以南各省区。甘肃南部及华北南部多有栽培。

【形态特征】常绿乔木，高达 10m，树皮灰色，平滑。枝开展，无毛，具皮孔。叶革质，宽卵形至卵状披针形，长 6～12cm，顶端尖，基部圆形或宽楔形，全缘，无毛。圆锥花序顶生，长 10～20cm；花白色，几无柄，花冠裂片与花冠筒近等长。核果长圆形，蓝黑色。花期 6～7 月，果期 10～11 月。

【观赏期】6～7 月观花。10～11 月观果。全年观赏树形。

【生态习性】中性树，稍耐荫，适应性强，喜温暖、湿润气候，不耐干旱和瘠薄，对土壤要求不严，适生于深厚肥沃的微酸性土壤或微碱性土，尚耐寒。须根发达，生长快速，萌芽性强耐修剪。对有毒气体和粉尘等抗性较强。

【繁殖要点】播种、扦插繁殖。

【园林用途】女贞树干圆整端庄，终年常绿，苍翠可爱，夏日细花繁茂，是园林绿化中常见的庭荫树、行道树。可孤植、对植或列植；自然生长的女贞枝叶稠密近似灌木状，宜在开阔的草坪上孤植或与其他树种群植，组成树丛、树群。女贞耐修剪，宜作高篱、绿墙，分隔空间或隐蔽较粗糙部位。也是优良的蜜源植物。

（2）桂花（图 7-184）

别名：木犀

学名：*Osmanthus fragrans*（thunb.）Lour.

产地及分布：原产我国西南部，现广泛栽培于长江流域各省区，华北多行盆栽。是杭州市、台州市等 26 个城市的市花。

图 7-184　桂花

（引自张天麟，2010）

【形态特征】常绿小乔木，高达 12m。为长寿树种，在陕西汉中南郑县圣水寺内有 1800 年左右树龄的桂花。树皮灰色，不裂。芽叠生。叶长椭圆形，长 5～12cm，端尖，基部楔形，全缘

或上半部有细锯齿。花簇生叶腋或聚伞花序；花小，花色有黄白色，浓香。核果椭圆形，紫黑色。花期9～10月，果期翌年4～5月。

【观赏期】香花树种，9～10月观花。翌年4～5月观果。全年观赏树形。

【类型及品种】根据花色、花期不同，变种可分为四个品系：

1）丹桂 var. *aurantiacus* Makino，花橘红色或橙黄色。

2）金桂 var. *thunbergii* Makino，花黄色至深黄色。

3）银桂 var. *latifolius* Makino，花近白色。

4）四季桂 var. *semperflorens* Hort，花白色或黄色，花期5～9月，可连续开花数次。

【生态习性】阳性树种，稍耐荫；喜温暖和通风良好的环境，稍耐寒；喜湿润排水良好的砂质壤土，忌涝地、碱地和黏重土壤；对SO_2、Cl_2等有中等抵抗力。

【繁殖要点】播种或嫁接繁殖为主；也扦插或压条。

【园林用途】桂花树干端直，树冠圆整，四季常青，秋季开花，浓香四溢，沁人肺腑，开花时节恰逢中秋佳节，所以自古以来历代诗人为之作诗写赋，早在春秋时期我国就有关于桂花种植的记载。《吕氏春秋》中赞曰：“物之美者，招摇之桂”；宋代诗人韩子苍诗赞曰“月中有客曾分种，世上无花敢斗香”、李清照称桂花树“自是花中第一流”；杨万里(南宋)的“不是人间种。移从月宫来；广寒香一点。吹得满山开”，在古代的神话传说“嫦娥奔月”、“吴刚伐桂”更给桂花蒙上了一层神秘的色彩；“八月桂花遍地开，桂花开放幸福来”，把桂花开放和幸福的到来连在一起，桂花在人们的心中，早已成为美的化身。我国人民喜爱桂花。于庭前对植两株，即“两桂当庭”，是传统的配植手法；园林中常将桂花植于道路两侧、假山、草坪、院落等地，形成“桂花山”、“桂花岭”，秋末浓香四溢，香飘十里；与秋色叶树种同植，有色有香，是点缀秋景的极好树种；淮河以北地区多盆栽。

20. 紫葳科 Bignoniaceae

(1) 火焰木（图7-185）

别名：火焰树

学名：*Spathodea campanulata* Beauv.

产地及分布：我国广东、福建、广西、云南（西双版纳）、海南和台湾均有栽培，原产非洲热带。

图7-185　火焰木
（引自张天麟，2010）

【形态特征】常绿乔木，高达12～20m。树皮灰褐色，稍纵裂。1回羽状复叶，对生，小叶3～17枚，叶片椭圆形或倒卵形，长5～10cm，先端渐尖，基部浅心形或圆，边缘全缘，两面均被灰褐色短柔毛，侧脉在叶面凹陷，小叶柄短或几无。花大，聚合成紧密的伞房式总状花序，橙红色，花萼佛焰苞状，花冠钟状，一侧膨大，有皱纹。蒴果长圆状棱形，果瓣赤褐色，近木质。花期3～6月。

【观赏期】全年观赏树形，3～6月观花。

【生态习性】阳性树种，喜高温潮湿气候，耐热，不耐霜冻，耐旱、耐湿、耐瘠、枝脆不耐风；易移植。

【繁殖要点】播种繁殖。

【园林用途】树性强健，树形优美，花姿美艳，适作行道树、园景树、遮荫树，配植于庭园、校园、公园、游乐区、庙宇等，可单植、列植、群植均美观。

21. 棕榈科 Palmae

常绿乔木或灌木；单干，多不分枝，树干上常具宿存叶基或环状叶痕。叶大型，羽状或掌状分裂，通常集生树干顶部；叶柄基部常扩大成纤维质叶鞘。花小，整齐，两性、单性或杂性；圆锥状肉穗花序，具1至数枚大型佛焰苞；萼片、花瓣各3，分离或合生，镊合状或覆瓦状排列；雄蕊通常6，2轮；子房上位，通常1~3室，心皮3，分离或基部合生，胚珠各1；浆果、核果或坚果。

约217属2500种，分布于热带、亚热带地区；我国约22属70余种，主产东南至西南部，近年引入栽培的种属也有多种。

图7-186　假槟榔
（引自张天麟，2010）

（1）假槟榔（图7-186）

别名：亚历山大椰子

学名：*Archontophoenix alexandrae* H. Wendl. et Drude

产地及分布：原产于澳大利亚，我国引种有百余年历史，现遍植华南各城镇。

【形态特征】常绿乔木。高达20~30m。茎干具阶梯状环纹，干基稍膨大。叶簇生于干的顶端，叶长2~2.5m，羽状全裂，裂片多数，长约60cm，端渐尖而略2浅裂，边缘全缘，表面绿色，背面灰绿，有白粉，中脉和侧脉明显，叶轴背面密被褐色鳞秕状绒毛，叶柄短，叶鞘膨大抱茎，革质。圆锥状肉穗花序，具2枚鞘状扁舟形总苞。雄花为三角状长圆形，萼片及花瓣均3枚，雄蕊9~10，长在花盘上；雌花单生，卵形，柱头3，子房卵形，光滑。果卵状球形，熟时红色。

【观赏期】全年观赏树形。

【生态习性】阳性树种，幼龄期宜在半阴地生长；喜高温、高湿气候和避风的环境，不耐寒，耐水湿，亦较耐干旱。要求土层深厚、肥沃、排水良好的砂质壤土。抗大气污染和吸收粉尘能力较差。

【繁殖要点】播种繁殖。

【园林用途】植株树干通直，挺拔隽秀，叶片披垂碧绿，随风摇曳，是展示热带风光的重要树种，在南亚热带地区栽培较广泛，多露地种植作行道树以及建筑物旁、水滨、庭院、草坪四周等处，单株、小丛或成行种植均宜。3~5年生的幼株，可大盆栽植，供展厅、会议室、主会场等处陈列。

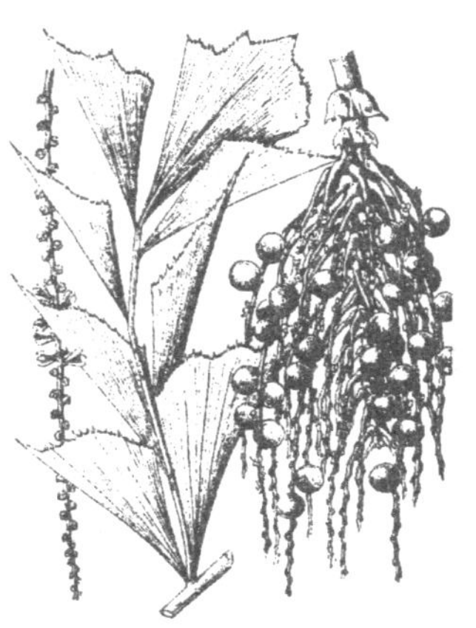
图7-187　短穗鱼尾葵
（引自熊济华，1998）

（2）短穗鱼尾葵（图7-187）

别名：丛生鱼尾葵、酒椰子

学名：*Caryota mitis* Lour.

产地及分布：产于广东、广西及亚洲热带地区，生于山谷林中。现热带地区广泛栽培。

【形态特征】常绿小乔木，茎丛生，干直立，高达5~8m，

具环痕。二回羽状复叶，裂片深裂，互生，基部斜楔形，先端啮齿状，有褶皱，叶柄和叶轴被黑色鳞秕。花单性，雌雄同株，具佛焰苞3~5片，肉穗花序大，分枝多而稠密，花绿色或紫色，花期春季。果球形，紫色，径1.2~1.5cm。

【观赏期】全年观赏树形。

【类型及品种】园林中常见栽培的同属种类有：鱼尾葵 *Caryota ochlandra* Hance，乔木，高达20m。叶二回羽状全裂，长2~3m，宽1~1.5m，每侧羽片14~20片，中部较长，下垂，裂片厚革质，有不规则啮齿状齿缺，酷似鱼鳍，先端延长成长尾尖，近对生，叶轴及羽片轴上均被褐色毛及鳞秕，叶鞘巨大，长圆筒状，抱茎。圆锥状肉穗花序下垂。雄花花蕾卵状长圆形，雌花花蕾三角状卵形。果球形，径约2cm，熟时淡红色，有种子1~2颗。花期6~7月。产于广东、广西、云南、福建等地。生于低海拔林中，耐荫。

【生态习性】弱阳性树种，耐荫，在强烈阳光下生长欠佳；喜温暖湿润的气候，对土壤要求不严，以肥沃湿润壤土为好。

【繁殖要点】分株或播种繁殖。

【园林用途】生长快，树形优美，枝叶繁茂，在庭园中丛植或列植作园景树；也可作大型盆栽供室内外观赏。

（3）椰子（图7-188）

学名：*Cocos nucifera* L.

产地及分布：原产于亚洲热带，其中以菲律宾、印度尼西亚、印度和斯里兰卡等地较多。我国在海南岛等热带地区有栽培。

【形态特征】常绿乔木。高达18~20m。树干常斜倾或稍弯曲，有环状叶痕。叶羽状全裂，裂片线状披针形，长50~100cm，宽3~4cm，基部明显地外向折叠。佛焰苞脱落。坚果卵形，倒卵形或近球形，长15~25cm，直径15~25cm，顶端微具三棱。种子1颗，种皮薄，紧贴着白色坚实的胚乳，内有一富含液汁的空腔。花期全年；果期4~5月或7~8月。

【观赏期】全年观赏树形。

【类型及品种】有金叶‘Aurea’、矮生‘Malay Dwarf’（植株矮小；果大而多，金黄色）等观赏品种。

图7-188 椰子

（引自张天麟，2010）

【生态习性】阳性树种；喜生于高温、湿润和有海风吹拂的条件。要求年均温度24℃，最低温不低于10℃。土壤以排水良好的海滨和河岸冲积土为佳。根系发达，抗风力强。

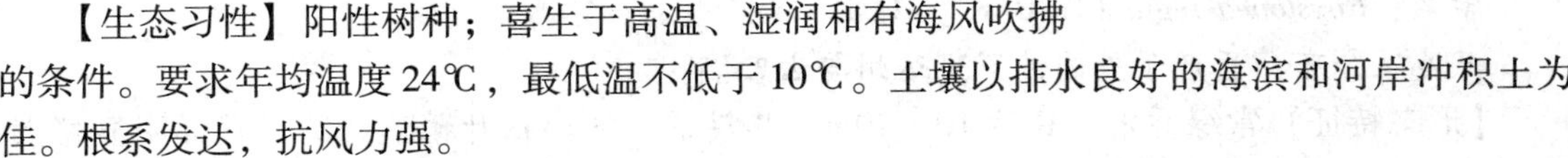

【繁殖要点】播种繁殖。

【园林用途】树姿雄伟，树冠优美，形成人们一看到椰子树自然就会想到热带，想到海滩，极富热带风情，是热带海滨景色的象征。是海滨绿化结合经济的优良树种；也常作园林绿地的园景树或行道树。

（4）蒲葵（图7-189）

学名：*Livistona chinensis*（Jacq.）R. Br.

产地及分布：分布于我国南部，越南、日本也有。

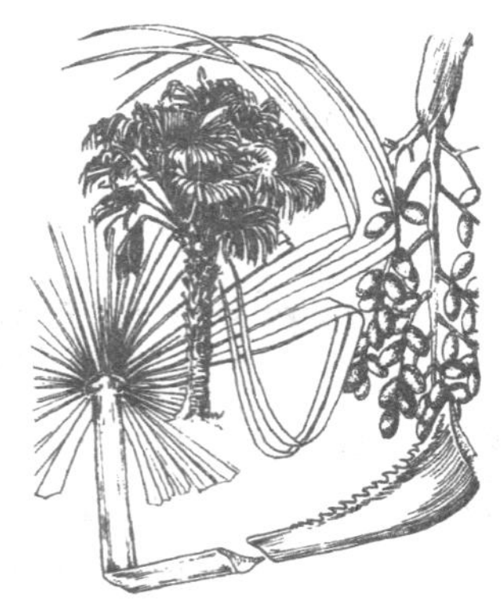

图 7-189　蒲葵
（引自楼炉焕，2000）

【形态特征】常绿乔木。单干直立，有环状叶痕，树冠近圆球形。叶阔肾状扇形，宽约 1.5～1.8m，掌状浅裂或深裂，通常部分裂深达叶的 2/3，下垂，裂片条状披针形，顶端长渐尖，再 2 深裂，叶柄两侧具骨质的钩刺，叶鞘褐色，纤维多。肉穗花序腋生，分枝多而疏散，佛焰苞 1，革质，圆筒形，苞片多数，管状。花小，两性，通常 4 朵集生，花冠 3 裂达基部，花瓣近心形。核果椭圆形至矩圆形，状如橄榄，两端钝圆，熟时紫黑色，外略被白粉。花期春夏，果期 11 月。

【观赏期】全年观赏树形。

【生态习性】阳性树种，稍耐荫；喜温暖湿润的气候，较耐寒；适生于土层深厚、湿润肥沃的黏质土壤。抗污染和抗风能力较强。

【繁殖要点】播种繁殖。

【园林用途】四季常绿，树冠伞形，叶大扇形，叶丛婆娑，为热带地区绿化的重要树种。可列植作行道树或丛植作园景树。

（5）长叶刺葵

别名：加那利海枣

学名：*Phoenix canariensis* Hort. ex Chaub.

产地及分布：原产于加拿利群岛，现热带地区广为栽培。

【形态特征】常绿乔木。单干，高达 8～12m。老叶柄基部包被树干。叶大型，羽状全缘，裂片密生，长 5～6m，羽片多，叶色亮绿。花小，黄褐色。果实长椭圆形，熟时黄色至淡红色。花期 5～7 月；果期 8～9 月。

【观赏期】全年观赏树形。

【生态习性】阳性树种，幼时耐荫；喜高温多湿的热带气候，也具有一定程度的耐寒力，对土壤要求不严。

【繁殖要点】播种繁殖。

【园林用途】树干粗壮，高大雄伟，羽叶密而伸展，形成密集的羽状树冠，为优美的热带风光树。宜用作行道树和园景树。

（6）大王椰子

学名：*Roystonea regia*（H. B. K.） O. F. Cook

产地及分布：原产于美国佛罗里达州与古巴。

【形态特征】常绿乔木。高达 10～20m。茎具整齐的环状叶鞘痕，幼时基部明显膨大，老时中部膨大。叶聚生于茎顶，羽状全裂，裂片条状披针形，端渐尖或 2 裂，排列不在一个平面上，叶鞘光滑。肉穗花序三回分枝，排成圆锥花序式。佛焰苞 2 枚，外面一枚短而早落，里面的一枚舟状。果球形，成熟后红褐色至紫黑色。花期 4～6 月；果期 7～8 月。

【观赏期】全年观赏树形。

【生态习性】阳性树种，幼时耐荫；喜高温多湿的热带气候，耐短暂低温，耐旱、耐湿、耐瘠、耐碱。喜疏松肥沃的土壤。抗风、抗污染、老株移植困难、寿命长。

【繁殖要点】播种繁殖。

【园林用途】树姿高大雄伟，树干通直，为世界著名的热带风光树种。宜单植、列植、群植或片植作行道树或绿地风景树。

（7）棕榈（图 7-190）

别名：棕树

学名：*Trachycarpus fortunei*（Hook. f.）H. Wendl.

产地及分布：原产于我国，主要分布在秦岭、长江流域以南，东至台湾，西至云南四川，南达广东和广西。现世界各地均有栽培。

图 7-190 棕榈

（引自张天麟，2010）

【形态特征】常绿乔木。高达 25m，树干圆柱形，直立无分枝，树干常残存的老叶柄及密被网状纤维质叶鞘。叶圆扇形，簇生于树干顶端向外展开，掌状深裂至中部以下，成多数的披针形裂片；叶柄两侧有锯齿，径达 70cm，裂片条形，多数，硬挺不下垂。果球形，径约 8mm，熟时黑褐色，略被白粉。花期 4～5 月，果期 10～11 月。

【观赏期】全年观赏树形。

【生态习性】阳性树种，较耐荫；喜温暖湿润气候，极耐寒，是世界上最耐寒的棕榈科植物之一；喜肥沃、排水良好的石灰土、中性或微酸性土壤，浅根系，不抗风，生长慢。

【繁殖要点】播种繁殖。

【园林用途】树姿优美，在江南园林中常见，也是四旁绿化树种。在荒山面积较大、土壤表层多石块或石砾的地区，常培育棕树纯林。

（8）酒瓶椰子（图 7-191）

学名：*Hyophorbe lagenicaulis*（L. H. Bailey）H. E. Moore

产地及分布：原产于马斯卡林群岛，现热带地区均有栽培，在我国的广东、广西、海南、厦门、云南西双版纳引入栽培。

图 7-191 酒瓶椰子

（引自张天麟，2010）

【形态特征】常绿乔木，茎干高达 2m。树干平滑，酒瓶状，中部以下膨大，近顶部渐狭成长颈状。叶聚生于干顶，裂片 30～50 对，线形排成两列，整齐。花小，黄绿色，穗状花序。果实椭球形，带紫色。花期 8 月，果期为翌年 3～4 月。

【观赏期】全年观赏树干。

【生态习性】中性，喜高温多雨气候，怕霜冻耐寒程度为 3℃左右。性喜高温、湿润、阳光充足的环境，怕寒冷，耐盐碱、生长慢，冬季需在 10℃以上越冬。

【繁殖要点】以种子繁殖，但需即采即播。

【园林用途】茎干形似酒瓶，株形奇特，是珍贵的园林观赏树种；宜在暖地植于庭园或盆栽观赏。

实训 7.3 常绿乔木园林植物识别与鉴定

1. 实训意义、目的与要求

1.1 在园林植物造景中，作为骨干应用的是常绿乔木。

1.2 本实训的目的是使学生通过对常见的常绿乔木的基本特征的学习，掌握常绿乔木的最佳观赏期，正确识别园林栽培中常见常绿乔木的形态特征、科属及主要习性，并了解其在园林中的作用，为以后的应用和配植提供一定的理论和实践基础。

1.3 要求学生必须熟悉20种常绿乔木的形态特征、生态习性及繁殖方法、栽培要点与园林用途。

2. 材料用具

钢卷尺、直尺、卡尺、铅笔、笔记本、常绿乔木。

3. 方法步骤

3.1 观察常绿乔木植株的叶型（叶片类型、大小、裂刻）、叶色（正反两面）、株型、分枝状况和枝条类型等。

3.2 观察并记录所识别的常绿乔木花序类别、花序轴的长度等内容。

3.3 识别并描述不同种常绿乔木的花型、瓣型、花瓣数、色泽、花器官的着生状态、花径大小、是否重瓣及重瓣数、花茎长度、花器官的完整性、花萼的描述等内容。

4. 实训作业

4.1 常见常绿乔木的识别，教师随机抽取20种常绿乔木，要求学生准确识别。(40分)

4.2 将20种常绿乔木按照种名、科属、观赏用途等记录在表7-3中。(60分)

5. 考核评估

5.1 优秀：90分以上。

5.2 优良：80~89分。

5.3 良好：70~79分。

5.4 及格：60~69分。

表7-3 常绿乔木识别记录表

序号	常绿乔木名称	科属	叶			花				植株冠幅与胸径、地径	园林用途
			叶型	叶色	叶裂	花型花径	花瓣	花序	花色		

拓展知识

落叶、落叶树和常绿树

植物的叶是有一定的寿命的，生长到一定时期，叶片就衰老脱落。叶的寿命长短因植物的种类而异。多年生木本植物，如杨、柳、桃、鸡爪槭、法国梧桐等的叶片，生活期为一个生长季，春、夏长出新叶，冬季来临时便全部脱落，这种现象称为落叶，这类树木称为落叶树（deciduous tree）；也有的植物叶能够生活多年，如松树的叶能够生活3~5年，由于叶片的寿命长，叶的脱落不是同时进行，每年不断有新叶产生，老叶脱落，就全树来看，四季常绿，这类树木称为常绿树（evergreen tree），如松、柏、柑橘等。实际上，落叶树和常绿树都是要落叶的，只是落叶的情况有差异。多数草本植物，叶片是随着植株一起死亡，但是依然残留在植株上不脱落。

拓展知识

茎、乔木、灌木、常绿乔木、常绿灌木

茎是叶、花等器官着生的轴。茎通常在叶腋生有芽，由芽发生茎的分枝，即枝条和小枝条。茎或者枝上着生叶的部位叫节，各节之间的距离叫节间。叶与其着生的茎所形成的夹角叫叶腋。

植物的茎显著木质化而木质部极为发达者，叫木本植物，不甚木质化而为草质者，叫草本植物。

乔木：多年生直立、木质部极为发达者，具有单个树干，而高达到5m以上的植物。

乔木状：指状如乔木的灌木，是一种中间类型。

灌木：高度在5m以下的木本植物，有时在近基部发出数个干。

灌木状：指状如灌木的植物，是一种中间类型。

小灌木：指高度在1m以下的灌木。

半灌木（亚灌木）：在木本和草本之间没有明显的区别，仅在木质化的植物。

半灌木状（亚灌木状）：或多或少带灌木状的植物。

落叶乔木、落叶灌木：木本植物，其叶片在冬季或者旱季脱落者。

常绿乔木、常绿灌木：木本植物，其叶片在冬季或者旱季不脱落者。

拓展知识

园林、园林植物、木本园林植物

园林，狭义的园林是指一般的公园、花园、庭园等。广义的园林除了包括公园、庭园等外，还包括风景区、自然保护区、旅游区、城市绿化、公路绿化以至机关、学校、厂矿的绿化和家庭的装饰，还包括各类专类园，如海滨园、百草园、山茶园等。

园林植物是指人工栽培的观赏植物，是提供观赏、改善和美化环境、增添情趣的植物总称，包括木本和草本园林植物。

木本园林植物：茎秆木质化的园林植物。如银杏、樟树。

草本园林植物：茎秆草质化的园林植物。如菊花、一串红。

小　　结

主要介绍了76种常见的常绿乔木的产地及分布、形态特征、观赏期、类型及品种、生态习性、繁殖要点和园林用途。

相关链接

1. 郑万钧. 中国树木志（1～4卷）[M]. 北京：中国林业出版社，2003－2004.
2. 陈有民. 园林树木学 [M]. 北京：中国林业出版社，1990.
3. 中国花卉网 http：//www.china-flower.com/
4. 《中国植物志》——电子版 http：//foc.lseb.cn/dzb.asp

练习题

1. 常绿乔木园林植物的定义是什么？列举出周围常见的10种。
2. 常绿乔木园林植物的园林应用特点有哪些？
3. 你当地的常绿乔木园林植物的生态习性有哪些？
4. 你当地的常绿乔木园林植物如何进行种子的采收？

7.2.3　落叶灌木

1. 蜡梅科 Calycamthaceae

落叶或常绿灌木。单叶对生，全缘，羽状脉；无托叶。花两性，单生，芳香；花被片多数，无萼片与花瓣之分，螺旋状排列；雄蕊5～30，排成两轮，心皮离生多数，着生于杯状花托内，胚珠1～2。花托发育为坛状果托，聚合瘦果，小瘦果着生其中。种子无胚乳，子叶旋卷。

图7-192　蜡梅
（引自吴玉华，2008）

（1）蜡梅（图7-192）

别名：黄梅花、香梅、腊梅、素儿

学名：*Chimonanthus praecox*（L.）Link.

产地及分布：产于湖北、陕西等省，现各地有栽培。河南省鄢陵县姚家花园为蜡梅苗木生产之传统中心。

【形态特征】落叶从生灌木，高达3m。小枝近方形，鳞芽裸露。叶半革质，椭圆状卵形至卵状披针形，长7～15cm，叶端渐尖，叶基圆形或广楔形，叶表有硬毛，叶背光滑。花单生，远在叶前开放，经约2.5cm；花被外轮蜡黄色，中轮有紫色条纹，有浓香。果托坛状，小瘦果种子状，栗褐色，有光泽，8月成熟。

【观赏期】观花、芳香植物，花期12月至翌年3月。

【类型及品种】园林中常见变种有：

1）狗牙腊梅（狗蝇梅）var. *intermedius* Mak.，叶比原种狭长而尖。花较小，花瓣长尖，中心花瓣呈紫色，香气弱。

2）磬口腊梅 var. *grandiflora* Mak.，叶较宽大，长达20cm；花亦较大，径3～3.5cm，外轮花被片淡黄色，内轮花被片有浓红紫色边缘和条纹。

3）素心腊梅 var. *concolor* Mak.，花特大，内外轮花被片均为纯黄色，香味浓。

4）小花蜡梅 var. *parviflorus* Turrill，花小，径约0.9cm，外轮花被片黄白色，内轮有浓红紫色条纹，栽培较少。

【生态习性】阳性树种，稍耐荫，较耐寒。耐干旱，忌水湿，喜深厚肥沃、排水良好的砂质壤土，于黏性土及碱土上均生长不良。生长势强、萌芽力强；寿命长，可达百年。

【繁殖要点】嫁接、播种、压条及分株繁殖为主。

【栽培管理】以土层深厚，富含腐殖质的壤土为佳。虽然腊梅耐旱，但在生长季节，保持土壤湿润，并适时施肥，春季生长旺盛季节施肥2～3此，以复合肥为主，秋季可施1次有机肥，以利花芽生长。腊梅萌发力强，花后注意修剪整形。

【园林用途】蜡梅是我国特有的珍贵花木，“隆冬到来时，百花迹已绝，惟有腊梅破，凌雪独自开。”花黄如蜡，透明晶莹，清香四溢，宜配植于室前、墙隅、庭院中孤植、丛植，片植形成专类园。在河南省鄢陵县姚家村，几乎家家户户的屋前宅后都遍植蜡梅，素有“姚家黄梅冠天下”的美誉；杭州西湖和扬州瘦西湖的腊梅开开时金黄剔透，吸引着无数游人冒着严寒前往观看。蜡梅在园艺造型上可整成屏扇形、龙游形以及单干式、多干式等各种形式，独具特色。

2. 小檗科 Berberidaceae

多年生草本或灌木，稀小乔木。叶互生，稀对生或基生，单叶或复叶；无托叶。花两性，整齐，单生或呈总状、聚伞或圆锥花序；花萼花瓣相似，2至多轮，每轮3枚，花瓣常具蜜腺；雄蕊与花瓣同数并与其对生；子房上位，心皮1（稀数个）。浆果或蒴果。种子具胚乳。

12属约650种，中国11属200种，各地均有分布。

（1）小檗

别名：日本小檗

学名：*Berberis thunbergii* DC.

产地及分布：原产我国及日本，各大城市有栽培。

【形态特征】落叶灌木，高2～3m。小枝通常红褐色，有沟槽，具短小针刺，刺不分叉；单叶互生，叶片小型，叶倒卵形或椭圆形，长0.5～2cm，先端钝，基部急狭，全缘，表面暗绿色，背面灰绿色，有白粉，两面叶脉不显，入秋叶色变。花两性，花序伞形或近簇生，花淡黄色。浆果长椭圆形，长约1cm，熟时亮红色。花期5月，果实9月成，有种子1～2粒。

【观赏期】观叶、观花、观果植物，观赏期5月至9月。

【类型及品种】常见栽培品种有：

1）紫叶小檗 cv. Atropurpurea，嫩枝带红色或紫红色，老叶深紫色或紫红色，花黄色，浆果鲜红色，观赏价值更高。

2）矮紫叶小檗 cv. Aatropurpurea Nana，植株低矮不足0.5m，叶片常年紫红。

3）金叶小檗 cv. Aurea，在阳光充足的条件下，叶片常年金黄色，茎多刺。

4）金边紫叶小檗 cv. Golden Ring，叶紫红并有金黄色的边缘。

5）桃红小檗 cv. Rose Glow ，叶桃红色，有时有黄、红褐等色的斑纹镶嵌。

【生态习性】阳性树种，稍耐荫；耐寒，对土壤要求不严，在肥沃而排水良好之沙质壤土上生长最好。萌芽力强，耐修剪。

【繁殖要点】播种、扦插或压条繁殖。

【园林用途】枝细密而有刺、叶小而圆，春日黄花入秋则叶色变红，且红果累累，红艳美丽，是一个观叶、观花、观果的优良观赏树种，适于在草坪、花坛、假山、池畔用作点缀，并可用作绿篱和刺篱。

3. 毛茛科 Ranunculaceae

草本，稀为木质藤本或灌木。叶片互生或对生。花多两性，辐射或两侧对称，单生或成总状、圆锥状花序；雄蕊、雌蕊常多数，离生，螺旋状排列。聚合蓇葖果或聚合瘦果，稀为浆果或蒴果。

约 50 属 2000 余种，主产北温带。我国有 42 属 720 余种，分布于全国，主产西南部山地，本科是含有毒植物种最多的科之一。

图 7-193　牡丹
（引自吴玉华，2008）

（1）牡丹（图 7-193）

别名：木芍药、富贵花、洛阳花

学名：*Paeonia suffruticosa* Andr. （P. moutan Sims. ）

产地及分布：原产我国北部及中部，在秦岭伏牛山、中条山、嵩山有野生，我国以洛阳、菏泽为栽培中心。

【形态特征】落叶灌木，高达 1 ~ 2m。老茎灰褐色，当年生枝黄褐色，分枝多而粗壮。叶互生，叶片常为三回三出复叶，枝上部常为单叶，小叶片有披针、卵圆、椭圆等形状，顶生小叶常为 2 ~ 3 裂，叶面深绿色或黄绿色，叶背为灰绿色，光滑或有毛；总叶柄长 8 ~ 20cm，表面有凹槽；花单生于当年枝顶，两性，花的颜色有白、黄、粉、红、紫红、紫、墨紫（黑）、雪青（粉蓝）、绿、复色十大色，有单瓣、复瓣、重瓣和台阁性花。花萼有 5 片；雄雌蕊常有瓣化现象，正常花的雄蕊多数，完全花雄蕊离生，心皮一般 5 枚，少有 8 枚，各有瓶状子房一室，边缘胎座，多数胚珠，骨果五角，每一果角结籽 7 ~ 13 粒，种子圆形，成熟时为共黄色，老时变成黑褐色。花期 4 ~ 5 月，果实 9 月成熟。

【观赏期】观花植物，花期 4 ~ 5 月。

【类型及品种】主要野生变种有矮牡丹 *P. suffruticasa* Andr. var. *spontanea* Rehd 和紫斑牡丹 *P. suffruticasa* Andr. var. *papaveracea* （Andr. ）Kerner 等。

【生态习性】阳性树种，忌夏季曝晒，以在弱荫下生长最好，尤其在花期若能适当遮荫可延长花期并且可保持纯正的色泽；喜温暖而不耐酷热气候，较耐寒；喜深厚肥沃、排水良好、略带湿润的沙质壤土，最忌黏土及积水之地；牡丹为深根性的肉质根，寿命长，在良好的栽培管理条件下，寿命可达百年以上。

【繁殖要点】分株和嫁接繁殖为主，也可用播种繁殖。

【园林用途】“国色朝酣酒，天香夜染衣”，牡丹“雍容华贵、国色天香”、有“花中之

王”的美称，长期以来被人们当作富贵吉祥、繁荣兴旺的象征。在我国栽培历史悠久，品种分类常依花色及花型来分，花色、花型极其丰富，是我国十大传统名花之一。自古以来，成为很多诗词的歌赋对象，如“倾国姿容别、多开富贵家、临轩一赏后、轻薄万千花”等。可在公园和风景区建立牡丹专类园；在古典园林和居民院落中筑花台种植；在园林绿地中自然式孤植、丛植或片植。也适于布置花境、花坛、花带；盆栽观赏，应用更是灵活，可通过催延花期，使其四季开花。根皮入药，花瓣可酿酒。

4. 金缕梅科 Hamamelidaceae

（1）金缕梅（图 7-194）

学名：*Hamamelis mollis* Oliv.

产地及分布：产安徽、浙江、江西、湖北、湖南、广西等省区，多生于山地次生林中。

图 7-194 金缕梅
（引自吴玉华，2008）

【形态特征】落叶灌木或小乔木，高可达 9m。幼枝密生星状绒毛；裸芽有柄。叶倒卵圆形，长 8～15cm，先端急尖，基部歪心形，缘有波状齿，表面略粗糙，背面密生绒毛。花瓣 4，狭长如带，长 1.5～2cm，淡黄色，基部带红色，芳香；萼背有锈色绒毛。蒴果卵球形，长约 1.2cm。2～3 月叶前开花；果 10 月成熟。

【观赏期】观花、叶植物，2～3 月叶前开花。

【生态习性】阳性树种，喜光，耐半荫，喜温暖湿润气候，但畏炎热，有一定耐寒力，对土壤要求不严，在酸性、中性土以及上坡、平原均能适应，而以排水良好的湿润而富含腐殖质的土壤最好。

【繁殖要点】主要用播种繁殖，也可用压条和嫁接繁殖。

【园林用途】花形奇特，具有芳香，早春先叶开放，黄色细长花瓣宛如金缕，缀满枝头，十分惹人喜爱。国内外庭园常有栽培，是著名赏花木之一。可在庭院角隅、池边、溪畔、山石间及树丛外缘配植。此外，花枝可作切花瓶插材料。

（2）蜡瓣花（图 7-195）

别名：中华蜡瓣花

学名：*Corylopsis sinensis* Hemsl.

产地及分布：产长江流域及其以南各地

【形态特征】落叶灌木或小乔木，高 2～5m。小枝密被短柔毛。叶倒卵形至倒卵状椭圆形，长 5～9cm，先端短尖或稍钝，基部歪心形，缘具锐尖齿，背面有星状毛，侧脉 7～9 对。花黄色，芳香，10～18 朵成下垂之总状花序，长 3～5cm。蒴果卵球形，有毛，熟时 2 或 4 裂，弹出光亮黑色种子。花期 3 月，叶前开放。果 9～10 月成熟。

图 7-195 蜡瓣花
（引自邱国金，2004）

【观赏期】观花植物，花期 3 月，叶前开放。

【生态习性】喜光，耐半荫，喜温暖湿润气候及肥沃、湿润而排水良好之酸性土壤；性颇强健，有一定耐寒能力，但忌干燥土壤。

【繁殖要点】可用播种、扦插、压条、分株等方法进行繁殖。

【园林用途】花期早而芳香，早春枝上黄花成串下垂，滑泽如涂蜡，甚为秀丽。丛植于草地、林缘、路边，或作基础种植，或点缀于假山、岩石间，均颇具雅趣。

5. 虎耳草科 Saxifragaceae

灌木，叶互生或对生，单叶，稀复叶；通常无托叶。花两性，稀单性，整齐，稀不整齐；萼片4～5，花瓣4～5；雄蕊与花瓣同数并与其互生，或为其倍数；心皮2～5，全部或部分合生，稀离生；子房上位至下位，中轴胎座或侧膜胎座，1～2室，稀5室；胚珠多数。蒴果或浆果；种子小，有翅，具胚乳。

图7-196　八仙花
（引自陈有民，1998）

（1）八仙花（图7-196）

别名：绣球、草绣球、紫阳花、粉团花

学名：*Hydrangea macrophylla*

产地及分布：原产于我国长江流域及以南地区，日本也有分布。

【形态特征】落叶或半常绿灌木。叶大而对生，浅绿色，有光泽，呈椭圆形或倒卵形，边缘具钝锯齿。伞房花序顶生，球状，有总梗。不育花萼4枚，阔倒卵形、近圆形或阔卵形，粉红色、淡蓝色或白色，孕性花极少。花期6～7月。

【观赏期】观花植物，花期6～7月。

【类型及品种】常见栽培的同属品种有银边八仙花 *H. macrophylla* ‘Maculate’。

【生态习性】喜温暖、湿润和半荫环境，不耐干旱、忌水涝、不耐寒。适宜在肥沃、排水良好的酸性土壤中生长。土壤的酸碱度对八仙花的花色影响非常明显，土壤为酸性时，花呈蓝色；土壤呈碱性时，花呈红色。

【繁殖要点】常用分株、压条和扦插繁殖。

【园林用途】适合植于林缘、路边或门庭入口，也可用于花坛及花境。

（2）溲疏（图7-197）

别名：空疏

学名：*Deutzia scabra*

产地及分布：原产于我国江苏、安徽、江西、湖北、贵州等地区。

图7-197　溲疏
（引自陈有民，1998）

【形态特征】落叶灌木，高2～2.5m。树皮薄片状剥落。小枝中空，红褐色，幼时有星状柔毛。叶对生，长卵状椭圆形，缘有细锯齿。直立圆锥花序，花白色或外面略带红晕，花瓣5枚。蒴果近球形，顶端平截。花期5～6月，果期8～9月。

【观赏期】观花植物，花期5～6月。

【类型及品种】常见栽培的同属品种有白重瓣溲疏 *D. crenata* ‘Candidissima’。

【生态习性】喜温暖湿润气候，喜光，稍耐荫，较耐寒且耐旱，萌蘖性强，耐修剪。对土壤要求不高，但以肥沃湿润的砂质壤土为佳。

【繁殖要点】可用扦插、播种、压条、分株法繁殖。

【园林用途】夏季开白花，繁密而素雅，花期又长。宜植于草坪、山坡、路旁及林缘和岩石园，也可作花篱栽植。

6. 蔷薇科 Rosaceae

（1）李叶绣线菊（图7-198）

别名：笑颜花、笑靥花

学名：*Spiraea prunifolia* Sieb. et Zuce.

产地及分布：产于台湾、山东、安徽陕西、江苏、浙江、江西、湖北、湖南、四川、贵州、福建、广东等地。朝鲜及日本亦有分布。

图7-198 李叶绣线菊
（引自吴玉华，2008）

【形态特征】落叶灌木，高达3m。枝细长而有角棱，微生短柔毛或近于光滑。叶小，椭圆形至椭圆状长圆形，长2.5～5.0cm，先端尖，缘有小齿，叶背光滑或有细短柔毛。花序伞形，无总梗，具3～6花，基部具少数叶状苞；花白色，重瓣，花朵平展，中心微凹如笑靥，花径约1cm，花梗细长。花期4～5月。蓇葖果，果期7～8月。

【观赏期】观花植物，花期4～5月。

【类型及品种】单瓣笑靥花 var. *sipliciflora* Nakai，花单瓣，径约6mm。

【生态习性】阳性树种，稍耐荫，耐寒，耐旱。耐瘠薄，亦耐湿，对土壤要求不严，在肥沃、湿润土壤中生长最为茂盛。萌蘖性，萌芽力强，耐修剪。

【繁殖要点】扦插或分株繁殖。生长健壮，管理粗放。

【园林用途】花大多重瓣，为美丽的观赏花木。园林造景，环境绿化用树种。春天展花，花色洁白，繁密似雪，如笑靥。可丛植于池畔、山坡、路旁或树丛之边缘，亦可成片群植于草坪及建筑物角隅。

（2）珍珠花（图7-199）

别名：喷雪花、珍珠绣线菊、雪柳、南烛、米饭花

学名：*Spiraea thunbergii* Sieb. ex Bl.

产地及分布：原产华东及日本，现广布于辽宁、黑龙江、山东、江苏、浙江等省。

图7-199 珍珠花
（引自吴玉华，2008）

【形态特征】落叶灌木，高约1.5m。小枝幼时有柔毛。枝细长呈弧形弯曲。叶线状披针形，长2～4cm，中部以上有尖锐细锯齿，两面光滑无毛，秋叶橘红色。伞形花序无总花梗，有3～7朵小花，白色，径约8mm；花梗细长，花期在4～5月，蓇葖果，果期5～6月。

【观赏期】观花植物，花期4月下旬。

【生态习性】阳性树种，不耐庇荫，较耐寒，喜生于湿润排水良好的土壤，萌芽力强，耐修剪。

【繁殖要点】分株、扦插、播种繁殖。

【园林用途】叶形似柳，花白如雪，故又称“雪柳”，花蕾形若珍珠，开放时繁花满枝宛若喷雪，秋叶橘红色，是美丽的观花灌木。可植于草坪或作基础种植，也可做切花材料。

图7-200　绣线菊
（引自吴玉华，2008）

（3）绣线菊（图7-200）

别名：柳叶绣线菊、蚂蝗梢

学名：*Spiraea salicifolia* L.

产地及分布：产于东北、内蒙古、河北；朝鲜、日本、俄罗斯也有分布。

【形态特征】落叶直立灌木，高可达2m，枝条密集，小枝有棱及短毛。单叶互生，叶片长圆状披针形，缘具细密锐锯齿，两面无毛，叶柄短，无毛，长圆形圆锥着生于当年生具叶长枝枝顶，被生毛，花密集。两性花，花具短，花瓣粉红色，雄蕊50枚伸出花瓣外，花期6～9月。蓇葖果直立，沿腹缝线有毛并具反折萼片，果期8～10月。

【观赏期】观花植物，自初夏可至秋初。

【生态习性】阳性树种，稍耐荫，耐寒，喜肥沃湿润土壤，一般生于河岸、湿草地、河谷、林缘、沼泽地，形成密集的灌丛，也常为稀疏针叶林、针阔叶混交林下的灌木。

【繁殖要点】种子和扦插繁殖。

【园林用途】枝繁叶茂，叶似柳叶，小花密集，花色粉红，花期长，自初夏可至秋初，娇美艳丽，是良好的园林观赏植物和蜜源植物。

（4）柳叶绣线菊（图7-201）

别名：三桠绣线菊、三裂绣线菊、三桠绣球、绣线菊

学名：*Spiraea trilobata* L.

产地及分布：辽宁、吉林、内蒙、河北等省。日本、俄罗斯、朝鲜也有分布。

【形态特征】直立灌木，高约2m。小枝黄褐色，平滑无毛。叶长圆状披针形或披针形，长1.5～3.0cm，基部圆形，有时近心脏形，有圆钝锯齿，圆形，通常3裂，具掌状脉，背面淡蓝绿色。圆锥花序顶生，花多而密，粉红色。蓇葖果直立。花期在6～7月。果期9～10月。

图7-201　柳叶绣线菊
（引自吴玉华，2008）

【观赏期】观花植物，花期6～7月。

【生态习性】阳性树种，抗寒、稍耐庇荫，很耐水湿，性健壮，生长迅速。

【繁殖要点】播种、扦插和分株繁殖。

【园林用途】本种晚春白花翠叶，花繁色艳，是东北、华北庭园常见的花灌木，宜植于庭园、林缘、水边、草地、岩石园、山坡、小路两旁等处。孤植、丛植或片植。

（5）粉花绣线菊（图7-202）

别名：日本绣线菊、蚂磺梢

学名：*Spiraea japonica* L. f.

产地及分布：产江西、湖北、贵州等地，庐山有大量野生。原产日本，我国华东有栽培。

图 7-202　粉花绣线菊
（引自潘文明，2001）

【形态特征】落叶灌木，高可达 1.5m；枝光滑，或幼时具细毛，叶卵形至卵状长椭圆形，长 2～8cm，先端尖，叶缘有缺刻状重锯齿，叶背灰蓝色，脉上常有短柔毛；花淡粉红至深粉红色，偶有白色者，簇聚于有短柔毛的复伞房花序上；雄蕊较花瓣为长，花期 6～7 月。蓇葖果半开张，果期 8～9 月。

【观赏期】观花植物，花期 6～7 月。

【类型及品种】金山绣线菊、金焰绣线菊。

【生态习性】性强健，喜光，亦略耐荫，抗寒、耐旱。

【繁殖要点】播种、扦插、分株繁殖。

【园林用途】枝叶茂密，花色娇艳，花朵繁多。宜丛植于草坪、花坛、花镜、园路拐角处、建筑物前，或作基础种植。

（6）珍珠梅（图 7-203）

图 7-203　珍珠梅
（引自吴玉华，2008）

别名：华北珍珠梅

学名：*Sorbaria kirilowii*（Regel）Maxim.

产地及分布：产于河北、山西、山东、河南、陕西、甘肃、内蒙古。

【形态特征】落叶灌木，高 2～3m，小枝圆筒形，顶芽缺，侧芽常单生。奇数羽状复叶互生，小叶 13～21 枚，卵状披针形，长 4～7cm，叶缘重锯齿，无毛。圆锥花序顶生，长 15～20cm，花蕾时似珍珠，雄蕊 20，与花瓣等长或稍短。花期 6～8 月，蓇葖果矩圆形，果梗直立，果期 9～10 月。

【观赏期】观花植物，花期 6～8 月。

【生态习性】喜光，较耐荫，耐寒，对土壤要求不严。萌蘖性强、耐修剪，生长迅速。

【繁殖要点】扦插及分株繁殖为主，也可播种。分株繁殖一般在春季萌动前或秋季落叶后进行。

【园林用途】珍珠梅花、叶清丽，花序大，花期极长，为优良庭园花灌木。宜丛植于草地边缘、林缘、墙边、路边、水旁，也可作自然绿篱栽植，还可配置于建筑物背阴处。

（7）白鹃梅（图 7-204）

别名：茧子花、金瓜果

学名：*Exochorda racemosa*（Lindl）Rehd.

产地及分布：产于我国华东及湖北等省。北京以南可栽培。

图 7-204　白鹃梅
（引自吴玉华，2008）

【形态特征】落叶灌木，高 3～5m。枝条细弱开展，全缘，极少数顶端有锯齿、无托叶、总状花序，花白色，花期 5 月，果熟期 7～8 月。

【观赏期】观花植物，花期 5 月。

【类型及品种】红柄白鹃梅、齿叶白鹃梅、匍枝白鹃梅、红柄白鹃梅、绿柄白鹃梅、齿叶白鹃梅。

【生态习性】阳性树种，稍耐荫。耐寒，对土壤要求不严，而干旱、瘠薄，萌蘖性强。

【繁殖要点】以播种繁育为主，也可扦插繁殖。播种于9月采种，翌年3月播种。扦插多用休眠枝，于早春萌芽前进行。

【园林用途】白鹃梅花洁白如雪，秀丽动人，适于草坪、林缘、路边及假山、岩石间配置，也可在常绿树丛前栽植，似层林点雪，极有雅趣，可散植林间空地或庭园角隅，亦可作基础栽植。

图7-205　野蔷薇
（引自吴玉华，2008）

（8）野蔷薇（图7-205）

别名：多花蔷薇

学名：*Rosa multiflora* Thunb.

产地及分布：产于黄河流域以南地区的低山丘陵、溪边、林缘及灌木丛中。现全国普遍栽培。

【形态特征】落叶灌木；枝细长，上升或蔓生，有皮刺。羽状复叶；小叶5～9，倒卵状圆形至矩圆形，边缘具锐锯齿，两面有柔毛；叶柄和叶轴常有腺毛；托叶大部附着于叶柄上，先端裂片成披针形，边缘篦齿状分裂并有腺毛，托叶下有刺。圆锥状伞房花序，花多数；花梗有腺毛和柔毛；白色或略带粉晕，单瓣，芳香，蔷薇果球形至卵形，直径6mm，褐红色。花期5～6月，果熟期10～11月。

【观赏期】观花植物，花期5～6月。

【类型及品种】常见的变种、变型有：

1）粉团蔷薇 var. cathyensis Rehd. et Wils，小叶较大，通常5～7；花较大，径3～4cm，单瓣，粉红至玫瑰红色，数多或多朵成平顶的伞房花序。

2）荷花蔷薇 f. *carena* Thory 花重瓣，粉红色，多朵成簇，甚美丽。

3）七姊妹 f. *platyphyll* Thory 叶较大；花重瓣，深红色，常6～7朵成扁伞房花序。

4）白玉棠 cv. Albo-plena，与野蔷薇极为相近，枝上刺较少，小叶倒广卵形；花白色，重瓣，多朵簇生，有淡香；北京常见。蔷薇变种和变型有色有香，丰富多彩，广植于园林中，多作花柱、花门、花墙、花架以及基础种植、斜坡悬垂材料，也可盆栽或切花观赏。

【生态习性】阳性树种，耐半荫；耐寒，对土要求不严。在黏重土壤中也可正常生长；不耐水湿，忌积水。萌蘖性强，耐修剪，抗污染。

【繁殖要点】分株、播种、扦插和压条繁殖均易成活。春季、初夏和早秋的均可进行。播种时选秋播或沙藏后春播。

【园林用途】花洁白、芳香，树性强健，可用于垂直绿化，布置花墙、花门、花廊、花架、花柱，点缀斜坡、水池彼岸，装饰建筑物墙面或植花篱，是嫁接月季的砧木。

（9）黄刺玫（图7-206）

别名：刺玫花、重瓣黄刺

学名：*Rosa xanthina* Lindl.

产地及分布：产于我国东北、华北至西北，生于海拔200～2400m的向阳山坡及灌丛中。现栽培较广泛。

【形态特征】落叶灌木，高3m。小枝细长，散生硬直刺。小叶7～13枚，宽卵形近圆，先端钝或微凹，锯齿钝，叶背幼时稍有柔毛。花黄色，单生枝顶，半重瓣或单瓣，果红褐色，花期4～6月，蔷薇果红褐色，果熟7～9月。

【观赏期】观花植物，花期4～6月。

【生态习性】阳性树种、耐寒、耐旱、耐瘠薄，对土壤要求不严，忌涝。

【繁殖要点】扦插、分株、压条繁殖。分株于早春萌芽前进行。

图7-206 黄刺玫
（引自陈有民，1998）

【园林用途】黄刺玫花色金黄，花期较长，是北方地区主要的早春花灌木。多在草坪、林缘、路边丛植，若筑花台种植，几年后即形成大丛，开花时金黄一片，光彩耀人，甚为壮观，亦可在高速公路及车行道旁，作花篱及基础种植。

图7-207 棣棠
（引自吴玉华，2008）

（10）棣棠（图7-207）

别名：蜂棠花、黄度梅、金棣棠梅、黄榆梅等

学名：*Kerria japonica*（L.）DC.

产地及分布：产于河南、湖北、湖南、江西、浙江、江苏、四川、云南、广东等省。日本也有。

【形态特征】丛生落叶小灌木，无刺，高1～2m。小枝绿色有棱，光滑。叶卵形、卵状椭圆形，长4～8cm，先端长尖，基部楔形或近圆形，缘有尖锐重锯齿，背面略有短柔毛。叶面皱褶。花期4～5月，花金黄色，径3～4.5cm，单生于侧枝顶端；瘦果黑褐色，萼片宿存。果熟期7～8月。

【观赏期】观花植物，花期4～5月。

【类型及品种】变种有重瓣棣棠 var. *pleniflora* Witte.，花重瓣，从春末可陆续开花至秋季。北京、山东、南京等地栽培。

【生态习性】喜半荫，忌炎日直射。喜温暖、湿润气候，不耐严寒，华北地区须选背风向阳处栽植。对土壤要求不严，耐湿。萌蘖强，病虫害少。

【繁殖要点】分株、扦插或播种繁殖。分株适用于重瓣品种。扦插分春季硬枝扦插和梅雨季嫩枝扦插。

【园林用途】花色金黄，枝叶鲜绿，花期从春末到初夏，适宜栽植花境、花篱或建筑物周围作基础种植材料，可在墙际、水边、坡地、路隅、草坪、山石旁丛植或成片配置，也可作切花。

（11）贴梗海棠（图7-208）

别名：贴梗木瓜、皱皮木瓜

学名：*Chaenomeles speciosa*（Sweet）Nakai.

产地及分布：原产我国西北、西南、中南、华东，各地均有栽培。

【形态特征】落叶灌木，高2m，小枝开展，无毛。有枝刺。叶卵形至椭圆形，叶缘锯

图 7-208　贴梗海棠
（引自陈有民，1988）

齿尖锐，两面无毛，有光泽；托叶肾形、半圆形，有尖锐重锯齿。花红色、淡红色、白色，3～5朵簇生在2年生枝上。萼筒钟状。梨果卵形至球形，径4～6cm，黄色、黄绿色、芳香，近无梗。花期3～5月，果熟期9～10月。

【观赏期】3～5月观花。

【生态习性】阳性树种，亦耐荫。适应性强，耐寒，耐旱，耐瘠薄，不耐水涝。耐修剪。

【繁殖要点】扦插、压条或分株繁殖。

【园林用途】早春繁花似锦，花色艳丽，秋日果熟，黄色，芳香，为良好的观花、观果树种。常孤植、丛植草坪一角、树丛边缘、池畔、花坛、庭院墙隅，也可与山石、劲松、翠竹配小景，种植花篱，作基础种植材料。常与迎春、连翘混植一起；也是制作盆景的好材料，果供观赏、闻香、泡药酒、制蜜饯。

（12）玫瑰（图 7-209）

别名：徘徊花、刺客、穿心玫瑰

学名：*Rosa rugosa* Thunb.

产地及分布：原产我国北部，现各地有栽培。以山东、江苏、浙江、广东最多。

图 7-209　玫瑰
（引自吴玉华，2008）

【形态特征】落叶直立丛生灌木，茎枝灰褐色，密生刚毛与倒刺，羽状复叶，小叶5～9，椭圆形至椭圆状倒卵形，钝锯齿，质厚，有皱纹，上面亮绿色，下面灰绿色，被柔毛或刺毛，叶柄及叶轴疏生小皮刺及腺毛。托叶大部与叶柄连合，具细锯齿。花单生或3～6朵集生，花芳香，密被茸毛及刺毛，花瓣紫红或白色，单瓣或重瓣。蔷薇果扁球形，红色，萼片宿存。花期5～9月，果期9～10月。

【观赏期】观花、芳香植物，观赏期5～9月。

【类型及品种】常见的变种有：

1）紫玫瑰 var. *typica* Reg.，花玫瑰紫色。

2）红玫瑰 var. *rosea* Rehd.，花红色。

3）白玫瑰 var. *alba* W. Robins.，花白色。

4）重瓣紫玫瑰 var. *plena* Reg.，花重瓣，紫色，浓香。

5）重瓣白玫瑰 var. *alba-plena* Rehd. 花重瓣，白色。

【生态习性】阳性树种，荫处生长不良、开花少。耐寒，耐旱，喜凉爽通风的环境，喜肥沃、排水良好的土壤、砂土壤，忌黏土，忌地下水位过高或低洼地。萌蘖性强，生长迅速。

【繁殖要点】分株、扦插、嫁接繁殖。砧木用蔷薇较好。

【园林用途】玫瑰色艳花香，适应性强，是著名的观花、闻香花木；很多城市将其作为市花，如沈阳、银川、拉萨、兰州、乌鲁木齐等。在北方园林应用较多，宜做绿篱、花境、花坛、草坪及坡地栽植，亦可布置玫瑰园。风景区结合水土保持可大量种植。是用于切花的好材料。山东省平阴为全国闻名的“玫瑰之乡”。

7. 苏木科（云实科）Caesalpiniaceae

（1）紫荆（图7-210）

别名：满条红、苏芳花、紫株、乌桑、箩筐树

学名：*Cercis chinensis* Bunee

产地及分布：原产于中国，在湖北、辽宁、河北、陕西、河南、甘肃、广东、云南、四川等省有分布。

图7-210　紫荆

（引自吴玉华，2008）

【形态特征】落叶乔木，高达15m，在栽培条件下多呈灌木状。叶互生，叶圆形，长6～14cm，叶端急尖，叶基心形，全缘，两面无毛。花紫红色，4～10朵簇生于老枝上。荚果狭披针形，扁平，沿腹缝线有窄翅。花期4～5月，叶前开放；果10月成熟。

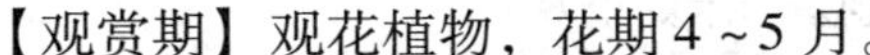

【观赏期】观花植物，花期4～5月。

【生态习性】阳性树种，有一定的耐寒性，喜肥沃、排水良好土壤，不耐淹。萌蘖性强，耐修剪。

【繁殖要点】播种、分株、扦插、压条繁殖。以播种、分株、压条繁殖为主，少数可嫁接。播种多春播，播前将种子低温层积处理2个月以上。分株多在春季萌动前进行，较易成活。压条在整个生长季节均可进行。

【园林用途】早春先花后叶，新枝老干上布满簇簇紫红花，似一串串花束，艳丽动人。宜栽庭院、草坪、岩石及建筑物前，用于小区的园林绿化，具有较好的观赏效果。对Cl_2有一定的抗性，滞留尘埃的能力较强，为国外广泛采用的精品园林绿化树种。

8. 蝶形花科 Papilionaceae

（1）锦鸡儿

别名：黄雀花、土黄豆、粘粘袜、酱瓣子、阳雀花、黄棘

学名：*Caragana sinica*

产地及分布：产于我国，分布在河北定州华春苗圃引进定州、陕西、河南、江苏、浙江、福建、江西、四川、贵州、云南等省区。

【形态特征】落叶灌木，高可达2m。小枝细长有棱，偶数羽状复叶，在短枝上丛生，在嫩枝上单生，叶轴宿存，顶端硬化呈针刺，托叶2裂，硬化呈针刺；小叶2对，倒卵形，无柄，顶端一对常较大，顶端微凹有短尖头。花单生于短枝叶丛中，蝶形花，黄色或深黄色，凋谢时变褐红色，花期4～5月。荚果稍扁，无毛，果期8～9月。

【观赏期】观花植物，花期4～5月。

【生态习性】喜光，常生于山坡向阳处，忌湿涝。根系发达，具根瘤，抗旱耐瘠，能在山石缝隙处生长。萌芽力、萌蘖力均强。

【繁殖要点】播种、扦插、分株或压条繁殖。播种最好随采随播。扦插可于2～3月进行硬枝扦插，也可于梅雨季节行嫩枝扦插。分株繁殖于春季2～3月进行。

【园林用途】锦鸡儿干似古铁，开花时满树金黄，宜布置于林缘、路边或建筑物旁，本种叶色鲜绿，花亦美丽，在园林中可植于岩石旁，小路边，或作绿篱用，亦可作盆景材料。

又是良好的蜜源植物及水土保持植物。

图 7-211　紫穗槐
（引自邱国金，2004）

（2）紫穗槐（图 7-211）

别名：棉槐、椒条、棉条、穗花槐

学名：*Amorpha fruticosa* L.

产地及分布：原产美国，广布于中国东北、华北、河南、华东、湖北、四川等地区。

【形态特征】落叶灌木，高 1～4m，丛生。枝叶繁密，直伸，皮暗灰色，平滑，小枝灰褐色，有凸起锈色皮孔，幼时密被柔毛；叶互生，奇数羽状复叶，卵形或狭椭圆形，先端圆形，全缘，叶内有透明油腺点。总状花序密集顶生或要枝端腋生。荚果弯曲短，棕褐色，密被瘤状腺点，花果期 5～10 月。

【观赏期】观枝植物，春夏季观赏。

【生态习性】喜光，耐寒，耐旱，耐湿，耐盐碱，抗风沙，抗逆性强。萌芽性强，根系发达。

【繁殖要点】播种、扦插、压条繁殖。

【园林用途】枝叶繁密，为蜜源植物。又可用作水土保持、被覆地面和工业区绿化的常作防护林带的林木用。

（3）胡枝子（图 7-212）

别名：帚条、随军茶、二色胡枝子、牡荆、荆条、楚子、扫皮、胡枝条等

学名：*Lespedeza bicolor* Turcz.

产地及分布：分布于我国的河北定州华春苗圃大量出售东北、内蒙古、华北、西北及湖北、浙江、江西、福建等省，在国外，蒙古、前苏联、朝鲜、日本也有分布。

图 7-212　胡枝子
（引自潘文明，2001）

【形态特征】落叶灌木，高达 3m，分枝多、细长，常拱垂，微被平伏毛。小叶 3 枚，卵形至卵状椭圆形或倒卵形，端圆钝或微凹，有小尖，基部圆形，表面疏千伏毛，背面毛较密。总状花序腋生，花紫色，花期 8 月。荚果斜卵形，果期 9～10 月。

【观赏期】观花、枝植物，春夏季观赏。

【类型及品种】美丽胡枝子、中华胡枝子、中华垂花胡枝子等。

【生态习性】耐荫、耐寒、耐干旱、耐瘠薄。根系发达，适应性强，对土壤要求不严格。

【繁殖要点】播种、扦插繁殖。

【园林用途】其生长快，封闭性好，且适于坡地生长，是丘陵漫岗水土流失区的治理树种。胡枝子其根瘤菌，能固定土壤中的游离氮、改良土壤，提高土壤肥力，是优良的固炭树种。

9. 大戟科 Euphorbiaceae

（1）红背山麻杆（图7-213）

图7-213 红背山麻杆
（引自潘文明，2001）

别名：红背叶

学名：*Alchornea trewioides*（Benth.）Muell. Arg.

产地及分布：产于福建南部和西部、江西南部、湖南南部、广东、广西、海南。生于海拔15～400（～1 000）m沿海平原或内陆山地矮灌丛中或疏林下或石灰岩山灌丛中。分布于泰国北部、越南北部、日本琉球群岛。

【形态特征】落叶灌木，高1～2m；小枝初被灰色微柔毛，后无毛。叶薄纸质，阔卵形，先端急尖或渐尖，基部浅心形或近平截，上面无毛，下面浅红色，沿脉被微柔毛，基部具斑状腺体4；基出脉3条；小托叶披针形；叶柄长，浅红色。雌雄异株；雄花序穗状腋生，细长，7～15cm；雌花序总状，顶生，各部均被微柔毛，苞片狭三角形，花期3～5月。蒴果球形，果皮平坦，被灰白色微柔毛，果期6～8月。

【观赏期】观叶植物，全年。

【生态习性】阳性树种，稍耐荫，喜温暖湿润气候，稍耐寒，耐干旱瘠薄，喜生于深厚肥沃的石灰岩山地。

【繁殖要点】分株、扦插或播种繁殖。

【园林用途】春季嫩叶和秋季落叶前叶色鲜红亮丽，醒目美观，常用于山坡绿化，或点缀于假山石旁，别具野趣。根、叶入药，解毒、祛湿、止血。

（2）山麻杆（图7-214）

图7-214 山麻杆
（引自潘文明，2001）

别名：桂圆木、红荷叶、狗尾巴树、桐花杆

学名：*Alchornea davidii* Franch.

产地及分布：分布于长江流域西南及河南、陕西等地，山东济南、青岛有栽培。

【形态特征】落叶灌木，高1～2m；茎干直立而分枝少，茎皮常呈紫红色。小枝初被灰色微柔毛，后无毛。单叶互生，薄纸质，叶宽卵形至圆形，先端急尖或渐尖，基部浅心形或近平截，表面绿色，有短毛疏生，背面紫色，叶表疏生短绒毛，叶缘有粗齿，三出脉。花雌雄同株；雄花密生成短穗状花序，萼4裂，雄蕊8；雌花疏生成总状花序，位于雄花序下面，萼4裂、紫色，子房3室，花柱3，花期3～4月。蒴果扁球形，密生短柔毛，果期6～7月，种子球形。

【观赏期】观茎、观叶植物，全年。

【生态习性】喜光，稍耐荫，喜温暖湿润的气候，抗寒力较强，对土壤要求不严，萌蘖性强。

【繁殖要点】以分株为主，也可扦插或播种繁殖。种子不易采得，由于以观叶为主，可利用其萌蘖性强的特性不断进行更新。

【园林用途】茎干丛生，茎皮紫红，早春嫩叶紫红，后转红褐，是一个良好的观茎、观叶树种，丛植于庭院、路边、山石之旁具有丰富色彩有效果。

10. 卫矛科 Celastraceae

乔木、灌木或藤木。单叶对生或互生，羽状脉。花小，花单性或两性，聚伞花序顶生或腋生；萼片4~5，宿存；花瓣4~5，分离；雄蕊与花瓣同数互生；有花盘；子房上位，2~5室，胚珠1~2。蒴果、浆果或核果，种子常具假种皮。

55属约850种，我国12属约180余种。

图7-215　卫矛
（引自吴玉华，2008）

（1）卫矛（图7-215）

别名：鬼箭羽、鬼箭、六月凌、四面锋、蓖箕柴、四棱树等

学名：*Euonymus alatus*（Thunb.）Sieb.

产地及分布：我国各地均有分布。

【形态特征】落叶灌木，小枝硬直而斜出，有2~4条木栓翅。叶对生，倒卵形或倒卵至椭圆形，缘具细锯齿，先端渐尖，基部楔形，叶柄极短，两面无毛，早春初发时及初秋霜后变紫红色。花黄绿色，常3朵集成花序；蒴果紫色，1~3深裂，4个心皮不全发育，假种皮橘红色。花期5~6月；果期9~10月。

【观赏期】观果、观枝、观叶植物，春秋观赏。

【生态习性】阳性树种，耐寒，耐干旱、瘠薄，对土壤适应性强。萌芽力强，耐整形修剪；抗SO_2。

【繁殖要点】以播种为主，亦可扦插、分株繁殖。

【园林用途】枝叶繁茂，枝翅奇特，早春嫩叶、秋天霜叶均红艳可爱。蒴果紫色，假种皮橘红色，是优美的观果、观枝、观叶树种。适宜孤植或丛植于草坪、水边、亭阁、山石间等处；是工厂、矿区绿化的优良树种，也可植作绿篱或制作盆景。

11. 芸香科 Rutaceae

（1）花椒（图7-216）

别名：香椒、大花椒、青椒、青花椒、山椒、狗椒、蜀椒、川椒、红椒、红花椒、大红袍，因其味麻，又称作麻椒

学名：*Zanthoxylum bungeaum* Maxim

产地及分布：我国南北各地均有栽培，果为著名调料。

图7-216　花椒
（引自吴玉华，2008）

【形态特征】落叶灌木或小乔木，高达3~8m，茎干通常有增大皮刺；枝灰色或褐灰色，有细小的皮孔及略斜向上生的皮刺；当年生小枝被短柔毛。奇数羽状复叶，叶轴边缘有狭翅；小叶5~9，纸质，卵形或卵状椭圆形，无柄或近无柄，长1.5~7cm，宽1~3cm，先端急尖，有时微凹，基部近圆形，叶缘锯齿细钝，上面无皮刺，下面中脉常有小皮刺；叶轴具狭翅。聚伞状圆锥花序顶生，单性花，花被片4~8个；雄花雄蕊5~7个，雌花心皮3~4个，稀6~7个，子房无柄。蓇葖果球形，通常2~3个，红色或紫红色，密生疣状腺点。花期3~5月，果熟期7~10月。

【观赏期】观果植物，果期7～9月。

【生态习性】阳性树种，喜温暖湿润气候，较耐寒、耐旱，不耐涝。对土壤要求不严，喜湿润肥沃的砂壤土或钙质土，根系发达，萌芽力强，耐修剪。

【繁殖要点】播种或扦插繁殖。

【园林用途】花椒为著名香料及油料树种，因枝干多刺，耐修剪，可做刺篱，是绿化栽植结合经济生产的良好树种。花椒枝条广展，老干姿态苍古，秋天满树红果。为荒山荒滩，“四旁”绿化树种，也可作为观果灌木配置于庭园之中或作绿篱栽于庭院及林荫道两侧，或营造经济林。

12. 锦葵科 Malvaceae

草本、灌木或乔木。单叶互生，常为掌状脉及掌状分裂，具托叶。花两性，形大单生、簇生或聚伞花序、圆锥花序，生于叶腋生或枝顶；萼片3～5，分离或合生，具副萼；花瓣5，分离，旋转状排列，近基部与雄蕊管合生；雄蕊多数，花丝下部合生成柱（管状），成单体雄蕊，花药1室，花粉有刺；子房上位，2至多室，中轴胎座。蒴果，室背开裂，或常分裂为数果瓣，种子多具油脂胚乳。

约50属1000种，分布于温带至热带。我国有16属8余种，分布全国。

（1）木芙蓉（图7-217）

别名：芙蓉花、拒霜花

学名：*Hibiscus mutabilis* L.

产地及分布：秦岭淮河以南常见栽培，尤以成都最盛，历史悠久，有“蓉城”之称。

图7-217　木芙蓉
（引自吴三华，2008）

【形态特征】落叶灌木或小乔木，高2～5m。茎、叶、果、花梗和花萼均密生星状毛和短柔毛。叶宽卵形至圆卵形或心形，掌状5～7裂，裂片三角形，先端渐尖，基部心形，具钝齿，两面具星状毛。叶柄长5～20cm；花大，单生枝端叶腋，径约10cm以上，花梗长至5cm，近端有节。花初开时白色或淡红色，后变深红色，单瓣或重瓣；蒴果扁球形，密生刚毛及棉毛。花期9～10月。

【观赏期】观花植物，观赏期10～11月。

【类型及品种】常见的变型有：

1）重瓣木芙蓉 f. *plenus*，花重瓣，由粉红色变紫红色。

2）醉芙蓉 f. *versicolor*，花重瓣，初开白色后变淡红至深红色，花色红白相间。

3）红花木芙蓉 f. *rubra*，花红色，单瓣。

4）白花木芙蓉 f. *alba*，花单瓣，白色。

【生态习性】阳性树种，稍耐荫；喜温暖湿润气候，不耐寒；喜肥沃，忌干旱，耐水湿，在肥沃临水地带生长旺盛。对 SO_2 抗性强，对 Cl_2、HCl也有一定抗性。萌芽力强，生长较快，长势强健，对土壤要求不严，适应性较强。

【繁殖要点】扦插、分株、压条或播种繁殖。

【园林用途】“众芳俱谢独傲霜”，木芙蓉晚秋开花，花大色美，清姿雅致，富于变化，为我国久经栽培的园林观赏植物。木芙蓉耐水湿，多植于庭院墙边、池畔、水滨和河道，与垂柳、桃花为伴，落花流水，相映成趣；白居易诗云：“莫怕秋无伴醉物，水莲花尽木莲开”、苏东坡云：“溪边野芙蓉，花水相媚好”；也可作铁路、公路、绿化，护路、护堤和护坡。

图 7-218　木槿
（引自吴玉华，2008）

（2）木槿（图 7-218）

别名：朝开暮落花、朱槿、赤槿

学名：*Hibiscus syriacus* L.

产地及分布：中国自东北南部至华南各地均有栽培，尤以长江流域为多；原产东亚。

【形态特征】落叶灌木或小乔木，高达 3～4m，小枝灰褐色，幼时密被绒毛，后脱落。单叶互生，三角形至菱状卵形，叶不裂或中部以上三裂，三出脉，叶缘有粗锯齿或缺刻。花大，单生叶腋，花冠钟形，单瓣或重瓣，有紫、白、粉红、淡红等；花期 6～9 月，蒴果矩圆形，9～11 月成熟。

【观赏期】观花植物，观赏期 6～9 月。

【生态习性】阳性树种，也耐半荫，适应性强，喜温暖湿润气候，较耐寒；适应性强，对土壤要求不严，较耐瘠薄，能在黏重或碱性土壤中生长，忌干旱。抗烟尘和有害气体的能力较强。萌芽力强，耐修剪，易整形。

【繁殖要点】扦插繁殖为主，也可播种或压条繁殖。

【园林用途】花期夏季，满树繁英，甚为壮观，可孤植、丛植、片植或作花篱、绿篱；花可食用；嫩叶可烧汤，晒干可代替茶叶。根、皮、叶、花、籽都可入药。

（3）海滨木槿

别名：海槿、海塘树

学名：*Hibiscus hamabo* sieb et zucc

产地及分布：原产在我国的浙江舟山群岛和福建的沿海岛屿，日本、朝鲜也有分布。

【形态特征】落叶灌木，高可达 1～2.5m，分枝多，树皮灰白色。叶片近圆形，厚纸质，两面密被灰白色星状毛。花单生于枝端叶腋，花冠钟状，直径 5～6cm，花瓣呈倒卵形。蒴果三角状卵形，5 裂，有褐毛。

【观赏期】观花植物，花期 7～10 月。

【生态习性】海滨木槿对土壤的适应能力强，性喜光，抗风力强，能耐短时期的水涝，也略耐干旱，能耐夏季 40℃的高温，也可抵御冬季 -10℃的低温。

【繁殖要点】主要采用播种和扦插法。

【园林用途】海滨木槿除用于海岸防风林外，也是庭院绿化、美化的材料。

13. 瑞香科 Thymelaeaceae

灌木或乔木，稀草本。单叶互生或对生，全缘，无托叶，叶柄短。花两性，稀单性，整齐，排列成头状花序、穗状花序或总状花序，稀单生，有或无叶状苞片，花萼花冠状，圆筒形，稀漏斗形、壶状或钟形，顶端 4～5 裂，裂片通常覆瓦状排列。花瓣缺或鳞片状，

雄蕊4或8，着生于花萼筒上，稀退化为2枚。花盘环状、杯状或鳞片状，稀无花盘。子房上位，包被于花萼筒的基部，1室1胚珠，稀2室。核果或坚果，稀为浆果。

约42属500种，广布于热带和温带地区；我国9属约90种，广布于全国，但主产西南、西北和华南。

（1）结香（图7-219）

别名：野蒙花、新蒙花、打结花、打结树

学名：*Edgeworthia chrysantha* Lindl.

产地及分布：北自河南、陕西，南至长江流域以南各省区均有分布

图7-219　结香
（引自吴玉华，2008）

【形态特征】落叶灌木，高1~2m，丛生。枝通常三叉状，粗壮柔软，棕红色，被黄色绢状长柔毛，可打结而不断。叶互生，常簇生枝顶，椭圆形或倒披针形，长6~20cm，全缘，先端急尖，基部楔形并下延，两面被毛。头状花序枝端腋生，花黄色，芳香，早春先叶开放，有红花变种；40~50朵聚成假头状花序，生于枝顶或近顶部，下垂，总柄粗短。花被圆筒形，先端四齿裂，花瓣状。核果卵形，状如蜂窝。秋末落叶后，枝梢各下垂团花蕾，至翌春先叶开放，花期3~4月。

【观赏期】观枝、观花植物，花期3~4月。

【生态习性】性喜半荫，也耐日晒，为暖温带植物，喜温暖湿润气候，耐寒性略差。根肉质，忌积水，宜排水良好的肥沃土壤。萌蘖力强。

【繁殖要点】扦插或分株法繁殖。

【园林用途】结香柔枝长叶，弯之打结而不断，常整成各种形状。花多而成簇，芳香，先叶开放，分外醒目。宜庭园栽植，水边、石间栽种尤为适宜，北方多盆栽观赏。

14. 山茱萸科 Cornaceae

（1）红瑞木（图7-220）

别名：红梗木、凉子木

学名：*Cornus alba* L.

产地及分布：产于我国东北、华北、西北、华东等地，朝鲜半岛及俄罗斯也有分布。

图7-220　红瑞木
（引自邱国金，2004）

【形态特征】落叶灌木，高可达3m。老干暗红色，枝丫血红色，无毛，初时常被白粉，髓大而白色。单叶对生，卵形或椭圆形，长4~9cm，叶端尖，叶基圆形或广楔形，全缘，侧脉5~6对，叶表暗绿色，叶背粉绿色，两面均疏生贴生柔。毛小，黄白色，排成顶生的伞房状聚伞花序，花乳白色，核果斜卵圆形，成熟时白色成稍带蓝色。花期5~6月；果期8~9月成熟。

【观赏期】观枝、观叶、观果植物。冬季观枝。

【类型及品种】同属常见栽培的有欧洲红瑞木 *S. sanguinea*，花叶红瑞木 *S. alba* ‘Variegata’。

【生态习性】阳性树种，性极耐寒、耐旱、耐修剪，喜光，喜较深厚湿润但肥沃疏松的土壤。

【繁殖要点】播种、扦插、压条繁殖。

【园林用途】枝条终年鲜红色，秋叶也为鲜红色，均美丽可观。最宜丛植于庭园草坪，建筑物前或常绿树间，又可栽作自然式绿篱，赏其红枝与白果，冬枝可作切花材料。此外，根系发达，又耐潮湿，植于河边、湖畔、堤岸上，有护岸固土的效果。

15. 杜鹃花科 Ericaceae

常绿或落叶灌木，稀小乔木。单叶互生，稀假轮生，全缘或有锯齿；无托叶。花两性，整齐，稀两侧对称，通常组成顶生或少为腋生的伞形花序、总状花序或圆锥花序，少有单生或成对着生；花萼宿存，4～5裂；花冠合瓣4～5裂；雄蕊为2倍花冠裂片2，花药2室，除杜鹃花属外，常具尾状延伸的附属体，子房上位，中轴胎座，胚珠通常多数，花柱不分枝。蒴果，少数浆果或核果；种子微小，无翅或有翅。

约70属1350种，主产于全球的温带和寒带，少数分布于热带高山。我国约20属约800种，多分布于西南部高山地区。先叶开放，花萼小，有5裂片。

（1）满山红（图7-221）

别名：映山红、杜鹃花、迎山红、山崩子、靠山红、达子香、金达来、东北满山红

学名：*Rhododendron mariesii* Hemsl. et Wils.

产地及分布：产长江流域、华南、西南等地区，生于海拔600～1500m的山地稀疏灌丛。

图7-221　满山红
（引自邱国金，2004）

【形态特征】落叶灌木，高1～2m。幼枝和嫩叶的被黄褐色毛，脱落，枝假轮生。叶片革质或厚纸质，通常每3片聚生于枝端，椭圆形或宽卵形，长4～8cm，宽约3cm，先端短尖，基部宽楔形，边缘外卷，叶柄4～14mm，花序通常有花2朵，冠淡紫红色，稍歪斜漏斗状，长3cm，花径4～5cm，裂片5枚，上部裂片有紫色斑，雄蕊10枚，短于3cm长的花柱，蒴果圆柱形密被毛，果梗直立。花期4～5月，果期6～11月。

【观赏期】观花植物，花期4～5月。

【生态习性】中性树种，喜凉爽、湿润气候，恶酷热干燥。要求富含腐殖质、疏松、湿润及pH在5.5～6.5的酸性土壤。部分种及园艺品种的适应性较强，耐干旱、瘠薄，土壤pH在7～8也能生长。但在黏重或通透性差的土壤上，生长不良。

【繁殖要点】扦插或播种繁殖。

【园林用途】花色红艳灿烂，园林中最宜在坡地、林缘、溪边、池畔及岩石旁成丛成片种植，也可于疏林下散植，颇具自然野趣。适用于盆景制作，花带，广场植物配置，插花，乔灌木垂直配置等。

16. 木犀科 Oleaceae

（1）连翘（图7-222）

别名：黄寿丹、女儿茶、黄花杆

学名：*Forsythia suspensa*（thunb.）Vahl

产地及分布：分布于我国北部、中部主东北等地。现各地有栽培。

【形态特征】落叶灌木，高可达3m。干丛生，直立；枝开展，拱形下垂；小枝黄褐色，稍四棱，皮孔明显，髓中空。单叶对生或开裂到三出复叶，无柄，基部稍抱茎，卵形或椭圆状卵形，先端尖，基部圆形或宽楔形，两面无毛，叶缘除基有粗锯齿。花先叶开放，通常单生，稀3朵腋生；花萼裂片4，矩圆形；花冠黄色，裂片4，倒卵状椭圆形；雄蕊2；雌蕊长于或短于雄蕊。蒴果卵圆形，表面散生疣点。花期4～5月，果期7～9月。

图7-222　连翘

（引自吴玉华，2008）

【观赏期】3～4月观花。

【类型及品种】常见变种有：

1）紫枝连翘 var. *atrocaulis*，枝条紫色。

2）单花连翘 var. *decipiens*，花单生，深紫色。

3）三叶连翘 var. *fortunei*，枝条拱形，叶3小叶或3裂，花冠小，花瓣窄。

4）毛叶连翘 var. *pubescens*，嫩枝和叶面有短毛，嫩叶带紫色。

5）垂枝连翘 var. *sieboldii*，分枝细而下垂，几近地面，花多单生。

6）花叶连翘 var. *uarieguta*，叶有黄色斑点，花深黄色。

【生态习性】阳性树种，喜光，耐半荫，喜温暖、湿润的环境。耐寒，长江以南露也可越冬，耐干旱瘠薄，怕涝。对土壤要求不严，可利用零星隙地栽培。但在钙质土上生长最好。萌蘖性强，抗病虫害能力强。

【繁殖要点】用种子繁殖，育苗移栽。也可扦插、分株繁殖。

【园林用途】连翘枝条拱形开展，早春花先叶开放，满枝金黄，艳丽可爱，是北方常见优良的早春观花灌木，宜丛植于草坪、角隅、岩石、假山下，路缘、转角处，阶前、篱下及作基础种植，或作花篱等用；以常绿树作背景，与榆叶梅、绣线菊等配植，更能显出金黄夺目之色彩；大面积群植于向阳坡地、森林公园，则效果也佳；其根系发达，可在护堤岸之处种植。

（2）金钟花（图7-223）

别名：黄金条、细叶连翘、金铃花

学名：*Forsythia viridissima* Lindl.

产地及分布：我国中部、西部，北方各地园林广泛栽培。多生于海拔800m以下的沟谷或溪边杂木林下或灌丛中。

【形态特征】丛生落叶灌木，小枝直立，小枝黄绿色，呈四棱形，髓呈薄片状。单叶对生，椭圆状矩圆形，长5～12cm，先端尖，中部以上有粗锯齿。花先叶开放，金黄色，1～3朵腋生，花萼钟状，4裂至中部，裂片卵形2～3mm，为花冠筒之半，花冠4深裂，雄蕊2，着生花冠基部，与花冠筒近等长；雌蕊柱头2裂，子房上位。蒴果卵圆状，表面常散生棕色鳞秕或

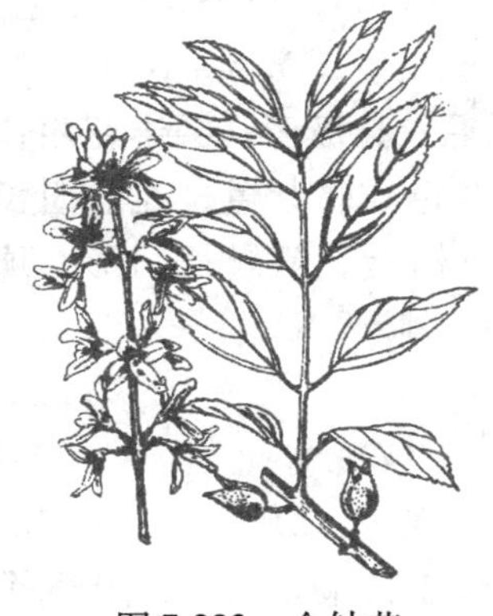

图7-223　金钟花

（引自邱国金，2004）

疣点。花期3~4月，果期6~7月。

【观赏期】观花类植物，花期3~4月，先叶开放可花叶同放，果期8~11月。

【生态习性】喜光照，又耐半荫；还耐热、耐寒、耐旱、耐湿；在温暖湿润、背风向阳处生长良好。在黄河以南地区夏季不需遮荫，冬季无需入室。对土壤要求不严。萌蘖性强。

【繁殖要点】扦插、压条、分株、播种繁殖为主。

【园林用途】花色金黄，色彩艳丽，为绿化中适应性强的基础种植树种，常作庭院观赏树，可丛植于草坪、路边转角、山石等处，与其他色彩丰富的观花植物如桃、梅等相配植则更显娇艳。

（3）金钟连翘

别名：金钟花

学名：*Forsythia intermedia* Zabel.

产地及分布：全国各地均有栽培。

【形态特征】金钟连翘是连翘与金钟花的杂交种，半常绿花灌木，性状介于两者之间，枝拱形，叶片椭圆形至披针形，有时3深裂或成3小叶。花色金黄，早春开花，花期3~4月，生长旺盛，绿叶期限长，为3月至翌年1月。

【观赏期】观花类植物，花期3~4月，先叶开放可花叶同放。

【生态习性】强阳性树种，耐干旱。宜栽于土壤深厚处。金钟花和连翘杂交培育而成。花色鲜艳，着花繁密，开花期长，抗寒性强。

【繁殖要点】扦插、压条、分株、播种繁殖为主。

【园林用途】花色金黄，色彩艳丽，为绿化中适应性强的基础种植树种，常作庭院观赏树，可丛植于草坪、路边转角、山石等处，与其他色彩丰富的观花植物如桃、梅等相配植则更显娇艳。

图7-224 紫丁香
（引自吴玉华，2008）

（4）紫丁香（图7-224）

别名：丁香、华北紫丁香、紫丁白

学名：*Syringa oblata* Lindl.

产地及分布：我国秦岭地区为分布中心，分布于吉林、辽宁、内蒙古、河北、山东、陕西、甘肃、四川、宁夏等地；朝鲜也有。生海拔300~2600m山地或山沟。

【形态特征】灌木或小乔木，高可达4m；枝条粗壮无毛。单叶，对生，叶广卵形，通常宽度大于长度，宽5~10cm，端锐尖，基心形或截形，全缘，两面无毛，味极苦。圆锥花序长6~15cm；花萼钟状，有4齿；花冠紫色或暗紫色，花冠筒长1~1.5cm；花药着生于花冠筒中部或梢上。蒴果长圆形，顶端尖，平滑。花期4月，果熟期9~10月。

【观赏期】观花植物，花紫色，4~5月开放。

【类型及品种】常见变种有：

1）白丁香 var. *alba* Rehd.，花白色；叶较小，背面微有柔毛。

2）紫萼丁香 var. *giraldii* Rehd.，又名白花丁香。花白色，叶较小先端狭尖，背有微柔毛，基部平截、圆楔形、近圆或近心形，花序轴和花萼紫蓝色。

3）佛手丁香 var. *plena* Hort.，枝、叶、叶炳、花有柔毛，叶渐尖，基部宽楔形、近圆、平截，花白色，重瓣。

【生态习性】阳性树种，稍耐荫，阴地能生长，但花量少或无花；耐寒性强；耐干旱，忌低湿；喜湿润、肥沃、排水良好的土壤。抗污染性强。

【繁殖要点】播种、扦插、嫁接、分株、压条繁殖。播种的种子须经层积，第2年春季播种。丰季用嫩枝扦插，成活率很高。嫁接为主要繁殖方法，以小叶女贞作砧木，靠接、枝接、芽接均可。紫丁香树势较强健，幼苗时注意浇水，成年植株无需特殊管理，剪除枯弱、病枝及根蘖，以利调节树枝及通风透光即可。

【园林用途】紫丁香枝叶茂密，花美而香，是我国北方各省区园林中应用最普遍的花木之一。广泛栽植于庭园、机关、厂矿、居民区等地。常丛植于建筑前、茶室凉亭周围；散植于园路两旁、草坪之中；与其他种类丁香配植成专类园，形成美丽、清雅、芳香，青枝绿叶，花开不绝的景区，效果极佳。也可盆栽、促成栽培、切花等用。

（5）小叶丁香（图7-225）

别名：四季丁香、绣球丁香

学名：*Syringa microphylla* Dieis.

产地及分布：产我国中部及北部。

【形态特征】灌木，幼枝具绒毛。叶卵形至椭圆状卵形，长1～4cm，两面及缘具毛，老时仅背脉有柔毛。花序紧密；花细小，淡紫红色。蒴果小，先端稍弯，有瘤状突起。花期春、秋两季。

【观赏期】观花植物，3～4月观赏。

【生态习性】喜光，喜土层深厚，耐寒，耐干旱、瘠薄。

【繁殖要点】用播种、压条、嫁接繁殖。

【园林用途】花美而香，广泛栽植于庭院、机关、居民区等地。常丛植于建筑前，茶室凉亭周围，也可盆栽。

图7-225 小叶丁香

（引自吴玉华，2008）

（6）小叶女贞（图7-226）

别名：小叶冬青，小白蜡树、小叶水蜡树

学名：*Ligustrum quihoui* Carr.

产地及分布：原产于我国华北及长江流域各地。

【形态特征】落叶或半常绿灌木，高2～3m。枝条铺散，小枝具短柔毛。叶对生，薄革质，椭圆形至倒卵状长圆形，长1.5～5cm；无毛，顶端钝，基部楔形，全缘，边缘略向外反卷；叶柄有短柔毛。圆锥花序长7～21cm；花白色，芳香，无梗，花冠裂片与筒部等长。核果宽椭圆形，紫黑色。花期7～8月，果熟期10～11月。

【观赏期】观花植物，花期7～8月。

【类型及品种】常见同属种类有：

图7-226 小叶女贞

（引自吴玉华，2008）

1）金叶女贞 Ligustrum × vicaryi Rehd.，半常绿灌木，是金叶卵叶女贞和欧洲女贞的杂交种。叶卵状椭圆形，长3～7cm，嫩叶黄色，后逐渐变黄绿色。小叶金黄色，尤以新梢叶，老叶绿色有光泽产于我国和日本，园林观赏，常作为绿篱或片植作色块配植。

2）金边卵叶女贞 *Ligustrum ovalifolium* Hassk. var. *aure-omarginatum* Rehd.，叶具宽黄边，观赏价值高。

3）银边卵叶女贞 *Ligustrum ovalifolium* Hassk. var. *albo-marginatum* Rehd.，叶具白色或黄白色边。

【生态习性】阳性树种，稍耐荫；喜温暖湿润气候，较耐寒；对土壤要求不严，对 SO_2、Cl_2、HCl、CO_2 等有害气体抗性均强。性强健，萌枝力强，耐修剪。

【繁殖要点】播种或扦插繁殖。

【栽培管理】春秋两季皆可移植，以春季为好。不需带完整土球。早春芽萌动剪除枯枝、过密枝和细弱枝。作为绿篱带修剪时，绿篱带的横切面应修剪成梯形或正方形，而不要修剪成倒梯形，以免影响绿篱带两侧光照弱而枯裸。

【园林用途】枝叶稠密，主要作绿篱地栽植，是东北地区好栽易活、最耐寒且无虫害的理想绿篱树种。抗多种有毒气体，对 SO_2 抗性强，可在大气污染严重地区栽植，是优良的抗污染树种。老树桩造型更具观赏价值。又可作嫁接桂花、丁香的砧木。

图 7-227　小蜡
（引自邱国金，2004）

（7）小蜡（图 7-227）

别名：山指甲、水黄杨、黄心柳

学名：*Ligustrum sinense* Lour.

产地及分布：产于我国长江以南各地区。

【形态特征】半常绿灌木或小乔木，高达 2～7m。小枝密生短柔毛，枝条直立性和紧凑性较小叶女贞强，但常被误认为小叶女贞。叶薄革质，椭圆形、卵形或椭圆状卵形，先端锐尖或钝，基部楔形或狭楔形，全缘，表面深绿色，背面中脉有短柔毛。圆锥花序，花白色，芳香；花梗细；花冠裂片长于筒部；雄蕊超过花冠裂片。核果近球形。花期 4～6 月，果期 9～10 月。

【观赏期】芳香植物，4～6 月观花。

【类型及品种】常见变种有：

1）卵叶小蜡 var. *stauntonii*，叶椭圆形至卵形，先端钝。

2）红药小蜡 var. *multiflorum*，花药常为红褐色。

3）银边小蜡 var. *variegatum*，叶灰绿色，边缘白色或黄白色。

4）垂枝小蜡 var. *pendulum*，小枝下垂。

【生态习性】喜光，稍耐荫；较耐寒。抗 SO_2 等多种有毒气体。耐修剪。

【繁殖要点】播种或扦插繁殖。

【园林用途】枝叶茂密，春末满树白花，有芳香，可丛植于林缘、池畔、山旁。因其耐修剪，适作绿篱，也可修剪成球形或培养成独本的庭园树，还是制作树桩盆景的材料。

（8）雪柳（图 7-228）

别名：巢家柳、五谷树、挂梁青

学名：*Fontanesia fortunei* Carr.

产地及分布：分布于我国中部至东部，尤以江浙一带最为普遍，辽宁、广东，直到北京及东北也有栽培。

【形态特征】落叶灌木，高可达5m，树皮灰黄色。小枝细长，四棱形，光滑。叶披针形至卵状披针形，长3～11cm，先端渐尖，基楔形，全缘，有光泽。叶柄短或无。花白绿色，有香味，成腋生总状顶生圆锥花序。翅果扁平，倒卵形。花期5～6月；果期8～9月。

【观赏期】观花、观枝植物，花期5～6月。

【生态习性】阳性树种，稍耐荫；喜温暖，也较耐寒；对土壤要求不严，喜肥沃，排水良好的土壤。

【繁殖要点】以扦插、播种为主，亦可压条繁殖。

【园林用途】雪柳枝条稠密柔软，叶细如柳，晚春白花满树，宛如积雪，颇为美观。可丛植于庭园观赏，也可群植于森林公园，效果更佳，散植于溪谷沟边，更潇洒自如。目前多栽培作自然式绿篱或防风林之下木。

图7-228 雪柳
（引自吴玉华，2008）

（9）迎春花（图7-229）

别名：迎春柳、金腰带、黄素馨、小黄花

学名：*Jasminum nudiflorum* var. *nudiflorum* Lindl.

产地及分布：产我国北部、西北、西南各地。

【形态特征】落叶灌木，高0.4～5m。枝细长拱形，绿色，有四棱，无毛。叶对生，小叶3（幼枝基部有单叶），卵形至长圆状卵形，长1～3cm，先端具短尖头，叶片或小叶片幼时被毛，老时仅叶缘有短睫毛。花单生，色黄，着生于已落叶的上年枝的枝的叶腋，先叶开放，苞片小；花萼裂片5～6；花冠黄色；直径2～2.5cm，裂片6，约为花冠筒长度的1/2。浆果紫黑色，通常不结果。

图7-229 迎春花
（引自吴玉华，2008）

【观赏期】观花植物，花先叶开放，具清香，花期2～4月。

【生态习性】阳性树种，稍耐荫；较耐寒，喜湿润，也耐干旱，怕涝；对土壤要求不严，耐碱除洼地外均可栽植。根部萌发力强，枝端着地部分也极易生根，耐修剪。

【繁殖要点】扦插繁殖为主，也可压条或分株繁殖。扦插，春、夏、秋三季均可进行，于6月份剪取半木质化的枝条12～15cm长，插入砂土中，保持湿润，约15天生根。分株，可在春季芽萌动时进行成活。

【园林用途】迎春，植株铺散，枝条鲜绿，不论强光，背阴处都能生长，早春黄花便开，对我国冬季漫长的北方来说，装点冬景有很大意义。各庭院、园林都引栽。与腊梅、山茶、水仙同植一处，构成新春佳景。与银芽柳、山桃同植，极喜光，在假山、石境中与黄馨、南天竹、梅花搭配，繁花竞露，美不胜收。还可做盆景，切花插瓶。

17. 马鞭草科 Verbebaceae

乔木或灌木，有时藤本，稀草木。叶对生；单叶或掌状复叶；无托叶。花序顶生或腋生；聚伞、穗状、总状花序或伞房状聚伞或圆锥状，稀单生。花两性，两侧对称，稀辐射对称；花萼杯状、钟状或管状，先端4~5齿或平截，宿存；花冠二唇形或为略不相等的4~5裂；雄蕊通常4枚，着生于花冠筒上；子房上位，由2（4~5）心皮组成，2~4裂，2~5室，每室2胚珠，或因假隔膜而成4~10室且每室1胚珠。核果、蒴果或浆果状核果。

约90余属2000余种，我国20属，182种，主产于长江以南各省区。

图7-230　白棠子树
（引自吴玉华，2008）

（1）白棠子树（图7-230）

别名：小紫株、小叶鸦鹊饭

学名：*Callicarpa dichotoma*（lour.）K. Koch

产地及分布：原产我国东部、南部及中南部；日本、越南有分布。常生于海拔700m以下的低山丘陵、溪沟边或山坡灌丛中。

【形态特征】落叶灌木，高1~2m。小枝细长淡紫色，略呈四棱形，有星状毛。单叶互生，叶片纸质，倒卵形或披针形，长3~6cm，宽1~2.5m；先端急尖至渐尖，基部截形，边缘上半部疏生锯齿，两面无毛，下面密生的黄棕色腺点；叶柄长2~5cm。聚伞花序着生于叶腋上方，2~3次分歧；总花梗纤细，长约1~1.5cm；花萼无毛而有腺点，顶端有不明显的裂齿；花冠淡紫红色，长约2mm，无毛，花丝长为花冠的两倍，药室纵裂。核果球形，紫色，径约2mm。花期6~7月，果期9~11月。

【观赏期】观果植物，果期7~11月。

【生态习性】亚热带树种，适应性强，常见于山野溪沟边。喜温暖湿润气候，对土壤要求不甚严格，但喜肥沃湿润的土壤，在溪沟边卵石滩上也能生长良好。较耐寒。阳性树种，也能耐荫，根系发达，萌蘖性强。

【繁殖要点】播种、扦插或分株繁殖。

【园林用途】植株低矮枝繁叶茂，夏季繁花簇簇，色彩柔和，美艳悦目，入秋紫果累累，莹润如珠，玲珑剔透，为花果兼美的观赏树种。果期较长。适植于草坪边缘、假山旁、阶前、墙角、路边，如栽于常绿树丛前效果更佳，用于基础栽植也极适宜。还可盆栽供阳台、室内点缀观赏。

（2）赪桐（图7-231）

别名：状元红、白日红、荷包花

学名：*Clerodendrum japonicum*（Thunb.）Sweet.

产地及分布：原产长江以南各省区。印度、马来西亚、日本等地也有分布。

图7-231　赪桐
（引自吴玉华，2008）

【形态特征】落叶灌木，高达4m，小枝4棱形，密背长柔毛。叶大，对生，叶阔卵形或心形，长10~35cm，端尖，基心形，有长柄，缘有细齿，表面疏生伏毛，背面密被锈黄色腺体。聚伞花序组成大型圆锥花序，长约30cm；花梗、花萼、花冠均鲜红色；雄蕊长达花冠筒的3倍，与花柱均伸出花冠外。果近球形，蓝黑色；宿萼增大，初包被果实，后向外反折呈星状。花果期5~11月。

【观赏期】观花植物，花期5～8月。

【生态习性】阳性树种，喜温暖湿润，耐湿，耐旱。宜在肥沃疏松的腐叶土上生长。生活力强，萌蘖力强，耐修剪。

【繁殖要点】分株、根插或播种。

【园林用途】叶大，圆心形，整个花序鲜红夺目，花期长，是一极为美丽的观花树种，颇为人们喜爱。适于花坛、坡地、树丛旁，草坪边或建筑物周围栽植，盆栽供门庭、广场布置。

（3）马缨丹（图7-232）

别名：五色梅、五色花、三星梅、臭草

学名：*Lantana camara* Linn.

产地及分布：原产于美洲热带，我国各地公园常有栽培。台湾、福建、两广等地为野生状。

【形态特征】直立或蔓性灌木，高达2m。小枝四棱形，有柔毛和倒钩状皮刺。单叶对生，揉碎有强烈气味，卵形至卵状长圆形，长4～9cm，宽2～6cm，先端急尖，基部宽楔形至平截而略楔状下延，边缘有锯齿，两面有糙毛，侧脉5～7对；叶柄长1～3cm。头状花序腋生或顶生，直径约2cm；总花梗远长于叶柄；花萼管状，膜质。花冠初时黄色、橙黄色，后渐变为粉红至深红色，因开花有先后，故同一花序上有多种花色，花冠长约1cm，顶端5浅裂。核果球形，熟时紫黑色。花期5～10月，在华南可全年开花。

图7-232 马缨丹
（引自吴玉华，2008）

【观赏期】观花植物。夏季开花繁盛。

【生态习性】阳性树种，稍耐荫；喜温暖湿润环境，不耐严寒，华南可露越冬，耐旱，耐瘠、耐碱、抗风，耐修剪，耐高温。对土质要求不严。以肥沃、疏松的沙质土壤为佳。

【繁殖要点】扦插繁殖为主，亦可播种繁殖。播种可在秋末盆播，也可春播。

【园林用途】马缨丹是一种较为理想的观花地被植物，可丛植或成片栽植于绿色的草坪上，艳丽的花朵与绿色的草坪交相辉映，可丰富园林景观。可植于街道、分车道和花坛，为城市街景增色，亦可在园路两侧做花篱、坡坎绿化，或做盆栽摆设观赏。还可作为配景材料，或以带状、环状、不规则形状植于花坛、角隅、墙基，起点缀、装饰和掩蔽作用。也可单独种植于花钵，大盆内作为优美别致的盆栽花，用于布置装饰和美化厅堂、会场、房室或点缀花坛、假山、石隙、屋角、院落等环境。

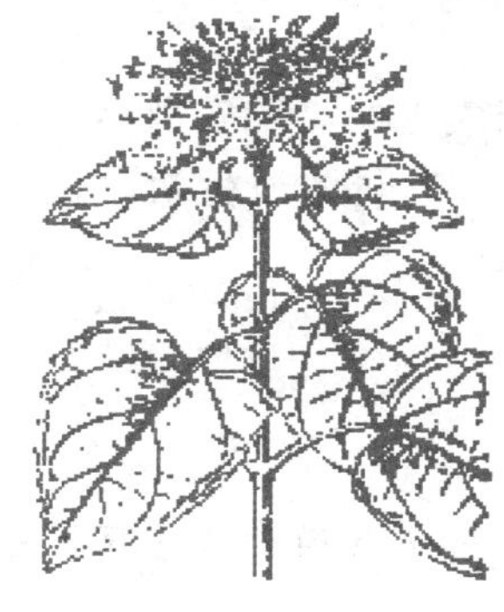

图7-233 臭牡丹
（引自荆门县革命委员会民政卫生科，1971）

（4）臭牡丹（图7-233）

别名：大红袍、臭枫根、臭梧桐、矮桐子、臭八宝

学名：*Clerodemlrum bungei* Steud.

产地及分布：产于我国华北、西北、西南、江苏安徽、浙江、江西、湖南、湖北、广西西北部及北部；印度北部、越南、马来半岛有分布。

【形态特征】落叶小灌木。花序轴、叶柄密被褐、黄褐或紫色脱落性柔毛。叶纸质。宽卵形或卵形，长20cm，先端尖或渐尖，基部宽楔形、平截或心形，叶缘具锯齿。上面散生柔毛，下面疏生柔毛和散生腺点或无毛，基部脉腋有数个盘状腺体。聚伞伞房花序顶牛。密集；苞片披针形或卵状披针形；花冠淡红、红或紫红色，核果近球形。熟时蓝黑色。

【观赏期】观花植物，花果期5～11月。

【生态习性】喜光，也耐荫。耐湿、耐旱、较耐寒，适应性强。根系横生，萌蘖力强。

【繁殖要点】用分株、根插及播补繁殖，容易成活。

【园林用途】臭牡丹花大色艳，花期长。在园林中可栽于坡地、林缘或树丛旁。由于萌蘖生长密集，还可用作地被植物。也可盆栽。

（5）黄荆

别名：黄荆条、布荆

学名：*Viler negundo* L.

产地及分布：我国东北、华北、西北、华东及西南各地均有分布；非洲东部、亚洲东南部有分布。

【形态特征】灌木或小乔木。高达5m。小枝四方形。密生灰白色绒毛。掌状复叶对生，小叶长圆状披披针或披针形。先端渐尖。基部楔形。具长柄。小叶通常5枚。间也有3枚。全缘或疏生浅齿，背面密生灰白色细绒毛。聚伞圆锥花序顶生。花淡紫色，二唇形。核果近球形。黑色。花期4～6月，果期7～10月。

【观赏期】观花植物。花期4～6月。

【类型及品种】常见变种有：

1）牡荆 var. *cannabi folia*（Sicb. ct Zucc.）Hand. －Mazz，幼枝方形。绿色。通常为3小叶。边缘有细锯齿。花淡黄紫色。

2）荆条 var. *heterophylla*（Franch.）Rchd.，小叶边缘有缺刻状大齿，或浅裂至深裂。

下面被柔毛。

【生态习性】喜光。耐半荫。耐干旱瘠薄。耐寒性强。在肥沃而排水良好的土壤上生长更为旺盛，适应性强。萌蘖力强。耐修剪。

【繁殖要点】播种、分株繁殖。播种可直播，20天左右即可出苗。采用床面条播。

【栽培管理】春秋两季移值，裸根移植易活。栽培容易。无需特殊管理。注意修剪枯枝、过密枝及衰老枝。以维持良好树形。

图7-234　海州常山
（引自陈有民，1998）

【园林用途】黄荆树形疏散。优雅。花繁艳丽。果实黑色。适宜丛植于坡径边、水溪边、路边，可为宁静空间增添生机。也可盆栽。

（6）海州常山（图7-234）

别名：臭梧桐、泡花桐

学名：*Clerodendrun trichotomun* Thunb.

产地及分布：原产于我国华北、华东、中南及西南各省区；朝鲜、日本有分布。

【形态特征】落叶灌木或小乔木，高达10m。幼枝4棱形，与叶柄、花序轴均具黄褐色短柔毛。单叶对生，纸质，卵形至三角状卵形，先端渐尖，基部截形或宽楔形，全缘或有波状齿。伞房状聚伞花序顶生或腋生；花萼紫红色；花冠白色或带粉红色。核果近球形，成熟时呈蓝紫色。花期6～8月，果期8～11月。

【观赏期】观花、观果植物，花期6～8月，果期8～11月。

【生态习性】性喜凉爽、湿润、向阳的环境，稍耐荫。有一定耐寒性，在北京小气候条件好的地方能安全越冬。耐干旱瘠薄，但不耐积水。一般土壤均可生长。但在疏松肥沃、排水良好的土壤中生长旺盛。耐盐碱性较强，分蘖性强。

【繁殖要点】播种、扦插或分株繁殖。播种繁殖可于秋季采后即播，或经层积沙藏后翌春播种。

【园林用途】海州常山开花时花冠白色，花萼紫红色，结果时增大的花萼紫红色，果为蓝紫色，两者相互衬托，交相辉映，甚为美观，且花果期长，是深秋观花、观果的优良花木。在园林中可供堤岸、悬崖、石隙及林下等处配植成景。

18. 茄科 Solanaceae

草木、灌木或小乔木，稀为藤本。单叶互生，叶全缘，齿裂或羽状分裂，无托叶。花两性，辐射对称，单生或排成聚伞花序，无苞片；花萼5裂或成截头状，宿存；花冠钟状、坛状、漏斗状或辐射状，5裂；雄蕊与花冠裂片同数且互生；子房上位，通常2室，中轴胎座。浆果或蒴果。

80属300多种，广泛分布于温带及热带地区；我国24属约105种。

（1）枸杞

别名：枸杞菜、红珠仔刺、牛右力、狗牙子、狗牙根

学名：*Lycium chinense*

产地及分布：我国自东北南部、华北、西北至华南、西南均有分布；朝鲜、日本、欧洲有栽培。

【形态特征】落叶灌木，枝细长拱形，长达4m。小枝有纵棱，淡黄色，常有针状枝刺。单叶互生或簇生，卵形、菱状卵形或卵状披针形，基部楔形，全缘。花冠漏斗形，裂片长圆状卵形，花腋生，紫色。浆果卵圆形或长圆形，红色或橙红色。

【观赏期】观果植物，观赏期为6～11月。

【生态习性】喜光，对土壤要求不严，耐盐碱、耐肥、耐旱、怕水渍。以肥沃、排水良好的中性或微酸性轻壤土栽培为宜，但忌低湿和黏质土。

【繁殖要点】播种、扦插、分株或压条繁殖。播种繁殖，于春季3～4月进行。用3倍湿沙混拌种子在约20℃室内催芽。

【栽培管理】春秋两季均可移植，苗木需沾泥浆。种植时浇透水，隔3天再浇水1次，以后经常保持湿润。但雨季需注意排水洪涝。定植当年短截全部纸条，每枝上留4～5个发育良好的芽，第二年、第三年再对侧枝和延长枝进行疏枝和短截，使枝条发育粗壮，密集均匀，通风透光良好。每2～3年应疏除内膛枯枝、细弱枝1次，适当剪截下垂枝，保持树姿圆整。10龄后注意选留基部健壮枝，更新衰老枝。

【园林用途】花紫色，花期长，入秋后红果累累，缀满枝头。状若珊瑚，很是美观。是庭院秋季观果灌木，可供池畔，河岸，山坡，径旁，悬崖石隙以及林下，井边栽植；还可用老株做树桩盆景。

图 7-235 曼陀罗
(引自陈有民, 1998)

(2)曼陀罗(图 7-235)

别名:大花曼陀罗

学名:*Datura arborea* L.

产地及分布:广泛分布于世界温带至热带地区,我国各省区均产。

【形态特征】小乔木,茎粗壮,上部分枝。叶互生或双生,卵状披针形、长圆形或卵形,先端渐尖或尖,基部偏斜、楔形或宽楔形,叶缘全缘、微波状或具不规则缺刻状齿,两面均被微柔毛。花单生,附垂;花萼筒状,中部稍膨胀;花冠白色,具绿色脉纹,裂片先端长渐尖。果浆果状,附垂,平滑,宽卵形。

【观赏期】观花植物,花期 6~10 月。

【生态习性】喜温暖、湿润、向阳环境,不耐寒,耐干旱贫瘠,对中性、微酸性以至微碱性土壤均能适应,但以在土壤深厚、排水良好的土壤生长最好。

【繁殖要点】播种繁殖或扦插繁殖。

【园林用途】花朵大而美丽,花形犹如灯笼,果实平滑,低垂,具有观赏价值,可种植于花园、庭院中,美化环境。也可盆栽观赏。

19. 忍冬科 Caprifoliaceae

落叶灌木,稀小乔木或草本。叶对生,单叶或复叶,有锯齿,具短柄,无托叶。花两性,聚伞花序,再组成各式花序,花数朵簇生或单生;白色、淡红色或紫色,花萼筒与子房合生,顶端 4~5 裂;花冠管状或轮状,4~5 裂,二唇形或辐射对称;雄蕊与花冠裂片同数且与裂片互生;子房下位,1~5 室,每室 1 至多数胚珠。浆果、核果或蒴果,种子有胚乳。

约 18 属 500 余种,主要分布北半球温带地区,尤以亚洲东部和美洲东北为多。中国 12 属,约 300 余种,广布南北方各省区。

(1)六道木(图 7-236)

别名:双花六道木、六条木

学名:*Abelia biflora* Turcz.

产地及分布:产于我国辽宁、河北、山西、内蒙古、陕西等地,现南方有引种种植。

【形态特征】落叶灌木,高 1~3m。茎和枝有明显的 6 条纵沟棱,幼枝被倒向刺刚毛。叶长椭圆形至椭圆状披针形,长 2~7cm,端尖至渐尖,基部楔形,全缘或有缺刻状疏齿,两面均生短柔毛,边有睫毛;叶柄短,基部膨大,具刺毛。花 2 朵并生于小枝顶端,无总花梗;花萼疏生短刺刚毛,裂片 4,匙形;花冠高脚碟形,4 裂,白色、淡黄色或带浅红色。瘦果状核果,常弯曲,端部宿存 4 枚增大的花萼。花期 4~5 月,果期 8~9 月。

图 7-236 六道木
(引自吴玉华, 2008)

【观赏期】观花植物,花期 5 月。

【生态习性】阳性树种，也耐荫，耐寒，喜湿润气候，对土壤要求不严，但以腐殖质丰富土壤中生长最好。根系发达，在石缝中也能生长。生长较慢，耐寒性强，适应性强，萌芽力强，但生长缓慢。

【繁殖要点】播种系列为主，也可扦插和分株。

【园林用途】六道木枝条细垂，树姿委丽婆娑，花色鲜艳，花萼筒怪异，具有观赏价值。园林绿化中可丛植于林缘下、庭有隅、岩石园中，也为绿篱的材料。

（2）猬实（图 7-237）

别名：千层皮

学名：*Kolkwitzia amabilis* Graebn.

产地及分布：产于我国山西、河南、陕西、甘肃、安徽、湖北等地区，为我国特产，仅 1 种，现为国家级保护植物。

图 7-237 猬实
（引自吴玉华，2008）

【形态特征】落叶灌木，高达 3m；树皮薄片状剥裂；幼枝被疏生柔毛。单叶对生，卵形至卵状椭圆形，长 3～7cm，顶端渐尖，基部圆形，全缘，称有浅锯齿，两面疏生柔毛。顶生伞房状聚伞花序；每小花梗具 2 花，萼片 5 裂，外被长柔毛；花冠钟状，稍两侧对称，粉红色至紫色，5 裂，其中 2 片稍宽而短；雄蕊 4，2 长 2 短，内藏。子房椭圆状萼筒下部合生，在子房以上缢缩似颈，2 枚核果状瘦果（有时 1 个不发育），合生，外被刚硬刺毛。花期 5～6 月；果期 8～9 月。

【观赏期】观花、观果植物，花期 5～6 月，果期 8～9 月。

【生态习性】喜阳光，也耐荫，适应性强，能耐干旱、瘠薄，耐寒，对土壤要求不严，但喜温凉、湿润的气候及肥沃而排水良好的土壤。

【繁殖要点】播种、扦插、分株、压条均可。

【园林用途】枝丛姿态优美，着花茂密，花色娇艳，果形奇特，夏秋全树挂满形如刺猬的小果，别致有趣，可植在花篱或丛植于草坪、角隅、路边、山石旁、交叉路口等处，景观壮丽，是国内外著名观花灌木。也可盆栽欣赏或作切花。

图 7-238 接骨木
（引自吴玉华，2008）

（3）接骨木（图 7-238）

别名：续骨木、马尿稍、九节风、公道老、续骨未

学名：*Sambucus williamsii* Hance

产地及分布：我国东北、华北、华东、华中、华南及西南各地广泛分布；日本也有。

【形态特征】灌木或小乔木，高达 8m。树皮暗灰色，小枝红褐色，无毛，老枝有皮孔，隆起显著，髓心淡黄褪色。奇数羽状复叶，小叶 5～7（11）枚，椭圆状披针形，先端渐尖或尾尖，基部阔楔形，常不对称，缘具不整齐锯齿，中下部具 1 或数枚腺齿，两面光滑无毛，揉碎后有臭味；托叶条形或退化成浅蓝色突起；花叶同时开放，圆锥状聚伞花序顶生，长达 5～11cm；萼筒杯状；花冠初为粉红色，后为白色或淡黄色，辐射对称，花裂片 5；雄蕊 5，约与花冠等长。子房 3 室。浆果状核果近球形，黑紫色或红色；核2~3枚。花期5~6月；果7~9月成熟。

【观赏期】观花、观果植物，花期4~5，果期6~9月。

【类型及品种】栽培的同属植物有：金叶接骨木 *S. ambucus Canadensis* ‘Aurea’。

【生态习性】喜光，稍耐荫，对气候条件要求不严，适应性强，喜肥沃、疏松砂壤土。忌涝，耐旱，耐寒。根系发达，萌蘖性强。

【繁殖要点】扦插、分株和播种繁殖，春季扦插成活率高。

【园林用途】接骨木枝叶繁盛，春季白花满树，夏秋红果累累且经久不落，园林中可配植于园路、草坪、林缘、水溪边等处。因抗污染性强，可作工厂绿化树种。萌蘖性强，生长旺盛，也可用为落叶性的花果篱。

图7-239　荚迷
（引自吴玉华，2008）

（4）荚蒾（图7-239）

别名：野花绣球、山梨儿、乌酸木

学名：*Viburnum dilatatum* Thunb.

产地及分布：主产我国长江流域地区，东至台湾，西至云南，陕西、河南、河北亦有分布。日本、朝鲜有分布。

【形态特征】落叶灌木，高达3m，小枝、芽、叶柄、花序及花萼皆被黄色粗毛或星状毛，老枝红褐色。叶倒卵状椭圆形，长3~9cm，先端聚尖或短尾尖，基部圆形或近心形，叶缘具较整齐的三角形锯齿，表面疏生柔毛，背面近基部两侧有少数腺体和多数小腺点。复聚伞花序，直径8~12cm；花白色，全为可孕花。核果近球形或卵形，深红色。花期5~6月；果期9~10月。

【观赏期】观花、观果植物，花期5~6日，果期9~10月。

【生态习性】阳性树种，耐半荫，较耐寒，喜生于湿润、富含质而排水良好的封。萌蘖力、萌芽力均强。

【繁殖要点】常用扦插、压条、分株和嫁接法繁殖。

【园林用途】花序硕大色洁白，团团如球满树盛开，为我国传统的珍贵观赏花树木。宜孤植于草坪旷地。对植于园路、建筑两侧，在庭园角隅点缀一两株，可丰富园景；群植一片，则其景观效果非常壮观。

（5）鸡树条荚蒾（图7-240）

别名：天目琼花、鸡树条子、春花子

学名：*Viburnum sargentii* Koehne.

产地及分布：原产我国浙江、内蒙古、河北、甘肃及东北地区，朝鲜、日本、俄罗斯等国也有分布。

图7-240　鸡树条荚蒾
（引自吴玉华，2008）

【形态特征】落叶灌木，高约3m。树皮厚，暗灰色，木栓质发达，浅纵裂，小枝具明显的皮孔。叶广卵形至卵圆形，长6~12cm，通常3裂，裂片边缘具不规则的齿，生于分枝上部的叶常为椭圆形至披针形，不裂，掌状3出脉；叶柄顶端有2~4无柄盘状腺点；托叶丝状，贴生于叶柄。复伞形聚伞花序，径8~12cm，有白色大型不孕边花，中间花可育；花冠乳白色或带粉红色，辐射状；雄蕊5，长于花冠1.5倍，花药紫色；核果近球形，红色。花期5~6月；果期8~9月。

【观赏期】5~6月观花，9~10月观果植物。

【生态习性】阳性树种，耐半荫，较耐寒，耐旱，多生于夏凉湿润多雾的灌丛中；对土壤要求不严，微酸性及中性土都能生长；引种时对空气相对湿度、半荫条件要求明显，幼苗必须遮荫，成年苗植于林缘，生长发育正常。根系发达，移植容易成活。

【繁殖要点】播种、分株和扦插繁殖均可，因其种子有胚根及胚轴双休眠的习性，所以在播种将种子作变温处理。首先将除去果肉的干净种子用45℃温水浸种24小时，然后混入3倍湿沙并装入塑料袋内封口，置于25℃条件下30天，然后转入0~5℃低温下放置上60天，翌春3月下旬室内盆播，即可顺利出苗。分株可春、秋两季进行。5月下旬至6月初用硬枝条扦插。

【园林用途】树姿清秀，是叶、花、果均可观赏的花木，适宜配植于家庭住宅建筑的两侧及阴面，草坪、道路转角或大树下，孤植丛植均可，还可与山石配植在一起。

（6）香荚蒾（图7-241）

别名：香探春、翘兰

学名：*Viburnum fragrans* Bge.

产地及分布：原产我国北部，甘肃、河南、河北、青海等省有分布，各地均有栽培。

【形态特征】落叶灌木，高达3m。小枝粗壮褐色，幼时有柔毛。叶菱状倒卵型至椭圆形，长4~7cm，顶端尖；叶缘具三角状锯齿，羽状脉明显，直达齿端，背面侧脉间有簇毛。聚伞花序圆锥状，长3~5cm；花冠高脚碟状，花冠筒长7~10mm，裂片5，蕾时粉红色，开放后白色，芳香，雄蕊5；核果矩圆形，鲜红色。花期5月，先叶开放或花、叶同放，果期9~10月。

图7-241　香荚蒾
（引自吴玉华，2008）

【观赏期】芳香植物，花期5月。

【生态习性】耐寒性强，耐半荫，喜湿润温暖气候及深厚肥沃的壤土，不耐瘠薄和积水。萌芽力强，耐修剪，适应性强。

【繁殖要点】压条、分株或扦插繁殖。

【园林用途】树形优美，枝叶扶疏，花期极早，是华北地区重要的早春花木。花白色素雅而浓香，秋季红果累累，挂满枝梢，是优良的观花、观果花木。宜孤植、丛植于草坪边、林缘下、建筑物背阴面。宜可整形盆栽。

（7）锦带花（图7-242）

别名：四季锦带、五色海棠、文官花、海仙花

学名：*Weigela florida*（Bunge）A. DC.

产地及分布：产于东北、华北及华东北部，各地都有栽培。朝鲜、日本也有分布。

【形态特征】落叶灌木，树高达3m。小枝常具2棱，幼时有2列柔毛。叶椭圆形或卵状椭圆形，长5~10cm，顶端尖，基部圆形或楔形，叶面疏生短柔毛，背面毛较密；花1~4朵，成聚伞花序，腋生或顶生；萼5裂至中部，裂片披针形；花冠裂片5，玫瑰红色或粉红色，柱头2裂；蒴果长1.5~2cm，2裂；种子无翅。花期5~6月，果熟期9~10月。

【观赏期】观花植物，4~6月间开花。

【类型及品种】本种常见变型和品种有：

图 7-242　锦带花
（引自吴玉华，2008）

1）白花锦带 f. alba Rehd.，花冠白色。沈阳、熊岳等地有栽培。

2）花叶锦带 cv. Variegata，灌木，高 1～2m。叶浓绿色，边缘黄绿色，椭圆至卵圆形，花粉白色。

3）美丽锦带花 var. venusta（Rehd.）Nakai，花淡玫瑰色，花冠大。

4）红花锦带花 ‘Red Prince’，花鲜红色，繁密而下垂。

5）变色锦带花 ‘Versicolor’，花由奶白渐变为红色。

【生态习性】阳性树种，耐寒，适应性强。对土壤要求不严，在土质稍差的情况下也能生长良好，但以深厚、湿润、腐殖质丰富的壤土生长最好，同时具有一定的抗寒性，不耐水涝。萌芽、萌蘖力强。对氯化氢等有害气体抗性强。

【繁殖要点】可采用播种、分株、扦插和压条繁殖育苗。播种育苗在 4 月下旬至 5 月上旬播种；扦插育苗可采用硬枝扦插和嫩枝扦插于 2～3 月或 6～7 月行；压条育苗一般在 4～6 月进行。

【园林用途】锦带花的花期正值春花凋零、夏花不多之际，花大色美。宁代王禹诗句“何年移植在僧家，一簇柔缀彩霞”形容锦带花枝条柔长，花团锦簇，是庭院中的淡花季节配植材料，亦为春夏间东北、华北地区的重要观花灌木之一，适宜散植、群植于庭院、池畔、坡地、林缘等处，还是花篱、插花的材料。

实训 7.4　落叶灌木园林植物识别与鉴定

1. 实训意义、目的与要求

1.1　在园林植物造景中，落叶灌木可以代替草坪成为地被覆盖植物，也可代替草花组合成色块和各种图案或是花坛应用等，应用较为频繁。落叶灌木是木本植物，种类繁多，品种多样，生长快，耐修剪，通过人工修剪造型的办法，体现植物的修剪美、群体美，具有很高的观赏价值，并且每种灌木的生物学特性各不相同，既有观花的，又有观叶的、闻香的，如蜡梅、小叶女贞、蜡梅等。

1.2　本实训的目的是使学生通过对常见的落叶灌木的基本特征的学习，掌握其形态特征，了解其生态习性、繁育方法及其在园林中的作用，学会利用检索表鉴定园林树木的方法，为以后园林应用和配植提供一定的理论和实践基础。

1.3　要求学生必须熟悉 20 种落叶灌木的形态特征、生态习性及繁殖方法、栽培要点与园林用途。

2. 材料用具

2.1　材料：选取常见的落叶灌木 20 种为材料，主要有蜡梅、小檗、牡丹、金缕梅、李叶绣线菊、野蔷薇、贴梗海棠、玫瑰、紫荆、木芙蓉、木槿、红瑞木、满山红、连翘、紫丁香、小叶丁香、小叶女贞、小蜡、迎春、六道木等。

2.2　工具：钢卷尺、放大镜、解剖刀、解剖针、镊子、铅笔、枝剪、记录夹、记录

纸、本省（市）植物志、当地树木志、园林树木检索表等。

3. 方法步骤

3.1 观测并记录落叶灌木植物植株的形态特征（树木生长习性、生长状况、叶型、枝、皮孔、树皮、皮刺、芽、花、果实等）。

3.2 调查并记录落叶灌木植物植株的立地条件，包括土壤、地形、肥力评价等内容。

3.3 利用检索表鉴定落叶灌木植物植株所属的科、属、种。

4. 实训作业

4.1 常见落叶灌木的识别，教师随机抽取8~10种落叶灌木，要求学生准确识别。(10分)

4.2 将20种灌木按照植株的形态特征及立地条件记录在表7-4中，并鉴定其种名、科属。(60分)

4.3 自选本地区8~10种落叶灌木，编制其检索表。(30分)

5. 考核评估

5.1 优秀：90分以上。

5.2 优良：80~89分。

5.3 良好：70~79分。

5.4 及格：60~69分。

表7-4 落叶灌木识别鉴定记录表

形态特征＼序号		1	2	3	4	5	6	7	8	9	10
生长习性	类别										
生长状况	高度										
冠幅	南北										
	东西										
分枝方式											
叶	叶型										
	叶色										
	叶缘										
叶毛	分布										
	颜色										
	叶长										
	叶宽										
叶脉	数量										
	形状										
枝	颜色										
	枝长										
皮孔	大小										
	颜色										
	形状										
	分布										

续表

形态特征 \ 序号		1	2	3	4	5	6	7	8	9	10
树皮	颜色										
	开裂方式										
	光滑度										
皮刺	着生位置										
	形状										
	长度										
	颜色										
	分布情况										
芽	种类										
	颜色										
	形状										
花	花型										
	花色										
	花瓣的数量										
	花序的种类										
果实	种类										
	形状										
	颜色										
	长度										
	宽度										
土壤	pH										
地形	坡向										
	海拔										
	肥力评价										
园林用途											
调查者											
记录者											
调查时间											

拓展知识

观花树

凡具有美丽的花朵或花序、花形、花色或芳香等有观赏价值的树木均称为观花树或花木。

1. 观花树的选择

观花树种类繁多，是园林绿化建设的主体材料，也是香化、美化、彩化的重要素

材。由于有很高的观赏价值，所以在风景园林中应用极广，有些可作独赏树或庭荫树，有些可作行道树，有些可作花篱或地被植物。观花树可以是乔木，也可以是灌木，只要在花色、花形、花香等方面有特色就可作为观花树种应用。

2. 观花树的配植

观花树在配植上也是多种多样的，可以孤植、对植、丛植、列植、修剪整形或用于棚架。观花树由于特色显著，常构成某一景区的主景，如植于路旁、坡面、道路转角、座椅周围、岩石旁，或配植于湖边、岛边形成水中的倒影。实际应用时，可以按花色的不同配植成具有各种色调的景区，也可以按开花季节的先后配植成各季花园。观花树也可以与其他园林要素相配合，从而产生烘托、对比、陪衬等作用，如与建筑相配作基础种植用。某些种类的花由于栽培品种较多，可依其特色布置成各种专类花园，如牡丹园、丁香园、蔷薇园等，专类园的另一种形式是集各种香花于一堂，布置成芳香园。

3. 常用的观花树种

常用的观花树种有连翘、溲疏、山梅花、锦带花、蔷薇属、荚蒾属、杜鹃花属、丁香属、忍冬属等。

小　　结

主要介绍了常见落叶灌木种类的识别要点、繁殖方法、栽培技术及园林用途。

相关链接

1. 邓莉兰．风景园林树木学［M］．北京：中国林业出版社，2010.
2. 徐晔春．观赏灌木［M］．北京：中国电力出版社，2010.
3. 中国树木网 http：//www. etrees. cn/
4. 中国植物图像库 http：//www. plantphoto. cn/
5. 中国数字植物标本馆 http：//www. cvh. org. cn/

练习题

1. 瑞香科树种的花有何特点？
2. 锦葵科植物有哪些主要特征？在园林上有何观赏价值？
3. 木芙蓉有何观赏特性？
4. 木犀科哪些树种为灌木，适于丛植或绿篱？
5. 小蜡与小叶女贞在形态上有何差异？
6. 马鞭草科哪些树种可作绿篱或地被？
7. 牡丹的识别特征是什么？在园林上的应用有哪些？

7.2.4 常绿灌木

1. 桑科 Moraceae

(1) 琴叶榕

别名：牛乳树、狗婆子树、牛奶绳、茶叶牛奶子

学名：*Ficus pandurata* Hance.

产地及分布：产于安徽、浙江、江西、福建、广东、广西；生于山地、旷野、灌丛中。越南也有分布。

【形态特征】常绿灌木，高1～2m。幼枝以及幼叶被白色柔毛。叶提琴形或者倒卵形，长4～9cm，宽1.8～4cm，先端短尖或者尾尖，基部圆或者宽楔形，中部收缩，上面无毛，下面叶脉被疏毛以及小瘤点，侧脉3～5对；叶柄长3～5mm，疏被糙毛；托叶披针形，无毛，迟落。榕果单生叶腋，椭圆形或者球形，径0.6～1cm，顶端脐状突起，熟时紫红色；柄长4～5mm；基生苞片3，卵形。花期6～7月。

【观赏期】全年，以欣赏提琴形叶片为主。

【生态习性】喜欢明亮的光线，但非阳光直射。

【繁殖要点】扦插或者播种或者空中压条方法繁殖。

【园林用途】为优良的庭园观赏树，多用来室内盆栽观赏。

2. 木兰科 Magnoliaceae

图7-243 含笑

(引自张天麟，2010)

(1) 含笑（图7-243）

别名：香蕉花、含笑花

学名：*Michelia figo*（Lour.）Spreng.

产地及分布：原产我国华南、福建等地，现华南至长江流域各地均有栽培。

【形态特征】常绿灌木，高达2～5m。树冠圆球形，分枝紧密，小枝有环状托叶痕，嫩枝、芽、花梗及叶柄有褐色绒毛。叶互生，革质，倒卵状椭圆形，全缘，叶背面中脉有黄褐色绒毛。花瓣淡黄色，边缘带紫晕，具浓郁的香蕉气味；蓇葖果卵圆形，花期4～5月，果熟期9月。

【观赏期】周年观赏，花期4～5月。

【生态习性】中性树种；喜温湿、喜半阴环境，有一定耐寒性，不耐烈日暴晒，不耐干燥瘠薄，要求肥沃、排水良好的微酸性土和中性土，不耐盐碱，对Cl_2抗性较强。

【繁殖要点】扦插繁殖为主，也可嫁接、播种和压条繁殖。

【园林用途】含笑花香袭人，有香蕉气味，花常不开落，有如含笑之美人，故此得名“含笑”。宋代诗人邓润甫诗句“自有嫣然态，风前欲笑人。涓涓朝露泣，盎盎夜生春”，形容含笑花具有妩媚动人的嫣然美态；宋代杨万里诗句：“秋来二笑再芬芳，紫笑何如白笑强。只有此花偷不得，无人知处自然香”，由此可见，含笑花已成为古今人们所广为钟爱之花。是重要的园林香花树，配植于庭园、草坪和树丛边缘、建筑周围、街道隔离带，可单

植、列植、丛植或群植，一般修剪成圆球型灌木。

3. 小檗科 Berberidaceae

（1）十大功劳（图7-244）

别名：细叶十大功劳

学名：*Mahonia fortunei*（Lindl.）Fedde

产地及分布：以四川、湖北、浙江分布最为集中，现长江流域广为栽培。

图7-244 十大功劳
（引自楼炉焕，2000）

【形态特征】常绿灌木，高达2m，树皮灰色，木质部黄色。全体无毛。茎具抱茎叶鞘。奇数羽状复叶，小叶常3～4对，狭披针形，侧生小叶片等长，顶生小叶最大，均无柄，叶硬革质，上面亮绿色，背面淡绿色，两面平滑，叶缘有刺齿6～13对；花黄色，顶生直立总状花序4～8条簇生。浆果圆形或长圆形，长4～6mm，蓝黑色，有白粉。

【观赏期】7～10月观赏花朵，11月观赏成熟果实。全年观赏叶片。

【生态习性】阳性树种也较耐荫，喜温暖湿润气候，对土壤要求不严格，但在肥沃且排水良好的土壤中生长良好，耐寒性不强。对有毒气体有一定抗性。

【繁殖要点】播种、扦插及分株等法繁殖。

【园林用途】枝干挺直，叶形奇特，典雅美观，黄花密集，具有独特的观赏价值，常植于庭院、林缘、草地边缘、假山旁侧或石缝中，或作绿篱及基础种植。华北常盆栽观赏，温室越冬。全株供药用。有清凉，解毒、强壮之效。

（2）阔叶十大功劳（图7-245）

图7-245 阔叶十大功劳
（引自楼炉焕，2000）

别名：土黄连、鸟不宿、刺黄柏

学名：*Mahonia bealei*（Fort.）Carr.

产地及分布：分布于甘肃、河南、浙江、安徽等。

【形态特征】常绿灌木，高达4m。奇数羽状复叶，聚生于顶端，小叶4～7对，卵状披针形或长椭圆状披针形，小叶边缘有具缺刻状尖锐锯齿，总状花序，花黄色，浆果长卵形。生于山谷、林下阴湿处。

【观赏期】9月至翌年3月观赏花朵，4～8月观赏成熟果实。全年观赏叶片。

【生态习性】阳性树种也较耐荫，喜温暖湿润气候，对土壤要求不严格，但在肥沃且排水良好的土壤中生长良好，耐寒性不强。对二氧化硫抗性强，对氟化氢敏感。

【繁殖要点】播种、扦插及分株等法繁殖。

【园林用途】叶形奇特，树姿典雅，花果秀丽，为观叶上品。可以用于布置花境、树坛、岩石园、庭院、水榭，宜与山石配置。也可以点缀于林缘、溪边、草地或者作为基础种植。也是盆栽、室内陈设的好材料。

图 7-246　南天竹
（引自楼炉焕，2000）

（3）南天竹（图 7-246）

别名：天竹子、天竺、南天、南烛

学名：*Nandina domestica* Thunb.

产地及分布：主产中国和日本，现国内外庭园广泛栽培。长江以南各地尤为普遍。

【形态特征】常绿灌木，多丛生状，高达 2m。2～3 回奇数羽状复叶，互生，叶轴有关节，小叶革质，全缘，椭圆状披针形，先端渐尖，基部楔形，两面无毛，冬季叶变红色。两性花，顶生直立圆锥花序，花小，白色，花萼多数，螺旋状排列，花瓣 6，稍大于内轮萼片，雄蕊 6，与花瓣对生花药近无柄；子房 1 室，有胚珠 1～2 颗。浆果球形，熟时鲜红色。

【观赏期】5～7 月观赏花朵，9～12 月观赏成熟果实。全年观赏叶片。

【生态习性】阳性树种，喜半荫；但在强光下亦能生长，在强光下叶色常发红，喜温暖湿润气候，有一定耐寒性，喜肥沃、湿润而排水良好的土壤，是石灰岩钙质土指示植物，生长较慢，在瘠薄干燥处生长不良。

【繁殖要点】分株、播种或扦插繁殖。

【园林用途】茎干丛生，夏季翠绿，秋冬红叶片片，果实成簇，红果累累，经久不落，是观叶赏果的优良树种，宜配植于偏阴的假山石旁、墙前屋后、墙角隅处或花坛、花境之处。

4. 山茶科 Theaceae

（1）茶梅（图 7-247）

学名：*Camellia sasangua* Thunb.

产地及分布：分布于我国东南各省；日本也有栽培。

【形态特征】常绿灌木或小乔木。高 5m，枝条细密，幼枝有毛。叶椭圆形、卵圆形至倒卵形，长 3～6cm，先端渐尖或急尖，叶缘有齿，基部钝圆。花白色至粉红及玫瑰红，径 3.5～7cm，顶生或腋生，无柄，花瓣 6～8 枚，基部分离，有香气，子房密生丝状毛，萼片内部有毛。花期 9 月至翌年 1 月。蒴果球形。

图 7-247　茶梅
（引自张天麟，2010）

【观赏期】9 月至翌年 1 月观赏花朵。全年观赏叶片。

【生态习性】中性树种，喜半荫，强烈阳光会灼伤其叶和芽，导致叶卷脱落；但以在阳光充足处花朵更为繁茂。喜温暖湿润气候；适生于肥沃疏松、排水良好的酸性砂质土壤中，碱性土和黏土不适宜种植茶梅。有一定抗旱性。

【繁殖要点】播种、扦插或嫁接。

【园林用途】可用丛植于草坪或疏林下，也可作基础种植及常绿篱垣材料，开花时为花

篱、落花后又为常绿绿篱，很受欢迎。亦可作盆栽观赏。

5. 金丝桃科 Hypericaceae

草本、灌木或常绿乔木，有时为藤本。具油腺或树脂道，胶汁黄色。单叶，对生或轮生，全缘，无托叶。花两性或单性，辐射对称，单生或排成聚伞花序。萼片、花萼2～6。雄蕊4～多数，合成3束或多束。中轴胎座；子房上位，1～15室，每室1～多数胚珠；柱头与心皮同数。果实为蒴果、核果或浆果；种子无胚乳

约45属，1000余种，分布于热带地区；中国约6属64种，产西南部至台湾。

（1）金丝桃（图7-248）

别名：金丝海棠

学名：*Hypericum chinense* L.

产地及分布：主产于我国长江流域，河北、河南、陕西、江苏、浙江、台湾、福建、江西、四川、广东等省均有分布。日本也有分布。

图7-248　金丝桃

（引自张天麟，2010）

【形态特征】半常绿小灌木。小枝圆柱形，红褐色，光滑无毛。叶无柄，长椭圆形，长4～8cm，先端钝，基部渐狭而稍抱茎，表面绿色，背面粉绿色。花鲜黄色，径3～5cm，单生或3～7朵成聚伞花序；萼片5，卵状矩圆形，顶端微钝；花瓣5，宽倒卵形；雄蕊多数，5束，较花瓣长；花柱细长，顶端5裂。花似桃花，花丝金黄，所以名叫金丝桃。蒴果卵圆形。

【观赏期】6～7月观赏花朵，8～9月观赏成熟果实。全年观赏叶片。

【生态习性】阳性树种，略耐荫；喜生于湿润的河谷或半阴坡砂壤土中，耐寒性不强。

【繁殖要点】播种、分株或扦插等。

【园林用途】花叶秀丽，是南方庭园中常见的观赏花木。可植于庭院内、草坪中及路边。华北多盆栽观赏，也可作为切花材料。

（2）金丝梅（图7-249）

学名：*Hypericum patulum* Thunb.

产地及分布：产陕西、四川、云南、贵州、江西、湖南、湖北、安徽、江苏、浙江、福建等省。

【形态特征】半常绿或常绿灌木。小枝拱曲，有两棱，红色或暗褐色。叶卵状长椭圆形或广披针形，顶端通常圆钝或尖，基部渐狭或圆形，有极短叶柄，表面绿色，背面淡粉绿色，散布油点。花金黄色，径4～5cm，雄蕊5，较花瓣短；花柱5，离生。蒴果卵形，有宿存萼。

图7-249　金丝梅

（引自楼炉焕，2000）

【观赏期】4～8月观赏花朵，6～10月观赏成熟果实。全年观赏叶片。

【生态习性】性喜光，有一定的耐寒能力。喜欢湿润土壤，但是不可以积水，在轻壤土上生长良好。在自然界多生长于山坡、山谷林下或者灌丛中。

萌芽力强。

【繁殖要点】多采用分株法繁殖，播种、扦插也可以。

【园林用途】花叶秀丽，是南方庭园中常见的观赏花木。可植于庭院内、草坪中及路边。华北多盆栽观赏，也可作为切花材料。

6. 金缕梅科 Hamamelidaceae

乔木或灌木，常具星状毛。单叶互生，全缘，稀有齿，羽状脉；托叶早落。花单性或杂性同株，头状花序，也有穗状花序。萼片、花瓣、雄蕊通常均为4~5，有时无花瓣，雌蕊由2心皮合成，子房通常下位或半下位，2室，花柱2，分离，中轴胎座。蒴果木质，2（4）裂。

约27属，140种，主产东亚之亚热带；中国产17属，约76种。

图7-250　檵木
（引自张天麟，2010）

（1）檵木（图7-250）

学名：*Lorpetalum chinense*（R. Br.）Oliv.

产地及分布：产长江中下游及其以南，北回归线以北地区；印度北部也有分布。多生于山野及丘陵灌丛中。

【形态特征】常绿灌木或小乔木。小枝、嫩叶及花萼均有锈色星状短柔毛。叶卵形或椭圆形，长2~5cm，基部歪圆形，先端锐尖，全缘，背面密生星状柔毛。花瓣带状线形，浅黄白色，长1~2cm，苞片线形；花3~8朵簇生于小枝顶端。蒴果褐色，长约1cm，有星状毛。

【观赏期】4~5月观赏花朵，8月观赏成熟果实。全年观赏叶片。

【类型及品种】目前园林中常栽的变种红花檵木 var. *rubrum* Yieh，嫩叶淡红色，老叶片暗紫或紫红色等，富于色彩变化；花3~4朵簇生，紫红色；蒴果木质。喜暖凉气候，湖南浏阳称为“红檵木之乡”。树姿优美多变，花繁叶茂，花和叶色美艳异常，具有很高的园林观赏价值，是当前“色块”造景中常用的种类，适宜群植、列植和片植，也可密植作绿篱和盆栽。通过嫁接在白檵木大树桩上作风景树或盆景。有‘大红袍’（叶、花大红色）、‘红红袍’（叶绿，花红色）、‘淡红袍’（叶、花淡红色）、‘紫红袍’（叶、花红紫色，须根红色）和‘珍珠红’（叶小，形如红色珍珠，须根红色）等品种。

【生态习性】阳性树种，耐半荫；喜温暖湿润气候和酸性土壤，适应性较强。

【繁殖要点】播种、扦插和嫁接繁殖。

【园林用途】初夏开花繁密而显著，如覆雪，美丽可爱。常丛植于草地、林缘或与石山相配合，也可用作风景林之下层灌木；老树枝干苍老，是制作盆景的上等材料。

7. 海桐科 Pittosporaceae

灌木或乔木，单叶互生或轮生，无托叶。花两性，整齐。单生、伞房、聚伞或圆锥花序；萼片、花瓣、雄蕊均为5；子房上位，2~5心皮合生，胚珠多数，花柱单一。蒴果或浆果；种子多数，生于黏质的果肉里。

9属，360种，主要分布于大洋洲，我国1属，44种。

（1）海桐（图7-251）

图7-251 海桐
（引自楼炉焕，2000）

学名：*Pittosporum tobira*（Thunb.）Ait.

产地及分布：原产于我国江苏、浙江、福建、广东省。长江流域及以南各地庭园习见栽培。朝鲜、日本也有分布。

【形态特征】常绿灌木或小乔木，高达2～6m，树冠圆球形。小枝及叶集生于枝顶。叶革质，倒卵状椭圆形，先端圆钝或微凹，基部楔形，边缘反卷，全缘，无毛，表面有光泽。伞房花序，花白色或黄绿色，芳香。蒴果卵球形，有棱角，成熟时红色，3瓣裂；种子红色有黏液。

【观赏期】5月观赏花朵，10到11月观赏成熟果实。全年观赏叶片。

【生态习性】阳性树种，亦耐荫；喜温暖湿润气候和肥沃湿润土壤，有一定抗寒、抗旱能力。萌芽力强，耐修剪。对SO_2等有毒气体有较强的抗性。

【繁殖要点】常用播种或扦插繁殖。注意在嫩芽期和花期的蚜虫防治。

【园林用途】枝叶茂密，叶色浓绿而有光泽，经冬不凋，花朵清丽芳香，入秋果熟裂开时露出红色种子，也颇美观，是南方庭院常见的绿化观赏树种。因其分枝力强，耐修剪，通常用作房屋基础种植及绿篱材料，孤植或丛植于草地边缘或林缘也很合适。此外，抗海潮风能力甚强，特宜用于东南沿海地区城市绿化。

8. 蔷薇科 Rosaceae

（1）平枝栒子（图7-252）

图7-252 平枝栒子
（引自张天麟，2010）

别名：铺地蜈蚣

学名：*Cotoneaster horizontalis* Decne.

产地及分布：产于我国湘、鄂、陕、甘、川、滇、黔等省（自治区），是西藏高原东南部亚高山灌木丛主要树种之一。

【形态特征】常绿低矮灌木。枝开展成整齐二列状。叶小，厚革质，近圆形或宽椭圆形，先端急尖，基部楔形，全缘，背面疏被平伏柔毛。花小，无柄，单生或2朵并生，粉红色。果近球形，鲜红色。

【观赏期】5～6月观赏花朵，9～12月观赏果实。全年观赏叶片。

【生态习性】中性树种，光照充足亦能生长，喜空气湿润，耐寒。对土壤要求不严，耐干旱、瘠薄，石灰质土壤也能生长。不耐水涝，华北地区栽培宜避风处或盆栽。

【繁殖要点】扦插、播种繁殖为主，亦可秋季压条。

【园林用途】树姿低矮，枝叶横展，叶小而稠密，花密集枝头，晚秋时叶色红色，红果累累，是布置岩石园、庭院、绿地和墙沿、角隅的优良材料。另外可作地被和制作盆景，果枝也可用于插花。根可药用。

图7-253 火棘
（引自张天麟，2010）

（2）火棘（图7-253）

别名：火把果、救军粮

学名：*Pyracantha fortuneane*（Maxim）

产地及分布：产于我国华东、中南、西南、西北等省（自治区）。生于海拔2800m以下山区、溪边灌丛中。

【形态特征】常绿灌木，高3m，有枝刺。嫩枝有锈色柔毛。叶倒卵形或倒卵状长圆形，先端圆钝或微凹，基部下延至叶柄，叶缘细钝锯齿，背面绿色。花白色，梨果深红或橘红色。

【观赏期】3~5月观赏花朵，8~12月观赏成熟果实。

【生态习性】阳性树种，稍耐荫。耐寒差，耐干旱力强，山地平原都能适应，可生长在石灰岩上。萌芽力强，耐修剪。在云南石林景区中也有分布，任其自然生长，在8月份也能欣赏到红色果实。

【繁殖要点】扦插、播种繁殖。

【园林用途】枝叶茂盛，初夏白花繁密，入秋红果满树，一串串，密密层层，压弯枝梢，而且留存枝头甚久，故名火把果，美丽可爱，是优良的观果树种。南方可地栽，以常绿或落叶乔木为背景，在林缘丛植或作下木，配置岩石园或孤植草坪、庭院一角、路边、岩坡或水池边。可作绿篱或基础种植，北方盆栽可作观果盆景。果枝瓶插持久。果实可酿酒或磨粉食用，故名救军粮。

（3）小丑火棘

学名：*Pyracantha fortuneana* ‘*Harlequin*’

产地及分布：自日本引进。

【形态特征】常绿灌木。单叶，叶卵形、倒卵形或倒卵状长圆形，小而密集，叶色丰富，叶面斑纹点点。花白色。

【观赏期】3~5月观赏花朵，8~11月观赏成熟果实。全年观赏叶片。

【生态习性】耐半荫、耐寒、耐旱，耐瘠薄，保土能力强，耐修剪。

【繁殖要点】扦插繁殖。

【园林用途】秋冬季叶片在日光下呈柔和的粉红色，春季叶片逐渐变为花白，叶片上镶有绿色斑纹，如同京戏中的小丑。夏季叶色翠绿，给人以一种纯净、凉爽的感觉。初夏白花点点，入秋果红如火，且留存枝头甚久，是优良的观叶兼观果的地被植物。

（4）月季（图7-254）

别名：月季花

学名：*Rosa chinensis* Jacq.

产地及分布：原产我国中部，南至广东，西至云南、贵州、四川，国内外普遍栽培。我国有57个城市把月季作为市花。如江苏常州、河南郑州、北京等。

【形态特征】常绿或半常绿直立灌木，高达2m。小枝具倒钩皮刺，无毛。小叶3~5枚，长2.5~6cm，宽卵形，叶缘有锯齿。花单生或几朵集成伞房状，花重瓣，微香，有紫红、粉红色、白色等，萼片常羽裂。果卵形或梨形，萼宿存。花期5~10月。

图7-254 月季
（引自张天麟，2010）

【观赏期】5～10月观赏花朵。全年观赏叶片。

【类型及品种】常见变种和变型有：

1）月月红（紫月季）var. *semperflorens* Koehne.，茎较纤细，常带紫红晕，有刺或近于无刺，小叶较薄，带紫晕，花为单生，紫色或深粉红色，花梗细长而下垂，品种铁瓣红、大红月季等。

2）小月季 var. *minima* Voss.，植株矮小多分枝，高一般不超过25cm，叶小而窄，花也较小，直径约3cm，玫瑰红色，重瓣或单瓣，宜作盆栽盆景材料，栽培品种不多，但小月季在矮化高种中起主要作用。

3）绿月季 var. *viridiflora* Dipp.，花瓣绿色。

4）变色月季 f. *mutabilis* Rehd.，花单瓣，初开时浅黄色，继变橙红、红色最后略呈暗色。

【生态习性】阳性树种，耐半荫；耐寒，对土要求不严。在黏重土壤中也可正常生长；不耐水湿，忌积水。萌蘖性强，耐修剪，抗污染。

【繁殖要点】播种、扦插、分株繁殖。

【园林用途】“谁道花无十日红，此花无日不春风”，宋代诗人杨万里的诗句，生动形象地写出了月季花的特点。一年四季展示浓艳，吐播芬芳，“花开花落无间断，春去春来无相关。”五颜六色，千姿百态的月季花在百花园中竞相开发，有“花中皇后”之称，是美化庭园的优良花木。适宜作花坛、花境、花篱及基础种植，可在草坪、园路转角、庭园、假山等地配植，亦可配植成专类园，或盆栽观赏。月季也是世界四大切花之一。

9. 苏木科（云实科）Caesalpiniaceae

（1）黄槐（图7-255）

学名：*Cassia surattensis* Burm. f.

产地及分布：中国南部广西、广东、福建、云南及台湾广为栽培，原产于印度、斯里兰卡、马来群岛及海湾地区。

【形态特征】半常绿小乔木或灌木，高达4～7m，偶数羽状复叶，叶柄及最下部2～3对小叶间有2～3枚棒状腺体，小叶7～9对，椭圆形至卵形，长2～5cm，叶端有短毛，托叶线形，早落。花排成伞房状的总状花序，生于枝条上部的叶腋；花鲜黄色，雄蕊10，全发育。荚果条形，扁平，有柄。花果期全年不绝。

图7-255 黄槐
（引自吴玉华，2008）

【观赏期】全年观赏花果。

【生态习性】阳性树种，耐半荫，喜温暖湿润气候，耐旱，耐热，耐寒，适应性强，对土壤要求不严，但不抗风，容易栽培，生长快速。

【繁殖要点】播种繁殖。

【园林用途】枝叶茂密，树姿优美，花期长，花色金黄灿烂，富热带特色，为美丽的观花树、庭园树和行道树。

10. 芸香科 Rutaceae

图 7-256 九里香
（引自张天麟，2010）

（1）九里香（图 7-256）

别名：石桂树

学名：*Murraya exotica* L.

产地及分布：原产亚洲热带及亚热带，我国华南至西南部有分布。

【形态特征】常绿灌木，高 1～2m，茎枝淡黄灰色，分枝多，无刺、无毛。羽状复叶互生，小叶 3～7，倒卵形至倒卵状椭圆形，顶端圆或钝，稀急尖，全缘。近于平顶的伞房状聚伞花序顶生或生于上部叶腋，花芳香，白色；花梗细瘦；萼片 5，基部合生；花瓣 5，常有透明腺点；雄蕊 10，花丝白色；柱头头状，黄色，子房 2～5 室，每室 1～2 胚珠。浆果熟时橙黄至朱红色，阔卵形或纺锤形，顶端急尖，一侧略偏斜，有时近圆球形，果肉有黏胶质液；种子 2～1 粒，有短的绵质毛。

【观赏期】4～8 月，有时秋冬观赏花朵，9～12 月观赏成熟果实。全年观赏叶片。

【生态习性】阳性树种，稍耐荫；喜温湿气候；土层深厚，排水良好的沃土，不耐寒，耐旱；萌芽力强，耐修剪。在台州地区，盆栽九里香需要在温室中越冬。

【繁殖要点】播种或扦插繁殖。

【园林用途】树冠优美，枝叶秀丽，分枝颇多，萌发力强，四季常青，花香宜人。南方暖地可作绿篱栽植，或配植于庭院及建筑物周边。亦可盆栽观赏及制作盆景。北方盆栽置于温室或客厅、书房观赏。

（2）金橘（图 7-257）

别名：金枣、罗浮

学名：*Fortunella* margarita（lour.）Swingle

产地及分布：产中国南部，广布于长江流域及以南各省。

【形态特征】常绿灌木或小乔木，高约 3m，树冠半圆形。分枝多，细密，嫩枝有棱角，常无刺。单身复叶互生，叶披针形至矩圆形（较柑橘小），表面亮绿色，背面青绿色，具散生腺点，叶柄有狭翼，与叶片相连处有关节。花单朵或 2～3 朵集生于叶腋，具短柄，花白色，芳香。柑果矩圆或倒卵形，金黄色，果皮肉质而厚，味香甜，肉瓤 4～5。

【观赏期】6～8 月观赏花朵，11～12 月观赏成熟果实。全年观赏叶片。

图 7-257 金橘
（引自张天麟，2010）

【类型及品种】常见栽培的同属种类有：

1）金橘（圆金橘）*Fortunella japonica*（Thunb.）Swingle.，叶浓绿色，果小而圆，大如樱桃，鲜橙黄色。

2）金弹 *Fortunella crassifalia* Swingle.，叶墨绿色，厚而较硬，叶缘常向外反卷，果大而圆，熟时金黄色，皮厚，味甜。

【生态习性】阳性树种，也较耐荫；喜温湿的环境；耐寒，亦耐干旱、瘠薄。对土壤酸碱度适应范围广，最宜pH6～6.5，而富含有机质的砂质壤土。

【繁殖要点】主要采用嫁接繁殖，多以枸橘作砧木进行芽接或枝接。亦可扦插繁殖。

【园林用途】金橘树姿秀雅，枝叶茂密，叶色常绿，花洁白如玉，芳香诱人；灿灿金果，玲珑娇小，色艳味甘，是重要的圆林观赏花木。露地栽植宜于庭院，建筑物入口等便于管理处配置。是我国传统盆栽观果珍品，常控制在春节前后果实成熟，以供春节室内摆设。

（3）代代花（图7-258）

别名：代代

学名：*Citrus aurantium* L. var. *amara* Engl.

产地及分布：原产浙江黄岩等地，现各地多有栽培。江苏，浙江地区为其著名产区。

【形态特征】常绿灌木。枝条细长疏生。叶片互生，革质，卵状矩圆形或者椭圆形，先端钝尖，边缘有波状缺刻，叶柄有阔翼。花朵白色，单生或者数朵簇生于叶腋，有芳香。柑果扁圆形，熟时橙黄色，浓香。果皮当年冬季橙红色，翌年夏季以后逐渐又变回青色。瓤囊10瓣，种子椭圆形。

图7-258 代代花

（引自张天麟，2010）

【观赏期】全年观赏，观果。

【生态习性】性喜温暖湿润的气候，喜光好肥，耐寒性差，怕冻。在湿润肥沃的沙质壤土条件下生长良好。冬季越冬温度要求不能低于5℃。

【繁殖要点】多采用压条方法，也可以采用嫁接繁殖。

【栽培管理】大树可以在台州地区露地越冬。开花后每隔二、三周施稀薄的粪水一次，则果实肥大。

【园林用途】各地园林多作为盆栽观果。鲜花香味浓郁，采后焙干，可以作为花茶熏制材料。

11. 楝科 Meliaceae

（1）米仔兰（图7-259）

别名：米兰

学名：*Aglaia odorata* Lour.

产地及分布：主要分布广东、广西、福建、四川、台湾等省，长江流域以北盆栽。

【形态特征】常绿灌木或小乔木，高2～7m，树冠圆球形。多分枝，小枝顶端被星状锈色鳞片。羽状复叶，小叶3～5，倒卵形至椭圆形，叶轴与小叶柄具狭翅。圆锥花序腑生，花小而密，黄色，径2～3mm，极香。浆果卵形或近球形。花期自夏至秋。

图7-259 米仔兰

（引自张天麟，2010

【观赏期】夏至秋观赏花朵。全年观赏叶片。

【生态习性】阳性树种，略耐荫；喜温暖湿润气候，不耐寒，不耐旱，喜深厚肥沃、微酸性土壤，忌盐碱。

【繁殖要点】嫩枝扦插、高压等方法繁殖。

【园林用途】枝繁叶茂，姿态秀丽，四季常青。花芳香淡雅、清幽，花期长，是优良的赏形、赏香树种，可植于庭前，或盆栽置于室内。

12. 大戟科 Euphorbiaceae

（1）变叶木（图 7-260）

图 7-260　变叶木

（引自张天麟，2010）

别名：洒金榕

学名：*Codiaeum variegatum*（Linn.）A. Juss.

产地及分布：原产亚洲马来半岛至大洋洲。现广泛栽培于热带地区。我国南部各省区常见栽培。

【形态特征】常绿灌木，枝条无毛。叶薄革质，光亮，具羽状脉，形状、大小变化大，椭圆形至线形，全缘或分裂，扭曲或叶片间断、仅存中脉等，叶色绿至深绿或红紫色，有的具白、黄、红、紫色斑点或斑块，叶脉有时为红色或紫色。总状花序，雄花白色，雌花淡黄色。蒴果近球形。

【观赏期】全年观赏叶片。

【类型及品种】常见的变型有：

1）长叶变叶木 f. *ambiguum*，叶片长披针形，其深绿色叶片上有褐色斑纹或具鲜红色斑纹，或乳白色斑纹。

2）复叶变叶木 f. *appendiculatum.*，叶片细长，前端有 1 条主脉，主脉先端有匙状小叶，小叶披针形，深绿色；或小叶红色或绿色，散生不规则的金黄色斑点。

3）角叶变叶木 f. *cornutum.*，叶片细长，有规则的旋卷，先端有一翘起的小角。

4）戟叶变叶木 f. *lobat.*，叶宽大，3 裂，似戟形。

5）阔叶变叶木 f. *platyp* Hyllu .，叶卵形。叶有绿色，密布金黄色小斑点或全叶金黄色；或叶主脉带白色。

6）细叶变叶木 f. *taeniosum.*，叶狭披针形，浓绿色，中脉黄色较宽，有时疏生小黄色斑点；或叶细长，浓绿色，有明显的散生黄色斑点。

【生态习性】阳性树种，喜高温湿润气候，不耐霜冻，喜疏松、肥沃、富含腐殖质的土壤，不耐干旱。整个生长期均需充足阳光，否则会引起叶色暗淡，枝条柔软，甚至产生落叶。

【繁殖要点】扦插或压条、播种繁殖。

【园林用途】品种多，茎叶生长繁茂，叶形千姿百态，叶色五彩缤纷，是观叶植物中叶色、叶形和叶斑变化最丰富的一种，适合南方的庭园布置，可丛植、片植或作绿篱，也可盆栽观赏。叶可作花环、花篮和插花材料。

（2）红背桂（图 7-261）

别名：青紫木、紫背桂

学名：*Excoecaria cochinchinensis* Lour.

产地及分布：原产我国台湾、广东、广西、云南及越南。

图 7-261 红背桂
（引自张天麟，2010）

【形态特征】常绿灌木，高 1～2m。叶对生或兼有互生和轮生，纸质，多为狭椭圆形，先端长渐尖，两面无毛，上面绿色，背面紫红或血红色，边缘有疏锯齿。雌雄异株，总状花序近顶生，雄花序长约 1～2cm，雌花序极短，有花数朵，花柱长，外弯而先端卷曲，紧贴于子房上。蒴果顶端凹陷。花期几乎全年。红背桂株形矮小，叶面绿色，叶背紫红色，是优良的室内外盆栽观叶植物。花为小型散穗状花序，花型碎小，淡黄色，无花瓣。

【观赏期】全年观赏叶片。

【生态习性】中性树种，耐半荫，忌阳光暴晒，喜温暖湿润环境，不耐严寒，要求肥沃、排水好的砂质壤土，较耐干旱瘠薄。

【繁殖要点】扦插繁殖。

【园林用途】株形矮小，枝叶扶疏，叶片表面绿色、背面紫红色，微风吹拂，红绿相间，蔚然美观，是优良的室内外观叶植物，南方常用于庭院、公园和居住小区绿化，植于庭园、屋隅、墙旁以及阶下等处。也可盆栽作室内厅堂、居室点缀。

图 7-262 一品红
（引自张天麟，2010）

（3）一品红（图 7-262）

别名：圣诞树、象牙红、老来娇、猩猩木、圣诞花

学名：*Euphorbia pulcherrima* Willd. ex Klotzsch.

产地及分布：原产中美洲，广泛栽培于热带、亚热带。我国各地均有栽培。

【形态特征】常绿直立灌木，高 1～3（4）m，茎光滑无毛。叶互生，卵状椭圆形、长椭圆形或披针形，长 6～25cm，先端渐尖或急尖，全缘或具波状浅裂。花序数个排列于枝顶，下具 5～7 片苞叶，狭椭圆形，通常全缘，开花时朱红色。花小，无花被，生于坛状总苞内，总苞淡绿色，具黄色腺体。整个花序为红色苞叶衬托。

【观赏期】全年观赏叶片。

【类型及品种】目前园林上栽培的变种有：

1）一品粉 var. *rose* Hort.，开花时总苞叶粉红色。

2）一品白 var. *alba* Hort.，开花时总苞叶乳白色，披针形。

3）重瓣一品红 var. *plenissima* Hort.，除总苞片变色似花瓣外，小花也变成花瓣状叶片，直立向上，簇拥成团。

【生态习性】阳性树种；喜温暖湿润气候，不耐寒，要求湿润、肥沃和排水良好的土壤。典型的短日照植物。

【繁殖要点】扦插繁殖。

【园林用途】为著名的观赏植物，茎顶轮簇生花瓣状苞叶为主要观赏部分，花开时节正值冬季百花凋零之时，独占鳌头。南方可露地栽培于花坛、庭园等地，可列植、丛植草坪、庭院、居住区、公路两侧；或盆栽用于室内外装饰；也是冬季的重要切花材料，北方盆栽。

13. 冬青科 Aquifoliaceae

图 7-263　枸骨
（引自张天麟，2010）

（1）枸骨（图 7-263）

别名：鸟不宿

学名：*Ilex cornuta* Lindl.

产地及分布：分布国长江流域及以南各地，生于山坡、谷地、溪边杂木林或灌丛中，山东青岛、济南有栽培。

【形态特征】常绿灌木或小乔木，高达 3～4m，树冠阔圆形，树皮灰白色平滑。叶硬革质，有 5 枚大尖硬刺齿，中央一枚向背面弯，基部两侧各有 1～2 枚大刺齿，表面深绿而有光泽形。花小，聚伞花序，黄绿色，簇生于 2 年生枝叶腋，核果球形，鲜红色。

【观赏期】10～12 月观赏成熟果实。全年观赏叶片。

【类型及品种】品种有无刺枸骨 ‘National’（叶缘无刺齿）、黄果枸骨 ‘Luteocarpa’（果暗黄色）和无刺黄果枸骨等。

【生态习性】喜光，也耐荫，在台州地区能够露天安全越冬。喜欢气候温暖以及肥沃、湿润、排水良好的微酸性土壤。对有害气体有较强的抗性。耐修剪，容易扎型，但是生长较缓慢。

【繁殖要点】播种、扦插繁殖。

【园林用途】枸骨枝繁叶茂，叶形奇特，经冬不凋，秋天果实艳丽，是叶、花、果实并美的观赏树种。可以用于假山、花坛、园路转角、门庭、路口配植或者作为绿篱。可以盆栽或者加工为树桩盆景。叶、果枝可以插瓶。

14. 卫矛科 Celastraceae

（1）大叶黄杨（图 7-264）

别名：正木、冬青卫矛

学名：*Euonymus japonicus* Thunb.

产地及分布：我国南北各地庭院普遍栽培，长江流域及其以南各地栽培尤多。黄河流域以南可露地栽培。

图 7-264　大叶黄杨
（引自张天麟，2010）

【形态特征】常绿灌木或小乔木，高达 8m，小枝绿色，稍有四棱。叶柄短，叶革质，有光泽，倒卵形或椭圆形，长 3～6cm，先端尖或钝，基部楔形，锯齿钝。聚伞花序，绿白色，4 基数。果扁球形，熟时 4 瓣裂，淡粉红色，假种皮橘红色。

【观赏期】6～7 月观赏花朵，10 月观赏成熟果实。全年观赏叶片。

【类型及品种】园林中常见栽培的有 4 个变种：

1）金边大叶黄杨 var. *aureo-marginatus* Nichols.，叶缘黄色。

2）银边大叶黄杨 var. *albo-marginatus* T. Moore.，叶缘白边。

3）金心大叶黄杨 var. *aureo-variegatus* Reg.，叶面具黄色斑纹，但不达边缘，黄心。

4）斑叶大叶黄杨 var. *viridi-variegatus* Rehd.，叶面有黄色或绿色斑纹。

【生态习性】阳性树种，也耐荫；喜温暖气候，较耐寒；喜生于肥沃疏松而湿润之地；对土壤要求不严，耐干旱瘠薄，不耐积水。抗各种有毒气体，耐烟尘。萌芽力极强，耐整形修剪。在陕西秦始皇兵马俑纪念馆和云南丽江古城都有造型的大叶黄杨。

【繁殖要点】扦插繁殖为主。也可播种、嫁接或压条繁殖。

【园林用途】枝叶茂密，四季常青，叶色亮绿，新叶青翠，十分悦目，是常用的观叶树种。主要用作绿篱或基础种植，也可修剪成球形等。配植在街头绿地、草坪、花坛等处，抗有毒气体及耐烟尘，是工厂、矿区绿化的优良树种。大叶黄杨也可以用来制作盆景，或者以大叶黄杨为砧木，嫁接金边小叶扶芳藤。

15. 黄杨科 Buxaceae

常绿灌木或小乔木。单叶，对生或互生，无托叶。花单性。整齐，萼片 4～12 或无，无瓣；雄蕊 4～6；子房上位，常 3 室，每室 1～2 胚。蒴果或核果，种子黑色，具胚乳。

6 属约 100 种，分布于温带和亚热带；中国产 3 属 40 余种。

（1）锦熟黄杨（图 7-265）

学名：*Buxus sempervirens* L.

产地及分布：原产南欧、北非及西亚一带。我国有栽培。

【形态特征】常绿灌木或小乔木，高达 6m。小枝密集，稍具柔毛，四方形，无明显翼。叶椭圆形或长卵形，中部或中下部最宽，先端钝或微凹，表面暗绿色，有光泽，背面黄绿色。蒴果三角鼎状，黄褐色。

图 7-265　锦熟黄杨
（引自张天麟，2010）

【观赏期】4 月观赏花朵，7 月观赏成熟果实。全年观赏叶片。

【生态习性】喜光，较耐荫，在强烈阳光下生长反而不良。喜温暖、湿润气候以及深厚、肥沃、排水良好的土壤，对土壤要求不严格，耐干旱、不耐水湿。生长缓慢，耐修剪。

【繁殖要点】扦插繁殖为主，也可以压条，分株。

移植的时候，需要在春季芽萌动之前，带土球移植，也可以在雨季带土球移植。夏季干旱严重的时候，叶片变暗应立即浇水。秋季需要整形修剪，可以避免新梢冬季受冻干枯，影响观赏效果。

【园林用途】锦熟黄杨枝叶茂盛，叶片浓绿，四季常青，观赏价值较高，常用作绿篱及花坛边缘的种植材料；或者种植于草坪、路边、点缀山石，也是盆栽、盆景和室内绿化的好材料。

（2）雀舌黄杨（图 7-266）

别名：细叶黄杨

学名：*Buxus bodinieri* Levl.

产地及分布：产于长江流域至华南、西南地区。

【形态特征】属常绿小灌木，高 4m。分枝多而密集。叶较狭长，倒披针形或倒卵状长椭圆形，先端钝圆或微凹革质，有光泽，两面中脉及侧脉均明显隆起，叶柄极短。蒴果卵

图 7-266　雀舌黄杨
（引自张天麟，2010）

圆形，顶端具 3 宿存的角状花柱，熟时成紫黄色。

【观赏期】4 月观赏花朵，7 月观赏成熟果实。全年观赏叶片。

【生态习性】喜光，耐半荫，喜温暖、湿润气候，在深厚、肥沃、排水良好的土壤上生长旺盛，有一定的耐寒性。浅根性，分蘖性强，生长缓慢。

【繁殖要点】扦插繁殖为主，也可以压条，分株和播种。移植在春秋两季，苗木需要带土球。

【园林用途】雀舌黄杨植株矮小，枝叶密集，生长慢，四季常青，观赏价值较高，常用作基础种植材料，园林绿化中常将其作为矮绿篱，花坛镶边材料或者组成图案，也可以点缀草地、山石以及盆栽观赏。

（3）黄杨（图 7-267）

别名：瓜子黄杨

学名：*Buxus sinica*（*Rehd. et Wils.*）*Cheng*

产地及分布：产于华东、华中至华北。

【形态特征】常绿灌木或小乔木，高达 7m。枝叶较疏散小枝及冬芽外鳞均有短毛。叶倒卵形、倒卵状椭圆形至卵形，长 2～3.5cm，先端圆或微凹基部楔形，叶柄及叶背中脉基有毛。花簇生叶腋或枝端。

图 7-267　黄杨
（引自张天麟，2010）

【观赏期】4 月观赏花朵，7 月观赏成熟果实。全年观赏叶片。

【生态习性】中性树种，喜半荫，畏强光。喜温暖湿润气候，耐寒性不强；在肥沃、排水良好的中性及微酸性土壤和庇荫环境生长枝繁叶茂，生长缓慢，耐修剪。对多种有毒性气体抗性强。

【繁殖要点】播种或扦插繁殖。

【园林用途】枝叶茂盛，叶片春季嫩绿，夏季常绿，冬季带褐色，经冬不落。在华北南部、长江流域及其以南地区广泛植于庭院观赏，宜在草坪、庭前孤植，丛植，或于路旁列植、点缀山石，常用作绿篱及基础种植材料；也是盆景的好材料。

16. 锦葵科 Malvaceae

图 7-268　扶桑
（引自张天麟，2010）

（1）扶桑（图 7-268）

别名：朱槿、大红花、朱槿牡丹

学名：*Hibiscus rosa-sinensis* L.

产地及分布：原产中国，分布于南方各省，广东、广西、福建、云南、台湾等地栽培极多。

【形态特征】常绿灌木，高达 3～9m；小枝疏被星状柔毛。叶阔卵形或狭卵形，先端渐尖，基部近圆形，边缘具粗齿或缺刻，两面无毛或背面沿脉上有疏毛，表面有光泽；托叶线形。花单生于上部叶腋，常下垂，花梗长 3～7cm；花萼钟形，有星状毛；花冠漏斗形，花冠通常鲜红色；雄蕊柱和花柱较长，伸出花冠外。

蒴果卵形，有短喙。

【观赏期】近全年观赏花朵，夏秋最盛。全年观赏叶片。

【类型及品种】园林中常见的栽培品种有：

1）红色重瓣朱槿 cv. *rubroplenus.*，花重瓣，红色。

2）桃红色重瓣朱槿 cv. *kermosiniplenus.*，花重瓣，桃红色。

3）黄色扶桑 cv. *toreador.*，花重瓣，黄色。

4）锦叶扶朱槿 cv. *cooperi.*，小枝赤红色，叶长卵形或卷曲缺裂，叶片有白、红、淡红、黄、淡绿等不规则斑纹，花红色，单瓣。

【生态习性】阳性树种，喜温暖气候；喜肥沃而湿润的土壤，不耐寒。萌芽力强，耐修剪，易整形。茎杆纤柔，易于盘扎。

【繁殖要点】以扦插繁殖为主。

【园林用途】朱槿花量大、花大色艳，四时开花不厌，形态、色彩丰富，可孤植、丛植也可用作花篱、绿篱；南方园林绿地、道路两旁、水滨等绿化应用广泛。北方多盆栽，温室越冬。在台州地区需要保护地越冬。

（2）悬铃花（图7-269）

学名：*Malvaviscus arboreus* Cav. var. *penduliflorus* Schery

产地及分布：原产美洲热带，现广布世界各地区。我国南部广泛栽植。在台州地区的冬季暖和的地块能够露地安全越冬。

【形态特征】常绿灌木，高达1～3m，小枝被长柔毛。叶卵形至卵状披针形，边缘具钝齿，有时浅裂，两面无毛或脉上具星状疏毛；主脉3。托叶线形，早落。花单生于上部叶腋，下垂，花萼钟状，裂片6，副萼基部合生，边缘有长硬毛；花冠漏斗形，红色，下垂，仅上部略微展开。

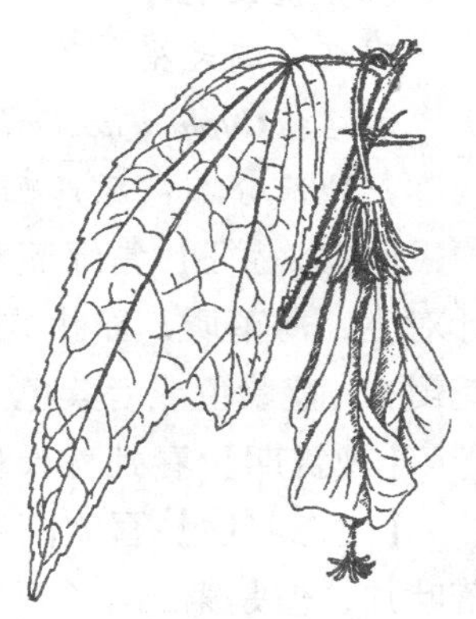

图7-269　悬铃花

（引自张天麟，2010）

【观赏期】全年观赏花朵。全年观赏叶片。

【类型及品种】栽培变种有：粉花悬铃花‘Pink’花粉红色。

【生态习性】阳性树种，耐半荫，喜高温湿润气候，不甚耐寒。对土质要求不严，适应性强，耐干旱，抗大气污染。耐修剪。

【繁殖要点】扦插繁殖。

【园林用途】花期长，花量大，花色红艳悬垂，似倒挂的红铃铛，十分美丽。适宜丛植、带植或片植于草坪边缘或疏林带下。

17. 瑞香科 Thymelaeaceae

图7-270　瑞香

（引自张天麟，2010）

（1）瑞香（图7-270）

学名：*Daphne odora* Thumb.

产地及分布：原产于长江流域以南各省区，现在日本亦有分布。

【形态特征】常绿灌木，高1.5～2m。枝细长，光滑无毛。单叶互生，长椭圆形，长5～8cm，全缘，先端钝或短尖，基部狭楔形，深绿、质厚，有光泽。花簇生于枝顶端，头状花序有总梗，花被筒状，上端四裂，白色或染淡红紫色，花径1.5cm，具浓香。

核果肉质，圆球形。

【观赏期】芳香树种，3～4 月观赏花朵。全年观赏叶片。

【类型及品种】常见栽培变种和品种的还有：

1）金边瑞香 var. *marginata* Thunb.，叶缘金黄色，花蕾红色，开后白色，香味浓郁。

2）毛瑞香 var. *atrocaulis* Rehd.，枝深紫色，花白色，花被外侧密被灰黄色绢状柔毛。

3）蔷薇红瑞香 cv. *rosacea*.，花被裂片内面白色，背面略带粉红色。

【生态习性】半荫树种，喜温暖湿润气候，忌日光暴晒，耐寒性差。北方盆栽，冬季需在室内越冬。喜排水良好的酸性土壤。

【繁殖要点】以扦插为主，也可压条，嫁接或播种繁殖。

【园林用途】早春开花，芳香而且常绿。最适合配置于建筑物、假山及岩石的阴面，林地、树丛的前缘。为著名传统芳香花木，多用于盆栽观赏。

18. 千屈菜科 Lythraceae

（1）萼距花

别名：满天星

学名：*Cuphea hookeriana H. B. K*

产地及分布：原产巴西、墨西哥等地。

【形态特征】常绿灌木。高 16～60cm。小枝纤细，幼枝被短硬毛，后变无毛而稍粗糙。叶对生，薄革质，卵状披针形或者披针状矩圆形。花细小，单生于枝顶或者分枝的叶腋上；花瓣 6，蓝紫色或者紫色。

【观赏期】春到秋天观赏花朵。

【生态习性】喜欢高温，不耐寒，在 5℃以下会受到冻害。在台州地区，露天栽种会掉落叶片，但是第二年会重新长出新叶。喜欢阳光充足，稍耐荫。耐贫瘠土壤。

【繁殖要点】多用扦插繁殖。

【园林用途】萼距花植株低矮，长势繁茂，生性强健，是空旷地的良好的铺地材料。小花色彩鲜艳亮丽，星星点点地布于明快的绿色中，观赏价值较高。还适宜作为花坛、花境材料。

19. 五加科 Araliaceae

乔木、灌木或藤本。枝髓较粗大，常有皮刺。单叶、掌状或羽状复叶，互生、对生或轮生，托叶与叶柄基部常合生成鞘状。花整齐，两性，有时单性或杂性，成伞形、头状或穗状花序，再组成各式花序；萼小，花瓣 5～10，分离，雄蕊与花瓣同数或更多，生于花盘外缘，子房下位，1～15 室，每室胚珠 1。浆果或核果，形小，种子扁形。

约 60 属，1200 余种，广布于热带至温带地区。我国 23 属，1175 余种。

（1）八角金盘（图 7-271）

学名：*Fatsia japonica*（Thunb.）Decne. Et Planch.

产地及分布：原产我国台湾和日本，我国南方地区栽培较普遍。

【形态特征】常绿灌木，常丛生，高达 5m。髓心白而较大。叶掌状 7～9 深裂，基部心形或截形，裂片长椭圆形，先端渐尖，边缘有粗锯齿，幼时下面及叶柄被褐色茸毛，后脱

落；侧脉两面隆起；叶柄长 10～30cm。花黄白色，萼近全缘，无毛；花瓣卵状三角形，花丝与花瓣等长；子房 5 室。

【观赏期】10～11 月观赏花朵，翌年 4 月观赏成熟的紫黑色的果实。全年观赏叶片。

【类型及品种】园林常见变型种类有：

1）白边八角金盘 f. *alba-marginata.*，叶缘白色。

2）黄斑八角金盘 f. *aureo-variegata.*，叶面有黄色斑点。

【生态习性】喜温暖、阴湿、通风环境，不耐干旱，畏酷热和强光，有一定的耐寒性，在肥沃、排水良好的微酸性土中生长旺盛，中性土也能适应。有一定的萌蘖力。对二氧化硫抗性强。

图 7-271　八角金盘
（引自吴玉华，2008）

【繁殖要点】扦插繁殖为主，也可播种繁殖。

【园林用途】八角金盘叶大青翠，状似金盘，耐荫性强，是优良的观叶下木，日本人称之为“庭阴树下木之王”。广泛用于立交桥下面的绿地。可群植于林缘、林下或建筑物的北侧；具有抗污染的能力，是工业绿化、“四旁”绿化的重要树种。也可盆栽，供室内绿化及场景布置。

20. 山茱萸科 Cornaceae

（1）东瀛珊瑚

别名：桃叶珊瑚、青木

学名：*Aucuba japonica Thunb*

产地及分布：原产于我国台湾以及日本。

【形态特征】常绿灌木。树高 5m，小枝粗壮，无毛。叶片薄革质，缘疏生粗齿，两面油绿有光泽。花序密生刚毛，花小，紫红色或者暗紫色，果鲜红色。

【观赏期】3～4 月观赏花朵，11～2 月观赏成熟果实。全年观赏叶片。

【类型及品种】园林常见变型种类有：

1）洒金东瀛珊瑚 var. *variegata*（Domb）Rehd.，叶面散生大小不等的黄色或者淡黄色斑点。

2）齿叶东瀛珊瑚 var. *dentata.*，叶小，边缘具粗锯齿。

3）大叶东瀛珊瑚 var. *limbata.*，叶大，黄色，边缘具粗锯齿。

4）姬青木 var. *borealis.*，株形矮小，株高仅 0.3～1.0m。耐寒性强。

【生态习性】原产我国台湾以及日本。长江流域以南可以露地栽培。喜欢温暖气候，耐荫，夏季怕日灼，不耐寒，在台州地区能够安全露地越冬。不耐干旱，喜欢湿润、排水良好、肥沃的土壤，生长势旺盛，耐修剪，病虫害少。对烟害和大气污染抗性强。

【繁殖要点】扦插繁殖，也可以播种。夏天特别怕晒，太阳直晒会导致叶片焦枯变黑。

【园林用途】枝繁叶茂，经冬不凋，是珍贵的耐荫观叶灌木，常培植于林缘树下，丛植庭院一角，假山石背阴面或者点缀庭院阴湿处。可以作为绿篱，也可以盆栽布置厅堂、会场等用，叶片可以用于切花。

21. 杜鹃花科 Ericaceae

图 7-272 杜鹃
（引自张天麟，2010）

（1）杜鹃（图 7-272）

别名：映山红

学名：*Rhododendron simsii* Planch.

产地及分布：北起河南、山东，南至珠江流域，东及福建、台湾，西达四川、云南、贵州。

【形态特征】半常绿或落叶灌木，高达 2 ~ 3m。分枝多，枝细而直，枝叶及花梗均密被黄褐色粗状毛。叶长椭圆状卵形、倒卵形或倒卵形至披针形，叶被毛较密。花深红色有紫斑，2 ~ 6 朵簇生于枝端。

【观赏期】4 ~ 5 月观赏花朵。

【类型及品种】变种和园艺品种多，园林中常见栽培变种有：

1）紫斑杜鹃 var. *mesembrinum* Hort.，花较小，白色，有紫色斑点。

2）彩纹杜鹃 var. *vittatum* Wils.，花有白色或紫色条纹。

【生态习性】中性树种，喜半荫，忌烈日暴晒，喜凉爽湿润气候，忌干燥，有一定耐寒性，喜土质疏松肥沃酸性土壤，为中南或西南地区典型的酸性土指示植物。对 SO_2、NO_2、N0 的抗性强。

【繁殖要点】扦插繁殖为主。

【园林用途】杜鹃花为我国传统十大名花之一。在绿化中常作基础种植，布置于花坛和花境中，也可修剪成花篱。还常配植在疏林下，或傍依假山、石缝之间构成图景。也可盆栽观赏。

（2）白花杜鹃（图 7-273）

别名：白杜鹃花、毛白杜鹃、白杜鹃

学名：*Rhododendron mucronatum* G. Don.

产地及分布：产湖北，江苏、浙江、福建、广东、四川常见栽培，日本栽培也盛。

【形态特征】半常绿灌木，高达 1 ~ 2m。分枝多，幼枝、叶柄及花梗均密被平贴柔毛，杂有腺毛和糙状毛。叶片革质，披针形或者卵状披针形，长 4 ~ 5cm，宽 1.5 ~ 2cm。花冠漏斗状，白色。

【观赏期】2 ~ 3 月观赏白色花朵。

【生态习性】耐热，不耐寒，对土壤适应性强，康有害气体能力强，要求阳光充足。

图 7-273 白花杜鹃
（引自张天麟，2010）

【繁殖要点】扦插繁殖为主。

【园林用途】杭州园林中大片露地栽种，在绿化中常作基础种植，布置于花坛和花境中，也可修剪成花篱。还常配植在疏林下，或傍依假山、石缝之间构成图景。也可盆栽观赏。

(3) 马银花(图7-274)

图7-274 马银花
(引自张天麟,2010)

学名:*Rhododendron ovatum*(Lindl) Planch.

产地及分布:分布我国江苏、浙江、安徽、江西、湖南、湖北、广东、广西、四川、贵州等省区。在台州山区有野生分布。

【形态特征】常绿灌木,高2~4m。枝叶光滑无毛。叶革质,卵形,端急尖或钝,有明显的凸头,基部圆形。花单生枝顶叶腋,花冠宽漏斗状,花浅紫色,有粉红色斑点,深裂近基部;花梗有短柄腺体和白粉;萼筒外面有白粉和腺体;雄蕊5;子房有短硬毛。蒴果宽卵形。

【观赏期】4~5月观赏花朵。

【生态习性】喜温暖湿润气候,常生于疏林下或背阴山麓富含腐殖质的酸性土上,根系发达,萌芽力强。

【繁殖要点】扦插繁殖为主。

【园林用途】枝叶稠密,耐修剪。可以作为庭院绿化材料。

22. 木犀科 Qleaceae

(1) 茉莉(图7-275)

图7-275 茉莉
(引自张天麟,2010)

别名:茉莉花

学名:*Jasminum sambac*(L.) Aiton

产地及分布:我国多在两广、福建及长江流域江苏、湖南、湖北、四川栽培。原产印度。

【形态特征】常绿灌木,高0.5~3m;小枝纤细,有棱角,嫩枝具柔毛,单叶对生,叶椭圆形或宽卵形,长3~8cm,端急尖或钝圆,基圆形,全缘。仅背面脉腋有簇毛。聚伞花序,通常花有3朵,有时多朵;花萼裂片8~9,线形;花冠白色,浓香,常见栽培有重瓣类型。花后常不结实。

【观赏期】芳香树种,5~11月观赏花朵,以7~8月开花最盛。全年观赏叶片。

【生态习性】阳性树种,稍耐荫;喜温暖气候,不耐寒,夏季高温潮湿,光照强,则开花最多、最香,不耐干旱,但也怕渍涝;喜肥,以肥沃、疏松的砂壤及壤土为宜,pH5.5~7.0。

【繁殖要点】扦插繁殖为主,也可以在水中扦插。也可压条或分株繁殖。晒不死的茉莉,在生长期一定要多晒阳光。每次花后要对枝条重截,再施一些肥料。

【园林用途】枝叶繁茂,叶色如翡翠,花色洁白,花朵似玉铃,花多且开放期长,香气清雅而持久,浓郁而不浊,可谓花树中之珍品。华南、西双版纳露地栽培,可作树丛、树群之下木,也有作花篱植于路旁,效果极好。长江流域及以北地区多盆栽观赏。花朵常作襟花佩带,也作花篮、花环装饰用。花清香四溢,能够提取茉莉油,是制造香精的原料,茉莉油的身价很高,相当于黄金的价格。茉莉花、叶、根均可入药。茉莉是印度尼西亚、菲律宾、巴基斯坦的国花。在赠送的时候,不宜把茉莉赠送给经商的朋友,因为茉莉的谐音为“没利”。

图 7-276　云南黄馨
（引自张天麟，2010）

（2）云南黄馨（图 7-276）

别名：野迎春

学名：*Jasminum mesnyi* Hance

产地及分布：原产云南，南方庭园中颇常见。

【形态特征】半常绿灌木，高达 5m。枝细长拱形，小枝无毛。三出复叶，对生，叶近革质，无毛。叶缘反卷，具有睫毛，侧脉不明显。花叶同时开放，花朵单生叶腋，苞片叶状。花萼裂片 5 ~ 8；花冠黄色；直径 2 ~ 4. 5cm。通常不结果。

【观赏期】花期 3 ~ 4 月，能延续数月之久，全年观赏叶片。

【生态习性】阳性树种，稍耐荫；较耐寒，喜湿润，也耐干旱，怕涝；对土壤要求不严，耐碱除洼地外均可栽植。根部萌发力强，枝端着地部分也极易生根，耐修剪。

【繁殖要点】扦插繁殖为主，也可压条或分株繁殖。

【园林用途】云南黄馨枝条长而柔弱，下垂或攀援，春季碧叶黄花，给人以灿烂夺目之感，让人们感悟到春天已降临，是春天的信使。云南黄馨种植于碧水萦回的柳树池畔，增添波光倒影，为山水生色；或栽植于路旁、山坡及窗下墙边；或作花篱密植；或作开花地被、或植于岩石园内、台阶边缘栽植观赏效果极好。适用于宾馆、大厦顶棚布置，也可盆栽观赏。

如果搭配迎春和探春。迎春的花期早于云南黄馨，探春的花期晚于云南黄馨。可以使黄色花朵从 2 月一直延续到 5 月。

23. 夹竹桃科 Apocynaceae

多数为攀援或直立灌木，少数为多年生草本或乔木，有乳汁。单叶多对生，轮生，稀互生，全缘。花两性，花基数 5，萼片双盖覆瓦状排列，内常有腺体；花冠管状，裂片扭转卷叠式；雄蕊 5 枚，花丝常分离，稀连生，生于花冠管上，花药与柱头分离或粘生，花粉一般为单花粉，稀四合花粉；具有花盘，花盘环状或分裂。子房上位或半下位，雌蕊由 2 心皮组成，顶部常 2 裂；胚珠 1 至多枚。浆果、核果、蓇葖果，稀蒴果；种子常有毛，或具翅，或具点状突起。

250 属 2000 余种。我国产 46 属 176 种 33 变种，主要分布于长江以南各省区及台湾省等沿海岛屿，少数分布于北部及西北部。

（1）黄婵（图 7-277）

学名：*Allemanda nerilfolia* Hook.

产地及分布：原产巴西，我国华南各省及台湾常见栽培，长江以北多行盆栽。

【形态特征】常绿直立灌木，高 1 ~ 2m，具乳汁。枝灰白色，轮生。叶 3 ~ 5 枚轮生，长椭圆形或倒卵状长圆形，叶面深绿色，叶背浅绿色，全缘，叶脉在叶面平，在叶背凸起，侧脉 7 ~ 12 对，未达边缘即行网结；叶柄极短，基部及腋间有腺体。聚伞花序顶生；花冠橙黄色，漏斗状，内面具红褐色条纹，花冠下部圆筒状，

图 7-277　黄婵
（引自楼炉焕，2000）

不超过2cm，花冠裂片常向左覆盖。蒴果球形，外果皮具长刺。

【观赏期】5～8月观赏花朵，10～12月观赏成熟果实。全年观赏叶片。

【生态习性】阳性树种，要求温暖湿润的气候，不耐寒，不耐干旱。适生于肥沃、排水良好的砂质壤土中。

【繁殖要点】嫩枝扦插繁殖。

【园林用途】黄蝉花繁叶茂，金黄的花耀眼灿烂，花期期长，在南方几乎全年开花，可孤植、丛植或作绿篱栽于草坪、庭院作庭园、花坛或花境中，在北方盆栽。植株乳汁、树皮和种子有毒，人畜食后引起腹痛、腹泻。

（2）夹竹桃（图7-278）

学名：*Nerium indicum* Mill.

产地及分布：我国各地均有栽培。原产伊朗、印度及尼泊尔，现广植于热带、亚热带地区。

【形态特征】常绿大灌木，高约5m，具白色乳汁。三叉状分枝，老枝灰褐色，小枝绿色或紫色。叶3～4枚轮生，枝条下部对生，狭披针形，全缘；伞房状聚伞花序顶生，花冠漏斗形，深红、粉红或白色，单瓣5裂片，重瓣15～18裂片。

【观赏期】5～10月观赏花朵。全年观赏叶片。

图7-278　夹竹桃
（引自张天麟，2010）

【类型及品种】园林中尚有白花夹竹桃 cv. *paihau*、重瓣夹竹桃 cv. *plena*、金边夹竹桃 cv. *variegatum* 等品种。

【生态习性】阳性树种，稍耐荫，要求温暖湿润气候，不耐寒，忌水涝。适应性强，耐干旱瘠薄，对土壤要求不严，但在排水良好，肥沃的中性土壤中生长最佳。抗烟尘、毒气，病虫少。

【繁殖要点】扦插繁殖为主，也可压条或分株。

【园林用途】叶形似竹，四季常青，花繁叶茂，姿态优美，花期较长，是园林中重要的花灌木。可列植、片植、丛植于路旁、草坪、墙隅、池畔、建筑物四周或掺杂树丛、花间均甚相宜，也是极好的背景树种，也可用作荒坡、荒地及路旁护坡绿化。也有修剪成单干的树形。盆栽用于布置会场或供建筑物前摆放。全株有毒。

图7-279　蔓长春花
（引自张天麟，2010）

（3）蔓长春花（图7-279）

学名：*Vinca major* L.

产地及分布：地中海沿岸、印度、美洲热带地区。我国各地均有栽培。

【形态特征】常绿蔓性灌木。丛生，茎枝纤细，营养枝偃卧地面，伸长呈蔓性，开花枝直立，高30～40cm。叶片对生，卵形或者椭圆形，全缘，革质。叶色浓绿。花朵单生于开花枝叶腋内，花冠高脚碟状，5裂，花蓝色。

【观赏期】4～5月观赏花朵。全年观赏叶片。

【类型及品种】花叶蔓长春花 *Vinca major* L. ‘Variegata’，为蔓长春花的栽培品种，叶色有黄白色斑纹。

【生态习性】喜欢温暖气候，也较为耐寒，在台州地区能够露地安全越冬。冬季气温低于 -10℃ 的时候，叶尖会受冻枯焦。喜光并有一定的耐荫性。有一定的耐涝性，但是忌湿涝，喜欢排水良好的土壤。抗逆性总体较强，生长迅速，萌发力强，耐修剪。

【繁殖要点】主要采用扦插、分株等方式繁殖。

【园林用途】蔓长春花可以作为地被植物。可以成片栽种于林缘、林下或者坡地上。或者配植于假山石、卵石或者用于垂直绿化上。其蔓茎生长速度快、垂挂效果好，可以配置于楼梯边、栏杆上或者盆栽观赏。

24. 茜草科 Rubiaceae

乔木、灌木、草本或藤本。单叶对生或轮生，常全缘，稀锯齿；托叶位于叶柄间或叶柄内，宿存或脱落。花两性，稀单性，常辐射对称。单生或成各式花序，多聚伞花序。萼管与子房合生，全缘或有齿裂，有时其中 1 裂片扩大而成叶状，花冠筒状或漏斗状，4～6 裂。雄蕊与花冠裂片同数，互生，着生于花冠筒上。子房下位，1 至多室，常 2 室，每室胚珠 1 至多数。果为蒴果、浆果或核果。

本科共 500 属 6000 种，主产热带、亚热带。我国产 71 属 477 种，大部分产于西南部至东南部。

图 7-280　栀子
（引自张天麟，2010）

（1）栀子（图 7-280）

别名：黄栀子、白蟾花、黄枝、山栀

学名：*Gardenia jasminoides* Ellis

产地及分布：原产长江流域，我国中部及中南部均有分布。

【形态特征】常绿灌木，高 1～3m。小枝绿色，有垢状毛。叶对生或 3 叶轮生，叶长椭圆形，长 6～12cm，端渐尖，基部宽楔形，全缘，无毛，革质而有光泽。花单生于枝端或叶腋，花萼 5～7 裂，裂片线形。花冠高脚碟状，先端常 6 裂，白色，浓香。花丝短，花药线形。果卵形，黄色，具 6 纵棱，有宿存裂片。

【观赏期】芳香树种，5～8 月观赏花朵，以 6 月份开花最为茂盛。

【类型及品种】常见的变种、栽培变种有：

1）玉荷花（白蟾、重瓣栀子）'Fortuneana'，花大而重瓣，径达 7～8cm。

2）大花栀子 'Grandiflora'，花较大，径达 4～5（7）cm，单瓣；叶也较大。

3）雀舌栀子（水栀子）var. *radicans* Mak.，植株矮小，枝常平展匐地；叶较小，到披针形，长 4～8cm；花也小，重瓣。宜作地被植物材料，也可盆栽观赏。

4）单瓣雀舌栀子 var. *radicans* f. *simpliciliora* Mak.，叶有乳白色，其余特征同雀舌栀子。

【生态习性】阳性树种，也能耐荫，在庇荫条件下叶色浓绿，但开花稍差。喜温暖、湿润气候，耐热也稍耐寒。喜肥沃、排水良好、酸性的轻黏壤土，也耐干旱瘠薄，但植株易衰老。抗二氧化硫能力强。萌蘖力、萌芽力均强，耐修剪。

【繁殖要点】扦插、压条繁殖。栀子病虫害很少，仅生理病害“缺绿症”。要及时补充

微量铁元素，注意土壤要保持酸性。在碱性土壤上栽培的时候，要使用矾肥水。

【园林用途】花大洁白，芳香浓郁，人们常将栀子花挂于蚊帐内，带着芳香入眠。也常用来作为胸花佩带。枝叶可以用作切叶。栀子花四季常绿，在台州能够露天越冬。又有一定耐荫和抗有毒气体能力，是良好的绿化、美化、香化材料，成片丛植或列植作花篱均极适宜，作阳台绿化、盆花、切花或盆景都十分相宜，也可用于街道和工矿区绿化。水培、土栽都能正常开花。

（2）希茉莉（图 7-281）

别名：醉娇花、希美丽、希美莉

学名：*Hamelia patins*

产地及分布：原产美国佛罗里达州，西印度群岛，南至玻利维亚和巴拉圭，我国有栽培。

【形态特征】多年生常绿灌木。全株具白色乳汁。植株高 2～3m，分枝能力强，树冠广圆形；茎粗壮，红色至黑褐色。叶四枚轮生，长披针形，长 15～17cm，宽 5～6cm，纸质，腹面深绿色，背面灰绿色，叶面较粗糙，全缘；幼枝、幼叶及花梗被短柔毛，淡紫红色。聚伞圆锥花序，顶生，管状花长 2.5cm，橘红色。春末至秋开花。

图 7-281　希茉莉

（引自张天麟，2010）

【观赏期】5～10 月观赏花朵。全年观赏叶片。

【生态习性】喜高温、高湿、阳光充足的气候条件，喜土层深厚、肥沃的酸性土壤，耐荫蔽，耐干旱，忌瘠薄，畏寒冷，生长适温为 18～30℃。

【繁殖要点】播种或扦插繁殖。

【园林用途】希茉莉成形快，树冠优美，花、叶俱佳，是近年来在南方园林绿化中广受欢迎的植物，主要用于园林配植；亦可盆栽观赏。

（3）龙船花（图 7-282）

学名：*Ixora chinensis* Lam.

产地及分布：原产热带非洲。我国华南有野生。

【形态特征】常绿灌木，高 0.5～2m。叶对生，薄革质，椭圆状披针形或倒卵状椭圆形，长 6～13cm，端钝或钝尖，基部楔形或浑圆，全缘，叶柄极短。顶生伞房状聚伞花序，花序分枝红色。花冠高脚蝶状，红色或橙红色。筒细长，裂片 4，先端浑圆。浆果近球形，成熟时黑红色。几乎全年开花。

【观赏期】几乎全年观赏花朵。全年观赏叶片。

【生态习性】阳性树种，耐半荫；喜温暖高温环境，不耐寒，在台州地区需要保护地越冬。要求肥沃、疏松、富含腐殖质的酸性土壤。

图 7-282　龙船花

（引自张天麟，2010）

【繁殖要点】扦插繁殖。

【园林用途】株形美观，开花密集丰盛，花色丰富，有红、橙、黄、白、双色等。花期亦长。在南方露地栽植，丛植、片植于草坪、疏林下或庭院、风景区、宾馆等处，景观效果极佳。盆栽特别适合于窗台、阳台和客室摆设。

图7-283　六月雪
（引自张天麟，2010）

（4）六月雪（图7-283）

别名：白马骨、满天星

学名：*Serissa foetida Comm.*

产地及分布：产我国南部和中部各省区。

【形态特征】常绿或半常绿矮小灌木，高不及1m，丛生，分枝繁多，嫩枝有微毛。单叶对生或簇生于短枝，长椭圆形，长7～15mm，端有小突尖，基部渐狭，全缘，两面叶脉、叶缘及叶柄上均有白色毛。花单生或数多簇生。花冠白色或淡粉紫色。核果小，球形。

【观赏期】5～6月观赏花朵，在温室中，也可以在年宵期间开花。全年观赏叶片。

【类型及品种】栽培变种有：

1）金边六月雪‘Aureo-marginata’，叶缘黄色或淡黄色。

2）斑叶六月雪‘Variegata’，叶面及叶缘有白色或黄白色斑纹。

3）重瓣六月雪‘Pleniflora’，花重瓣，白色。

4）粉花六月雪、‘Rubescens’，花粉红色，单瓣。

5）荫木‘Crassiramea’，小枝上伸，叶细小而密生小枝上；花单瓣。

6）重瓣荫木‘Crassiramea Plena’，枝叶如荫木，花重瓣。

【生态习性】弱阳性树种，喜温暖湿润气候，对土壤要求不严，喜肥。萌芽力、萌蘖力均强，耐修剪。

【繁殖要点】扦插或分株繁殖。注意花期有蚜虫危害。在台州地区可以选择在9月扦插，容易成活。

【园林用途】树形纤巧，枝叶扶疏，夏日盛花，宛如白雪满树，玲珑清雅。宜作花坛边界、庭园路边、步道两侧作花镜或林下配植极为别致，交错栽植在山石、岩际也极适宜。可以作为绿篱栽种。是制作盆景的上好材料。

25. 马鞭草科 Verbenaceae

（1）美丽赪桐

学名：*Clerodendrum speciosissimum* Vang.

产地及分布：我国南方有栽培，海南有野生。原产亚洲热带。

【形态特征】常绿蔓性灌木，有时呈藤本状，高达2～3m；枝四棱形。叶对生，卵圆状心形，长达30cm，全缘或有齿，密生毛。大型圆锥花序顶生或腋生；花鲜红色，花冠筒细，高脚碟状，雄蕊细长，突出花冠外。

【观赏期】自夏至秋观赏花朵。全年观赏叶片。

【生态习性】阳性树种，也较耐荫。喜高温湿润气候，不耐寒、不耐旱宜，喜疏松肥沃、排水良好的微酸性砂质壤土。

【繁殖要点】扦插繁殖。

【园林用途】分枝多，枝条下垂，花繁而色艳，十分美丽，观赏价值极高，宜作花架、

花廊、墙垣等垂直绿化。

（2）假连翘（图7-284）

学名：*Duranta repens* L.

产地及分布：原产于中南美洲热带，从西印度群岛、墨西哥至巴西，世界各热带地区多有引种。我国华南地区广有栽培。

图7-284 假连翘

（引自张天麟，2010）

【形态特征】常绿灌木，高约1～3m。枝细长，下垂或平展。有枝刺。叶对生，有时轮生，卵状椭圆形或卵状披针形，长2～6.5cm，宽1.5～3.5cm，纸质，先端短尖或钝，基部楔形，全缘或中部以上有锯齿，被有柔毛。总状花序顶生或腋生，常排成圆锥状；花萼管状，5裂，具5棱；花冠通常蓝紫色，稍不整齐的5裂，裂片平展；雄蕊4枚，与花柱均内藏。核果近球形，有光泽，径约5mm，熟时红黄色，包于增大的宿萼内。

【观赏期】5～10月观赏花朵、果实。全年观赏叶片。

【类型及品种】华南园林中特别是两广常见的有黄叶假连翘 cv. *goldenleaves*、花叶假连翘 cv. *variegata* 和白花假连翘 cv. *alba* 等几个园艺品种，常作绿篱、或片植作色块种植。其花、叶果均可做药用。

【生态习性】阳性树种，稍耐荫；要求温暖潮湿环境，疏松、排水良好的肥沃土壤。不耐寒，越冬温度不低于5℃，温度适宜可连续不断开花，寒冷地区宜作温室栽培。性极强健，萌蘖力强，耐修剪。

【繁殖要点】扦插或播种繁殖。

【园林用途】枝条细长，与花序均下垂，婆娑可爱，花色美丽，花期极长，几可全年开花，总状果序，悬挂梢头，橘红色或金黄色，光亮如串串金珠，经久不脱落，极为艳丽，是极好的绿篱、花镜及坡地绿化或观果植物。适于公园或庭园带状、片植。也可盆栽观赏。

26. 茄科 Solanaceae

（1）二色茉莉（图7-285）

别名：鸳鸯茉莉

学名：*Brunfelsia latifolia* Benth.

产地及分布：华南地区园林露地栽培，原产于美洲热带地区。在长江流域及其以北盆植。

图7-285 二色茉莉

（引自楼炉焕，2000）

【形态特征】常绿灌木。植株高70～150cm，多分枝，茎深褐色，周皮纵裂。叶互生，长披针形，长5～7cm，宽1.7～2.5cm，纸质，腹面绿色，背面黄绿色，叶缘略波皱。花单生或2～3朵簇生于叶腋，高脚碟状花，花冠五裂，初开为蓝紫色，渐变为雪青色，最后变为白色，在同株上能同时见到蓝紫色和白色的花，芳香。

【观赏期】4～10月观赏花朵。全年观赏叶片。

【生态习性】弱阳性树种，耐半荫；喜温暖湿润气候，不耐寒，不耐涝；喜疏松肥沃、排水良好的微酸性土壤。

【繁殖要点】主要用扦插、压条和播种繁殖。

【园林用途】分枝多，一树双色花，且芳香，适用于楼宇、庭院、公园等地点缀或作花篱，亦可盆栽观赏。

图 7-286 夜香树
（引自张天麟，2010）

（2）夜香树（图 7-286）

别名：木本夜来香、夜丁香、洋素馨

学名：*Cestrum nocturnum* Linn.

产地及分布：原产美洲热带。我国福建、广东、广西和云南普遍栽培。

【形态特征】常绿灌木，高达 2～3m，枝长而拱垂。单叶互生，卵状长椭圆形至披针形，纸质，全缘。伞房状聚伞花序腋生或顶生，花黄绿色，花冠筒细长，长约 2cm，端 5 齿裂，浆果白色。

【观赏期】7～10 月观赏花朵。全年观赏叶片。

【生态习性】阳性树种，喜温暖湿润气候，不耐寒，要求疏松、肥沃、湿润的土壤。适应性强。

【繁殖要点】扦插或分株繁殖。

【园林用途】夜香树枝条细密，夜晚极香，可说花香形美，是良好的芳香观赏花木。叶入药。

27. 忍冬科 Caprifoliaceae

（1）珊瑚树（图 7-287）

别名：日本珊瑚树、法国冬青

学 名：*Viburnum odoratissimum* Ker-Gawl. var. *awabuki* (K. Koch) Zabel ex Rumpl.

产地及分布：产浙江和台湾，长江流域以南广泛栽培，黄河以南也有栽培。

【形态特征】常绿灌木或小乔木，高可以达到 10m。枝干挺直，树皮灰褐色而平滑。叶长椭圆形至披针形，先端钝尖，基部宽楔形，全缘或者上部有不规则浅波状钝齿，革质，上面暗红色，背面淡绿色。圆锥状聚伞花序，顶生；花小，白色，钟状，有芳香。果实椭圆形，红色，似珊瑚，经久不变，成熟后转为黑色。

图 7-287 珊瑚树
（引自张天麟，2010）

【观赏期】5～6 月观花，10 月观赏成熟果实。全年观赏叶片。

【生态习性】喜欢光照，稍耐荫。不耐寒，在台州地区能够露天安全越冬。耐烟尘，对氯气、二氧化硫抗性较强。根系发达，萌芽力强，耐修剪，容易整形。

【繁殖要点】以扦插为主，也可以播种繁殖。

【园林用途】枝叶繁茂紧凑，树叶终年碧绿而有光泽，秋季红果累累盈于枝头，状若珊瑚，极为美丽，是良好的观叶、观果树种。在庭院中可以作为绿墙、绿门、绿廊、高篱或者丛植装饰墙角，特别作为高篱更加优于其他种，也可以修剪成各种几何图形。如几棵合

栽成圆柱状的大绿球。在江苏农林职业技术学院校园内，可以看到直径2.5m，高度3.3m的大型圆柱状珊瑚树。珊瑚树和大叶黄杨、大叶罗汉松，同为海岸三大绿篱树种。对多种有害气体有较强的抗性，又能抗烟尘、隔音，可以用于厂矿以及街道绿化。又因为枝叶茂密，含水量多，可以成行栽植作为防火树种。

28. 紫葳科 Bignoniaceae

（1）硬骨凌霄（图7-288）

学名：*Tecomaria capensis*（Thunb.）Spach.

产地及分布：原产南非。我国长江以南有栽培。

【形态特征】常绿半攀援状灌木，枝绿褐色，常有小瘤状突起；叶对生，奇数羽状复叶，小叶7～9枚，卵形至阔椭圆形，有锯齿；总状花序，花冠漏斗状，橙红色，有深红色纵纹，雄蕊和花柱明显突出花冠外；蒴果线形，压扁。

【观赏期】6～10月观花。全年观赏叶片。

【生态习性】阳性树种，喜温暖、湿润环境；不耐寒，切忌积水；对土壤选择不严，喜排水良好的砂壤土；萌发力强。

【繁殖要点】扦插和压条繁殖。

图7-288 硬骨凌霄
（引自张天麟，2010）

【园林用途】硬骨凌霄枝干细长，叶翠绿茂盛，花期长，花色艳丽，可作花灌或绿篱木植于庭院、草坪绿地；也可用于棚架、墙垣、花廊、拱门垂直绿化，北方可盆栽观赏。在台州地区，冬季的叶片会轻微受冻。

29. 爵床科 Acanthaceae

草本或藤本，很少灌木或小乔木。单叶对生，稀互生，表面有时有钟乳体。花两性，常两侧对称，单生或成簇腋生，或成顶生或腋生的总状、穗状或头状花序；苞片通常大，有时有鲜艳色彩；小苞片2或退化；花萼4～5裂；花冠合瓣，裂片2唇形或为不相等的5裂，雄蕊4或2，着生花冠筒内火喉部；子房上位。蒴果，室背开裂。

本科约250属2500种以上，主产于热带和亚热带地区；我国约50属400种，主产于长江以南各地。

（1）虾衣花（图7-289）

图7-289 虾衣花
（引自张天麟，2010）

别名：虾夷花、虾衣草、麒麟吐珠、狐尾木

学名：*Calliaspidia guttata*（Brand.）Bremek.

产地及分布：原产墨西哥，现在各地均有栽培。

【形态特征】常绿亚灌木。高度为1～2m。全体具有毛。茎圆形，细弱，多分枝，嫩茎节基红紫色。叶卵形，顶端具短尖，基部楔形，全缘。穗状花序顶生，长6～9cm，下垂，具有棕色、红色、黄绿色、黄色的宿存苞片。花白色，伸向苞片外，花朵分为上下二唇形，上唇全缘或者稍微2裂，下唇3浅裂，上有3行紫斑花纹。

【观赏期】全年观赏花朵和叶片。

【生态习性】虾衣花喜欢温暖，最低温度在5～10℃。喜欢阳光也较为耐荫，喜欢湿润。

【繁殖要点】用扦插繁殖。用7~8cm的成熟枝条或者嫩枝作为插穗。一年四季都可以进行，但是以春季扦插最好。

【园林用途】虾衣花红色苞片重叠成串下倾，花序长约10cm，似龙虾、狐尾，十分有趣。它常年开花，适宜盆栽，放在室内高架上观赏，也可以作为花坛布置。

图7-290　珊瑚花
（引自南京林业学校，1993）

（2）珊瑚花（图7-290）

别名：芝麻花、红缨花

学名：*Cyrtanthera carnea*

产地及分布：原产巴西，我国温室栽培。

【形态特征】常绿亚灌木。高约1m。茎4棱，具有叉状分枝。叶有柄，卵形、矩圆形至卵状披针形，长9~15cm。顶端渐尖，边全缘或者微波状。花序穗状，顶生，长达8cm。苞片矩圆形，长约2cm。花冠粉红紫色，长约5cm，具有黏毛，2唇形。蒴果，种子4粒。

【观赏期】自春至秋观赏花朵。全年观赏叶片。

【生态习性】性喜温暖湿润和半荫环境，不耐寒；要求肥沃、排水良好的土壤。

【繁殖要点】扦插繁殖。

【园林用途】珊瑚花的红色花序较大，花期长，又较为耐荫，适合作为室内盆花。

30. 百合科 Liliaceae

通常为多年生草本，具有鳞茎或者根状茎，少数种类为灌木或者有卷须的半灌木。茎直立或者攀援。叶基生或者茎生，茎生叶通常互生，少有对生或者轮生，极少退化为鳞片状。花两性，少数为单性或者雌雄异株；单生或者组成总状花序、穗状花序、伞形花序，少数为聚伞花序，顶生或者腋生；花钟状、坛状或者漏斗状；花被片通常6，少为4，鲜艳，排成两轮，离生或者合生；雄蕊通常和花被同数，花丝分离或者连合；子房上位，少有半下位，常3室而为中轴胎座，少有1室而为侧膜胎座。果为浆果或蒴果；种子多数，成熟后常为黑色。

约240属，4000多种；分布温带以及亚热带；中国有60多属，约600种。

（1）富贵竹

别名：开运竹、竹叶龙血树、山德士龙血树

学名：*Dracaena sanderiana*

产地及分布：原产刚果、喀麦隆和缅甸等热带地区，现在我国已经广泛栽培。

【形态特征】常绿灌木。茎干较细，直立不分枝，盆栽高度多为30~40cm。地栽的时候可以达到2m。茎有节，皮坚韧如藤状。单叶互生于茎上，革质，长披针形，长10~20cm，宽约2.5cm，形似竹叶但较丰润。叶面绿色。

【观赏期】全年观赏叶片。

【类型及品种】有金边富贵竹‘Celica’，叶片中央绿色，边缘金黄色，为上品。银边富贵竹‘Margaret’，叶片中央绿色，边缘银白色。青叶富贵竹‘Virens’，又称为万年竹，

叶片全部为浓绿色。

【生态习性】富贵竹喜欢温暖，喜欢光照，又耐荫，但是畏寒。适生于湿润的环境和排水良好的砂质土，最佳生长温度为20~30℃，越冬温度在8℃以上。在浙江台州等地，冬季容易冻死，需要保护地越冬。

【繁殖要点】扦插繁殖。

【园林用途】可以盆栽欣赏。可以列植于室内桌面，起到分割空间的作用。也可以于温室内全年使用。

(2) 朱蕉（图7-291）

别名：铁树

学名：*Codyline fruticosa*（L.）A. Cheval.

产地及分布：原产大洋洲和我国热带地区。华南各省区常见栽培。

【形态特征】常绿灌木，株高1~3m，茎单干，有时稍分枝，叶具生于茎或枝的上端，矩圆形至矩圆状披针形，长约25~50cm，宽7~10cm，先端尖，绿色或带紫红色，具各种色斑，叶柄长10~16cm，有深沟，叶主脉明显，侧脉密生，基部变宽，抱茎。圆锥花序腋生，侧枝基部有大的苞片，每朵花苞片数3，花淡红色、青紫色至黄色，雄蕊较花被裂片短，着生于花被管上，花柱稍伸出于花被裂片之处；花期11~3月。

图7-291 朱蕉
（引自张天麟，2010）

【观赏期】全年观赏叶片。

【类型及品种】主要变种有：

1）杂种朱蕉 var. *hybrida*，叶片深绿，边缘红色。

2）美丽朱蕉 var. *amabilis*，叶片深绿，散生有红、白斑点。

3）红心朱蕉 var. *nigrorubra*，叶片狭，深棕色，中心红色。

【生态习性】半阴性树种，喜光但忌强光直射；性喜高温高湿和半荫的环境，怕寒冷。对土壤要求不严，但在肥沃的微酸性的沙壤土中长势更好。光照充足，叶片色彩艳丽。

【繁殖要点】可以用播种、扦插、压条繁殖。

【园林用途】株形美观，色彩华丽高雅，华南地区露地栽植于庭院、公园、花坛、花带中；盆栽适用于室内装饰，盆栽幼株，点缀客室和窗台，优雅别致。成片摆放会场、公共场所、厅室出入处，端庄整齐，清新悦目。数盆摆设橱窗、茶室，更显典雅豪华。栽培品种很多，叶形也有较大的变化，是布置室内场所的常用植物。

(3) 龙血树

学名：*Dracaena draco* L.

产地及分布：原产加纳利群岛，热带、亚热带广为栽培。

【形态特征】常绿乔木，是龙血树中的最高大的一种。稍有分枝，叶剑形，硬而挺直亮绿色，簇生茎顶，长40~60cm，宽3~4cm；圆锥花序，花白色并带绿色。

【观赏期】全年观赏叶片。

【生态习性】阳性树种也耐荫；性喜高温多湿环境，耐热、耐寒，喜疏松、排水良好的土壤，耐旱。适应性强。

【繁殖要点】扦插、压条和播种繁殖。

【园林用途】龙血树株形优美规整，叶形叶色多姿多彩，华南可露地栽培于庭园观赏。也是现代室内装饰的优良观叶植物，中、小盆花可点缀书房、客厅和卧室，大中型植株可美化、布置厅堂，对光线适应性强，室内可长时间摆放。

图 7-292　凤尾兰

（引自张天麟，2010）

（4）凤尾兰（图 7-292）

别名：菠萝花

学名：*Yucca gloriosa* L.

产地及分布：原产北美东部以及东南部，现在长江流域各地普遍栽种。

【形态特征】常绿灌木或小乔木。干短，有时分枝，高可以达到 5m。叶片密集，螺旋排列茎端，质坚硬，有白粉，剑形，长 40～70cm，顶端硬尖，边缘光滑，老叶有时具有疏丝。圆锥花序高 1m 多，花大而下垂，乳白色，常带红晕。蒴果干质，下垂，椭圆状卵形，不开裂。

【观赏期】6～10 月观花。全年观赏叶片。

【类型及品种】品种有花叶凤尾兰‘Variegata’，绿叶有黄白色边及条纹。

【生态习性】适应性强，耐水湿。耐干旱瘠薄土壤。

【繁殖要点】扦插或者分株繁殖。地上茎切成片状水养于浅盆中，可以发育出芽来作为桩景。

【园林用途】凤尾兰花大树美叶绿，是良好的庭院观赏树木，常栽种于花坛中央、建筑物前、草坪中、路旁以及绿篱等用。也看到将高大的凤尾兰的中下部的叶片剪掉，仅留顶部叶片，形成一伞形的造型。

（5）丝兰

学名：*Yucca smalliana* Fern.

产地及分布：原产美国东南部，我国有栽培。

【形态特征】常绿灌木或小乔木。植株低矮，近无茎。叶片丛生，较硬直，线状披针形，长 30～75cm，先端尖成针刺状，基部渐狭，边缘有卷曲白丝。圆锥花序宽大直立，花白色、下垂。

【观赏期】6～7（8）月观花，全年观赏叶片。

【生态习性】适应性强，耐水湿。耐干旱瘠薄土壤。

【繁殖要点】扦插或者分株繁殖。地上茎切成片状水养于浅盆中，可以发育出芽来作为桩景。

【园林用途】丝兰花大树美叶绿，是良好的庭院观赏树木，常栽种于花坛中央、建筑物前、草坪中、路旁以及绿篱等用。

31. 棕榈科 Palmae

(1) 散尾葵(图 7-293)

图 7-293　散尾葵
(引自许荣彦,1993)

别名:黄椰子

学名:*Chrysalidocarpus lutescens* H. Wendl.

产地及分布:原产于马达加斯加,我国南方各地有栽培。

【形态特征】常绿灌木或小乔木,原产地高达 3~8m。茎干基部叶片常脱落,残留的叶痕形成竹节状的茎。羽状复叶,叶面滑而细长,长 40~150cm;小叶及叶柄稍弯曲,黄色;先端柔软;小羽叶披针形,长 20~25cm,左右两侧不对称,叶轴中部有背隆起;叶面亮绿色,细长的叶柄和茎干呈金黄色。

【观赏期】观叶植物,全年观赏。

【生态习性】喜温暖、湿润气候,要求疏松、排水良好、肥厚的壤土,耐荫性强,但不耐低温。幼树生长较慢。

【繁殖要点】以分株繁殖为主。4~5 月将植株脱盆进行分株,刚分株上盆的植株生长缓慢,经 2~3 年的培育才有观赏价值。也可播种,但种子较难获得。

【园林用途】枝叶茂密,四季常青,株形优美,株形秀美,多作观赏树栽种于草地、墙隅或宅旁,也用于盆栽,是布置客厅、餐厅、会议室、家庭居室、书房、卧室或阳台的高档盆栽观叶植物。叶片用作插花的配叶。

(2) 棕竹(图 7-294)

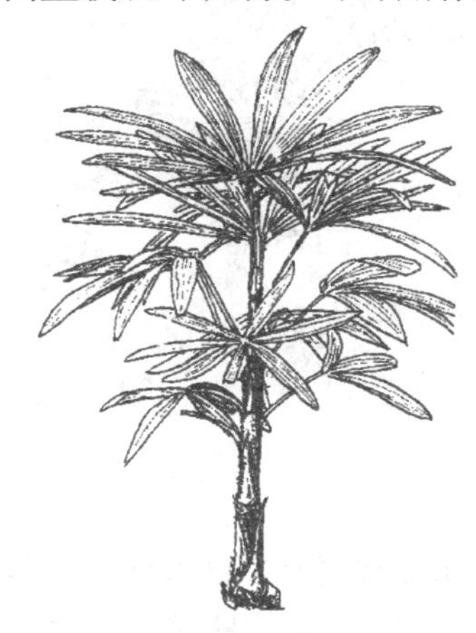
图 7-294　棕竹
(引自张天麟,2010)

别名:观音竹、筋头竹

学名:*Rhapis excelsa* (Thunb.) Henry ex Rehd.

产地及分布:原产于我国东南部至西南部以及日本。现我国南方各地广为栽培。

【形态特征】常绿丛生灌木。茎圆柱形,有节,高达1.5~3m,上部具褐色粗毛纤维质叶鞘。叶掌状深裂,裂片 3~10 枚,狭长舌形,先端截形,边缘或中脉有褐色短齿刺。肉穗花序多分枝,雌雄异株,雄花小,淡黄色,雌花大,卵状球形。果球形。

【观赏期】4~5 月观花,10~12 月观赏成熟果实。全年观赏叶片。

【类型及品种】品种有花叶棕竹‘Variegata’叶裂片有黄色条纹。

【生态习性】半阴性树种,忌强光直喜温暖、阴湿及通风良好的环境。宜排水良好,富含腐殖质的砂壤土,不耐寒,萌蘖力弱。

【繁殖要点】播种或分蘖繁殖。

【园林用途】株丛挺拔,叶形清秀,为良好的观叶植物。宜丛植或盆栽。

图 7-295　袖珍椰子
（引自傅玉兰，2001）

(3) **袖珍椰子（图 7-295）**

别名：矮生椰子、矮棕、玲珑椰子、客室棕

学名：*Chamaedorea elegans*

产地及分布：原产于墨西哥、危地马拉等中南美洲热带地区。

【形态特征】常绿小灌木，高可达 2m 左右，盆栽高为 30～60cm。茎干直立，不分枝，上有不规则环纹。叶深绿色，有光泽，羽状复叶呈弓形，尾部锐尖，先端 2 裂。肉穗花序下垂，花单性。浆果，橙红色或黄色。

【观赏期】观叶植物，全年观赏叶片。

【生态习性】喜温暖、湿润和半荫环境。不耐寒，冬季温度不低于 10℃；怕强光直射；耐干旱；要求肥沃、排水良好的沙质壤土

【繁殖要点】播种或分株法繁殖，播种繁殖在 24～32℃的条件下，90～100 天发芽。分株多于早春进行。

【园林用途】株形矮小，耐荫性强，叶片羽状细裂，色泽浓绿，适室内盆栽观赏。

(4) **美丽针葵（图 7-296）**

别名：软叶刺葵、软叶针葵

学名：*Phoenix roebelenii* O' Brien

产地及分布：原产于东南亚，现热带地区广为栽培，我国引种有百余年历史。

【形态特征】常绿灌木，单干，高达 2～4m，干上有残存的三角形叶柄基。叶羽状全裂，裂片条状披针形，柔软，叶背沿叶脉有灰白色鳞秕，下部裂片退化为长软刺。花雌雄异株，肉穗花序腋生，佛焰苞黄绿色，花淡黄色，具芳香。果卵状椭圆形，初为橙黄色，成熟时转为黑色。种子长圆形，腹面具较宽的沟槽。

图 7-296　美丽针葵
（引自傅玉兰，2001）

【观赏期】观叶植物，全年观赏。

【生态习性】喜欢温暖湿润环境，抗寒力较低，遇到长期 5～6℃或者 0℃以下低温，植株受寒害。北回归线以南，一般可以露地安全越冬。在浙江栽种，需要保护地越冬。喜欢光照，能耐烈日，亦颇耐荫，可以长期在光照较好的室内栽培。对于土壤的适应性较强，能够适生于砂质、黏质、酸性或者钙质等多种类型的土壤。较喜肥，贫瘠地生长不良，稍耐干旱，亦较耐水湿。

【繁殖要点】播种繁殖。

【园林用途】叶片柔软下垂，披散自然，具有风流俊逸、飘柔潇洒之态，为棕榈科的特有景观。小株宜用中、小盆栽种，置于台几、餐厅、会议室等处，装饰室内用。大株可以用大盆栽种，作为主会场、接待厅布景或者陈列于门前两侧。

室外地栽于花坛中央、草坪四周或者建筑物基础等处，也可以列植于路口两侧。

实训7.5 常绿灌木园林植物识别与鉴定

1. 实训意义、目的与要求

1.1 在园林植物造景中，常绿灌木有许多是理想的观花、观叶、观果以及基础种植、盆栽观赏树种。

1.2 本实训的目的是使学生通过对常见的常绿灌木的基本特征的学习，掌握常绿灌木的最佳观赏期，正确识别园林栽培中常见常绿灌木的形态特征、科属及主要习性，并了解其在园林中的作用，为以后的应用和配植提供一定的理论和实践基础。

1.3 要求学生必须熟悉20种常绿灌木的形态特征、生态习性及繁殖方法、栽培要点与园林用途。

2. 材料用具

钢卷尺、直尺、卡尺、铅笔、笔记本、常绿灌木。

3. 方法步骤

3.1 观察常绿灌木植株的叶型（叶片类型、大小、裂刻）、叶色（正反两面）、株型、分枝状况和枝条类型等。

3.2 观察并记录所识别的常绿灌木花序类别、花序轴的长度等内容。

3.3 识别并描述不同种常绿灌木的花型、瓣型、花瓣数、色泽、花器官的着生状态、花径大小、是否重瓣及重瓣数、花茎长度、花器官的完整性、花萼的描述等内容。

4. 实训作业

4.1 常见常绿灌木的识别，教师随机抽取20种常绿灌木，要求学生准确识别。(40分)

4.2 将20种常绿灌木按照种名、科属、观赏用途等记录在表7-5中。(60分)

5. 考核评估

5.1 优秀：90分以上。

5.2 优良：80~89分。

5.3 良好：70~79分。

5.4 及格：60~69分。

表7-5 常绿灌木识别记录表

序号	常绿灌木名称	科属	叶			花				植株高度、冠幅	园林用途
			叶型	叶色	叶裂	花型花径	花瓣	花序	花色		

拓展知识

木本植物模纹

木本植物模纹是运用萌蘖力极强的小灌木或生长缓慢的小乔木，以高密度的株行距栽植并加以修剪整形而形成的线状或者片状的植物图案。木本植物模纹在抗旱、抗病虫害、管理方便度、使用经济性等方面具有草坪和草花无可比拟的优点。它以整齐的造型，明艳的色彩可以营造出婉约细腻、或大气磅礴的园林景观，在大环境绿化、单位居住区庭院绿化等方面具有广泛的应用价值。

木本植物模纹常用的品种，红色类的有红檵木、红叶石楠、红叶小檗、密枝红叶李、红瑞木、美国红栌、红叶女贞等。黄色类有金边大叶黄杨、金叶女贞、金森女贞、洒金柏。绿色类有小蜡、大叶黄杨、海桐、珊瑚树、六月雪、南天竹、雀舌黄杨、瓜子黄杨、龙柏、侧柏等。花果类有火棘、月季、棣棠、贴梗海棠、锦带花、矮生石榴、黄刺玫、日本矮紫薇。

拓展知识

绿地植物的“瘦身”

现在的许多的城市，仓促建设的城市绿地普遍存在植物设计过密的现象。造成植物根本无法正常生长，期间很多植物半死不活甚至干脆枯萎掉。

密植虽然能够迅速形成景观效果，但是由于树木缺乏合理的生长空间，造成通风透光差，树木难以正常生长和形成完整的树冠，植物长势逐渐衰落，加剧了病虫害的发生，加大了养护成本。

所以，许多过分密植的绿地等待着“瘦身”。“瘦身”的原则是什么呢？现状绿地内应保持树木正常生长的合理间距。在树木移植调整的时候，按照灌木避让乔木，速生树避让慢生树，弱树避让壮树的原则。

在北京等处，绿地植物一般3年进行一次大调整，行道树一般5年进行一次调整。

小　　结

主要介绍了67种常见的常绿灌木的产地及分布、形态特征、观赏期、类型及品种、生态习性、繁殖要点和园林用途。

相关链接

1. 郑万钧．中国树木志（1~4）卷［M］．北京：中国林业出版社，2003~2004.
2. 陈有民．园林树木学［M］．北京：中国林业出版社，1990.
3. 中国花卉网 http：//www. china-flower. com/
4. 《中国植物志》——电子版 http：//foc. lseb. cn/dzb. asp

练习题

1. 常绿灌木园林植物的定义是什么？列举出当地常见的10种。
2. 常绿灌木园林植物的园林应用特点有哪些？举例说明。

3. 你当地的常绿灌木园林植物的生态习性有哪些？举例说明。

4. 金丝桃与金丝梅在形态上有何不同？

7.2.5　藤蔓类

1. 桑科 Moraceae

（1）薜荔（图 7-297）

别名：凉粉果、木馒头

学名：*Ficus pumila* Linn.

产地及分布：原产于我国秦岭以南各地，以长江中下游的分布最多。

【形态特征】常绿攀援或匍匐藤本，含乳汁，小枝有棕色绒毛，幼时以气生根攀援于墙壁或树上。叶二型，在无花序托的枝上叶小而薄，心状卵形，长约 2.5cm，或更短，基部斜；在生花序托的枝上叶较大而厚，革质，卵状椭圆形，长 3 ~ 9cm，顶端钝，全缘，表面无毛，背面有短柔毛，网脉凸起成蜂窝状；叶柄短粗。花小，紫色或黄色；隐花果单生于叶腋，梨形或倒卵形，长约 5cm，径约 3cm，有短柄。

图 7-297　薜荔
（引自张天麟，2010）

【观赏期】周年观赏，花期 6 ~ 7 月，果熟期 8 ~ 10 月。

【类型及品种】斑叶薜荔 var. *variegata*，常绿性蔓生植物，单叶卵心形，叶缘常呈不规则的圆弧形缺刻，并镶有乳白斑块或斑条。

【生态习性】阳性树种，亦较耐荫蔽，喜温暖湿润气候，有一定的耐寒性；对土壤的适应性较强，砂土或黏土均宜，较耐干旱，亦较耐水湿。萌芽力强。

【繁殖要点】播种、扦插或压条繁殖。

【园林用途】吸附根极发达，遇物即附着，《花镜》称之为“在石为石绫，在地为地锦，在木曰长春”。藤蔓覆盖效果极佳，适于石壁、悬崖、古树、寺庙和高层建筑物的立体绿化，以及大型游乐场、森林公园、新开路基坡面的造景及护坡保土，颇具山野风光。也可盆栽应用。

2. 紫茉莉科 Nyctaginaceae

草本、灌木或乔木，有时为有刺的藤状灌木。单叶全缘，对生或互生或假轮生，无托叶。花辐射对称，两性，稀单性；单生、簇生或组成聚伞花序、伞形花序；常围以有颜色的苞片组成的总苞；单被花，萼花冠状，下部合生成管，顶部 5 ~ 10 裂；雄蕊 1 至多数；雌蕊 1，子房上位，1 室，内有 1 胚珠，花柱 1。瘦果不开裂，有棱、槽或有翅，有时为宿存花萼所包。

约 30 属 300 种，主产热带和亚热带。我国 7 属 11 种 1 变种，主产华南、华西南。

（1）叶子花（图 7-298）

别名：三角梅、九重葛、三叶梅、毛宝巾、簕杜鹃、纸花、南美紫茉莉

学名：*Bougainvillea spectabilis* willd.

产地及分布：原产于南美巴西、秘鲁、阿根廷，我国华南（广东、广西、海南）、西南（四川、重庆、贵州、云南、西藏）各地广泛栽培。

图7-298 叶子花
（引自张天麟，2010）

【形态特征】枝具刺、拱形下垂。枝叶密被柔毛，单叶互生，卵形全缘或卵状披针形，顶端圆钝。花顶生，花细小，常三朵簇生于三枚较大的苞片内，花被管密生柔毛，顶端5～6裂，裂片开展，黄色，花梗与药片中脉合生；苞片椭圆状卵形，基部圆形至心形，暗红色或淡紫红色，较花长，为主要观赏部位。

【观赏期】周年观树形，观花期10月至翌年的4月初。

【类型及品种】栽培品种红毛宝巾‘*Lateritia*’，与原种比较，苞片较小，初为砖红色，后变为橙红色。

【生态习性】阳性树种，不耐荫，短日照；喜温暖湿润气候，较耐干热，不耐寒，忌霜冻。对土壤要求不高，喜肥，喜水，亦较耐旱。萌芽力极强，耐修剪。南方可露地越冬，北方多盆栽，温室越冬。

【繁殖要点】以扦插繁殖为主，也可嫁接繁殖。

【园林用途】苞片形似艳丽的花瓣，故名叶子花、三角花。冬春之际，姹紫嫣红的苞片展现，给人以奔放、热烈的感受，因此又得名贺春红。广泛用于室内阳台、窗台和公共场所点缀等园林布置，用于垂直绿化，使其攀援山石、花架、拱门、园墙、廊柱而上，也可修剪作灌木球、花篱或刺篱。也可作树桩盆景。

（2）光叶子花（图7-299）

别名：宝巾花、光三角花

学名：*Bougainvillea glabra* hoisy.

产地及分布：原产于南美巴西、秘鲁、阿根廷，我国华南（广东、广西、海南）、西南（四川、重庆、贵州、云南、西藏）各地广泛栽培。

图7-299 光叶子花
（引自陈有民，1988）

【形态特征】茎粗壮，分枝下垂，无毛或疏生柔毛；刺腋生，长5～15mm。叶纸质，卵形、阔卵形或卵状披针形，长5～13cm，宽3～6cm，顶端急尖或渐尖，基部圆形或阔楔形，两面无毛或下面被微柔毛，脉上较密。花顶生，苞片叶状，紫色或洋红色，长圆形或椭圆形，长2.5～3.5cm，纸质；萼管长1.5～2.5cm，有棱，淡绿色，疏生柔毛，顶端5浅裂，中部稍收缩；雄蕊6～8。

【观赏期】周年观树形，观花期6～12月。

【类型及品种】栽培品种有白宝巾‘*Snow White*’，苞片白色。

【生态习性】阳性树种，不耐荫，短日照；喜温暖湿润气候，较耐干热，不耐寒，忌霜冻。对土壤要求不高，喜肥，喜水，亦较耐旱。萌芽力极强，耐修剪。南方可露地越冬，北方多盆栽，温室越冬。

【繁殖要点】以扦插繁殖为主，也可嫁接繁殖。

【园林用途】花期长，苞片艳丽，色彩丰富，开花时花团锦簇，极为美丽，既可栽培于庭园、宅旁、棚架，或用于垂直绿化，使其攀援山石、楼顶、园墙、廊柱而上，也可作树桩盆景。栽培中常修整成灌木及小乔木状运。长江以北可作温室花卉栽培。

3. 蔷薇科 Rosaceae

（1）多花蔷薇（图 7-300）

图 7-300　多花蔷薇
（引自张天麟，2010）

别名：蔷薇、野蔷薇

学名：*Rosa multiflora* Thunb.

产地及分布：原产我国，主产黄河流域以南各省区的平原和低山丘陵，品种甚多，宅院亭园多见。

【形态特征】落叶蔓性灌木，高达 2～3m，茎枝具扁平皮刺，奇数羽状复叶互生，有小叶 5～9 枚，卵形或椭圆形，缘具锐齿，先端钝圆具小尖，基部宽楔形或圆形，叶表绿色有疏毛，叶背密被灰白绒毛，托叶下常有刺，花多朵呈密集圆锥状伞房花序，单瓣或半重瓣，白色或略带粉晕，花径 2～3cm，微有芳香，花柱伸出花托口外，与雄蕊近等长，子房下位，蔷薇果球形，径约 6mm，熟时褐红色，萼脱落，

【观赏期】观花植物，花期 4～5 月。

【生态习性】喜阳光充足环境，耐寒，耐干旱，不耐积水，怕干风，略耐荫，对土壤要求不严，以肥沃、疏松的微酸性土壤最好。

【繁殖要点】常用分株、扦插和压条繁殖，春季、初夏和早秋的均可进行。也可播种，可秋播或沙藏后春播，播后 1～2 个月发芽。

【园林用途】疏条纤枝，横斜披展，叶茂花繁，色香四溢，是良好的春季观花树种，适用于花架、长廊、粉墙、门侧、假山石壁的垂直绿化，对有毒气体的抗性强。

（2）木香（图 7-301）

图 7-301　木香
（引自张天麟，2010）

别名：木香藤

学名：*Rosa banksiae* Ait.

产地及分布：原产可能小亚细亚，保加利亚、土耳其广泛栽培。

【形态特征】木香花为常绿或半常绿攀援藤本植物，寿命极长。株高 6～10m，小枝绿色，无刺或少量的刺，羽状复叶互生。花多朵成伞房花序，花朵直径 2～3cm，花瓣白色或黄色，单瓣或重瓣，有浓郁的芳香。果实近球形。果期 9～10 月。

【观赏期】芳香植物，4～6 月观花。

【类型及品种】常见变种及变型有：

1）重瓣白木香 var. *albo-plena* Rehd.，花白色，重瓣，香味浓烈；常为 3 小叶，久经栽培，应用最广。

2）重瓣黄木香 var. *lutea* Lindl.，花淡黄色，重瓣，香味甚淡；常为 5 小叶；较少栽培。

3）单瓣黄木香 f. *lutescens* Voss，花黄色，单瓣，罕见。

【生态习性】喜阳光，较耐寒，畏水湿，忌积水。要求肥沃、排水良好的沙质壤土。萌芽力强，耐修剪。

【繁殖要点】以扦插繁殖为主，也可压条和嫁接。

【园林用途】木香花盛开时花白如雪，色黄似锦，用于花架、花墙、篱和岩壁作垂直绿

化美似图画，是很难得的花卉。其花朵香味醇正，半开时可摘下熏茶，用白糖腌渍后制成木香花糖糕。

4. 蝶形花科 Papilionaceae

图 7-302 紫藤
（引自张天麟，2010）

（1）紫藤（图 7-302）

别名：藤萝、朱藤

学名：*Wisteria sinensis*（Sims）Sweet

产地及分布：原产我国。辽宁、内蒙古、河北、河南、江西、山东、江苏、浙江、湖北、湖南、陕西、甘肃、四川、广东、广西等省区均有栽培。国外亦有栽培。

【形态特征】茎枝左旋性。小叶 7～13，卵状椭圆形至卵状披针形，先端渐尖至尾尖，基部楔形或圆形，幼叶密生白色短柔毛，后无毛。总状花序先叶开发，长 15～30cm，花蓝紫色，芳香，花梗细。荚果扁平，倒披针形，密被绒毛，有种子 1～3 枚。

【观赏期】4～5 月观花；5～8 月观果。

【类型及品种】栽培品种有白花紫藤‘Alba’，又名银藤，花白色。

【生态习性】阳性树种，稍耐荫，喜温暖湿润环境，较耐寒，喜湿润肥沃排水良好土壤，也有一定耐瘠薄和水湿能力，对土壤酸碱度适应性较强，微碱性土中也能生长良好。生性强健，萌蘖力强；速生，长寿。

【繁殖要点】播种、扦插、压条、嫁接或分株繁殖。

【园林用途】紫藤枝叶茂密，摇曳生姿，条蔓盘曲，攀栏缠架，老干盘桓扭绕，宛若蛟龙，春天开花，繁盛芳香，形大色美，披垂悬挂，盛夏荚果累累，为著名的垂直绿化树种，适用于棚架、门廊、枯树、山石、墙面绿化，或修剪呈灌木状栽植于草坪、溪旁、河边、池畔、岩石或假山旁。也可作盆栽观赏或制作桩景。自古以来不乏吟咏紫藤的诗句：“紫藤挂云木，花蔓宜阳春，密叶隐歌鸟，香风流美人”“蒙茸一架自成林，窈窕繁葩灼暮阴”。紫藤老树蛟龙翻腾虽历经沧桑，株干盘曲，但仍然岁岁铺翠，春春绽花，如此风姿，历来被国画家视为难得的题材，也深得今人的喜爱，许多花卉爱好者推崇它为“天下第一藤”。

（2）多花紫藤（图 7-303）

别名：日本紫藤

学名：*Wisteria floribunda*（Willd.）DC.

产地及分布：原产日本。我国多地有栽培。

【形态特征】茎枝右旋性，较纤细，分枝密。小叶 11～19，卵状披针形，先端渐尖，基部钝或歪斜，全缘，幼叶密生白色短柔毛，后无毛。总状花序，花紫色至蓝紫色，花梗细。荚果扁平，倒披针形，密被绒毛，有种子 3～6 枚。

【观赏期】4～5 月观花；5～7 月观果。

【类型及品种】栽培品种有：

1）白多花紫藤‘*Alba*’，花白色，或稍带淡紫色，花序长达 45～60cm。

图 7-303 多花紫藤
（引自张天麟，2010）

2）粉多花紫藤‘Alborosea’，花粉红色。

3）玫瑰多花紫藤‘Rosea’，花淡玫瑰红色，尖端紫色。

4）重瓣多花紫藤‘ViolaceaPlena’，花重瓣，蓝紫色。

5）葡萄多花紫藤‘Macrobotrys’，花蓝紫色，花序长达1~1.5m。

6）长序多花紫藤‘Longissima’，花堇紫色，花序长达2m。

此外，还有早花‘Praecox’、斑叶‘Varie-gata’、矮生‘Nana’等品种。

【生态习性】喜光，喜排水良好的土壤。极耐寒。

【繁殖要点】播种、扦插及分株等法繁殖。

【园林用途】攀援棚架作垂直绿化；老树干可作树桩盆景。

（3）常春油麻藤（图7-304）

别名：常绿油麻藤

学名：*Mucuna sempervirens* Hemsl.

产地及分布：产我国西南至东南部，日本也有分布。

【形态特征】常绿藤木，长达10m以上。三出复叶互生，薄革质而有光泽，无毛，顶生小叶卵状椭圆形，长7~12cm，侧生小叶斜卵形。花大而暗紫色，蜡质，有臭味；总状花序常生于老茎上。荚果长条状，长约40cm。种子间收缩。

图7-304 常春油麻藤

（引自张天麟，2010）

【观赏期】观花植物，观花期4月。

【类型及品种】常见同属植物有禾雀花 *M. birdwoodiana* Tutch，又名白花油麻藤、雀儿花，花形酷似雀鸟，成串吊挂于藤茎上，有如万鸟栖枝，神形兼备，令人叹为观止。花期3~4月。

【生态习性】耐荫，喜温暖湿润气候，耐干旱，要求排水良好土壤。

【繁殖要点】播种繁殖。

【园林用途】是美丽的棚荫及垂直绿化材料，用于岩坡、悬崖绿化也很合适。全株可供药用。

5. 卫矛科 Celastraceae

（1）南蛇藤（图7-305）

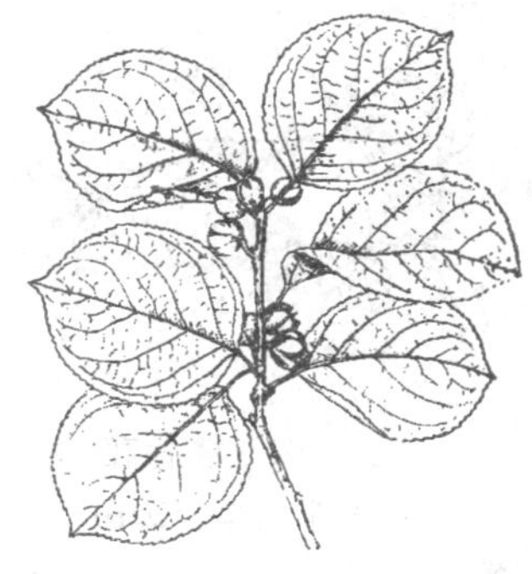

图7-305 南蛇藤

（引自张天麟，2010）

别名：过山枫、挂廓鞭、香龙草、过山龙、大南蛇、老龙皮、穿山龙、老牛筋、黄果藤

学名：*Celastrus orbiculatus* Thunb.

产地及分布：分布于东北、华中、西南、西北。

【形态特征】落叶攀援灌木，小枝圆柱形，有多数皮孔。单叶互生，叶近圆形，先端短突尖。聚伞花序，花小单性，花期5~6月。雌雄异株。蒴果球形，3瓣裂，橙黄色，种子具有红色的假种皮。果期9~10月。

【观赏期】周年藤蔓，秋季观红叶、观果。

【生态习性】喜光，也耐半荫。抗旱、抗寒，但以温暖、湿润气候及肥沃、排水良好土壤生长良好。

【繁殖要点】通常用播种法繁殖，扦插、压条也可进行。

【园林用途】秋叶变红或黄色，且有红色的假种皮，景色艳丽宜人。适合布置棚架、岩壁的垂直绿化。

图 7-306　扶芳藤
（引自张天麟，2010）

（2）扶芳藤（图 7-306）

别名：爬藤卫矛

学名：*Euonymus fortunei*（Turcz.）Hand. -Mazz.

产地及分布：我国长江流域及黄河流域以南多栽培，山东栽培较多。

【形态特征】常绿藤本，长可达 10m，茎匍匐或攀援，茎、枝上有瘤状突起，枝较柔软；叶对生，长卵形至椭圆状倒卵形，薄革质，深绿色，有光泽。聚伞花序，多花而紧密成团；果径约 1cm，黄红色，假种皮橘黄色。花期 6～7 月；果熟期 10 月。

【观赏期】周年观藤蔓枝叶。

【类型及品种】常见变种有：

1）爬行卫矛 var. *radicans*，茎匍匐，贴地而生，叶小。

2）金边扶芳藤 var. *emerald* Gold，叶边缘金黄色。

3）银边扶芳藤 var. *emerald* Gaiety，叶边缘银白色。这些变种叶较小，叶缘金黄或银白。茎匍匐地面，易生不定根。是良好的木本地被植物，极有推广价值。

【生态习性】较耐水湿，也耐荫。易生不定根。

【繁殖要点】扦插、播种或压条繁殖。

【园林用途】四季常青，秋叶经霜变红，攀援能力较强。园林中可掩覆墙面、山石，攀援枯树、花架，匍匐地面蔓延生长作地被，作垂直绿化材料可种植于阳台、栏杆等处，任其枝条自然垂挂。

6. 鼠李科 Rhamnaceae

（1）雀梅藤（图 7-307）

别名：雀梅、对节刺

学名：*Sageretia thea*（Osbeck）Johnst.

产地及分布：原产我国长江流域及东南沿海各省，日本和印度也有分布。

【形态特征】有刺攀援灌木，落叶或常绿（不同地区表现不一样）。小枝灰色或褐色，密生短柔毛。单叶近对生，革质，卵形或倒卵状椭圆形，边缘有细锯齿，表面青绿而有光泽。花小淡黄色，核果近球形，成熟时紫黑色。

图 7-307　雀梅藤
（引自张天麟，2010）

【观赏期】周年观赏树形。

【生态习性】喜温暖、湿润气候，不甚耐寒。适应性强，对土质要求不严，酸性、中性和石灰质土均能适应。耐旱，耐水湿，耐瘠薄。喜阳也较耐荫。根系发达，萌发力强，耐修剪。常生长于山坡路旁、灌木丛中。

【繁殖要点】可用播种、扦插和分株繁殖，也可到山区挖取野生雀梅藤老桩进行培育，成型较快。

【园林用途】雀梅藤在园林中可用作绿篱、垂直绿化材料，也适合配置于山石中。雀梅

藤自古以来就是制作盆景的重要材料，素有盆景“七贤”之一的美称，为岭南派和苏派的主要盆景树种。

7. 葡萄科 Vitaceae

攀援藤本，稀为小乔木；卷须分叉，常与叶对生。单叶或复叶，互生，有托叶。花两性或杂性，聚伞、圆锥或伞房花序，且与叶对生；花部5数，花瓣分离或基部合生，有时连合成帽状并早脱落，雄蕊与花瓣同数，对生，着生于花盘外围；子房上位，2~6室，每室胚珠1~2。浆果。

约12属700种，分布于热带至温带；我国8属112种，南北均产。

（1）五叶地锦（图7-308）

别名：美国地锦、五叶爬山虎

学名：*Parthenocissus quinquefolia*（L.）Planch.

产地及分布：中国各地有栽培，原产美国东部。

图7-308 五叶地锦（引自张天麟，2010）

【形态特征】落叶木质藤本；老枝灰褐色，幼枝带紫红色。卷须5~9分叉，相隔两节间断与叶对生，嫩时尖细卷曲，后顶端吸盘扩大。叶为掌状5小叶，小叶长椭圆形至倒长卵形，先端尖，基部楔形，缘具大齿牙，叶面暗绿色，叶背稍具白粉并有毛，小叶最宽处在中部，有短柄或几无柄；花序假顶生形成主轴明显的圆锥状多歧聚伞花序；萼碟形，花瓣5长椭圆形；雄蕊5；花盘不明显；浆果近球形，有种子1~4粒。6~7月开花，果8~10月成熟，熟时蓝黑色。

【观赏期】春夏季绿叶覆盖，秋季观红叶，冬季观枯茎。

【生态习性】阳性树种，较耐庇荫；喜温暖气候，也有一定耐寒能力；亦耐暑热。生长势旺盛，但攀援力较差，在北方常被大风刮下。

【繁殖要点】扦插繁殖，播种、压条也可。

【园林用途】五叶地锦生长健壮、迅速，适应性强，春夏碧绿可人，入秋后红叶色彩可观，是庭园墙面垂直绿化的主要材料。

图7-309 三叶地锦（引自张天麟，2010）

（2）三叶地锦（图7-309）

别名：三叶爬山虎，三爪金龙

学名：*Parthenocissus semicordata*（Wall.）Planch.

产地及分布：产甘肃、陕西、湖北、四川、贵州、云南、西藏。缅甸、泰国、锡金和印度也有分布。生于海拔500~3800m的山坡林或灌丛中。

【形态特征】小枝圆柱形，嫩时被疏柔毛。卷须总状4~6分枝，相隔两节间断与叶对生，顶端嫩时尖细卷曲，后遇附着物扩大成吸盘。叶为3小叶，着生在短枝上，中央小叶倒卵椭圆形或倒卵圆形，顶端骤尾尖，基部楔形，最宽处在上部，边缘中部以上每侧有6~11个锯齿，侧生小叶卵椭圆形或长椭圆形，顶端短尾尖，基部不对称，近圆形；叶柄长3.5~15cm，疏生短柔毛，小叶几无柄。多歧聚伞花序着生在短枝上，花序基部分枝，主轴不明显；花蕾椭圆形；

萼碟形，边缘全缘，无毛；花瓣5，卵椭圆形；雄蕊5；花盘不明显。果实近球形，有种子1~2粒；种子倒卵形；花期5~7月，果期9~10月。

【观赏期】春夏季绿叶覆盖，秋季观红叶，冬季观枯茎。

【生态习性】阳性树种，较耐庇荫；喜温暖气候，也有一定耐寒能力；亦耐暑热。生长势旺盛，但攀援力较差，在北方常被大风刮下。

【繁殖要点】扦插繁殖，播种、压条也可。

【园林用途】在砖墙或水泥墙上攀附高度可达20m以上，故有“爬墙虎”等称号。其蔓茎纵横，叶密色翠，春季幼叶、秋季霜叶或红或橙色，可供观赏，且生长快、病虫害少，无论建筑物各面，墙垣、假山、阳台、长廊、栅栏、岩壁，棚架都能靠卷须上的吸盘和气生根攀附而上并正常生长，是观赏性和实用功能俱佳的攀援植物，应用甚广，特别建筑物墙面绿化的应用非常普遍。除攀援绿化，也可用作地被。

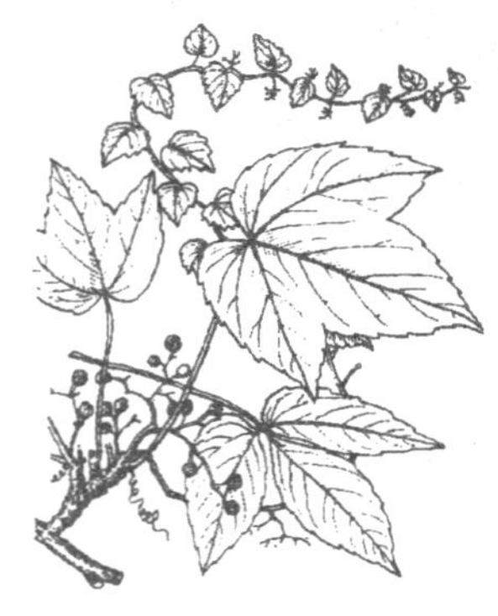

图7-310　地锦
（引自张天麟，2010）

（3）地锦（图7-310）

别名：爬山虎、爬墙虎

学名：*Parthenocissus tricuspidata*（Sieb. et Zucc.）Planch.

产地及分布：我国吉林至广东均有分布；日本也有分布。

【形态特征】落叶木质藤，小枝圆柱形；卷须5~9分支，相隔2节间断与叶对生，卷须顶端嫩时膨大呈圆珠形，后扩大为吸盘。细蔓嫩红色。单叶，倒卵圆形，通常着生在短枝上为3浅裂，叶较小，基部心形，缘有粗齿，下部枝上的叶分裂成3小叶，叶柄长。花序着生在短枝上，形成多歧聚伞花序；花5数；萼全缘；花瓣顶端反折，子房2室，每室有胚珠2。浆果小球形，熟时蓝黑色，被白粉。花期5~8月，果期9~10月。

【观赏期】春夏季绿叶覆盖，秋季观红叶，冬季观枯茎。

【生态习性】阳性树种，稍耐荫。耐寒，耐旱，也耐湿，耐瘠薄，对土壤和气候的适应性极强。

【繁殖要点】扦插繁殖，播种、压条也可。

【园林用途】春天，叶片郁郁葱葱；夏天，开黄绿色小花；秋天，叶片变成橙黄色；蔓茎能沿壁石迅速生长发展，可以垂直覆盖墙壁，因而是墙面垂直绿化的主要植物材料，使得建筑物的色彩富于变化。也可以点缀假山和叠石。

（4）葡萄（图7-311）

学名：*Vitis vinifera* L.

产地及分布：我国广为栽培，以黄河流域栽培较为集中，原产亚洲西部至欧洲东南部。

【形态特征】落叶藤木，蔓长达30m。茎皮紫褐色，老时长条状剥落，小枝光滑或幼时有柔毛。卷须分叉，间歇性与叶对生。叶卵圆形，长7~20cm，3~5掌状浅裂，裂片尖，缘具粗锯齿，叶柄长4~8cm。花序长10~20cm，与叶对生；花黄绿色，有香味。果圆形或椭圆形，成串下垂，绿色、紫红色或黄绿色，表面被白粉。

【观赏期】8~9月观果。

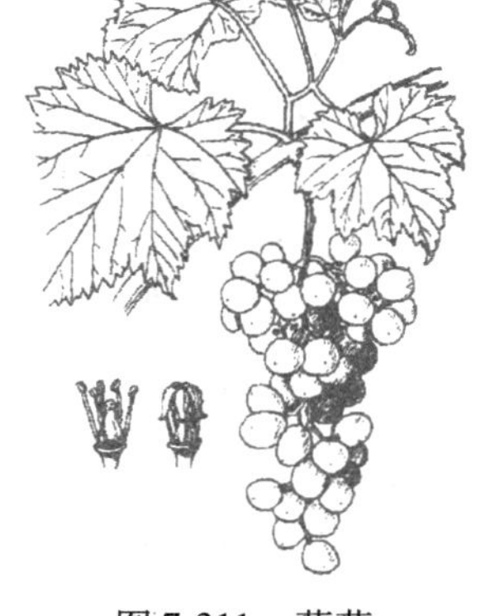

图7-311　葡萄
（引自张天麟，2010）

【生态习性】阳性树种；对气候和土壤适应广，喜干燥和夏季高温的大陆性气候，较耐寒；喜土层深厚、排水良好、湿度适中的土壤。

【繁殖要点】扦插、嫁接繁殖为主。

【园林用途】世界主要水果树种之一，是园林垂直绿化结合生产的理想树种。常用于长廊、门廊、棚架、花架等。翠叶满架，硕果晶莹，为果、叶兼赏的好材料。

8. 五加科 Araliaceae

（1）常春藤（图7-312）

别名：土鼓藤、钻天风、三角风、散骨风、枫荷梨藤

学名：*Hedera nepalensis* K . Koch var. *sinensis*（Tobl.）Rehd.

产地及分布：华中、华南、西南及甘肃、陕西各省。

【形态特征】常绿大藤本，长达30m。嫩枝、叶柄有锈色鳞片。叶革质，深绿色，有长柄；叶二型，营养枝上的叶三角状卵形，全缘。花枝的叶椭圆状卵形或椭圆状披针形，全缘。伞形花序单生或2～7簇生，花黄色或绿白色，芳香。果球形，橙红或橙黄色。花期8～9月，果熟期至翌年3月。

图7-312 常春藤

（引自张天麟，2010）

【观赏期】周年观赏观叶。

【类型及品种】栽培品种银边常春藤‘*silver quetn*’，叶边缘有不规则奶白色至黄绿色的斑纹。

【生态习性】喜阴，喜温暖湿润气候，稍耐寒。对土壤要求不严，喜湿润肥沃的土壤。生长快，萌芽力强。对烟尘有一定的抗性。

【繁殖要点】扦插为主，也可播种或压条繁殖。

【园林用途】四季常青，枝叶茂盛，是优良的垂直绿化材料，又是极好的木本地被植物。公园、庭院、居民区可用来覆盖假山、岩石、围墙，若植于屋顶、阳台等高处绿叶垂悬，别有一番景致。亦可攀援孤树、石柱及盆栽室内装饰或宾馆、厅堂室内绿化。

（2）熊掌木

别名：五角金盘

学名：*Fatshedera lizei*

产地及分布：原产墨西哥。

【形态特征】本种是1912年法国一位苗圃专家用八角金盘（*Fatsia japomica*）与常春藤（*Hedera helix*）杂交而成。常绿性藤蔓植物，高可达1m以上。初生时茎呈草质，后渐转木质化。单叶互生，掌状五裂，叶端渐尖，叶基心形，叶宽12～16cm，全缘，波状有扭曲，新叶密被毛茸，老叶浓绿而光滑。叶柄长8～10cm，柄基呈鞘状与茎枝连接。成年植株在秋天开淡绿色小花。高可达1m以上。

【观赏期】周年观赏观叶。

【生态习性】喜半阴环境，阳光直射时叶片会黄化，耐荫性好，在光照极差的场所也能良好生长。喜温暖和冷凉环境，最适温度为10～16℃，有一定的耐寒力，过热时，枝条下部的叶片易脱落。喜较高的空气湿度。

【繁殖要点】用扦插法，春、秋季为适期。

【园林用途】四季青翠碧绿，又具极强的耐荫能力，适宜在林下群植。

9. 夹竹桃科 Apocynaceae

图 7-313　络石
（引自张天麟，2010）

（1）络石（图 7-313）

别名：石龙藤

学名：*Trachelospermum jasminoides* Lindl. Lem.

产地及分布：黄河流域及其以南均有分布。

【形态特征】常绿木质藤本，茎长达 10m，茎枝赤褐色，幼枝有黄色柔毛，其上不生气根。叶革质，椭圆形或卵状披针形，全缘，背面有柔毛，侧脉 6～12 对。聚伞花序顶生或腋生，花萼 5 裂，花冠筒状，先端 5 深裂，花白色，具芳香。蓇葖果条状披针形。种子线形，顶端具长种毛。

【观赏期】周年观叶；花期 5～6 月，果期 7～12 月。

【类型及品种】栽培品种有：

1）黄金络石 *Trachelospermum asiaticum* ‘Ougonnishiki’，别名黄金锦络石，金叶络石。叶革质，椭圆形，金黄色，间有红色和墨绿色半点，常年色彩斑斓，在高强温或者寒冷庇荫环境下有返青现象。

2）花叶络石 *Trachelospermum jasminoides* ‘Flame’，叶革质，椭圆形至卵状椭圆形或宽倒卵形。老叶近绿色或淡绿色，第一轮新叶 粉红色，少数有 2～3 对粉红叶，第二至第三对为纯白色叶，在纯白叶与老绿叶间有数对斑状花叶，整株叶色丰富，可谓色彩斑斓。

【生态习性】阳性树种亦耐荫，稍耐干旱，但不耐寒。常攀附树干、岩石、墙垣等处。在荫湿而排水良好的酸性、中性土中生长旺盛。

【繁殖要点】播种、扦插及分株等法繁殖。

【园林用途】四季常青，花繁叶茂，芳香清幽，在南方常植于枯木、假山、墙垣之旁，装饰美化环境；也可作攀附花柱、花廊、花亭的绿化材料；北方修剪成灌木盆景，观其花与绿叶。

10. 紫葳科 Bignoniaceae

（1）凌霄（图 7-314）

别名：中国凌霄、大花凌霄

学名：*Campsis grandiflora*（Thunb.）Loisel.

产地及分布：原产我国中部、东部、华南等地，日本也产。

【形态特征】落叶藤本，长达 10m。茎上有攀援的气生根，攀附于其他物上。树皮灰褐色，小枝紫色。叶对生，奇数羽状复叶，小叶 7～9 枚。卵形，有锯齿，无毛。顶生聚伞花序或圆锥花丛，花冠漏斗状，唇形五裂，鲜红色或橘红色，蒴果长如豆荚，种子多数扁平。

【观赏期】观花植物，观花期 6～9 月。

图 7-314　凌霄
（引自张天麟，2010）

【生态习性】阳性树种，稍耐荫；喜温暖湿润气候，耐寒性稍差。耐旱，忌积水。喜排水良好、肥沃湿润的土壤，并有一定的耐盐碱能力。萌芽力、萌蘖力强。

【繁殖要点】扦插繁殖为主，也可压条、分株或播种繁殖。

【园林用途】凌霄干枝虬曲多姿，翠叶团团如盖，花大色艳，花枝从高处悬挂，柔条纤蔓，碧叶绛花，花期甚长，为庭园中棚架、花门、山石、镂空围栏、大树等的良好绿化材料。

（2）美洲凌霄（图7-315）

别名：美国凌霄、厚萼凌霄

学名：*Campsis radicans*（L.）Seem.

产地及分布：原产美国，我国各地多有栽培。

【形态特征】多年生木质藤本。羽状复叶对生，小叶9~11枚，椭圆形至卵状长圆形，先端尾尖。由三出聚伞花序集成顶生圆锥花序，花萼钟形，肉质，5裂占上部1/3，萼齿三角形；花冠鲜红色，漏斗状，直径约4cm，先端5裂，雄蕊4，2强；子房2室。蒴果长如豆荚。种子多数。

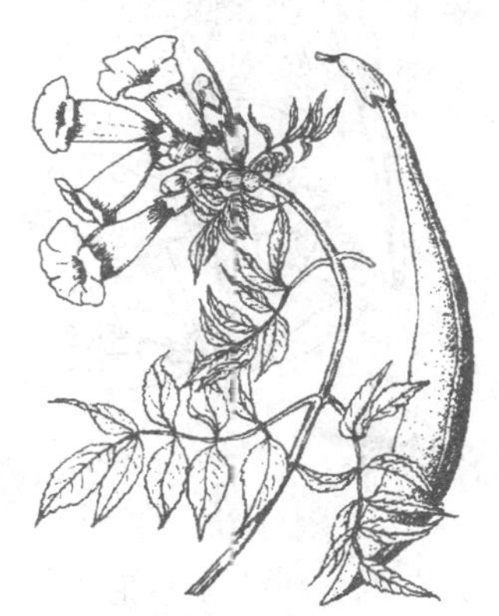

图7-315 美洲凌霄
（引自张天麟，2010）

【观赏期】观花植物，观花期7~10月。

【生态习性】喜充足的阳光和肥沃而排水良好的砂质壤土，较耐寒。

【繁殖要点】用播种、扦插或分株法繁殖。

【园林用途】可定植在花架、花廊、假山、枯树或墙垣边，任其攀附。美国凌霄枝叶繁茂，花色鲜艳，花形美丽，甚受人们喜爱。

（3）炮仗花（图7-316）

图7-316 炮仗花
（引自张天麟，2010）

别名：炮仗藤、火焰藤

学名：*Pyrostegia ignea* Presl.

产地及分布：我国广东（广州）、海南、广西、福建、台湾、云南（昆明、西双版纳）等均有栽培；原产南美巴西。

【形态特征】攀援状木质藤本，枝蔓长达20m，茎粗壮，具棱。一回羽状复叶，对生，有小叶2~3枚，顶生小叶常变成3叉的丝状卷须，小叶卵形或卵状椭圆形，先端长渐尖，基部宽楔形或近圆钝，边缘全缘，叶面亮绿色，有光泽。圆锥状聚伞花序顶生或腋生，下垂，花萼钟状，先端5齿裂，花冠橙红色，筒状，先端5裂，稍呈二唇形，裂片钝，外反，发育雄蕊4枚，2枚自筒部伸出，2枚达花冠裂片基部。蒴果长线形。种子具膜质翅。

【观赏期】观花植物，观花期2~3月。

【生态习性】阳性树种，喜温暖湿润的环境。在土层深厚、肥沃、排水良好的微酸性砂质土壤中长势旺盛。蔓延扩展力强，栽培容易。

【繁殖要点】扦插或压条繁殖。

【园林用途】花期炮仗花藤繁叶茂，鲜艳夺目，特别是正逢我国春节前后盛花，花团锦簇，橙红色花成串，犹如鞭炮，为传统节日增添特殊色彩，给人以喜庆热烈之感。是装饰围墙、栅栏、棚架、花廊、屋顶花园、门庭、拱门、山石、茶座、阳台的优良攀援植物。

11. 忍冬科 Caprifoliaceae

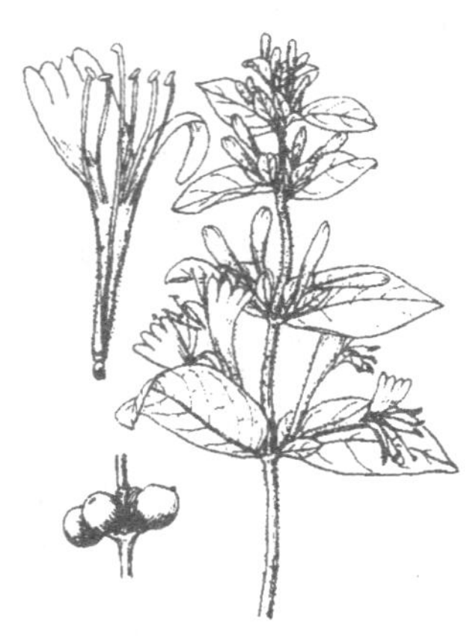

图 7-317　金银花
（引自张天麟，2010）

（1）金银花（图 7-317）

别名：忍冬、金银藤

学名：*Lonicera japonica* Thunb.

产地及分布：我国南北各省均有分布，北起辽宁，西至陕西，南达湖南，西南至云南、贵州。

【形态特征】半常绿藤木，长可达 9m。枝细长中空，茎皮棕褐色，条状剥落，幼时密被短柔毛。单叶对生，卵形或椭圆状卵形，全缘，幼时两面具柔毛，老后光滑。花成对腋生，苞片叶状；萼筒无毛；花冠二唇形，上唇 4 裂而直立，下唇反转，花冠筒与裂片等长，初开为白色略带紫晕，后转黄色，芳香。浆果球形，离生，黑色。

【观赏期】观花植物，观花期 5 ~ 7 月。

【类型及品种】常见栽培的还有：

1）红金银花 var. *chinensis* Baker，小枝、叶柄、嫩叶带紫红色，花冠淡紫红色。

2）'黄脉'金银花 '*Aureo-reticulata Nichols*'，叶较小，网脉黄色。

【生态习性】阳性树种，耐荫；耐寒；耐旱、耐水湿：对土壤要求不严，微酸、微碱性土壤均能生长良好。性强健，适应性强，根系发达，萌蘖力强，茎着地即能生根。

【繁殖要点】播种、扦插、压条、分株均可。

【园林用途】植株轻盈，藤蔓缭绕，冬叶微红，花先白后黄，富含清香气味，是色香俱全的藤本植物，可缠绕篱垣、花架、花廊等作垂直绿化；或附在山石上，植于沟边，爬于山坡，用作地被，也富有自然情趣；花期长，花芳香，又值盛夏酷暑开放，是庭园布置的极好材料；植株体轻，是美化屋顶花园的好树种；老桩作盆景，姿态古雅。

实训 7.6　藤蔓类园林植物识别与鉴定

1. 实训意义、目的与要求

1.1　在园林植物造景中，藤蔓类植物以其攀援或匍匐的特性发挥着重要的绿化造景作用，园林工作人员需了解藤蔓类植物的形态、习性等特征，从而更好地栽培和应用。

1.2　本实训的目的是使学生通过对常见的藤蔓类植物的基本特征的学习，掌握藤蔓类植物的最佳观赏期，正确识别园林栽培中常见藤蔓类植物的形态特征、科属及主要习性，并了解其在园林中的作用，为以后的应用和配植提供一定的理论和实践基础。

1.3　要求学生必须熟悉 20 种藤蔓类植物的形态特征、生态习性及繁殖方法、栽培要点与园林用途。

2. 材料用具

钢卷尺、直尺、卡尺、铅笔、笔记本、藤蔓类植物。

3. 方法步骤

3.1 观察藤蔓类植物植株的叶型（叶片类型、大小、裂刻）、叶色（正反两面）、株型、分枝状况和枝条类型等。

3.2 观察并记录所识别的藤蔓类植物花序类别、花序轴的长度等内容。

3.3 识别并描述不同种藤蔓类植物的花型、瓣型、花瓣数、色泽、花器官的着生状态、花径大小、是否重瓣及重瓣数、花茎长度、花器官的完整性、花萼的描述等内容。

4. 实训作业

4.1 常见藤蔓类植物的识别，教师随机抽取20种藤蔓类植物，要求学生准确识别。(40分)

4.2 将20种藤蔓类植物按照种名、科属、观赏用途等记录在表7-6中。(60分)

5. 考核评估

5.1 优秀：90分以上。

5.2 优良：80~89分。

5.3 良好：70~79分。

5.4 及格：60~69分。

表7-6 藤蔓类植物识别记录表

序号	藤蔓类植物名称	科属	叶			花				攀援方式（匍匐茎、缠绕茎、吸盘、卷须、气生根或钩刺等）	园林用途
			叶型	叶色	叶裂	花型花径	花瓣	花序	花色		

攀援植物在园林中的应用

1. 攀援植物的应用形式

1.1 垂挂式常用凌霄、中华常春藤、地锦等垂挂于景点入口、高架立交桥、人行天桥、楼顶（或平台）边缘等处，形成独特的垂直绿化景观。

1.2 立柱式常用凌霄、金银花、五叶地锦等，栽植于专设的立柱或墙柱旁，攀援植物靠卷须沿立柱上的牵引铁丝生长，形成立体绿化景观。

1.3 蔓靠式（凭栏式）常用蔷薇等，靠近围墙、栅栏、角隅栽植，这些带钩刺的攀援植物便靠着围墙、栅栏生长，目前多用于生物围墙的营建上。

1.4 附壁式以爬山虎、中华常春藤、地锦等附着建筑物或陡坡，形成绿墙、绿坡。

1.5 凉廊式以紫藤、凌霄、葡萄、木香、藤本月季等攀援植物覆盖廊顶，形成绿廊与花廊，增加绿色景观。

1.6 篱垣式在篱架、矮墙、铁丝网旁栽植，常用攀援植物有：牵牛花、金银花、油麻藤、五叶地锦、茑萝等。

2. 主要应用品种选择攀援植物的依据

依据如下：一是生态要求，要考虑立地条件；二是功能要求，根据不同形式正确选用植物；三是注意与建筑物色彩、风格相协调，如红砖墙不宜选用秋叶变红的攀援植物，而灰色、白色墙面，则可选用秋叶红艳的攀援植物。常用攀援植物简介：

2.1 中华常春藤四季常青，耐荫性强，也是很好的室内观叶植物。喜温暖，能耐短暂 -7～-5℃低温，既喜阳也极耐荫，与其同属的还有加那利常春藤和洋常春藤。

2.2 常春油麻藤四季常绿，每年4月在老枝上绽放出串串紫色花朵。8～9月，一根根长条状的荚果悬挂老枝上，随风摇摆，甚是壮观。

2.3 紫藤四五月开淡紫色花，夏末秋初常再度开花。

2.4 凌霄花期7至8月，花漏斗形，橙红色。茎上有气生根并有卷须，攀援生长可高达10m。在立柱上缠绕生长宛若绿龙，柔条纤蔓，随风摇曳，煞是美观。

2.5 爬山虎落叶攀援植物，覆盖面积大，生存能力强。在墙角种植，靠气根吸墙而上，一两年便能形成一道绿屏，是绝好的垂直绿化材料。

3. 具体方法

3.1 庭院垂直绿化一般与棚架、网架、廊、山石配置，栽植花色丰富的爬蔓月季、紫藤等，以及有经济效益的葡萄、猕猴桃等，创造幽静而美丽的小环境。

3.2 墙面垂直绿化包括楼房、平房和围墙，选用具有吸盘或吸附根容易攀附的植物，如中华常春藤、爬山虎、蔷薇等，注意与门窗的位置和间距。

3.3 住宅垂直绿化包括阳台、天井、晒台、墙面，选用木香、牵牛花、常春藤等。天井、晒台、阳台要设支架，或使攀援植物沿栅栏、透空围栏生长。

3.4 陡坡、假山石垂直绿化陡坡选用油麻藤栽植能护坡。在假山石旁，可种植一些适宜的攀援植物点缀，以增加自然生气。攀援植物能遮蔽景观不佳的建筑物，除作为一种装饰外，还具有防止日晒、降低气温、吸附尘埃、增加绿视率等作用。它占地少，能充分利用空间，在人口众多、建筑密度大、绿化用地不足的城市中尤显其优越性。

小结

主要介绍了一些常见的藤蔓类植物的产地及分布、形态特征、观赏期、类型及品种、生态习性、繁殖要点和园林用途。

相关链接

1. 郑万钧．中国树木志1～4卷［M］．北京：中国林业出版社，2003.
2. 陈有民．园林树木学［M］．北京：中国林业出版社，1990.
3. 中国数字植物标本馆 http：//www. cvh. org. cn/
4. 中国植物图像库 http：//www. plantphoto. cn/

练习题

1. 分别列举常绿和落叶藤蔓类植物各5种。
2. 请从形态特征方面比较紫藤与多花紫藤的异同点。
3. 藤蔓类园林植物在园林上有何用途？举例说明。

7.3 竹类植物

7.3.1 竹类植物的形态特征

竹类属禾本科（竹亚科），其形态结构有别于其他木本植物，主要由地下茎、竹秆、秆箨、叶、花等几部分构成（图7-318）。

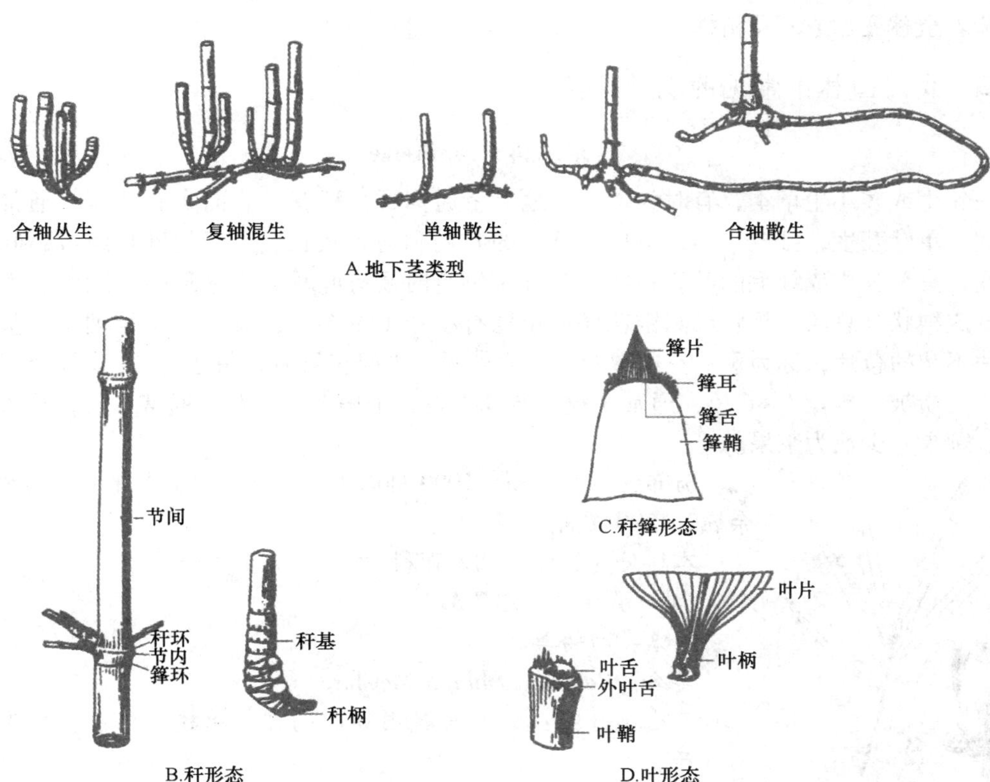

图7-318 竹类结构形态
（引自王世动，2008）

地下茎是竹类横向生长的主茎，有分节，节上生根，节侧有芽。地下茎既是养分贮存和输导的主要器官，又具有分生繁殖能力。它也是竹类植物分类的主要特征之一。根据地下茎的分生繁殖特点和形态特征，竹子可分为单轴型、合轴型与复轴型三种类型。

竹秆是竹子的主体，分秆柄、秆基和秆茎三部分。秆柄俗称“螺丝钉”，是竹秆最下部分。秆基是竹秆入土生根部分，由数节至数十节组成，节间缩短而粗大。秆基各节密生根，形成竹株的独立根系。秆茎是竹秆的地上部分，由节、节隔和节间组成。节由秆环、箨环、节内组成。箨环又称笋环，是竹笋脱落后留下的环痕，在节的下方；秆环是居间分生组织停止生长留下的环痕，其隆起的程度随竹种的不同而不同，在节的上方；秆环和箨环之间的距离称节内。两节之间称节间，节间通常中空。节与节之间由节隔相隔。

竹子地上部分的竹秆是地下茎上的芽萌发成笋、长出地面而成。笋有多粗，竹秆就有多粗，一次性完成生长，没有增粗生长。笋露出地面后，各个节间迅速伸长，几十天内完成高生长后，高度不再增加。

竹子有两种形态的叶，即秆叶和叶。秆叶也称秆箨、竹箨，在笋期称笋箨。秆叶为主秆新生之叶，不能进行光合作用，仅仅起着保护居间分生组织和幼嫩的竹秆不受机械创伤的作用，一枝完全的秆箨由箨鞘、箨舌、箨耳、箨叶（箨片）和繸毛构成。

叶生于末级小枝顶端，由叶鞘、叶舌、叶耳、叶片、肩毛构成。

竹子的花以小穗为单位，每小穗含若干朵小花，小穗由颖、小穗轴和小花组成。小花由外稃、内稃、鳞被、雄蕊和雌蕊构成。竹子开花结实即意味着完成生长发育的一个周期，即意味着全林死亡或开花植株死亡。

7.3.2 我国园林中常见的观赏竹类

1. 禾本科 Gramineae

一年生或多年生草本，有时为木本。地上茎通称秆，秆有显著而实心的节与通常中空的节间。单叶互生，排成2列，由包于秆上的叶鞘和通常狭长、全缘的叶片组成；叶鞘与叶片间常有呈膜质或纤毛的叶舌；叶片基部两侧有时还有叶耳。花序顶生或腋生，由多数小穗排成穗状、总状、头状或圆锥花序；小穗有小花1至多朵，排列于小穗轴上，基部有1～2片不孕的苞片，称为颖；花通常两性，为外稃和内稃包被着，每小花2～3片透明的小鳞片称为鳞被；雄蕊1～6枚，通常3枚；雌蕊1枚；子房1室，花柱通常2裂，柱头呈羽毛状。颖果，少数为浆果。

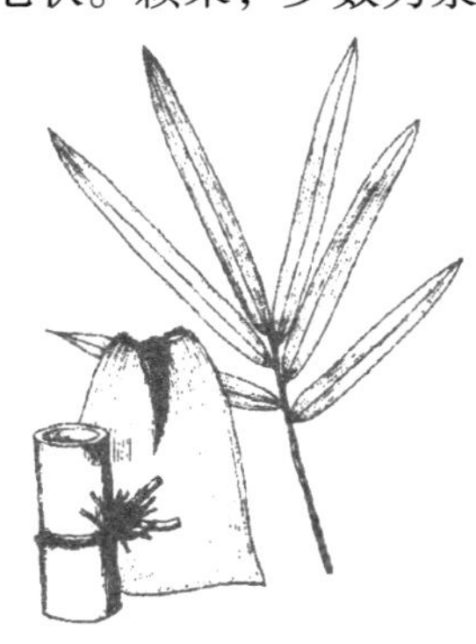
图7-319　粉单竹
（引自张天麟，2010）

分布：约600属，6000种以上，广布于世界各地；中国约190余属，1200多种。

本科分为竹亚科和禾亚科。

（1）粉单竹（图7-319）

别名：白粉单竹

学名：*Bambusa chungii* McClure

产地及分布：分布与我国湖南南部、福建、广东、广西，华南特产。

【形态特征】秆丛生，高3～18m，直径3～7cm，秆圆柱形，壁薄，幼时有显著白色蜡粉，节间甚长（40～100cm），箨环隆起成一圈木栓质并有倒生毛；顶端略弯垂，分枝多数，主枝较粗。

箨叶外翻，淡黄绿色，边缘内卷，基部的宽度为箨鞘先端的1/5。秆每节数枝簇生，枝粗细近相等，被蜡粉；每小枝具7叶；叶片披针形至线状披针形，长10～20cm，宽1～3.5cm。每假小穗含3～5朵小花；外稃宽卵形。与内稃近相等；子房先端被粗硬毛，柱头3或2。

【观赏期】周年观赏。

【生态习性】喜温暖湿润气候及疏松、肥沃的砂质土壤。普遍栽植在溪边，河岸及村旁。

【繁殖要点】移植母竹或竹兜繁殖。

【园林用途】竹丛疏密适中，竹叶窄长而较大，翠绿色，微风吹拂，姿态优美，引人入胜，适宜丛植于水边、庭园，或列植于园路两侧。

（2）孝顺竹（图7-320）

别名：凤凰竹、慈孝竹

学名：*Bambusa multipkex*（Lour.）Raeuschel

产地及分布：原产中国，东南亚及日本；我国华南、西南直至长江流域各地都有分布。

图7-320 孝顺竹

（引自陈有民，1988）

【形态特征】秆高2～7m，径1～3cm，绿色，老时变黄色，箨鞘硬脆，厚纸质，无毛；箨耳缺或不明显；箨舌甚不显著；箨叶直立，三角形或长三角形。每小枝有叶5～9枚，排成2列状，叶鞘无毛；叶耳不显；叶舌截平；叶片线状披针形或披针形，长4～14cm，质薄，表面深绿色，背面粉白色。小穗含5～13朵小花；外稃两侧稍不对称，内稃线形；花丝长8～10mm，花药紫色；子房卵球形，柱头多为3裂。羽毛状。笋期6～9月。

【观赏期】周年观赏。

【类型及品种】变种及变型有：

1）花孝顺竹 f. *alphonsekarri* Sasaki，别名小琴丝竹，秆金黄色，夹有显著绿色之纵条纹。常盆栽或栽植于庭园观赏。

2）凤尾竹 var. *nana*（Roxb）Keng f.，比原种矮小，高约1～2m，径不超过1cm。枝叶稠密、纤细而下弯，每小枝有叶10余枚，羽状排列，叶片长2～5cm。长江流域以南各地常植于庭园观赏或盆栽。

3）观音竹 var. *riviereorum* Maire.，秆紧密丛生，高1～3m，径2～3cm，实心；每小枝具叶13～23枚，羽状二列，叶长1.6～7.5cm，宽3～8mm，产我国东南部，常植于庭园观赏。

【生态习性】孝顺竹性喜温暖湿润气候及排水良好、湿润的土壤，是丛生竹类中分布最广、适应性最强的竹种之一，可以引种北移。

【繁殖要点】分株、移植母竹或竹兜繁殖。

【园林用途】本种竹丛秀美，枝叶婆娑秀丽，多于庭园中向阳处栽植，供观赏；也可植于池旁；列植于庭园入口，甬道两侧，幽篁夹道，倍觉宜人。花孝顺竹的秆和分枝色泽鲜明，犹如黄间碧玉，具有较高的观赏价值，在庭园中习见栽培；凤尾竹枝叶稠密，在园林中常植为绿篱，或配植假山石旁以供观赏，也是制作盆景的重要材料。

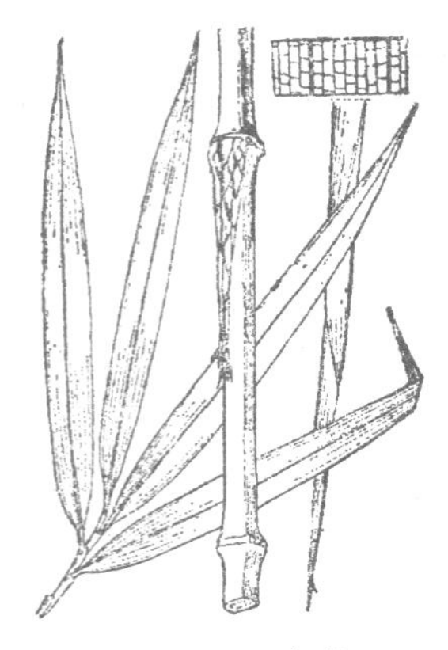
图 7-321　方竹
（引自《浙江植物志》，1993）

(3) 方竹（图 7-321）

别名：四方竹

学名：*Chimonobambusa quadrangularis*（Fenzi.）Makino

产地及分布：中国特产。分布于江苏、浙江、江西、福建、广西、四川、湖南、云南等地。

【形态特征】秆散生，高 3～8m，径 1～4cm，幼时密被黄褐色倒向小刺毛，以后脱落，在毛基部留有小疣状突起，使秆表面较粗糙，下部节间四方形；秆环甚隆起，箨环幼时有小刺毛，基部数节常有刺状气根一圈；上部各节初有 3 分枝，以后增多。箨鞘无毛，背面具多数紫色小斑点；箨耳及箨舌均极不发达；箨叶极小或退化。叶 2～5 枚着生小枝上；叶鞘无毛；叶舌截平、极短；叶片薄纸质，窄披针形，长 8～29cm。笋期 8 月至翌年 1 月。

【观赏期】周年观赏。

【生态习性】喜温暖湿润的气候条件，喜疏松深厚、肥沃的酸性土，不耐盐碱和干旱，耐水性较强，适栽于水边。略耐荫，不耐寒，在气温较低的地区栽植，冬季应加强保护。在瘠薄的土壤中生长不良。

【繁殖要点】移植母竹或竹兜繁殖。

【园林用途】竹秆呈四棱柱形，奇特非凡，为世界著名珍种，深受人们惊奇和喜爱，因而绿化中常用其为造景的竹种。

(4) 阔叶箬竹（图 7-322）

学名：*Indocalamus latifolius*（keng）McClure

产地及分布：原产中国华东、华中等地。多生于低山、丘陵向阳山坡和河岸。

【形态特征】地下茎复轴混生型，秆高约 1m，下部直径 5～8mm，节间长 5～20cm，微有毛。秆箨宿存，质坚硬，背部常有粗糙的棕紫色小刺毛，边缘内卷；箨舌截平，鞘口顶端有长 1～3 片，叶片长椭圆形，长 10～40cm，表面无毛，背面灰白色，略生微毛，小横脉明显，边缘粗糙或一边近平滑。圆锥花序基部常为叶鞘包被，花序分枝与主轴均密生微毛，小穗有 5～9 小花。颖果成熟后古铜色。笋期 4～5 月。

图 7-322　阔叶箬竹
（引自《浙江植物志》，1993）

【观赏期】周年观赏。

【生态习性】喜光，亦耐荫，宜生长疏松、排水良好的酸性土壤，耐寒性较差。

【繁殖要点】移植母竹繁殖。栽后应及时浇水，保持土壤湿润。生长过密时，应及时疏除老秆、枯秆。

【园林用途】阔叶箬竹植株低矮，叶宽大，在园林中栽植观赏或作地被绿化材料，也可植于河边护岸。

(5) 桂竹（图 7-323）

别名：月季竹、麦黄竹

学名：*Phyllostachys bambusoides* Sieb. et Zucc.

产地及分布：原产我国黄河流域以南各地，广泛分布，我国分布最广的竹种之一。

【形态特征】秆高22m，径8～14cm。中部节间最长40cm；幼秆绿色，无毛及白粉；秆环、箨环均隆起。箨鞘黄褐色，密被黑紫色斑点或斑块，疏生直立硬毛，箨耳小，1枚或2枚有长而弯曲的肩毛。箨舌带状，下垂，橘红色有绿色边缘。每小枝具3～6叶，长8～20cm，叶背面有白粉呈粉绿色，近基部有毛。笋期5月中下旬。

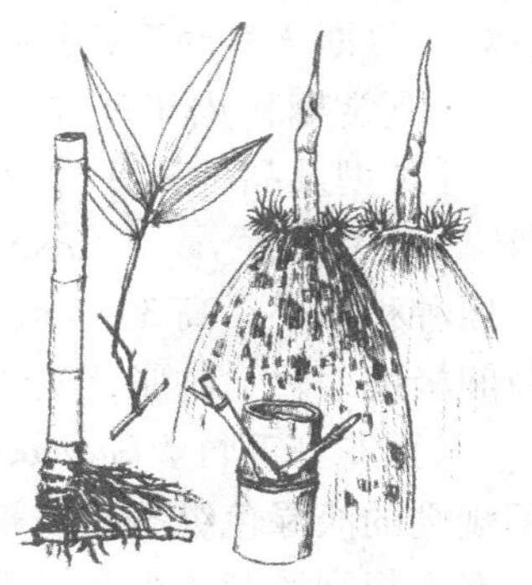

图7-323 桂竹
（引自张天麟，2010）

【观赏期】周年观赏。

【类型及品种】变种及变型有：

1）斑竹f. *lacrima-deae* Keng f. et Wen，秆高15m，径约14cm，秆初时青绿色无白粉，后在秆上形成多数大小不等的紫色螺旋状斑点或斑块，故名斑竹。分枝上也有许多紫色斑点，但地下茎却无斑点。秆、叶、秆箨均似桂竹。笋期较晚，为优良的绿化品种。

2）黄金间碧玉竹var. *castilloni* Muroi，又名金明竹、金银竹、青叶竹青黄竹等。秆高10m。秆与主枝呈金黄色，其节间于分枝一侧的沟槽中，常呈鲜绿色或交替出现不规则的绿色和淡黄色条纹，有时其旁侧也有同样绿色条纹2～3条，为著名的观赏竹种。

3）碧玉间黄金竹var. *castilloni-inversa* Muroi，又名银明竹。竹秆大小、分枝及生长特性均同于桂竹，与原种不同在于节间一侧沟槽中出现淡黄色的宽纵条纹，为著名的观赏竹种。

【生态习性】适应性强，耐寒性强，能耐短时间－18℃的低温，要求排水良好的深厚土壤，在pH8.5左右的碱土和盐0.1%的盐土中也能生长，但在黏土中射干子不良。

【繁殖要点】可播种、分株、埋鞭等法繁殖。

【园林用途】桂竹秆形高大、翠绿，在园林中可成片栽植，也是四旁绿化的树种。其变种、变型常是局部的观赏主景。

（6）毛竹（图7-324）

别名：茅竹、楠竹

学名：*Phyllostachys pubescens* Mazel ex H. de Lehaie

产地及分布：原产中国秦岭、汉水流域至长江流域以南海拔1000m以下广大酸性土山地，分布很广，东起台湾，西至云南东北部，南自广东和广西中部，北至安徽北部，河南南部；其中浙江、江西、湖南为分布中心。

图7-324 毛竹
（引自《浙江植物志》，1993）

【形态特征】高大乔木状竹类，地下茎单轴散生型。秆高10～25m，径12～20cm，中部节间可长达40cm；新秆密被细柔毛，有白粉，老秆无毛；分枝以下秆上秆环不明显，箨环隆起。箨鞘厚革质，棕色底上有褐色斑纹，背面密生棕紫色小刺毛，择耳小，边缘有长缘毛；箨舌宽短，弓形，两侧下延，边缘有长缘毛；箨叶狭长三角形，向外反曲。枝叶2列状排列，每小枝保留2～3叶。叶较小，披针形，长4～11cm；叶舌隆起；叶耳不明显，有肩毛，后渐脱落。花枝单生，不具叶，小穗丛形如穗状花序，外被有覆瓦状的佛焰苞；小穗含2小花。一成熟一退化。颖果针状。笋期3月底至5月初。

【观赏期】周年观赏。

【类型及品种】变种及变型有：

1）龟甲竹 var. *heterocycla*（Carr.）H. de Lehaie，又名佛面竹、龟文竹、马汉竹等。秆较原种稍矮小，高3～6m，径5～8cm，无分枝，体绿色，光滑无毛，节成二轮状，下部诸节间极度缩短、肿胀，交错成斜面。宜栽于庭院观赏。

2）花秆毛竹 f. *huamozhu* Wen，又名花竹、花毛竹。秆与主枝皆为黄色，在黄色底上有不规则的淡绿色纵条或淡褐色纵条，老后减退，全秆成麦秆黄色。叶片为绿色，在绿色底上有不规则淡黄色纵条。观赏价值高。

3）黄槽毛竹 f. *viridisulcata* Wen.，与毛竹主要区别是节间沟槽黄色，用于观赏。

4）绿槽毛竹 f. *viridosulcata* Wen.，与毛竹主要区别是秆、枝、鞭皆为金黄色，间有绿色条纹，沟槽为绿色，部分叶片还有白色条纹，为珍贵的观赏树种。

【生态习性】喜温暖湿润的气候，在土层深厚、肥沃、排水良好的酸性（pH4.5～7）中生长良好，但在轻盐碱土中也能运鞭发芽、生长正常，但笋产量不高。不耐积水，抗旱力差，较耐寒，能耐－15℃的低温，耐瘠薄。生长快，出土后平均每日各种约50cm，最快的一昼夜能增长1.3～1.6m，长成新竹需2个月左右，以后高度、粗度和体积不再有明显变化，以后每两年换叶一次，为多年生一次性开花结实植物。开花后竹叶脱落，竹秆死亡，为延长营养生长，推迟成熟衰老，要采取有效的栽培措施。

【繁殖要点】可播种、分株、埋鞭等法繁殖。园林绿化栽植毛竹时直接移竹栽植或截秆移蔸栽植，以便迅速达到绿化效果。

【园林用途】毛竹秆高、叶翠，四季常青，秀丽挺拔，值霜雪而不凋，历四时而常茂，颇无夭艳，雅俗共赏。自古以来常植于庭园曲径、池畔、溪涧、山坡、石际、天井、景门，以至室内盆栽观赏；与松、梅共植，誉为“岁寒三友”，点缀园林。在风景区大面积种植，谷深林茂，云雾缭绕，竹林中有小径穿越，曲折、幽静、深邃，形成“一径万竿绿参天”的景感；湖边植竹，夹以远山、近水、湖面游船，实是一幅幅活动的画面；高大的毛竹也是建筑、水池、花木等绿色背景；合理栽植，又可分隔园林空间，使境界更觉自然、调和；毛竹根浅质轻，是植于屋顶花园的极好材料；植株无毛无花粉，在精密仪器厂、钟表厂等地栽植也极适宜。

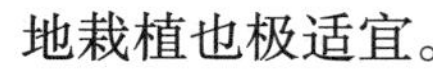

（7）紫竹（图7-325）

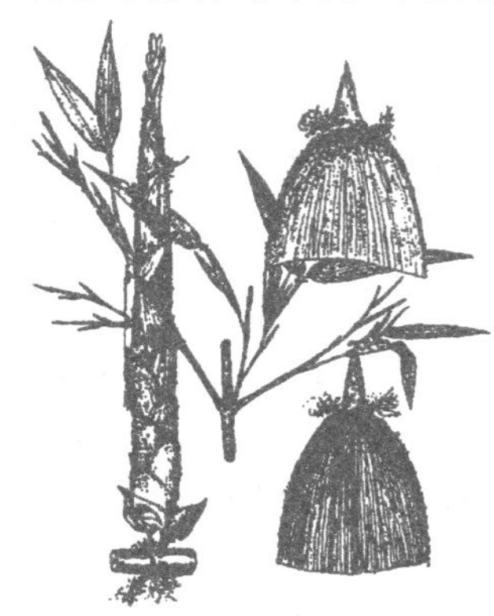

图7-325　紫竹
（引自王世动，2008）

别名：黑竹、乌竹

学名：*Rhyllostachys nigra*（Lodd.）Munro.

产地及分布：主要分布于华北地区至长江流域。

【形态特征】乔木状中小型竹种，高达3～10m，径可达5cm。中部节间长25～30cm。秆节两环隆起。新秆绿色，有白粉及细柔毛，一年后变为紫黑色，毛及粉脱落。箨鞘背面密生刚毛。箨舌紫色、弧形，与箨鞘顶部等宽，有波状缺齿。箨叶三角状或三角状披针形，有皱褶。箨耳椭圆形或长卵形，常裂成2瓣，紫黑色，上有弯曲的肩毛。每小枝有叶2～3片，披针形，长4～10cm，背面有细毛。叶舌微凸起，背面基部及鞘口处常有粗肩毛。笋期5月。

【观赏期】周年观赏。

【生态习性】较耐寒，北京可露地栽培。

【繁殖要点】移植母株或播种繁殖。

【园林用途】秆紫黑色，叶翠绿，极具观赏价值。可植于庭园观赏，宜与黄槽竹、金镶玉竹、斑竹等秆具色彩的竹种配置。以增加色彩。秆可制乐器、文具、工艺品。

(8) 刚竹

别名：光竹、台竹、胖竹

学名：*Phyllostachys viridis*（Young）Mc Clure.

产地及分布：分布于我国黄河流域至长江流域以南地区。

【形态特征】乔木状竹种，高达15m，径9cm。分枝以下的秆环不明显，仅箨环隆起。新秆鲜绿色，无毛，微有白粉；老秆仅在节下残留白粉环。笋黄绿色至淡褐色。秆箨背部常有浅棕色的密斑点，无毛，微有白粉。箨舌绿色，平截或微弧形，有细纤毛。箨叶带状披针形，绿色，常有橘红色的边带，平直或反折。无箨耳或肩毛。每小枝有叶2～6片，披针形或带状披针形，长6～16cm。有叶耳和长肩毛，宿存或部分脱落。

【观赏期】周年观赏。

【类型及品种】常见变型有：

1）槽里黄新刚 f. *houzeauana* C. D. Chu et C. S. chao，别名绿皮黄筋竹。秆绿色，着生分枝一侧的纵槽为金黄色。为庭园观赏竹种之一。

2）黄皮刚竹 f. *youngii*. C. D. Chu et C. S. Chao，别名黄皮绿筋竹。秆常较小，金黄色，节下面有绿色的环带，节间有少数绿色纵条；叶片常有淡黄色纵条纹。竹条金黄色颇美观，是庭园常见观赏竹种。

【生态习性】喜光，亦耐荫，耐寒性较强。喜肥沃、深厚、排水良好的土壤，较耐干旱、瘠薄，耐轻盐碱土。

【繁殖要点】移植母株或播种繁殖。

【园林用途】秆高挺秀，枝叶青翠，是长江下游各省区重要的观赏竹种之一。可配置于建筑前后、山坡、水池边、草坪一角，宜在居民新村、风景区内种植以绿化美化环境。

(9) 佛肚竹（图7-326）

别名：佛竹、密节竹

学名：*Bambusa ventricosa* McClure.

产地及分布：产于我国广东，南方庭院多栽培。

【形态特征】丛生竹，灌木状，秆高2.5～5m。竹秆圆筒形，节间长10～20cm；畸形秆，高仅25～50cm，节间短，下部节间膨大呈瓶状，长仅2～3cm。箨鞘无毛，初为深绿色，老时则橘红色，箨发达，箨耳舌极短。

【观赏期】周年观赏，观茎。

【生态习性】喜温暖、湿润。

【繁殖要点】移植母竹或竹兜繁殖。

【园林用途】秆若佛肚，奇异别致，颇具观赏价值。可植

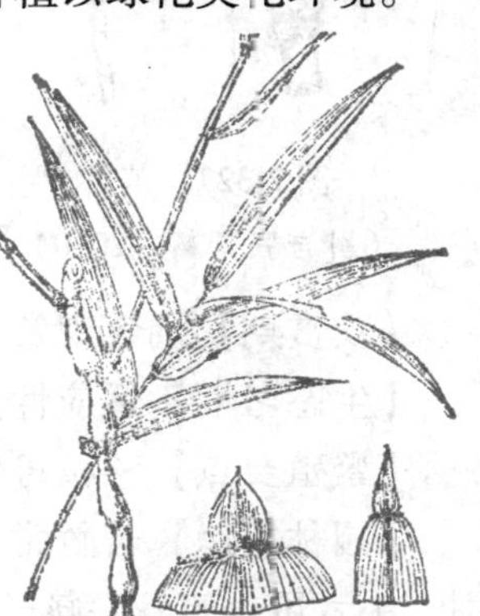

图7-326 佛肚竹
（引自陈有民，1988）

于庭院、温室中或盆栽观赏。

(10) 菲白竹

学名：*Sasa fortunei* (van Houtte) Fiori

产地及分布：原产日本。中国华东地区有栽培。浙江的安吉、杭州、南京、上海有引种栽培。

【形态特征】观赏地被竹，丛生状，节间无毛，秆每节具2至数分枝或下部为1分枝。箨片有白色条纹，先端紫色。末级小枝具叶4～7枚；叶鞘无毛；鞘口有白色繸毛；叶片长5～9cm，宽7～10mm，叶片狭披针形，绿色底上有黄白色纵条纹，边缘有纤毛，两面近无毛，有明显的小横脉，叶柄极短；叶鞘淡绿色，一侧边缘有明显纤毛，鞘口有数条白缘毛。笋期4～6月。

【观赏期】周年观赏，观叶。

【生态习性】喜温暖湿润气候，好肥，较耐寒，忌烈日，宜半阴，喜肥沃疏松排水良好的砂质土壤。

【繁殖要点】主要采用分植母株的方法。

【园林用途】菲白竹植株低矮，叶片秀美，常植于庭园观赏；栽作地被、绿篱或与假石相配都很合适；也是盆栽或盆景中配植的好材料。叶面上有白色或淡黄色纵条纹，菲白竹即由此得名。它端庄秀丽，案头、茶几上摆置一盆，别具雅趣，它是观赏竹类中一种不可多得的珍贵品种。

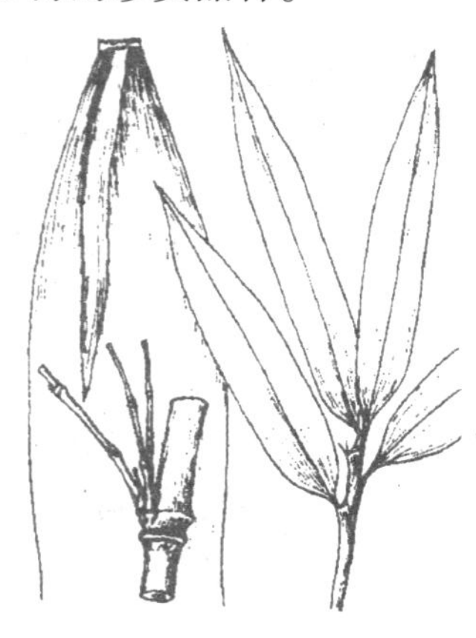

图7-327　苦竹
(引自张天麟，2010)

(11) 苦竹(图7-327)

别名：伞柄竹

学名：*Pleioblastus amarus* (keng) keng f.

产地及分布：原产中国，分布于长江流域及西南部。适应性强，较耐寒，北京在小气候条件下能露地栽植，在低山、丘陵、山峰、平地的一般土壤上，均能生长良好。

【形态特征】地下茎复轴混生型，秆高5～6m，径2～3cm，节间圆筒形，在分枝一侧稍扁平；箨环隆起呈木栓质。箨鞘厚纸质，绿色，有棕色或白色刺毛，边缘密生金黄色纤毛；箨耳细小，深褐色，有直立棕色缘毛；箨舌截平；箨叶细长披针形。叶鞘无毛，有横脉；叶舌坚韧，表面深绿色，背面淡绿色，有微毛。笋期5～6月。

【观赏期】周年观赏。

【生态习性】适应性强，较耐寒，喜肥沃，湿润的砂质土壤。

【繁殖要点】移植母竹或竹兜繁殖。

【园林用途】苦竹常于庭园栽植观赏。秆直而节间长，大者可作伞柄、帐竿、支架等用，小者可作笔管、筷子等；笋味苦，不能食用。

实训7.7 竹类植物识别与鉴定

1. 实训意义、目的与要求

1.1 在园林植物造景中，竹类植物以其独特的形态特征和生态价值发挥着重要的绿化造景作用，园林工作人员需了解竹类植物的形态、习性等特征，从而更好地栽培和应用。

1.2 本实训的目的是使学生通过对常见的竹类植物的基本特征的学习，掌握竹类植物的最佳观赏期，正确识别园林栽培中常见竹类植物的形态特征、生态习性，并了解其在园林中的作用，为以后的应用和配植提供一定的理论和实践基础。

1.3 要求学生必须熟悉10种竹类植物的形态特征、生态习性及繁殖方法、栽培要点与园林用途。

2. 材料用具

钢卷尺、直尺、卡尺、铅笔、笔记本、竹类植物。

3. 方法步骤

3.1 观察并记录所识别的竹类植物地下茎和地上茎的形态和分枝类型。

3.2 观察竹类植物竹秆，描述竹秆高度、直径、节间长度、颜色等特征。

3.3 描述不同种竹类植物的竹叶的形态。

4. 实训作业

4.1 常见竹类植物的识别，教师随机抽取10种竹类植物，要求学生准确识别。(40分)

4.2 将10种竹类植物按照种名、科属、观赏用途等记录在表7-7中。(60分)

5. 考核评估

5.1 优秀：90分以上。

5.2 优良：80～89分。

5.3 良好：70～79分。

5.4 及格：60～69分。

表7-7 竹类植物识别记录表

竹类植物	地下茎类型	竹秆				分枝类型	竹叶		
		高度	直径	节间长度	颜色		末极小枝叶片数量	长宽	颜色

盆栽竹的栽培与养护

竹类植物刚劲挺秀，风雅宜人，品种繁多，其中不乏可供盆栽的园艺品种，如凤尾竹、佛肚竹、菲白竹、箬竹等。

1. 母株移栽

栽植时应采用移母竹的方法，成活率较高。可选用生长正常，竹节间密，分枝点低，竹鞭（地下茎）生长旺盛的母竹进行分株。挖掘时应注意保留足够的竹鞭约30～60cm长，去鞭（即新生茎）占2/3。因新笋都是从去鞭长出来的，还应注意竹竿与竹鞭相连处及鞭上须根不能损伤，并带足土团，否则不易成活。

盆栽竹应按3～5株为一丛作一次性挖掘，因母竹出土后脱水快，必须立即栽植。可将其先平放并使之舒展，灌上少量水，再覆土压实，盖住母竹原来的入土部分。切忌干穴填土或压实时伤及鞭根、笋芽。栽后置阴凉处，并经常以少量清水喷雾，以免叶尖发黄。1个月以后逐渐见阳光，移植时间以秋分前后为宜。

2. 浅盆露根栽植

竹为浅根植物，宜用面积大的广口浅盆露根疏植于盆的一侧，有碍布局的枝叶均可剪去，再配以小型的假山奇石。土面可植少量苔藓等作陪衬。浅盆可供竹鞭生长的盆域要比同样土量的深盆大得多，因而长势也要好得多。

3. 水土管理

盆竹喜湿润，用土必须是排水良好的偏酸的沙壤土，最好掺以1/2的山林腐殖土，切忌盐碱黏土。盆竹喜露根浅植忌厚土深埋，盆土应偏干，忌泥泞。炎夏勿使阳光直射，每天应于上午浇水一次，并于傍晚喷洒枝叶一次，以使盆竹保持苍翠碧绿。当气温降至10℃左右时，应搬至室内莳养，以免枯梢脱叶，越冬保持10℃以上为宜。

4. 竹喜肥，但盆竹忌施肥

因盆竹重观赏，要求矮小，应控制在50～60cm间，又不能摘心或剪截，确非易事。由于盆土浅薄的限制，如能控制肥量，长出的新竹肯定矮小。如盲目施肥，盆竹会长得高大粗壮，竹叶肥厚，甚至出现疯长，完全丧失其小巧独特的风韵。尤其是少施氮肥，对矮化盆竹有利。

5. 剥笋矮化

新笋如拔节偏长有失雅趣，可轻剥箨壳，笋即停止拔节，靠近基部的侧枝也需剪除。为促进盆竹更新，使之矮小青翠，应做到年年冬季抽砍。原则是：砍老留嫩、砍密留疏、砍弱留强。每年换盆时，应适当剔除枯竹，保持株型优美。因换盆植株受影响，起到抑制生长的作用，有助于盆竹矮化。

小　结

主要介绍了15种常见的竹类植物的产地及分布、形态特征、类型及品种、生态习性、繁殖要点和园林用途。

相关链接

1. 郑万钧．中国树木志 1 ~4 卷［M］．北京：中国林业出版社，2003.
2. 陈有民．园林树木学［M］．北京：中国林业出版社，1990.
3. 中国竹网 http：//www. bamboo. cn
4. 广东园林观赏竹子网 http：//www. gzbamboo. net

练习题

1. 佛肚竹和龟甲竹在形态上主要区别是什么？
2. 竹的地上茎有什么特点？
3. 竹一般用什么方法进行繁殖？
4. 你当地观赏竹类有哪些？园林上如何应用？

草本园林植物

教学目标

1. 理解草本园林植物的分类方法。
2. 会依据草本园林植物的生活型与生态习性、原产地对其进行分类。
3. 掌握一、二年生花卉、宿根花卉、球根花卉、水生花卉、室内花卉、蕨类植物、观赏草、草坪与地被植物的形态特征、生态习性及其园林应用，为从事花卉生产和植物景观设计与施工打下基础。
4. 能熟练识别常见的一、二年生花卉，宿根花卉，球根花卉，水生花卉，室内花卉，蕨类植物，观赏草，草坪与地被植物。
5. 具有较强的实践能力和良好的职业道德。
6. 激发热爱园林和生态环境建设事业的思想。
7. 培养学生善于沟通和合作的良好品质

8.1 草本园林植物的分类

草本园林植物的种类极多，范围甚广，生态习性也多种多样，栽培应用特征也表现各异。为了便于草本园林植物的栽培管理和科学应用，有必要对草本园林植物进行分类。由于分类的依据不同，而有多种分类方法。下面举几种常用的分类方法。

8.1.1 依生物学特性与生态习性

这种分类方法的依据草本园林植物的生活型与生态习性进行分类，应用最广泛。如杭州西湖湖滨路上的花境，草本园林植物的种类有鼠尾草、美人蕉、醉蝶花、矮牵牛、飞燕草、藿香蓟、黄晶菊、月见草、花叶万年青、麦冬、金边阔叶麦冬、吉祥草、美女樱、玉簪等，请问哪些是一、二生花卉？哪些是宿根花卉？哪些是球根花卉？哪些是室内花卉？等等。

1. 露地花卉

露地花卉是指在自然条件下，在露地完成其生命周期的草本园林植物。

(1) 一年生花卉

在一年内完成其生长、发育、开花、结实直至死亡的生命周期，即经过春天播种，夏

秋开花、结实后枯死。所以又称春播花卉。如一串红、鸡冠花、万寿菊、孔雀草、千日红、翠菊、麦秆菊、波斯菊、百日草、半支莲、五色草、藿香蓟、凤仙花等。

（2）二年生花卉

在两年内完成其生长、发育、开花、结实直至死亡的生命周期，即经过秋天播种、幼苗过冬，翌年春夏开花、结实后枯死。所以又称秋播花卉。如须苞石竹、毛地黄、羽衣甘蓝、金盏菊、雏菊、金鱼草、三色堇、桂竹香、风铃草、矮雪轮、矢车菊等。

（3）多年生花卉

指这种草本园林植物的地下茎和根连年生长，地上部分多次开花结实及其个体寿命超过两年。又因其地下部分的形态不同，可分为两类。

宿根花卉　地下部分的形态正常，不发生变态现象，地上部分表现出一年或多年生性状，如菊花、萱草、万年青、麦冬、桔梗、蓍草、鸢尾等。

球根花卉　指地下部分的根或茎发生变态，肥大呈球状或块状的多年生草本园林植物。又因其形态不同，可分为鳞茎类、球茎类、块茎类、根茎类、块根类等。鳞茎类有百合、水仙、风信子、郁金香等；球茎类有小苍兰、葱兰、唐菖蒲、番红花、仙客来等；块茎类有球根秋海棠、大岩桐、马蹄莲、萍蓬草等；根茎类有美人蕉、菖蒲、白芨、荷花、睡莲等；块根类有大丽花、花毛茛、蛇鞭菊、葛藤、乌头等。

（4）水生花卉

指生长发育在水中或沼泽地中耐水湿的草本园林植物。如荷花、睡莲、萍蓬草、菖蒲、香蒲、黄菖蒲、水葱、芡实、千屈菜、凤眼莲等。

水生花卉根据茎叶与水面的位置关系可分为挺水花卉、浮水花卉、漂浮花卉和沉水花卉。

挺水花卉　植株高大，花色艳丽，绝大多数有茎、叶之分；根或地下茎扎入泥中生长发育，上部植株挺出水面。如荷花、黄花鸢尾、千屈菜、菖蒲、香蒲、慈姑、梭鱼草等。

浮叶花卉　根状茎发达，花大，色艳，无明显的地上茎或茎细弱不能直立，而它们的体内通常储藏有大量的气体，使叶片或植株漂浮于水面。如睡莲、王莲、萍蓬草、芡实、荇菜等。

漂浮花卉　根不生于泥中，植株漂浮于水面之上，随水流、风浪四处漂泊。如凤眼莲、大漂、槐叶萍等。

沉水花卉　根茎生于泥中，整个植株沉入水体之中，通气组织发达。如黑藻、金鱼藻、狐尾藻、苦草之类。

（5）岩生植物

指耐干旱性强，适合在岩石园栽培的植物，如虎耳草、香堇、景天等。

（6）草坪及地被植物

指覆盖地表呈低矮、匍匐状的，质地优良，扩展性强的禾本科植物、莎草科植物以及一些多年生适应性强的其他草本植物和茎叶密集的低矮灌木、竹类、藤本植物等。如狗牙根、结缕草、沟叶结缕草、细叶结缕草、紫羊茅、早熟禾、高羊茅、匍匐剪股颖、黑麦草、白三叶、红三叶、马蹄金、紫叶小檗、铺地柏、菲白竹等。

2. 温室花卉

指原产热带、亚热带及南方温暖地区的草本园林植物，在北方寒冷地区栽培必须在温室内栽培，或冬季必须在温室内保护越冬。通常可以分为下面几类。

一、二年生花卉　如彩叶草、蒲包花、瓜叶菊、报春花等。

宿根花卉　如非洲紫罗兰、鹤望兰、百子莲、非洲菊、花叶竹芋、一叶兰等。

球根花卉　如郁金香、大岩桐、香雪兰、马蹄莲、球根秋海棠等。

兰科植物　依其生态习性不同，可分为两类。地生兰类：如春兰、建兰、蕙兰、墨兰、寒兰等；附生兰类：如卡特兰、蝴蝶兰、石斛、兜兰等。

多浆植物　指茎叶具有特殊贮水能力，呈肥厚多汁变态状的植物，并耐干旱。如仙人掌、蟹爪兰、昙花、芦荟、绿铃、生石花、玉米石、龙舌兰等。

蕨类植物　又称羊齿植物，如铁线莲、巢蕨、圆叶巢蕨等。

食虫植物　如猪笼草、捕蝇草、瓶子草等。

凤梨科植物　如斑叶凤梨、火炬凤梨、金边凤梨、筒凤梨等。

草木本植物　又称亚灌木花卉，如天竺葵、倒挂金钟、香石竹等。

花木类　如一品红、龙血树、龟背竹、米仔兰、棕榈科植物等。

水生花卉　如王莲、热带睡莲等。

8.1.2　依花卉原产地的分类

某花圃内有紫罗兰、金盏菊、矮牵牛、羽衣甘蓝、万寿菊、虎尾兰、朱顶红、郁金香等花卉，按原产地如何进行分类？

自然界中草本园林植物资源及其丰富，它们分布于热带、温带，还有极少数分布于寒带，由此可知原产地自然界环境条件相差很大。草本园林植物生态学特性与原产地环境条件有密切关系，决定环境条件的因素很多，其中温度和水分两因子在决定草本园林植物分布中起主导作用。草本园林植物的原产地相同，则它们的生活习性也大致相似，在引种栽培过程可以来采用相似的栽培方法。我们栽培的草本园林植物是有分布于世界各地的野生草本园林植物经过人工引种、驯化培育而来的，因此，了解草本园林植物的原产地对于栽培和引种的顺利进行具有重大现实意义。为保证草本园林植物人工栽培或引种成功，可以选择与原产地有相似条件的栽培地或者应用栽培设施人工创设类似栽培环境。

根据 Mller 和日本塚本氏的分类，全球分为七个气候区，每个气候区具有独特的气候条件，决定了其独特野生草本园林植物类群的分布。草本园林植物依其原产地气候型可分为如下几种。

1. 中国气候型

亦称大陆东岸气候型。这一气候型的特点是夏热冬寒，年内温差较大，夏季降水量较多。属此气候型的地区有：中国的大部分、日本、北美东部、巴西南部、大洋洲东部、非洲东南部等地。依冬季气温的高低可分为温暖型及冷凉型。

温暖型　包括中国长江以南（华东、华中及华南）、日本西南部、北美东南部等地，主要原产的草本园林植物有：中国石竹、福禄考、天人菊、美女樱、矮牵牛、半支莲、凤仙花、麦秆菊、一串红、报春花、非洲菊、百合、石蒜、马蹄莲等。

冷凉型　包括中国华北及东北南部、日本东北部、北美东北部等地，主要原产的草本园林植物有：翠菊、黑心菊、荷包牡丹、芍药、菊花、荷兰菊、金光菊等。

2. 欧洲气候型

欧洲气候型亦称大陆西岸气候型，特点是冬季温暖，夏季凉爽，一般气温不超过15～17℃。雨水四季均匀，而西海岸地区降雨量较少。属此气候型的地域有欧洲大部分、北美西海岸中部、南美西南部、新西兰南部等地，这些地区原产的主要草本园林植物有三色堇、雏菊、矢车菊、剪秋罗、紫罗兰、羽衣甘蓝、宿根亚麻、喇叭水仙、铃兰等。

3. 地中海气候型

以地中海沿海岸气候为代表，其特点是自秋季至次年春末降雨较多；冬季无严寒，最低温度为6～7℃；夏季干燥、凉爽，极少降雨，为干燥期，气温为20～25℃。多年生草本园林植物常成球根状态。与地中海相似的地区有南非好望角附近、大洋洲和北美的西南部，南美智利中部、北美洲加利福尼亚等地。原产地中海地区的有风信子、郁金香、水仙、金盏菊等；原产南非的有鹤望兰、小鸢尾、天竺葵、君子兰等；原产大洋洲的有麦秆菊；原产北美洲的有羽扇豆、酢浆草、钓钟柳等；原产南美的有蒲包花、智利喇叭花等。

4. 墨西哥气候型

墨西哥气候型又称热带高原气候型，特点是周年温度约14～17℃，温差小，降雨量因地区不同，有的雨量充沛均匀，也有集中在夏季的。属该气候型的地区除墨西哥高原之外，尚有南美洲的安第斯山脉，非洲中部高山地区、中国云南省等地。原产墨西哥的有大丽花、晚香玉、百日草、一品红、万寿菊等；南美洲的有球根秋海棠、金莲花等。

5. 热带气候型

该气候型的特点是常年气温较高，约30℃左右，温差小，空气湿度较大；有雨季和旱季之分。此气候型又可区分为两个地区。

亚洲、非洲、大洋洲的热带地区　常见的有：鸡冠花、凤仙花、蟆叶秋海棠、彩叶草、虎尾兰、万带兰、非洲紫罗兰、猪笼草等。

中美洲和南美洲热带地区　常见的有：紫茉莉、大岩桐、牵牛花、美人蕉、水塔花、卡特兰、朱顶红等。

6. 沙漠气候型

该气候型的特点是，周年气候变化极大，昼夜温差也大，降雨少，干旱期长；多为不毛之地，土壤质地多为砂质或以砂砾为主。属该气候类型的地区有非洲、阿拉伯，黑海东北部，大洋洲中部，墨西哥西北部，秘鲁与阿根廷部分地区及我国海南岛西南部。仙人掌科多浆植物主产墨西哥东部及南美洲东部。其他科多浆植物原产南非如芦荟、十二卷、伽蓝菜等。我国海南岛所生产多浆植物主要有仙人掌、龙舌兰等。

7. 寒带气候型

这一气候型地区冬季漫长而严寒，夏季短暂凉爽，植物生长期只2～3个月。夏季白天长，风大。植物低矮，生长缓慢，常成垫状。属该气候型地区有阿拉斯加、西伯利亚等寒带地区及高山地区。原产的草本园林植物有雪莲、细叶百合、绿绒蒿、镜面草、龙胆等。

8.1.3 其他分类

草本园林植物的生态习性和观赏特性决定了草本园林植物的不同应用方式。因此根据不同的观赏特性、用途或近似的植物类群可将草本园林植物进行如下分类：

1. 依观赏部位分类

按草本园林植物可观赏的花、叶、果、茎等器官进行分类。

（1）观花类

以观花为主的草本园林植物，欣赏其色、香、姿、韵。如虞美人、菊花、荷花、霞草、飞燕草、晚香玉等。

此分类根据长江中下游的气候特点，从传统的二十四节气的四季划分法出发，依据诸多草本园林植物开花的盛花期进行分类。

春季花卉　指在2～4月期间盛开的草本园林植物，如金盏菊、虞美人、郁金香、花毛茛、风信子、水仙等。

夏季花卉　指在5～7月期间盛开的草本园林植物，如凤仙花、金鱼草、荷花、火星花、芍药、石竹等。

秋季花卉　指在8～10月期间开花的草本园林植物，如一串红、菊花、万寿菊、石蒜、翠菊、大丽花等。

冬季花卉　指在11月至翌年1月期间开花的草本园林植物。

（2）观叶类

以观叶为主，草本园林植物的叶形奇特，或带彩色条斑，富于变化，具有很高的观赏价值，如龟背竹、花叶芋、彩叶草、蔓绿绒、旱伞草、蕨类植物等。

（3）观果类

植株的果实形态奇特，艳丽悦目，挂果时间长，且果实干净，可供观赏。如五色椒、金银茄、冬珊瑚等。

（4）观茎类

这类草本园林植物的茎、分枝常发生变态，表现出婀娜多姿，具有独特的观赏价值。如仙人掌类、竹节蓼等。

（5）其他类

有些草本园林植物的其他部位或器官具有观赏价值，如马蹄莲观赏其美丽、形态奇特的苞片；热带食虫植物猪笼草叶中脉延长为须，末端膨大成瓶状叶笼。

2. 依用途分类

室内花卉　指具有较强的耐荫能力，适宜在室内较长时间摆放和观赏的草本园林植物。如广东万年青、君子兰、秋海棠、绿萝、文竹、虎尾兰、竹芋等。

盆花花卉　主要指观赏盛花期，株丛圆整、开花繁茂、整齐一致的草本园林植物。如长寿花、菊花等。

切花花卉　栽培目的是为剪取花枝供瓶花或其他装饰用，如菊、非洲菊、百合、马蹄莲等。

花坛花卉　用于花坛布置的草本园林植物，一般要求该草本园林植物量大，花期集中、色彩鲜明或者具有特殊的叶色。如夏堇、一串红、矮牵牛、雨衣甘蓝等。

地被花卉　低矮、抗性强，有较强的延展性或扩散能力的草本园林植物。如二月兰、白三叶、酢浆草、垂盆草、过路黄等。

药用花卉 具有药用功能的草本园林植物。如芍药、桔梗、麦冬、贝母、百合、石斛等。

香料花卉 可作香料的草本园林植物。如薄荷、晚香玉、香堇、玉簪、香雪兰等。

食用花卉 具有食用价值的草本园林植物。如百合、菊花、黄花菜、落葵、藕等。

3. 依特性相近植物类群或科属分类

观赏蕨类 指蕨类植物中具有较高观赏价值的一类。主要观赏其独特的株形、叶型。如鸟巢蕨、铁线蕨、鹿角蕨、波斯顿蕨、凤尾蕨等。

兰科植物 指兰科观赏价值高的各种草本园林植物。依生态习性可分为地生兰和附生兰。兰科植物中著名的有兰属、石斛属、卡特兰属、贝母属、兜兰属、万带兰属等。

凤梨科花卉 指凤梨科观赏价值高的各类草本园林植物。如较常见的有果子蔓属、铁兰属、巢凤梨属等。

棕榈科植物 指观赏价值较高的棕榈科植物。如散尾葵、美丽针葵、袖珍椰子、三药槟榔、夏威夷椰子等。

仙人掌多肉类花卉 指茎叶退化肥厚具有发达的储水组织的植物。包括仙人掌科、番杏科、景天科、大戟科、萝藦科、龙舌兰科等。

8.2 各 论

8.2.1 一、二生草本花卉

1. 藜科 Chenopodiaceae

多为一年生草本，少数为半灌木或灌木，稀为小乔木。单叶，互生或对生，扁平或柱状，较少退化为鳞片状（盐角草属），草质或肉质，无托叶，花单被，3~5裂，果期增大、变硬或在背部生出翅状、刺状、疣状等附属物。雄蕊与花被裂片同数或较少。子房上位；胚珠1，弯生。果实多为胞果，稀盖果（千针苋属）。胚环形、半环形或螺旋形。具肉质或粉质的外胚乳或无。

（1）红叶甜菜

别名：厚皮菜、紫菠菜

学名：*Beta vulgaris* var. *cicla*

产地及分布：原产欧洲。早年引入我国，长江流域地区栽培广泛。

【形态特征】主根直立。叶片呈暗紫红色，菱形，全缘。多年生草本观叶植物，多作2年生栽培。叶在根颈处丛生，叶片长圆状卵形，全绿、深红或红褐色，肥厚有光泽。花茎自叶丛中间抽生，高约80cm左右，花小，单生或2~3朵簇生叶腋。胞果，种子细小，花、果期5~7月。

【观赏期】春冬季节观叶。

【生态习性】喜光，好肥，耐寒力较强，一般在-10℃以下低温，植株仍不会受冻害，亦不怕霜。对土壤要求不严，适应性强，在排水良好的砂壤土中生长较佳，也能在阴处生长。

【繁殖要点】播种繁殖。秋播。

【园林用途】红叶甜菜紫红色的叶片整齐美观，在园林绿化中可作露地花卉，布置花坛。也可盆栽，作室内摆设。嫩叶可食用。

（2）地肤（图 8-1）

别名：扫帚草、孔雀、绿帚

图 8-1　地肤
（引自金波，2005）

学名：*Kochia scoparia*

产地及分布：原产于欧洲及亚洲中部和南部地区。

【形态特征】一年生花卉，株高 30～150cm。株丛紧密，卵圆至圆球形，草绿色。主茎木质化，分枝多而纤细。叶互生线形，稠密，淡绿色，窄条形至线形，全缘。秋季全株成紫红色。主要观赏株形和嫩绿色。花小、腋生、集成稀疏的穗状花序，花期秋季。

【观赏期】整个生长季观枝。

【类型及品种】园林栽培主要是其变种细叶扫帚草 *var. culta*，株型矮小，叶细软、嫩绿色，秋季转为红紫色。

【生态习性】喜温暖，不耐寒，极耐炎热。喜光。耐干旱、耐瘠薄和盐碱。对土壤要求不严。极易自播繁衍。

【繁殖要点】播种繁殖。春播，宜直播。幼苗初期生长缓慢并要求园地湿润，随着气温上升生长转快。间苗后定植株距 50cm。

【园林用途】外形似千头柏，叶纤细、嫩绿，入秋泛红，是花坛、花境、花群良好的材料，可作短期绿篱，也可盆栽观赏。

2. 苋科 Amaranthaceae

多为一年生或多年生草本，稀攀援藤本或灌木。单叶，互生或对生，无托叶。花两性，稀单性，为腋生的聚伞花序或排成圆锥花序；苞片小，小苞片 2，干膜质，花被片 3～5，常干膜质，雄蕊常和花被片同数且对生，子房上位、1 室，具基生胎座，果为胞果、小坚果或盖裂的胞果。种子小，凸透镜状或肾形。胚环形，胚乳粉质。

（1）红绿草（图 8-2）

别名：五色苋、模样苋

学名：*Alternanthera bettzickiana*

产地及分布：本属约 170 种，分布于热带和亚热带地区，中国有两种，产西南至东南地区，野生于湿地。

【形态特征】多年生草本，茎直立或斜出，节膨大，分枝呈密丛状；株丛紧密，极耐低修剪。叶色因品种不同而异，绿、褐红等。叶小，叶柄较长。

【观赏期】周年观叶。

图 8-2　红绿草
（引自金波，2005）

【类型及品种】常用绿色叶品种‘小叶绿’和褐红色品种‘小叶黑’。同属常用植物有红草五色苋 *Alternanthera amoena*，别

名小叶红、可爱虾钳菜。叶色暗紫色，茎平卧，分枝较多。叶狭，基部下延，叶柄短。

【生态习性】喜阳光充足，略耐荫；喜温暖湿润，畏寒；喜高燥的砂质土壤不耐干旱和水涝。盛夏生长迅速，秋凉叶色艳丽。

【繁殖要点】扦插繁殖，极易生根。气温22℃，相对湿度70% ~80%条件下，4 ~7天生根，15天左右即可定植。

【园林用途】红绿草植株低矮，分枝性强，耐修剪，最适于模纹花坛。可用不同的色彩配置成各种花纹、图案、文字等平面或立体的形象。也可用于花坛和花境边缘及岩石园。

（2）三色苋（图8-3）

别名：雁来红、老来少

学名：*Amaranthus tricolor*

产地及分布：原产于亚洲及美洲热带。同属约60种。

【形态特征】一年生花卉。株高100 ~150cm，植株高大，直立，少分枝。叶大，互生，卵圆形至卵圆状披针形。基部暗紫色，入秋顶叶或包括中下部叶变为红、橙、黄色相间，为主要观赏部位。穗状花序腋生，花小，色绿，不明显。自播能力很强。

图8-3 雁来红
（引自金波，2005）

【观赏期】秋季观叶。

【类型及品种】园林中主要栽培其变种：紫叶雁来红 *Amaranthus tricolor* var. *splendengs*，株高可达1.8m，茎叶紫色，秋季顶叶鲜红色。杂种雁来红 *Amaranthus* × *hybrida*，株高60 ~90cm，有各种叶色的品种，绯红、桃红、褐红、黄、金黄等。

【生态习性】不耐寒；喜阳光充足，湿润及通风良好的环境；喜疏松肥沃、排水良好的土壤，耐碱；忌湿热，怕涝，耐干旱。

【繁殖要点】播种繁殖，为嫌光种子，种子细小，覆土宜薄。直根系，宜春季4 ~5月直播于露地，保持15 ~20℃，播后7天出苗。株高10 ~15cm时定植，株行距为40cm ×40cm。

【园林用途】宜丛植，也可作花坛中心、花境背景材料或美化院落角隅。

（3）鸡冠花（图8-4）

别名：红鸡冠

图8-4 鸡冠花
（引自傅玉兰，2001）

学名：*Celosia cristata*

产地及分布：原产东亚及南亚亚热带和热带地区。

【形态特征】一年生花卉，株高15 ~120cm。茎粗壮直立，光滑具棱，少分枝。叶互生，卵状至线状变化不一。穗状花序肉质顶生，具丝绒般光泽，花序上部退化成丝状，中下部成干膜质状，生不显著细小花。花序有不同形状，有深红、鲜红、橙黄、黄、白等色。叶色与花色常有相关性。

【观赏期】秋季观花。

【类型及品种】园艺变种、变型很多。按花型分为头状和羽状；按高矮分为高型鸡冠（80 ~120cm），中型鸡冠（40 ~60cm），矮型鸡冠（15 ~30cm）。本属共约60种，同属常见栽培的有青葙 *C. argentea*，高60 ~100cm，茎紫色，叶晕紫，花序火焰状，紫红色。性极强健，适宜任何土壤。

【生态习性】喜阳光充足、炎热和空气干燥的环境，不耐寒。喜疏松、肥沃、排水良好的土壤，不耐瘠薄。忌积水，较耐旱。怕霜冻，一旦霜期来临，植株即枯死。可自播繁衍。短日照下花芽分化快，火焰型花序分枝多，长日照下鸡冠状花序形体大。

【繁殖要点】播种繁殖。春播，头状鸡冠花发芽时需光，羽状鸡冠花对光不敏感。在21~26℃时，播后6~10天左右发芽；种子细小，覆土宜薄。直根性，4~5枚叶时即可移植。定植株行距：矮型品种为25cm×25cm，中高型品种为55cm×55cm。

【园林用途】花序顶生，显著，形状色彩多样，有较高的观赏价值，是重要的花坛花卉。矮型及中型鸡冠花用于花坛和盆栽观赏，高型鸡冠花用于花境和切花，切花瓶插能保持10天以上。也可制成干花。

（4）千日红（图8-5）

别名：火球花、红光球、千年红

图8-5　千日红
（引自金波，2005）

学名：*Gomphrena globosa*

产地及分布：原产于亚洲热带，世界各地广为栽培。同属约120种。

【形态特征】一年生草本花卉，株高20~60cm。茎直立，上部多分枝；叶对生，椭圆形至倒卵形；头状花序球形，1~3个着生于枝顶，有长总花梗，花小密生。每花有小苞片2个。膜质苞片有光泽，紫红色，干后不凋，色泽不褪。花色有紫红、橙黄、白、粉等色。

【观赏期】7月初至霜降观花。

【生态习性】喜炎热干燥气候，不耐寒；喜阳光充足；性强健，不择土壤。

【繁殖要点】播种繁殖。春天播种。因种子外密被纤毛，易互相粘连，一般用冷水浸种1~2天后挤出水分，然后用草木灰拌种，或用粗砂揉搓使其松散便于播种。

【园林用途】植株低矮，花繁色浓，是布置花坛的好材料，也适宜于花境应用。球状花主要由膜质苞片组成，干后不凋，是良好的自然干花材料。采集开放程度不同的千日红一束，插于瓶中观赏，宛若繁星点点，灿烂多姿，作切花应用时，观赏期长。对氟化氢敏感，是氟化氢的监测植物。

3. 马齿苋科 Portulacaceae

一年生或多年生草本或小灌木。单叶，互生或对生，常肉质，托叶膜质或刚毛状。花成聚伞花序、总状花序或单生，两性，整齐；萼片常2，位于中线上，分离或基部结合，常早落；花瓣2~5，分离或基部结合；雄蕊与花瓣同数对生，或由分离而成多数，离生，偶着生于花冠，花药2室，内向，纵裂；花粉粒近扁球形或近长球形，具沟、皱或圆孔，外层厚于内层，萌发孔往往为粗糙颗粒状膜所掩盖，雄蕊1，由2~3心皮所成。蒴果环裂或室背裂开，稀为不裂的坚果。

（1）半支莲（图 8-6）

别名：龙须牡丹、松叶牡丹、大花马齿苋、太阳花、死不了

学名：*Portulaca grandiflora*

产地及分布：原产于南美巴西、阿根廷、乌拉圭等地，世界各地广为栽培。

【形态特征】一年生肉质草本植物。株高 15 ~ 30cm，茎匍匐状或斜生状，叶尖形肉质圆棍状，互生，长 2.5cm，有时成对或簇生。花单生或数朵簇生枝顶，花直径 3cm，单瓣或重瓣，花色丰富，有白、淡黄、黄、橙、粉红、紫红或具斑嵌合色。蒴果盖裂，种子细小多数，具灰黑色金属光泽，7 ~ 10 月陆续成熟，种子千粒重约为 0.10g。

图 8-6 半支莲
（引自金波，2005）

【观赏期】观花植物，单花花期短，整株花期长，7 ~ 9 月为盛花期。

【生态习性】半支莲是强阳性植物，喜高温；不耐寒，耐干旱贫瘠；不耐水涝；不择土壤，但以疏松排水良好环境为佳，不需肥水太多，以保持湿润为宜。花仅于阳光下开放，阴天关闭。

【繁殖要点】播种、扦插繁殖。

【园林用途】半支莲丛生密集，花繁色艳，花期又长，是装饰草地、坡地和路边的优良配花，亦宜花坛边缘和花境栽植，盆栽小巧玲珑，可陈列在阳台、窗台、走廊、门前、池边和庭院等多种场所观赏。若让其部分茎叶和花朵垂挂于花盆四周，垂立结合，别有一番意趣。

4. 石竹科 Caryophyllaceae

二年生或多年生草本，稀为小灌木或亚灌木。茎通常节部膨大。单叶对生，有时具膜质托叶。花两性，稀单性，辐射，伞形花序、圆锥花序或集生成头状。有时具闭花受精的花；萼片 4 ~ 5，离生或合生；花瓣 4 ~ 5，稀无，离生，具爪或否；雄蕊 8 ~ 10，稀 2 ~ 5；花盘小，有些具腺体；花托有时呈栖状；子房上位，1 室，稀 2 ~ 5 室，特立中央胎座。胚珠 1 至多数；花柱 2 ~ 5。果实通常为蒴果，稀为瘦果或浆果状。种子 1 至多数，多为肾形，无翅或仅具窄翅，表面平滑或具疣状突起，含粉质胚乳。

（1）矮雪轮

学名：*Silene pendula* L.

产地及分布：原产地中海地区，现广泛栽培。

【形态特征】一二年生草本。株高约 30cm。分枝多。叶卵状披针形。聚伞花序。花瓣倒心脏形，先端 2 裂，粉红色；栽培品种花色有白色、淡紫色、浅粉红色、玫瑰色等；又有重瓣品种，花色也很丰富。萼筒长而膨大，筒上有紫红色条筋。蒴果卵形。采种期 6 月。

【观赏期】观花植物，花期 4 月下旬至 6 月中旬。

【生态习性】耐寒，喜光，喜肥。在含有丰富腐殖质、排水良好而湿润的壤土中生长良好。

【繁殖要点】播种繁殖，选用疏松肥沃土壤做床，于早春、秋、冬季播种。

【园林用途】适宜布置花坛、花境。矮性品种特别适宜布置整形花坛。

（2）石竹（图8-7）

别名：中国石竹、中国沼竹、石竹子花、石柱花、十样景花、洛阳花、汪颖花、洛阳石竹、石菊、绣竹、常夏、日暮草、瞿麦草

图8-7　石竹
（引自傅玉兰，2001）

学名：*Dianthus chinensis* L.

产地及分布：原产中国东北，华北、长江流域及东南亚地区，分布很广。除华南较热地区外，几乎中国各地均有分布。

【形态特征】多年生草本植物，但一般作一、二年生栽培。北方秋播，来春开花；南方春播，夏秋开花。株高30～40cm，直立簇生。茎直立，有节，多分枝，叶对生，条形或线状披针形。花萼筒圆形，花单朵或数朵簇生于茎顶，形成聚伞花序，花径2～3cm，花色有紫红、大红、粉红、紫红、纯白、红色、杂色，单瓣5枚或重瓣，先端锯齿状，微具香气。花瓣阳面中下部组成黑色美丽环纹，盛开时瓣面如碟闪着绒光，绚丽多彩。花期4～10月，集中于4～5月。蒴果矩圆形或长圆形，种子扁圆形，黑褐色。

【观赏期】春季观花。

【类型及品种】常见同属种类有：

1）锦团石竹 *D. chinensis* var. *heddewigii*，别名繁花石竹。植株较矮，株高约20～30cm，茎叶被白粉，呈蓝绿色。花大，直径4～6cm，重瓣性强，先端齿裂或羽裂，色彩变化丰富。多年生作一、二年生栽培或短期多年生栽培，栽培多年后观赏效果差。

2）石竹梅 *D. latifolius*，别名美人草。为锦团石竹和须苞石竹的杂交种，形态介于两者之间。花瓣表面常聚银白色的边缘，背面全为银白色，多复瓣和重瓣。花芽分化要求春化阶段。多年生作二年生栽培。

3）常夏石竹 *D. plumarius*，茎、叶有白粉，花2～3朵，径为2.5cm，有粉红、紫或白色花瓣，有环纹或中心色深，芳香。

4）瞿麦 *D. superbus*，稀疏圆锥花序，花径为3.5～4cm，花瓣端细裂，有淡紫、白、粉等色。花期在6月底至7月，果熟期在7月。

【生态习性】耐寒性强，要求高燥、通风凉爽的环境；喜阳光充足，不耐荫；喜排水良好、含石灰质的肥沃土壤，忌潮湿水涝，耐干旱瘠薄。

【繁殖要点】以播种繁殖为主，一般秋播。也可扦插繁殖，将枝条剪成6cm左右的小段，插于沙床。

【园林用途】花朵繁密，花色丰富，色泽艳丽，花期长；叶似竹叶，青翠，柔中有刚。用于花坛、花境和镶边布置；也可布置岩石园；花茎挺拔，水养持久，是优良的切花。

（3）须苞石竹

别名：五彩石竹、美国石竹

学名：*Dianthus barbatus* L.

产地及分布：原产于欧洲、亚洲，由美国传入中国，故名“美国石竹”。

【形态特征】多年生植物，常作二年生栽培。株高40～50cm，茎直立、光滑、粗壮，

微有细棱，分枝少；叶较宽，中脉明显；花小而多，密集成聚伞花序，花序直径达10cm以上，花苞片先端粗壮，花色丰富，有白色系、红色系及复色，稍有香气。花芽分化要求春化作用。

【观赏期】观花植物，花期在春夏两季。

【生态习性】耐寒耐旱，怕热忌涝，喜阳光充足，夏季以半荫为宜，喜高燥通风之地，要求肥沃、疏松、排水良好的石灰质壤土，pH7～8.5，适合北方地区种植。

【繁殖要点】繁殖多用播种法。北方播种宜早不宜晚。秋季来临之前（8月底至9月初）及早播种。扦插繁殖也较容易，取下枝条插入土中，踩实，浇透水，即可生根成活。气温在5℃至15℃之间时扦插最易成活。

【园林用途】花朵繁密，花色丰富，色泽艳丽，花期长；叶似竹叶，青翠，柔中有刚。用于花坛、花境和镶边布置；也可布置岩石园；花茎挺拔，水养持久，是优良的切花。

5. 罂粟科 Papaveraceae

草本，一、二年生或多年生，无毛或被长柔毛，有时具刺毛，常有乳汁或有色液汁。基生叶通常莲座状，茎生叶互生，全缘或分裂，无托叶。花单生或排列成总状花序、聚伞花序或圆锥花序。花两性，辐射对称或两侧对称；萼片2或不常为3～4，通常分离，覆瓦状排列，早脱；花瓣通常二倍于花萼，4～8枚（有时近12～16枚）排列成2轮，覆瓦状排列，大多具鲜艳的颜色；雄蕊多数；子房上位，2至多数合生心皮组成，1室，侧膜胎座。果为蒴果，瓣裂或顶孔开裂，稀有蓇葖果或坚果。种子细小，球形、卵圆形或近肾形。

（1）花菱草（图8-8）

别名：金英花、人参花

学名：*Eschscholtzia californica*

产地及分布：原产于美国加利福尼亚州。

【形态特征】全株被白粉呈灰绿色。肉质根，株高30～60cm。株形稍铺散。叶基生为主，有少量茎上互生叶，羽状细裂，多回三出羽状深裂至全裂。花单生枝顶，具长梗，花径5～7cm；花瓣4枚，狭扇形，金黄色，十分光亮，基部色深。花朵在阳光下开放，阴天或夜晚闭合。

图8-8 花菱草

（引自金波，2005）

【观赏期】春季观花。

【类型及品种】栽培品种有乳白、橙、橘红、浅粉等色，有单瓣和重瓣品种。常见栽培的还有丛生花菱草 *E. caespitosa*。

【生态习性】喜冷凉干燥气候，不耐湿热，炎热的夏季处于半休眠状态，常枯死，秋后萌发，耐寒；肉质直根，怕涝，宜排水良好、深厚疏松的砂质土壤；喜阳光充足。能大量自播繁衍。

【繁殖要点】播种繁殖。

【园林用途】枝叶细密，开花繁茂，花姿独特优美，花瓣有丝质光泽，舒展而轻盈，具有自然气息，是优良的花带、花境和盆栽材料。因株形比较松散，花期短，不适合花坛应用。

(2) 虞美人(图8-9)

别名:丽春花、赛牡丹、小种罂粟花

学名:*Papaver rhoeas*

产地及分布:原产欧洲与亚洲,世界各地有栽培。

图8-9 虞美人
(引自傅玉兰,2001)

【形态特征】一、二年生草本花卉,茎细长,高30~60cm,全株都有疏毛。叶互生,羽状深裂,边缘具齿,叶片主要生于分枝基部。花蕾单生于花梗的顶端,花瓣4枚组成圆形花冠,花瓣薄有光泽,似绢,花色丰富,有白、粉、红等深浅变化,或有不同颜色的边缘,轻盈秀美。硕果杯型,顶部平截,种子褐色,极小,千粒重0.33克,种子寿命3~5年。

【观赏期】观花植物,观花期5~6月。

【生态习性】喜欢日照充足的凉爽气候,要求高燥通风之处,不宜湿热过肥之地,但不择土壤。在盛夏来临之前完成开花结实,伏天枯死。

【繁殖要点】播种繁殖,我国大部分地区作二年生草花栽培。可于9月中下旬播种,覆盖保护越冬,来年春天就可开花。东北和西北夏季凉爽的地区,4月初直接在露地撒播,可在夏初开花。

【园林用途】虞美人花色艳丽,姿态轻盈可人,是非常美丽的春季花卉,可以布置花坛、花境以及庭院栽植,特别适合成片栽植,但花期较短,注意需要及时补栽其他花卉代替。

6. 白花菜科 Capparidaceae

草本,灌木或乔木,有时为木质藤木,无乳汁,具单叶或掌状复叶,互生,很少对生;托叶刺状,细小或不存在。花排成总状或圆锥花序,或2~10朵排成一列,腋上生,常两性,辐射对称或很少两侧对称,苞片常早落;萼片4~8,常为4片,排成2轮,等大或相似,分离或合生;花瓣4~8,常为4片,与萼片互生,分离,无柄或有柄,有时无花瓣;花托扁平或圆锥形,或常延伸成或长或短的雌雄蕊柄,常有各式腺体;雄蕊4~6至多数,着生在花托上或着生在雌雄蕊柄顶端;雌蕊由2~8心皮组成,常有雌蕊柄;子房上位,少有3~6室;胚珠多数,弯生。果为浆果或半裂蒴果。

(1) 醉蝶花(图8-10)

别名:西洋白花菜、凤蝶草、紫龙须、蜘蛛花

学名:*Cleome spinosa* L.

产地及分布:原产南美热带地区,现世界各地广泛栽培。

【形态特征】一年生草本,株高60~120cm,被有粘质腺毛,枝叶具气味。掌状复叶互生,小叶5~7枚,长椭圆状披针形,小叶柄短,总叶柄长,基部具刺状托叶一对。总状花序顶生,边开花边伸长,花多数,花瓣4枚,白色到淡紫色,具长爪,淡红、紫或白色。雄蕊6枚,蓝紫色,伸出花冠外2~3倍,状似蜘蛛,又似蝴蝶飞舞,颇为有趣。蒴果细圆柱形,内含种子多数,千粒重1.50~2.00g。

图8-10 醉蝶花
(引自金波,2005)

【观赏期】观花植物，观花期7～10月。

【生态习性】适应性强，性喜高温，较耐暑热，忌寒冷，喜阳光充足地，半遮荫地亦能生长良好。对土壤要求不苛刻，水肥充足的肥沃地植株高大；一般肥力中等的土壤，也能生长良好；砂土、黏重土、碱性土生长不良。喜湿润土壤，亦较能耐干旱，忌积水。

【繁殖要点】播种繁殖。南方3～4月、北方5月份直播露地或温室育苗。

【园林用途】醉蝶花的花瓣轻盈飘逸，盛开时似蝴蝶飞舞，颇为有趣，可在夏秋季节布置花坛、花境，也可进行矮化栽培，作为盆栽观赏。在园林应用中，可根据其能耐半荫的特性，种在林下或建筑阴面观赏。值得一提的是，醉蝶花对二氧化硫、氯气均有良好的抗性，是非常优良的抗污花卉，在污染较重的工厂矿山也能很好地生长。

7. 十字花科 Cruciferae

一年生至多年生草本；常为单叶，少数复叶，无托叶，具单毛或分叉毛，有时具腺毛或无毛；总状花序或伞房花序；花两性，常无苞片；萼片4，直立至开展，成2对，交互对生，有时内轮基部囊状；花瓣4，十字形，和萼片互生，黄色、白色或紫色，常有爪；雄蕊6，四强，外轮2个短，内轮4个长；子房有2连合心皮，1～2室，有1至多侧胚珠，生在2侧膜胎座上；中间被一膜质假隔膜所分隔；果实为长角果或短角果；种子1至多数成1～2行，平滑、颗粒状或网状，有时具翅，有时湿时发粘，无胚乳。

（1）香雪球（图8-11）

别名：小白花、玉蝶球、庭荠

学名：*Lobularia maritima*

产地及分布：本属共约5种，原产地中海地区及加那列群岛，世界各地均有栽培。

【形态特征】多年生作一、二年生栽培，株高15～25cm。植株矮小，茎叶纤细，叶披针形，互生，全缘，分枝多，匍匐生长，被灰白色。总状花序顶生，着花繁密成球形，花白色、淡紫色、深紫色、浅黄、紫红等色，微香。

图8-11　香雪球
（引自金波，2005）

【观赏期】春、秋季观花。

【类型及品种】有许多园艺品种：有叶缘为白色或淡黄色斑叶的品种，有株高在10cm以内的矮生品种，有紫花品种，有四倍体大花品种。

【生态习性】稍耐寒，喜冷凉气候。宜向阳，疏松土壤，但也略耐荫及干旱瘠土。

【繁殖要点】播种或扦插繁殖。秋播或春播，秋播生长良好。

【园林用途】植株低矮匐地，盛花时晶莹洁白，一片银白，花质细腻，芳香而清雅，非常美丽。是优美的岩石园花卉，也是花坛，尤其是模纹花坛及花坛镶边、花境边缘布置的良好材料。可作小面积地被，也可盆栽观赏。

图8-12　羽衣甘蓝
（引自傅玉兰，2001）

（2）羽衣甘蓝（图8-12）

别名：叶牡丹、花菜、牡丹菜

学名：*Brassica oleracea* var. *acephala f. tricolor*

产地及分布：原产于欧洲。

【形态特征】二年生草本花卉，株高30～60cm。叶基生，平滑无毛，呈宽大匙形，且被有白粉，外部叶片呈粉蓝绿色，边缘呈细波状皱褶，内叶的叶色极为丰富，通常有白、红、粉、乳黄、紫红、黄绿等颜色。幼苗与食用甘蓝极像，但长大后不结球。叶柄较粗壮，且有翼。花葶比较长，有时可高达160cm，有小花20～40朵，花期4月。长角果细圆柱形，种子球形，种子成熟期为6月。

【观赏期】冬、春季观叶。

【类型及品种】同属40种。品种丰富，有紫红、白、黄、玫瑰红等色；有圆叶、裂叶、皱叶叶型。有皱叶变种*f. crispa.*

【生态习性】喜冷凉，较耐寒，忌高温多湿；喜阳光充足；喜疏松肥沃的砂质土壤。极喜肥，生长期间必须保持充足的肥料才能生长良好。气温低，反而叶片更美，且只有经过低温的羽衣甘蓝才能结球良好，于次年4月抽薹开花。

【繁殖要点】播种繁殖。高型品种春、夏播种；矮型品种秋播。

【园林用途】耐寒性较强，且叶色鲜艳，是重要的观叶植物，亦可作花坛、花境的布置材料及盆栽观赏。

（3）紫罗兰（图8-13）

别名：春桃、草桂花、草紫罗兰

图8-13　紫罗兰
（引自金波，2005）

学名：*Matthiola incana*

产地及分布：原产于欧洲地中海沿岸，全属约50种。

【形态特征】多年生作二年生栽培，株高20～60cm。全株被灰色星状柔毛。茎直立，基部稍木质化。叶互生，长圆形至倒披针形，全缘灰绿色。总状花序顶生，有粗壮的花梗，具芳香；花淡紫色和深粉红色，花瓣倒卵形，十字状着生，花径约3cm，具香气。花期春季，长角果，圆柱形，种子具白色膜质翅。

【观赏期】观花植物，观花期4～5月。

【类型及品种】栽培品种极多，依株高分为高、中、矮3类；按花型可分为单瓣和重瓣类型；按花期有夏、秋、冬；依栽培习性分为一年生及二年生；花色有纯白、淡黄、雪青、玫瑰红、桃红等色。变种有香紫罗兰 var. *annua*，一年生，香气浓。有花坛和切花品种。常见花栽培的还有：夜香紫罗兰 *M. bicornis*。

【生态习性】喜冷凉，忌燥热，耐寒，冬季能耐短暂－5℃低温，在中国华南地区可露地越冬。喜光照充足，稍耐半荫，喜通风良好的环境。生长适温白天15～18℃，夜间约10℃，花蕾发育要求长日照条件和5～8℃低温。要肥沃、湿润、深厚的中性或微酸性土壤。幼苗需春化才能开花，一年生品种除外。

【繁殖要点】以播种繁殖为主，也可扦插。

【园林用途】花朵丰盛，色艳香浓，花期长，是春季花坛的重要花卉，也可作花境、花带，切花，水养持久，可周年供应，矮生多分株品种，可用于盆栽观赏。

8. 金莲花科 Tropaeolaceae

一年生或多年生、稍肉质草本，常有液汁；叶互生或下部的对生，单叶，无托叶；花单生，两性，左右对称；萼片5，其中之一延长成一长距；花瓣5，或因退化而较少；雄蕊8枚，分离；子房上位，3室，每室具1胚珠，花柱1，柱头3；果不开裂，种子无胚珠。

（1）金莲花（图8-14）

别名：旱金莲、旱荷、金钱莲、大红雀

学名：*Tropaeolum majus*

产地及分布：原产南美洲，我国各地经久栽培。

图8-14　旱金莲

（引自金波，2005）

【形态特征】为一年生或多年生草本植物。茎叶稍带肉质，灰绿色，茎细长半蔓性或倾卧，长达1.5m，光滑。叶互生，具有长柄，圆形或近肾形，盾状，叶被蜡质层，形似莲叶但小。花单生叶腋，花梗细长；5枚萼片中的1枚，向后延伸成距；花瓣5枚，具爪，有乳白、浅黄、橘红、深红、紫红及红棕等深浅不一的花色。果实淡白绿色，表面多纵行沟纹，果实成熟时分裂成3个小核果；种子肾形很大，千粒重125.00～143.00g。

【观赏期】观花、观叶植物。观花期7～9月。

【类型与品种】有重瓣、无距、具深色网纹及斑点等品种，有茎直立的矮生变种。

【生态习性】旱金莲喜温暖、怕炎热；喜阳耐旱，不耐水涝；半耐寒但不耐霜冻，以排水良好而肥沃的土壤为好。

【繁殖要点】播种或扦插繁殖。冬季温暖地区全年均可播种，一般春播或秋播。扦插露地可在4～6月期间进行，条件允许可周年进行。选取嫩茎做插穗，每根插穗要有3～5个芽，去除下部叶片，仅留上部一片叶，插后遮阳，保持潮湿，半个月以后可以生根。

【园林用途】旱金莲花叶具美，盆栽可以装饰阳台、窗台，或置于室内书桌、几架上观赏；露地栽培，可以布置花坛、花境或植于栅栏旁、假山石旁；也可以作地被植物或作切花。

9. 大戟科 Euphorbiaceae

（1）银边翠（图8-15）

别名：高山积雪、象牙白

学名：*Euphorbia marginata*

产地及分布：原产北美洲。

图8-15　银边翠

（引自南京林业学校，1993）

【形态特征】一年生花卉，株高50～100cm。全株具有柔毛和白色乳液。茎直立，分枝多。叶卵形、长卵形或椭圆状披针形，无柄，全缘；顶部叶轮生或对生，下部叶互生，绿色，叶缘白色，尤其是夏季开花时，顶端叶边缘或全部小叶银白色，为主要观赏部位。花小，具白色瓣状附属物，着生于上部分枝的叶腋处。

【观赏期】夏季观叶。

【生态习性】喜温暖向阳，不耐寒；对土壤要求不严，耐干旱。能自播繁衍。

【繁殖要点】播种或扦插繁殖。春播，直根性，可直播。春、秋扦插易生根。幼苗摘心可促分枝，生长迅速，栽培容易，管理简单。

【园林用途】植株浅绿，顶端银白色，在夏季给人凉爽之感。银白色彩可用于花坛配色，可片植。切花水养持久。

10. 凤仙花科 Balsaminaceae

肉质草本。花两性，两侧对称，萼片3～（5），最下一片延长成距，或稀无距，花瓣5，侧生2瓣常相连，上边一片常直立；雄蕊5；子房5室，胚珠多数；蒴果，稀为浆果，状核果；种子数个至多数，无胚乳。

（1）凤仙花（图8-16）

别名：指甲花、小红桃、急性子、透骨草

图8-16　凤仙花
（引自彭东辉，2007）

学名：*Impatiens balsamina*

产地及分布：原产于中国南部、印度和马来西亚，中国各地园林和庭院栽培广泛。中国有凤仙花属植物约150种，资源极丰富。

【形态特征】一年生草本花卉，株高20～80cm。茎直立肉质，肥厚多汁，光滑多分枝，浅绿或酒红褐色晕，常与花色相关。叶互生，长达15cm，狭至阔披针形，缘具细齿，叶柄两侧具腺体。花单生或数朵簇生于上部叶腋，或呈总状花序状，具短柄，两侧对称；花径2.5～5cm，花色有紫红、朱红、玫瑰红、雪青、黄、白及杂色，有时瓣上具条纹和斑点。萼片3，特大一片膨大，中空，向后弯曲为矩。花瓣5，雄蕊5，花丝扁，花柱短，柱头5裂。果熟期7～10月。蒴果尖卵形。

【观赏期】6～9月观花。

【类型及品种】园艺品种极多，有爱神系列、俏佳人系列、邓波尔系列、精华系列；按株型可分为直立型、开展型、龙爪型；按花型可分为单瓣型、玫瑰型、山茶型、顶花型；按株高可分为高型、中型、矮型。有高达1.5m的品种，冠幅可达1m。同属植物约500种，常见的种类还有水金凤 *I. noli-tangere*；窄萼凤仙花 *I. stenosepala*；腺叶凤仙花 *I. glandulifera* 等。

【生态习性】喜温暖，耐炎热，不耐寒，怕霜冻。喜阳光充足。对土壤适应性强，适宜湿润、肥沃土层、深厚、排水良好的微酸性砂质壤土，在瘠薄土壤上亦能生长。不耐干旱，因茎部肉质多汁，如夏季干旱，往往落叶而后凋萎，生长迅速。果实成熟后宜开裂，弹出种子，具有自播能力。

【繁殖要点】播种繁殖，春播。

【园林用途】是中国民间栽培已久的草花之一，花瓣可用来涂染指甲。因其花色品种极为丰富，是花坛、花境的好材料，也可作花丛和花群栽植，高型品种可栽在篱边庭前，矮型品种亦可盆栽。是HF的监测植物。

11. 堇菜科 Violacea1

草本、灌木，稀乔木。叶多基生或互生，托叶形态多变化。花单生或总状花序，辐射对称或两侧对称，萼片与花瓣均5数，下方一花瓣常延伸成距；雄蕊5，药隔顶端延伸于室外，子房上位，通常由3心皮合成，侧膜胎座，具1至数颗倒生胚珠。柱头形状多变，果

实为开裂的蒴果或浆果状。种子常球形，具直胚，胚乳肉质。虫媒传粉植物，蜜腺生于下面雄蕊基部，因昆虫深入距内采蜜，使花粉与其他花的花柱接触，形成异花授粉。

（1）大花三色堇（图8-17）

别名：蝴蝶花、猫儿脸、鬼脸花

学名：*Viola tricolor* var. *hortensis*

产地及分布：原产欧洲，现世界各地均有栽培。

【形态特征】多年生草本花卉，常作一、二年生栽培。一般茎高10～30cm左右，茎光滑，从根际生出分枝，呈丛生状。基生叶近圆心形，茎生叶较长，叶基部羽状深裂。花大，早春从叶腋间抽生出长花梗，梗上单生一花，花有五瓣，一瓣有短钝之距，两瓣有线状附属体，花冠呈蝴蝶状，花色有蓝紫、白、黄三色，近代培育出的三色堇花色很丰富，有单色和复色品种，而且富有趣味性，花型很美。花期可从早春到初秋，蒴果椭圆形，果熟期3～7月，种子千粒重约为1.40g。

图8-17 大花三色堇
（引自傅玉兰，2001）

【观赏期】春季观花。

【类型及品种】由于300多年前就开始栽培，又经100多年的努力改良，现在园艺上的品种极多，无论花形、大小及色彩，均与原种大不相同。目前依据一些著名品种的特征可分为以下几类。

1）单色品种类：野生种是一花有三色，现已育出单一色彩的品种，颜色有纯紫色、金黄色、蓝色、砖红色、橙色、纯白色等。这些品种花径5～8cm。

2）复色品种类：几种色彩混合在一朵花上。

3）大花品种类：这是育种最新的趋向，美国已育出花径达10cm以上的品种，色彩以复色为多，尚有带各式斑点、条纹的种类，如宾哥系列（Bingo）。

【生态习性】性喜光，喜凉爽湿润的气候，较为耐寒，不怕霜。在南方温暖地区可露地越冬，故常作二年生栽培。要求疏松肥沃的土壤。

【繁殖要点】主要用种子繁殖。大花三色堇一般秋播，以8～9月份为好，种子发芽最适宜温度为18～24℃，1～2周萌发；条件适宜可四季播种，全年开花。

【园林用途】三色堇因色彩丰富，开花早，是优良的春季花坛材料，宜植于花坛、花境、花池、岩石园、野趣园或作地被，并可以盆栽，由于其花型奇特，还可剪取做艺术插花的素材。

（2）角堇

别名：小三色堇

学名：*Viola cornuta*

产地及分布：原产于北欧，西班牙比利牛斯山。

【形态特征】多年生草本，常做一年生栽培。株高10～30cm，茎较短而直立，花有堇紫色、大红、橘红、明黄及复色，近圆形。花期因栽培时间而异。角堇与三色堇花形相同，但花径较小，花径2.5～3.7cm，花朵繁密。

【观赏期】春季观花。

【类型及品种】常见的同属植物有：香堇 *V. odorata*，有纤匐枝，被柔毛，花深紫堇、浅紫堇、粉红或纯白色，罕带黄色，芳香。2～4 月开花。产欧、亚、非各地。

【生态习性】喜凉爽环境，忌高温，耐寒性强。日照不良，开花不佳。

【繁殖要点】播种繁殖，发芽适温 18～24℃。南方多秋播，北方春播，种子发芽适温约 15～20℃。播种后用粗蛭石略为覆盖，约 5～8 天后发芽。

【园林用途】角堇的株形较小，花朵繁密，开花早、花期长、色彩丰富，是布置早春花坛的优良材料，也可用于大面积地栽而形成独特的园林景观，家庭常用来盆栽培观赏。

12. 柳叶菜科 Onagraceae

一年生或多年生草本，稀为灌木状。叶对生或互生，无托叶。花两性，辐射对称或近左右对称，通常单生于叶腋或排成总状，或穗状花序；花萼筒与子房合生，裂片 4～5；花瓣与花萼裂片互生；雄蕊与花瓣同数或为其 2 倍，稀 12 枚；子房下位，1～6 室，中轴胎座，每室具 1 至多数胚珠。蒴果、小坚果、浆果或核果状。凸起；外壁外层颗粒状。有 19 属 650 余种，广布于热带和温带地区，但以北美西部为多。

（1）月见草（图 8-18）

别名：夜来香、晚樱草

图 8-18　月见草

（引自龙雅宜，2004）

学名：*Oenothera biennis* L.

产地及分布：原产美洲温带，现广布欧、美、亚三洲，中国各地有栽培。

【形态特征】二年生草本，亦可作一年生栽培，株高 1m 左右，粗根，肉质。基生叶丛生，茎生叶单叶互生，倒披针形至卵圆形。花期 5～9 月，花两性，常两朵簇生叶腋。萼筒长 4cm，花瓣倒卵形，宽 2.5cm，傍晚开放时黄色，散发清香，翌晨凋谢时为暗棕红色。蒴果，长形，4 棱，成熟后开裂，种子褐色细小。

【观赏期】观花植物，观花期 5～9 月。

【类型及品种】常见栽培的同属花卉有：

1）大花月见草 *O. grandiflora* Soland.，形态近似前种，花大，花径 7～10cm。

2）白花月见草 *O. tricocalyx* Nutt，原产北美。多年生草本，有直根，株高 20～30cm，叶略呈浅羽裂，长 6～7cm。花少数，着生上部叶腋，夜开，白色，稍带淡红，花径2.5～4cm。

【生态习性】适应性强，对土壤要求不严，耐瘠、抗旱、耐寒。喜阳光，喜排水良好而肥沃的砂质壤土。果熟期 7～8 月，种子具有自播能力。花后，植株基部有新叶萌出。在长江中下游，冬季稍加保护即可越冬，翌年 5 月又可开花。

【繁殖与栽培】通常以种子繁殖。在长江下游地区，可分春播和秋播。春播在 4 月下旬，播于露地苗床，可出苗整齐。秋播，9 月下旬播于露地，约一星期出苗，11 月或翌春 3 月移植。幼苗期进行摘心，可控制高度。幼苗经一次移植后，5 月下旬可定植园地：株距 25～30cm。常规管理，生长健壮。

【园林用途】月见草植株高大，庭园中丛植或作大型花坛中心栽植。也可在大片空地上片植，用作背景，前面种植一串红或其他矮生花卉。因其傍晚开放，翌晨凋萎，有芳香，

可作夏秋庭院花坛布置；并适宜作夜花园游境栽植，效果极佳。

（2）美丽月见草

别名：晚樱草

学名：*Oenothera speciosa*

产地及分布：原产美洲温带，中国有引种。

【形态特征】根圆柱状，茎直立，株高50~60cm；幼苗期呈莲座状，基部有红色长毛，叶互生，茎下部分有柄，上部的叶无柄；叶片长圆状或披针形，边缘有疏细锯齿，两面被白色柔毛。花单生于枝端叶腋，排成疏穗状，萼管细长。花白至粉红色，花径达8cm以上，5至9月花开不断。

【观赏期】观花植物，观花期5~9月。

【生态习性】喜光，耐寒，忌积水。

【繁殖要点】播种秋季或春季育苗。种子播种后，土壤要保持湿润，播种后10~15天左右，种子即可萌发。

【园林用途】开花美丽，夜晚开放，香气宜人，适于点缀夜景，应用于庭园，花坛均很适宜。配合其他绿化材料。可用于庭院沿边布置或假山石隙点缀，也宜作大片地被花卉。

13. 夹竹桃科 Apocynaceae

（1）长春花（图8-19）

别名：日日草、山矾花、五瓣莲

学名：*Catharanthus roseus*

产地及分布：原产于南非、非洲东部及美洲热带。同属约6种。

【形态特征】多年生草本或亚灌木作一年生栽培，株高20~60cm。茎直立，分枝少；叶对生，叶柄短，倒卵状矩圆形，两面光滑无毛，浓绿而有光泽，主脉白色明显；花单生或数朵腋生，高脚杯状，有5枚平展的花冠裂片，有玫瑰红、纯白、白色而喉部具红黄斑等品种。

图8-19 长春花（引自潘百红，2007）

【观赏期】夏秋季观花。

【类型及品种】品种有：‘白长春花’‘Albus’，花冠白色；‘黄长春花’‘Flavus’，花冠黄色。有高型品种，株高50~60cm，适于花坛和切花；矮型品种，株高15~20cm，全株呈球形，分枝多，花朵繁茂，适于花坛和盆花；匍匐品种，株高15~20cm，适于种植钵和吊盆。

【生态习性】喜温暖，忌干热，不耐寒。喜阳光充足，耐半荫。不择土壤，耐贫瘠、耐旱，忌水涝。

【繁殖要点】播种或扦插繁殖。春季播种，生长季节也可扦插繁殖。

【园林用途】花期较长，开花繁茂，色彩艳丽，是优良的花坛、花境花卉，盆栽多在秋冬季室内观赏用，切花水养持久，抗污染。

14. 旋花科 Convolvulaceae

多为缠绕或直立草本，少数为木质藤本、乔木或灌木。茎含乳汁，少数种有块茎。常为须根，少数为块根。叶单叶，互生，没有托叶。花轴射对称，花瓣合生，花冠漏斗形，萼片5片，雄蕊5枚，子房上位。果实为蒴果、浆果或坚果，有1~4粒种子（有时会更多）。

图 8-20　大花牵牛
（引自金波，2005）

（1）大花牵牛（图 8-20）

别名：喇叭花、牵牛、朝颜花

学名：*Pharbitis nil*

产地及分布：原产亚非热带，日本栽培最盛。

【形态特征】一年生左旋性蔓性草本。叶互生，浅 3 裂，叶柄、叶片均有细毛。花梗自叶腋抽生，着花 1～3 朵；花冠漏斗形，下部呈长筒形，有白、红、紫、蓝、褐、灰色等，或带条纹。蒴果，近球形，种子卵状三棱形，黑褐色或 m 黄色。

【观赏期】7～9 月观花。

【类型及品种】常见同属植物有：

1）裂叶牵牛 *P. hederacea*，蔓性草本。叶阔卵状心形，通常 3 裂，深达叶片中部。花 1～3 朵腋生，冠檐部直径在 10cm 以上，边缘呈皱褶或波浪状，花堇蓝、玫瑰红、或白色，有镶白边的变种，花期 7～9 月。原产亚洲热带。河堤、荒地多见野生。种子可入药，黑色叫黑丑，黄色叫白丑。

2）圆叶牵牛 *P. purpurea*，全株有粗毛。茎达 3m 以上，多分枝。叶互生，阔心状卵形，长可达 5～12cm，全缘，有软毛，叶柄长 4～9cm。花序上有花 1～5 朵，总花梗比叶柄长。苞片 2，条形；萼片 5 枚，卵状披针形，长 1. 2～1. 5cm，顶端钝尖。花冠漏斗形，长 4～5cm 花紫色、蓝色、桃红色或白色，顶端 5 浅裂；雄蕊 5，不等长，花丝基部有毛，子房 3 室，3 裂，每室胚珠 2 颗。花期 6～10 月，原产美洲热带，中国南北均有野生。

【生态习性】生性强健，喜气候温和、光照充足、通风适度，对土壤适应性强，较耐干旱贫瘠、不怕高温酷暑、忌水涝。短日照花卉，花朵通常只清晨开放，某些类型及品种可开放较久。

【繁殖要点】播种繁殖，一般春播。

【园林用途】宜作棚架、篱垣或居室窗前垂直绿化材料，也可盆栽观赏或作地被。

（2）羽叶茑萝（图 8-21）

别名：茑萝松、游龙草、绕龙花、锦屏风、五角星花

学名：*Quamoclit pennata*

产地及分布：原产热带美洲，我国广泛栽培。

【形态特征】一年生缠绕草本，无毛。茎长达 4m，光滑。单叶互生，羽状细裂，裂片整齐。花腋生，花冠高脚碟状，高出叶面，深红色，外形似五角星，筒部细长，此外还有纯白和粉花品种。蒴果卵形，种子长卵形黑色，千粒重约为 14. 81g。

【观赏期】观花植物，观花期 7～10 月。

【类型及品种】常见的同属植物有：

图 8-21　羽叶茑萝
（引自金波，2005）

1）圆叶茑萝 *Q. coccinea*，一年生，蔓生茎长达 3～4m，多分枝而繁密。叶卵圆心形，全缘，有时在下部有浅裂或角裂。着花较多，花橙红或猩红色，漏斗形。原产南美。

2）槭叶茑萝 *Q. sloteri*，又名掌叶茑萝，是羽叶茑萝与圆叶茑萝杂交种，生长势强。蔓

长 4m。叶片掌状分裂，裂片披针形，顶端长锐尖。花漏斗状大红至深红。

3）裂叶茑萝 *Q. lobata*，又称鱼花茑萝，多年生作一年生栽培。叶心脏形，具三深裂，中央裂片下部狭缩。花多，二歧状密生，深红后转乳黄色，短日照花卉。原产墨西哥。

【生态习性】喜阳光充足、温暖气候和疏松肥沃土壤。不耐寒，怕霜冻。

【繁殖要点】播种繁殖。长江流域 4 月播种，约经 1 周发芽。因其为直根性植物，多行直播，也可以用小盆点播。

【园林用途】羽叶茑萝是绝佳的绿棚植物，利用其缠绕的特性，可以做成红花绿叶的矮篱或小型棚架，又可以做成景观墙，也可利用支架搭成各种形状，做出各种造型。

15. 马鞭草科 Verbenaceae

（1）美女樱（图 8-22）

别名：草五色梅、铺地马鞭草、麻绣球、美人樱

学名：*Verbena hybrida*

产地及分布：原产巴西、秘鲁、乌拉圭等地，世界各地均有栽培。

【形态特征】多年生草本植物，常作一、二年生栽培。茎四棱形，丛生而铺覆地面，多分枝，高 30 ~ 40cm，全株具灰色柔毛。叶对生，有短柄，长圆形或披针状三角形，缘具不规则的钝锯齿。花序顶生或腋生 多数小花密集排列呈伞房状，花冠筒状，花有白、粉、红、紫、蓝等不同颜色。蒴果、种子千粒重 2. 80g。

【观赏期】观花植物，观花期 6 ~ 9 月。

【类型及品种】美女樱品种丰富，有各种花色、类型。

图 8-22 美女樱
（引自金波，2005）

1）匍匐型下垂：株高 20 ~ 30cm，冠幅 30cm 左右。如水晶 Quartz，耐旱、耐热、耐轻霜，是很好的春秋季节观赏花卉，适宜盆栽、地栽、垂吊；蔓雅（Elegance）能形成花色丰富的瀑布般下垂的花枝，适合窗台花槽与悬吊花篮应用。

2）矮生直立型：株高 15 ~ 20cm。如迷神 Obsession，花开茂盛，分枝强，无蔓生枝，特别适宜盆栽、花坛使用；罗曼史 Romance，花大色艳，花期早，适宜花坛与盆栽。

3）园林栽培的同属花卉有：

① 加拿大美女樱 *V. canadensis*，多年生，高 20 ~ 50cm，茎直立多分枝。叶片卵形至卵状长圆形，常有 3 深裂。花粉、红、堇、紫或白色。原产美国西南部。

② 细叶美女樱 *V. tenera*，多年生草本，茎基部稍带木质化，丛生外倾匍匐，节部生根，株高 20 ~ 30cm。枝条细长，四棱，微生毛。叶二回深裂 或全裂。花蓝紫色。原产巴西。叶形细美，株丛整齐，很适合草坪边缘自然带状栽植。原产巴西。

【生态习性】喜温暖湿润气候，喜阳、不耐干旱，有一定的耐寒性，在疏松肥沃、较湿润的中性土壤生长健壮，开花繁茂。

【繁殖要点】播种繁殖为主，也可扦插繁殖。播种可在春季或秋季进行，常以春播为主。扦插于 4 ~ 7 月进行，在 15 ~ 20℃ 条件下，2 周左右即可生根。

【园林用途】美女樱株丛矮密，花繁色艳，花期长是花坛、花境、花带、花丛上好的材

料，矮生品种也可盆栽观赏。

16. 唇形科 Labiatae

一年生至多年生草本。植株含芳香油，具有柄或无柄的腺体，或各种单毛、具节毛或星状毛。茎直立或匍匐状，常四棱形；枝条对生，稀轮生。叶通常为单叶，全缘或具各种齿、浅裂或深裂，稀为复叶，大多对生，稀轮生或部分互生。花序聚伞，3至多花，通常在节上形成轮伞花序（或假轮）、单枝花序或每节双花，并由上述花序组成顶生或腋生的总状、穗状或圆锥状的复合花序，稀为头状或偏向一侧开放；苞叶常在茎上向上逐渐过渡成苞片，与叶同色或异色，稀苞片或小苞片成针刺状、叶状或特殊形状。

（1）一串红（图8-23）

别名：爆仗红（炮仗红）、撒尔维亚、草象牙红、西洋红、墙下红

图8-23　一串红
（引自傅玉兰，2001）

学名：*Salvia splendens*

产地及分布：原产南美巴西，各地广为栽培。

【形态特征】原为多年生亚灌木，作一年生栽培。茎直立，高25~80cm，光滑四棱形，幼时绿色，后期呈紫褐色，基部半木质化。叶片卵形或卵圆形，对生，有长柄，顶端渐尖，基部圆形，两面无毛。顶生总状花序，每序着花2~6朵轮生；苞片红色，早落；花萼钟形，2唇，宿存，绯红色；花冠唇形筒状伸出萼外，长约3.5~5cm，下唇较短；花有鲜红、粉、红、紫、淡紫、白等色。小坚果卵形，似鼠粪，种子成熟时为浅褐色或黑褐色，千粒重2.80~4.00g。

【观赏期】观花植物，观花期7~10月。

【类型及品种】

1）品种依高矮分为3组：

① 矮性：高25~30cm。如火球 Fireball，花鲜红色，花期早；罗德士 Rode，花火红色，播后7周开花；卡宾枪手 Carabinere 系列，有 Carabinere Orange，花橙红色、Carabinere Red 花火红色、Carabinere Blue，花蓝紫色、Carabinere White，花白色。

② 中性：高35~40cm。如红柱 Red-Pillar，花火红色，花序形态优美，叶色浓绿；红庞贝（Red-Pomper）花红色。

③ 高性：高65~75cm。如妙火 Bonfire，花鲜红色，整齐，生长均衡；高光辉 splendens Tall，花红色，花期晚。

2）品种按色系分3种：

① 朱唇 *S. coccinea*，又名红花鼠尾草。多年生或作一年生栽培。高30~60cm，全株有毛。花冠鲜红，下唇长于上唇2倍，7~8月开花。适应性强，栽培容易。原产北美洲南部。

② 一串紫 *S. horminum*，一年生，全株具有长软毛，株高30~50cm。长穗状花序，花小，紫、堇、雪青等色。有多数变种，花色美丽，原产于南欧。

③ 一串蓝 *S. farinacea*，多年生或作一年生栽培。花冠青蓝色，全株被柔毛，原产于北美洲南部。

【生态习性】喜温暖、阳光充足的环境，不耐寒，耐半荫，忌霜雪和高温，怕积水和碱

性土壤，以疏松、肥沃的土壤为好。生育适温24℃，当温度14℃时降低茎的伸长生长。一串红原为短日照植物，经人工培育选出中日照和长日照的品种。

【繁殖要点】播种、扦插繁殖。一般以播种繁殖为主，可于晚霜后播于苗床，或提早播于温室中，播种温度20～22℃，经过10～14天发芽，低于10℃不发芽。扦插繁殖在春秋两季均可进行。

【园林用途】一串红适合布置大型花坛、花境、花带、花台，景观效果特别好。尤其，近年来新品种的花色纯正、多色，使花坛的色彩产生了质的变化。矮生品种盆栽，用于窗台、阳台美化和屋旁、阶前点缀，色彩娇艳，气氛热烈。

（2）彩叶草（图8-24）

别名：老来少、五色草、锦紫苏、洋紫苏、五彩苏

学名：*Coleus blumei*

产地及分布：原产于亚热带地区，印度尼西亚，现在世界各国广泛栽培。

图8-24 彩叶草
（引自金波，2005）

【形态特征】为多年生常绿草本植物，多作一、二年生栽培。株高20～60cm，有的高可达90cm，栽培苗多控制在30cm以下。全株有毛，茎为四棱，基部木质化，单叶对生，卵圆形，先端长渐尖，叶缘缺刻变化很多，叶面绿色，有淡黄、桃红、朱红、紫等色彩鲜艳的斑纹。顶生总状花序、花小、浅蓝色或浅紫色。小坚果、平滑有光泽，千粒重0.15～0.29g。

【观赏期】观叶植物，整个生长期均可观赏。

【类型与品种】常见的彩叶草品种极多，有大叶型，植株高大，分枝少，叶片硕大，叶面凸凹不平。小叶型，叶片小，长椭圆形，叶面光滑，叶色丰富。彩叶型，叶片小，长椭圆形，先端尖，叶面平滑，叶色美丽，有红粉、橙红、黄绿、赭石和白底绿斑等色，有的品种色彩更加斑斓，常有2～3种颜色并富于变化，相当绚丽。皱边型，叶缘有裂而波皱，其叶缘裂齿和波皱的程度富有很多变化，叶色也很丰富，苗期生长缓慢，特别适合盆栽。柳叶型，叶片细长似柳叶，叶缘具不规则缺刻和锯齿，叶形奇特，叶色变化较小。黄绿叶型，叶片小，黄绿色，耐日晒，植株低矮，分枝多，幼苗生长缓慢，是优良的毛毡似花坛的栽培材料。此外还有低矮性品种，植株矮小，基部多分枝，株型紧密，叶狭长，适合作吊盆栽培。

【生态习性】彩叶草性喜温暖湿润的环境，要求疏松、肥沃、排水良好的土壤。分枝多，生长强壮，耐寒力较弱。

【繁殖要点】播种、扦插繁殖。播种可在2～3月室内盆播。扦插一年四季均可进行，极易成活。也可结合植株摘心和修剪进行嫩枝扦插，选取生长充实饱满枝条，截取5～10cm，剪掉部分叶片，插入干净消毒的基质中，扦插后遮荫养护，15天左右即可发根成活。

【园林用途】彩叶草色彩鲜艳、品种甚多、繁殖容易，为应用较广的观叶花卉，除可作小型盆栽置于茶几和窗台等处欣赏外，还可配置图案花坛，植物镶边，也可作为花篮、花束的配叶使用。

17. 茄科 Solanaceae

（1）花烟草（图 8-25）

学名：*Nicotiana alata*

产地及分布：原产南美。

【形态特征】一年生花卉，株高 80～150cm。全株密被腺毛。茎直立，基部木质化。叶互生，基生叶匙形，茎生叶长披针形或长椭圆形。疏松总状花序，花外面紫红色，内面白色，花高脚蝶妆，花冠 5 裂喇叭状，花径约 5cm。夜间及阴天开放，晴天中午闭合。

【观赏期】观花植物，观花期 6～8 月。

【生态习性】喜温暖，不耐寒。喜阳，耐微荫。为长日照植物。喜肥沃疏松而湿润的土壤，耐旱。

【繁殖要点】播种繁殖或分株法繁殖。春播，种子喜光，发芽适温 21～24℃，播后 14～15 天发芽，经一次移植后，可摘心促分枝。露地定植，株行距 30cm×30cm。

图 8-25 花烟草
（引自金波，2005）

【园林用途】开花醒目，色彩艳丽，可栽植于庭院、草坪。可作为花坛、花境材料，也可散植于林缘、路边，矮生品种可盆栽。可作丛植和缀花草坪的点缀材料。

（2）冬珊瑚

别名：珊瑚樱、吉庆果、珊瑚子、珊瑚豆、玉珊瑚、红珊瑚、野辣茄、野海椒

学名：*Solanum Pseudo-capsccicum*

产地及分布：原产欧亚热带，中国华东、华南地区有野生分布。

【形态特征】直立分枝小灌木，高 0.3～1.5m，小枝幼时被树枝状簇绒毛，后渐脱落。叶互生，椭圆状披针形，基部楔形下延成短柄，叶面无毛，叶下面沿脉常有树枝状簇绒毛，边全缘或略作波状，中脉在下面凸出；花序短，腋生，通常 1～3 朵，单生或成蝎尾状花序，总花梗短几近于无，花小，直径约 8～10mm；萼绿色，5 深裂，花冠白色，筒部隐于萼内，冠 5 深裂；浆果单生，球状，珊瑚红色或橘黄色，直径 1～2cm；种子扁平，直径约 3mm。花期 4～7 月，果熟期 8～12 月。

【观赏期】冬季观果。

【生态习性】性喜阳光，喜温暖、向阳的环境，不耐旱，忌积水，怕涝。土壤要求排水良好。要求肥沃、疏松的土壤。

【繁殖要点】播种或扦插繁殖。播种时间为春季 3～4 月，扦插繁殖于春、秋季均可进行。

【园林用途】中小型盆栽。果熟期正值元旦，春节期间，陈设于厅堂几架、窗台上，可增加喜庆气氛。

（3）五色椒（图 8-26）

别名：观赏辣椒、朝天椒、佛手椒、樱桃椒、珍珠椒

学名：*Capsicum frutescens*

产地及分布：原产美洲热带，现各国广为栽培。

【形态特征】多年生草本，常作一年生栽培。茎直立，二或

图 8-26 五色椒
（引自金波，2005）

三杈状分枝，黄绿色，老茎半木质化或半灌木状，多分枝，株高 15 ~ 60cm。单叶互生，卵形或卵状披针形，先端渐尖全缘，叶面光滑。花小、白色，单生于叶腋或簇生枝顶，有短梗。花萼短，结果时膨大。花期 7 月至霜降。果实浆果，果皮肉质，有指形、圆锥形、球形、线形、羊角形、樱桃形、风铃形、蛇形、枣形、灯笼形等多种形状，有鲜红、橙、紫褐、黄红、黄、紫、黑、白、绿等多种颜色。千粒重 3. 12 ~ 4. 40g。

【观赏期】观果植物，观赏期夏秋。

【类型及品种】由于自然杂交，常出现新的变异，根据果实的形状、大小、颜色以及散生或簇生的区别，观赏辣椒主要常见有三组：

1） 樱桃椒组 Cerasiforme Group，果直立，圆形，径达 2. 5cm。

2） 锥形椒组 Conoides Group，果直立，圆锥形、圆柱形或椭圆形，长达 5cm。

3） 丛生椒组 Fassiculatum Group，果直立，多数丛生枝顶。

【生态习性】喜阳光充足和温暖湿润的环境，耐高温，喜肥，忌干旱、荫蔽、水涝，不耐寒，适宜在肥沃、疏松、排水良好的土壤中生长。

【繁殖要点】春季 2 ~ 3 月可在室内播种，播前种子用 50 ~ 55℃的温汤浸种，并不停地搅拌，10min 后取出种子用室温清水再浸泡 8 ~ 10h，捞起后用干净的湿布包好，置于 25 ~ 30℃的恒温箱中催芽，待种子“露白”时即可播种。

【园林用途】观赏辣椒果实精致，颜色鲜艳而光洁，常做中小型盆栽布置阳台、窗台、庭院等处，也适用于花坛、花境的配植材料。特别适合观光生态农业、都市农业、家庭种植的需要。

（4） 矮牵牛（图 8-27）

别名：碧冬茄、杂种撞羽朝颜、灵芝牡丹

学名：Petunia hybrida

产地及分布：原产南美洲，目前世界各地广为栽培。

【形态特征】一年生或多年生草本花卉，多作一年生栽培。植株高 15 ~ 40cm，多分枝，茎秆绿色。叶互生，卵形，深绿色，全缘，几无柄，嫩叶略对生。全株具腺毛，手感黏重。花单生于叶腋或顶生，花冠漏斗状，花直径 4 ~ 8cm，开花多，色彩艳丽、丰富，有白色、红色、紫红色、蓝色和杂色，杂交种还具有香味，花期长。果实为蒴果、尖卵形，二瓣裂，种子细小，银灰色至黑褐色，千粒重 0. 10 ~ 0. 16g。

图 8-27 矮牵牛
（引自金波，2005）

【观赏期】观花植物，观花期 4 ~ 10 月。

【类型及品种】品种按瓣型可分为单瓣、重瓣两类，按株型可分为垂吊型。

1） 单瓣品种：

① 大花单瓣型：花径 8 ~ 13cm，株高 25 ~ 38cm，冠幅 25 ~ 30cm。如大地系列 Daddy，是唯一全部由脉纹品种组成的矮牵牛品种系列，开花早，花径 10cm；梦幻系列（Dream），它包括了矮牵牛的所有基本花色，避免了从众多系列中挑选所需花色的麻烦，开花不断、花期一致，极耐灰霉病，种子质量与稳定性在全行业中最高；超级瀑布系列 Supercascade，分枝习性好，花特大，直径 10 ~ 13cm，开花早，货架寿命长。

② 多花单瓣型：地毯系列 Carpet，株高 25 ~ 30cm，冠幅 25 ~ 38cm，开花不断，株型紧

凑，耐热性好，在花园中有令人吃惊的表现。地毯整个花期繁花似锦，宛若一张漂亮的彩色“地毯”。海市蜃楼系列 Mirage，株高 25～38cm，冠幅 38～45cm，适应性极强，分枝多、性状整齐一致。

2）重瓣品种

① 大花重瓣型：株高 25～38cm，冠幅 25～30cm。如双瀑布系列 Double Cascade，株型紧凑，花特大，花瓣浓密；二重奏系列 Duet，花为鲑粉红色和白色双色花；旋转系列 Pirouette，鲜艳夺目的重瓣大花，皱褶花边，花色图案精巧别致；此外还有奏鸣曲 Sonata、情人系列 Valentine。

② 多花重瓣型：株高 25～38cm，冠幅 25～30cm。如二重唱系列 Duo，花色丰富、花型整齐一致。

3）垂吊型：如清浪系列 Easy Wave，株高 15～30cm，冠幅 75～90cm，栽培容易，单位面积可以产生更多的植株；潮波系列（Tidal Wave），株高 40～55cm，冠幅 70～120cm，为典型的“花篱型”矮牵牛，株型丰满，花量大，持续开花能力强，抗倒伏，耐葡萄孢菌病害；波浪系列 Wave，株高 10～15cm，冠幅 90～120cm，是当今最好最畅销的垂吊型矮牵牛品种系列。

【生态习性】喜温暖，不耐寒，较耐干热；喜阳光充足，忌水涝；喜排水良好的砂质壤土。

【繁殖要点】矮牵牛通常用播种、扦插繁殖。

1）播种繁殖：播种时间应根据用花的时间而定。如 5 月需花，应在 1 月温室或大棚内播种。10 月用花，需在 7 月初播种。矮牵牛种子细小，每克种子约 9000～10 000 粒，发芽适温为 22～24℃，一般撒播，播后可不覆土，轻压一下即可，也可轻覆 0.2cm 左右的土，上盖地膜保湿。当子叶顶土时 揭去地膜。出苗后维持在 9～13℃ 可使苗矮壮、充实。幼苗期移植宜早，1～2 片真叶即可移植，并尽量避免土团松散，否则根系恢复慢。

2）扦插繁殖：室内栽培全年均可进行，花后剪取顶端的嫩枝，长 10cm，插入沙床中，保持湿润，在气温 20～25℃，播后半月即可生根，30d 可移栽上盆。

【园林用途】多用于花坛、花境及镶边植物或自然式丛植，也可盆栽观赏或作切花，温室栽培四季开花。

图 8-28　金鱼草
（引自北京林业大学园林学院花卉教研室，1990）

18. 玄参科 Sorophulariaceae

（1）金鱼草（图 8-28）

别名：龙头草（花）、龙口花、狮子花、洋彩雀

学名：*Antirrhinum majus*

产地及分布：本属共约 50 种，主要分布于北半球。本种原产于地中海沿岸及北非。园艺品种很多。

【形态特征】多年生草本花卉作二年生栽培。株高 15～120cm。植株挺直，可以形成很好的竖线条，微有茸

毛，基部木质化。叶基部对生，上部螺旋状互生，披针形至阔披针形，全缘。总状花序顶生，长20～60cm，小花具短梗密生，二唇形，花冠筒状唇形，外被茸毛，长3～5cm，基部膨大成囊状，上唇二浅裂，下唇平展至浅裂。花色鲜艳丰富，花由花葶基部向上逐渐开放，花期长。茎色与花色有相关性，茎晕红者花色为红、紫，茎色绿者为其他花色。除蓝色外，其他花色有白、黄、橙、粉、红、紫及复色等。蒴果卵形，孔裂含多数细小种子。

【观赏期】5～7月观花。

【类型及品种】有各种花色、花型和高矮不同的品种，常见栽培品种有数百种。株高有：高型（90～120cm），少分枝，多作切花；中型（45～60cm），分枝多，花色丰富，可用于园林和切花生产；矮型（15～25cm），分枝多，花小，花色丰富，适于园林应用。半匍匐型，花型秀丽，花色丰富，用在岩石园或作地被观赏。花型有金鱼型和钟型。有花型特大的四倍体和杂种 F_1 代。

【生态习性】喜凉爽气候和阳光充足的环境，忌高温多湿，较耐寒，可在0～12℃气温下生长。为典型的长日照植物，但有些品种不受日照长短的影响；喜光，稍耐半荫；喜疏松肥沃、排水良好富含腐殖质的中性或稍碱性的土壤，稍耐石灰质土壤。能自播繁衍。

【繁殖要点】播种或扦插繁殖，以播种为主。种子细小，喜光，秋播或春播于疏松沙性混合土壤中，稍用细土覆盖，覆土切忌过厚，覆土薄易发芽。扦插繁殖用于重瓣品种或保持品种特性，在6月、7月、9月采取嫩枝进行，半荫处两周可生根。

【园林用途】花色鲜艳丰富，中、高性品种是作切花的良好材料，水养时间持久，也可用作花坛，花境的背景或中心布置。也可盆栽或冬季促成栽培以丰富冬季室内用花。矮性品种可成片丛植于各类花坛、花境，广泛用于岩石园，与百日草、万寿菊、矮牵牛等配置效果尤佳。特矮性品种适合在花坛，花境边缘种植。匍匐性品种适合作地被种植或盆栽陈列路边。

（2）毛地黄（图8-29）

别名：自由钟、洋地黄

学名：*Digitalis purpurea*

产地及分布：同属约有25种，原产于欧洲中部或南部，分布于欧洲西部，中国各地均有栽培。

【形态特征】多年生作二年生栽培，株高80～120cm。植株高大，茎直立，少分枝，除花冠外，全株密生短柔毛和腺毛。叶粗糙、皱缩，由下至上逐渐变小，叶片卵圆形或长卵圆形，叶基生呈莲座状。顶生总状花序着生着一串下垂的钟状小花，花冠紫红色，花筒内侧浅白，并有暗紫色细点及长毛，花长约7.5cm，花期4～6月份，果期7～8月份。

【观赏期】春季观花。

图8-29 毛地黄
（引自金波，2005）

【类型及品种】常见栽培的有狭叶毛地黄 *D. lanata* 等。变种有：大花种 var. *gloxiniaeflora*、白花种 var. *alba*、红花种、黄花种、重瓣种 var. *monstrisa*。园艺品种有矮形种（30～50cm）和各种花色。有切花品种。

【生态习性】植株强健，喜温暖湿润，较耐寒，忌炎热。喜阳光充足，耐半荫。耐干旱瘠薄，喜中等肥沃、湿润、排水良好的土壤。

【繁殖要点】春、夏播种繁殖。

【园林用途】毛地黄花茎挺直，花冠别致，适于盆栽、花境或岩石园应用。

（3）夏堇（图8-30）

别名：蝴蝶草、蓝猪耳

图8-30 夏堇
（引自王世动，2008）

学名：*Torenia fournieri*

产地及分布：原产于亚洲热带和亚热带地区。

【形态特征】一年生草本花卉。株高15～50cm。茎光滑四棱形，分枝多，基部略倾卧。叶对生，端部短尾状，基部心脏形，叶缘有锯齿，叶脉明显。花在茎上部顶生或腋生，花形酷似金鱼草。花唇形，上唇2裂不明显，下唇3裂，中央一片具黄斑；花冠径2～2.5cm，花筒白色，花冠有青紫、淡蓝、绯红、红、白等色。夏堇花后结实，果实5棱形，成熟时种壳变黄，内有种子数十粒，褐色，十分细小。

【观赏期】观花植物，观花期6～10月。

【生态习性】喜高温、炎热，不耐寒。喜光、耐半荫及湿润环境，生长强健，对土壤要求不严，但适宜疏松、肥沃、排水良好的土壤。

【繁殖要点】播种、扦插繁殖。一般于春季播种。扦插繁殖一般于5～8月间进行。

【园林用途】夏堇花朵小巧，花色丰富，花期长，生性强健，适合阳台、花坛、花台等种植，也是优良的吊盆、地被花卉。

19. 桔梗科 Campanulaceae

草本，少半灌木，稀灌木，大多有乳汁。叶互生、对生，稀轮生，无托叶。花序各式，最常见的是聚伞花序、总状花序和穗状花序，也有单花；花两性，常5数；花萼通常上位，少周位或下位；花冠 合瓣，辐射对称或两侧对称而后方（背部）纵裂至基部，或有时由于花冠深裂而近似离瓣花冠；雄蕊与花冠裂片同数而互生；子房大多下位，多为2～5室，胚珠多数。蒴果，少为浆果。

图8-31 风铃草
（引自龙雅宜，2004）

（1）风铃草（图8-31）

学名：*Campanula medium* L.

产地及分布：原产北半球温带，中国有栽培。

【形态特征】株高约1m，多毛。莲座叶卵形至倒卵形，叶缘圆齿状波形，粗糙。叶柄具翅。茎生叶小而无柄。总状花序，小花1朵或2朵茎生。花冠钟状，有5浅裂，基部略膨大，花色有白、蓝、紫及淡桃红等。常见品种有蓝色的‘蓝钟’，紫色的‘紫晶’，白色的‘铃档’，粉红的‘尖项’等。矮生种、双套种，其花萼的花冠同色同形，形成内外两层。杯碟种，花萼呈瓣状、与花瓣同色，张开的碟，直径可达7.5cm，花冠种状如杯。

【观赏期】观花植物，观花期4~6月。

【种类及品种】约300种，常见栽培观赏的有：

1）阔叶风铃草 *C. latifolia* L，原产欧、亚两洲。多年生草本，株高1.2m。花单生，长约3cm，花期6~7月，花蓝紫色。

2）桃叶风铃草 *C. persicifolia* L.，原产欧洲。多年生草本，粗壮直立，株高60~90cm。基部叶多数，狭倒披针形；基生叶为数不多，条状披针形。总状花序顶生，花大，直径与长均可达4cm，花期5~7月。花蓝到蓝紫色。有白花种和重瓣种。

3）圆叶风铃草 *C. rotundifolia* L.，原产北美。多年生草本，茎纤细，株高约45cm。根生叶，有长柄，广卵形至近圆形。总状花序顶生，花数朵成开展，有时单生，花期6~9月，小花下垂，浅蓝色。变种有白花、大花及重瓣种。

4）紫斑风铃草 *C. punctata* L.，中国东北、华北、中南、西南等地有野生，朝鲜、日本也有分布。株高60cm。花通常1~3朵生于枝端，下倾，花期6~8月，花白色带紫点，长4~5cm。

5）丛生风铃草 *C. glomerata* L.，也叫聚铃花。原产欧、亚两洲中国东北有野生分布。多年生草本，丛生，茎部披散，株高约40~60cm，叶卵形，基部叶柄较长。花冠窄钟形，长约2.5~5cm，数朵簇生于上部叶腋，花期5~9月；花蓝色或白色，多为重瓣，有矮生种。

【生态习性】喜夏季凉爽、冬季温和的气候。喜轻松、肥沃而排水良好的壤土。

【繁殖要点】种子繁殖，也可用分株和扦插法。春播和秋播均可；以秋季分株为最好，在霜降前可生根，翌年即可开花；扦插在早春萌发后进行，用嫩梢扦插。

【园林用途】风铃草主要用作盆花，也可露地用于花境。风铃草适于配置小庭园作花坛、花境材料。

20. 菊科 Compositae

直立或匍匐草本，或木质藤本或灌木，稀为乔木；叶通常互生，亦有对生或轮生，单叶或复叶，全缘、具齿或分裂；花两性或单性，具舌状或管状花冠，密集成头状花序，头状花序中有全为管状花，亦有全为舌状花，有中央为两性或无性管状花（盘花），外围为雌性或无性舌状花（放射花）或雌性管状花，为一个具1至多层的总苞片所围绕，单生或排列成聚伞花序、总状花序、穗状花序、伞房花序或圆锥花序；花序托凸、扁或圆柱状，平滑或有多数窝孔，裸露或被各样的托片；雄蕊4~5，花药合生成一管，极稀离生，药基钝或具尾，花丝分离；子房下位，1室，具1胚珠，花柱分为2枝，枝的内侧具柱头面，顶端有各种附器；果为菊果，习称瘦果，顶端冠以糙毛、鳞片、刺芒状冠毛。

（1）藿香蓟（图8-32）

别名：胜红蓟、蓝翠球

学名：*Ageratum conyzoides*

产地及分布：原产美洲热带、墨西哥，中国广泛栽培，华南地区有逸生。

图8-32　藿香蓟

（引自金波，2005）

【形态特征】多年生作一年生栽培。株高30~60cm，茎基部多分枝，株丛十分紧密；叶对生，卵形；花极小，头状花序缨络状顶生，花朵质感细腻柔软花茎0.6~1cm，呈伞房花序状着生，花色淡雅，从初夏到晚秋不断，有白、粉、蓝或紫红等色，花瓣管状；分支能力极强，可以修剪控制高度，是优良的花坛花卉。

【观赏期】观花植物，观花期7月至霜降。

【类型及品种】有F_1代杂种，有株高1m的切花品种‘Bulus Horizom’，也可用于园林背景花卉。另外有矮生种（高15～20cm）和斑叶种。同属约30种，常用的有心叶藿香蓟 *A. houstoniatum*，花卉较大，花色有蓝、雪青、玫瑰红及白色，观赏价值较高。

【生态习性】喜温暖湿润的环境，不耐寒；喜阳光充足。对土壤要求不严，适应性强，能自播繁衍。耐修剪，修剪后能迅速开花。

【繁殖要点】播种、扦插或压苗繁殖。春播，种子发芽适温21～22℃，喜光，不需覆盖土，8～10天出苗。幼苗15～16℃培养10～12周开花。但播种苗高矮和花色往往不一，难以符合布置花坛的要求，故常用扦插法繁殖。分枝能力强，可结合修剪剪取嫩枝作接穗，冬春可在温室扦插，10℃较易生根。靠近地面的枝易生根，也可进行压条繁殖。

【园林用途】花朵繁多，色彩淡雅，株丛有良好的覆盖效果，是良好的花坛材料，可作毛毡花坛，也是良好的地被植物，适宜花丛、花群、花带、花境、林缘或小径沿边种植，还可用于岩石园和盆栽。

（2）雏菊（图8-33）

别名：春菊、延命菊、马兰头花

图8-33 雏菊
（引自金波，2005）

学名：*Bellis perennis*

产地及分布：本属约有10种，原产于西欧。

【形态特征】多年生宿根草本花卉作二年生栽培，株高7～20cm。植株矮小，茎叶光滑或具短茸毛。叶基部簇生，长匙形或倒卵形，边缘具皱齿。头状花序单生于茎顶，高出叶面，直径3～5cm，舌状花一轮或多轮，有红、白、蓝、粉、粉红、深红或紫色，筒状花黄色，有单性小花全为筒状花的品种。可抽生多数花葶。长10～15cm。花期暖地2～3月，寒地4～5月。瘦果，种子扁平状。

【观赏期】春季观花。

【类型及品种】有单瓣和重瓣品种，园艺品种均为重瓣类型。有各种花型：蝶形、球形、扁球形。还有大花、半重瓣品种及重花种——头状花序开谢后从总苞片腋部又抽出几朵小花（实为花序），第二次开花。还有10cm高的四倍体矮花品种及斑叶品种。

【生态习性】喜冷凉湿润和阳光充足的环境，较耐寒，可耐-4～-3℃低温。地表温度不低于3～4℃条件下可露地越冬，但重瓣大花品种的耐寒力较差；不耐炎热，炎夏极易枯死。喜全日照，也耐微荫。对土壤要求不严，但以疏松肥沃、湿润、排水良好的富含有机质砂质土壤为好。不耐水湿。花后种子陆续成熟，以5月采种为宜，种子发芽力可保持3年。

【繁殖要点】播种、分株繁殖。主要播种繁殖，秋播，种子喜光，发芽适温15～20℃，播后5～10天可出苗。夏凉地区可用分株繁殖。分株可在秋季进行，把一盆植株分割成数丛，然后直接上盆养护，也可以利用一些越冬的宿根在春季萌发前进行分株。

【园林用途】植株矮小，花期较长，色彩丰富，优雅别致，是装饰花坛、花带、花境的重要材料，或用装点岩石园。在条件适宜的情况下，可植于草地边缘，也可盆栽装饰台案、窗几、居室、种植钵等。

（3）翠菊（图8-34）

别名：江西腊、七月菊、蓝菊、五月菊

学名：*Callistephus chinensis*

产地及分布：本属仅一种，中国特产。原产中国东北、华北以及四川、云南各地。

图8-34 翠菊
（引自金波，2005）

【形态特征】一年生直立草本花卉，株高30～90cm。茎被白色糙毛，直立，粗状，上部多分枝。叶互生，广卵形至匙形。上部叶无柄，匙形；下部叶有柄，阔卵形或三角状卵形。叶缘具不规则的粗锯齿。头状花序单生枝顶，直径3～15cm。舌状花常为紫色，心部管状花为黄色，野生原种舌状花1～2轮，浅堇至蓝紫色；栽培品种花色丰富，有白、黄、橙、红、紫、蓝等色，深浅不一，管状花黄色。亦有全部转变为舌状花而呈重瓣的类型。瘦果（种子）楔形，浅黄色。花期7～10月。

【观赏期】春、秋季观花。

【类型及品种】有许多品种，株型有：直立型、半直立型、分枝型和散枝型等。株高有：矮型（30cm以下）、中型（30～50cm）、高型（50cm以上）。花型有平瓣类和卷瓣类，有多个花型：单瓣型、芍药型、菊花型、放射型、托桂型、驼羽型等。花色分为：绯红、桃红、橙红、粉红、浅粉、紫、墨紫、蓝、白、乳白、乳黄、浅黄等。

【生态习性】喜凉爽，不耐寒，忌酷热，炎热季节开花不良；喜阳光充足的环境，耐轻微遮荫；喜肥沃、湿润、排水良好的砂质土壤，忌涝；浅根性。能自播繁衍。忌连作。

【繁殖要点】播种繁殖，四季都可进行。

【园林用途】品种多，类型多变丰富，花期长，花色多样、鲜艳，植株高、矮与开花早、晚的品种均有，是园林中重要花卉。高型品种主要用作切花，水养持久，也作背景花卉；中型品种适于花坛、花境；矮型品种可用于花坛或作边缘材料，亦可盆栽，是北方庭院绿化常见栽培的草花之一。是氯气、氟化氢、二氧化硫的监测植物。

（4）百日草（图8-35）

别名：百日菊、步步高、步步登高

学名：*Zinnia elegans*

图8-35 百日草
（引自金波，2006）

产地及分布：原产南北美洲，墨西哥为分布中心，现世界各地均有栽培。

【形态特征】为一年生草本植物，茎直立粗壮，上被短毛，表面粗糙，株高30～120cm。叶对生无柄，叶基部抱茎，叶形为卵圆形至长椭圆形，叶全缘，上被短刚毛。头状花序单生枝端，梗甚长。舌状花一至多轮，有白、绿、黄、粉、红、橙等色；管状花集中在花盘中央黄橙色，边缘分裂，结出瘦果椭圆形、扁小，果熟期8～10月。种子千粒重4.67～9.35g。

【观赏期】观花植物，观花期6～9月。

【类型及品种】

1）栽培类型很多，一般有大花重瓣型，花径12cm以上，极重瓣；纽扣型，花径仅为2～3cm，圆球形，极重瓣；鸵羽型，花瓣带状而扭旋；大丽花型，花瓣先端卷曲；斑纹型，花具有不规则的复色条纹或斑点；低矮型，高仅为15cm左右。

2）品种很多，依据高矮可分为高型（70cm以上），中型（30～70cm），矮性（30cm以下）。

【生态习性】百日草生长势强，喜温暖、不耐寒，喜光、忌暑热，较耐旱与干燥，也能耐半荫，不择土壤。

【繁殖要点】以种子繁殖为主。种子繁殖宜春播，一般在4月中下旬进行，发芽适温为18～22℃。它的种子具嫌光性，播种后应覆土、浇水、保湿，20～25℃约1周后发芽出苗。也可扦插繁殖，选嫩枝夏季进行，注意遮阳。

【园林用途】百日草花色丰富，花期长，常用作花带、花境及花丛等。一些中型、矮性品种，也常用来栽植花坛或盆栽观赏，在布置花坛时要注意高度。

（5）向日葵（图8-36）

别名：太阳花、葵花、转日莲、观赏向日葵

学名：*Helianthus annus*

图8-36 向日葵
（引自金波，2005）

产地及分布：原产北美。

【形态特征】一年生草本植物。茎秆圆形直立，表面粗糙并被有刚毛，由皮层、木质部和海绵状的髓组成，生育后期，茎秆木质化，而茎内的髓部则形成空心。叶通常互生，心状卵形或卵圆形，先端锐突或渐尖，有基出3脉，边缘具粗锯齿，两面粗糙，被毛，有长柄。总苞片多层，叶质，覆瓦状排列，被长硬毛，头状花序，着生在茎的顶端，俗称花盘。花盘上有两种花，即舌状花和管状花。舌状花1～3层，着生在花盘的四周边缘，为无性花，它的颜色和大小因品种而异，有橙黄、淡黄和紫红色，具有引诱昆虫前来采蜜授粉的作用；管状花，位于舌状花内侧，为两性花，花冠的颜色有黄、褐、暗紫色等。果实为瘦果，倒卵形或卵状长圆形，稍扁，果皮木质化，灰色或黑色，习惯称为种子。

【观赏期】观花植物，观花期7～10月。

【类型与品种】从花瓣颜色方面来看，有黄色系列品种、红色系列品种、白色系列品种和多种复色的观赏向日葵品种；从植株高度方面来分，有20～60cm用于盆花及美化种植品种、有110～180cm用于切花或绿化种植的品种、还有高达300cm以上可用于行道美化或切花的品种；从花瓣类型上来看，分单瓣和重瓣两类；在植株分枝方面，有单干和分枝两种类型。另外还有食用品种，植株较为高大，高1～3m。

【生态习性】喜温暖、湿润环境，耐寒、不耐荫。为短日照植物，但它对日照的反应并不十分敏感。对土壤要求不严格，各类土壤上均能生长。

【繁殖要点】播种繁殖。为直根系植物，不耐移植，适宜直播育苗，也可以室内播种育苗。嫌光性种子，浸种后点播，注意覆好土，保湿。发芽适温20～25℃，5～10天发芽。

【园林用途】向日葵宜成片种植于林缘和草地，作花带、花境，也可盆栽观赏或作切花。

（6）金鸡菊（图 8-37）

别名：小波斯菊、金钱菊、孔雀菊

学名：*Coreopsis basalis* Blake.

产地及分布：原产于北美，现广为栽培。

【形态特征】一年生草本。叶 1～3 回羽状全裂，小裂片线状披针形至长圆形。头状花序直径 2.5～5cm，舌状花黄色，基部褐紫色，管状花紫色。

【观赏期】观花植物，花期春末至秋季，因品种和播种时间而异。

【类型及品种】常见同属花卉有：

1）大花金鸡菊 *C. grandiflora* L.，株高 30～90cm，全株疏生长毛，叶全缘浅裂，茎生叶长圆匙形或披针形，茎生叶 3～5 裂，头状花序径 6～7cm，具长梗，舌状花 8 枚，黄色长 2.5cm，端 3 裂，管状花也为黄色。内外列总苞近等长。

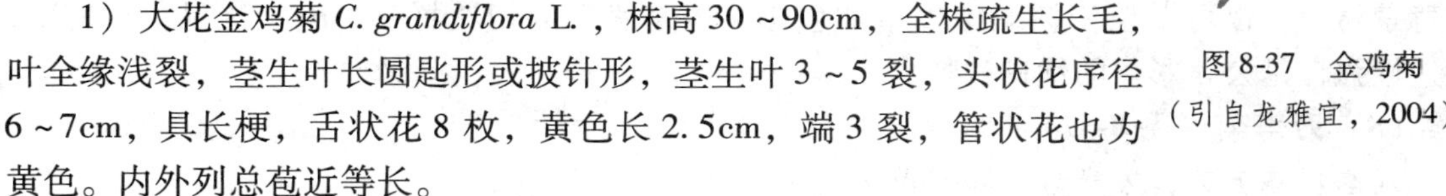

图 8-37　金鸡菊
（引自龙雅宜，2004）

2）剑叶金鸡菊 *C. lanceolata* L.，无毛或疏生长毛，叶多簇生基部或少数对生，茎上叶很少，头状花径约 5～6cm，外列总苞常较内列短，舌状花 8 枚黄色，端 2～3 裂。管状花黄色。

3）轮叶金鸡菊 *C. verticillata*，无毛，少分枝，叶轮生无柄掌状 3 深裂，各裂片又细裂，管状花黄色至黄绿色。

【生态习性】金鸡菊类耐寒耐旱，对土壤要求不严，喜光，但耐半荫，适应性强，对二氧 化硫有较强的抗性。

【繁殖要点】多采用播种或分株繁殖，夏季也可进行扦插繁殖。

【园林用途】枝叶密集，尤其是冬季幼叶萌生，鲜绿成片。花大色艳，常开不绝。还能自行繁衍，是极好的疏林地被。可观叶，也可观花。在屋顶绿化中作覆盖材料效果极好，还可作花镜材料。

（7）波斯菊（图 8-38）

别名：秋英、扫帚梅、大波斯菊、秋樱

图 8-38　波斯菊
（引自金波，2005）

学名：*Cosmos bipinnatus*

产地及分布：同属植物约有 25 种以上，原产于墨西哥及南美洲。

【形态特征】一年生草本花卉，株高 50～120cm。茎纤细而直立，株丛开展。叶对生，长约 10cm，二回羽状全裂，裂片较稀疏，线形，全缘。头状花序顶生或腋生，总梗长，花序直径 5～10cm，管状明显。头状花序，边缘舌状花先端截形或微有齿，淡红或红紫色，盘心黄色。短日照花卉，秋季大量开花。瘦果有喙。

【观赏期】7 月至霜降观花。

【类型及品种】变种有白花波斯菊 var. *albiflorus*，花纯白色；大花波斯菊 var. *grandiflorus*，花较大，有白、粉红、紫诸色；紫花波斯菊 var. *purpurea*，花紫红色。有托桂型、重瓣和半重瓣品种；同属常见的有硫华菊 *C. sulphureus*，一年生，高 20～30cm，叶裂片宽，花较小，舌状花全黄或橘黄。

【生态习性】喜温暖，不耐寒，也忌酷热，喜光。性强健，耐干旱瘠薄，肥水过多则茎叶徒长而少花，易倒伏，天气过热时，也不能结籽。宜排水良好的砂质土壤。忌大风，宜种背风处。具有极强的自播繁衍能力。

【繁殖要点】播种、扦插繁殖。于3月中旬至4月中旬播种。晚霜后露地直播，或18～25℃下播种，播后6天发芽，生长迅速，播种至开花约10～11周。室内播种于晚霜前4周进行，夜温保持在10℃，白天温度可高3～5℃。播于露地苗床，发芽迅速，生长很快，注意及时间苗。也可在初夏用嫩枝扦插繁殖，易生根成活。

【园林用途】宜植花境、路边、花篱、花丛、草坪边缘或作为屏障种植，可作地被植物和背景材料，也可杂植于树坛中以增加色彩，还是优良的切花材料。因其抗旱，耐瘠薄，抗逆性强，是公路彩化的优良材料。

（8）万寿菊（图8-39）

别名：臭芙蓉、万寿灯、蜂窝菊

学名：*Tagetes erecta*

产地及分布：原产墨西哥，中国各地均有栽培。

【形态特征】万寿菊为多年生草本，作一年生栽培。茎粗壮光滑，绿色或洒棕褐色晕，高30～90cm。叶对生或互生，羽状全裂，裂片披针形或长圆形，具齿，顶端锐尖，边缘有几个大腺体，全叶有臭味。叶缘背面具油腺点，有强臭味。头状花序单生，花黄色或橘黄色，舌状花有长爪、边缘皱曲。总花梗肿大、瘦果线性黑色，有金属光泽，种子千粒重2.56～3.50g。

图8-39　万寿菊
（引自傅玉兰，2001）

【观赏期】观花植物，观花期5～10月。

【类型与品种】栽培类型很多，按植株高度可以分为矮型（25～30cm）、中型（40～60cm）、高型（70～90cm）；按花形分为单瓣、重瓣、蜂窝形、伞展行、绣球形、卷钩形等；按花色可以分为金黄色、橙黄色、乳白、橘红色或复色等。

【生态习性】喜温暖、稍耐早霜；喜欢阳光充足、湿润环境，比较耐干旱，对日照长短反应较敏感，可以通过短日照处理提早开花；对土壤要求不严，以肥沃、排水良好的砂质壤土为好。

【繁殖要点】播种、扦插繁殖，以播种繁殖为主。种子发芽适宜温度21～24℃，约经1周发芽。扦插繁殖，在6～7月采取嫩枝长5～7cm扦插，略遮阳，极易成活，两周后生根。

【园林用途】庭院栽培观赏，或布置花坛、花境、花带，也可用于切花。花、叶可入药；花可作为食品添加剂的生产原料。

图8-40　麦秆菊
（引自彭东辉，2007）

（9）麦秆菊（图8-40）

别名：蜡菊、贝细工、干巴花

学名：*Helichrysum bracteatum*

产地及分布：原产于澳大利亚，现世界各国均有栽培。同属约

有48种。

【形态特征】多年生草本花卉常作一年生栽培，株高30~90cm。全株被微毛。茎粗硬直立，仅上部有分枝。叶互生，长椭圆状披针形。头状花序单生枝顶，径为3~6cm；总苞片多层含硅酸而呈膜质覆瓦状排列，外层苞片短，内部各层苞片伸长，酷似舌状花，有白、黄、橙、褐、粉红、暗红等色；管状花黄色；花晴天开放，阴天及夜间闭合。花期在7~9月。

【观赏期】夏秋季观花。

【类型及品种】有高（90~50cm）、中（50~80cm）、矮（30~40cm）品种和大花及四倍体特大花品种。目前常见栽培的是变种帝王麦秆菊 var. *monstrosum*，还有重瓣品种。

【生态习性】喜温暖和阳光充足的环境，不耐寒，忌酷热。喜湿润、肥沃、排水良好的土壤，宜黏质壤土。

【繁殖要点】播种繁殖。春播，多在3~4月进行，温暖地区也可秋播，冬季在温床或冷床中越冬。

【园林用途】麦秆菊苞片坚硬如蜡，触摸沙沙有声，色彩绚丽光亮，干燥后花形、花色经久不变、不褪，宜切取作干花。也可用于花境或在林缘自然丛植。

（10）金盏菊（图8-41）

别名：金盏花、长生花（菊）

学名：*Calendula officinalis*

产地及分布：本属约15种，原产地中海地区和中欧、加那利群岛至伊朗一带。

【形态特征】多年生草本花卉作一、二年生栽培。株高25~60cm。全株被软腺毛，有气味；茎直立，粗壮，多分枝；叶互生，长圆至长圆状倒卵形，全缘，基部抱茎。头状花序单生，花梗粗壮，直径可达15cm。花淡黄至深橙红色，夜间闭合。舌状花有黄、橙、白等色，也有重瓣、卷瓣和绿心、深紫色花心等栽培品种。花期4~6月，果熟期5~7月。瘦果弯曲舟形。

图8-41　金盏菊
（引自彭东辉，2007）

【观赏期】春季观花。

【类型及品种】园艺品种多为重瓣，重瓣品种有平瓣型和卷瓣型。还有适作切花的长花茎品种。花色有淡黄至深橙色。有播种10周可开花的矮品种。还有多种花型如托桂花型。

【生态习性】喜阳光充足，忌炎热和潮湿，较耐寒，小苗能抗-9℃低温，但大苗易遭冻害。我国长江以南可露地越冬，黄河以北需入冷床或行地面覆盖越冬。性强健，喜凉爽环境，不耐荫。对土壤要求不严，耐瘠薄土壤和干旱，但以疏松肥沃、排水良好、略含石灰质的砂质壤土为好。生长旺盛，土壤pH 6~7最好，长日照植物种子能自播繁殖，常温下发芽力可保持4年。遇干旱时花期延迟。

【繁殖要点】春、秋播种繁殖。

【园林用途】植株矮生，花朵密集，花色鲜艳夺目，开花早，花期又长，是早春园林和城市中最常见的草本花卉。栽培得当，可周年开花，是晚秋、冬季和早春的重要花坛、花境材料，也可作切花栽培，盆栽摆放中心广场、车站、商厦等公共场所。数盆点缀窗台或阳台，使居室更加明亮，舒适。

（11）矢车菊

别名：蓝芙蓉

学名：*Centaurea cyanus* L.

产地分布：原产欧洲东南部。

【形态特征】株高30～90cm。枝细长，多分枝。茎叶具白色绵毛，叶线形，全缘；茎部常有齿或羽裂。头状花序顶生，边缘舌状花为漏斗状，花瓣边缘带齿状，中央花管状，呈白、红、蓝、紫等色，但多为蓝色。花期4～6月。7～8月采种，将干枯的花序采下晒干，脱粒贮藏。

【观赏期】观花植物，观花期4～6月。

【类型及品种】栽培品种繁多，有重瓣、半重瓣、大花型和矮生型等。

【生态习性】性喜阳光及温暖、干燥、凉爽气候，忌炎热；耐寒、好肥，对土壤要求不严，但喜排水良好的疏松园地，忌积水雨涝。能自播繁衍。

【繁殖要点】春、秋均可播种，以秋播为好。

【园林用途】花形清丽，色彩奇特。高茎型品种可丛植、片植，作花境背景，或作切花、瓶花；矮生品种，可布置花坛、花境、草地镶边，也可盆栽观赏。

8.2.2 宿根花卉

1. 毛茛科 Ranunculaceae

（1）芍药（图8-42）

别名：将离、离草、婪尾春、余容、犁食、没骨花

学名：*Paeonia lactiflora* Pall.

图8-42 芍药
（引自龙雅宜，2004）

产地及分布：主要分布在我国四川东部、贵州、湖南西部、江西、浙江、安徽、湖北、河南西北部、陕西南部、山西、河北、东北。在朝鲜、日本及前苏联远东地区也有分布。

【形态特征】多年生宿根草本，茎高40～80cm，分枝黑褐色，无毛。叶互生，下部叶为二回三出复叶，上部为单叶；小叶片狭卵形、椭圆形或披针形。花数朵生于枝顶或叶腋，有时仅一朵开放，苞片4～5，披针形，萼片4，宽卵形，花瓣9～13，倒卵形，白色或粉红色，雄蕊多数，花丝黄色，心皮4～5，无毛。花期4～5月。

【观赏期】观花植物，观花期4～5月。

【类型及品种】园艺品种甚多，约有200多个，现按花型及瓣型分。

1）单瓣类：花瓣1～3轮，雌雄蕊正常，如紫玉奴、粉绒莲等。

2）千瓣类：花瓣多轮，数十枚，如大叶粉、向阳红等。

3）楼子类：1～3轮的花瓣大且明显；雄蕊大部分或全部瓣化形成内轮但狭长碎小；雌蕊正常或部分瓣化。花朵外瓣大，内瓣逐渐突起，如砚池漾波、墨紫楼等。

4）台阁类：花朵分上下两部分，其间有明显着色的瓣化雄蕊或雌蕊所分隔，由双花重叠而成。

【生态习性】耐寒，在我国北方都可以露地越冬；土质以深厚的壤土最适宜，以湿润土壤生长最好，但排水必须良好。积水尤其是冬季很容易使芍药肉质根腐烂，所以低洼地、盐碱地均不宜栽培。芍药性喜肥，圃地要深翻并施入充分的腐熟厩肥，在阳光充足处生长最好。

【繁殖要点】播种、扦插和分株，通常以分株繁殖为主。分株期以9月下旬至10月上旬为宜，将根株掘起，震落附土，用刀切开，使每个根丛具2~3芽，最好3~5芽，然后将分株根丛栽植在准备好的圃地。播种繁殖以种子成熟后采下即播种为宜，越迟播发芽率越低。

扦插法可用根插或茎插。

【园林用途】芍药花大艳丽，品种丰富，在园林中常成片种植，花开时十分壮观，是近代公园中或花坛上的主要花卉。或沿着小径、路旁作带形栽植，或在林地边缘栽培，并配以矮生、匍匐性花卉。有时单株或二、三株栽植以欣赏其特殊品型花色。更有完全以芍药构成专类花园称芍药园。芍药又是重要的切花，或插瓶，或作花篮。

（2）毛茛（图8-43）

学名：*Ranunculus japonicus* Thunb.

产地及分布：分布于全世界，北温带的树林和田野尤为普遍。

【形态特征】多年生草本；茎高20~60cm，有伸展的白色柔毛。基生叶和茎下部叶有长柄，长可达20cm，叶片五角形，长3~6cm，宽5~8cm。深裂，中间裂片宽菱形或倒卵形，浅裂，疏生锯齿，侧生裂片不等地2裂，茎中部叶有短柄，上部叶无柄，深裂，裂片线状被针形，上端有时浅裂成数齿。花序具数朵花。花黄色，直径约2cm；萼片船状椭圆形，外有柔毛；花瓣5，少数为6~8，少数为重瓣，圆状宽倒卵形，基部蜜腺有鳞片；雄蕊和心皮均多数。聚合果近球形，长2~3mm，两面突起，边缘不显著，有短喙稍向外曲。花期3~5个月。

图8-43 毛茛

（引自《中国高等植物图鉴》，1980）

【观赏期】观花植物，观花期4月。

【生态习性】喜温暖湿润气候，日温在25℃生长最好。喜生于田野、湿地、河岸、沟边及阴湿的草丛中。生长期间需要适当的光照，忌土壤干旱，不宜在重黏性土中栽培。

【园林用途】适合点缀草坪或布置花境。

2. 罂粟科 Papaveraceae

（1）荷包牡丹（图8-44）

别名：兔儿牡丹、铃儿草、鱼儿牡丹

学名：*Dicentra spectabilis*（L.）Lem.

产地及分布：荷包牡丹原产我国北部，日本、俄罗斯西伯利亚也有分布。

【形态特征】多年生草本，株高30~60cm。具肉质根状茎。叶对生，2回3出羽状复叶，状似牡丹叶，叶具白粉，有长柄，裂片倒卵状。总状花序，顶生，长达50cm，弯垂，

图 8-44　荷包牡丹
(引自邵忠，1995)

花向一侧下垂，每序着花 10 朵左右，花瓣 4 枚，分内外两层，外层 2 瓣，基部联合膨大成囊状，形似荷包，先端外卷，玫瑰红色；内层 2 瓣，瘦长外伸，粉红色。蒴果细而长。种子细小有冠毛。变种有开白花种。

【观赏期】观花植物，观花期 4 ~ 5 月。

【生态习性】喜光。可耐半荫。性强健，耐寒而不耐夏季高温，喜湿润，不耐干旱。要求疏松、肥沃，既湿润而又排水良好、富含有机质的壤土，在砂土及黏土中生长不良。

【繁殖要点】以分株为主，也可扦插和种子繁殖。

分株：春、秋两季均可进行。春季萌芽时或花后至秋季，挖起根状茎，用快刀分割成几墩，每墩有新芽 3 个以上，然后分栽。通常 3 ~ 4 年分株一次，既繁殖新株，又使老株更新，可保持生长旺盛。

扦插：凡老棵萌发的脚芽、剪去花蕾的枝条、分株时截断的根茎，均可扦插。插床用河沙或沙质壤土，一个月左右即可发根，萌发新叶后即可移栽。

种子繁殖可秋播，或层积处理后春播。秋播多在 9 月上旬进行，撒播，出苗快而整齐。冬季需保护越冬，第二年春季分栽，3 年后可以开花。

【园林用途】宜布置花境、花坛，也可以盆栽，作促成栽培，作切花。还可以点缀岩石园或在林下大面积种植。荷包牡丹叶丛美丽，花朵玲珑，形似荷包，色彩绚丽，是盆栽和切花的好材料，也适宜于布置花径和在树丛、草地边缘湿润处丛植，景观效果极好。

3. 景天科 Crassulaceae

多年生、肉质植物，喜生于干地或石上；叶互生、对生或轮生，常无柄，单叶，稀为羽状复叶；花通常两性，稀单性，辐射对称，单生或排成聚伞花序；萼片与花瓣同数，通常 4 ~ 5；合生；雄蕊与萼片同数或 2 倍之；雌蕊通常 4 ~ 5，每一个基部有小鳞片 1 枚；子房 1 室，有胚珠数至多颗；果为一蓇葖果，腹缝开裂。

(1) 费菜

别名：土三七、旱三七

学名：*Sedum aizoon* L.

产地及分布：分布于中国东北、华北、西北及长江流域各省区；朝鲜、日本、蒙古、俄罗斯、越南亦有分布。

【形态特征】多年生肉质草本，无毛，高可达 80cm。根状茎粗厚，近木质化，地上茎直立，不分枝。叶互生，或近乎对生；广卵形至倒披针形，长 5 ~ 7.5cm，先端钝或稍尖，边缘具细齿，或近全缘，基部渐狭，光滑或略带乳头状粗糙。伞房状聚伞花序顶生；无柄或近乎无柄；萼片 5，长短不一；花瓣 5，黄色，长圆状披针形，先端具短尖；雄蕊 10，较花瓣短。蓇葖果 5 枚。种子平滑，边缘具窄翼，顶端较宽。花期 6 ~ 8 月，果期 8 ~ 9 月。

【观赏期】整株观赏，周年观赏。

【类型及品种】常见同属花卉：白花褐子草 *S. alborseum*，花瓣白色，雌蕊淡红色。

【生态习性】生于山地林缘、林下、灌丛中或草地及石砾地。喜阳，稍耐荫，耐旱，耐

盐碱，生命力很强。

【繁殖要点】扦插繁殖。春、秋季选用组织充实的一至多年生枝条，剪成10~12cm长的插穗，插入河沙或锯末中，3~4周即生根，6~7周可上盆。

【园林用途】用于花坛、花境、地被，但需隔离；岩石园中多采用其他作为镶边植物，也可盆栽或吊栽，调节空气湿度、点缀平台庭院。

（2）**八宝景天**

别名：蝎子草、华丽景天

学名：*Sedum spectabile* Boreau.

产地及分布：原产北温带和热带地区。

【形态特征】多年生肉质草本植物，株高30~50cm。地下茎肥厚，地上茎簇生，粗壮而直立，全株略被白粉，呈灰绿色。叶轮生或对生，倒卵形，肉质，具波状齿。伞房花序密集如平头状，花序径10~13cm，花淡粉红色，常见栽培的尚有白色、紫红色、玫红色品种。

【观赏期】观赏整株，整个生长期都可观赏。花期7~10月。

【类型及品种】常见同属花卉有：

1）凹叶景天 *S. emarginatum* Migo.，多年生肉质草木，盆栽高40~50cm。有节，微被白粉，茎柱形粗壮，呈淡绿色。叶灰绿色，卵形或卵圆形，扁平肉质，叶上缘有时微具波状齿。

2）景天三七 *S. spctabilis*，叶倒卵状披针形，具有粗而不整齐的锯齿。

【生态习性】喜日光充足、温暖、干燥通风环境，能耐-20℃的低温；忌水湿，对土壤要求不严格。性较耐寒、耐旱。植株强健，管理粗放。

【繁殖要点】可用扦插、分株或播种繁殖。

【园林用途】园林中常将它用来布置花坛，可以做圆圈、方块、云卷、弧形、扇面等造型，也可以用作地被植物，填补夏季花卉在秋季凋萎没有观赏价值的空缺，部分品种冬季仍然有观赏效果。植株整齐，生长健壮，花开时似一片粉烟，群体效果极佳，是布置花坛、花境和点缀草坪、岩石园的好材料。

（3）**垂盆草**

别名：狗牙齿

学名：*Sedum sarmentosum*

产地与分布：我国南北都有分布。

【形态特征】多年生肉质草本，不育枝匍匐生长，结实枝直立，长10~15cm。叶3片轮生，倒披针形至长圆形，长15~25mm，宽3~5mm，顶端尖，基部渐狭，全缘。聚伞花序疏松，常3~5分枝；花淡黄色，无梗；萼片5，阔披针形至长圆形，顶端稍钝：花瓣5，披针形至长圆形，顶端外侧有长尖头；雄蕊10，较花瓣短；心皮5，稍开展。种子细小，卵圆形，无翅，表面有乳头状突起。果期7~8月。

【观赏期】观叶、观花植物，花期5~6月，周年观赏。

【生态习性】野生在山坡岩石上；耐寒、耐热、耐干旱性都强。

【繁殖要点】扦插繁殖为主。

【园林用途】常盆栽观赏，亦可布置花坛、花境或岩石园。

图 8-45　佛甲草
（引自《浙江植物志》）

(4) 佛甲草（图 8-45）

学名：*Sedum lineare*

产地与分布：分布我国东南部。

【形态特征】多年生肉质草本，全体无毛。茎纤细倾卧，肉质多汁，柔软，匍匐生长长 10～15cm，着地部分节节生根。叶 3～4 片轮生，近无柄，线形至倒披针形，长 2～2.5cm，翠绿有光泽。聚伞花序顶生，花黄色，细小；果为蓇葖果。

【观赏期】观花、观叶植物，花期春末夏初，周年观赏。

【生态习性】佛甲草适应性极强，不择土壤，野生于山野水湿地及岩石上。喜湿润，怕涝，耐寒、耐旱力极强。

【繁殖要点】主要采用扦插方法。

【园林用途】佛甲草是一种耐旱性极好的属多浆植物的常绿草种，是优良的地被植物，也可作为岩石园绿化材料，同时也作为屋顶绿化植物。

4. 虎耳草科 Saxifragaceae

(1) 落新妇（图 8-46）

别名：红升麻、虎麻、金猫儿、升麻、金毛、三七

学名：*Astilbe chinensis*（Maxim.）Franch. et Sav.

产地及分布：生于山谷溪边、阔叶林下、草甸子。分布于我国东北、华北、西北、西南，朝鲜、日本、俄罗斯也有分布。

图 8-46　落新妇
（引自康亮，1999）

【形态特征】多年生草本，高 50～100cm。根状茎粗大，暗褐色，须根多数。茎直立。基生叶 2～3 回三出复叶，小叶卵状长圆形、菱状卵形或卵形，长 2～8.5cm，宽 1.5～5cm，顶生小叶比侧生小叶大，基部楔形或微心形，先端渐尖，边缘有重牙齿，两面只沿叶脉疏生硬毛；茎生叶 2～3，比基生叶小；小叶膜质，褐色。顶生圆锥花序，较狭，长 15～25cm，密被褐色细长的卷曲柔毛；苞片卵形。较花萼稍短；花萼 5 深裂，裂片卵形，长 1～1.5mm；花瓣 5，紫色，线形，长约 5mm；宽约 0.5mm；雄蕊 10，花丝长约 3mm，花药紫色；心皮 2，基部合生。蒴果长约 3mm。种子褐色，长约 1.5mm，两头尖。花期 7～8 月，果期 9 月。

【观赏期】观花植物，观花期 7～8 月。

【生态习性】习性喜半阴，在湿润的环境下生长良好。性强健，耐寒，对土壤适应性较强，喜微酸、中性排水良好的砂质壤土，也耐轻碱土壤。

【繁殖要点】播种或分株繁殖。

【园林用途】适宜种植在疏林下及林缘墙垣半荫处，也可植于溪边和湖畔。也可作花坛和花境。矮生类型可布置岩石园。可作切花或盆栽。

5. 蝶形花科 Papilionaceae

(1) 羽扇豆（图 8-47）

别名：多叶羽扇豆、鲁冰花

学名：*Lupinus polyphyllus*

产地及分布：主要分布在华北地区。

【形态特征】叶多基生，掌状复叶，小叶9~16枚。叶色绿。轮生总状花序，在枝顶排列很紧密，长可达60cm，花蝶形，蓝紫色。园艺栽培的还有白、红、青等色，以及杂交大花种，色彩变化很多，花期5~6月。荚果，被绒毛，种子黑色。

【观赏期】观花植物，观花期5~6月。

【生态习性】较耐寒（-5℃以上），喜气候凉爽，阳光充足的地方，忌炎热，略耐荫，需肥沃、排水良好的沙质土壤，主根发达，须根少，不耐移植。

【繁殖要点】秋季播种，春季扦插繁殖。

【园林用途】根系具有固肥的机能，适宜布置花坛、花境或在草坡中丛植，亦可盆栽或作切花。

图8-47 羽扇豆

（引自康亮，1999）

6. 酢浆草科 Oxalidaceae

草本或乔木。3小叶或羽状复叶，无托叶。叶为指状复叶或羽状复叶，有时因小叶抑发而为单叶，有托叶或缺；花两性，辐射对称，单生或排成伞形，稀为总状花序或聚伞花序，5基数，雄蕊常为花瓣数的2倍，有时5枚无花药；花丝基部合生，花柱离生，种子有胚乳。植株通常积聚可溶性的和晶体状的草酸盐类，通常还散生含单宁的分泌细胞和积聚着原花青素。酢浆草属的花粉球形，体积较小，3沟，具3个萌发沟。

（1）红花酢浆草

别名：花花草、三叶草、夜合梅、大叶酢浆草、三夹莲、铜锤草

学名：*Oxalis corniculata* L.

产地及分布：分布于亚洲温带和亚热带、欧洲、地中海和北美，中国各地皆有分布。

【形态特征】地下部根端具鳞状茎的根茎。全株具白色细纤毛，茎基部具匍匐性。叶有细长柄，长15~25cm，直伸，小叶3枚，组成掌状复叶，呈宽倒心脏形，全缘。花玫瑰红色，数朵至多朵，呈复伞形花序，生于比叶总梗更长的花序总梗上。花萼5枚，呈覆瓦回旋状排列。雄蕊10枚，5长5短，花丝下部合生为筒，雌蕊花柱5裂。花期10月至翌年2~3月，其花、叶对光有敏感性，白天和晴天开放，晚上及阴雨天闭合。

【观赏期】花期从4月上旬至11月中旬；周年观叶。

【生态习性】喜光植物，在露地全光下和树荫下均能生长，但全光下生长健壮，植株丰满，花多而繁。

【繁殖要点】主要用分株、切茎法繁殖。

【园林用途】园林中广泛种植，既可以布置于花坛、花境，又适于大片栽植作为地被植物和隙地丛植，还是盆栽的良好材料。

（2）紫叶酢浆草

别名：红叶酢浆草、三角酢浆草

学名：*Oxalis triangularis*

产地及分布：原产南美巴西，一说墨西哥，是一种珍稀的优良彩叶地被植物。我国已

成功引种。

【形态特征】多年生宿根草本，株高15～20cm，具根状茎，根状茎直立，地下块状根茎粗大呈纺锤形。叶丛生，具长柄，掌状复叶，小叶3枚，无柄，倒三角形，上端中央微凹，叶大而紫红色，被少量白毛。花葶高出叶面约5～10cm，伞形花序，有花5～9朵，花瓣5枚，淡红色或淡紫色，花期4～11月。果实为蒴果。果实成熟后自动开裂，要及时采摘。花、叶对光敏感。晴天开放，夜间及阴天光照不足时闭合。

【观赏期】全年观叶。

【生态习性】喜湿润、半阴且通风良好的环境，也耐干旱。较耐寒，温度低于5℃时，植株地上部分受损。

【繁殖要点】以分株为主，也可播种或采用组培法繁殖。

【园林用途】紫叶酢浆草除了可以当作盆栽植物栽种作为观赏外，也可栽植于庭院草地，或大量使用于住宅小区，园林绿化以及道路河流两旁的绿化带，让其蔓连成一片，形成美丽的紫色色块。若与其他绿色和彩色植物配合种植就会形成色彩对比感强烈的不同色块，产生立体感丰富、层次分明、凝重典雅的奇特效果，显示出其庄重秀丽的特色，能够进一步增强人和自然的亲和力，是极好的盆栽和地被植物。

7. 牻牛儿苗科 Geraniaceae

草本或亚灌木。单叶或复叶，互生或对生，托叶对生。花两性，有时两侧对称。花5基数，雄蕊5～15，有时5枚无花药。蒴果很少不开裂，成熟时果瓣由基部向上开裂，上部与心皮柱相连，每果瓣有1粒种子。约11属750种，全世界分布，主要产于南非及南美。中国连引种栽培的共4属约50种。主产西南部。多种可供药用。

（1）天竺葵（图8-48）

别名：洋绣球、入腊红、石腊红、洋葵

学名：*Pelargonium hortorum* Bailey.

图8-48　天竺葵
（引自龙雅宜，2004）

产地及分布：原产南非，我国各地有栽培。

【形态特征】多年生的草本花卉。株高30～60cm，全株被细毛和腺毛，具异味。茎肉质。叶掌状有长柄，叶互生，圆形至肾形，通常叶缘内有马蹄纹。伞形花序顶生，总梗长，花有白、粉、肉红、淡红、大红等色，有单瓣重瓣之分，还有叶面具白、黄、紫色斑纹的彩叶品种。花冠通常五瓣，花序伞状，长在挺直的花梗顶端。由于群花密集如球，故又有“洋绣球”之称。花期由初冬开始直至翌年夏初，如环境适宜可不断开花。

【观赏期】观花植物，花期初冬开始直至翌年夏初。

【类型及品种】常见的品种有：真爱TrueLove，花单瓣，红色；幻想曲Fantasia，大花型，花半重瓣，红色；口香糖BubbleGum，双色种，花深红色，花心粉红；紫球2佩巴尔Purpurball 2 Penbal，花半重瓣、紫红色；探戈紫TangoViolet，大花种，花纯紫色；美洛多Meloda，大花种，花半重瓣，鲜红色；贾纳Jana，大花、双色种，花深粉红，花心洋红；萨姆巴Samba，大花种，花深红色；阿拉瓦Arava，花半重瓣，淡橙红色；葡萄设计师DesignerGrape，花半重瓣，紫红色，具白眼；迷途白

MaverickWhite，花纯白色。

【生态习性】性喜阳光充足、温暖湿润气候及肥沃疏松土壤，耐旱怕涝，生长适温3~9月为13~19℃，冬季温度为10~12℃，高温及积水对其生长极为不利。但习性强健，适应性也较强，各种土质均能生长，但以富含腐殖质的砂壤土生长最好。

【繁殖要点】常用播种和扦插繁殖。春、秋季均可进行播种繁殖，以春季室内盆播为好；扦插繁殖除6~7月植株处于半休眠状态外，均可扦插，以春、秋季为好，但有温室设备者亦可冬插。

【园林用途】天竺葵适应性强，花色鲜艳，花期长，犹如大彩球，花色丰富艳丽，栽培繁殖简便，适用于室内摆放，花坛布置等。

8. 锦葵科 Malvaceae

（1）蜀葵（图8-49）

别名：一丈红、熟季花、戎葵、吴葵、胡葵、麻秆花

学名：*Alcea rosea*

产地及分布：原产中国四川，现在中国分布很广，华东、华中、华北均有。

【形态特征】多年生草本。茎直立挺拔，丛生，不分枝，全体被星状毛和刚毛。高可达2~3m。叶互生，叶片近圆心形或长圆形，长6~18cm，宽5~20cm，基生叶片较大，叶片粗糙，叶柄长5cm至15cm。总状花序，单生或2~3朵聚生叶腋，5~9月开花，花大，径8~12cm，小苞片6~9枚，花萼5裂，花瓣5枚，有白、粉、黄、红、紫等色，有单瓣和重瓣之分。花期6月至8月。蒴果盘状，径约2.5cm，种子扁圆，肾脏形。

图8-49 蜀葵

（引自邵忠，1995）

【观赏期】观花植物，观花期6~8月。

【生态习性】蜀葵性喜光、耐寒，能耐半荫环境；但忌涝。耐盐碱能力强，在疏松肥沃，排水良好，富含有机质的沙质土壤中生长良好。对二氧化硫等有害气体具一定抗性。能自播。在华北可以露地过冬。

【繁殖要点】通常采用播种繁殖，也可进行分株和扦插繁殖。分株、扦插多用于优良品种的繁殖。

【园林用途】一年栽植可连年开花，可于建筑物旁、墙角、墙边及林缘隙地列植、丛植或点植，或作花境、树坛点缀栽植。可组成繁华似锦的绿篱、花墙，美化园林环境。

（2）芙蓉葵（图8-50）

别名：草芙蓉、大花秋葵

学名：*Hibiscus moscheutos*

产地及分布：原产北美洲，中国有引种栽培。

图8-50 芙蓉葵

（引自康亮，1999）

【形态特征】宿根草本，直系根发达，深达50~60cm。枝干为半木质化草本。总状分枝，株高为50~100cm，枝条表支光滑，深色花枝，枝条新梢部呈紫红色，浅色品种为绿色，略披白粉。分枝

力较强，在通风透光条件较好时，几乎全部叶芽都能萌发成侧枝。单叶互生，叶序2/9，叶片尖卵圆形，叶缘钝锯齿。叶柄较长，叶面光滑。新叶有光泽，老叶叶面较粗糙。叶背无茸毛，无光泽，叶脉粗而明显。叶面叶脉下陷，叶背叶脉突起，与嫩梢相同，深色花嫩叶叶脉部分紫红色，余为白色。花极大，花冠直径在25～30cm之间。至晚秋或开花太多植株生长势较弱时，花径也有为20cm左右的。花色鲜艳，有深紫红、桃红、粉红、浅粉、白色等，花丝细长，基部联合成雄蕊柱，并与花瓣基部合生。一年生苗，花期为8～10月，二年以上植株花期为7～10月。蒴果。每果种子40～60粒，种子圆形，棕褐色，种皮易胀裂，直径0.2cm。

【观赏期】观花植物，观花期6～8月。

【生态习性】喜阳、略耐荫，为长日照植物，在短日照条件下，不能形成花芽开花。宜温暖湿润气候，忌干旱，耐水湿，极耐高温和曝晒。对土壤要求不严，但以较疏松的沙壤土较好。耐盐碱，但在碱性过强的土壤里，易患缺铁症。对土壤肥力水平要求不高，在新垫土地上连作三年不施放任何基肥、追肥的情况之下，仍能正常生长和开花。

【繁殖要点】用播种、扦插、分株和压条等法繁殖。多采用扦插法，于生长期间取半木质化的枝条，插入湿润砂壤土中，约一个月生根。

【园林用途】为极富欣赏效果的花境植物，宜栽于河坡、池边、沟边，为夏季重要花卉。

9. 柳叶菜科 Onagraceae

（1）山桃草（图8-51）

别名：千鸟花

图8-51　山桃草
（引自龙雅宜，2004）

学名：*Gaura lindheimeri*

产地及分布：分布于北美洲温带，我国有引种。

【形态特征】为多年生草本植物，株高100～130cm，全株具粗毛。多分枝。叶无柄，披针形，长4～9cm，先端尖，缘具波状齿，外卷，两面疏生柔毛。穗状花序顶生，细长而疏散。花小、白色，花瓣匙形向下反卷。坚果有三到四棱。

【观赏期】观花植物，观花期5～9月。

【生态习性】耐寒，喜凉爽，半湿润环境和阳光充足、疏松、肥沃、排水良好的砂质壤土。

【繁殖栽培】播种或分枝法繁殖，春播、秋播均可，发芽适温15～20℃，生长强健。

【园林用途】适合群栽，庭院中作花坛花境栽植。

10. 唇形科 Labiatae

（1）活血丹

别名：遍地香、地钱儿、钹儿草、连钱草、铜钱草

学名：*Glechoma longituba*（Nakai）Kupr.

产地及分布：全国各地除甘肃、青海、新疆及西藏外，均有分布。

【形态特征】草本，高10～20cm，幼嫩部分被疏长柔毛。匍匐茎着茎地生根，茎，四

棱形。叶对生；叶柄长；叶片心形或近肾形，边缘具圆齿，两面被柔毛或硬毛。轮伞花序，小花唇形，蓝色或紫色，下唇具深色斑点。小坚果长圆状卵形，深褐色。果期5～6月。

【观赏期】全年观叶、观花，观花期4～5月。

【类型及品种】花叶活血丹 *G. hederacea* ‘Variegata’，枝条细，叶小肾形，叶缘具白色斑块，冬季经霜变微红。

【生态习性】生于路旁、屋边阴湿处。

【繁殖要点】活血丹属于虫媒传粉，种子成熟后可自然落地，但由于其匍匐茎逐节生根，无性繁殖较为容易。人工建坪时可对匍匐茎切段扦插，一般2至3节为一段，不少于2节。

【园林用途】适于悬吊观赏，或栽作地被植物。

（2）随意草（图8-52）

别名：芝麻花、假龙头花

学名：*Physostegia virginiana*

产地及分布：原产北美洲。

【形态特征】多年生宿根草本，具匍匐茎。穗状花序聚成圆锥花序状。小花密集。如将小花推向一边，不会复位，因而得名。小花玫瑰紫色。有白、深桃红、玫红、雪青等色变种。

【观赏期】观花植物，观花期7～9月。

【生态习性】性喜温暖、阳光和喜疏松肥沃、排水良好的沙质壤土，耐寒，耐热，耐半荫，耐肥，适应能力强。

【繁殖要点】繁殖可播种，春季插枝或分株。

【园林用途】株型整齐，花期集中，可用于花坛、草地成片种植，也可盆栽，亦可用于花镜或作切花。

图8-52 随意草
（引自龙雅宜，2004）

（3）鼠尾草（图8-53）

学名：*Salvia japonica*

图8-53 鼠尾草
（引自《中国高等植物图鉴》，1980）

产地及分布：原产北美，广布于浙江，安徽南部，江苏，江西，湖北，福建等地。

【形态特征】多年生草本，植株呈丛生状，株高40cm，叶对生长椭圆形，色灰绿，叶表有凹凸状织纹，香味刺鼻浓郁，夏季开淡紫色小花或深紫色花，颜色艳丽。

【观赏期】夏季观花。

【生态习性】喜阳光充足及温暖湿润气候，耐寒，也耐半荫。

【繁殖要点】种子直播，发芽温度22～25℃，10～21天发芽，萌发需光，适当遮荫，避免阳光直射。

【园林用途】用于花坛、盆栽、花境、容器栽培。

（4）美国薄荷（图8-54）

别名：马薄荷

学名：*Monarda didyma* L.

产地及分布：原产美洲，在上海及周边地区有应用。

图 8-54　美国薄荷

（引自龙雅宜，2004）

【形态特征】多年生草本，株高 60～100cm。茎锐四棱形，具条纹，近无毛，仅在节上或上部沿棱上被长柔毛，毛易脱落。叶片卵状披针形，先端渐尖或长渐尖，基部圆形，边缘具不等大的锯齿，纸质，叶芳香。轮伞花序多花，在茎顶密集成径达 6cm 的头状花序；苞片叶状，染红色，短于花序，具短柄，全缘，疏被柔毛，下面具凹陷腺点，小苞片线状钻形。花萼管状，干时紫红色，具 15 脉，外面沿肋上被短柔毛，内面在喉部被稀疏硬毛，萼齿 5，钻状三角形，先端具硬刺尖头，等大。花冠紫红色，全缘，下唇 3 裂，平展，中裂片较狭长，顶端微缺。花柱超出雄蕊，无毛。

【观赏期】观花植物，观花期 6～9 月。

【生态习性】喜肥沃湿润的土壤。

【繁殖与栽培管理】播种或分株繁殖。种子在 20～25℃时，2～3 周萌发，早春播种可在室内进行；分株可在春秋两季进行，每丛间距 30×40cm，生长季节每月追肥一次，每 2～3 年分株一次。5～6 月可进行修剪，用来调节株高和花期。

【园林用途】是一种良好的花境材料和芳香花卉。

（5）绵毛水苏（图 8-55）

学名：*Stachys byzantica* C. Koch.

产地及分布：原产巴尔干半岛、黑海沿岸至西亚。

图 8-55　绵毛水苏

（引自龙雅宜，2004）

【形态特征】直立多年生草本。叶对生，长 10cm，基部叶片长圆状匙形，上部叶片椭圆形，基部楔形渐狭，枝与叶均被有白色绵毛，萼片长 1.5cm，齿裂占萼片长三分之一；花冠筒长 3cm 粉色或紫色，上面生满白色绵毛。

【观赏期】观赏整个植株。

【生态习性】喜光、耐寒，耐热，耐旱。

【繁殖要点】分株繁殖。于秋后或早春进行。

【园林用途】花境，岩石园，庭园观赏。

（6）薰衣草（图 8-56）

图 8-56　薰衣草

（引自龙雅宜，2004）

别名：香水植物、灵香草、香草、黄香草

学名：*Lavandula angustifolia* Mill.

产地及分布：多数蓝色和紫色薰衣草的故乡是欧洲南部地中海地区和阿尔卑斯山南麓；粉红色薰衣草分两种：French 薰衣草产自法国高原，Lodden Pink 薰衣草产自苏格兰；白薰衣草产自苏格兰以及英格兰和威尔士北部。原产于地中海沿岸、欧洲各地及大洋洲列岛，如法国南部的小镇普罗旺斯，后被广泛栽种于英国及南斯拉夫，现美国的田纳西州，日本的北海道也有大量种植。

新疆的天山北麓与法国的普罗旺斯地处同一纬度带，且气候条件和土壤条件相似，是薰衣草种植基地，是中国的薰衣草之乡，新疆的薰衣草已列入世界八大知名品种之一。

【形态特征】薰衣草多年生草本或小矮灌木，多分枝，常见的为直立生长，株高依品种有30～40cm、45～90cm，在海拔相当高的山区，单株能长到1m。叶互生，椭圆形披尖叶，或叶面较大的针形，叶缘反卷。穗状花序顶生，长15～25cm；花冠下部筒状，上部唇形，上唇2裂，下唇3裂；花长约1.2cm，有蓝、深紫、粉红、白等色，常见的为紫蓝色，花期6～8月。全株略带木头甜味的清淡香气，因花、叶和茎上的绒毛均藏有油腺，轻轻碰触油腺即破裂而释出香味。

【观赏期】观花植物，观花期6～8月。

【类型及品种】狭叶薰衣草是本属最常被栽培的种类，目前已经培育出很多不同类型的品种。其他常种植来观赏的种类有西班牙薰衣草、齿叶薰衣草和蕨叶薰衣草。

【生态习性】冬季喜温暖湿润，夏季宜凉爽干燥，喜阳光，要求高燥地势，肥沃、疏松及排水良好的沙质壤土，不耐高温高湿和水涝，抗寒能力较弱。

【繁殖要点】播种、扦插或分株繁殖。秋季播种，播种前应用30～40℃温水浸种。苗期适当遮阴并摘心，促使分枝分株在春秋两季进行。扦插在秋季选半木质化枝条扦插，保持温度20～24℃，40天可以生根。生长期间施肥以磷肥氮肥为主，钾肥过多则香气减弱。

【园林用途】适合做花境或道路旁边成行成片种植，也可作香花植物使用。

11. 玄参科 Scrophulariaceae

（1）钓钟柳（图8-57）

学名：*Penstemon campanulatus*

产地及分布：原产墨西哥及危地马拉。

【形态特征】多年生草本，常作一年生栽培，株30～50cm。茎光滑，稍被白粉，全株被绒毛。叶对生，基生叶卵形，茎生叶披针形，全缘。聚伞圆锥花序顶生，花单生或3～4朵生于叶腋与总梗上，呈不规则总状花序，花冠筒长约2.5cm，花冠筒状唇形，花为红、蓝、紫、粉等颜色。

图8-57　钓钟柳
（引自康亮，1999）

【观赏期】观花植物，观花期4～5月或7～9月。

【类型及品种】同属植物约250种，常见栽培的有红花钓钟柳 *P. barbatus*；堇花钓钟柳 *P. hirsutus* 等。

【生态习性】喜温暖、光线良好、通风的环境。忌夏季高温、干旱。喜阳光充足、空气湿润、通风良好的环境，不耐寒，忌炎热干燥和酸性土壤，且必须排水性能良好，含石灰质的肥沃砂质壤土。稍耐半荫，要求排水良好的土壤。

【繁殖要点】播种、扦插或分株法繁殖。播种发芽缓慢，多用秋播，种子采收后即可播种；扦插繁殖可于10月进行；分株繁殖在春季。

【园林用途】钓钟柳花色鲜丽，花期长，适合在园林绿化中的花坛、花境或绿岛栽植。也可盆栽观赏。

（2）穗花婆婆纳

学名：*Veronica spicata* L.

产地及分布：本种原产北欧及亚洲。

【形态特征】多年生耐寒草本，株高约45cm。叶对生，披针形至卵圆形，近无柄，长5～20cm，具锯齿。花有蓝、白、粉三种颜色；小花径4～6mm，形成紧密的顶生总状花序。

【观赏期】观花植物，观花期6～8月。

【生态习性】自然生长在石灰质草甸及多砾石的山地上。喜光，耐半荫，在各种土壤上均能生长良好，忌冬季土壤湿涝。耐高温，宜栽植于阳光充足处，喜肥力中等、排水良好的环境。

【繁殖要点】春秋季分株繁殖或秋季播种繁殖，也可春季扦插繁殖。

【园林用途】穗花婆婆纳株形紧凑，花枝优美，花期恰逢仲夏缺花季节，是布置多年生花坛花境的优良材料。曾是较为流行的线型切花材料。

12. 桔梗科 Campanulaceae

（1）桔梗（图8-58）

别名：梗草、白药、僧冠帽、六角荷

图8-58 桔梗
（引自邵忠，1995）

学名：*Platycodon grandiflorus*

产地及分布：原产中国及日本、朝鲜；现分布世界各地。

【形态特征】多年生宿根花卉，具白色肉质根。株高30～100cm，枝铺散，有乳汁。叶互生或3叶轮生，几无柄，卵形或卵状披针形，端尖，边缘有锐锯齿；表面光滑，背面蓝粉色。花单生枝顶或数朵组成总状花序；含苞时，花冠形如僧帽，开放后花冠宽钟形，径达3～6cm，蓝紫色。蒴果。

【观赏期】观花植物，观花期6～9月。

【生态习性】性喜凉爽、向阳、湿润、侧方蔽荫。适栽于含腐殖质、排水良好之砂质壤土。

【繁殖要点】播种繁殖或分株。播种，在3月下旬，采用直播法。分株，春、秋两季均可进行。

【园林用途】开花期长，花色美丽，适宜山水园林栽植，或布置花坛、花境，以丛植为宜。也可盆栽，或作切花。

（2）半边莲

别名：急解索、半边花、细米草、瓜仁草、长虫草、蛇舌草

学名：*Lobelia chinensis*

产地及分布：产于华东、华南、西南、中南各地。生于水田边、沟旁、路边等湿处。

【形态特征】多年生小草本，高约10cm，有乳汁。茎纤细，稍具2条纵棱，近基部匍匐，节着地生根。叶互生，狭披针形至线形，长0.7～2cm，宽3～7mm，全缘或疏生细齿；具短柄或近无柄。花单生叶腋，花梗长2～3cm；花萼筒喇叭形，先端5裂；花冠淡红色或淡紫色，先端5裂，裂片披针形，长8～10mm，均偏向一侧；雄蕊5，聚药，花丝基部分离；子房下位，2室。蒴果倒圆锥形。种子多数，细小，椭圆形，褐色。花期5～8月，果

期8～10月。

【观赏期】观花植物，观花期5～8月。

【生态习性】喜温暖湿润气候，在潮湿的沟边、河滩湿地易生长。怕旱，耐寒，耐涝。以疏松肥沃的粘壤土栽培为宜。

【繁殖要点】可播种繁殖、扦插繁殖、分株繁殖等。

【园林用途】花形奇特，宜做地被，或用于药用植物专类园。

13. 菊科 Compositae

（1）紫松果菊（图8-59）

别名：紫锥菊、紫锥花

学名：*Echinacea purpurea*

产地及分布：原产美国中部地区。

【形态特征】多年生草本。全株被糙毛，株高60～100cm。茎直立；叶卵形或卵状披针形。头状花序盘心花黑紫色，盘边（瓣状）舌状花玫瑰紫色。

【观赏期】观花植物，花期夏秋季。

【类型及品种】栽培变种有大花种、红花种、白花橙心和白花绿心种。

【生态习性】耐寒，耐热，生长粗健，生长在阳光充足干燥的地方，具有一定的耐旱能力。

【繁殖要点】一般可播种繁殖。栽培变种须分株繁殖，也可根插。

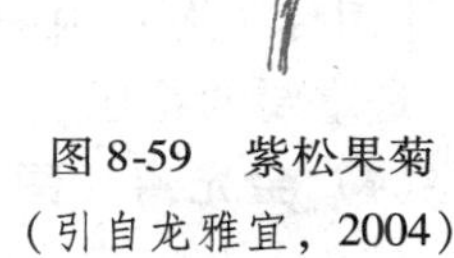

图8-59 紫松果菊
（引自龙雅宜，2004）

【园林用途】既可作为切花，也是良好的大型盆花植物，同时其花朵很大，直径可达15cm，是制作干花的好材料。

（2）宿根天人菊（图8-60）

别名：大天人菊、车轮菊、虎皮菊、六月菊

学名：*Gaillardia aristata* Pursh.

产地及分布：原产北美西部。在中国有广泛栽培。

【形态特征】多年生草本，株高50～90cm，全株密被粗硬毛。叶互生，全缘至波状羽裂。头状花序单生于茎顶，径5～7cm，舌状花扁平，单轮排列盘边，先端黄色，基部紫红色；管状花紫褐色。瘦果全部被密毛。

【观赏期】观花植物，观花期5～7月。

【类型及品种】花冠多变，有金黄及近金红色。

1）矢车天人菊 var. *lorenziana*，舌状花，有时盘心；管状花，皆发育成漏斗状，先端成3～5裂，裂片外翻，有各种黄色或红色或复色。

图8-60 宿根天人菊
（引自龙雅宜，2004）

2）大花天人菊 var. *picta*，似原种，花径有时达12cm，植株较高。

【生态习性】性强健，耐热，耐旱，喜阳光充足、通风良好的环境和排水良好的土壤；在潮湿和肥沃的土壤中，花少叶多易死苗。

【繁殖要点】种子繁殖。春播、秋播均可，春季3~4月，秋季9~10月将种子播于露地苗床，播后约2周发芽出苗。也可直播。扦插，秋季进行，在室内越冬，翌春4月定植。

【园林用途】植株繁茂，花色艳丽，耐旱耐热，花期又长，适于庭园布置花坛、花境、花径和街心绿地，也可作切花和盆栽观赏，还可作地被花卉栽培。

(3) 银叶菊

别名：雪叶菊

学名：*Senecio cineraria*

产地及分布：原产南欧地中海沿岸。

【形态特征】多年生草本植物。植株多分枝，株高50~80cm，叶一至二回羽状分裂，正反面均被银白色柔毛，头状花序单生枝顶，花小、黄色，花期6~9月，种子7月开始陆续成熟。

【观赏期】观叶植物，整个生长季节都可观赏。

【生态习性】较耐寒，在长江流域能露地越冬。不耐酷暑，高温高湿时易死亡。喜凉爽湿润、阳光充足的气候和疏松肥沃的沙质壤土或富含有机质的粘质壤土。生长最适宜温度为20~25℃，在25℃时，萌枝力最强。

【繁殖要点】用播种或扦插繁殖。

【园林用途】银白色的叶片远看像一片白云，与其他色彩的纯色花卉配置栽植，效果极佳，是重要的花坛观叶植物。

(4) 金光菊（图8-61）

别名：太阳菊

图8-61 金光菊
（引自龙雅宜，2004）

学名：*Rudbeckia laciniata*

产地及分布：加拿大及美国。

【形态特征】多年生宿根草本，高60~250cm，有分枝，无毛或稍被短粗毛。叶片较宽，基生叶羽状5~7裂，茎生叶3~5裂。头状花序一至数个着生于长梗上，总苞片稀疏，叶状，径约10cm，舌状花6~10个，倒披针形而下垂，长2.5~3.8cm，金黄色，管状花黄绿色，花期7~9月。

【观赏期】观花植物，观花期5~10月。

【类型及品种】主要品种有：'乡色'：花橙色。'大橘黄'：矮生品种，花径7~8cm。变种有重瓣金光菊，开花极为繁茂，舌状花多轮。

【生态习性】性喜通风良好，阳光充足的环境。适应性强，耐寒又耐旱。对土壤要求不严，但忌水湿。在排水良好、疏松的沙质土中生长良好。

【繁殖要点】可采用播种或分株繁殖，但通常多采用分株法，尤其重瓣品种。播种在春、秋均可进行，但以秋播为好。分株繁殖宜在早春进行，将地下宿根挖出后分株，要具

有3个以上的萌芽。

【园林用途】金光菊株型较大，盛花期花朵繁多，五颜六色，繁花似锦，光彩夺目，且开花观赏期长、落叶期短，能形成长达半年之久的艳丽花海景观，因而适合公园、机关、学校、庭院等场所布置，亦可做花坛，花境材料，也是切花、瓶插之精品，此外也可布置草坪边缘成自然式栽植。

（5）大滨菊（图8-62）

学名：*Chrysanthemum maximum*

产地及分布：原产西欧，我国新近引种栽培。

【形态特征】多年生宿根草本植物，茎高40~100cm。基生叶倒披针形具长柄，茎生叶无柄、线形。头状花序单生于茎顶，舌状花白色，有香气；管状花两性，黄色。瘦果，果熟期8~9月。

图8-62 大滨菊
（引自龙雅宜，2004）

【观赏期】观花植物，观花期5~7月。

【生态习性】性喜阳光，适生温度15~30℃，不择土壤，园田土、沙壤土、微碱或微酸性土均能生长。

【繁殖要点】播种、分株繁殖。秋季或早春播种育苗。也可露地直播，在15~18℃下，约7天发芽，老株应隔年分株易地栽植。

【园林用途】园林中多用于庭院绿化或布置花境，花枝是优良切花材料。

（6）勋章菊（图8-63）

别名：勋章花

图8-63 勋章菊

学名：*Cazania rigens*（L.）Gaertn.

产地及分布：原产南非南部。

【形态特征】多年生草本植物，作一、二年生栽培。株高15~30cm,具根茎，叶丛生，披针形、倒卵状披针形或扁线形，全缘或有浅羽裂，叶背密被白绵毛。头状花单生，有长花梗，舌状花有棕色条纹，花有白、黄、橙红色等色，有光泽，花形奇特、花色丰富，其花心有深色眼斑，形似勋章，具有浓厚的野趣。花朵早晨开放，晚上闭合，持续10余天。瘦果，黄褐色，覆有绒毛，千粒重2.00~3.00g。

【观赏期】观花植物，观花期5~10月。

【生态习性】性喜温暖向阳气候，喜光略耐荫；好凉爽、忌高温高湿与水涝；耐低温，不怕霜，但不能忍耐长时间冰冻；以排水良好、疏松、肥沃土壤为好。

【繁殖要点】以播种繁殖为主，可在春、秋季节进行。

【园林用途】勋章菊花大、色彩艳丽、花期长，栽培简单，管理方便，适宜花坛、容器、吊篮栽植，常用于园林镶边或地被栽植，也可盆栽或作切花。

图8-64 泽兰
（引自金波，2005）

（7）泽兰（图8-64）

别名：山菊、孩儿菊

学名：*Eupatorium japonicum*

产地及分布：我国有广泛分布，日本、朝鲜也有分布。

【形态特征】多年生草本，株高1～2m，上部被细柔毛，叶椭圆形或矩圆形，对生，叶缘锯齿状，叶背面被柔毛。头状花序排列成伞房状，花白微带紫色。花期秋季。

【观赏期】观花植物，观花期8～10月。

【类型及品种】同属植物有600种，常见的栽培种有：香泽兰 *E. aromaticum*、佩兰 *E. fortunei*、兰草 *E. stoechadosmum* 等。

【生态习性】喜凉爽气候，性耐寒。适应性强，不择土壤。

【繁殖要点】可采用根状茎繁殖，春季或秋季进行，也可播种繁殖。

【园林用途】可作为花境背景，丛植于篱旁、林缘、湖岸。

14. 鸭跖草科 Commelinaceae

一年生或多年生草本，茎有明显的节和节间。叶互生，具叶鞘。通常为蝎尾状聚伞花序，或缩短而为头状，或伸长，集成圆锥花序或单生，顶生或腋生。花两性，极少单性；萼片3枚，通常分离；花瓣3枚，通常分离，有的中部结合成筒而两端分离；雄蕊6枚，全育，或2～3枚能育而有3枚退化雄蕊。过为开裂蒴果，少不裂。种子大而少数。

本科约为45属400种；我国有13属近50种，主要分布于广东和云南。

（1）紫露草（图8-65）

别名：美洲鸭跖草，紫叶草

图8-65　紫露草
（引自许荣彦，1993）

学名：*Tradescantia virginiana* L.

产地及分布：原产北美，我国普遍有栽培。

【形态特征】多年生宿根草本植物，高可达30～90cm，茎直立，圆柱形，淡绿色，光滑，叶广线形，淡绿色，长可达30cm，叶面内折。顶生花序，由线状披针形苞片所包被；花蓝紫色多朵簇生，径约2～3cm，萼片3，绿色，雄蕊6，花丝被蓝紫色念珠状长毛。

【观赏期】观花植物，观花期5～7月。

【生态习性】喜日照充足，但也能耐半荫，紫露草生性强健，耐寒，在华北地区可露地越冬。对土壤要求不严。

【繁殖要点】繁殖多采用分株法，于春秋进行，利用茎扦插也可成活。

【园林用途】用于花坛、道路两侧丛植效果较好，也可盆栽供室内摆设，或作垂吊式栽培。

15. 百合科 Liliaceae

（1）火炬花（图8-66）

别名：红火棒、火把莲

学名：*Kniphofia uvaria*

产地及分布：原产于南非海拔1800～3000m高山及沿海岸浸润线的岩石泥炭层上，各地庭园广泛栽培。

【形态特征】多年生宿根草本植物，株高80～120cm。茎直立。叶线形。总状花序着生数百朵筒状小花呈火炬形，花冠橘红色。蒴果黄褐色，果期9月。

【观赏期】观花植物，观花期5～7月。

【生态习性】喜温暖湿润阳光充足的环境，较耐寒，也耐半荫。要求土层深厚、肥沃及排水良好的沙质壤土。性喜温暖向阳环境，宜生长于疏松肥沃的沙壤土。

图8-66 火炬花
（引自康亮，1999）

【繁殖要点】常用分株和播种繁殖。分株，在3月新叶萌发前或秋季花后进行，分株时每个块根上需留须根。播种法：春、夏、秋三季均可进行，通常在春季（3月下旬至4月上旬）和秋季（9月下旬至10月上旬）进行，也可随采随播。

【园林用途】优良庭园花卉，可丛植于草坪之中或植于假山石旁，用作配景，花枝可供切花。挺拔的花茎高高擎起火炬般的花序，壮丽可观。可丛植于草坪之中或植于假山石旁，用作配景，也适台布置多年生混合花境和在建筑物前配置。

（2）玉簪（图8-67）

别名：玉春棒、白鹤花、玉泡花、白玉簪

学名：*Hosta plantaginea* Aschers.

产地及分布：原产中国及日本。

【形态特征】多年生草本，具粗壮根状茎。株高40～60cm。叶基生成丛，具长柄，卵形至心状卵形，平行脉，端尖，基部心形，长20～30cm，宽10～15cm。花茎高出叶片，花顶生，总状花序，每葶排列花苞10多朵；花被筒长约13cm，下部细小，形似簪，白色，具芳香，平展或稍上倾；10月果熟。

图8-67 玉簪
（引自邵忠，1995）

【观赏期】观花植物，观花期6～8月。

【生态习性】性强健，耐寒冷，喜半荫，适生阴湿之地，属典型的荫性植物。受强阳光照射，则叶片变黄，生长不良。要求土层深厚，排水良好且肥沃的砂质壤土。

【繁殖要点】分株、播种均可繁殖，一般以分株为主。

【园林用途】玉簪是较好的阴生植物，在园林中可用于树下作地被植物，或植于岩石园或建筑物北侧，也可盆栽观赏或作切花用。

（3）紫萼（图8-68）

别名：紫玉簪

学名：*Hosta ventricosa*（Salisb.）Stearn.

产地及分布：分布于河北、陕西、华东、中南、西南各省；日本也有分布。

【形态特征】多年生草本，根状茎粗达2cm，常直生；须根被绵毛。叶基生，叶面亮绿色，背面稍淡，卵形或菱状卵形，

图8-68 紫萼
（引自《中国植物志》，1959～2004）

中肋和侧脉在上表面下凹，背面隆起，侧脉6~8对，弧形，其间横脉细密。花葶直立，高达1m，绿色，圆柱形，总状花序顶生，着花10余朵。花柄基部有1苞片，花较小，淡紫色，无香味，花被管下部狭，上部开展成钟状，花丝着生花被管基部而与花被管分离。花期6~7月，果9~10月开裂。

【观赏期】观叶、观花植物，观花4~11月，生长季观叶。

【生态习性】荫性植物，喜温暖湿润环境，较耐寒，入冬后地上部枯萎，休眠芽露地越冬，喜肥沃、湿润、排水良好的砂质壤土。

【繁殖要点】多于春，秋季分株繁殖，也可播种或组织培养繁殖。

【园林用途】紫萼叶片墨绿色，花瓣紫色，园艺品种很多，有花边紫萼或花叶紫萼，适宜配植于花坛、花镜和岩石园，可成片种植在林下、建筑物背阴处或其他裸露的蔽荫处，也可盆栽供室内观赏。

图8-69 独尾草
（引自《中国植物志》，1959~2004）

（4）独尾草（图8-69）

学名：*Eremurus chinensis* Fedtsch.

产地及分布：产甘肃南部、四川西部，云南西北部和西藏。

【形态特征】多年生草本，有短的根茎；叶基生；花多数，排成稠密的总状花序；花被片分离，相似；花药基着，分离；子房3室，每室胚珠4~6；蒴果球形；种子具3棱，棱上具狭翅。

【观赏期】观花植物，观花期6~7月。

【生态习性】适宜生长在温暖，排水良好的砂性土壤。

【繁殖要点】春季、秋初分株繁殖或秋季播种。

【园林用途】适合作夏初花境装饰。

（5）铃兰（图8-70）

别名：草玉玲、君影草、香水花

学名：*Convallaria majalis*

产地与分布：铃兰原种分布遍及亚洲、欧洲及北美，特别是较高纬度，像我国东北林区和陕西秦岭都有野生。在我国主产于黑龙江、吉林、辽宁、内蒙古、河北、山西、山东、河南、陕西、甘肃、宁夏、浙江和湖南等地。

图8-70 铃兰
（引自《浙江植物志》，1993）

【形态特征】多年生球根花卉，高达30cm。根状茎细长，匍匐。叶2枚，椭圆形，长13~15cm，宽7~7.5cm，先端急尖，基部稍狭窄；叶柄长约16cm，呈鞘状互相抱着，基部有数枚鞘状的膜质鳞片。花葶由鳞片腋伸出；总状花序偏向一侧；苞片披针形，膜质；花乳白色，阔钟形，下垂；花被先端6裂，裂片卵状三角形；雄蕊6；花柱比花被短。浆果球形，熟后红色。种子椭圆形，扁平，4~6颗。果期6~7月。

【观赏期】观花植物，观花期5~6月。

【类型及品种】除了常见的白花外，变种有大花铃兰 *C. majalis* var. *major* 及红花铃兰

C. majalis var. *rubra*。特别是大花铃兰，在四月间会从一对深绿色长椭圆形叶子上伸出弯曲优雅的花梗，绽开清香纯白的花朵。

【生态习性】野生于山地阴湿地带之林下或林缘灌丛。喜凉爽、湿润及散射光及半阴的环境，耐寒性强，忌炎热干燥。喜肥沃排水良好的沙质壤土，要求富含腐殖质、排水良好的沙质。夏季休眠。

【繁殖要点】以分割根状茎及根茎末端的小鳞茎繁殖，即分株繁殖。春秋季均可，以11月最好。

【园林用途】落叶林下、林缘和林间空地及建筑物背面最好的喜半阴的地被植物。也可与其他花卉配置于花坛、花境、岩石园中。

（6）萱草（图8-71）

别名：黄花菜、金针菜

学名：*Hemerocallis fulva*（L.）L.

产地及分布：原产中国南部亚热带地区；主分布于长江流域300～2500m。

【形态特征】多年生宿根草本。具短根状茎和粗壮的纺锤形肉质根。叶基生、宽线形、对排成两列，宽2～3cm，长可达50cm以上，背面有龙骨突起，嫩绿色。花葶细长坚挺，高约60～100cm，着花6～10朵，呈顶生聚伞花序。初夏开花，花大，漏斗形，直径10cm左右，花被裂片长圆形，下部合成花被筒，上部开展而反卷，边缘波状，橘红色。蒴果，背裂，内有亮黑色种子数粒。

图8-71　萱草

（引自邵忠，1995）

【观赏期】观花植物，观花期6月上旬至7月中旬。

【类型及品种】同属花卉约20种，中国产8种，常见栽培的有：

1）黄花菜 *H. citrina* Baroni.，又名金针菜，原产中国。花被管长13～15cm，花淡黄色，芳香，夜间开放，次日午闭合。除观赏外，花蕾可制干菜，供食用。

2）大花萱草 *H. middendorffii* Trautv. et meyer.，原产中国东北，朝鲜、日本现也有分布。苞片宽阔，花2～4朵，近簇生于花茎顶端，黄色，有芳香，花被管近一半藏于苞片内。花期6～7月。

【生态习性】性强健，耐寒，华北可露地越冬。适应性强，喜湿润也耐旱，喜阳光又耐半荫。对土壤选择性不强，但以富含腐殖质，排水良好的湿润土壤为宜。

【繁殖要点】春秋以分株繁殖为主，每丛带2～3个芽，施以腐熟的堆肥，若春季分株，夏季就可开花，通常3～5年分株一次。

播种繁殖春秋均可。春播时，头一年秋季将种子砂藏，播后发芽迅速而整齐。秋播时，9～10月露地播种，翌春发芽。实生苗一般2年开花。

【园林用途】花色鲜艳，栽培容易，且春季萌发早，绿叶成丛极为美观。园林中多丛植或于花境、路旁栽植。萱草类耐半荫，又可做疏林地被植物。

16. 石蒜科 Amaryllidaceae

多年生草本，具鳞茎或根状茎。叶通常基生，狭长。叶少数，多少线形，基生；花两性，辐射对称，单生或多朵于花茎之顶排成伞形花序，下有总苞片1至数枚；花被花瓣状，有管或无管，裂片6，2列，花常艳丽，通常两性，单生或成各式花序，具佛焰状总苞或无；花被片6，2轮，花瓣状，具花被筒或无；雄蕊常6枚；子房下位 。蒴果或浆果。

（1）百子莲

别名：紫君子兰、蓝花君子兰

学名：*Agapanthus africanus*

产地及分布：原产南非，中国各地多有栽培。

【形态特征】有鳞茎；叶线状披针形，近革质，生于短根状茎上，左右排列，叶色浓绿。花茎直立，高可达60cm；伞形花序，有花10～50朵，花漏斗状，深蓝色或白色。

【观赏期】观花植物，观花期7 ～8月。

【生态习性】喜温暖、湿润和阳光充足环境。要求夏季凉爽、冬季温暖。

【繁殖要点】用播种或分株法繁殖。

【园林用途】盛夏至初秋开花，花色深蓝色或白色，亭亭玉立，具有较高观赏价值。

17. 鸢尾科 Iridaceae

多年生或一年生草本。有根状茎 、球茎或鳞茎；皆为须根。叶条形、剑形或丝状，叶脉平行，基部鞘状，两侧压扁，嵌叠排列。花单生或为总状花序、穗状花序、聚伞花序或圆锥花序；花两性，色泽鲜艳，辐射对称或两侧对称；花被片6，两轮排列，基部联合成花被管；雄蕊3；花柱1，上部多分为3枝，圆柱状或扁平成花瓣状，柱头3～6，子房绝大多数为下位，3室。胚珠多数。蒴果。

（1）鸢尾（图8-72）

别名：紫蝴蝶、蓝蝴蝶、乌鸢、扁竹花

学名：*Iris tectorum*

产地及分布：原产于中国中部及日本。现在中国主要分布在中原、西南和华东一带。

【形态特征】多年生草本。具根茎或球茎。叶剑形或线形。花被6片；外3片大，外弯或下垂，称为“垂瓣”；内3片较小，直立或呈拱形，称为“旗瓣”；花蓝紫色；花期春、夏季。蒴果长圆形，具6棱，种子黑色。

【观赏期】观花植物，观花期5月。

【生态习性】耐寒性强，地下部分可露地越冬。喜光照充足，但也耐荫，喜肥沃、排水良好的土壤，较耐盐碱。

【繁殖要点】以播种和分株繁殖为主。

【园林用途】常用以布置花坛、花境、岩石园及水池湖畔。也可作专类园布置。另外还可作切花及地被植物。

图8-72 鸢尾
（引自邵忠，1995）

（2）花菖蒲

别名：玉蝉花

学名：*Iris kaempferi* Sieb. （*Iris ensata* Thunb. ）

产地及分布：原种产东北、内蒙古，朝鲜、俄罗斯、日本也有。我国长江流域杭州、南京等地生长良好。

【形态特征】植株形成密丛，基部有棕褐色枯死的纤维状叶鞘。叶具明显中肋。花茎高40～80cm，具少数分枝；花大，径可达15cm以上；旗瓣小，短于垂瓣，标准种为深蓝紫色。栽培品种有黄、白、红、堇、紫等花色及浓淡不一、丰富多彩变化及‘花叶’品种。

【观赏期】观花植物，观花期6～7月。

【生态习性】自然生长于水边湿地。性喜温暖湿润，强健，耐寒性强，露地栽培时，地上茎叶不完全枯死。对土壤要求不严，以土质疏松肥沃生长良好。

【繁殖要点】常用分株和播种繁殖。分株，常在早春3月或花凋谢后进行，挖起母株，将根茎分割，各带2～3个芽，分别栽植。播种，8月底种子成熟即可播种。

【园林用途】玉蝉花花朵硕大，色彩艳丽，园艺品种多，花形和花色变化很大，观赏价值较高。性喜水湿，适合布置水生鸢尾专类园或在池旁或湖畔点缀，也是切花的好材料。

（3）溪荪

学名：*Iris sanguinea* Donn ex Horn.

产地及分布：生于沼泽地、湿草地或向阳坡地。分布我国黑龙江省、吉林省及内蒙古，朝鲜、日本及俄罗斯也有分布。

【形态特征】叶条形。花莛高40～60cm；花天蓝色，径约7cm，垂瓣基部有黑褐色网纹及黄色斑纹，无附属物。

【观赏期】观花植物，观赏期夏季。

【生态习性】生于沼泽地、湿地、河湖边或向阳坡地。

【繁殖要点】播种和分株繁殖。

【园林用途】溪荪花大美丽，可做庭园绿化和切花。

（4）射干（图8-73）

别名：蝴蝶花、凤翼、野萱花、扁竹卜草姜、蚂螂花。

学名：*Belamcanda chinensis*

产地及分布：原产中国。日本及朝鲜，印度、俄罗斯以及中国南北各省均有分布。

【形态特征】多年生草本，株高70～100cm，有结节状根状茎和匍匐枝，鲜黄色，短而紧硬。叶宽，阔剑形，扇状互生，粉绿色，二列，嵌迭状排列成一平面。伞状花序，每枝顶端数花聚生，花橙黄色，表面有深红色斑点，7～8月开花，花径5～8cm；花谢后，花被片呈旋转状。蒴果，椭圆形，种子黑色，有光泽。

【观赏期】观花植物，观花期7～8月。

【生态习性】喜向阳温暖气候，性强壮，耐寒性强；也耐高温，在35℃以上仍能正常生长；喜干燥，对土壤要求不高，以粘质壤土为好；要求排水良好及日光充足之园地。在自然界多野生于山坡、田边、林缘，病虫害少。

图8-73　射干
（引自邵忠，1995）

【繁殖要点】多采用根茎繁殖，也可用种子繁殖。

【园林应用】一次栽植，可数年开花，且花色艳丽，花形飘逸，有趣味性，作园林花境、花径栽培，或林缘、草地栽植，或丛植于庭园边角隙地，道路一侧，均宜；也可作切花。

8.2.3 球根花卉

1. 毛茛科 Ranunculaceae

（1）花毛茛（图8-74）

别名：波斯毛茛、芹菜花

图8-74 花毛茛

（引自曹春英，2001）

学名：*Ranunculus asiaticus*

产地与分布：原产欧洲东南与亚洲西南部。现各地广为栽培。

【形态特征】多年生草本。地下具纺锤状的小块根，多数聚生于根颈部。株高20～40cm。地下茎细而长，单生或稀分枝，具短刚毛。基生叶阔卵形、椭圆形或三出状，叶缘有粗钝锯齿，具长柄；茎生叶羽状细裂，无柄。花单生枝顶或数朵着生长梗上，花径2.5～4cm，花瓣平展，多为上下两层，每层8枚。花色丰富，有白、黄、橙、水红、大红、紫、褐等。

【观赏期】观花植物，观花期4～5月。

【生态习性】性喜凉爽和阳光充足的环境，也耐半荫。不甚耐寒，越冬需2～3℃以上，忌炎热。要求富含腐殖质、排水良好的砂质或略黏质壤土，土壤pH以中性或略偏碱性为宜。

【繁殖要点】分球或播种繁殖。秋季分栽块根，注意每分株须带有根颈，否则不会发芽亦常用播种法。秋季盆播育苗，苗圃宜用条播。

【园林用途】花毛茛花大色艳，开花极为绚丽炫目，花型优美，是园林蔽荫环境下优良的美化材料，多配植于林下树坛之中，建筑物的北侧，或丛植于草坪的一角。可盆栽布置室内，也可剪取切花瓶插水养。

2. 菊科 Compositae

（1）大丽花（图8-75）

别名：大理花、西番莲、天竺牡丹

学名：*Dahlia pinnata*

产地与分布：原产墨西哥热带高原。现世界各地广泛栽培。

【形态特征】多年生草本。地下部分为肥大纺锤状的肉质块根。叶对生，1～3回羽状分裂，裂片呈卵形或椭圆形，边缘具粗钝锯齿。茎中空，直立或横卧，株高40～100cm，因品种而异。头状花序，顶生或腋生，具总长梗，外围为舌状花色彩丰富而艳丽，除蓝色外，有紫、红、黄、雪青、粉红、洒金、白、金黄等各色俱全，一般中性或雌性；中央为筒状花，黄色，两性。总苞鲜片状，两轮，外轮小，多呈叶状。瘦果黑色。

【观赏期】观花植物，花期长，6月至10月盛花。

【类型及品种】大丽花的栽培品种极为繁多，已达3个以上，其花型、花色、株高均变化丰富。依据花型可分为单瓣型、

图8-75 大丽花

（引自曹春英，2001）

领饰型、托桂型、芍药型、装饰型、蟹爪型、球型、蜂窝型等；依据花色可分为红、粉、紫、白、黄、橙、堇以及复色等；依据株高可分为高型（1.5~2m）、中型（1~1.5m）、矮型（0.6~0.9m）和极矮型（20~40cm）。

【生态习性】喜高燥凉爽、阳光充足环境。既不耐寒，又忌酷热，低温期休眠。不耐旱，又怕涝。土壤以富含腐殖质的排水良好的砂质壤土为宜。

【繁殖要点】春季分球或播种繁殖，也可扦插。

【园林用途】花大色艳，花型丰富，品种繁多。花坛、花境或庭前丛植皆宜。也是重要的盆栽花卉，还可用作切花。

（2）蛇鞭菊

别名：麒麟菊、马尾花、舌根菊

学名：*Liatris spicata*

产地与分布：原产美国马萨诸塞州至佛罗里达州。

【形态特征】多年生草本。地下具块根，株高约1m。茎直立，无分枝，无毛，株形呈锥形。叶线形或剑状线形，叶长30~40cm。头状花序呈密穗状，长30~60cm，紫红色、淡红色或白色。

【观赏期】观花植物，观花期7~8月。

【类型及品种】同属植物约40种，均为块茎、根茎类的多年生植物。见于栽培的有细叶蛇鞭菊 *L. graminifolia*，叶片稀疏，具白点，紫红色；胭红蛇鞭菊 *L. callilepis*，花胭脂红色。

【生态习性】耐寒性强，喜阳光。生长适温为18~25℃。喜肥，要求疏松肥沃、湿润又排水良好的沙壤土或壤土。

【繁殖要点】多采用分球繁殖，春、秋季均可分栽，多在3~4月进行。也可秋季播种。

【园林用途】蛇鞭菊性强健，宜布置花境或植于篱旁、林缘，或庭院自然式丛植。瓶插寿命长，也是重要的切花材料。

3. 百合科 Liliaceae

（1）郁金香（图8-76）

别名：草麝香、洋荷花

学名：*Tulipa gesneriana*

产地与分布：郁金香原产地中海沿岸、中亚细亚、土耳其，中亚为分布中心。

【形态特征】为多年生草本，地下鳞茎呈扁圆锥形，具棕褐色皮膜，茎、叶光滑具白粉。叶3~5枚，长椭圆状披针形或卵状披针形，全缘并呈波状。花单生茎顶，花冠杯状或盘状，花被内侧基部常有黑紫或黄色色斑。花被片6枚，花色丰富。雄蕊6枚，花药基部着生，紫色、黑色或黄色。子房3室，柱头短，蒴果背裂，种子扁平。

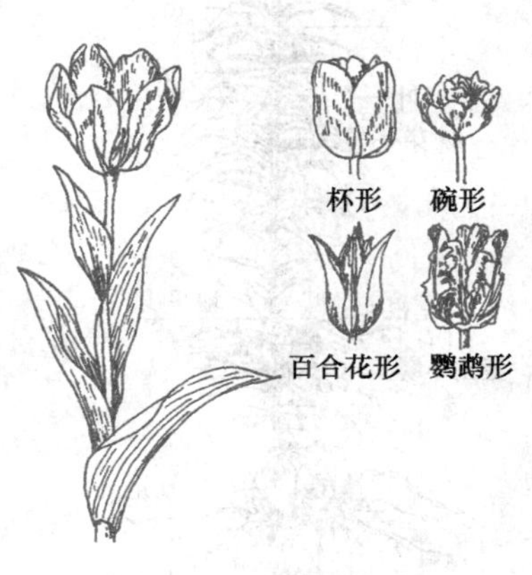

图8-76 郁金香
（引自郭维明，2001）

【观赏期】观花植物，观花期3~5月。白天开放，傍晚和阴雨天闭合。

【类型及品种】重要原种包括考夫曼郁金香 *T. kaufmaniana*、克氏郁金香 *T. clusiana*、佛氏郁金香 *T. fosteriana*、郁金香、芬芳郁金香 *T. suaveolens*、格里氏郁金香 *T. greigii* 等，叶片上多有花斑或条纹。我国约 14 种，主要分布在新疆地区，如伊犁郁金香 *T. iliensis*、准噶尔郁金香 *T. buhseana* 等。

郁金香的栽培品种多达 8000 余个，由栽培变种、种间杂种以及芽变而来，亲缘关系极为复杂。通常按花期可分为早、中、晚；按花形分有杯形、碗形、百合花形或高脚杯形、流苏花形、皱边形、鹦鹉花形、星形及重瓣形等；花色则有白、粉、红、紫、褐、黄、橙、黑、绿斑和复色等，花色极丰富，唯缺蓝色。

1981 年，在荷兰举行的世界品种登录大会郁金香分会上，重新修订并编写成的郁金香国际分类鉴定名录中，根据花期、花形、花色等性状，将郁金香品种分为 4 类 15 群。即早花类、中花类、晚花类和变种及杂种等 4 类；单瓣早花群、重瓣早花群、凯旋系、达尔文杂种系、单瓣晚花群、百合花形群、流苏花形群、绿斑群、伦布朗群、鹦鹉群、重瓣晚花群、考夫曼群、佛氏群、格里氏群及其他混杂群等 15 群。

【生态习性】适宜富含腐殖质、排水良好的沙土或砂质壤土，最忌黏重、低湿的冲积土。耐寒性强。冬季地下鳞茎可耐 -34℃ 的低温，但生根需要 5℃ 以上、14℃ 以下，尤其在 9 ~ 10 ℃ 最为适合，生长适温 15 ~ 18 ℃。郁金香的花芽分化在鳞茎的夏季休眠期内完成，最适温度 17 ~ 23 ℃。

【繁殖要点】常用的繁殖方式有分球、播种和组织培养。

【园林用途】郁金香是重要的春季球根花卉，并以其独特的姿态和艳丽的色彩赢得各国人民的喜爱，成为胜利、凯旋的象征。郁金香花期早、花色多，可作切花、盆花，在园林中最宜作春季花境、花坛布置或草坪边缘呈自然带状栽植。

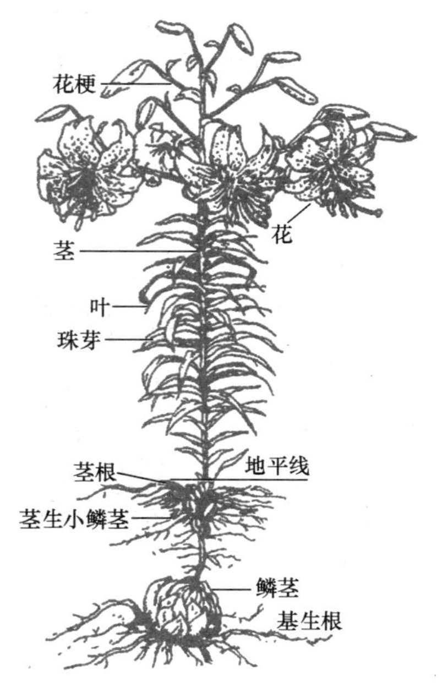

图 8-77　百合
（引自郭维明，2001）

（2）百合（图 8-77）

学名：*Lilium brownii*

产地与分布：分布我国东南、西南、河北、河南、陕西、甘肃等地。

【形态特征】多年生草本，地下具鳞茎，呈阔卵状球形或扁球形，由多数肥厚肉质的鳞片抱合而成，外无皮膜，大小因种而异。地上茎直立，高 50 ~ 100cm，有紫色条纹。叶散生，上部叶较小，叶片倒披针形，叶柄短。花 1 ~ 4 朵，花大，有漏斗形、喇叭形、杯形等，多为白色。花被片 6 枚，内、外两轮离生，由 3 个花萼片和 3 个花瓣组成，颜色相同，但萼片比花瓣稍窄。花瓣基部具蜜腺，常具芳香。重瓣花有瓣 6 ~ 10 枚，雄蕊 6 枚，花药丁字形着生。柱头三裂，子房上位，蒴果有棱，花期 6 ~ 8 月。

【观赏期】观花植物，花期初夏至初秋。

【类型及品种】百合的原种和变种很多，其中不少原种也具有较高观赏价值而被栽培应用，现代栽培的商品品种是由多个种反复杂交选育出来的。

1）野生种的分类：

① 百合组　花朵呈喇叭形，横生于花梗上，花瓣尖端略向外弯，雄蕊的上部向上弯曲，叶互生。此类百合观赏价值较高，如著名的王百合 *L. regale*、麝香百合 *L. longiflorum*、百合 *L. brownie* var. *viridulum* 等。

② 钟花组　花瓣较百合组短，花朵向上、向斜或下垂，雄蕊向中心靠拢，叶互生。我国这一类百合遗传资源特别丰富，如渥丹 *L. concolor*、毛百合 *L. dauricum*、玫红百合 *L. amoenum*、紫花百合 *L. souliei* 等。

③ 卷瓣组　花朵下垂，花瓣向外反卷，雄蕊上端向外张开，叶互生。这类百合宜作庭院露地栽培，如卷丹 *L. lancifolium*、鹿子百合 *L. speciosum*、湖北百合 *L. henryi*、川百合 *L. davidii*。食用百合如兰州百合 *L. davidi* var. *unicolr* 也属此组。

④ 轮叶组　叶片轮生或近轮生，花朵向上或下垂。花朵向上的如青岛百合 *L. tsingtauense*，花朵下垂且花瓣反卷的如欧洲百合 *L. martagon*、新疆百合 *L. martagon* var. *pilosiusculum* 等。

2）栽培种的分类：百合的栽培品种众多，北美百合协会、英国皇家园艺学会依据百合的栽培品种和其原始亲源种与杂种的遗传衍生关系，曾将百合品种划分为 9 个种系，即亚洲百合杂种系、星叶百合杂种系、白花百合杂种系、美洲百合杂种系、麝香百合杂种系、喇叭形百合杂种系、东方百合杂种系、其他类型和原种（包括所有种类、变种及变型）。这种系统已在所有的百合展览中采用。常见栽培的主要有以下 3 个种系：

① 亚洲百合杂种系　亚洲百合的亲本包括卷丹、川百合、渥丹、毛百合等，花直立向上，瓣缘光滑，花瓣不反卷。

② 麝香百合杂种系　麝香百合杂种系又称铁炮百合、复活节百合，花色洁白，花横生，花被筒长，呈喇叭状。主要是麝香百合与台湾百合 *L. formosanum* 衍生的杂种或杂交品种，也包括这两个种的种间杂交种——新铁炮百合 *L.* ×*formolongo*，花直立向上，可播种繁殖。目前应用最多的品种是日本培育的‘雷山’系列。

③ 东方百合杂种系　东方百合杂种系包括鹿子百合、天香百合 *L. auratum*、日本百合 *L. japonicum*、红花百合 *L. rubellum* 及其与湖北百合的杂种，花斜上或横生，花瓣反卷或瓣缘呈波浪状，花被片上往往有彩色斑点。

目前市场上主要的百合商品品种如亚洲系的‘Avignon’、‘Connecticut King’、‘Pollyanna’、‘Nove Cento’等；东方系的‘Casablanca’、‘Star Gazer’、‘Siberlia’、‘marco Polo’等；麝香系的‘Snow Queen’、‘White Fox’等。

【生态习性】性喜冷凉、湿润气候。耐寒，喜阳，为长日照植物。要求腐殖质丰富、多孔隙疏松、排水良好的微酸性壤土，适宜 pH 为 5.5～6.5，忌土壤高盐分。生育和开花的适温 5～20℃，5℃以下或 30℃ 以上时，生育近乎停止。

【繁殖要点】百合的繁殖方法较多，以自然分球法最为常用，也可分珠芽、鳞片、播种和利用组培法等。

【园林用途】百合有“百事合意，百年好合”之意，尤其白百合代表少女的纯洁，在欧洲视为圣母玛利亚的象征，深受世界各国人民的喜爱。百合花期长、花姿独特、花色艳丽，在园中宜片植疏林、草地，或布置花境。商业栽培常作鲜切花，也是盆栽佳品。

(3) 风信子（图8-78）

别名：洋水仙、五色水仙

图8-78　风信子
（引自北林《花卉学》，1990）

学名：*Hyacinthus orientalis*

产地与分布：原产南欧、地中海东部沿岸及小亚细亚一带。现在世界广泛栽培。

【形态特征】多年生草本，鳞茎球形或扁球形，外被皮膜具光泽，颜色常与花色有关。呈紫蓝色、粉红或白色等。叶4～6枚，基生，叶片肥厚，带状披针形，具浅纵沟。花葶高15～45cm，中空，顶端着生总状花序；小花10～20余朵密生上部，多横向生长，少有下垂，小花钟状，基部膨大，裂片端部向外反卷。花冠漏斗状，花期早春，花具芳香，花色有蓝紫、白、黄、红、粉、雪青等色，深浅不一，单瓣或重瓣。蒴果。

【观赏期】观花植物，观花期3～4月。

【类型及品种】风信子有三个变种，即罗马风信子 *H. orientalis* var. *albulus*（也称浅白风信子）、大筒浅白风信子 *H. orientalis* var. *praecox* 和普罗文斯风信子 *H. orientalis* var. *provincialis*。原产地均在法国南部、瑞士及意大利。

现在栽培的品种均从风信子衍变而来，而野蔷薇和罗马型的野生种总状花序小且紧凑，长约13cm，目前已很少栽培。风信子的栽培品种性状较为一致，通常按花色分类，有白色系、浅蓝色系、深蓝色系、紫色系、粉色系、红色系、黄色系、橙色系和重瓣系。

近年来引进的风信子著名品种有：蓝色夹克 Blue Jacket，天蓝色；卡耐基 Carnegie，纯白色；哈勒姆城 City of Haarlem，淡黄色；显赫 Distinction，紫红色；简巴士 Jan Bos，樱桃红色；奥斯特拉 Ostara，蓝紫色；德贝夫人 Lady Derby，玫瑰粉色；粉皇后 Queen of the Pinks，深粉红。

【生态习性】性喜凉爽湿润和阳光充足的环境。耐寒，在长江流域可露地越冬，忌高温。好肥，要求排水良好、肥沃的砂质壤土。

【繁殖要点】分球繁殖。但因风信子的繁殖系数较小，为获得更多的子球，可采用刻伤法或将鳞茎盘底部挖空，再倒置保湿砂培的方法。

刻伤法　在鳞茎起球后一个月，将鳞茎用0.1%升汞溶液浸泡20～30分钟消毒，再用小刀将鳞茎底部切割成十字形或两个十字交叉，切口深达球高的1/2～2/3。在伤口处产生愈伤组织形成不定芽并产生小鳞茎，平均每个母鳞茎可产生15～20个小球。小球需培养3～4年才能开花。

刮底法　将消毒后的鳞茎用弧形刀在茎盘底部挖空，再将鳞茎倒置在湿沙上培养，气温25℃，空气湿度90%，在伤口处产生愈伤组织形成不定芽并产生小鳞茎，平均每个母鳞茎可产生40个小球。

风信子易结实，容易以种子繁殖，但需培养5～7年才能成为开花鳞茎。

【园林用途】风信子花期早、花色艳丽，其独有的蓝紫色品种更是引人注目，适合早春花坛、花境布置及作园林饰边材料。也适合冬春室内盆栽。

(4) **葡萄风信子**

别名：蓝壶花、葡萄百合

学名：*Muscari botryoides*

产地与分布：葡萄风信子原产欧洲的中部及西南部。

【形态特征】葡萄风信子为多年生草本，鳞茎卵状球形，皮膜白色。基生叶线形，长5～25cm，稍肉质，暗绿色，边缘略向内卷。花葶自叶丛中抽出，高10～30cm，直立，圆筒状。总花序密生花草上部，小花梗下垂，花小型，蓝色。蒴果。

【观赏期】观花植物，花期3月上旬至5月上旬。

【生态习性】喜冬季温和、夏季冷凉的环境。耐寒。在我国华北地区可露地越冬。耐半荫，喜肥沃疏松、排水良好的砂质壤土。鳞茎夏季休眠。

【繁殖要点】葡萄风信子以分球繁殖为主。通常于夏、秋季分栽小鳞茎，培养1～2年后可花。也可以种子繁殖，秋季于盆中撒播，勿入温室。

【园林用途】葡萄风信子植株低矮，习性强健，独特的蓝紫色花在早春开放，且花期长，尤其适合布置疏林草地和作地被花卉。

(5) **嘉兰**（**图8-79**）

别名：嘉兰百合、火焰百合

学名：*Gloriosa superba*

产地与分布：原产我国云南南部、亚洲热带及非洲热带。

【形态特征】嘉兰多年生蔓性草本。地下具肥大横生根状茎。叶无柄，互生、对生或3枚轮生，卵状披针形，叶色翠绿，基部钝圆，顶端渐尖，呈卷须状。花两性，大而下垂，单生或数朵生于顶端组成疏散的伞房花序。花被6片，离生，条状披针形，向上反曲，边缘呈皱波状。花色多为鲜艳的红色。蒴果。

【观赏期】观花植物，观花期5～10月。

【类型及品种】常见栽培的品种有宽瓣嘉兰 Rothschildiana，花亮红至鲜红色，瓣缘金黄色，具块茎。柠檬黄 Citrina，花橙黄色或带深紫红色条纹。

图8-79 嘉兰

（引自郭维明，2001）

【生态习性】性喜温暖湿润气候。不甚耐寒，越冬需10℃以上，生长适温为17～25℃。喜光和较高的空气湿为球根类中的蔓生植物，又是典型的半阴性植物。

【繁殖要点】常用切割块茎繁殖，早春进行，注意每个切割下来的小块茎需带有芽眼；也可播种繁殖，种子发芽适温为19～24℃。

【园林用途】嘉兰花型特殊，有如一团燃烧的火焰，十分艳丽，花期长，尤其适合装饰豪华场面，是美丽的爬藤植物、切花和高档盆花。

(6) **大花葱**

学名：*Allium giganteum*

产地与分布：产于亚洲中部和喜马拉雅地区。

【形态特征】株高1.2m。鳞茎球形，灰黄色，径7～8cm。叶狭披针形，宽5cm。花序径10～12cm；桃红色。本种鳞茎分生能力极弱，几乎不分生子球。

【观赏期】观花植物，观花期6～7月。

【生态习性】性耐寒，喜阳光充足。适应性强，不择土壤，能耐瘠薄干旱土壤，但也喜肥。宜黏质壤土。

【繁殖要点】分球或播种繁殖。播种后第二年即可开花。分球则在秋季进行。能自播繁衍。

【园林用途】本属植物生势强健，适应性强，多数为良好的地被花卉，也可供花坛、花境布置或盆栽观赏。高大种类常作切花材料，低矮种类宜作岩石园布置。

4. 石蒜科 Amaryllidaceae

（1）朱顶红（图8-80）

别名：孤挺花、朱顶兰、百枝莲、华胄兰

图8-80 朱顶红
（引自郭维明，2001）

学名：*Amaryllis rutilum*

产地与分布：原产南美秘鲁、巴西。现世界各国广泛栽培。

【形态特征】多年生草本。地下鳞茎球形，直径7～8cm。叶二列状着生，4～8枚，带状，略肉质，与花同时或花后抽出。花葶粗壮，直立而中空，自叶丛外侧抽生，高于叶丛，顶端着花4～6朵，两两对生略呈伞状。花漏斗状，略平伸而下垂，花径10～13cm，花色红、粉、白、红色具白色条纹等。蒴果近球形。种子扁平，黑色。

【观赏期】观花植物，观花期5～6月。

【生态习性】性喜温暖、湿润的环境，较为耐寒。冬季地下鳞茎休眠，要求冷凉干燥，适温为5～10℃；夏季喜凉爽，生长适温为18～25℃，喜光，但不宜过分强烈的阳光。好肥，要求排水良好而又富含腐殖质的砂质壤土。

【繁殖要点】以分球繁殖为主。秋季将大球周围的小鳞茎剥下分栽，子球培育两年后开花。也可以实生播种，种子随采随播，发芽率高，需经3～4年才能开花。

【园林用途】朱顶红花葶直立、花朵硕大，色彩极为鲜艳，适宜盆栽，也可配置花境、花丛或作切花。

（2）文殊兰

别名：十八学士、白花石蒜

学名：*Crinum asiaticum*

【产地与分布】原产我国广东、福建和台湾。常生于海滨地区或河旁沙地。

【形态特征】常绿球根花卉，株高可达1m。鳞茎长圆柱形，径10～15cm，高30～60cm。叶多数密生，在鳞茎顶端莲座状排列，条状披针形，长60～100cm，宽10～14cm，边缘波状，花葶从叶腋抽出，着花10～20朵；花被片线形，宽不及1cm，花被筒细长；花白色，具芳香；果实球形，径约5cm。

【观赏期】观花植物，观花期7～9月。

【生态习性】文殊兰属植物多分布于热带、亚热带的海岸地区。性喜温暖湿润，耐盐碱土壤，夏忌烈日暴晒，一般生长适温15～20℃，冬季休眠温度约10℃为宜。性喜肥，生长

期间要经常施肥。宜腐殖质丰富的土壤。

【繁殖要点】常用播种和分株繁殖。播种通常采种后即播；分株繁殖于早春或晚秋结合换盆进行。

【园林用途】叶丛优美，花色洁白或艳丽，多芳香清馥，宜作厅堂、会场布置。暖地可在建筑物附近及路旁丛植。

（3）蜘蛛兰

别名：水鬼蕉

学名：*Hymenocallis americana*

产地与分布：蜘蛛兰原产南美、墨西哥及西非等热带地区。

【形态特征】常绿草本。鳞茎大，直径7 ~11cm，叶剑形。花筒高30 ~75cm，着花3 ~8朵，白色，芳香，花筒长15 ~18cm，有绿条纹，花被裂片线形，与筒部等长，副冠钟形至漏斗状，有齿。花丝分离部长4 ~5cm。

【观赏期】观花植物，花期春末到秋季。

【生态习性】蜘蛛兰喜温暖环境。植株茁壮，春季萌发，夏秋季开花，秋季叶黄进入休眠期。花芽在休眠期内分化，秋季高温、干燥促进花芽形成。

【繁殖要点】蜘蛛兰以分球法繁殖，于春季分栽小鳞茎，培育1 ~2 年成为开花球。也可播种繁殖，种子发芽适温为19 ~24℃。

【园林用途】蜘蛛兰花形奇特，花叶俱美，宜林缘、草地丛植，布置花坛、花境，或用作盆栽、切花。

（4）石蒜（图8-81）

别名：红花石蒜、蟑螂花、老鸦蒜

学名：*Lycoris radiata*

产地与分布：石蒜以我国和日本为分布中心。原产我国的分布于华中、西南、华南各省。

【形态特征】石蒜为多年生草本。鳞茎椭圆状球形，皮膜褐色，直径2 ~4cm。叶基生，线形，晚秋叶自鳞茎抽出，至春枯萎。入秋抽出花茎，高30 ~60cm，顶生伞形花序，着花5 ~7 朵，鲜红色，具白色边缘。花被6 裂，瓣片狭倒披针形，边缘皱缩，反卷，花被片基部合生呈短管状，长0.5 ~0.7cm，花径6 ~7cm。雌雄蕊长，伸出花冠并与花冠同色。

图8-81 石蒜

（引自北林《花卉学》，1990）

【观赏期】观花植物，观花期8 ~10 月。

【生态习性】石蒜野生于山林及河岸坡地。喜温和阴湿环境。适应性强。具一定耐寒力，地下鳞茎露地越冬，也耐高温高湿和强光干旱。不择土壤，但以土层深厚、排水良好并富含腐殖质的壤土或砂质壤土为好。

【繁殖要点】石蒜以分球繁殖为主，也可播种。

【园林用途】园林中不可多得的地被植物，素有中国的“郁金香”之称。冬春叶色翠绿，夏秋红花怒放，城市绿地、林带下自然式片植、布置花境，或点缀草坪、庭院丛植，效果俱佳。石蒜对土壤要求不严，花叶共赏，花葶茁壮，又能反映季相变化，可作专类园，也可作切花，矮生种亦作盆花。

(5) 中国水仙

别名：金盏银台、天蒜、玉玲珑

学名：*Narcissus tazetta* var. *chinensis*

产地与分布：水仙属原产北非、中欧及地中海沿岸，现在世界各地广为栽培。

【形态特征】水仙为多年生草本，地下鳞茎肥大，卵状或近球形，外被棕褐色皮膜；叶基生，狭带状，排成互生二列状，绿色或灰绿色，基部有叶鞘包被。花多朵（通常4~6朵）成伞房花序着生于花葶端部，花序外具膜质总苞，又称佛焰苞。花葶直立，圆筒状或扁圆筒状，中空，高20~80cm；花多为黄色或白色，侧向或下垂，具浓香；花被片6枚，副冠杯状。蒴果，种子空瘪。

【观赏期】观花植物，花期春季。喇叭水仙花期3~4月；明星水仙花期4月；红口水仙花期4月；丁香水仙花期4月；多花水仙花期12~2月；仙客来水仙花期2~3月。

【类型及品种】水仙属约30个种，有众多变种与亚种，园艺品种近3000个。

【生态习性】性喜冷凉、湿润的气候。好阳光充足，也耐半荫，尤以冬无严寒，夏无酷暑，春秋多雨的环境最为适宜。多数种类亦甚耐寒。在我国华北地区不需保护即可露地越冬。好肥喜水，对土壤要求不甚严格，除重黏土及砂砾土外均可生长，但以土层深厚、肥沃湿润而排水良好的黏质土最好。土壤pH以中性和酸性为宜。

【繁殖要点】通常以自然分球繁殖法为主，可将母球上自然分生的小鳞茎掰下来作为种球，另行栽培养。从种球到开花球，需培养3~4年。

【园林用途】水仙株丛清秀，花色淡雅，芳香馥郁，花期正值春节，深受人们所喜爱，是我国传统的十大名花之一，被誉为“凌波仙子”。既适宜室内案头、窗台点缀，又宜在园林中布置花坛、花境，也宜在疏林下、草坪中成丛成片种植。

(6) 晚香玉（图8-82）

别名：夜来香、月下香、玉簪花

图8-82 晚香玉
（引自曹春英，2001）

学名：*Polianthe tuberosa*

产地与分布：原产墨西哥、南美。现世界广为栽培。

【形态特征】多年生草本。地下部呈圆锥状的块茎（上半部呈鳞茎状）。叶互生，带状披针形，茎生叶较短，愈向上则呈苞状。穗状花序顶生，小花成对着生，每穗着花12~32朵。花白色，漏斗状，端部五裂，筒部细长，具浓香，至夜晚香气更浓。蒴果，自花授粉，但由于雌花晚于雄花成熟，自然结实率低。种子黑色，扁锥形。

【观赏期】观花植物，花期夏季，花期长，直至秋季。

【生态习性】性喜温暖湿润和阳光充足的环境。在原产地无休眠期，为常绿草本。不耐寒，温带霜后叶枯，进入休眠期，翌年春萌发，生长适温25~30℃。喜光，不择土壤，需充足水分，但忌涝。

【繁殖要点】常用分球法繁殖，小块茎经栽种一年后即成为开

花球。母球自然增殖率较高，一个母球能分生10~25个子球（当年未开花的母球，分生子球较少）。种子繁殖一般只用于育种。

【园林用途】花色纯白，香气馥郁，入夜尤盛，最适布置夜花园。还可提取香精。也是重要的切花材料。

（7）葱兰（图8-83）

别名：葱莲、玉帘、白花菖蒲莲

学名：*Zephyranthes candida*

产地与分布：原产南美巴西、秘鲁、阿根廷、乌拉圭等草地。

【形态特征】鳞茎卵形，直径2.5cm，颈部细长，具黑褐色皮膜。叶肥厚，窄线形，长可达40cm。花与叶同时伸出，佛焰苞褐红色。花白色或外略带紫红晕，花期夏季至初秋。

【观赏期】观花植物，盛花期7~11月。

【生态习性】性喜温暖、湿润和阳光充足的环境，也耐半荫和低湿。适应性强，在无霜或霜期很短地区可露地越冬。北方春季种植，晚秋起球，鳞茎越冬贮藏于无冷冻温室中。要求肥沃、排水良好的略带黏质的壤土。

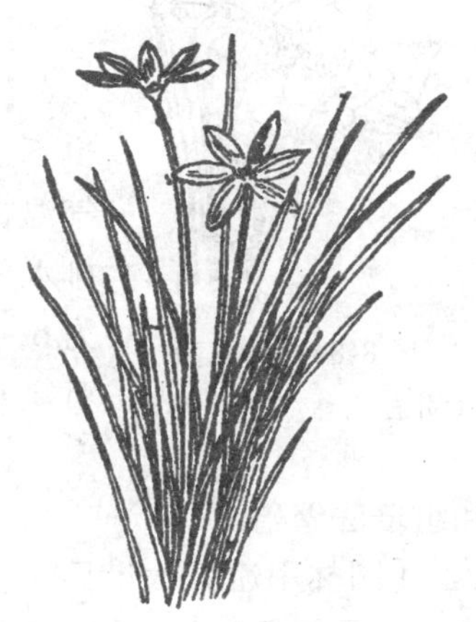

图8-83 葱兰

（引自北林《花卉学》，1990）

【繁殖要点】以分球繁殖为主，也可种子繁殖。

【园林用途】葱兰株型低矮、清秀，开花繁多，花期长，应用广泛，尤适在林下、花境、道路隔离带或坡地半荫处作地被植物，丛植成缀花草地则效果更佳。

（8）韭兰

别名：红花葱兰、风雨花、韭莲、红花菖蒲莲

学名：*Zephyranthes grandiflora*

产地及分布：原产中南美洲墨西哥、古巴、危地马拉湿润林地。现我国各地多有栽培。

【形态特征】鳞茎卵球形，径3~4cm。基生叶5~7枚，扁平线形，与花同时伸出，长30cm。花单生于花葶先端，长5~7cm，具佛焰苞状苞片，花粉红色至玫瑰红色。可多次开花。通常干旱后即可开花，故有“风雨花”之称。

【观赏期】夏季观花。

【生态习性】生性强健，耐旱抗高温，栽培容易。

【繁殖要点】可用分株法或鳞茎栽植，全年均能进行，但以春季最佳。

【园林用途】红花葱兰叶丛碧绿，闪烁着粉红色的花朵，美丽幽雅。最适宜作花坛、花径、草地镶边栽植，或作盆栽供室内观赏，亦可作半阴处地被花卉。

5. 鸢尾科 Iridaceae

（1）唐菖蒲（图8-84）

别名：菖兰、剑兰、十样棉

学名：*Gladiolus hybridus*

产地与分布：原产南非好望角、地中海沿岸及小亚细亚，尤以南非好望角最多，为世

界唐菖蒲野生种的分布中心。现栽培品种广布世界各地。

图 8-84　唐菖蒲
（引自北林《花卉学》）

【形态特征】为多年生草本，地下具球茎，球形至扁球形，外被膜质鳞片。基生叶剑形，嵌叠为二列状，通常 7 ~ 9 枚。花葶自叶丛中抽出，穗状花序顶生，着花 8 ~ 20 朵，小花花冠漏斗状，色彩丰富，花径 7 ~ 18cm，苞片绿色。雄蕊 3 枚，花柱单生，子房下位。蒴果，种子扁平，有翼。

【观赏期】观花植物，花期夏秋季节。

【生态习性】唐菖蒲属于喜光性的长日照植物。畏寒，不耐涝，也不耐炎热。生育适温为 20 ~ 25℃，球茎在 4 ~ 5℃时萌动。日平均气温在 27℃以上，生长不良。对土壤条件要求不严，但以肥沃深厚、排水良好的砂质壤土为好，避免土壤冷湿，不耐涝，适宜的土壤 pH 为 6 ~ 7。唐菖蒲极不耐盐，忌土壤高盐分，EC 值不宜高于 2ms/cm；对氯元素较敏感，用自来水浇灌时应特别注意。

【繁殖要点】通常以自然分球法繁殖为主，也可采用球茎切割法和组培法繁殖。

【园林用途】为世界著名的四大切花之一。花色繁多，广泛应用于花篮、花束和艺术插花，也可用于庭院丛植。

（2）香雪兰

别名：小苍兰、小菖兰、洋晚香玉

学名：*Freesia refracta*

产地与分布：原产南非好望角一带。现广泛用作温室栽培。

【形态特征】多年生草本。地下小球茎圆锥形，外被棕褐色薄膜。基生叶约 6 枚，线状剑形，质较硬。穗状花序顶生，每花序着花 5 ~ 10 朵。花漏斗状，花序轴平生或倾斜，花偏生一侧，疏散而直立，具芳香。

【观赏期】观花植物，花期春季。

【生态习性】性喜冬季温暖湿润、夏季凉爽的环境。要求阳光充足，不耐寒，越冬一般需 5 ~ 8℃以上。在其生育过程中，生长点感受低温后花芽分化。花芽分化及初期的花芽发育，是比较低的温度下进行（8 ~ 13℃）；而到了生育中期，逐渐喜好高温。花芽发育的适温为 13 ~ 18 ℃。植株的生长发育以 18 ~ 23 ℃最为适合。

【繁殖要点】分球法繁殖为主。

【园林用途】香雪兰花色艳丽，花型独特，花期正值冬春，为室内观赏的优良盆花。也用作切花。此外，还可用花提取芳香油浸膏。

6. 美人蕉科 Cannaceae

多年生草本，有块状的地下茎。叶大，螺旋状排列 ，有明显的中脉和羽状的平行脉，叶柄呈鞘状抱茎，无叶舌。花两性，不对称，排成顶生的穗状花序、总状花序或狭圆锥花序，有苞片；萼片 3，分离，宿存；花瓣 3，萼状，基部合生并常和退化雄蕊群连合；退化雄蕊花瓣状，4 ~ 5 枚，基部连合，为花中最美丽部分，通常红色或黄色，或有溅点，其中 1 枚反卷的称为唇瓣；发育雄蕊的花丝亦增大呈花瓣状，多少旋卷，边缘有 1 枚 1 室的花药

室，子房下位，3 室，胚珠多颗。蒴果，3 瓣裂，有小瘤体或柔刺。

（1）大花美人蕉（图 8-85）

别名：法国美人蕉、昙华

学名：*Canna generalis*

产地与分布：本种为法国美人蕉的总称，主要由原种美人蕉（*C. indica*）杂交改良习的系统。原种分布于美洲热带。

【形态特征】多年生草本。地下具粗壮肉质根茎，株高 60～150cm。叶大，互生，阔椭圆形，茎、叶被白粉。总状花序有长梗，花大，花径 10cm，有深红、橙红、黄、乳白等色；基部不呈筒状。花萼、花瓣被白粉，雄蕊 5 枚，均瓣化成花瓣，圆形，直立而不反卷；其中一枚雄蕊瓣化，向下反卷，为唇瓣。蒴果。种子黑褐色。

【观赏期】观花植物，花期夏秋季节，盛花期 8～10 月。

【类型及品种】美人蕉属有 51 个种，园艺上栽培应用的还有：

1）美人蕉 *C. indica*，原产美洲热带。地下茎少分枝，株高 1.8m 以下。叶长椭圆形，长约 50cm。花单生或双生，花稍小，淡红色至深红色，唇瓣橙黄色，上有红色斑点。

图 8-85　大花美人蕉
（引自郭维明，2001）

2）鸢尾美人蕉 *C. iridiflora*，又名垂花美人蕉。原产秘鲁，是法兰西系统的重要原种。花型酷似鸢尾花。株高 2～4m，叶长 60cm，花序上花朵少，花大，淡红色，稍下垂，瓣化雄蕊长。

3）紫叶美人蕉 *C. warscewiczii*，又名红叶美人蕉。原产哥斯达黎加、巴西。是法兰西系统的重要原种。株高 1～1.2m。花深红色，唇瓣鲜红色。茎、叶均为紫褐色，有白粉。

4）兰花美人蕉 *C. orchioides*，由鸢尾美人蕉改良而来。是园艺品种重要系统之一。株高 1.5m 以上，叶绿色或紫铜色。花黄色有红色斑，基部筒状，花大，花径 15cm，开花后花瓣反卷。

5）柔瓣美人蕉 *C. flaccida*，又名黄花美人蕉。原产北美。根茎极大，株高 1m 以上。花极大，筒基部黄色，唇瓣鲜黄色，花瓣柔软。

园艺上将美人蕉品种分为两大系统，即法兰西系统与意大利系统。前者即大花美人蕉的总称，参与杂交的有美人蕉、鸢尾美人蕉、紫叶美人蕉，特点为植株稍矮，花大，花瓣直立不反卷，易结实。意大利美人蕉系统主要由柔瓣美人蕉、鸢尾美人蕉等杂交育成，特点为植株高大，开花后花瓣反卷，不结实。

【生态习性】性喜温暖、炎热气候。不耐寒，霜冻后地上部枯萎，翌年春再萌发。习性强健，适应性强，生长旺盛，不择土壤，最宜湿润肥沃的深厚土壤，稍耐水湿。好阳光充足，生育适温较高，25～30℃。

【繁殖要点】三倍体美人蕉不结实，以根茎分生繁殖为主，也可播种。

【园林用途】美人蕉生长势极强，红花绿叶，花期甚长，适合大片的自然栽植，或布置于花坛、花境、庭院隙地或作基础栽植。矮生种还可盆栽观赏。

7. 兰科 Orchidaceae

多年生草本或亚灌木，多茎直立，少数攀援，常分为地生兰和附生兰两大类，少数为腐生兰。地生兰有根茎或块茎，附生兰常有具假鳞茎和气生根。单叶互生，排成两列，厚而革质或薄而软；附生兰叶片的近基部常有关节，叶枯后自此断落；腐生兰叶退化呈鳞片状。花单生或呈穗状、伞形、总状及圆锥花序。两性花，大多数两侧对称，多数种美丽、芳香。雄蕊与花柱、柱头结合一体合蕊柱。雄蕊1枚，少2~3枚，花粉粒多集合为花粉块，少数为四合花粉或单生；子房下位，多伸长，常被误认为花梗，多作180度扭转使花各部上下颠倒，3心皮1室，侧膜胎座，胚珠多数。蒴果，种子微小多数。

为单子叶植物最大科，约1000属，20000多种，广布于世界各地，主产热带地区。我国有173属，1000多种，南北各有分布，以云南、海南和台湾为最多。

（1）白芨（图8-86）

别名：双肾草、凉姜、紫兰

图8-86 白芨
（引自《浙江植物志》，1993）

学名：*Bletilla striata*

产地及分布：原产中国，主要分布在长江流域一带，我国中南部山区至西南等省分布较广。日本也有少量分布。

【形态特征】多年生陆生草本，根茎具球茎状，有扁珠形荸荠状环纹。茎粗壮，直立，叶片4~5片，互生，狭长圆形，总状花序顶生，有花3~8朵，淡红色，萼片与花瓣近似，唇片稍短。花期4~6月，果期7~9月，种子细小。

【观赏期】观花植物，观花期4~6月。

【类型及品种】常见同属品种有黄色白芨和小白芨。黄花白芨茎直立，粗壮，叶舌状披针形，花较大，黄色。小白芨茎纤细，叶条状披针形，花较小，淡紫色。

【生态习性】土壤要求排水良好，富含腐殖质的沙质壤土，喜温暖，湿润的环境，耐荫性强，忌强光直射，稍耐寒。

【繁殖要点】主要用分根繁殖，也可用播种。

【园林用途】可作花径，在岩石边丛植，也可作地被植物。

8.2.4 水生花卉

1. 睡莲科 Nymphaeaceae

多年生水生草本，具根状茎，稀1年生。叶常两型：漂浮叶或出水叶，心形至盾形；沉水叶细弱，有时细裂。花两性，辐射对称，单生花梗顶端。萼片常4~6，绿色或花瓣状；花瓣3或多数，或渐变成雄蕊，分生，稀下部合生成筒；雄蕊3至多数；心皮3至多数，分生或合生，子房上位、半下位或下位。坚果或浆果。

（1）荷花（图8-87）

别名：莲花、芙蕖、水芙蓉

学名：*Nelumbo nucifera*

产地与分布：原产亚洲热带地区及大洋洲。中国是世界上栽培荷花最普遍的国家，除西藏、内蒙古和青海等地外，绝大部分地区均有栽培。

【形态特征】多年生挺水花卉，地下根状茎横卧泥中，称藕。藕节周围环生不定根、鳞

片，并抽生叶、花及侧芽。荷叶呈盾状圆形，具14～21条辐射状叶脉，叶径可达70cm，全缘或稍波状。叶面绿色，表面被蜡粉，不湿水。顶芽之初生叶小柄细，浮于水面，称荷钱；藕节处初生叶稍大，浮于水面，叫浮叶；后生的叶较大，挺出水面，称立叶；花后抽出最后一片立叶，称后把叶；后把叶前方又生一小而厚的叶片，称终止叶。叶柄侧生刚刺。花单生于花梗的顶端，有单瓣和重瓣之分，花色各异，有粉红、白、淡绿、深红及间色等。花径大小因品种而异，在10～30cm之间。花谢后膨大的花托称莲蓬，上有3～30个莲室，每个莲室形成一个小坚果，俗称莲子。

图8-87　荷花
（引自郭维明，2001）

【观赏期】观花植物，群体花期6～9月，单朵花期3～4天。

【类型及品种】根据栽培目的不同分为3种类型：以观花为目的的花莲，以产藕为目的的藕莲及以产莲子为目的的子莲。目前，花莲品种已达300多个。王其超等按观赏植物“二元分类法”的原则将其分为3系，6群，14类，40型。

1）中国莲种系。①中国莲种系大花群：大型单瓣莲类、大型重瓣莲类、大型单台莲类、千瓣莲类。②中国莲种系中、小花群：中、小型单瓣莲类，中、小型复瓣莲类，中、小型重瓣莲类，中、小型重台莲类。

2）中国莲亚种莲种系。①大型黄莲群：大型黄莲类。②中小型黄莲群：中小型黄莲类。

3）中、美杂种莲种系。①杂种大型莲群：杂种大型单瓣莲类。②杂种中、小型莲群：中、小型单瓣莲类，杂种中、小型复瓣莲类，杂种中、小型重瓣莲类。

同属还有一种美洲黄莲（*N. pentapetala*），已培育出远缘杂种。

【生态习性】荷花喜光，喜温暖，故炎夏为其旺盛生长期，但耐寒性也甚强。通常8～10℃开始萌芽，14℃藕鞭开始伸长，23～30℃为生长发育的最适温度，开花需高温，立秋前后约25℃时转入新藕生长阶段。强光下生长发育迅速，开花早，凋谢亦早；弱光或半荫条件下生长发育缓慢，开花晚，凋谢也晚。喜湿怕干，缺水不能生存；水过深淹没立叶，则生长不良，甚至导致死亡。一般宜生长于静水或缓慢的流水中，水深不超过1m。喜肥土，尤喜磷、钾肥，而氮肥不宜过多。要求用富含腐殖质的微酸性壤土和黏质壤土种植。

【繁殖要点】播种或分株繁殖。

【园林用途】荷花花叶兼美，并具清香，作为中国十大传统名花之一，是一种重要的水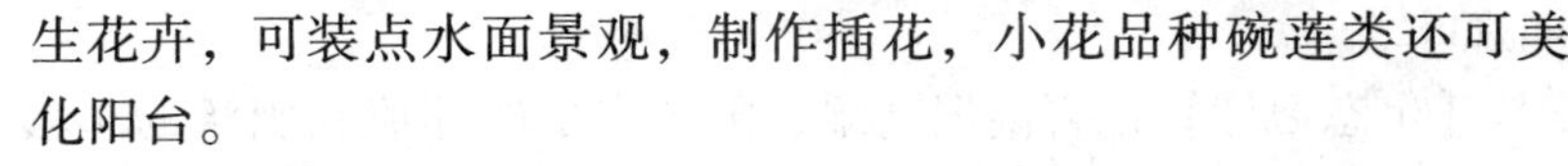生花卉，可装点水面景观，制作插花，小花品种碗莲类还可美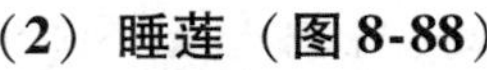化阳台。

图8-88　睡莲
（引自郭维明，2001）

（2）睡莲（图8-88）

别名：子午莲、水芹花、矮生睡莲

学名：*Nymphaea tetragona*

产地与分布：原产中国、日本、朝鲜、印度及西伯利亚与欧洲等地。

【形态特征】多年生浮水花卉。地下具块状根茎，直立，不分枝。叶较小，丛生，具细长柄，浮于水面，叶圆形或卵圆形，纸质或近革质，浓绿色，具光泽，叶背紫红色。花也小，花径2～7.5cm，花单生，白色，午后开放。聚合果，成熟后不规则破裂，内含球形小坚果。

【观赏期】观花植物，花期6～9月，单朵花期3～4天。

【类型及品种】本属常见栽培的有10多个种或变种，按抗寒力分为两类：

1）不耐寒类（热带性睡莲）：本类均原产于热带，在我国大部分地区需温室栽培，目前栽培应用较少。主要种类有：蓝睡莲 *N. caerulea*，叶全缘，花浅蓝色，白天开放；埃及白睡莲 *N. lotus*，叶缘具尖齿，花白色，傍晚开花；红花睡莲 *N. rubra*，花深紫红色，夜间开花；黄花睡莲 *N. mexicana*，叶边缘具浅锯齿，花浅黄色，白天开放。

2）耐寒类：华北地区露地栽培的睡莲多属此类，原产温带和寒带，耐寒性强，均属白天开花类型。主要种类有：香睡莲 *N. odorata*，根茎横生，少分枝，叶圆形或长圆形，革质全缘，背面紫红色，花白色，具浓香，午前开放；白睡莲 *N. alba*，又称欧洲白睡莲，根茎横生，黑色，叶圆形，幼时红色，全缘，花白色，白天开放；块茎睡莲 *N. tuberosa*，地下部分为块茎，叶圆形，幼时呈紫色，花白色，午后开放。

【生态习性】睡莲耐寒性极强。喜阳光充足、通风良好、水质清洁、温暖的静水环境。要求腐殖质丰富的黏质土壤。

【繁殖要点】通常以分株繁殖为主，也可播种。分株时，耐寒类以3～4月间进行，不寒类于5～6月间水温较暖时进行。

【园林用途】睡莲花、叶俱美，是水面绿化的重要材料，也可盆栽或作切花。

（3）王莲（图8-89）

别名：亚马逊王莲

图8-89 王莲
（引自曹春英，2001）

学名：*Victoria amazornica*

产地与分布：原产南美亚马逊河流域。

【形态特征】多年生浮水花卉。地下具短而直立根状茎，极粗壮发达。叶丛生，大型，直径可达1.0～2.5m。幼叶向内卷曲呈锥状，逐渐伸展成圆形，叶缘直立，高约0.1m。叶表绿色，无刺，叶背紫红，凸起的网状脉上具坚硬长刺。花单生，大型，初开为白色，具白兰香味，翌日变淡红至深红色，每朵花开两天，通常下午傍晚开放，第二天早晨逐渐关闭至下午傍晚重复开放，第三天早晨闭合，沉入水中。

【观赏期】观花、观叶植物，花期夏、秋，每日下午至傍晚开放，次晨闭合；整个生长期观叶。

【生态习性】性喜高温高湿、阳光充足的环境和肥沃的土壤。在气温30～35℃，水温25～30℃，空气湿度80%左右时生长良好。秋季气温下降至20℃时生长停止，冬季休眠。

【繁殖要点】王莲宿根需在高温温室越冬保存，要求条件较高，一般采用种子繁殖。

【园林用途】王莲叶形奇特硕大，其花娇容三变，且具芳香，具有极高的观赏价值，可用于美化水面，营造丰富的园林景观。

（4）芡实（图8-90）

别名：鸡头莲、鸡头米、芡

学名：*Euryale ferox*

产地与分布：此属仅一种，广布于东南亚、原苏联、日本、印度及朝鲜。我国南北各地湖塘中多有野生。

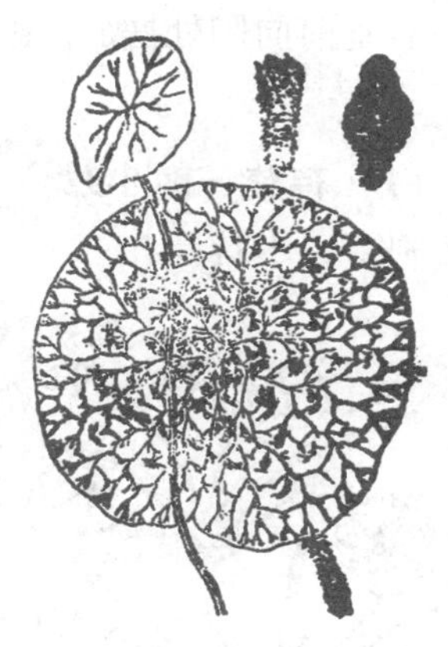
图 8-90　芡实
（引自北林《花卉学》，1990）

【形态特征】芡实为一年生浮水植物。全株具刺。根茎短肥。叶巨大，最大者直径约 3m，丛生，浮于水面；圆状盾形或圆状心脏形，边缘上摺成盘状；表面皱曲，绿色，背面紫色；叶脉隆起，两面具刺（初生幼叶呈椭圆形，基部开裂似箭，沉于水中）；叶柄圆柱状，中空多刺。花单生叶腋，具长梗，挺出水面；花托多刺，状如鸡头，故称“鸡头”；花萼 4 枚，外面绿色，内面紫色，花瓣多数，紫色；雄蕊多数，外部雄蕊常瓣化呈花瓣状；浆果球形，直径 10cm 左右；种子多数，称为芡实，可食用，故称“鸡头米”。

【观赏期】观花植物，观花期 7 ~ 8 月，花昼开夜闭。

【生态习性】芡实多为野生，适应性很强，深水或浅水中均能生长。喜温暖，阳光充足，泥土肥沃之处。

【繁殖要点】在园林水体中栽培或盆栽时，可播种繁殖。常自播繁衍。

【园林用途】本种生势强健，适应性强；叶形、花托奇特，用于水面绿化颇有野趣。

（5）萍蓬草（图 8-91）

别名：黄金莲、萍蓬莲

图 8-91　萍蓬草
（引自《浙江植物志》，1993）

学名：*Nuphar pumilum*

产地与分布：萍蓬莲分布于广东、福建、江苏、浙江、江西、四川、吉林、黑龙江、新疆等地。日本、俄罗斯的西伯利亚地区和欧洲也有分布。

【形态特征】多年生浮水植物。根状茎肥厚块状，横卧泥中。叶二型：浮水叶纸质或近革质，圆形至卵形，全缘，基部开裂呈深心形，叶面绿而光亮，叶背隆凸，紫红色，有柔毛；沉水叶薄而柔软，无茸毛。花单生叶腋，圆柱状花茎挺出水面，花蕾球形，绿色；萼片 5 枚，黄色，花瓣状；花瓣 10 ~ 20 枚，狭楔形。果期 7 ~ 9 月。浆果卵形，具宿存萼片，不规则开裂。种子矩圆形，黄褐色，光亮。

【观赏期】观花植物，观花期 5 ~ 7 月。

【生态习性】萍蓬草性喜温暖、湿润、阳光充足的环境，对土壤选择不严，土质肥沃略带黏性为好。适宜水深 30 ~ 60cm，最深不宜超过 1m。生长适宜温度为 15 ~ 32℃，温度降至 12℃以下停止生长。耐低温，长江以南可在露地水池越冬，不需防寒。在北方冬季需保护越冬，休眠期温度保持在 0 ~ 5℃即可。

【繁殖要点】萍蓬草以无性繁殖为主。块茎繁殖在 3 ~ 4 月进行；分株繁殖可在生长期 6 ~ 7 月进行。

【园林用途】萍蓬草初夏开放，朵朵黄色的花朵挺出水面，灿烂如金色阳光铺洒于水面上，是夏季水景园中极为重要的观赏植物。多用于池塘水景布置，与睡莲、莲花、荇菜、香蒲、黄花鸢尾等植物配置，形成绚丽多彩的景观。又可盆栽于庭院、建筑物、假山石前，或在居室前向阳处摆放。根具有净化水体的功能。

2. 龙胆科 Gentianaceae

（1）荇菜（图 8-92）

别名：水荷叶

图 8-92 荇菜

（引自《浙江植物志》，1993）

学名：*Nymphoides peltatum*

产地与分布：原产北半球温带地区，广泛分布于我国的南北各地。

【形态特征】多年生浮水植物。枝条有二型，长枝匍匐于水底，如横走茎；短枝从长枝的节处长出，茎细长，圆柱形，节上生根；上部叶近于对生，其余叶互生；叶卵形，叶基部心形，具柄，上表面绿色，边缘具紫黑色斑块，下表面紫色；花大而明显，伞形花序束生于叶腋，花黄色，具梗；果期 8～10 月。

【观赏期】观花为主，也可观叶，观花期 6～7 月。

【生态习性】此属多为热带水生植物，仅此以上一种为唯耐寒种类。耐低温，不耐严寒，适应性强。其他植物不耐寒，只能作一年生植物在温带地区栽种。

【繁殖要点】可用分株、扦插或播种繁殖。分株繁殖常于每年 3 月份将生长较密的株丛分割成小块另行栽植；扦插繁殖在天气暖和的季节进行；播种繁殖，常能自播繁殖。

【园林用途】荇菜叶色翠绿，夏花美丽，叶片小巧别致，鲜黄色花朵挺出水面，花多花期长，是庭院点缀水景的佳品，用于园林水体的水面绿化。

3. 千屈菜科 Lythraceae

（1）千屈菜（图 8-93）

别名：水枝柳、水柳、对叶莲

学名：*Lythrum salicaria*

产地与分布：原产欧洲、亚洲的温带地区。

【形态特征】多年生挺水植物，株高 lm 以上。地下根茎粗硬，木质化，地上茎直立，四棱形，多分枝具木质化基部。单叶对生或轮生，披针形，全缘。穗状花序顶生；小花多数密集，紫红色；萼筒长管状；萼裂间各具附属体；花瓣 6 片；蒴果全包于宿存萼内。

【观赏期】观花植物，观花期 7～9 月。

【类型及品种】主要变种有以下几个：

1）紫花千屈菜 var. *atropurpureum*，花穗大，花深紫色。

2）大花千屈菜 var. *roseumsuperbum*，花穗大，花暗紫红色。

3）大花桃红千屈菜 var. *roseum*，同前者，唯花色为桃红色。

4）毛叶千屈菜 var. *tomentosum*，全株被白绵毛。

图 8-93 千屈菜

（引自北林《花卉学》，1990）

【生态习性】千屈菜喜强光及水湿、通风良好环境，通常在浅水中生长最好，但也可露地旱栽。耐寒性强，在我国南北方各地均可露地越冬。对土壤要求不严，但以表土深厚，

富含腐殖质的壤土为好。

【繁殖要点】可用播种、扦插、分株等方法，但以分株为主，早春或秋季均可分栽。

【园林用途】千屈菜株丛整齐，清秀，花色淡雅，最宜池边、溪边丛植，或用作花境的背景材料，也可盆栽观赏。

4. 香蒲科 Typhaceae

多年生沼生草本，有伸长的根状茎，上部出水。叶直立，长线形，常基出，花单性，成狭长的肉穗花序，雄花集生上方，雌花集生下方，花被成刚毛，雄花有 2 ~ 5 雄蕊，花丝分离或结合，雌花具 1 雌蕊，子房由 1 心皮所成，1 室，有 1 下垂胚珠。果实为小坚果，被丝状毛或鳞片，以利散布。种子有粉状胚乳。

（1）香蒲（图 8-94）

别名：长苞香蒲、水烛

学名：*Typha angustata*

产地与分布：香蒲广布于我国东北、西北和华北地区，欧、亚北部其他国家也有分布。

【形态特征】多年生挺水植物。地下具粗壮匍匐的根茎，地上茎直立细长，圆柱形，不分枝，高达 1.5m。叶由茎基部抽出，二列状着生，长带形，长 0.8 ~ 1.8m，宽 7 ~ 12cm，向上渐细，端圆钝，基部鞭状抱茎，灰绿色，质稍厚。花单性，同株。穗状花序呈蜡烛状，浅褐色；雄花序位于花轴上部，雌花序在下部，两者之间相隔 3 ~ 7cm 的裸露花序轴。

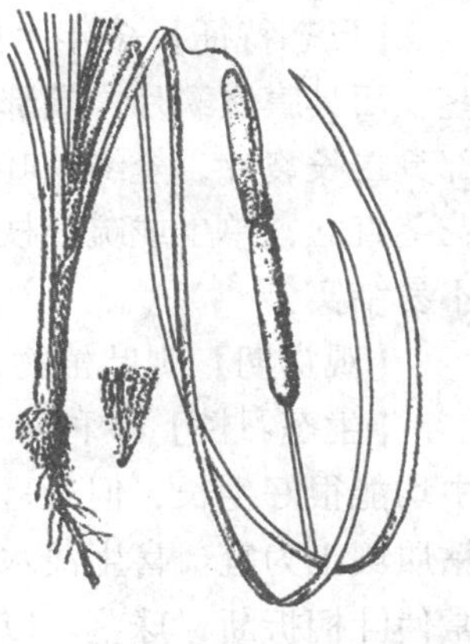

图 8-94　香蒲
（引自《浙江植物志》，1993）

【观赏期】观花、观叶植物，观花期 5 ~ 7 月。

【生态习性】香蒲性耐寒，但喜阳光，喜深厚肥沃的泥土，最宜生长在浅水湖塘或池沼内，对环境条件要求不甚严格，适应性较强。

【繁殖要点】香蒲通常以分株繁殖为主。

【园林用途】香蒲叶丛细长如剑，色泽光洁淡雅，最宜水边栽植，也可盆栽，为常见的观叶植物，花序经干制后为良好的切花材料。

5. 泽泻科 Alismataceae

多年生草本，有根状茎。叶大多数基生，直立或浮水以至沉水，泽泻叶随生活习性有种种形态。花有花梗，生于花茎上成总状花序，或生于花茎的轮状分枝上成圆锥花序，两性或单性，整齐，萼片 3，花瓣 3，雄蕊 6 至多数，稀 3，心皮分离，6 至多数，稀 3，子房上位，1 室，有 1 倒生胚珠，稀较多。瘦果，稀蓇葖。

（1）泽泻

学名：*Alisma orientale*

产地与分布：本种分布于北温带和大洋洲。我国北部及西北部多有野生。

【形态特征】多年生挺水植物，高可达 lm。地下具卵圆形的根茎。叶基生，长椭圆形至广卵形，端短尖，基部心脏形或近圆形或阔楔形，两面光滑，绿色；具长叶柄，下部呈鞘状。花茎直立，高达90cm，顶端着生轮生复总状花序，具苞片；小苞白色，带紫红晕或淡红色。

【观赏期】观花、观叶植物，花期夏季。

【生态习性】喜气候温暖，阳光充足的环境。土壤以富腐殖质而稍带黏性为宜，不喜土温过低，水位过深的地方。

【繁殖要点】通常分株繁殖，也可播种。

【园林用途】宜作沼泽地，水沟及河边绿化材料，也可盆栽观赏。

（2）慈姑

别名：茨菰、箭搭草、燕尾草、白地栗

学名：*Sagittaria sagittifolia*

产地与分布：原产我国，现南北各省均有栽培，本种也广布亚洲热带和温带地区，欧美也有栽培。

【形态特征】多年生挺水植物，高达1.2m。地下具根茎，其先端形成球茎即慈菇。球茎表面具膜质鳞片，端部为长嘴状顶芽，稍弯曲。叶基生；出水叶戟形，端部箭头状，基部具二长裂片，全缘；叶柄特长，肥大而中空，上部有纵裂，下部扩大呈鞘；沉水叶线状。花茎直立，单生或疏分枝，上部着生三出轮生状圆锥花序；小花单性同株或杂性株；白色；不易结实。

【观赏期】观叶植物，整个生长期观叶。

【生态习性】本种对气候和土壤的适应性很强，池塘、湖泊的浅水处或水田中或水沟渠中均能很好生长，但最喜气候温暖，阳光充足的环境；土壤富含腐殖质而土层不太深厚的粘质壤土为宜。喜生浅水中但不宜连作。生长期和球茎发育时最忌连日阴雨或暴风雨，因常使叶柄折断，球茎难以肥大。

【繁殖要点】通常分球繁殖，也可播种。

【园林用途】叶形奇特，适应性强，宜作水面，岸边绿化材料。也常盆栽观赏。

6. 天南星科 Araceae

草本，具块茎或伸长的根茎，有时茎变厚而木质，直立、平卧或用小根攀附于他物上，少数浮水，常有乳状液汁；叶通常基生，如茎生则为互生，呈2行或螺旋状排列，形状各式，剑形而有平行脉至箭形而有网脉，全缘或分裂；花序为一肉穗花序，外有佛焰苞包围；花两性或单性，辐射对称；花被缺或为4～8个鳞片状体；雄蕊1至多数，分离或合生成雄蕊柱，退化雄蕊常存在；子房1，由1至数心皮合成，每室有胚珠1至数颗；果浆果状，密集于肉穗花序上。

（1）菖蒲（图8-95）

别名：水菖蒲、大叶菖蒲、泥菖蒲

学名：*Acorus calamus*

产地与分布：原产我国及日本，广布世界温带和亚热带地区。我国南北各地均有分布。

【形态特征】多年生挺水植物。根茎稍扁肥，横卧泥中，有芳香。叶二列状着生，剑状线形，端尖，基部鞘状，对折抱茎；中肋明显并在两面隆起，边缘稍波状。叶片揉碎后具香味。花茎似叶稍细，短于叶丛；圆柱状稍弯曲；叶状佛焰，长达30～40cm，内具圆柱状长锥形肉穗花序；花小形，黄绿色，浆果长圆形，红色。

【观赏期】观花、观叶植物，观花期6～9月。

【类型及品种】主要变种有金线菖蒲 var. *variegatus*，叶具黄色条纹。

【生态习性】喜温暖、弱光，喜生于沼泽溪谷边或浅水中；耐寒性不甚强，在华北地区呈宿根状态，每年地上部分枯死，以根茎潜入泥中越冬。

【繁殖要点】通常春季分株繁殖。

【园林用途】菖蒲叶丛挺立而秀美，并具香气，最宜作岸边或水面绿化材料，也可盆栽观赏。

图8-95 菖蒲

（引自《浙江植物志》，1993）

（2）石菖蒲（图8-96）

别名：山菖蒲、药菖蒲

图8-96 石菖蒲

（引自《浙江植物志》，1993）

学名：*Acorus gramineus*

产地与分布：原产我国及日本，越南至印度也产之。在我国主要分布于长江流域以南各省。

【形态特征】常绿草本，株高30cm左右，全株具香气。根茎质硬，横卧地下或斜上生长。叶基生，细带状，宽不足1cm，翠绿色，柔软而光滑，无中肋，边缘膜质。花茎叶状而短，长10cm。佛焰苞也较短，圆柱状肉穗花序端部渐细而微弯，与佛焰苞等长或稍长，果时花序可增粗。花小型，淡黄绿色。

【观赏期】观花、观叶植物，观花期4～5月。

【类型及品种】常见栽培的变种有：钱蒲 var. *pusillus*，株丛矮小，叶亦细小而挺硬，长仅10cm左右；金线石菖蒲 var. *variegatus*，株丛也较矮小，叶具黄色条纹。

【生态习性】喜阴湿、温暖的环境。自然界常生于山谷溪流中或有流水石缝中。具一定耐寒性，在长江流域虽可陆地越冬，但叶丛上部常干枯；在华北地区则变为宿根状，地上部枯死，根茎在土中越冬。

【繁殖要点】通常早春分株繁殖。

【园林用途】石菖蒲株丛低矮，叶色油绿、光亮而芳香；性强健又耐荫，耐践踏，为良好的林下或阴地环境的地被植物。又可盆栽或用于假山石隙、水边栽植，作花坛、花境的镶边材料。

7. 雨久花科 Pontederiaceae

多年生水生或沼泽生草本。叶出水、浮水或沉水，基部成鞘。花两性，辐射对称或两侧对称，排成穗状、总状或圆锥花序，生于佛焰苞状叶鞘的腋部；花被片6，花瓣状，分离或下部联合成筒；雄蕊6或3，稀1枚，着生于花被筒上；雌蕊大多数由3心皮组成，子房上位，3室，或1室，胚珠多数至单生。果为蒴果或小坚果。约有9属39种，分布于热带、亚热带和温带淡水中。

(1) 凤眼莲(图8-97)

别名:凤眼兰、水葫芦、水浮莲

图8-97 凤眼莲
(引自《浙江植物志》,1993)

学名:*Eichhornia crassipes*

产地与分布:凤眼莲原产南美洲,现我国长江、黄河流域广为引种。

【形态特征】多年生漂浮植物。须根发达,悬垂水中。茎极短。叶丛生,卵圆形或菱状扁圆形,全缘,鲜绿色,有光泽,质厚。叶柄基部膨大成葫芦形海绵质气囊。花茎单生,顶生短穗状花序,着花6~12朵,小花呈紫色,花被片6枚,上面1枚较大,中央具深蓝色斑块,斑中又有鲜黄色眼点,即所谓"凤眼"。

【观赏期】观花植物,观花期7~9月。

【生态习性】凤眼莲喜温暖湿润、阳光充足的环境,适应性强,在水田、水沟、池塘、河流湖泊及低洼的积水田中均可生长。喜生浅水、静水、流速不大的水体,漂浮于水面或在浅水扎根淤泥中生长。凤眼莲通过叶柄的气囊悬浮于水面上,繁殖迅速,常形成密集的垫状群落。花后,花茎弯入水中生长,子房在水中发育膨大,花谢后35天种子成熟。生长适宜温度为20~30℃;在高湿的条件下,气温超过35℃也能正常生长,且分株迅速;气温低于10℃停止生长。冬季在北方需保护越冬,温度不低于5℃。

【繁殖要点】凤眼莲以分株繁殖为主,春夏两季进行。母株基部侧生匍匐枝,顶端长叶生根,形成新植株,可切取作繁殖材料。也可种子繁殖。

【园林用途】凤眼莲叶柄奇特,花色绚丽,开花高雅俏丽,是美化水面、净化水质的良好花材;但其适应性极强,管理粗放,不宜用于开放性水域,以免过度繁殖。其花还可作切花。

(2) 雨久花(图8-98)

别名:水白菜

学名:*Monochoria korsakowii*

产地与分布:原产我国东部及北部。日本、朝鲜及东南亚也有分布。现我国南北各地多有生长。

【形态特征】为多年生沼泽生草本花卉。地下茎为短且匍匐状的根茎,地上茎直立,高30~80cm。叶卵状心脏形,基生叶有长柄,茎生叶柄渐短,基部有鞘。花茎自基部抽出,总状花序。花被6片,花瓣状,蓝紫色,花径约3cm,花药6,其中1个较大为浅蓝色,其余为黄色。蒴果卵圆形。

【观赏期】观花植物,观花期7~9月。

【生态习性】性强健,耐寒,多生于沼泽地,水沟及池塘的边缘,喜水湿环境。

【繁殖要点】播种、分株繁殖皆可,极易成活。

图8-98 雨久花
(引自曹春英,2001)

【园林用途】因其花大，色雅，叶光亮，观赏效果好。用于布置临水池塘、小水池。

（3）鸭舌草（图 8-99）

别名：水玉簪、肥菜、合菜、水锦葵

学名：*Monochoria vaginalis*

产地与分布：本种广布我国南北各地，东南亚及非洲热带也有分布。

【形态特征】为一年生挺水植物，株高不及 50cm，地下茎半匍匐状。叶丛生；心状阔卵形至卵状披针形，全缘，端短突尖；叶柄长可达 20cm，中下部扩大呈开裂鞘且中部常膨大，花葶由此伸出；葶长 1 ~ 1.5cm，基部具鞘状佛焰苞，端部为小总状花序，着花 3 ~ 5 朵，稀 10 余朵；花蓝色带红晕。

【观赏期】观叶、观花植物，观花期 7 ~ 9 月。

【生态习性】喜温暖、潮湿和阳光充足的环境，也耐半荫，不耐寒。在自然界常生于水沟和稻田中等浅水处。

图 8-99 鸭舌草
（引自《浙江植物志》，1993）

【繁殖要点】播种繁殖，因适应性强，常在生长的环境中自播繁衍，不需管理。

【园林用途】叶光亮、花色明快，可作水面及岸旁绿化。也可盆栽观赏。

（4）海寿花

别名：梭鱼草

学名：*Pontederia cordata*

产地与分布：原产北美，分布暖温带如我国中南、华东、华北及东北。朝鲜、日本、俄罗斯的西伯利亚地区也有分布。

【形态特征】多年生挺水草本植物。根状茎粗壮。茎直立，高 20 ~ 80cm，基部呈现红色，全株光滑无毛。基生叶广卵圆状心形，顶端急尖或渐尖，基部心形，全缘，具弧状脉，有长柄，有时膨胀成囊状，柄有鞘。由 10 余多花组成总状花序，顶生，超过叶片地长度，花梗长约 5 ~ 10cm，花蓝色；蒴果长卵圆形；种子长圆形，有纵棱。

【观赏期】观花植物，也可观叶，花果期 6 ~ 10 月。

【生态习性】生于池塘、湖边及沼泽地等环境条件中，喜温暖湿润、光照充足的环境条件。适宜生长温度范围 18 ~ 35℃，18℃以下生长缓慢，10℃以下停止生长，5℃以下地上部分枯萎，以地下根茎和冬芽越冬。5 ~ 9 月为生长旺盛期，入水深可至 30cm，全年绿色期在 200 天左右，其中花期约 90 天。生长适应性强，对土壤要求不严。

【繁殖要点】以根茎在泥中越冬，繁殖以分株为主，也可种子繁殖。分株可在春夏两季进行，自植株基部切开即可，种子繁殖一般在春季进行，种子发芽温度需保持在 25℃左右。

【园林用途】叶色翠绿，花色迷人，花期较长，可用于家庭盆栽、池栽，也可广泛用于园林美化，栽植于河道两侧、池塘四周、人工湿地，与千屈菜、花叶芦竹、水葱、再力花等相间种植，每到花开时节，串串紫花在片片绿叶的映衬下，别有一番情趣。

8. 灯心草科 Juncaceae

多年生或一年生草本，多年生湿生草本，株高 40 ~ 80cm，叶片退化成刺状，适应性强，耐寒、喜光，稍耐荫、耐水湿；用于水体与露地接壤处的绿化。常密集丛生；常具根状茎。叶基生或同时茎生；叶片扁平至圆柱状，披针形，线形，有时退化呈芒刺状；叶鞘开放或闭合。花组成聚伞、伞房、圆锥或头状花序，稀为单生，小型，两性，整齐；花被片6，2轮交互排列，革质或干膜质；雄蕊6，稀为3，花药底着，具有4个孢子囊，纵裂；花粉粒具3核，单孔；雌蕊由3心皮组成，子房上位，1或3室，花柱单一，柱头3分叉。蒴果，裂成3瓣。种子多数或3枚。

（1）灯心草（图8-100）

别名：秧草、水灯心、野席草、龙须草、灯草

图8-100　灯心草

（引自《浙江植物志》，1993）

学名：*Juncus effusus*

产地与分布：生于湿地或沼泽边。主产江苏、四川、云南；浙江、福建、贵州亦产。

【形态特征】多年生草本，根茎横走，密生须根。茎秆直立簇生，圆柱形，高40～100cm；无叶，叶全部退化为鞘状鳞片；花序假侧生，聚伞状，多花，密集或疏散；总苞片似茎的延伸，直立，长5～20cm；花长2～2.5mm，花被片6，条状披针形，边缘膜质；雄蕊3，极少为6，长约为花被的2/3。蒴果三棱状倒锥形，3室，淡黄褐色，顶端钝或微凹；种子褐色，果期6～7月。

【观赏期】观叶植物。

【生态习性】性喜荫凉多年生草本植物，宜湿润、怕高温；以微酸性或中性有机质含量高的粘壤土为宜。生于潮湿草甸、稻田边、河滩草甸、路边、山谷湿地、溪边、沼泽地等。

【繁殖要点】以分株繁殖为主。春季挖取母株分成8～10根一丛另行种植。

【园林用途】主要用于园林水体池岸边或浅水区的绿化，也可用于盆栽观赏。在园林上可用于美化水池、湿地、河塘或用作盆栽。

9. 莎草科 Cyperaceae

多年生草本，较少一年生。根簇生，纤维状。根状茎丛生或匍匐状，少数兼具块茎。秆单生或丛生，坚实，少数中空，三棱柱或圆柱形，较少四至五棱状或扁。叶通常排成3列，基生或秆生，叶片条形，基部具闭合的叶鞘或叶片退化而仅具叶鞘。花甚小，单生于鳞片（颖片）腋间，两性或单性，雌雄同株，较少雌雄异株，由2至多数花（极少仅具一花）排成穗状花序，称为小穗；小穗单一或若干枚排成复穗状、头状、圆锥状或长侧枝聚伞花序；花序下面通常具1至多枚叶状、刚毛状或鳞片状苞片，苞片基部具苞鞘或无；鳞片二列或螺旋状排列，多数，少数雌小穗因减退而仅具1鳞片；无花被或花被变化为下位鳞片或下位刚毛，有的雌花为先出叶所形成的囊包所包囊；雄蕊3，较少2或1；子房1室。果实为小坚果，有三棱、双凸状、平凸或圆球状。本科80余属4000余种，广布于全世界；我国约28属500余种。

（1）旱伞草

别名：水竹、风车草

学名：*Cyperus alternifolius*

产地与分布：原产非洲马达加斯加，我国各地有分布。

【形态特征】多年生挺水植物。株高 60～100cm，地下部具短粗根状茎，茎直立丛生，枝棱形，无分枝，叶退化成鞘状，为棕色，包裹茎杆基部。叶状总苞片簇生于茎杆，披针形，具平行脉，呈辐射状，花序穗状扁平形，多数聚集，呈伞形花序，花白色或黄褐色。其茎杆挺直细长的姿态潇洒飘逸，不乏绿竹之风韵。

【观赏期】观叶、观花植物，花期 6～7 月。

【生态习性】性喜温暖湿润，通风良好，光照充足的环境，耐半荫，甚耐寒，华东地区露地稍加保护可以越冬，喜土壤湿润，不怕水，对土壤要求不严，以肥沃稍黏的土质为宜。

【繁殖要点】常用分株和扦插繁殖，也可播种。扦插于 6～7 月进行；分株全年都可进行，但以 3 月中下旬翻盆时进行最宜；4 月播种，也容易萌发成苗。

【园林用途】可种植于园林水体的池岸或浅水区作绿化，也可供盆栽观赏或作插花切叶栽培。

（2）水葱

别名：莞、翠管草、冲天草

学名：*Scirpus validus*

产地与分布：同属约 200 种，广布于世界各地，我国产 40 种左右，各地多有分布，本种在北京及河北北部就有野生。

【形态特征】为多年生草本挺水植物。地下具粗壮而横走的根茎。地上茎直立，圆柱形，中空；高 0.6～1.2m；粉绿色。叶褐色，鞘状，生于茎基部。聚伞花序顶生，稍下垂，由许多卵圆形小穗组成；小花淡黄褐色，下具苞叶。

【观赏期】观叶植物，整个生长期观叶。

【类型及品种】主要变种花叶水葱‘Zebrinus’，其茎面有黄白斑点，常盆栽观赏。

【生态习性】水葱性强健，在自然界常生于湿地、沼泽地或池畔浅水中。

【繁殖要点】通常春季分株繁殖。也可播种繁殖。

【园林用途】水葱株丛挺立，色泽淡雅洁净常用于水面绿化或作岸边池旁点缀，甚为美观。也常盆栽观赏。

10. 鸢尾科 Iridaceae

（1）黄菖蒲

别名：黄花鸢尾

学名：*Iris pseudacorus*

产地与分布：原产南欧、西亚及北非等地。世界各地均有引种。

【形态特征】宿根草本植物。植株高大而健壮。根茎短肥。叶长剑形，长达 60～100cm，中肋明显，且具横向网脉。花单生，花从 2 个苞片组成的佛焰苞内抽出，花茎与叶近等长。花被片 6，垂瓣上部长椭圆形，基部近等宽，具褐色斑纹或无；旗瓣淡黄色。花色变化丰富，有大花型深黄色、白色、斑叶及重瓣品种。

【观赏期】观花植物，观花期 5～6 月。

【生态习性】适应性极强，喜阳，旱地、湿地均生长良好，水边栽植生长尤好。趋于野生化。

【繁殖要点】通常用分株繁殖。于春季花后或秋季进行。

【园林用途】黄菖蒲叶丛秀丽，花大、色艳、形美，是水边绿化的优良材料，亦可作促成栽培和切花应用。

11. 苳叶科 Marantaceae

多年生草本，有茎或无茎；根茎多少肉质；叶通常大，2 列，羽状脉，叶柄的顶部增厚，称叶枕，基部具鞘；花两性，左右对称，通常成对生于苞片中，排成穗状、头状或疏散的圆锥花序；萼片 3；花瓣合生成一长或短的管，裂片 3，最外一枚通常大而多少呈风帽状；发育雄蕊 1 枚，花瓣状，花药 1 室，生于一侧；退化雄蕊 4 ~ 2 枚，外轮的 1 ~ 2 枚（有时无）花瓣状，较大，内轮的 2 枝中一为兜状，包围花柱，一为硬革质；子房下位，1 ~3室，每室有胚珠 1 颗；果为蒴果或浆果；种子 1 ~ 3，坚硬，有胚乳和假种皮。

（1）再力花

别名：水竹芋、水莲蕉、塔利亚

学名：*Thalia dealbata*

产地及分布：原产于美国南部和墨西哥的热带植物。我国长江以南地区有栽培。

【形态特征】多年生挺水草本。叶卵状披针形，浅灰蓝色，边缘紫色，长 50cm，宽 25cm。复总状花序，花小，紫堇色。全株附有白粉。

【观赏期】夏季观花；华南地区全年观叶。

【生态习性】喜温暖水湿、阳光充足的气候环境，不耐寒，入冬后地上部分逐渐枯死。以根茎在泥中越冬。在微碱性的土壤中生长良好。

【繁殖要点】以根茎分株繁殖。初春，从母株上割下带 1 ~ 2 个芽的根茎，栽入盆内，施足底肥（以花生麸、骨粉为好），放进水池养护，待长出新株，移植于池中生长。

【园林用途】再力花植株高大美观，硕大的绿色叶片形似芭蕉叶，叶色翠绿可爱，花序高出叶面，亭亭玉立，蓝紫色的花朵素雅别致，是水景绿化的上品花卉，有“水上天堂鸟”的美誉。除供观赏外，再力花还有净化水质的作用，是重要的水景花卉，常成片种植于水池或湿地，形成独特的水体景观，也可盆栽观赏或种植于庭院水体景观中。

8. 2. 5 室内花卉

1. 胡椒科 Peperaeae

草本、灌木或攀援藤本，常芳香。叶对生或轮生，单叶，基部常不对称；具掌状脉或羽状脉。穗状花序下垂，稀组成伞形或总状花序，与叶对生或腋生，稀顶生；花小，两性、单性雌雄异株或间有杂性，常无梗；苞片小，常盾状或杯状，无花被；雄蕊 1 ~ 10；雌蕊 2 ~ 5心皮组成。核果或小坚果。本科 9 属 300 余种，分布于热带和亚热带；我国 3 属 70 种。

（1）皱叶豆瓣绿

别名：皱叶椒草、四棱椒草

学名：*Peperomia caperata*

产地及分布：原产于美洲的热带和亚热带地区。同属有约 1000 种。中国 9 种。

【形态特征】一年生或多年生多肉草本。全株光滑。直立或丛生，叶片密集着生，叶圆

心形，叶面浓绿色有光泽并且有凹凸不平的皱褶。叶柄茶褐色至绿色，长 10 ~ 15cm。肉穗花序，白绿色细长。

【观赏期】观叶植物，周年观赏。

【类型及品种】变种有：乳纹椒草 *P. magnoliaefolia* var. *variegata*，又名花叶豆瓣绿，株高 25cm，茎稍肉质，茎节明显，叶卵圆形，厚质，互生。叶面中央嵌有绿色羽状斑块，四周为不同宽窄的金黄色镶边。叶片基部有短柄。株形蓬松，叶面花纹明朗可爱。

常见同属花卉：斑叶椒草 *P. maculosa*，多年生常绿草本。茎直立。叶肉质，卵状披针形，基部心脏形或盾形，呈有光泽的鲜红色，叶脉绿色；叶柄长，有红褐色斑点。

【生态习性】性喜高温及半荫环境。生长适温约 25℃，冬季温度 10 ~ 15℃，不可低于 10℃。宜腐殖质丰富而排水良好的轻松土壤。

【繁殖要点】分株和叶插繁殖。春秋分株繁殖。5 ~ 6 月间叶插繁殖，采用全叶插，插叶带有叶柄 1cm 左右，插至叶片 1/3 处，基质使用河沙等，在 20 ~ 25℃ 条件下 15 天可生根，注意保持基质湿润和一定的空气湿度。

【园林用途】为优美的观叶小型盆花。常用白色塑料盆、白瓷盆栽培，置于茶几、装饰柜、博古架、办公桌上，十分美丽。或任枝条蔓延垂下，悬吊于室内窗前或浴室处，也极清新悦目。

（2） 西瓜皮椒草（图 8-101）

别名：西瓜皮

学名：*Peperomia sandersii*

产地及分布：原产于美洲的热带和亚热带地区。同属有约 1000 种。中国 9 种。

【形态特征】茎短丛生，叶柄红褐色，叶卵圆形，尾端尖，长约 6cm。叶脉由中央向四周辐射，主脉 8 条，浓绿色，脉间为银灰色，状似西瓜皮而故名。

【观赏期】观叶植物，周年观赏。

【生态习性】性喜高温及半荫环境。生长适温约 25℃，冬季温度 10 ~ 15℃，不可低于 10℃。宜腐殖质丰富而排水良好的轻松土壤。

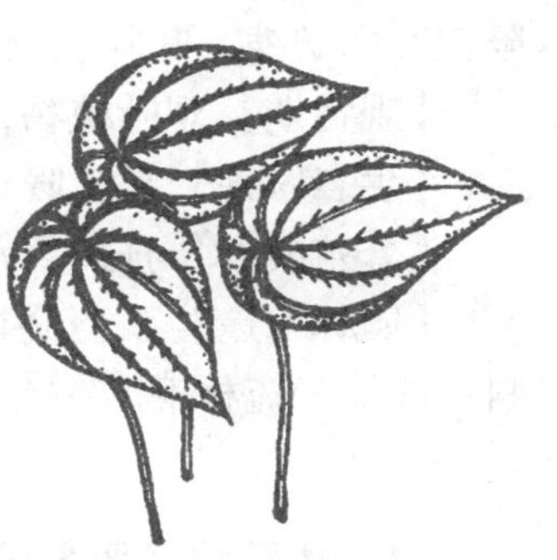

图 8-101 西瓜皮椒草
（引自傅玉兰，2001）

【繁殖要点】分株和叶插繁殖。春秋分株繁殖。5 ~ 6 月间叶插繁殖，采用全叶插。

【园林用途】为优美的观叶小型盆花。常用白色或卡通造型塑料盆、瓷盆栽培，置于茶几、装饰柜、博古架、办公桌上，十分可爱。

2. 荨麻科 Urticaceae

草本或灌木，很少是小乔木。有时有螯毛，表皮细胞内常有显著的钟乳体。茎皮有坚韧纤维。单叶，对生或互生，通常有托叶。花小，绿色，单性，雌雄同株或异株，很少两性，集成聚伞、圆锥花序或由多数聚伞花序组成穗状花序，很少密集于膨大的花托上；雄花花被片 2 ~ 5，雄蕊与花被片同数；雌花花被片 3 ~ 5，果时常增大。果为干燥的瘦果或肉质的核果。

(1) 冷水花

别名：大冷水花、白雪草、白斑海棠、田鸡海棠

学名：*Pilea cadierei*

产地及分布：原产越南；我国华南有分布，现各地有栽培。

【形态特征】多年生常绿草本，高20~40cm，茎稍肉质，多分枝。单叶对生，叶片长椭圆形，3出脉；叶面深绿色，叶脉间具白斑；叶柄短。2歧聚伞花序着生上部叶腋，花小，单性同株或异株，黄白色。花期10月。瘦果。

【观赏期】观叶植物，周年观赏。

【生态习性】喜温暖、湿润的气候条件，怕阳光曝晒，在疏荫环境下叶色白绿分明，节间短而紧凑，叶面透亮并有光泽。对土壤要求不严，能耐弱碱，较耐水湿，不耐旱。

【繁殖要点】扦插繁殖。春、秋两季剪取枝条进行扦插，尤以秋季选取充实的嫩枝扦插，经庇荫、保湿，极易生根成活。

【园林用途】冷水花是相当时新的小型观叶植物，可供窗台、几座和案头陈设，也可用来装饰会议桌和餐桌。华南地区宜作露地花坛的镶嵌材料，或植于疏林下，也可作切叶栽培。

(2) 皱叶冷水花

学名：*Pilea spruceana*

产地及分布：原产南美的秘鲁。

【形态特征】多年生草本。植株低矮，高约10cm。叶卵形，褐绿色而有光泽；叶脉深陷使叶面皱缩，叶脉色较叶面深。

【观赏期】观叶植物，周年观赏。

【生态习性】喜温暖、温润及半荫。

【繁殖要点】扦插繁殖极易成活，茎、叶插皆可，经庇荫、保湿，极易生根成活。

【园林用途】微型盆栽，可供窗台、几座和案头陈设。华南地区宜作露地花坛的镶嵌材料，或植于疏林下。

3. 石竹科 Caryophyllaceae

(1) 香石竹（图8-102）

别名：康乃馨

图8-102 香石竹
（引自傅玉兰，2001）

学名：*Dianthus caryophyllus*

产地及分布：原产欧洲南部直至亚洲印度一带；我国引入栽培已有60多年的历史。

【形态特征】常绿亚灌木，作多年生栽培。株高60~80cm，茎直立，有分枝。单叶对生，叶片线状披针形，基部抱茎；灰绿色，全缘。花单生或2~5朵簇生枝顶，径约8cm，芳香；苞片2~3轮；花萼筒状，边缘5裂；花瓣5~80余枚，呈红、粉红、大红、紫红、黄或白色；雄蕊常退化或花瓣化。花期5~7月。温室切花栽培四季皆开花，尤以1~2月最盛。

【观赏期】观花植物，观花期5~7月。

【生态习性】性喜阳光充足和干燥温暖、空气流通的环境；要求富含腐殖质、排水良

好，接近中性的土壤，忌连作。

【繁殖要点】以扦插为主，也可压条、播种以及组织培养。

【园林用途】花大色艳，芳香宜人，花期长，是当今世界著名四大切花之一，是制作花篮、花束、花环、插花的主要花材。露地栽培种，可以布置花坛、花台。

4. 景天科 Crassulaceae

（1）长寿花（图 8-103）

别名：寿星花、矮生珈蓝菜、圣诞珈蓝菜

学名：*Kalanchoe blossfeldiana* Tomthumb.

产地及分布：原产马达加斯加；近年来我国北京等地有引栽。

图 8-103 长寿花

（引自许荣彦，1993）

【形态特征】多年生肉质草本，株高 10 ~ 15cm。茎直立光滑，有分枝。单叶对生，叶片长圆状倒卵形；先端圆钝；叶缘上半部波状并带红色。聚伞花序着生茎顶，花小、量多。花萼 4 裂；花冠高脚蝶状，边缘 4 裂，径约 1.5cm，呈桃红、橙红、大红，或黄色。花期 1 ~ 4 月。

【观赏期】观花植物，观花期 1 ~ 4 月。

【类型及品种】常见的栽培种有：

1）宽叶落地生根 *K. daigremontiana*，叶片宽大呈矩园状披针形，叶缘有粗齿，齿间能萌生出幼株，幼株若脱落触地即能形成新植株。叶片肥厚细胞的分生能力极强，一旦触地便能长出不定根和萌发出不定芽形成新株。聚伞花序着生茎顶，高出枝叶，花朵下垂，淡紫色。花期 6 ~ 7 月。

2）落地生根 *K. pinnata*，茎圆柱形，中空，全株蓝绿色，被蜡粉。单叶或由 3 ~ 5 枚小叶组成羽状复叶对生，叶缘常长有幼株脱落触地即能形成新株。圆锥花序着生茎顶，明显高出，花朵下垂，淡黄色。花期 3 ~ 4 月。

【生态习性】性喜温和的光照，但冬季要有充足光照，短日照条件利于花芽分化；要求疏松、排水良好的土壤。

【繁殖要点】扦插法。剪取长约 7cm 的枝条，在 20℃ 左右温度下，经庇荫、保湿，经约 15 天生根成活。

【园林用途】花朵艳丽、花量多，花期长，花期又正值元旦、春节期间，是优良的冬季、早春观赏盆花，也常作室内的点缀和装饰。

5. 凤仙花科 Balsaminaceae

（1）新几内亚凤仙（图 8-104）

别名：五彩凤仙花

学名：*Impatiens platypatala*

产地及分布：原产于非洲热带山地。

【形态特征】多年生常绿草本。株高 25 ~ 30cm，茎肉质，光滑，青绿色或红褐色，茎节突出，易折断。多叶轮生，叶披针形，叶缘具锐锯齿，叶色黄绿至深绿色。叶脉及茎的颜色常与花的颜色有相关性。花单生叶腋（偶有两朵花并生于叶腋的现象），或数朵成伞房

图 8-104 新几内亚凤仙
（引自傅玉兰，2001）

花序，花柄长，基部花瓣衍生成矩，花色极为丰富，有洋红、雪青、白、紫、橙等色。

【观赏期】观花植物，观花期 6 ~ 8 月。

【生态习性】喜炎热，要求充足阳光及深厚、肥沃排水良好的土壤。对土壤要求不严，但对盐害敏感。怕寒冷，遇霜全株枯萎。雨季排水不良，通风不好，易患白粉病或使根茎腐烂以致落叶，注意通风，降低温度。

【繁殖要点】春、秋扦插繁殖。

【园林用途】露地栽培，从春天到霜降花开不绝。是园林摆花的好材料，也常作花坛、花境的花卉。也可盆栽观赏。

6. 秋海棠科 Begoniaceae

多年生肉质草本，少为灌木状；通常多汁液；节膨大，基部有根状茎，块茎或须根。叶互生，常偏斜形，有时多斑点或花纹，全缘或分裂；有托叶。花单性同株，雌雄花同生一花束上，聚伞花序，腋生；花白、红火黄色；雄花先开放，萼片 2 ~ 3 片，花瓣状；雄蕊多数，雌花被 2 ~ 8；子房下位。果实为蒴果，有翅或有棱。本科有 5 属约 500 种以上，分布于热带或亚热带地区；我国有 1 属；本书收录 1 属 7 种。

（1）四季秋海棠（图 8-105）

别名：瓜子海棠、洋秋海棠、四季海棠、腊叶秋海棠

学名：*Begonia semperflorens*

产地及分布：原产地巴西。

【形态特征】多年生常绿草本植物。具须根。茎直立，肉质，光滑；叶互生，有光泽，卵圆形至广卵圆形，边缘有锯齿，叶基部偏斜。绿色、古铜色和深红色。雌雄同株异花，聚伞花序腋生，花色有红、粉和白等色，雄花较大，花瓣 2 枚，宽大，萼片 2 枚，较窄小，雌花稍小，花被片 5；蒴果三棱形。

【观赏期】观花、观叶植物，夏秋季。

【类型及品种】四季秋海棠根据花色、花径大小、叶色、单瓣或重瓣等可大致分为如下品种类型：

图 8-105 四季秋海棠
（引自傅玉兰，2001）

1）矮性品种：植株低矮，花单瓣；花色有粉、白、红等；叶绿色或褐色。

2）大花品种：花单瓣，花径较大，可达 5cm 左右；花色有白、粉、红等色；叶绿色。

3）重瓣品种：花重瓣，不结实；花色有粉、红等色；叶色绿色或古铜色。

【生态习性】喜温暖，不耐寒，生长适温 20℃左右，低于 10℃生长缓慢。适宜空气湿度较大、土壤湿润的环境，不耐干燥，亦忌积水。喜半荫环境，夏季不可放阳光直射处。开花不受日照长短的影响，只要在适宜的温度下，就可四季开花。

【繁殖要点】通常用播种、扦插和分株等方法繁殖。

【园林用途】四季秋海棠植株低矮，株形圆整，盛花时植株表面可全为花朵所覆盖；对阴天、强光等不良气候条件，有较强的抗性；花色有白、粉、红等色，色彩鲜明。是布置

夏季花坛的重要材料，开花时也适合用来美化居室。

7. 柳叶菜科 Onagraceae

（1）倒挂金钟（图 8-106）

别名：吊钟海棠、灯笼海棠、吊钟花

学名：*Fuchsia hybrida*

产地及分布：大部分产于美洲热带及新西兰。同属有 100 种。中国引入栽培 5 种，全国各地均有栽培。

图 8-106 倒挂金钟
（引自潘百红，2007）

【形态特征】常绿灌木，高 60 ~ 100cm。茎近光滑，多分枝，枝呈紫红色、细长稍下垂。单叶对生或 3 叶轮生，叶片卵状披针形，边缘有细锯齿；叶面绿色中有紫红色条纹；叶柄短。花单生叶腋，梗长，下垂；花萼筒长圆形，长为萼片（裂片）的 1/3，先端 4 裂，绯红色或白色；花瓣 4，倒卵形，略翻卷，蓝紫色。花期夏秋间。浆果。

【观赏期】观花植物，夏秋季观花。

【类型及品种】常见的变种有：

1）珊瑚红 var. *corallina*，又称珊瑚红短筒倒挂金钟，矮生叶色暗；花大轮萼绯红色；花冠堇色。

2）异色种 var. *discolor*，矮生叶小；花小量多，萼红色。

【生态习性】喜明亮的光线，怕阳光直射；喜凉爽和温暖，怕高温，在我国华北以南的广大地区盆栽倒挂金钟的最大问题是越夏困难。温度在 22℃以上生长受阻，30℃呈半休眠状态；35℃以上枝叶枯萎，甚至死亡；5℃以下受冻害。夏季宜半荫处，忌雨淋。

【繁殖要点】以扦插繁殖为主。3 ~ 5 月和 9 ~ 10 月剪取健壮的上部枝条长 5 ~ 6cm 进行扦插，入土深为 3 ~ 4cm，气温 15℃左右，约经 20 天生根成活。

【园林用途】倒挂金钟为多年生灌木，开花时，如悬挂的彩色灯笼，是我国常见的盆栽花卉，盆栽适用于客厅、花架、案头点缀，用清水插瓶，即可观赏，又可生根繁殖。花形奇特，花期长，观赏性强，气候适宜地区地栽布置花坛。

8. 报春花科 Primulaceae

一年或多年生草本，少为灌木。单叶，互生、对生或轮生，有时全部基生，无托叶。花两性，辐射对称，单生或排列成各种花序；花萼通常 5 裂，有时 4 ~ 9 裂，宿存；花冠合瓣，有时分裂近达基部，裂片通常 5，有时 4 ~ 9；雄蕊着生在花冠管上；子房上位，极少为半下位。蒴果瓣裂，稀盖裂，通常有多数种子；种子小，有棱角及丰富的胚乳。

（1）仙客来（图 8-107）

别名：兔子花、兔耳花、一品冠、萝卜海棠

学名：*Cyclamen persicum*

产地及分布：原产地中海沿岸的希腊、叙利亚一带；我国南北各地都有栽培。

【形态特征】多年生草本，地下具扁圆形球茎。一年生球茎暗红色；多年生球茎紫黑色，外皮木栓质。地上无茎。单叶丛生于球茎顶部，叶片心状卵圆形，边缘细锯齿；叶面深绿色有白色斑纹；叶柄长，肉质，紫红色。花梗自叶丛中长出，直立，高 15 ~ 25cm，顶

图 8-107　仙客来
（引自傅玉兰，2001）

端着生 1 花，形大、附垂。花萼 5 裂；花冠基部连合成筒状上部深裂，裂片向上翻卷而扭曲，形如兔子耳朵，呈桃红、绯红、玫红、紫红或白色。蒴果，花果期 10 月至翌年 5 月。

【观赏期】观花植物，冬春季。

【类型及品种】主要变种有：

1）大花仙客来 var. *giganteum*，花大，呈白、红或紫红。

2）暗红仙客来 var. *splendens*，花大，暗红色。还有平瓣、重瓣、皱边，及富含香气等园艺品种。

【生态习性】性喜温暖湿润的气候，喜阳，冬季放在 10℃ 的环境可生长良好，在 15 ~ 20℃ 的条件下，生长最为适宜。温度过低时，叶子卷曲，花不舒展，0℃ 以下会冻坏球茎。仙客来对夏季高温抵抗力很弱，温度超过 30℃ 时，容易落叶而进入休眠。喜肥沃、疏松、排水良好的沙质土壤。

【繁殖要点】以播种为主。

【园林用途】仙客来株形美观、花繁叶茂，花色艳丽，花形奇特，开花期可长达半年之久，是我国元旦、春节主要盆花之一。

9. 玄参科 Sorophulariaceae

（1）蒲包花（图 8-108）

别名：荷包花

学名：*Calceolaria herbeohybrida*

产地及分布：主产于墨西哥至智利，同属植物约有 300 种。

【形态特征】多年生草本花卉，作一年生栽培。株高 20 ~ 40cm，茎叶有毛。叶对生，卵形或卵状椭圆形。花冠具二唇，形似两个囊包，上唇小，前伸，下唇向下弯曲，膨胀似荷包，花柱位于上下唇之间，雄蕊 2 枚，蒴果。花期 2 ~ 4 月。

【观赏期】春节前后观花。

图 8-108　蒲包花
（引自傅玉兰，2001）

【生态习性】性喜冬季温暖，夏季凉爽并且通风良好的环境，既怕高温炎热又不耐严寒，生长室温为 13 ~ 25℃，最低要求 5℃ 以上。喜富含腐殖质的砂质壤土，以中性或微酸性为宜，要求土壤湿润但不积水，需要较高的空气湿度。蒲包花属长日照花卉，要求光照充足，但忌夏季阳光直射。

【繁殖要点】多采用播种法，也可以用扦插法或组培法。播种期在 8 月下旬到 9 月间天气稍为转凉时进行，不宜过早，因为高温下幼苗容易腐烂。

【园林用途】蒲包花正值春节应市，奇特的花形，是很好的礼仪花卉，盆栽观赏花卉。

10. 苦苣苔科 Gesneriaceae

多年生草本或小灌木，稀乔木，有时呈现攀援状。叶片通常对生或轮生或近基部互生，叶片等大或不等大，全缘或有齿，无托叶。花序腋生或顶生，花两性，两侧对称；花萼管状，5 裂；花冠合瓣，管部长或短，5 裂或多少呈唇形，一唇 2 裂，另一唇 3 裂；雄蕊 4 ~ 5；子房上位或下位。果实是蒴果，很少肉质；种子多数，细小。本科约 140 属 1800 种，分布于热带和亚热带；我国有 40 属 210 种，主产于长江以南各地。

(1) 大岩桐(图8-109)

别名:落雪泥

学名:*Sinningia speciosa*

产地及分布:原产于巴西,现广泛栽培,一般作温室培养。同属植物约有75种。

图8-109　大岩桐
(引自傅玉兰,2001)

【形态特征】多年生草本,株高15~25cm,全株密生绒毛,块茎扁球形,地上茎极短。叶对生,肥厚而大,长椭圆形,密生绒毛;叶脉间隆起,自叶间长出花梗。每梗一花,萼5角形,裂片卵状披针形,比萼筒长,花冠阔钟形,裂片5,矩圆形。花色有红、白、粉、紫、堇青色等,也有镶白边的品种。花期4~7月。蒴果,种子褐色,细小而多。

【观赏期】观花植物,观花期4~7月。

【生态习性】性喜温暖、潮湿、半荫环境,好肥。忌阳光直射。通风不宜过分,以保持较高的空气湿度。冬季休眠期要保持干燥,温度在10℃左右,在光照较弱的环境中,即可正常生长发育。土壤以疏松、肥沃且排水良好的腐殖土为宜。

【繁殖要点】以播种为主。常在10月或11月于温室盆播。5、6月和8、9月也可用块茎上萌发的芽扦插;还可以用分割块茎法,每块茎上须带1芽,切口涂以木炭粉或土霉素片粉末,待干燥后再上盆。

【园林用途】叶色翠绿,花朵形大、色彩浓艳明亮,非常美丽悦目,花期又值夏季高温的少花时节,是温室名花,盆栽观赏。

11. 爵床科 Acanthaceae

(1) 白网纹草(图8-110)

别名:菲通尼亚、费通花

学名:*Fittonia verschaffeltii* var. *argyroneura*

产地及分布:原产秘鲁;近年来我国有引栽。

图8-110　白网纹草
(引自潘百红,2007)

【形态特征】多年生常绿草本植物。植株矮小,呈匍匐状。叶卵圆形,十字对生;叶片翠绿色,叶脉网状银白色。茎枝、叶柄、花梗均密被茸毛。顶生穗状花序,层层苞片呈十字形对称排列,小花黄色。

【观赏期】观叶植物,周年观赏。

【类型及品种】常见同属花卉:红网纹草 *F. verschaffeltii*,植株和叶片均较白网纹草大,叶脉红色。为白网纹草的原种。

【生态习性】喜高温怕寒冷;喜潮湿怕干旱;忌干燥,怕强光,以散射光最好;越冬温16℃以上;要求疏松、肥沃、通气良好的土壤。

【繁殖要点】5~6月以扦插繁殖为主。也可对老植株进行分株,常与换盆结合进行。

【园林用途】叶面绿色并具白色网纹,悦目有趣,宜作小型观叶花卉栽培;也可作吊篮、吊盆等装饰栽植。

12. 菊科 Compositae

(1) 瓜叶菊（图 8-111）

别名：千日莲、瓜叶莲、千里光

图 8-111 瓜叶菊
（引自傅玉兰，2001）

学名：*Senecio cruentus*

产地及分布：原产非洲西北大西洋的加那利群岛。同属植物约有 1200 种，广泛布置于全世界。中国约有 160 种，产于全国各地。现各国温室普遍栽培。

【形态特征】多年生草本花卉，株高 30 ~ 60cm。矮生品种 25cm 左右，全株密生柔毛，叶具有长柄，形似葫芦科的黄瓜叶片，故名瓜叶菊。有时背面带紫红色，叶表面浓绿色，叶柄较长。花为头状花序，簇生成伞房状。每个头状花序具总苞片 15 ~ 16 枚，舌状花 10 ~ 12 枚，具天鹅绒光泽。花有蓝、紫、红、粉、白或镶色。花期 12 月至翌年 5 月。尤以 2 ~ 5 月为盛。

【观赏期】观花植物，12 月至翌年 5 月观花。

【类型及品种】本种异花授粉极易自然杂交，形成了许多园艺品种，花色极为丰富，常见类型如下：

1）大花型：株高 30 ~ 50cm，花大而密，头状花序径可达 4cm，花色从白到深蓝、蓝色，一半多为暗紫色。

2）星型：株高 60 ~ 80cm，叶小，花小但量多，舌状花短狭而反卷，花色有红、粉、紫红等色。植株性强健，宜作切花。

3）多花型：株高 25 ~ 30cm，花小数量极多，每株可达 400 ~ 500 个头状花序，花色丰富，很受人们欢迎。

4）中间型：株高约 40cm；花径较星型为大，约 3.5cm。多花性，宜盆栽，本型品种较多。

其中以矮生类型，株矮花多，观赏价值最高。

【生态习性】喜冬季温暖、夏季无酷暑的气候条件，忌干燥的空气和烈日暴晒，喜光。要求疏松、肥沃、排水良好的土壤。

【繁殖要点】播种法。8 ~ 9 月进行盆播。

【园林用途】株形圆满，花朵美丽，是冬季和早春的优良盆花，常用于点缀厅、堂、馆、室。也可作花篮、花环的材料。除冬春室内装饰外，3 月后可用于园林花卉、花带布置。

(2) 雪叶莲（图 8-112）

别名：路霜、洋艾

学名：*Semecio cineraria*

产地及分布：原产地中海沿岸。

【形态特征】多年生常绿草本，高 30 ~ 60cm，茎直立，少分枝，全体被有银白色绒毛。基生叶莲座状排列，幼时向外卷叠，茎上叶互生，叶片阔披针形羽状深裂，无叶柄。头状

图 8-112　雪叶莲
（引自许荣彦，1993）

花序排列成伞房状，花序小；舌状花 1 轮，黄色，雌性。能结实；筒状花 5 齿裂，两性。花期 5 ~ 6 月。瘦果，冠毛白色。

【观赏期】观叶植物，冬春季观叶。

【生态习性】性喜半荫和温暖的环境，忌夏季炎热和冬季寒冷，要求疏松和排水良好的土壤。

【繁殖要点】以扦插为主。春、秋两季或雨季剪取充实枝条进行扦插，经庇荫、保湿，很易生根成活。春季也可将种子盆播，当长有 3 ~ 4 枚真叶时分苗、移栽 1 次，当苗高达 10cm 时便可上盆。

【园林用途】全株银白色，独具风采，盆栽赏叶。也可用于布置夏、秋季的模纹花坛，或作花坛的镶边材料，还可作切叶。

13. 天南星科 Araceae

（1）马蹄莲（图 8-113）

别名：慈姑花、水芋、观音莲

图 8-113　马蹄莲
（引自金波，2005）

学名：*Zantedeschia aethiopica*

产地及分布：原产于非洲南部德河流旁或沼泽地中。同属植物有 7 种。中国广泛栽培的为本种。目前切花生产的彩色马蹄莲是杂交种。

【形态特征】多年生草本，地下具粗大肉质块茎，株高 80cm。叶基生，叶片卵状箭形。先端短尖；亮绿色；叶柄长，基部鞘状。花序梗自叶丛中抽出，与叶等高，顶生长约 10cm 的肉穗花序；佛焰苞白色或乳白色，宽大，先端尖，长达 14cm，宽 13cm，呈马蹄形。花小单性，无花被；花穗上部为雄花、下部雌花；芳香。花期 11 月至翌年 5 月，尤以 3 ~ 4 月最盛。浆果，近球形。

【观赏期】观花植物，11 月至翌年 5 月观花。

【类型及品种】目前切花栽培的彩色马蹄莲主要有黄色佛焰苞的下列种及其品种，它们的叶有白色或透明斑点；夏季开花，冬季休眠。

1）黄花马蹄莲 *Z. elliottiana*，佛焰苞深黄色。外侧黄绿色。

2）红花马蹄莲 *Z. rehmannii*，植株低矮，高 40 ~ 50cm。叶有白色或透明斑点，品种多，佛焰苞为红色、紫红色、粉红色等。

此外，杂交品种色彩丰富，有奶白色、黄色、粉色、红色、紫色等。

【生态习性】性喜温暖、潮湿和少有遮荫的环境，不耐寒和干旱。适宜的生长温度 15 ~ 25℃；夏季 25℃以上，冬季 5℃以下都能使植株枯萎休眠。越冬最低温度 7℃左右。能在沼泽地、水湿地生长，如能在富含腐殖质的砂质土壤上生长，则植株健壮。

【繁殖要点】以秋季分球为主。秋季剥离老植株母球四周形成的小球，另行栽植，通常每盆植 2 ~ 3 个块茎。培育新品种常用人工授粉等，得到种子即行播种，发芽适温 20℃。

【园林用途】叶形奇丽，佛焰苞色彩素雅，盆栽观赏；常作切花、切叶栽培，是优良的花束、插花材料。

(2) **花烛**（**图8-114**）

学名：*Anthurium andreanum*

图8-114 花烛

（引自彭东辉，2007）

别名：红鹤芋、哥伦比亚安祖花

产地及分布：原产哥伦比亚。

【形态特征】多年生常绿草本植物，株高30～50cm，茎甚短；叶革质，长椭圆心脏形，深绿色；佛焰苞宽心脏形，长约10cm，深橙红色，似蜡质，有光泽，有白色品种。肉穗花序长6cm，圆柱形直立，带黄色。

【观赏期】观花、观叶植物，周年观赏。

【类型及品种】主要园艺品种有：可爱花烛 cv. *amoenum*，苞深桃红色，肉穗花序白色先端黄色；克氏花烛 cv. *closoniae*，佛焰苞大，长21cm，宽达14cm；粉绿花烛 cv. *rhodochlorum*，高达1m，苞粉红，中心绿色，肉穗花序初开黄色后变白色等。

【生态习性】喜温暖、潮湿。较低光照，忌炎热，怕直射光。全年需要在高温多湿的环境栽培。夏季生长适温20～25℃；冬季越冬温度不可低于15℃。保持环境湿度为重要，又不喜灌水过多。多向叶面配喷水。土壤要求富含腐殖质、通气、排水良好。全年宜于适当蔽荫的弱光下栽培，冬季需给予弱光，根系则发育良好，生长健壮。

【繁殖要点】主要用分株、高枝压条和播种法繁殖。

【园林用途】重要的热带切花植物，佛焰花序，其佛焰花苞硕大，肥厚具蜡质，色泽有红、粉、白、绿、双色等色。其色泽鲜艳，造型奇特，应用范围广，经济价值高，是目前全球发展快、需求量较大的高档热带切花和盆栽花卉。

(3) **白鹤芋**（**图8-115**）

别名：苞叶芋、白掌

学名：*Spathiphyllum floribundum*

产地及分布：原产于哥伦比亚。本属约30种。

【形态特征】多年生常绿草本植物。无茎或茎甚短，植株较高大，高可达30cm，叶片倒卵形至椭圆形，长为20～30cm；佛焰苞披针形，长可达25cm，外面绿色，立面白色，花茎长60cm或更长。

【观赏期】观叶、观花植物，周年观赏。

【类型及品种】常见栽培的原种有银苞芋；原产热带美洲。形态上与“白鹤芋”基本相同，惟叶片较宽，花茎与叶丛等高。市场上把二者通称为白鹤芋。

图8-115 白鹤芋

（引自彭东辉，2007）

栽培品种有：

1）绿巨人‘Sensation’，茎较短而粗壮，少有分蘖，株高可达1m以上，是白鹤芋系列中的大型种，叶片宽大，叶柄粗壮，叶色深绿，富有光泽。其花苞硕大呈长勺状，形如手掌，高出叶面，花从开到凋谢可持续近一个月，初开时花色洁白，后转绿色，由浅入深，直至凋谢，花期在春末初夏。

2）大银苞芋‘Mauraloa’，为杂交品种。株丛高大挺拔，高约 50～60cm。叶长圆状披针形，鲜绿色叶脉下陷。佛焰苞初为白色，后变为绿色。

【生态习性】喜温暖、湿润和半荫环境。冬季温度不得低于 14℃，温度低于 10℃时，植株生长受阻，叶片易受冻害。怕强光直射。喜肥沃、含腐殖质丰富的壤土。

【繁殖要点】常用分株、播种和组培法繁殖。分株繁殖结合春季换盆进行。播种繁殖就是种子采收后，立即进行播种。目前主要用组培繁殖，量大且株丛整齐。

【园林用途】白鹤芋翠绿叶片，洁白佛焰苞，非常清新幽雅，是世界重要的观花和观叶植物。也是极好的花篮和插花的装饰材料。净化空气能力极强。

（4）广东万年青（图 8-116）

别名：粤万年青、亮丝草、竹节万年青、大叶万年青

学名：*Aglaonema modestum*

产地及分布：原产我国南部及菲律宾等地。本属约 50 种。

【形态特征】多年生常绿草本；茎直立，节明显，有分枝，高 60～100cm。单叶互生，叶片卵形，先端长尖；叶柄长，基部具阔鞘。花梗自叶鞘内抽出，顶生肉穗花序，佛焰苞小，黄绿色；花小单性，雌雄花同一肉穗花序，雄花在上，雌花在下，无花被。花期夏秋季。浆果，黄色或红色。

【观赏期】观叶植物，周年观赏。

【类型及品种】常见品种有：

1）‘银后粗肋草’*A. modestum*‘Silver Queen’，别名银后亮丝草，为杂交种。株高 30～40cm。茎极短，基部易分蘖。叶片披针形。狭窄，暗绿色有灰绿色斑纹；叶顶部圆柱状，基部鞘状抱茎，长 8～12cm。

图 8-116 广东万年青
（引自傅玉兰，2001）

2）‘白柄亮丝草’*A. commutatum*‘Pseudo Bracteatum’，别名金皇后万年青，为细斑亮丝草 *A. commutatum* 的突变种，株高 45～65cm，叶卵状长椭圆形或卵状披针形，主、侧脉两旁有羽状黄色或淡黄色斑纹，叶柄及茎上有黄白色的斑纹。

【生态习性】性喜温暖、多湿和半荫的环境，怕阳光直射，对干旱有极强的适应能力；要求肥沃、疏松的酸性土壤。

【繁殖要点】以扦插为主。5 月切取带芽的茎段长约 10cm 进行扦插，庇荫、保湿，在气温 18℃的条件下约半月可生根；也可用水插法将插穗插于清水中，每隔 3、4 天换水 1 次，待根长出 5cm 时再上盆栽植。也可用分株法，对老植株进行分株，但对根部切口要涂以草或土霉素片粉末，防止腐烂。

【园林用途】植株周年翠绿又耐荫，是良好的室内盆栽观叶花卉；也可栽作切叶。华南地区可栽于水边及疏林下阴湿之处，作地被植物。

（5）花叶万年青（图 8-117）

别名：黛粉叶

学名：*Dieffenbachia picta*

产地及分布：原产巴西。

【形态特征】高达 1m，茎粗壮。叶常聚生茎顶，叶柄长 10～15cm，基部约 1/2 呈鞘

图8-117　花叶万年青
（引自傅玉兰，2001）

状。叶矩圆形至矩圆状披针形。长15～30cm，宽约15cm，叶面绿色，有白色或淡黄色不规则的斑纹。

【观赏期】观叶植物，周年观赏。

【类型及品种】常见园艺变种：白柄花叶万年青var. *barraquiniana*，叶柄及中脉呈白色，叶长椭圆状披针形，有白色的斑点。白纹花叶万年青var. *jenmannii*，叶长15cm，宽5cm，叶细长，有光泽，深绿色，主脉两侧有箭状斜向的乳白色斑纹，茎细，性较弱。原产几内亚。斑点花叶万年青var. *magnifica*，叶柄细长，具白色细点，叶长椭圆形，深绿色，叶脉间散布黄绿色和白色的斑点。原产委内瑞拉。乳斑花叶万年青var. *rudolph roehs*，高约1cm，叶椭圆形，长约30cm，宽约15cm，叶面黄绿色，只有主脉和周边为深绿色。它是现在栽培的花叶万年青中最美丽的变种之一。

【生态习性】喜高温、高湿和半荫的环境。不耐寒，越冬温度15℃以上，如低于10℃，则叶片发黄脱落，根部腐烂。忌强光直射，喜柔和的漫射光。要求疏松、肥沃、排水良好的土壤。

【繁殖要点】扦插繁殖，春、夏季都可进行。

【园林用途】本类植株秀丽，叶片色调绚丽，植株又耐荫，是优良的室内观叶花卉；也常作厅、室、堂内的装饰，属上乘的观叶佳品。

（6）龟背竹（图8-118）

别名：蓬莱蕉、铁丝兰

学名：*Monstera deliciosa*

产地及分布：原产于墨西哥热带雨林中。同属植物约30种。我国南北各地广泛栽培。

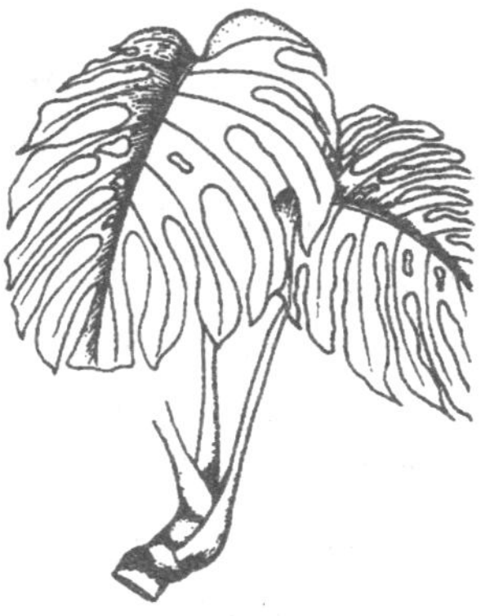

【形态特征】多年生常绿草本，茎攀援状长达10m以上。茎粗壮，少分枝；茎节明显，其上着生多数气生根呈线状下垂。单叶互生，幼叶片心脏形，全缘；正常成熟叶片呈大型矩圆形，长宽各达60～90cm。羽状深裂，叶脉间有椭圆形孔漏，形如乌龟之背，故名龟背竹。叶柄长，基部延伸成叶鞘。花梗自枝鞘抽出，顶生肉穗花序长约23cm，先端紫色，佛焰苞片黄白色；花两性，无花被。花期秋季。浆果，连成松球状。

图8-118　龟背竹
（引自傅玉兰，2001）

【观赏期】观叶植物，周年观赏。

【类型及品种】常见同属花卉有迷你龟背竹*M. epipremnoides*，又名多孔蓬莱蕉、小叶龟背竹。叶片宽椭圆形，淡绿色，侧脉间有多数椭圆形的孔洞（穿孔）。

【生态习性】性喜温暖、湿润和半荫的环境。忌阳光直射和干燥。对土壤要求不甚严格，在肥沃、富含腐殖质的沙质壤土中生长良好。

【繁殖要点】以扦插繁殖为主。扦插多于5～6月进行。

【园林用途】叶形奇特且大又美丽，是优良的室内盆栽大型观叶花卉，可培养成攀援式或悬垂式的大型植株，养护得当，气派不凡，壮观。具有夜间吸引二氧化碳的奇特本领，

养在居室里有一定的净化室内空气的作用。

（7）花叶芋（图 8-119）

别名：彩叶芋

学名：*Caladium bicolor*

产地及分布：原产于热带美洲的圭亚那、秘鲁以及亚马逊河流域。同属植物约有 15 种。

【形态特征】多年生草本。株高 30 ~ 75cm。具块茎。叶卵状三角形至心状卵形，呈盾状着生；叶柄长，基部鞘状；叶面绿色并具白色或红色斑纹。佛焰苞绿色，喉部带紫色并明显长于花序。肉穗花序黄至橙黄色。浆果。花果期夏秋季。

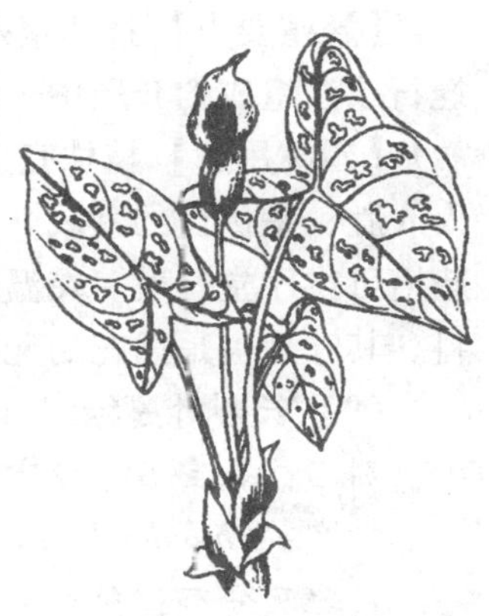

图 8-119　花叶芋

（引自傅玉兰，2001）

【观赏期】观叶植物，春、夏季。

【类型及品种】园艺品种有：

1）白叶芋：叶面白色，叶脉绿色。

2）红云：叶面有红色斑块。

3）海鸥：叶面绿色，叶脉凸起白色。

4）车灯：叶面绛红色，边缘绿色。

【生态习性】喜高温、高湿和半荫的环境。不耐寒，块茎冬季休眠要在 15℃ 以上才能安全越冬。喜阳光，不宜过分强烈。如光线不足，叶彩斑变暗，叶徒长而显软弱。忌阳光曝晒，在疏荫或蔽荫条件下才能生长良好。要求肥沃、疏松的微酸性腐殖质土壤。

【繁殖要点】繁殖以分株（球）为主。春季，待块茎的芽萌动后，带幼芽分切块茎栽植，切口涂上草木灰待干燥后再盆栽。也可用种子播种育苗。

【园林用途】花叶芋叶形美丽，叶色及斑纹变化多样，丰富多彩，是理想的夏季栽培的室内观叶植物，适于家庭居室、宾馆、饭店和办公室美化装饰，给人以清新、典雅、热烈之美感。在热带地区可室外栽培观赏，点缀花坛、花境，十分潇洒、动人。

（8）合果芋（图 8-120）

别名：长柄合果芋、白蝴蝶

学名：*Syngonium podophyllum*

产地及分布：原产于中美、南美热带雨林中。在我国华南地区分布较广。多攀援生长在林间的树上和岩石上。同属植物约 20 种。

【形态特征】为多年生蔓性常绿草本植物。茎节具气生根，攀附他物生长。单叶互生。叶片掌状 3 深裂或心形。幼叶箭形或戟形。叶柄基部稍呈鞘状。肉穗状花离，花序外有佛焰苞包被，其内部红色和白色，外部绿色，花期秋季。

图 8-120　合果芋

（引自潘百红，2007）

【观赏期】观叶植物，周年观赏。

【类型及品种】常见栽培种：金脉合果芋 var. *atrovirens*，叶3 ~ 5 裂，叶深绿色，叶脉金黄色。

常见园艺品种：白丽合果芋（白蝴蝶）：叶片箭形，叶面白绿色，边缘深绿色；绿金合果芋：叶面绿色，具淡黄色大理石状斑纹；白纹合果芋：叶片 3 浅裂，主脉两侧呈银白色；

黄纹合果芋：叶面有乳黄色斑纹等。

【生态习性】性喜高温、多湿和半荫的环境，不耐寒；喜富含腐殖质、疏松、排水良好的砂壤土。

【繁殖要点】扦插繁殖。5~6月剪取充实的茎段长10~15cm，仅保留上部叶片，插入蛭石或沙组成的介质中，经荫蔽、保湿，约10~15天就可生根。

【园林用途】植株宜立架造型，叶片形、色富于变化，鲜艳夺目，犹如纷飞的蝴蝶，引人入胜，是优良的盆栽观叶花卉，也可悬垂、吊挂及水养，又可作壁挂装饰。大盆支柱式栽培可供厅堂摆设。在温暖地区室外半荫处，可作篱架和边角、花坛边缘、攀强和铺地材料。其叶片也是插花的配叶材料。

(9) 长心叶蔓绿绒

别名：绿宝石、绿宝石喜林芋

学名：*Philodendron erubescens* 'Green Emerald'

产地及分布：原产美洲热带哥伦比亚一带。

【形态特征】多年生常绿藤本观叶植物，长心叶蔓绿绒为慢性树种，茎粗壮，节上有气根，叶长心形，长25~35cm，宽12~18 cm，基部深心形，绿色，全缘，有光泽。嫩梢和叶鞘均为绿色。

【观赏期】观叶植物，周年观赏。

【生态习性】性喜温暖湿润和半荫环境。生长适温为20~28℃，越冬温度为5℃。

【繁殖要点】多用扦插繁殖，在高温季节很容易生根。一般于4~8月间切取茎部3~4节，再去下部叶，将插条插入腐殖土和河沙掺半的基质中，保持基质和空气湿润。经2~3周即可生根上盆。

【园林用途】由于叶片宽大浓厚，攀附栽培可形成一绿色圆柱，株形规整雄厚，富有热带气派。它耐荫性极强，极适合室内装饰栽培。常以大中型种植培养，摆设于厅堂、会议室、办公室等处，极为壮观。

(10) 喜林芋（图8-121）

别名：春羽、羽裂树藤、喜树蕉

图8-121　喜林芋
（引自许荣彦，1993）

学名：*philodendron selloum*

产地及分布：原产巴西；近年来我国有栽培。

【形态特征】多年生常绿草本，茎蔓性攀援，老茎粗壮，密生气根。叶聚生茎顶，叶片长圆形呈羽状深裂，基部心形；形大，长可达90cm；厚革质，翠绿色。肉穗花于茎端叶腋与佛焰苞近等长，花单性，无花被。浆果。

【观赏期】观叶植物，周年观赏。

【类型及品种】仙羽蔓绿绒'*Xanadu*'，俗称“小天使”，奥利多蔓绿绒，天南星科蔓绿绒属，是小型多年生直立草本，其叶小而幽雅，外形有如大鸟的羽，喜半荫和温暖潮湿的环境下生长，生长适温在20~30℃，能短时间忍耐5℃的低温，但冬季不能长期低于10℃，植株四季葱翠，绿意盎然，叶态奇特，是室内主要的观叶植物。

【生态习性】性喜高温、高湿和半荫的环境，忌阳光直射，不耐寒；要求富含腐殖质、

排水良好的土壤。生长缓慢。

【繁殖要点】以扦插为主。

【园林用途】大型的羽状裂片叶奇丽、壮观，是优良的观叶花卉。也常用作厅、堂、会场等的室内装饰。也可水养瓶中观叶。

14. 凤梨科 Bromeliaceae

附生或陆生，无茎或短茎草本。叶通常基生，密集成莲座状叶丛，狭长带状，茎直，全缘或有刺状锯齿，基部常扩展，并常具鲜明的颜色。顶生头状、穗状或圆锥花序；苞片通常明显而具鲜艳的颜色；花两性，辐射对称，花被片6，2轮，外轮3片萼片状，分离或部分合生，内轮3片花瓣状，分离或稍合生；雄蕊6，着生于花被的基部；子房下位、半下位或上位。果为浆果或蒴果，有宿存的花萼。全世界约50属1000余种，分布于热带和亚热带美洲；我国均为引种栽培。

（1）水塔花（图8-122）

别名：筒凤梨、比尔见亚

学名：*Billbergia pyramidalis*

产地及分布：原产于巴西和秘鲁。同属约有50～60种。

【形态特征】多年生常绿草本，无茎；叶丛高约30cm。叶片旋叠状紧密排列，宽条形。先端圆钝；蓝绿色。革质；中央叶片围成筒状，能积水不漏。花葶从叶丛中央抽出，略高出叶面，先端着生穗状花序。有花10余朵；苞片粉红色，花冠鲜红色。花期冬春季。

图8-122　水塔花

（引自潘百红，2007）

【观赏期】观花、观叶植物，全年可观叶，观花期为冬春季。

【生态习性】性喜高温、多湿和半荫的环境，越冬最低温度不低于5℃；要求富含腐殖质，疏松、排水良好的土壤。

【繁殖要点】分株法或分割吸芽栽植。早春，将老植株基部的吸芽（萌蘖幼株）割下，切口要平正，插入沙或蛭石中，在气温25℃条件下，经庇荫、保湿，约1个月愈合生根。常结合换盆一并进行。

【园林用途】优良的室内观叶和赏花植物。花期较长，用来美化房间，布置客厅、书房或卧室均较适宜。

（2）铁兰（图8-123）

别名：紫花凤梨、艳花钱兰

学名：Tillandsia cyanea

产地及分布：原产厄瓜多尔、秘鲁一带。

【形态特征】多年生附生草本。株高约30cm。叶丛莲座状，叶20～30片，线性，长约30cm，中部下凹，斜出后横生反曲成弓状，淡绿色至绿色，基部酱褐色，叶背面绿褐色。花梗粗，总苞呈扇状，深红色；春夏自下而上开蓝紫色花；花瓣3枚，花径约3cm，花朵伸出苞片外。观赏期可长达4月。

【观赏期】观花、观叶植物，秋冬季。

【生态习性】喜明亮的漫射光，怕阳光直射。喜温热气候，生长适温为20～32℃；冬

图 8-123 铁兰
（引自彭东辉，2007）

季 18 ~20℃，最低不低于 10℃，也可耐较短时间的 5℃低温。喜湿度较高的环境，要求空气相对湿度 60% 以上。喜排水良好的土壤。

【繁殖要点】春季分株或分株吸芽繁殖。

【园林用途】植株小巧，叶姿优美，花色浓艳，观赏期长，是重要的盆栽花卉。

（3）姬凤梨

别名：篦叶姬凤梨、小花姬凤梨

学名：*Cryptanthus acaulis* Beer.

产地及分布：原产于南美热带地区，主要分布在巴西的原始森林中。多数生长在热带雨林的大树杈上和树皮的缝隙中，我国南方有盆栽种植。

【形态特征】多年生常绿草本植物。地下部分具有块状根茎，地上部分几乎无茎。叶从根茎上密集丛生，每簇有数片叶子，水平伸展呈莲座状，叶片坚硬，边缘呈波状，且具有软刺，叶片呈条带形，先端渐尖，叶背有白色磷状物，叶肉肥厚革质，表面绿褐色。花两性，白色，雌雄同株，花葶自叶丛中抽出，呈短柱状，花序莲座状，4 枚总苞片三角形，白色，革质。

【观赏期】观叶植物，周年观赏。

【生态习性】性喜高温、高湿、半阴的环境，怕阳光直射，怕积水，不耐旱，要求疏松、肥沃、腐殖质丰富、通气良好的砂性土壤。

【繁殖要点】分株繁殖。

【园林用途】姬凤梨株形规则，色彩绚丽，适宜作桌面、窗台等处的观赏装饰，是优良的室内观叶植物。也可作为旱生盆景、瓶栽植物的一部分。亦可在室内作吊挂植物栽培或栽植于室外架上、假山石上等，是较好的绿化美化材料。

15. 鸭跖草科 Commelinaceae

（1）吊竹梅（图 8-124）

别名：水竹草、垂竹草、斑叶鸭跖草

学名：*Zebrina pendula*

产地及分布：原产于墨西哥。同属植物有 4 种。

【形态特征】多年生常绿草本。茎肉质，倾卧状，多分枝；节上易生根。单叶互生，叶片卵状椭圆形，基部鞘状，先端尖；叶面淡绿色，中脉部及边缘淡紫色，具银白色光泽。花小，紫红色，数朵聚生于 2 枚紫红色的叶叶状苞内。花期夏、秋季。

【观赏期】观叶植物，周年观赏。

图 8-124 吊竹梅
（引自彭东辉，2007）

【类型及品种】主要园艺变种有异色吊竹梅 var. *discolor*，叶上有两条明显的银白色的条纹；小吊竹梅 var. *minima*，叶细、植株矮小；四色吊竹梅 var. *quadricolor*，叶暗绿色，具有红色、粉红色和白色的条纹。

【生态习性】喜半荫和温暖、湿润的环境，最适生长温度为 15 ~25℃，10℃左右停止

生长。越冬最低温度13℃左右。对土壤要求不严，适应性强。

【繁殖要点】扦插繁殖。春、秋季和雨季，剪取带有顶芽的茎段盆插，经庇荫、保湿，极易生根成活。如在15℃的气温条件下，随时均可扦插。

【园林用途】植株匍匐下垂，叶色绚丽，富有金属光泽，可供周年观赏，常作吊挂栽培。适于美化卧室、书房，可吊在客厅的窗前或放在花架、橱顶任其枝叶垂吊下来。

（2）淡竹叶（图8-125）

别名：白花紫露草

学名：*Tradescantia fluminensis*

产地及分布：原产巴西中部、乌拉圭和巴拉圭。

【形态特征】多年生常绿草本植物。茎匍匐，带紫红色晕，节处膨大，贴地的茎节上生根。叶互生，卵状披针形，先端尖，长约4cm，叶面绿色，其白色条纹有光泽，叶鞘上端有毛；花小，白色，苞片2枚，阔披针形。花期夏季。

图8-125　淡竹叶
（引自金波，2005）

【观赏期】观叶植物，周年观赏。

【生态习性】喜温暖湿润的半荫环境，要求疏松肥沃、排水良好的土壤。

【繁殖要点】分株、扦插和压条繁殖均可。一般多用匍匐茎扦插，生根容易。

【园林用途】淡竹叶叶上有魅力的斑纹，枝条下垂，是室内装饰的良好材料，适宜吊挂观赏。

16. 百合科 Liliaceae

（1）吊兰（图8-126）

别名：盆草、钩兰、桂兰、折鹤兰

学名：*Chlorophytum comosum*

产地及分布：原产于非洲南部，在世界各地广为栽培。

图8-126　吊兰
（引自金波，2005）

【形态特征】多年生常绿草本，地下根内质、肥厚。叶基生，叶片线形，全缘；常达数十枚。匍匐茎自叶丛中抽出，其上着生花茎，顶生总状花序；花小成簇；花被片6，白色。花期5～6月。蒴果，具3棱。

【观赏期】观叶植物，周年观赏。

【类型及品种】常见变种有：

1）金边吊兰 var. *marginatum*，叶缘金黄色。

2）银心吊兰 var. *mediopictum*，叶片中央有黄白色纵向条纹。

【生态习性】喜温暖湿润半荫环境，宜疏松、肥沃排水良好土壤，生长适温为15～25℃，越冬温5℃以上。夏秋季忌阳光直射，但室内栽培应置光照充足处，光线不足常是叶色变淡呈黄色。

【繁殖要点】以分株繁殖为主，春季换盆时分株为宜。也可切取花葶带根的幼株进行分栽。也可种子繁殖。

【园林用途】是最为传统的居室垂挂植物之一。吊兰不仅是居室内极佳的悬垂观叶植物，而且也是一种良好的室内空气净化花卉。吊兰具有极强的吸收有毒气体的功能。

（2）一叶兰（图8-127）

别名：蜘蛛抱蛋、箬兰、铁草、高粱叶万年青

图8-127 一叶兰
（引自金波，2005）

学名：*Aspidistra elatior*

产地及分布：分布于亚洲的热带和亚热带地区。本属约13种，我国产8种，分布于长江以南各省区。

【形态特征】多年生常绿草本。根状茎粗壮横生。叶单生，有长柄，坚硬，挺直，长5～35cm，叶长椭圆状披针形或阔披针形，长22～46cm，宽约10cm。顶部渐尖，基部楔形，边缘波状，深绿色而有光泽。花葶自根茎抽出，紧附于地面。花基部有二枚苞片，花被钟状，外面紫色，内面深紫色，直径约2.5cm。花期春季。

【观赏期】观叶植物，周年观赏。

【类型及品种】主要园艺变种有：

1）白纹蜘蛛抱蛋 var. *variegata*，叶面有白色或黄白色纵纹。

2）斑叶蜘蛛抱蛋 var. *punctata*，叶面有白色星斑。

【生态习性】性喜阴湿温暖的环境，忌干燥和直射阳光，要求疏松而排水良好的土壤。适应性很强，虽分布于温暖地区，却能在-9℃的低温条件下安全越冬。盆栽植株，在0℃的低温和较微弱的光线下，叶片仍可青翠，不受冻害，在华东和华北地区常作温室盆栽。

【繁殖要点】分株法。春季对盆栽老植株进行一分为二进行分株，每盆有叶3～5枚而形成新株。

【园林用途】叶片挺拔，宽大秀丽，有欣欣向荣之美感；植株又耐荫，宜盆栽赏叶，也常作室内装饰，还可作切叶栽培。温暖地区于庭园中散植叶自然成趣。

（3）虎尾兰（图8-128）

别名：虎皮兰、千岁兰、虎尾掌

学名：*Sansevieria trifasciata*

产地及分布：原产于非洲热带和印度。同属约有60余种。

【形态特征】多年生常绿草本。地下部分具发达匍匐茎，叶自地下根状茎长出，簇生；叶倒披针形或呈剑形，挺直，厚革质，长30～120cm；基部渐狭形成有槽的叶柄，叶两面有浅绿相间的横带状斑纹。花葶自地下茎抽出，高出叶面，顶生穗状花序，有花数10朵，白色至淡绿色。花期春夏季。浆果。

【观赏期】观叶植物，周年观赏。

【类型及品种】常见栽培种：

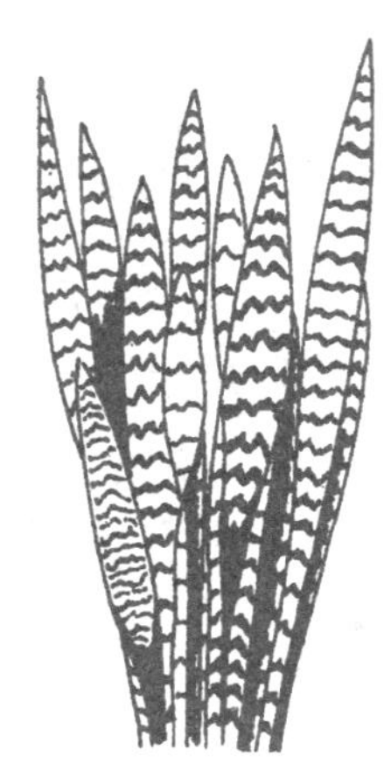

图8-128 虎尾兰
（引自潘百红，2007）

1）金边虎尾兰 var. *laurentii*，叶缘金黄色。

2）短叶虎尾兰 var. *hahnii*，株高20～25cm，叶片短小，深绿色具淡绿色横纹。

3）金边短叶虎尾兰 var. *golden hahnii*，叶短，具黄边。

【生态习性】性喜温暖、湿润和光照充足的环境，通风良好。不耐寒；要求排水良好的砂质壤土。

【繁殖要点】以扦插繁殖为主。5～6月选取健壮叶片截成长10cm的叶段，仍顺上下方向将下方插入介质，约经1月生根成活。春季，对老植株可进行分株。

【园林用途】叶片丛生，斑纹美丽、四季青翠，有蒸蒸日上之感，是优良的观叶花卉。也常作厅、堂、廊、室的装饰植物，独具风采。

17. 石蒜科 Amaryllidaceae

（1）大花君子兰（图8-129）

别名：大叶石蒜、达木兰、剑叶石蒜

学名：*Clivia miniata*

产地及分布：主要产于南非，同属有3种。中国引入栽培两种，东北地区普遍栽培。

图8-129　大花君子兰
（引自彭东辉，2007）

【形态特征】多年生常绿宿根花卉。株高30～80cm，根呈肉质。叶2列状交互迭生，呈宽带状，先端圆钝，全缘，革质，叶2～3年才衰老脱落；基部构成假鳞茎。花葶从叶腋中抽出，实心。伞形花序顶生；有花数7～36朵。花被漏斗状，先端6列，花色有橙黄、橙红、鲜红、深红等色。花期为9月至翌年4月。浆果球形，初绿后红。

【观赏期】观花、观叶植物，周年观叶，9月至翌年4月观花。

【类型及品种】主要的园艺变种有：

1）黄花君子兰 var. *aurea*，花黄色，基部色略深。

2）斑叶君子兰 var. *stricta*，叶有斑。

常见同属花卉：

1）垂笑君子兰 *C. nobilis*，叶片狭窄，叶缘有坚硬的小齿；花葶高30～45cm，着花40～60朵，花被片较窄，花呈狭漏斗状，开放时下垂。花期夏季。原产南非好望角。

2）细叶君子兰 *C. gardenii*，叶片窄而呈拱状下垂，深绿色；花10～14朵，伞形花序，橘红色或黄色。花期冬季。

【生态习性】喜温暖湿润、半荫的环境。生长适温15～25℃，5℃以下处于休眠状态，0℃以下会冻害，生长期保持环境湿润，空气相对湿度70%～80%，土壤含水量为20%～40%。生长过程中不宜强光照射。要求疏松肥沃、排水良好、富含腐殖质的砂质壤土。

【繁殖要点】分株与播种繁殖均可。

【园林用途】君子兰植物的叶、花、果兼美，观赏期长。是布置会场、楼堂馆所和家庭美化的名贵花卉。

18. 兰科 Orchidaceae

（1）春兰（图8-130）

别名：山兰、草兰

学名：*Cymbidium goeringii*

产地及分布：原产我国长江流域及西南各省。

图 8-130 春兰
（引自金波，2005）

【形态特征】多年生常绿草本，根肉质白色，较粗，内有共生菌，叶条形，4～6片，长约20～40cm，宽0.6～1.1cm，边缘具细锐齿。花单生，少数2朵，春2～3月开花，花葶直立，有鞘4～5片，花浅黄绿色，有香气。

【观赏期】观花植物，观花期2～3月。

【类型及品种】春兰品种较多，通常依花被片的形状，可分为如下花型：

1）梅瓣型：萼片短圆，顶端钝圆有小尖，稍向内弯曲，茎部较窄，形似梅花之瓣，内瓣短，边缘紧收，合抱在花蕊之上，唇瓣短而硬，稍下垂或贴附于蕊柱之下。主要变种有西神梅，宋梅，万字，逸品，天兴梅，集圆等。

2）蝴蝶瓣型；中部向上的外瓣前伸，两侧的外瓣微向后翻，内瓣侧伸稍内抱，唇瓣宽长反卷，形如蝴蝶之翅。变种有冠蝶，彩蝴蝶等。

3）水仙瓣型：萼部中部较宽，端渐尖，略呈三角状，茎部狭，形似水仙花的花瓣，花瓣边缘紧收，唇瓣大而下垂，红点清晰可见。主要变种有汪字，春一品，蔡仙素等。

4）荷瓣型：萼片宽大，短而厚，先端宽圆，形似荷花之花瓣，唇瓣长而宽，反卷。主要变种有郑同荷，翠盖荷，张荷素，绿云等。

【生态习性】喜欢温暖，湿润，半荫的环境，土壤要求疏松、肥沃，排水良好，不耐寒，忌高温，干燥和强光直晒。

【繁殖要点】常采用分株繁殖，可结合换盆时进行，也可以用播种和组织培养。

【园林用途】是一种观花花卉，观赏价值较高，可作露地配置，可配置在假山、亭榭之间的隙地或石缝中，也可置于案头或茶几之上，也有一定的药用价值。

（2）蕙兰（图8-131）

别名：九节兰、夏兰

学名：*Cymbidium faberi* Rolfe.

产地及分布：原产中国中部及南部。主要分布在秦岭以南各地和浙江一带。

图 8-131 蕙兰
（引自傅玉兰，2001）

【形态特征】多年生草本，常绿，根肉质，粗而长，淡黄色，叶线形，边缘有粗齿，茎部常对褶，叶脉明显，叶片5～9枚。花葶直立，花苞有短、长两种类型，着花5～15朵，苞片小，花淡黄色，也有嫩绿，淡紫等色，花瓣稍小于萼片，唇瓣中裂片长椭圆形，边缘有短缘毛，颜色绿白，并具红，紫斑点，花香但比春兰稍淡。

【观赏期】观花花卉，观花期4～5月，比春兰稍迟，也有称之为夏蕙。

【类型及品种】品种分类采用春兰的分类方法，传统上按花莛和鞘的颜色可分为赤壳，绿壳，赤绿壳等。在花形上可分为梅瓣，荷瓣，水仙瓣等。目前常用变种，如梅瓣蕙兰有：极品，程梅，上海梅等；荷瓣蕙兰有：大一品，荷顶等，水仙瓣蕙兰有温州素，大陈字，仙绿等，此外还有蛾眉春蕙变种，送春变种等。

【生态习性】耐寒性强，需要较高的空气湿度，生长纬度要求高，喜欢肥沃，疏松，排水良好的土壤，喜半荫环境。

【繁殖要点】可用分株繁殖，也可用播种和组织培养。

【园林用途】用于建立专类兰圃。

（3）建兰（图8-132）

别名：雄兰、秋兰、秋蕙

学名：*Cymbidium ensifolium*

产地及分布：原产中国，主要分布在东南、华南及西南较温暖地区，广东、福建、台湾、广西、四川、云南及浙江、江西南部和贵州南部也有分布。

【形态特征】多年生草本，常绿，假鳞茎椭圆形，叶2~6枚丛生，长30~60cm，宽1.2~1.7cm，略有光泽，叶缘光滑。花茎稍短于叶片，着花6~12朵，花浅黄绿色至淡黄褐色，花葶直立，有香气，唇瓣宽圆形，三裂不明显。花期通常分两次：第一次7月下旬至8月上旬左右，每梗着花8~9朵，第二次9月上旬至月底，每梗着花2~3朵。

图8-132 建兰

（引自傅玉兰，2001）

【观赏期】观花植物，观花期7~9月。

【类型及品种】建兰可分为彩心建兰和素心建兰两类品种。彩心建兰已有不少变种已作栽培品种，如银边兰，大青，青梗四季等；素心建兰花被白绿色，主要变种有铁骨素，大风尾素，金丝马尾，荷花素等。

【生态习性】喜欢温暖，潮湿，半荫环境，要求排水良好，疏松肥沃的土壤，怕寒冷，要较大的空气温度。

【繁殖要点】主要是分株繁殖，可结合换盆进行，也可用播种和组织培养。

【园林用途】常设置兰圃进行专类栽培，也可在假山，亭台作点缀栽培。

（4）寒兰（图8-133）

学名：*Cymbidium kanran* Makino.

图8-133 寒兰

（引自《浙江植物志》，1993）

产地及分布：原产我国，主要分布在浙江，江西，福建，湖南，广东，四川等地，日本也有分布，并广泛栽培。

【形态特征】多年生草本，假鳞茎不显著，叶3~7枚丛生，直立，较狭长，略带光泽。花葶直立，高出叶面或等高，较细，着花5~7朵，花被较细长，唇瓣不明显3裂，黄绿色带紫斑，有黄、白、紫、红、青等色，花有香气。

【观赏期】观花植物，观花期9~12月。

【类型及品种】寒兰按花被颜色分为几个变型，如青寒兰：花被淡黄绿色。青紫寒兰：花被青紫色。紫寒兰：花被紫红色。红寒兰：花被红色。

【生态习性】喜欢疏松，肥沃，排水良好的土壤，耐寒性好，喜欢湿润，荫凉的环境条件。

【繁殖要点】主要是分株，也可用播种和组织培养。

【栽培管理】寒兰耐寒性好，可以在室外越冬，土壤要求腐殖质丰富，疏松，保水透水性能良好的微酸性土壤，平时保持土壤湿润。光照时间短，最好是散射光。生长期多施追肥，以液肥为主，做到薄肥勤施。

【园林用途】建立专类兰圃作展览用。

（5）墨兰（图8-134）

别名：报岁兰

图8-134　墨兰
（引自傅玉兰，2001）

学名：*Cymbidium sinense*

产地及分布：原产我国，主要分布我国福建南部，台湾，广东，云南等地区，印度北部，缅甸也有分布。

【形态特征】多年生草木，假磷茎椭圆形，根长而粗壮。叶4~5枚丛生，全缘，有光泽，长40~90cm，宽3~4cm，花葶直立，高50cm，常高出叶面，着花5~10朵，苞茎小，花瓣多具紫褐条纹，盛开时花瓣反卷。花期1~3月，少数在秋季开花。

【观赏期】观花植物，观赏期11~3月。

【类型及品种】常见种类有三种：彩心类，彩边类和素心类。彩心类有秋花型的秋香，秋菊等，报岁型的有小墨，长汀墨等。彩边类有金边墨和银边大贡，金边墨叶缘镶黄色，银边大贡叶缘白色。素心类有软剑白墨，山城绿，风尾报岁等。

【生态习性】喜欢温暖湿润，半荫的环境，尤其空气湿度要求大，温度比春兰要求高，要求疏松，肥沃，排水良好的土壤。

【繁殖要点】以分株繁殖为主，也可用播种和组织培养繁殖。

【栽培管理】土壤要求疏松，肥沃，排水良好，每年换盆一次。生长期要施液肥，每周一次，做到薄肥勤施。土壤保持湿润，保持较高的空气湿度。温度要求高点，冬季防止冻坏。光照要求散射光，夏天要求遮荫。注意防治病虫害，尤其要防止黑斑病的发生，在增加湿度的同时，要加强通风，定期用多菌灵等杀菌剂喷施。

【园林用途】作展览用，也可庭院装饰。

（6）蝴蝶兰（图8-135）

别名：蝶兰

学名：*Phalaenopsis amabilis*

产地及分布：原产亚洲热带，主要分布在我国台湾及菲律宾和爪哇一带岛屿。

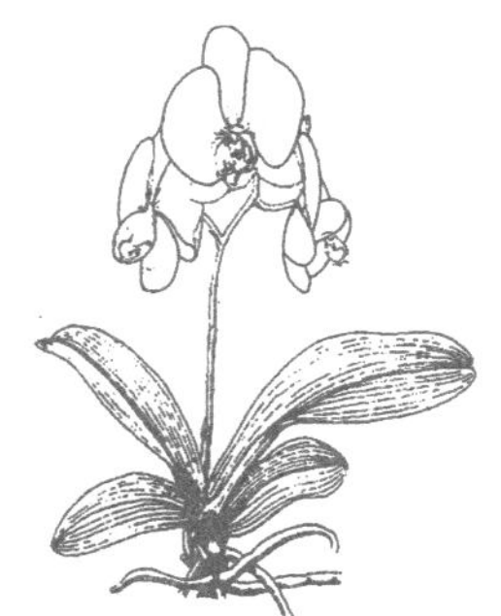

图8-135　蝴蝶兰
（引自彭东辉，2007）

【形态特征】多年生草本，附生兰，茎短肥厚，顶部为生长点，每年生长期从顶部长出新叶片。叶大丛生，叶片肥厚多肉，叶面绿色，叶背面有红褐色斑纹，根从节部生长出来。从腋间抽出花序，总状花序，长达1m，花茎一至数枚，拱形。花大，直径约10~12cm，白色，唇瓣茎部黄红色，花一朵一朵开放，可连续观赏六七十天。花形蝶状，当全部盛开时，犹如一群列队而出，轻轻飞翔的蝴蝶。

【观赏期】观花植物，观花期3~4月，通过促成栽培可提前到1月。

【类型及品种】蝴蝶兰种类较多，常见品种有：

1）菲律宾蝴蝶兰：花茎下垂，花棕褐色，花序与叶等长。

2）斑叶蝴蝶兰：叶大，花多，淡紫色，边缘白色。

3）阿福德蝴蝶兰：有明显主脉，表面绿色，背面带紫色，花白色。

【生态习性】耐荫，喜热，畏寒，常生长在热带高温，多湿的中低海拔山林中，生长适温15～28℃，低于5℃就容易死亡，相对湿度要求在70%，忌强光照射。

【繁殖要点】主要以组织培养为主，也可以用播种和分株的方法进行繁殖。

【园林用途】可用盆花摆放，也可作切花。

（7）石斛（图8-136）

别名：金钗石斛、吊兰花

学名：*Dendrobium nobile*

产地及分布：原产我国，主要分布在我国台湾，广西，湖北，广东，西南各省。亚洲其他热带地区也有。

【形态特征】多年生附生性草本植物，茎丛生，直立，圆柱形或稍扁，节略粗，基部收窄。叶近革质，矩圆形，顶端2圆裂，总状花序，侧生，花大，白色，顶端淡紫色，唇盘有一紫色斑块.

【观赏期】观花植物，观花期3～6月，温室栽培可提前到1月。

【类型及品种】常见的栽培品种有：

1）矮石斛：茎纺锤形，叶矩圆形，花白色。

2）香石斛：叶革质，花序长。

3）流苏石斛：茎直立，叶二列，花黄色。

4）密花石斛：花密生，黄色。

5）美花石斛：叶互生，花单生，淡玫瑰色。

图8-136 石斛
（引自金波，2005）

【生态习性】喜温暖，潮湿，半荫的环境，忌阳光直射，要求空气湿度大。喜欢排水良好，疏松，透气的基质，不耐低温，要求越冬温度在10℃以上。

【繁殖要点】主要以分株、扦插繁殖为主，也可用播种和组织繁殖。

【园林用途】石斛种类多，花色艳丽，有的有香味，是观赏价值较高的花卉，宜作盆花摆放，也可吊篮垂挂，茎可作药用。

（8）兜兰（图8-137）

别名：拖鞋兰、囊兰

学名：*Paphiopedilum* insigen

产地及分布：原产中国。主要分布在我国云南东南部，广西以及马来西亚、印度。缅甸也有少量分布。

【形态特征】常绿无茎草本，根茎稍匍匐性，须根具淡棕色棉毛，叶基生，革质，带形，叶间抽出花葶，每葶一花，花苞片1～2枚，兜状，宽卵形。

【观赏期】观花植物，一般在4～6月观花。

【类型及品种】同属种大约有60种，主要有：

1）美丽兜兰：花黄绿色，花期1～3月。

图8-137 兜兰
（引自彭东辉，2007）

2）杏黄兜兰：我国特有种，花单朵，杏黄色。

3）白花兜兰：花期6～9月。

4）硬叶兜兰：我国特有种，叶坚硬，花单朵，粉红色。

【生态习性】喜半荫，潮湿的环境，耐寒性不强，温度不能低于5℃，最适温度在18～25℃，在花芽形成过程中，温度不要超过20℃。湿度保持在40%～50%，光照不能太强，喜欢肥沃，排水透气良好的基质。

【繁殖要点】以分株繁殖为主，也可用播种繁殖。

【园林用途】兜兰花形奇异，色彩鲜艳，花色丰富，可作盆栽和切花材料，也可庭院布置。

（9）卡特兰（图8-138）

别名：卡特利亚兰、布袋兰

图8-138　卡特兰

（引自彭东辉，2007）

学名：*Cattleya* labiata

产地及分布：原产南美洲，主要分布在中国、哥斯达黎加、巴西、委内瑞拉。

【形态特征】附生性兰花。多年生常绿草本，茎细长或呈假鳞茎，叶厚而硬，对生于茎顶，淡绿色。花生于茎顶，单朵或数朵，花大而艳丽，唇瓣大，其侧裂片包围蕊柱，蕊柱长而粗，先端宽，花粉红色或紫红色。

【观赏期】观花植物，一般3～6月观花。

【类型及品种】常见栽培种有：

1）波氏卡特兰：花紫红色，花期秋季。

2）花叶卡特兰：花期夏季。

3）黄卡特兰：花黄色，早春开花。

【生态习性】喜阳光充足，但光照不能太强，要求温暖，湿润的环境，耐寒性差，栽培介质要求排水良好，透气，有机质含量高。

【繁殖要点】用播种和分株繁殖。

【园林用途】卡特兰花大，形态奇异，花色艳丽，可作为盆花材料，也可作切花，还可作高雅的胸饰花。

（10）文心兰（图8-139）

别名：金蝶兰、跳舞兰

学名：*Oncidium* Luridum

产地及分布：原产美洲热带地区，主要分布在巴西，美国，哥伦比亚及秘鲁等国家。

【形态特征】多年生草本，根状茎粗壮，叶长圆形，革质，有深红棕色斑纹。花茎粗壮，轻盈下垂，圆锥花序，小花黄色，奇异可爱，色彩鲜艳，形似飞翔的金蝶，又似翩翩起舞的舞女。

图8-139　文心兰

（引自彭东辉，2007）

【观赏期】观花植物，温度适合，一年四季都能开花，一般花期4～11月。

【生态习性】喜冷凉，湿润和半荫的环境，要求阳光充足但光照不能过强。生长适温15～25℃。

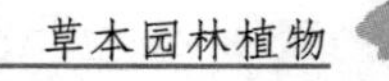

【类型及品种】常见栽培种：

1）皱状文心兰：花大，皱瓣。

2）同色文心兰：花大，花瓣柠檬黄色。

3）金蝶兰：花瓣深红色，唇瓣黄色。

4）华彩文心兰：花黄色，唇瓣金黄色。

5）大花文心兰：花大，花瓣黄色。

【繁殖要点】常用分株和组织培养繁殖。

【园林用途】可布置居室，窗台，阳台，也可作切花用。

（11）大花蕙兰

别名：虎头兰

学名：Cymbidium hybrida

产地及分布：原产美洲热带地区，现广泛分布于中国台湾地区和中国南部城市，日本，朝鲜也有分布。

【形态特征】有硕大的假球茎，叶片较长，一般达70cm左右，稍向外弯垂，花梗由兰头抽出，着花数10朵，花瓣圆厚，花大色艳，颜色较多。

【观赏期】观花植物，花期2~6月。

【生态习性】喜欢温暖，湿润的环境，不耐寒，生长适温在15~25℃。喜光照充足，但忌强光照射，要求疏松，肥沃，排水良好的微酸性土壤。

【繁殖要点】主要以分株繁殖为主，也可采用组织培养繁殖。

【园林用途】大花蕙兰姿态优美，花型挺拔，花期较长，可作盆花摆放，也可庭院装饰。

8.2.6 蕨类植物

1. 石松科 Lycopodiaceae

陆生，少数附生，中小型草本。地上茎直立或匍匐蔓延，圆柱形或略扁，通常二叉状分枝，茎叶通常不成扁平状。营养叶同型，细小，螺旋状排列，线性、披针形或鳞片状，全缘或由锯齿，无舌叶，有中脉。孢子囊同型，螺旋状互生，孢子囊扁肾形，无明显环带，孢子同型，为球状四面体。

（1）石松（图8-140）

别名：伸筋草、金腰带、金毛狮子草

学名：*Lycopodium japonicum*

产地与分布：产于世界温带及热带高山地区，中国的东北（黑龙江、吉林、辽宁）地区和内蒙古，河南以及长江流域以南各地均有分布。

图8-140 石松
（引自《浙江植物志》，1993）

【形态特征】多年生常绿的地生性蕨类植物。主茎长且粗壮，匍匐蔓生，黄绿色至鲜绿色。根的数量少但极为强健，黄白色至黄褐色。枝直立，分枝多，为绿色；两型：一为营养枝，其上只着生叶片；一为孢子枝，顶端往往着生有孢子囊穗，且多是自2~3年生的营养枝上长出。营养枝的叶片密生，短针形，先端具有易脱落的芒状长尾，绿色至深绿色。孢子枝的叶片较稀疏，卵状三角形，为绿色。孢子囊穗常是数个着生于孢子枝上方，具柄；孢子囊肾脏形，初为白绿色，成熟时呈黄色至淡黄褐色。孢子黄色。

【观赏期】观叶植物，周年观赏。

【生态习性】生于低海拔林缘、疏林下，路边、山坡及草丛间。喜温暖湿润，耐荫、耐旱。

【繁殖要点】孢子繁殖，人工栽培可分株繁殖。

【园林用途】石松姿态优美，长年青翠，可盆栽悬挂观赏，也适宜庭园中林下栽培及岩石园绿化。茎枝是极好的插花材料。

2. 卷柏科 Selaginellaceae

陆生植物。根状茎长而横走、斜卧或直立；主茎匍匐或直立，分枝从基部或横走的主茎生出，常生不定根，茎叶通常背腹扁平状。营养叶细小，不分裂，通常异变，4 行排列，册页较大而宽，近平展，中叶贴生而指向枝顶。孢子囊同型，单生于孢子叶腋间或顶生；孢子囊穗通常四棱形；孢子叶同型或异性；孢子异性，大孢子较大，通常 4 枚；小孢子细小、多数，均为球状四面体。

（1）卷柏（图 8-141）

别名：还魂草

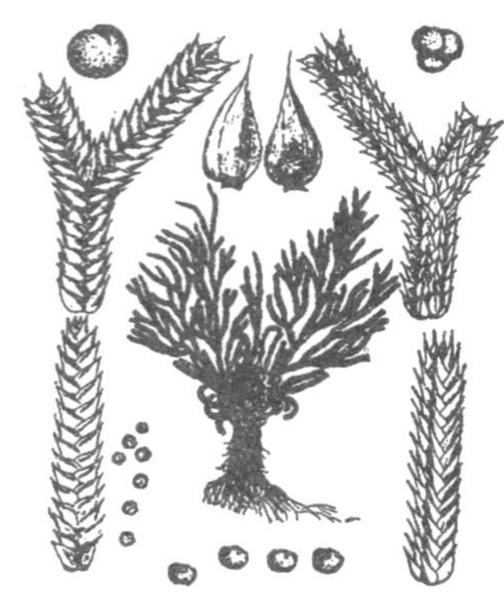

图 8-141 卷柏
（引自《浙江植物志》，1993）

学名：*Selaginella tamariscina*

产地与分布：原产中国。全国各地均有分布，日本，朝鲜及原苏联远东地区也有分布。

【形态特征】多年生直立草本。高 5 ~ 15cm。主茎直立，顶端丛生小枝，小枝扇形分叉，辐射开展，干时内卷如拳。叶二型，侧叶披针状钻形，长约 3mm；中叶两行，卵状披针形，长 2mm。孢子囊穗生于枝顶，四棱形；孢子囊圆肾形，孢子二形。

【观赏期】观叶植物，周年观赏。

【类型及品种】常见同属栽培品种有：江南卷柏 *S. moellendorfii*，茎直立，叶绿色。兖州卷柏 *S. involvens*，主茎下部叶密生，蓝绿色。

【生态习性】适应性强，有较强的耐旱性，干时拳卷，遇水伸展，故有“九死还魂草”之称。对土壤要求不严，可在岩顶，山崖缝中生长。有一定的耐寒性，但冬季温度最好保持在 0℃以上。

【繁殖要点】分株繁殖、孢子繁殖。

【园林用途】卷柏姿态优美，植株矮小，枝叶浓绿，株型莲座状，是较好的盆栽花卉，可布置书桌，案头等处。适宜于点缀假山、石缝中或作山石盆景。

（2）翠云草（图 8-142）

别名：绿绒草、蓝地柏

学名：*Selaginella uncinata*

产地及分布：原产我国，主要分布在浙江、福建、广东、广西、云南、四川等潮湿山谷林下。

【形态特征】多年生匍匐蔓生草本蕨类植物，主茎柔软，纤细横走，节上生不定根。侧枝互生，叉状分枝，茎部生有不定根，营养叶二型，背腹各二列，腹叶长卵形。背叶矩圆形，下面深绿色，上面带碧蓝色。孢子囊穗四棱形，孢子囊卵形，孢子二形。

图 8-142 翠云草

（引自《浙江植物志》，1993）

【观赏期】观叶植物，周年观赏。

【生态习性】喜欢温暖湿润的半荫环境，生长适温为夜间 10 ~ 15℃，白昼 21 ~ 26℃，怕强光直射。

【繁殖要点】常用分株和扦插繁殖，分株在春季结合换盆进行，将生长密集株丛扒开分栽，放在阴湿环境下即可。扦插在春季修剪时，将剪下茎枝直接插于沙中，保持湿润，约 15 ~ 20 天生根。

【园林用途】可盆栽点缀案头，窗台，也可作地被植物。

3. 蚌壳蕨科 Dicksoniaceae

干直立，常很高，有复杂的网状中柱，少有主干短而平卧，有毛但无鳞片。叶簇生成冠状，叶大形，基部密被毛茸，羽状分裂，常一部分为二型的，革质。孢子囊群边缘着生，顶生脉上，囊群盖杯状或两瓣组成；孢子囊则侧裂；孢子四面形，不具周壁，每囊穗有 46 ~ 64 个。有 5 属；分布于世界热带。植株高大，小树状，主干粗大，或短而平卧，密被金黄色长柔毛，无鳞片，叶片大，三至四回羽状，革质；叶脉分离；叶柄长而粗。孢子囊群生于叶背面，囊群盖两瓣开裂形似蚌壳状，革质；孢子囊梨形；环带稍斜生，有柄；孢子四面形。

（1）金毛狗（图 8-143）

别名：黄毛狗、猴毛头

图 8-143 金毛狗

（引自《浙江植物志》，1993）

学名：*Cibotium barometz*

产地及分布：原产中国，主要分布在我国南方地区如浙江、江西、广东、广西、四川及云南等地，亚洲热带其他地区也有分布。

【形态特征】大型树状陆生蕨类，株高 1 ~ 3m，根状茎平卧，端部上翘，露出地面部分密被金黄色长茸毛，状似伏地的金毛狗头。叶簇生于茎顶端，形成冠状，叶片大，披针形，边缘有细锯齿。叶柄长可达 120cm，棕褐色。基部具有一大片垫状的金色茸毛，它的幼叶刚长出时呈拳状，也密被金色茸毛。孢子囊群生于小脉顶端，囊群盖坚硬两瓣，成熟期张开，形如蚌壳。

【观赏期】观赏金黄色长茸毛，一年四季均能观赏。

【生态习性】喜欢散射光，不耐强光。生长适温 15 ~ 25℃，要求较高的空气湿度，空气干燥会使叶片枯焦。生长旺盛要求较高的水分，多浇水。喜欢阴凉潮湿环境。

【繁殖要点】以孢子繁殖为主，在夏季采集成熟孢子，均匀撒于基质中，喷水保湿，1

个月能发芽，待长大有几片叶时进行上盆。也可用分株繁殖，结合春季换盆进行。

【园林用途】可作为地被植物种植，配置在公园的阴湿处，也是一种较好的止血药。

4. 凤尾蕨科 Pteridaceae

陆生植物。根状茎通常直立，疏生狭鳞片。叶簇生，同型或近异型你，叶片长圆形或近卵圆。1～2 回羽状，偶为单叶或 3 叉，从不细裂，光滑或很少被毛；叶脉分离或连接。孢子囊群线性，沿边缘着生，通常为连续的汇生孢子囊群；囊群盖 1 层，由变形的叶缘反卷而成膜质，线性，宿存，向内开口，孢子囊有长柄，孢子四面形。

（1）凤尾蕨（图 8-144）

别名：小叶凤尾草、井栏边草

图 8-144　凤尾蕨
（引自《浙江植物志》，1993）

学名：*Pteris cretica* var. *nervossa*

产地及分布：原产欧洲、南非。中国主要分布在长江以南各省，陕西南部，西藏东部地区。澳大利亚、新西兰、日本、朝鲜也有分布。

【形态特征】多年生陆生矮小蕨类植物，根粗壮，茎较短，具有黑褐色条状披针形鳞片。叶簇生，二型无毛，叶柄光滑，能育叶卵圆形，边缘有锯齿。不育叶为一回羽状复叶，羽片条形，上部羽片基部下延，在中轴两侧形成狭翅，下部羽片常有二至三叉，具小羽片树枝，小羽片在叶轴上亦下延成翅。叶脉明显，细脉由中脉羽状分出，单一或二叉分枝，直达边缘，形似凤尾。孢子囊群线形，孢子囊群盖稍超出叶缘，膜质。

【观赏期】观叶植物，周年观赏。

【生态习性】喜欢温暖潮湿的环境，怕积水，稍耐旱，喜欢生长在肥沃排水良好的钙质土中。有一定的耐寒性，但温度低于－10℃时叶梢会冻枯黄，生长适温在 18～22℃，冬季温度最好在 5℃以上。喜欢阳光充足，但光照不能过强，也耐半荫。

【繁殖要点】可用孢子繁殖和分株繁殖。孢子繁殖应在孢子成熟后，收集好后均匀撒在腐叶土上，放阴湿处，很快就发芽。分株繁殖结合春季换盆进行。

【园林用途】常作盆栽，点缀书桌、茶几、阳台等，也可作悬挂式或镶挂式布置。在园林中作阴性地被植物或布置在墙角、假山和水池边。

5. 铁线蕨科 Adiantaceae

多年陆生中小形草本蕨类，体形变异很大。高 5～20cm。根状茎或短而直立或细长横走，具管状中柱，被有棕色或黑色、质厚且常为全缘的披针形鳞片。叶一形，螺旋状簇生、二列散生或聚生，不以关节着生与根状茎上；叶片多为 1～3 回以上的羽状复叶或 1～3 回二叉掌状分枝，极少为团扇形的单叶，假囊群盖的形状变化很大，一般有圆形、肾形、半月形、长方形和长圆形等等，分离，接近或连续，孢子四面型，淡黄色，透明，光滑。

（1）铁线蕨（图 8-145）

别名：铁丝草、铁线草、水猪毛土

学名：*Adiantum capillus-veneris*

产地与分布：广泛分布于热带亚热带地区；我国长江以南省区、北到陕西、甘肃和河北均有分布，是我国暖温带、亚热带和热带气候区的钙质土和石灰岩的指示植物。

图 8-145 铁线蕨
（引自《浙江植物志》，1993）

【形态特征】多年生草本观叶植物，高 15～40cm。根状茎横生，密生棕色鳞毛，叶柄细长而坚硬，似铁线，故名铁线蕨。叶片卵状三角形，2～4 回羽状复叶，细裂，叶脉扇状分叉，叶长 10～30cm，小羽片斜扇形，深绿色。孢子囊群生于羽片的顶端。

【观赏期】观叶植物，一年四季都可观赏。

【生态习性】在自然界多数生于山地林下湿地或沟旁，或较阴湿处的岩石上；喜温暖湿润和半阴环境。要求松软、湿润的土壤，以石灰质壤土为宜。

【繁殖要点】主要以孢子繁殖为主，也可用分株繁殖。在温暖、阴湿条件下极易散布孢子自行繁殖，待其成苗后挖出另行栽植。春季换盆时可进行分株。

【园林用途】铁线蕨茎叶秀丽多姿，形态优美，株型小巧，极适合小盆栽培和点缀山石盆景。适合室内常年盆栽观赏；铁线蕨叶片还是良好的切叶材料及干花材料。

6. 肾蕨科 Nephrolepidaceae

中型土生或附生植物，少有攀生。根状茎长而横走，有腹背之分，或短而直立，辐射状，并发出极细瘦的匍匐枝，生有小经块，具管状或网状或网状中柱。叶一型，两列类型的叶柄以关节着生于根状茎上，或为远生；叶片披针形或椭圆状披针形，一回羽状，分裂度粗，羽片多数，基部不对称，无柄，以关节着生于轴，全缘或多少有缺刻；叶脉分离，侧脉羽状，几达叶边。孢子囊群表面生，单一，圆形，偶有两侧结合；囊群盖圆肾形，以缺刻着生，向外开，少有线性并与叶边平行，无囊群盖；孢子囊以水龙骨型；孢子两侧对称，椭圆形或肾形。

（1）肾蕨（图 8-146）

别名：圆羊齿、蜈蚣草

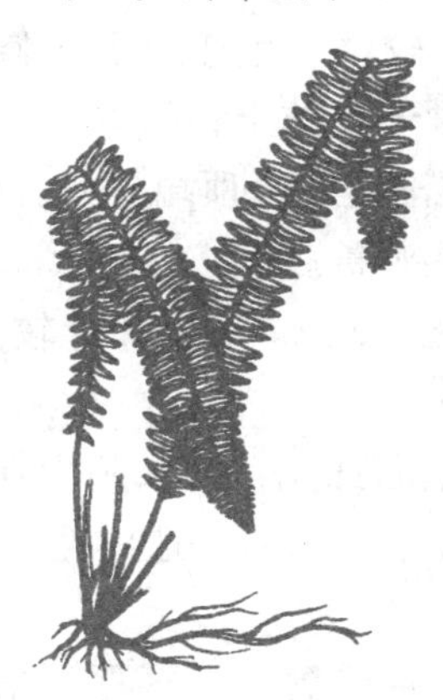
图 8-146 肾蕨
（引自《浙江植物志》，1993）

学名：*Nephrolepis cordifolia*

产地及分布：主要分布于热带、亚热带地区。我国分布较广，福建、广西、广东、四川、云南、浙江、湖南南部均有分布，亚洲热带其他地区也有分布。

【形态特征】株高 40～60cm，根状茎有直立的主轴和从主轴向四面伸出的长匍匐茎，并从匍匐茎的短枝上长出圆形块茎，被鳞片。叶丛生，一回羽状复叶，深裂，好似条条蜈蚣，斜上伸，浅绿色。孢子囊群生于每组侧脉的上侧小脉顶端，囊群盖肾形。

【观赏期】观叶植物，一年四季均可观赏。

【生态习性】喜欢温暖、潮湿和半荫环境，要求疏松，肥沃有机质含量高的培养土。忌阳光直射，生长适温为 20～22℃，有一定的耐寒性，能耐 -2℃低温。

【繁殖要点】可用孢子繁殖，也可用分株繁殖。

【园林用途】配植于山石、道旁，富有野趣；亦可作插花材料；可盆栽进行室内装饰。

（2）波斯顿蕨

别名：高肾蕨、密叶波斯顿蕨

学名：*Nephrolepis exaltata*

产地及分布：原产热带及亚热带地区。

【形态特征】多年生常绿蕨类草本植物。根茎直立，有匍匐茎。叶丛生，长可达 60cm 以上，具细长复叶，叶片展开后下垂，叶片为二回羽状深裂，小羽片基部有耳状偏斜。孢子囊群半圆形，生于叶背近叶缘处。

【观赏期】观叶植物，一年四季均可观赏。

【生态习性】性喜温暖、湿润及半阴环境，喜通风，忌酷热，适宜腐殖质含量丰富的酸性壤土。

【繁殖要点】可用孢子繁殖，也可用分株繁殖。常用分株法繁殖，夏季从生长旺盛的植株中剪下匍匐枝上生出的带根小植株，另行栽植即可。

【园林用途】下垂状的蕨类观叶植物，适宜盆栽于室内吊挂观赏，其匍匐枝剪下可用作装饰配置材料。

7. 鹿角蕨科 Platyceriaceae

为多年生草本植物。多附生于树干分叉处，也见于潮湿薄被腐殖土的岩石上。叶丛生，下垂，顶端分叉呈凹状深裂，形如“鹿角”。株高约 40cm。不育叶圆形而凸出，边缘波状，新叶绿白色，老叶棕色；能育叶丛生，灰绿色，叶面密生短柔毛，分叉成窄裂片。

（1）鹿角蕨（图 8-147）

别名：鹿角山草、蝙蝠兰

图 8-147　鹿角蕨

（引自傅玉兰，2001）

学名：*Platycerium bifurcatum*

产地及分布：原产澳大利亚与印度尼西亚。

【形态特征】常绿草本附生蕨类植物，全株灰绿，高约 40cm。叶有两种：不孕叶，或称裸叶，较薄，生于基部，圆或心形，成熟后呈纸质褪色，附生包在树干或枝上；可孕叶，或称实叶，长 45 ~ 90cm，基部狭，向上逐渐变宽，顶端分叉。

【观赏期】观叶植物，一年四季均能观赏。

【类型及品种】常见变种有大鹿角蕨 var. *majus*，叶片较大，深绿，中央叶片厚而直，植株 50 ~ 80cm。

【生态习性】喜欢温暖潮湿环境，不耐强光，要求附生在其他植物上生长良好。不耐寒，冬季最低温度在 10℃以上，生长适温 18 ~ 22℃。适应性强。

【繁殖要点】用分株和孢子繁殖。

【园林用途】鹿角蕨株形奇异，姿态优美，常见于室内装饰，点缀窗台，客厅，书架等处。

8. 水龙骨科 Polypodiaceae

陆生或附生蕨类植物。根状茎横走，被阔鳞片。网状中柱。叶同型或二型；叶柄与根状茎有关节相连；单叶，全缘或羽状半裂至一回羽状分裂；网状脉。孢子囊群圆形或线形，或有时布满叶背，无囊群盖；孢子囊梨形或球状梨形；孢子两面形。

(1) 石韦（图 8-148）

别名：石皮、金星草、石剑、石背柳

学名：*Pyrrosia lingua*

产地与分布：产于长江流域以南各省，北至甘肃、西至西藏、东至台湾。

【形态特征】多年生草本，附生于石头上或树干上，植株通常 10～30cm。根状茎长而横生，木质，密生铁锈色鳞片。叶革质，疏生，叶之间距离在 2cm 以上；叶二型；能育叶通常比不育叶长得高而较狭窄；叶片长披针形，长 8～20cm，背面有灰褐色星状毛；叶柄细长，长 5～10cm。孢子囊群近椭圆形，在侧脉间整齐成多行排列，布满整个叶片下面，或聚生于叶片的大上半部，初时为星状毛覆盖而呈淡棕色，成熟后孢子囊开裂外露而呈砖红色。

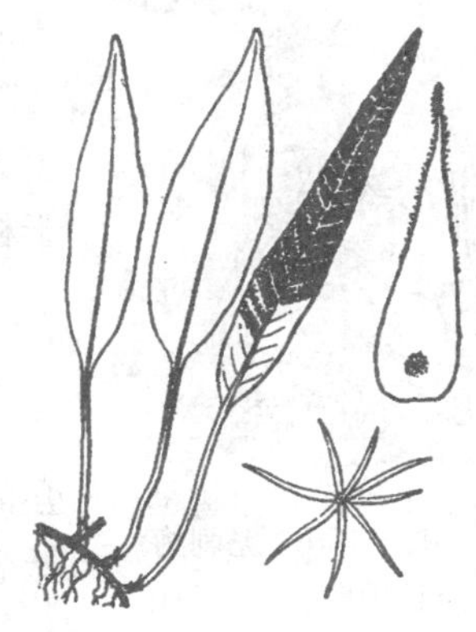

图 8-148 石韦
（引自《浙江植物志》，1993）

【观赏期】观叶植物，周年观赏。

【生态习性】喜温暖湿润，耐荫、耐旱。

【繁殖要点】孢子繁殖，人工栽培可分株繁殖。

【园林用途】适宜庭园中林下栽培及岩石园绿化。也是一种利尿通淋、清热止血的中草药。

8.2.7 多浆与仙人掌类植物

1. 景天科 Crassulaceae

(1) 石莲花（图 8-149）

别名：莲花还阳、蛇舌莲

图 8-149 石莲花
（引自傅玉兰，2001）

学名：Echeveria glauca

产地及分布：原产墨西哥。

【形态特征】多年生肉质草本，茎短分枝匍匐。叶片紧密莲座状着生枝端，倒卵形，先端尖；肥厚，灰绿色。花梗从叶丛中抽出，顶生总状聚伞花序；花萼 5，粉绿色；花瓣 5，赭红色，花期 4～6 月。

【观赏期】观叶植物，周年观赏。

【生态习性】喜光照充足和温暖环境，耐干旱、不耐水湿；要求排水良好的砂质土壤。对土壤适应性较强。

【繁殖要点】扦插繁殖。春秋从老植株上剪取萌蘖的新珠进行扦插，容易生根成活。也可用叶片扦插。

【园林用途】一般可盆栽观赏，也可布置花坛边缘或岩石边。

2. 大戟科 Euphorbiaceae

(1) 虎刺梅（图 8-150）

别名：铁海棠、麒麟花、虎刺、老虎筋

图 8-150　虎刺梅
（引自傅玉兰，2001）

学名：*Euphorbia milii*

产地及分布：原产马尔加什，现广泛分布于世界各地，我国各地温室均有栽培。

【形态特征】攀援性灌木，茎上多刺，刺硬而呈锥形。叶多着生于嫩茎上，倒卵形，黄绿色，先端浑圆而有小突尖，聚伞花序生于枝顶，花绿色，总苞鲜红，倒卵状圆形。蒴果扁球形。

【观赏期】观花植物，观花期 4 ~ 12 月。

【类型及品种】常见变种有苞片为黄色的。

【生态习性】喜欢温暖和充足的阳光，不耐寒，耐高温，有较强的耐旱能力。喜欢排水良好的砂质壤土，生长适温 20 ~ 30℃，最低温度保持在 5℃左右。

【繁殖要点】常用扦插繁殖。

【园林用途】虎刺梅花形美丽，茎枝奇特，是较好的盆栽花卉，可布置厅堂，茶几等处。

(2) 红雀珊瑚（图 8-151）

别名：龙凤木、铁捍丁香、洋珊瑚、大银龙

学名：*Pedilanthus tithymaloides*

产地及分布：原产美洲热带，主要分布于西印度群岛。我国已引种栽培。

【形态特征】多年生草本，具有毒性的白色乳汁。茎圆柱状，肉质绿色。叶卵形，背面龙骨状，表面不平整，边缘波形。聚伞花序顶生，花红色，蒴果。

【观赏期】既可观枝条，又可观花，花期 6 ~ 10 月。

【类型及品种】常见变种有：

1）矮株种：茎直立，叶暗绿色。

2）船形种：茎上着生稀疏叶片，整个叶片像船形。

3）斑叶种：叶片具白色斑纹，并具有洋红色晕辉，花苞红色。其他变种还有银边红雀珊瑚和花叶红雀珊瑚。

图 8-151　红雀珊瑚
（引自许荣彦，1993）

【生态习性】喜温暖，湿润和半荫的环境，怕风吹，适合干燥无风的环境下生长，要求排水良好，肥沃的砂质壤土。

【繁殖要点】主要以扦插繁殖为主，也可用分株繁殖。

【园林用途】红雀珊瑚茎干绿色，有规则弯曲，颇为奇特，花苞鲜红色，形似小鸟头冠，美丽秀雅，适合盆栽装饰室内。

3. 仙人掌科 Cactaceae

茎肉质，呈球状、柱状或扁平，常有关节和分枝，茎上有螺旋状排列的特殊刺座，其上着生有刺、毛、腺体或钩毛、花或芽，大小因种的不同而异，小的如衣服纽扣，大的可高达20m。叶常退化，早期存在，不久脱落，仅少数有正常的叶片。花通常为两性，辐射对称或两侧对称，白天或夜间开放；多数有由花托发展而来的长花筒，其上有螺旋状排列的鳞片或刺座；花被片多数，色鲜丽或白色；花萼和花瓣有明显的区别或难以区分，雄蕊多数，多着生于花的喉部，雌蕊花柱单体，远远伸出雄蕊之外，避免自花授粉。子房上位，1室，胚珠多数。果常为肉质浆果，种子多数。硬而脆。

（1） 山影拳

别名：仙人山、山影

学名：*Piptanthocereus peruvianus* var. *monstrous* DC.

产地及分布：原产南美，主要分布于南美洲北部，阿根廷东部和西印度群岛。现其他各地也广泛栽培。

【形态特征】茎暗绿色，有褐色刺，刺座上无长毛，刺长，颜色多变化，茎多分枝，生长发育不规则，棱数不定。花大，漏斗形或喇叭状，白色或粉红色，夜开昼合。夏秋开花。果实大，红色，可食用。

【观赏期】既可观茎，也可观花。一般植株20年以后才能开花，花期6~11月。

【类型及品种】常见品种有：

1）神代柱：直径6~9cm，植株蓝绿色，刺黄褐色。

2）秘鲁天轮柱：直径10~20cm，茎暗绿色，多分枝，刺褐色。

3）冲天柱：茎多分枝，茎暗绿色，刺红褐色。

4）牙买加天轮柱：直径10~16cm，棱4~8cm，花白色，刺褐色。

【生态习性】性强健，生长迅速，喜欢排水良好的砂质土，较耐旱。喜光照，但也能稍耐半荫环境，怕低温，可耐5℃左右的低温。

【繁殖要点】常用扦插繁殖，也可用嫁接繁殖。

【园林用途】山影拳郁郁葱葱，高低起伏，形状像山石，可布置书房，厅堂，也可作专类园用。

（2） 金琥（图8-152）

别名：象牙球、金桶球

学名：*Echinocactus grusonii*

产地及分布：原产墨西哥中部的干旱沙漠及半沙漠地区，现大部分地区均有分布，在一些较冷地区需温室栽培。

【形态特征】茎球形，单生或成丛，深绿色，球顶密被黄色棉毛，棱约20~25条，沟宽而深，刺窝很大，密生金黄色的硬刺，以后刺变淡或呈褐色。花生于近顶部的棉毛丛中，钟形，外瓣内侧带红褐色，内瓣黄色，花筒被尖鳞片，长4~6 cm，果实被鳞片及棉毛，种子黑色，光滑。

【观赏期】既可观花，又可观茎，花期6~10月，周年观赏。

图8-152 金琥

（引自傅玉兰，2001）

【类型及品种】常见品种有：

1）白刺金琥：刺白色。

2）金琥锦：球体黄绿相间。

3）鬼头球：球体灰绿色。顶部密被黄褐色棉毛，花黄色。

4）弁庆：大型球，刺粗壮，黄褐色，花黄色。

5）太平球：球体稍扁，蓝绿色，花玫瑰色。

6）大龙冠：植株筒状，刺粗壮，花黄色。

【生态习性】要求阳光充足，但夏季宜半荫。生长适温 20～25℃，冬季保持在 10℃以上。土壤要求排水良好，盆土要求稍干燥。

【繁殖要点】常用扦插和播种繁殖，也可用嫁接繁殖。

【园林用途】可制成专类公园，也可培养成大型标本球。

（3）昙花（图 8-153）

别名：月下美人

图 8-153　昙花
（引自傅玉兰，2001）

学名：*Epiphyllum oxypetalum*

产地及分布：原产美洲热带，主要分布于墨西哥至巴西和中国。

【形态特征】为附生型多肉植物，主茎稍木质呈圆筒状，分枝呈扁平叶状，边缘呈波状圆齿，刺座生于圆齿缺刻，幼枝长椭圆形，有刺毛状刺，老枝圆柱形无刺。花生于叶状枝的边缘，花萼筒状，红色，花重瓣，白色，开放时有芳香，夏、秋晚间开放，约经 5～7 小时凋谢，故有“昙花一现”之说。果红色，种子黑色。

【观赏期】观花植物，也可观茎，花期夏季。

【生态习性】喜欢温暖，潮湿，半荫的环境，生长适温 13～20℃，冬季温度要大于 10℃，忌强光曝晒，土壤要求干燥。

【繁殖要点】以扦插为主，也可用播种繁殖。

【园林用途】可盆栽观赏，开花时，光彩夺目，非常壮观。

（4）令箭荷花（图 8-154）

别名：孔雀仙人掌、红孔雀

学名：*Nopalxochia ackermannii*

产地及分布：原产墨西哥积及哥伦比亚，主要分布于热带地区。

【形态特征】植株灌木状，基部主干细圆，分枝扁平呈令箭状，边缘呈钝齿形。齿间有短刺或无刺，扁平茎中脉明显突起。花着生在茎先端两侧，花筒细长，喇叭状，花色有紫、红、粉、白等色，白天开放。果实为浆果，红色，种子小，黑色。

【观赏期】既可观花，又可观茎，观花期 4～5 月。

【类型及品种】常见的其他栽培品种有小花令箭荷花 *N. phyllanthoides*，变态茎较窄，花较小，着花繁密。

【生态习性】喜欢温暖湿润的气候和富含腐殖质，疏松，排水良好的土壤。喜光照充足，生长适温在 15～25℃，最低温度在 10℃以上，忌强光直射。

图 8-154　令箭荷花
（引自傅玉兰，2001）

【繁殖要点】主要是扦插繁殖为主，也可用嫁接和播种繁殖。

【园林用途】可盆栽观赏，也可室内装饰。

（5）仙人掌（图 8-155）

学名：*Opuntia dillenii*

产地及分布：原产美洲，主要分布于美国佛罗里达，西印度群岛，墨西哥及南美热带地区，中国，澳大利亚，印度也有分布。

【形态特征】多肉植物常丛生成灌木状，基部木质化，多分枝，茎节扁平，肥厚而绿色，椭圆形，刺座间距 2～6cm，幼时具褐色或白色棉毛，不久脱落，刺密集，黄色。叶小呈针状而早落。花着生在茎节的上部，单生黄色，浆果肉质，红色，无刺。

【观赏期】既可观茎又可观花，观花期 6～10 月。

【类型及品种】常见品种有：

1）锁链掌 *O. imbricate*，茎节筒状，似锁链，蓝绿色，花粉色。

2）棉花掌 *O. leucotricha*，茎节椭圆形，暗绿色，刺座密被白色细长软刺，花黄色。

图 8-155　仙人掌
（引自许荣彦，1993）

3）褐毛掌 *O. basilaris*，茎节扁平，长 5～12cm，刺座无刺，具褐色钩毛，花粉红。

4）仙桃 *O. ficus－indica*，茎节椭圆形，灰绿色，花黄色，果可食。

【生态习性】喜阳光充足，冬季要求冷凉干燥，越冬温度在 5℃以上，较耐干旱，畏积涝。对土壤要求不严。

【繁殖要点】常用扦插繁殖，也可用播种繁殖。

【园林用途】盆栽观赏，在热带地区可庭植。

（6）仙人指

别名：仙人枝、圣诞仙人掌

学名：*Schumbergera bridgesii*

产地及分布：原产巴西，主要分布在玻利维亚，巴西，中国也有分布。

【形态特征】植株多分枝，茎节扁平，边缘呈浅波状，只有刺点而锯齿不明显，刺座上有少量的细绒毛。花着生在茎节的顶部，鲜红色，花长 4～6cm，花期 2 月，浆果，圆形，红色。

【观赏期】观花植物，观花期 1～2 月。

【生态习性】喜温暖，湿润的环境，土壤要求排水透气良好的砂壤土。喜阳光充足，但忌夏季强光直射。生长适温 15～25℃，最低温度在 10℃以上。

【繁殖要点】常用扦插繁殖，也可用嫁接和播种繁殖。

【园林用途】作盆栽观赏。

（7）蟹爪兰（图 8-156）

图 8-156　蟹爪兰
（引自傅玉兰，2001）

别名：蟹爪、蟹爪莲

学名：*Zygocactus truncactus*

产地及分布：原产南美巴西，主要分布于巴西东部森林中树干或阴湿山谷里，中国部分温暖地区也有分布。

【形态特征】为附生多浆植物，茎扁平，多分枝，长铺散下垂，茎节较小，茎节边缘有2~4对尖齿，连续生长的节似蟹足状，茎节先端有刺座，刺座生有细毛。花着生于茎节顶部，两端对称，花瓣张开反卷，花柱长于雄蕊，花淡紫红色，浆果梨形，光滑，暗红色。

【观赏期】观花植物，观花期11月至翌年5月。

【类型及品种】常见品种有：

1）早花蟹爪兰‘Bicolor’，花期较早，花玫瑰色。

2）橙红蟹爪兰‘Salmon’，花橙红。

【生态习性】喜温暖，湿润，半荫的环境，要求排水，透气，腐殖质含量高的土壤，夏季要适当遮荫，冬季要求阳光充足，生长适温15~25℃，冬季温度要高于10℃，低于5℃就处于休眠状态。

【繁殖要点】可用扦插，嫁接和播种繁殖。

【园林用途】可作年宵花卉，用于室内摆放。

4. 菊科 Compositae

（1）翡翠珠（图8-157）

别名：绿串珠、一串珠、绿之铃

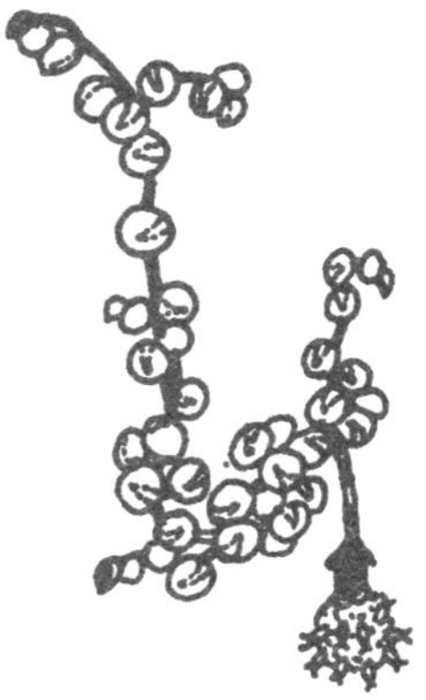

学名：*Senecio rowleyanus*

产地及分布：原产南非，主要分布西南非洲，纳米比亚，我国南方各地均有分布。

【形态特征】为多年生常绿匍匐生多肉草本植物，茎极细，碰触土壤即生根，悬垂吊挂则长茎，全株被白色皮粉。叶互生，较疏，圆如豌豆，深绿色，肥厚多汁，直径0.6~1cm，有微尖的刺状凸起，有一透明纵纹，极似珠子，茎叶伸长好似成串的翡翠珠子项链，非常漂亮，头状花序顶生，呈弯钩形，花白色至浅褐色。

【观赏期】既可观茎又可观花，花期不定，一般在11月至翌年2月。

图8-157　翡翠珠
（引自许荣彦，1993）

【类型及品种】常见同属种类有：

1）银锤掌 *S. haworthii*，肉质半灌木，叶筒状，花橙黄。

2）黄花翡翠珠 *S. citriformis*，与翡翠珠相似，但花乳黄色。

3）菱角掌 *S. radicans*，节处生根，叶肉质，花白色。

4）翠叶菊 *S. fulgens*，块茎状根，叶倒卵形，花橙红。

5）悬垂千里光 *S. jacobsenii*，茎匍匐，叶倒披针形，花橙色。

【生态习性】喜欢疏松，肥沃，有机质含量高的土壤，耐干旱，忌高温高湿和蔽荫。喜欢温暖，空气湿度大，强散射光环境下生长。生长适温18~25℃，冬季最低温度维持在10~12℃，夏季高温季节容易腐烂，要放在室内通风处并控制浇水。

【繁殖要点】常用扦插繁殖。

【园林用途】翡翠珠用小盆垂吊栽培，极富情趣，一粒粒圆润，肥厚的叶片，似一串串风铃在风中摇曳，是家庭垂吊栽培的理想花卉，用于装饰书桌、几案等。

5. 龙舌兰科 Agavaceae

一年生或多年生植物，植株小或大型，终生一次结实或多次结实，无茎或乔木状，有时匍生。根纤维状肉质；根茎横走火肥厚而直立。叶呈莲座状，螺旋状排列，或聚生于枝顶，线状，披针形、椭圆形或卵形，肥厚肉质或稍带木质或纤维质。花两性或单性顶生或腋生，圆锥状、总状、穗状或头状。花完全，花被片6，呈花瓣状，离生或连合称管状；雄蕊6，子房上位或下位。浆果或3瓣裂蒴果。种子少数或多数，扁平，有时边缘具狭翅，黑色。

(1) 龙舌兰（图8-158）

别名：番麻、龙舌掌

学名：*Agave americana*

产地及分布：原产热带美洲，主要分布在墨西哥，南美等地，中国华南，西南亚热带地区也广泛分布。

图8-158　龙舌兰
（引自傅玉兰，2001）

【形态特征】多年生常绿大型草本，叶片肉质，长带形，叶丛生，肥厚，灰绿色稍带白粉，叶缘具钩刺，先端具硬刺尖。花序圆锥形，顶生，着生多数小花，淡黄绿色，花后常生不定芽。茎基部也萌发短匍匐枝，蒴果球形。花期5～6月，一般多在10年生左右开花，为一次开花植物。

【观赏期】观叶植物，周年观赏。

【类型及品种】常见变种有：

1）金边龙舌兰 var. *marginata*，叶边两侧呈黄色宽条纹，叶面宽广。

2）金心龙舌兰 var. *mediopicta*，叶边中央呈淡黄色。

3）银边龙舌兰 var. *marginata-alba*，叶片两侧呈白色。

4）绿边龙舌兰 var. *marginata-pallida*，叶片两侧呈绿色。

【生态习性】喜温暖，稍耐寒。喜阳光，不耐荫。喜排水良好，肥沃，湿润的砂质壤土，耐旱，忌根部结水。

【繁殖要点】常用分株繁殖，在春季3～5月将根部萌发的幼苗，带根挖掘另行栽植。若根蘖无根则扦插生根后再种。

【园林用途】为大型观叶盆花，可群植于花坛中心，草坪一角及庭院装饰。

6. 百合科 Liliaceae

(1) 芦荟（图8-159）

别名：狼牙掌、龙角、油葱

学名：*Aloe vera* var. *chinensis*

产地及分布：原产非洲南部。主要分布于地中海地区，印度，我国云南南部元江地区也有野生分布。

【形态特征】多年生草本，茎节较短，直立，叶互生，幼苗期叶片为2列状排列，植株长大后呈莲座状着生，叶片肥厚多肉，披针形，蓝绿色，基部阔并有白色点纹，边缘有三角形齿状刺。圆锥状花序，自叶丛中抽生，小花密集，黄色至红黄色，筒状，瓣端带绿色。

图 8-159　芦荟
（引自傅玉兰，2001）

蒴果三角形。

【观赏期】既可观叶，又可观花，观花期 7 ~ 8 月。

【类型及品种】常见同属花卉有：

1）大芦荟 *A. arborescens*，高可达 2m，叶白色，花红色。

2）花叶芦荟 *A. saponariza*，叶较宽，具白色斑点，边缘有细刺。

3）木锉掌 *A. aristata*，叶面有乳状突起小点。

【生态习性】喜温暖，阳光充足，干燥的环境。生长适温 15 ~ 25℃，不耐寒，冬季温度要大于 5℃，喜欢排水良好，疏松，肥沃的砂质壤土，不耐积水，也不耐荫。

【繁殖要点】可用分生和扦插繁殖。

【园林用途】盆栽观赏。

（2）条纹十二卷（图 8-160）

别名：锦鸡尾、蛇尾兰

学名：*Haworthia fasciata*

产地及分布：原产南非，现世界各地均有分布。我国各地也有引种。

【形态特征】多年生肉质植物，无茎，叶密生莲座状，三角状披针形，肉质肥厚，表面深绿色，背面有白色突起的横纹。总状花序，花白色，花瓣稍弯曲，蒴果。

【观赏期】既可观叶，又可观花。观叶一年四季都行，观花期一般在 6 ~ 7 月。

【类型及品种】常见栽培种有：

1）蛇皮掌 *H. tessellata*，叶厚革质，三角形，叶面有不规则蛇皮状斑纹。

2）鹰爪掌 *H. reinwordtii*，有叶状茎，叶披针形，黑绿色，有白色小瘤点。

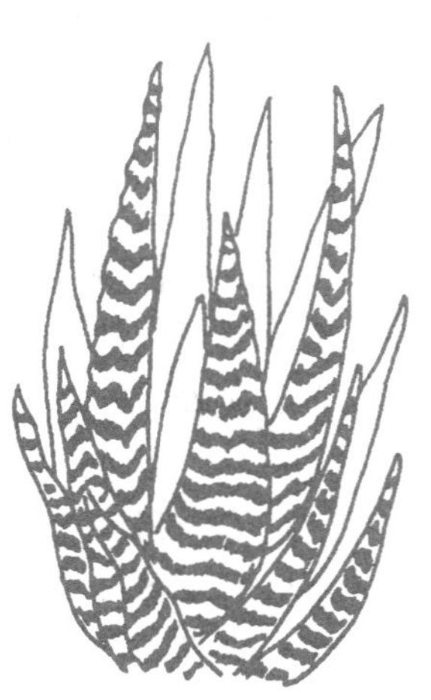
图 8-160　条纹十二卷
（引自许荣彦，1993）

3）水晶掌 *H. cymbiformis*，无茎，叶肥厚多汁，色淡绿，有白粉。

4）点纹十二卷 *H. margaritifera*，叶面具有散生细密白色小突起，不呈横纹，无茎。变种有大叶条纹十二卷和凤凰等品种。

【生态习性】喜温暖，通风环境，耐半荫，喜欢在散射光下生长。耐旱，要求疏松，排水良好的砂质壤土。

【繁殖要点】以分株繁殖为主，也可用播种繁殖。

【园林用途】宜盆栽，作室内摆设，在温度高的季节中也可布置花境。

8.2.8　观赏草

1. 禾本科 Gramineae

（1）芦竹（图 8-161）

别名：大芦苇、荻芦竹

学名：*Arundo donax*

产地及分布：原产地中海地区。生于河堤两旁及池塘边。

【形态特征】多年生草本。具粗壮的根状茎。茎直立，有分支。叶片条状披针形，扁平，长30～60cm，宽2～6cm，叶粗糙，灰绿色。穗状圆锥花序大型，羽毛状，长30cm；初开时带红色，后转为白色；需要一个长的温暖季节开花。

图8-161 芦竹

（引自《浙江植物志》，1993）

【观赏期】可观姿、叶、花，花期夏季，除冬季均可观赏。

【类型及品种】栽培品种主要有‘大叶’Macrophylla，叶子宽，更趋向灰绿色；‘花叶’Varicagata，叶和茎有引人注目的乳白色带状纹，在凉爽的春天种植时呈明亮的白色，气候温暖时变成乳黄色，较热夏末会褪成黄绿色。较矮小、纤细。花开得较频繁。栽植在盆内生长极好。

【生态习性】喜阳光充足，但也耐半荫；全光照条件可促进植株生长和开花。较耐寒，耐干旱，也可耐短期水涝，对土壤适应力强，对土肥无特殊要求。

【繁殖要点】多采用分株繁殖，春季进行。温暖的气候区也可播种育苗。

【园林用途】株形高大挺拔，可作为园林中的主景或者背景，也可以作为高篱或屏障植物。花序、茎和叶都有观赏价值，被称为“观赏草之王”。可布置观赏草花境、混合花境、滨水花境，为中景或背景材料。

（2）蒲苇（图8-162）

别名：彭巴斯苔草

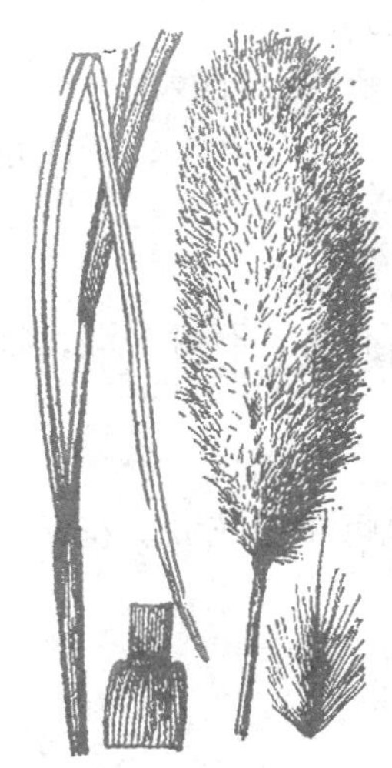

图8-162 蒲苇

（引自《浙江植物志》，1993）

学名：*Cortaderia selloana*

产地及分布：原产巴西、智利、阿根廷。

【形态特征】多年生草本，植株可高达3m。茎丛生。叶多聚生于基部，叶线形，绿色或为醒目的灰绿色，下垂，边缘具细齿，呈灰绿色，被短毛。雌雄异株，圆锥花序大，雌花穗银白色，具光泽，小穗轴节处密生绢丝状毛，小穗由2～3花组成。雄穗为宽塔形，疏弱。花期9～10月。

【观赏期】观花植物，花期晚夏至初秋。

【类型及品种】栽培品种很多。主要是株形、叶色、花序的变化。如：‘紧凑’Pumila，株形较矮，1.2～2m，比原种更耐寒，花序白色，直立，紧密紧凑；‘银星’Silver Comet，株高2.4m，叶面具白色的纵条纹；‘粉羽’Pink Feather，花序巨大，呈粉色；‘银带’Albolineata，叶面具银白色纵向带纹；‘金带’Aureolineata，叶面具金黄色丛纹。

【生态习性】性强健，喜温暖、阳光充足及湿润气候。耐寒。对土壤适应力较强，耐旱。

【繁殖要点】多于春季分株繁殖。

【园林用途】蒲苇花穗长而美丽，庭院栽培壮观而雅致，或植于岸边入秋赏其银白色羽状穗的圆锥花序。也可用作干花，或花境观赏草专类园内使用，具有优良的生态适应性和观赏价值。也是盆栽的优良种类。

（3）画眉草（图 8-163）

别名：知风草

图 8-163　画眉草
（引自《浙江植物志》，1993）

学名：*Eragrostis spectabilis*

产地及分布：原产于美国和墨西哥。

【形态特征】多年生草本，株高 1m。株形扩展，丛生状。叶片狭窄，宽 9mm，观赏性较差。圆锥花序，花序紫红色，花开时似雾状云笼罩在基生叶片，10 月后花序褪色为浅褐色。

【观赏期】观花植物。花期 8 ~9 月。

【生态习性】喜阳光充足和温暖气候，耐寒性差。耐旱，耐贫瘠；对土壤适应力强在沙地、贫瘠或排水不良好的土壤上都能生长。

【繁殖要点】春季通过播种或分株进行繁殖。有自播能力。

【园林用途】用于水土保持、公路道旁绿化或其他直线性景观的营造，也可用于观赏草花境、混合花境，为中景材料。

（4）蓝羊茅

别名：蓝羊绒

学名：*Festuca ovina* var. *glauca*

产地及分布：原产于法国南部，现在欧美地区应用广泛。我国已有引种。

【形态特征】多年生草本，株高 15 ~25cm。丛生半球形，株形整圆。叶线形，密集基生，叶片泛蓝绿色，栽培种具有各种不同程度的蓝色。圆锥花序生于叶丛之上；花序色起初与叶相近，后迅速变为棕褐色。

【观赏期】观叶植物，最佳观赏期 4 ~6 月或 9 ~11 月。

【生态习性】喜阳光充足。喜冷凉气候，在湿热的环境中生长不良。不耐水湿，极耐旱。宜排水良好的土壤。

【繁殖要点】播种或分株进行繁殖。

【园林用途】叶片色彩蓝绿色，株形圆整，适合作地被观赏。也可布置花境、花坛镶边材料或盆栽观赏。

（5）红叶白茅

别名：日本血草、茅针

学名：*Imperata cylindrica* var. *koenigii*‘Red Baron’

产地及分布：原种产于中国、日本、朝鲜等国家。

【形态特征】多年生草本，株高可达 60cm，直立丛生。叶直立向上，春季在基部及端部呈现绿色，而在晚夏至秋季则全株变为血红色。霜冻后红色会减弱，所以冬季景观效果较差。很少开花。

【观赏期】观叶植物，晚夏至秋季可赏红色叶片。

【生态习性】喜光照充足环境，性强健；要求湿润、肥沃的土壤。

【繁殖要点】分株繁殖。

【园林用途】著名的红色叶片观赏草种。抗性强，所以可植于交通环岛，停车场、土壤不良地等处。片植或丛植更能体现其强烈的色彩效果。也可布置观赏草花境、混合花境。

（6）芒（图 8-164）

别名：芒草

学名：*Miscanthus sinensis*

产地及分布：原产中国、日本、朝鲜等地。现分布十分广泛。

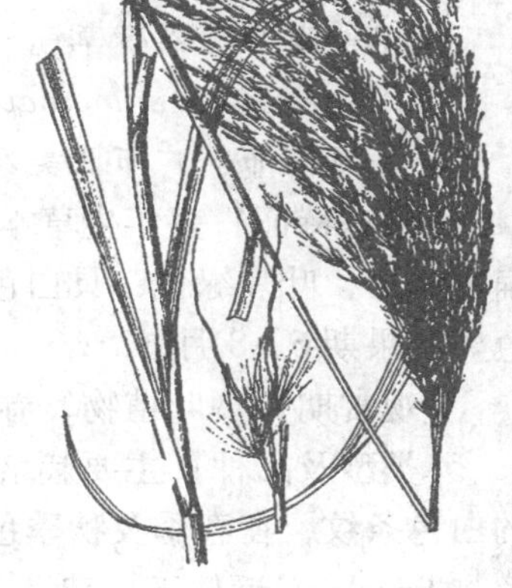

图 8-164 芒

（引自《浙江植物志》，1993）

【形态特征】多年大型丛生草本，秆高 80～120cm。叶片线形，长 20～60cm，宽 2cm；叶片绿色，中脉白色。圆锥花序扇形，花序饱满，密集而又开展，盛开时呈现红色，后渐变为银白色直至干枯。花果期 7～11 月。

【观赏期】观花、观叶植物，观花期 7～11 月。

【类型及品种】常见栽培品种有：

1）花叶芒‘Variegatus’：叶片浅绿色，有奶白色条纹，条纹与叶片等长。

2）斑叶芒‘Zebrinus’，叶片具黄白色环状斑。

3）细叶芒‘Gracilliums’，叶直立、纤细，顶端呈弓形。

【生态习性】喜温暖湿润气候，要求阳光充足。对土壤要求不严，适应性强，从疏松的砂质土壤到黏土都生长良好，喜湿润。

【繁殖要点】分株繁殖。老株丛中心易死亡，所以春季或初夏应从中间分株栽培。

【园林用途】布置观赏草花境、混合花境、滨水花境，为中景或背景材料。也是良好的防沙、固堤植物。

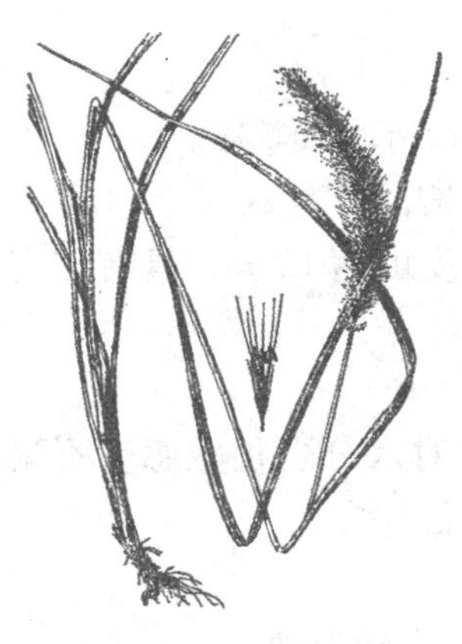

图 8-165 狼尾草

（引自《浙江植物志》，1993）

（7）狼尾草（图 8-165）

别名：大狗尾草、戾草、光明草、喷泉草

学名：*Pennisetum alopecuroides*

产地及分布：产亚洲温带和大洋洲。

【形态特征】多年生。秆丛生直立，高 60～90cm。叶片线形，细长内卷，质感细腻，夏季绿色，秋季金黄色。圆锥花序紧缩呈圆柱形，直立或弯曲，密生柔毛。色彩多变，从深紫色至奶白色都有，花序观赏性较高。

【观赏期】观花、观叶植物，观花期 6～9 月。

【类型及品种】栽培品种极多，主要在花序上变化较多，如色彩、形状等。常用的有：‘卡斯’Cassian，花序淡褐色，叶片秋季变为黄色或红色；‘白尾’Caudatum，花白色，于 8 月开花；‘小兔子’Little Bunny，株形矮，仅高 45cm；‘保尔的巨人’Paul's Giant，大型禾草，高达150cm，花奶白色，叶秋季变为橙黄色。

【生态习性】喜温暖湿润的环境，抗寒性强。喜生于阳光充足的开阔地；稍耐荫。对土壤的适应力强，耐旱能力中等，宜间歇性湿润，土壤排水要好。

【繁殖要点】播种或分株繁殖。播种于2～3月进行，将种子均匀撒入整好的地上，盖一层细土。分株繁殖是将草带根挖起，切成数丛分别移栽。

【园林用途】布置观赏草花境、混合花境，群植或丛植效果突出，也可盆栽进行观赏，或作为切花材料。

（8）玉带草

别名：草庐、丝带草

学名：*Phalaris arundinacea*

产地及分布：广布北美及欧亚大陆。

【形态特征】多年生草本，具根状茎，株高60～140cm。茎多数直立单生，有节间。叶扁平线形，叶片绿色，具白色条纹，柔软而似丝带。圆锥花序紧密而狭窄，呈紫色至淡绿色。花果期6～8月。

【观赏期】观叶植物，春夏季观叶。

【类型及品种】主要栽培品种有很多品种，最常见的是：‘弗舍’Feesey，叶片具宽大的白色条纹，在春季及秋季色彩效果明显；‘金带’Luteopicta，叶面具金黄色的纵纹；‘三色’Tricolor，近似于‘弗舍’，但斑带没有它清晰。

【生态习性】喜冷凉气候，通常在夏天中期或较热气候部分或全部休眠。喜阳光充足，在炎热的天气情况下遮荫。对土壤要求不严。

【繁殖要点】春季进行分株繁殖。也可春季或秋季播种。

【园林用途】株形美观，秀丽典雅，蔓延性好，适宜作园林地被和堤岸覆盖。可于林缘、路缘或林下群植或带状布置。因喜湿，也可作为湿生地被植于水岸、湖边、溪畔及岩石间隙。亦是极好的盆栽植物。

（9）针茅

别名：丝颖针茅、羽茅

学名：*Stipa capillata*

产地及分布：原产中欧、南欧至亚洲。野外常生于岩石坡、稀树草原等地。

【形态特征】多年生直立丛生草本，株形纤细，几乎直立生长，高达80cm。叶在基部丛生，叶片卷折成细条形。圆锥花序具有较直的银白色长芒，长度可达12cm，具有较高的观赏性。

【观赏期】观花植物，观花期7～8月。

【生态习性】喜冷凉气候；要求阳光充足；抗旱能力强，但对水分也很敏感；不耐湿涝，宜排水良好的土壤。适宜在中性和微碱性的黑钙土、栗钙土上生长。

【繁殖要点】播种繁殖。

【园林用途】布置观赏草花境、混合花境。宜丛植，作为庭园主景观赏。

2. 莎草科 Cyperaceae

（1）金叶苔草

别名：金心苔草

学名：*Carex oshimensis* ‘Evergold’

产地及分布：分布于日本本州岛的干旱林地和岩石山坡。

【形态特征】多年生草本。密生成簇，形成一种密生的溢出状丛生草；高达40cm。叶质地较好，叶光滑，宽8mm，边缘深绿色，中间有宽的条纹，初期乳白色，成熟后乳黄色。花不具观赏价值，花期4～5月。

【观赏期】观叶植物，夏秋季观叶。

【生态习性】喜阳光充足，耐半荫，不耐涝，适应性较强。不能忍受过分炎热。具一定耐寒性。宜湿润、中等肥力的土壤。

【繁殖要点】可在春季进行分株繁殖。

【园林用途】最具观赏性和种植最广泛的彩色苔草之一。可用于观赏草花境、混合花境、滨水花境，为前景或镶边材料。或片植，作为地被观赏，也可盆栽。

3. 百合科 Liliaceae

（1）山麦冬（图8-166）

别名：麦门冬

学名：*Liriope muscari*

产地及分布：原产于中国及日本。

【形态特征】多年生宿根草本，株高30cm。须根末端膨大呈纺锤形的肉质块根。叶线形至带状；丛生，密集；深绿色，长25～45cm。总状花序，花茎紫绿色；小花亮紫罗兰色。浆果圆形，蓝黑色。

【观赏期】周年观叶；观花期9～10月。

【生态习性】喜荫湿环境，忌阳光直射。较耐寒。疏松、肥力中等、湿润且排水良好的酸性土壤。

【繁殖要点】进行播种繁殖或分株繁殖。春季3～4月进行分株繁殖，成活率高。种子萌芽力强。播后10天左右即可萌发。

图8-166 山麦冬
（引自《浙江植物志》，1993）

【园林用途】观赏草花境、混合花境，为前景及镶边材料。也是荫生环境的良好的林下地被植物。

8.2.9 草坪草与地被植物

1. 蓼科 Polygonaceae

多年生草本，稀为灌木或小乔木。茎通常具膨大的节。叶为单叶，互生，有托叶鞘。花两性，稀为单性，辐射对称；花序由若干小聚伞花序排成总状、穗状或圆锥状，花有时单生；花被片3～6，常排列成两轮；雄蕊3～9，极少为16，有花盘；雌蕊1，子房上位，1室1胚珠。瘦果三棱形或双凸镜状，全部或部分包于宿存的花被内；胚弯生或直立，胚乳丰富。

（1）羊蹄（图8-167）

别名：牛蹄、东方宿

图 8-167　羊蹄

（引自《中国高等植物图鉴》，2002）

学名：*Rumex japonicus* Houtt.

产地及分布：几乎遍及全国。

【形态特征】多年生草本。茎直立。基生叶长圆形或披针状长圆形，顶端急尖，基部圆形或心形，边缘微波状，下面沿叶脉具小突起；茎上部叶狭长圆形。圆锥状花序，多花轮生；花被片 6，淡绿色，外花被片椭圆形，内花被片宽心形，顶端渐尖，基部心形，网脉明显，边缘具不整齐的小齿。瘦果宽卵形，具 3 锐棱，两端尖，暗褐色，有光泽。花期 5 ~ 6 月，果期 6 ~ 7 月。

【观赏期】观叶植物，春夏季。

【生态习性】喜凉爽、湿润的环境，耐寒，干旱、高温和高湿条件生长不良。喜深厚、肥沃、疏松的沙质或腐殖质土壤。

【繁殖要点】播种或分根繁殖。在春、夏、秋三季均可播种，播种前应深翻上地，并施足基肥，条播或穴播。分根繁殖时，将母株根头分成数块，每块至少有芽 1 ~ 2 个，然后穴栽。

【园林用途】喜湿润环境，可用于河岸及湿地。

2. 十字花科 Cruciferae

（1）二月兰（图 8-168）

别名：诸葛菜、二月蓝、菜子花、紫金草

学名：*Orychophragmus violaceus*（L.）O. E. Schulz.

产地及分布：主要分布于我国东北南部、华北、华中、华东、西北、西南等地区。

【形态特征】二年生草本。株高 20 ~ 70cm，茎直立，无毛，有白色粉霜。基生叶圆形或耳状，具长柄；下部茎生叶大头羽状深裂；中上部茎生叶长圆形或狭卵形，叶基耳状抱茎。总状花序顶生，着花 5 ~ 20 朵，蓝紫色或淡红色，随花期延续，花色逐渐转淡；花瓣 4 枚，长卵形，具长爪。长角果圆柱形，具四棱，顶端有细长的喙，成熟后易开裂。种子细小，黑褐色。

【观赏期】观花植物，观花期 3 ~ 5 月。

【类型及品种】常见的变种为：湖北诸葛菜、缺刻叶诸葛菜、毛果诸葛菜。

图 8-168　二月兰

（引自《中国植物志》，1999）

【生态习性】耐荫，耐寒，耐旱，对土壤要求不高，更喜湿润和肥沃土壤，自播力强。

【繁殖要点】播种繁殖，角果开裂后剪收果实，秋季露地播种，以后开花结实，自播繁殖。

【园林用途】春季观花地被，在疏林下或林缘成片种植，形成大面积开花景观，给人以

春天生机勃勃之感；在水景岸边带状种植，装点水景春色，增添田野风光；配置于道路两侧，与常绿绿篱植物互相衬托；也可用作春季花卉展览背景材料，烘托和渲染气氛。

3. 蔷薇科 Rosaceae

（1）蛇莓（图 8-169）

别名：蛇泡草、龙吐珠、三爪风、珠爪、蛇盘草、蛇果草、宝珠草

学名：*Duchesnea indica*（Andr.）Focke.

产地及分布：广泛分布于我国辽宁以南地区。

图 8-169 蛇莓
（引自《中国植物志》，1999）

【形态特征】多年生常绿草本，全株有白色柔毛。匍匐茎长，节节生根。三出复叶基生或互生，有长柄；小叶近无柄，菱状卵形或倒卵形，边缘具钝锯齿；具托叶。花单生于叶腋，具长柄；花萼 2 轮，互生，宿存；花瓣 5，黄色，宽倒卵形；雄蕊多数，着生于近球形花托上。聚合瘦果，成熟时花托膨大，海绵质，红色。

【观赏期】观花、观果植物，观花期 3～5 月，观果期 5～6月。

【生态习性】喜温暖湿润，耐寒，较耐荫，耐旱，耐贫瘠。

【繁殖要点】播种法用于大量培育小苗，一般春播。匍匐茎发达，也常用分株繁殖。

【园林用途】观花观果，用于林缘地被或原野地被，也可以用于布置假山、岩石园、花境。

4. 蝶形花科 Papilionaceae

（1）白三叶（图 8-170）

别名：白车轴草、白花三叶草

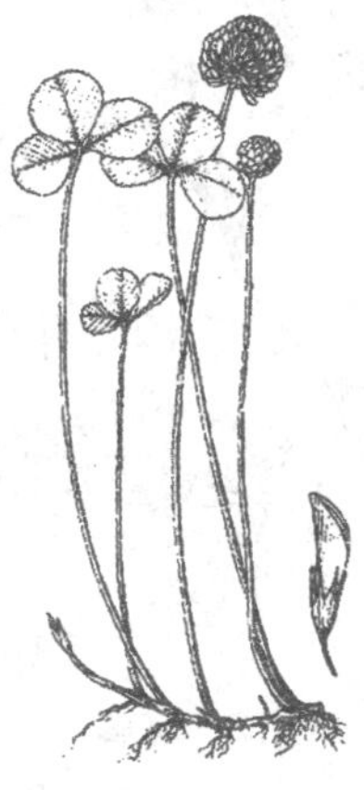

学名：*Trifolium repens* Linn.

产地及分布：原产欧洲和北非，广泛分布我国温带及亚热带地区，在湿润草地、河岸和路边常呈半自生状态。

【形态特征】多年生草本。茎匍匐蔓生，节上生根，无毛。掌状三出复叶，小叶倒卵形至近圆形，顶端钝圆或微凹，基部楔形渐窄至小叶柄，边缘有细齿，叶面常带有“V”形白色斑纹，中脉在下面隆起；托叶卵状披针形，膜质，基部抱茎成鞘状。顶生头状花序呈球形，总花梗甚长，比叶柄长近 1 倍，具花 20～50 朵，密集；花冠白色、乳黄色或淡红色，具香气；花萼钟形，萼齿 5，披针形。荚果长圆形；种子通常 3 粒，阔卵形，褐色。

图 8-170 白三叶
（引自《中国植物志》，1999）

【观赏期】观叶观花，观花期 4～11 月。

【类型及品种】分为大型叶、中型叶、小型叶 3 类品种。

【生态习性】喜光耐半荫，耐寒，耐旱，喜排水良好、pH 为 5.5～7 的砂壤土，不耐盐碱。

【繁殖要点】播种繁殖为主，于秋季 10 月或春季 3 月播种，条播或撒播。也可分株繁

殖，其自播能力也很强。

【园林用途】观花观叶地被植物，繁衍能力强，绿色期长，管理粗放，适合在公园、校园、庭院、路边绿地、疏林、林缘大面积种植，也可作斜坡水土保持植物。

（2）鸡眼草（图 8-171）

别名：救荒本草、掐不齐、牛黄黄、公母草

图 8-171　鸡眼草

（引自《中国高等植物图鉴》，2002）

学名：*Kummerowia striata*（Thunb.）Schindl.

产地及分布：在我国主要分布于东北、华北、华东、中南、西南等地。

【形态特征】一年生小草本。茎平卧纤细，多分枝，被倒生的白色长柔毛。羽状三出复叶，互生，小叶纸质，长椭圆形或倒卵状长椭圆形，全缘，主脉和叶缘疏生白色粗毛；托叶大，膜质，卵状长圆形，宿存。花小，单生或 2～3 朵簇生于叶腋；花萼钟状，深紫色，5 裂；蝶形花冠粉红色或紫色；荚果圆形或倒卵形，稍侧扁，先端短尖，被小柔毛。

【观赏期】观叶、观花植物，观花期 7～9 月。

【生态习性】抗逆性强，耐荫湿，自播能力强。

【繁殖要点】播种繁殖。

【园林用途】覆盖地面效果极好，花期长，为优良地被植物，可作疏林草地大面积景观地被，也可作斜坡水土保持植物。

（3）葛藤（图 8-172）

别名：葛、野葛、粉葛藤、甜葛藤、葛条、划粉

学名：Pueraria lobata（*Willd.*）*Ohwi.*

产地及分布：几乎遍及全国。

【形态特征】多年生草质缠绕藤本，全株被黄色长硬毛。根系发达，块根肥厚。茎基部木质。羽状三出复叶，偶尔全缘，顶生小叶菱状宽卵形或斜卵形，先端长渐尖，有时浅裂，下面有粉霜；两侧小叶宽卵形，基部偏斜，稍小；托叶盾形。总状花序腋生，花密生，花冠蝶形，蓝紫色、紫红色或紫色。荚果条形，密生黄色长硬毛。

图 8-172　葛藤

（引自《中国植物志》，1999）

【观赏期】观花植物，观花期 6～8 月。

【生态习性】喜温暖湿润气候，耐酸性强，耐旱，耐寒。喜生于阳光充足的阳坡，常生长在草坡灌丛、疏林地及林缘等处。对土壤适应性广，山坡、荒谷、砾石地、石缝都可生长，而以湿润和排水通畅的土壤为宜。

【繁殖要点】分蘖性强，可分根繁殖，也可压条或扦插繁殖。

【园林用途】葛藤管理粗放，是城市园林的良好地被植物，还可用于荒山荒坡、土壤侵蚀地、石山、石砾、悬崖峭壁、复垦矿山等废弃地的绿化。此外，葛藤还用于墙体、绿柱、

绿廊、绿门、绿亭、棚架等垂直绿化。

5. 唇形科 Labiatae

（1） 多花筋骨草

别名：花夏枯草

学名：*Ajuga multiflova* Bunge.

产地及分布：在我国主要分布于华东、华北、东北地区。

【形态特征】多年生草本。茎四棱，具匍匐茎和直立茎，密被灰白色绵毛状长柔毛，幼嫩部分尤密。叶椭圆状，纸质，上面密被下面疏被柔毛状糙伏毛，生长期绿中带紫，入秋后转为紫红色；基生叶具柄，茎上部叶无柄，对生。轮伞花序6朵以上，向上密集成顶生穗状花序，花蓝紫色或蓝色，筒状，内外两面被微柔毛。小坚果倒卵状三棱形，背部具网状皱纹，腹部中间隆起。

【观赏期】观叶、观花植物，观花期4～5月。

【生态习性】耐半荫也耐曝晒，耐寒性强，喜湿润环境，耐涝，喜中性和偏酸性的土壤。

【繁殖要点】分株繁殖为主，也可扦插繁殖。

【园林用途】布置于花坛、花境，也可片植于林下或建筑物旁。

6. 紫金牛科 Myr*sin*aveae

灌木或乔木，有的为藤本。叶片通常具有明显的树脂腺或脉状腺条纹，花冠及果上亦有，有的叶缘齿间还有明显的边缘腺点；有的属常常具有侧生特殊花枝，形态特征复杂多样。单叶，互生，稀对生或轮生，无托叶。总状花序、伞房花序、伞形花序及聚伞花序，或由这类花序组成的圆锥花序，或花簇生；着生的部位有腋生、侧生、顶生或生于侧生的特殊花枝顶端，或生于具覆瓦状排列的苞片的小枝顶端；花通常两性或杂性，少数单性，有时雌雄异株或杂性异株，辐射对称，呈覆瓦状、镊合状或螺旋状排列，4～5枚；雄蕊与花冠裂片同数对生，分离或基部合生；花药2室，纵裂，罕孔裂，有的药室内具横隔；子房一室，柱头多样，胚珠多数，一或多轮，通常埋藏于多分支的胎座中，常1枚发育，稀多数发育。

（1） 紫金牛（**图8-173**）

别名：矮地茶、老不大、地橘子、不出林、小青、矮爪、平地木

学名：*Ardisia japonica*（Thunb.）Blume.

产地及分布：在我国主要分布于长江以南地区。

【形态特征】常绿小灌木或亚灌木，近蔓生，根状茎匍匐，直立茎不分枝。叶聚生于茎梢，对生或近轮生，叶片坚纸质或近革质，有光泽，椭圆形至椭圆状倒卵形，顶端急尖，基部楔形，边缘具细锯齿。花序近伞形，腋生或近顶生；花小，下垂，花萼5裂，花冠辐射状，5裂，白色或粉红色。果球形，熟时红色，经久不落。

图8-173 紫金牛

（引自《中国高等植物图鉴》，2002）

【观赏期】观果植物，观果期11～12月。

【类型及品种】品种较多，包括花叶紫金牛等。

【生态习性】性喜温暖潮湿气候，多生于林下、溪谷等阴湿处，忌阳光直晒。

【繁殖要点】分株、扦插或播种繁殖，一般在春、秋季进行。

【园林用途】耐荫湿观叶观果地被植物，可用于林下或建筑物背阴处，也可点缀山石。

7. 菊科 Compositae

(1) 野菊（图8-174）

别名：野菊花、路边黄、山菊花

图8-174 野菊

（引自《中国高等植物图鉴》，2002）

学名：*Dendranthema indicum*（L.）Des Moul.

产地及分布：几乎遍及全国。

【形态特征】多年生草本，有匍匐茎。茎直立或铺散。茎枝被稀疏的毛，上部及花序枝上的毛稍多。基生叶和下部叶花期脱落；中部茎生叶互生，卵形，羽状半裂、浅裂或分裂不明显而边缘有浅锯齿；叶有稀疏短柔毛，背面毛稍多。头状花序在枝端密集，排成疏松的伞房状圆锥花序或伞房花序；总苞片约5层，外层卵形或卵状三角形，中层卵形，内层长椭圆形；舌状花黄色。瘦果有光泽，黑色。

【观赏期】观花植物，观花期9～11月。

【生态习性】喜光，耐寒，耐热，耐旱，喜肥沃、湿润的疏松土壤。

【繁殖要点】分株、扦插或自播繁殖。

【园林用途】片植于道路两侧、疏林下或林缘，也可布置花坛或花境。

(2) 地被菊

别名：黑心金光菊

学名：*Rudbeckia hirta* L.

产地及分布：在我国主要应用于华北、东北。

【形态特征】多年生草本。茎直立或开展，多分枝，小枝青绿色或带紫褐色，被灰柔毛或绒毛。叶片卵形、卵圆形或宽披针形，缘有缺刻及锯齿，基部心形，下面有白色绒毛。头状花序小，数朵聚生茎顶，花色黄、淡黄、棕黄、玫瑰红等。

【观赏期】观花植物，观花期9～10月。

【类型及品种】分早花、晚花品种。

【生态习性】喜阳光充足和温暖环境，耐半荫；较耐旱，忌水涝；耐瘠薄，抗盐碱，北方寒冷地区可露地越冬。低矮紧密，覆盖延展力强。

【繁殖要点】扦插为主，插穗剪取长7～8cm，枝条下部摘去2～4片叶，露出茎节，扦插后2周可发根。也可分株繁殖。

【园林用途】花多，花期长，群体景观效果好，主要在开阔环境大片栽植，也可用于花境或假山，还可作盆花、花篱或庭院点缀。

8. 百合科 Liliaceae

（1）麦冬（图8-175）

别名：麦门冬

学名：*Liriope* spp.

产地及分布：几乎遍及全国。

【形态特征】多年生草本。根状茎短。叶基生、丛生，叶片狭条形。花葶往往挺出叶丛，小花多朵轮生组成总状花序状，小花上指；子房上位，花丝长于花药。

【观赏期】观叶植物，周年观赏。

【类型及品种】阔叶麦冬 *Liriope platyphylla*、金边阔叶麦冬 *L. platyphylla* var. variegata、山麦冬 *L. spicata*、阔叶山麦冬 *L. muscari*、金边阔叶山麦冬 *L. muscari* var. variegata 、黑叶山麦冬 *L. spicata* cv. Kokuryu、金心麦冬 *L. muscari* cv. Golden。

图8-175 麦冬

（引自《中国高等植物图鉴》，2002）

【生态习性】极耐荫，耐寒，耐湿，耐旱，抗病虫，抗盐碱，对土壤要求不严，喜沙壤土。

【繁殖要点】分株繁殖为主，3～4月掘出老株，从根部切开，2～5株成丛穴植，株行距20～30cm。也可播种。

【园林用途】片植于林下、边坡、建筑物旁，也可用于台阶两侧、山石旁、花坛周围的镶边植物。

（2）沿阶草

别名：书带草

学名：*Ophiopogon* spp.

产地及分布：几乎遍及全国。

【形态特征】多年生草本。根状茎短。叶基生、丛生，叶片狭条形。花葶往往藏于叶丛，小花多朵轮生组成总状花序状，小花常下垂；子房下位，花被裂片着生子房近顶部，花丝短于花药。

【观赏期】观叶植物，周年观赏。

【类型及品种】麦冬沿阶草 *Ophiopogon japonicus*、矮生沿阶草 *O. japonicus* cv. ‘*Nanus*’、银丝沿阶草 *O. jaburon* cv. ‘*Argenteus-vittatus*’、金丝沿阶草 *O. jaburan* cv. ‘*Aureus-vittatus*’、金边阔叶山麦冬 *L. muscari* var. *variegata* 。

【生态习性】极耐荫，耐寒，耐湿，耐旱，抗病虫，抗盐碱，对土壤要求不严，喜沙壤土。

【繁殖要点】分株繁殖为主，3～4月掘出老株，从根部切开，2～5株成丛穴植，株行距20～30cm。也可播种。

【园林用途】片植于林下、边坡、建筑物旁，也可用于台阶两侧、山石旁、花坛周围的镶边植物。

（3）吉祥草（图8-176）

别名：观音草、玉带草、松寿兰、小叶万年青、瑞草

图 8-176　吉祥草
（引自《中国高等植物图鉴》，2002）

学名：*Reineckia carnea*（Andr.）Kunth.

产地及分布：在我国主要分布秦岭、淮河以南地区。

【形态特征】多年生常绿草本，根状茎细长，横生于浅土中或匍匐于地面。叶 3~8 片簇生于节上，条形至披针形，全缘，深绿色，平行脉明显，在背面稍凸起。花葶侧生，短于叶丛，穗状花序，苞片卵状三角形，花紫红色或淡红色，花被反卷，芳香。浆果球形，熟时鲜红色。种子白色。

【观赏期】观叶观花，全年观叶，观花期 9~11 月。

【类型及品种】变种有银边吉祥草。

【生态习性】喜温暖、湿润、半阴环境，畏烈日。不耐干旱，以排水良好的肥沃壤土为宜。

【繁殖要点】分株繁殖为主，匍匐茎满地长，节密株多，根贴地表，植株容易剪取，栽种时间以春季为好。也可播种繁殖，但不常用。

【园林用途】良好的阴生地被植物，常布置于林下、林缘、路边、池旁、庭院等处，群植效果好。

（4）白穗花（图 8-177）

别名：白穗草、苍竹

学名：*Speirantha gardenii*（Hook.）Baill.

产地及分布：在我国主要分布于华东地区。

【形态特征】多年生常绿草本。具粗短圆柱形的根状茎和细长匍匐茎。叶基生，4~8 枚，旋叠状，近直立，倒披针形、披针形或长椭圆形，先端渐尖，叶基渐狭成柄。花葶侧生，短于叶；总状花序顶生，小花密集，有花 12~18 朵；苞片白色或稍带红色，短于花梗；花被片 6，披针形，白色。浆果近球形。

【观赏期】观花、观叶植物，翌年花期 4~6 月。

【生态习性】喜温凉、湿润、半阴环境，在富含腐殖质的酸性土壤中生长好，耐寒，耐荫，忌阳光暴晒。

图 8-177　白穗花
（引自《中国高等植物图鉴》，2002）

【繁殖要点】播种或分株繁殖，分株宜在早春未萌芽开花前进行，每个株丛带 2~3 个芽。

【园林用途】叶终年常绿，花白色素雅，耐荫性强，常片植于林下。

9. 野牡丹科 Melastomaceae

单叶对生，稀轮生，叶脉为 3~5（~9）基出脉，稀为羽状脉，无托叶。两性花，辐射对称，4~5 数，稀 3~6 数。成聚伞花序、伞形花序或伞房花序，或由这些花序组成圆锥花序或蝎尾状聚伞花序，稀单生、簇生或穗状花序；花瓣艳丽，常为紫红色，雄蕊数目为花瓣的 1 倍或有 1/2 退化，或与花瓣同数；中轴胎座或特立中央胎座，稀侧膜胎座，胚珠多数至 1 枚。蒴果或浆果，种子多数至 1 枚。

（1）地稔

别名：铺地锦、地红花

学名：*Melastoma dodecandrum* Lour.

产地及分布：原产于中国南方地区，越南也有分布。除海南外，我国长江以南各省区，包括广东、广西、福建、湖南、江西、浙江、贵州、香港等地都有自然分布。

【形态特征】披散或匍匐状半灌木；茎分枝，下部伏地，长10～30cm。叶对生，卵形或椭圆形长1～4cm，宽0.8～3cm，主脉3～5条。花两性，1～3朵生于枝端，淡紫色；萼筒长5～6mm，裂片5；花瓣5；雄蕊10，不等大，花药顶端单孔开裂，二型，5枚较大，紫色，5枚较小，黄色；子房下位，5室。果实稍肉质，不开裂，长约7～9mm，生疏糙伏毛。

【观赏期】观花期5～11月。

【生态习性】喜生于酸性土壤中，耐旱、耐瘠，在全日照或半荫性条件下生长良好，具一定程度的耐践踏性。

【繁殖要点】分株繁殖，可在早春雨季到来后移栽，此法成活率最高，夏季高温或秋冬旱季会使成活率大大下降。

【园林用途】地稔是优良的乡土地被植物，适应性强，生长速度快，由于耐旱耐瘠、耐荫耐践踏，可粗放管理，适宜作先锋种植材料，尤其是自然生长于坡地、石崖，特别适宜边坡绿化中，能充分体现乡土气息与自然韵味。

10. 禾本科 Gramineae

（1）草地早熟禾（图8-178）

别名：肯塔基早熟禾、六月禾、草原早熟禾、光茎蓝草、肯塔基蓝草

学名：*Poa pratensis* L.

产地及分布：原产欧洲、亚洲北部及非洲北部，后引种到北美洲，现广泛分布于温带地区。在我国主要分布于北方地区。

【形态特征】具细长根状茎，多分枝。茎秆丛生，光滑，多分蘖。叶片V型偏扁平，宽2～4mm，柔软，多光滑，两侧平行，顶部为船形，中脉两侧各脉透明，边缘较粗糙，芽中叶片呈折叠状。膜状叶舌短。叶环分离，光滑，黄绿色。无叶耳。圆锥花序开展，长12～20cm。颖果纺锤形，具三棱。种子细小，长约0.2cm，千粒重0.3～0.4g。花果期4～8月。

【观赏期】在我国北方一般3月中旬气温达5℃时返青，最适生长温度15～27℃，12月气温达－2～5℃时进入休眠期，全年生长期达240～280天，有的品种绿期可达300天。在南方温暖地区，冬季也能正常生长，并保持绿色。

图8-178　草地早熟禾
（引自胡林等，2001）

【生态习性】喜阳光充足，能耐轻度荫蔽。气温达5℃时开始生长，抗寒力强。夏季32℃以上时易休眠，且易感病。根状茎繁殖迅速，再生力强，耐践踏，耐低修剪。抗旱性差，在排水良好、湿润肥沃、pH为6～7的土壤中生长良好。

【繁殖要点】可通过根茎繁殖，但主要以种子直播建坪。

【园林用途】使用最为广泛的冷季型草坪草之一，发达的根状茎以及较强的再生能力使它特别适应于运动场和高尔夫球场的球道、发球台和高草区。在园林绿地中属质量中等以上的草坪，常与多年生黑麦草和紫羊茅混播。

（2）多年生黑麦草（图8-179）

别名：黑麦草、宿根黑麦草

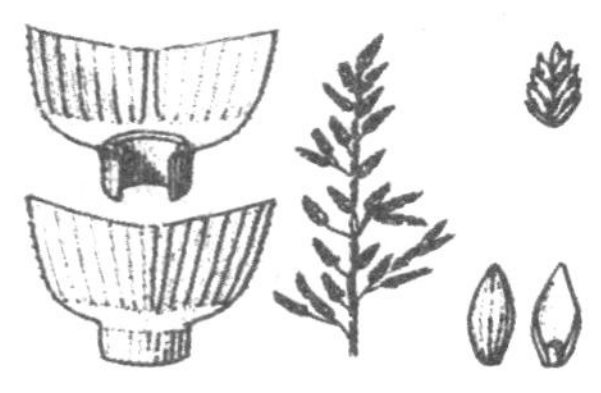

图8-179 多年生黑麦草
（引自胡林等，2001）

学名：*Lolium perenne* L.

产地及分布：原产于南欧、北非和亚洲西南部，是欧洲、北美、澳大利亚、新西兰等地的优良牧草。是最早的草坪栽培种之一，在世界各地的温带地区广泛分布。我国早年从英国引进，现已广泛栽培。

【形态特征】丛生型草本。具有细弱根状茎，须根稠密，主要分布于20cm表土层。茎直立，秆丛生，基部倾斜。叶片扁平，狭长，宽2～6cm，质地柔软。叶的背面光滑发亮，正面叶脉明显。幼叶折叠于芽中。普通品种有膜状叶舌和短叶耳，叶环宽于草地早熟禾。多数新品种没有叶耳，叶舌不明显。有时也呈现船形叶尖，易与草地早熟禾相混，但仔细观察会发现叶尖顶端开裂。扁穗状花序直立，微弯曲。种子较大，无芒，千粒重1.5～2g。

【观赏期】在北京地区绿色期250天左右，最适生长温度20～27℃。

【生态习性】喜光不耐荫，最适生长于冬季温和、夏季凉爽潮湿的地区。抗寒、抗霜，但不如草地早熟禾，气温低至－15℃时易产生冻害。不耐炎热，33℃以上开始生长不良，37℃以上生长严重受损。较耐湿，不耐干旱，不耐瘠薄，要求中性偏酸的肥沃土壤，较耐践踏。

【繁殖要点】种子直播建坪，单播种子用量15～35g/m^2，种子较大，发芽率高，建坪快。若与草地早熟禾或高羊茅等混播，其混播比例一般不宜超过20%，以防影响其他草坪草生长。

【园林用途】用于高尔夫球场的球道、高草区、发球台，在园林绿地应用很广泛。除用作短期临时植被覆盖外，多年生黑麦草很少单独种植，主要与其他草坪草如草地早熟禾混播使用。常用作快速建坪及暖季型草坪冬季覆播材料。

（3）高羊茅（图8-180）

别名：苇状羊茅、苇状狐茅

学名：*Festusa arundinacea* Schreb.

产地及分布：原产欧洲，后又引入北美和南美，是应用非常广泛的草坪草。在我国主要分布于华北、华东、华中、中南和西南。

【形态特征】丛生型草本。须根系发达，分布深。茎圆形，通常直立，无毛，坚韧而光滑，具4～5节，基部红色或紫色。叶片扁平，坚硬，宽5～10mm，质地粗糙；叶脉明显；叶鞘圆形，光滑或有时粗糙，开裂，边缘透明，基部红色；叶舌膜质，截平；叶环显著，宽大，分开，常在边缘有短毛，黄绿色；叶耳小而狭窄。圆锥花序，直立或下垂。种子较大，棕褐色，千粒重1.5～2g。

【观赏期】最适生长温度15～30℃。在南方温暖地区，冬季也能正常生长，并保持绿色，观赏期3～10月。

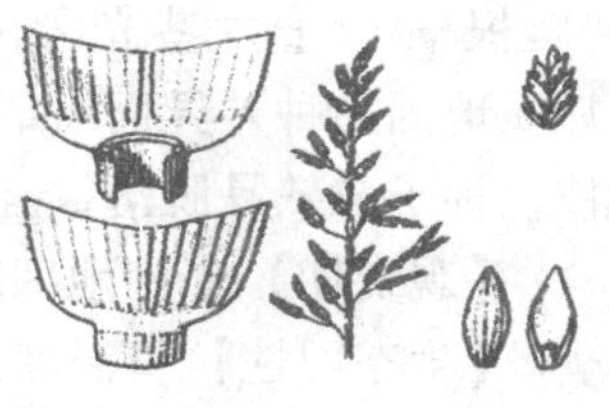

图8-180 高羊茅
（引自胡林等，2001）

【生态习性】耐寒性差，耐热性较强，适合于过渡地带。极耐旱，耐涝，耐践踏，耐酸，较耐盐碱，耐贫瘠。喜肥沃、潮湿、富含有机质的土壤，最适pH为5.5～7.5。

【繁殖要点】种子直播建坪，发芽率高，播种量为20～40g/m²，建坪速度较快，介于多年生黑麦草和草地早熟禾之间。冬季有冻害地区春播比秋播好。与草地早熟禾等草种混播时，高羊茅比例应不低于60%～70%。

【园林用途】耐践踏性强，用于足球场等运动场草坪和高尔夫球场高草区。叶片质地粗糙，在园林绿化中不作观赏草坪使用，常用于中、低质量等粗放管理的草坪。

（4）匍匐剪股颖（图8-181）

别名：匍茎翦股颖、本特草

学名：*Agrostis palustris* Huds.

图8-181 匍匐翦股颖
（引自胡林等，2001）

产地及分布：原产于欧亚大陆，广泛用于低修剪、细质的草坪。在我国主要分布于长江流域以北地区。

【形态特征】匍匐茎发达，具3～6节，长达8cm，节着生不定根；直立茎基部膝曲或平卧。根系分布浅而密。叶片线形，扁平，宽2～5mm，叶片正面叶脉明显；叶片干后边缘内卷，边缘和脉上微粗糙；叶鞘无毛，稍带紫色；叶舌膜状，长圆形，微裂。圆锥花序开展，卵形，绿紫色，老后呈紫铜色；小穗暗紫色；颖果长约1mm，宽0.4mm，黄褐色，千粒重约0.1g。

【生态习性】耐寒性强，但寒冷冬季易失水干枯，需覆盖和灌水，春季返青慢。盛夏高温期茎和根系易发生严重损伤。耐低修剪，修剪高度低达3mm。耐践踏性中等。适宜肥沃、疏松、湿润、pH为5.5～8.0的土壤。

【繁殖要点】种子直播建坪，在春、秋两季进行，播种量为3～8g/m²，一般混沙撒播，播种后覆土切忌过厚。也可匍匐茎栽植。

【园林用途】常用于高尔夫球场果岭、发球台等，低修剪时可成为高档观赏草坪。

（5）狗牙根（图8-182）

别名：百慕大草、爬根草、绊根草、地板根、行义芝

学名：*Cynodon dactylon*（L.）Pers.

图8-182 狗牙根
（引自胡林等，2001）

产地及分布：原产非洲，广泛分布于热带、亚热带和温带地区。

【形态特征】植株低矮，具发达的根茎和匍匐茎，节间长短不一，匍匐茎可长达1m，并于节处着地生根和分枝，故又称

"爬根草"。直立茎光滑，细硬。叶扁平线条状，宽1～4mm，先端渐尖，边缘有细齿，叶片质地因品种差异而粗细不同；芽中叶片折叠；叶舌短小，纤毛状。花序具4～5个穗状分枝，种子成熟易脱落，有一定的自播能力，千粒重0.2～0.3g。

【观赏期】华南地区绿期280天左右，华东、华中地区240天左右。

【生态习性】喜温暖湿润气候，耐热，但因根系浅，在夏季干旱时易出现匍匐茎嫩尖枯萎现象。不耐寒，易遭受雪霜冻害，常以匍匐茎和根茎越冬。抗旱性和耐践踏能力强，较耐涝。喜排水较好、pH为5.5～7.5的肥沃土壤，侵占力强。

【繁殖要点】是成坪速度最快的暖季型草坪草，主要采用无性繁殖，包括茎段栽植、分株移栽、铺植草皮等方法。也可种子直播建坪，应选用去壳种子，以保证种子快速发芽和成坪，播种时可用泥沙拌种，混合撒播，使种子充分接触土壤，播种量为5～10g/m^2。

【园林用途】极耐践踏，再生力极强，常用于足球场、高尔夫球场球道、发球台和高草区，在南方园林绿化中广泛运用。

（6）结缕草（图8-183）

别名：日本结缕草、锥子草、老虎皮草、崂山青、延地青

图8-183　结缕草
（引自胡林等，2001）

学名：*Zoysia japonica Steud.*

产地及分布：原产于亚洲东南部，在我国主要分布于华南、华中、华东、华北、东北的广大地区。日本和朝鲜也有广泛分布，北美有引种栽培。

【形态特征】深根性植物，具细长而坚硬的根状茎和发达的匍匐茎。植株直立，茎叶密集，株体低矮。茎基部常有宿存枯萎的叶鞘，茎节上产生不定根。叶丛生，披针形，革质而扁平，表面疏生柔毛，背面近无毛，宽2～6mm，具较高的弹性和韧性；叶鞘无毛，上部紧密裹茎；叶舌纤毛状。幼叶卷曲形。总状花序呈穗状；小穗柄通常弯曲；小穗卵形，淡黄绿色或带紫褐色。种子表面附有蜡质保护物，成熟后易脱落。

【观赏期】绿色期较短，长江以南有260天，华北和东北南部地区只有180天左右。

【生态习性】喜温暖湿润气候条件，耐高温，极少出现夏枯现象；抗寒，在10℃时开始褪色，冬季休眠，在－20℃左右能安全越冬。匍匐茎和根茎蔓生，草坪致密，耐践踏，耐修剪，抗杂草侵入。抗旱性极好，不耐涝，最适于生长在排水好、肥沃、pH为6～7的土壤上。抗病虫害。

【繁殖要点】营养繁殖为主，采用短枝建坪，成行栽种，或采用散铺、满铺草皮建坪。结缕草种子具有休眠性且硬实率高，播前需对种子进行处理，可采用湿沙层积催芽和5%氢氧化钠溶液浸种催芽。土温达20℃以上时适宜播种，播量5～20g/m^2。

【园林用途】结缕草耐旱，耐践踏，弹性极好，是极佳的运动场草种，广泛用于足球场，以及高尔夫球场球道、发球台和高草区。结缕草生长慢，可用于翦股颖果领和狗牙根球道的缓冲带，也可种在沙坑附近阻止狗牙根侵入。土壤和气候条件适宜时，结缕草可形成致密、整齐的优质草坪，最适合用于践踏较多的城市绿化草坪。结缕草抗性强，也适用于固土护坡等粗放管理的草坪。其冬季休眠特性可通过覆播冷季型草坪草或喷施草坪着色剂来应对。

（7）细叶结缕草（图 8-184）

别名：天鹅绒草、台湾草、高丽芝草

学名：***Zoysia lenuifolia*** Willd. ex Trin.

产地及分布：原产于日本和朝鲜南部，分布于亚洲热带，现欧美各国已普遍引种。我国长江流域以南广泛种植，华北地区越冬仍有困难。

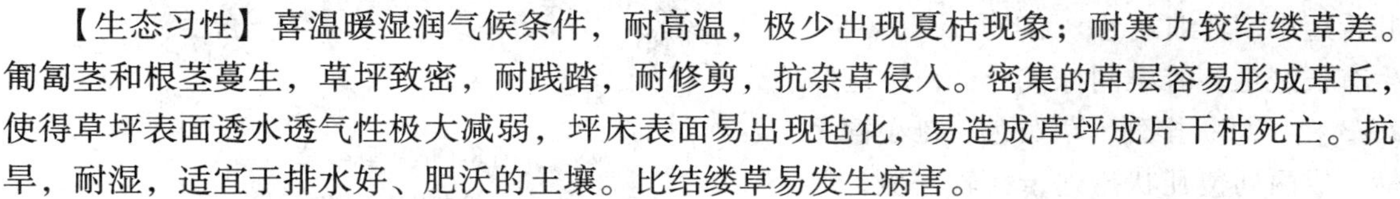

图 8-184 细叶结缕草
（引自胡林等，2001）

【形态特征】通常呈丛状密集生长，秆直立纤细，具细而密集的根茎和节间很短的匍匐枝，节上产生不定根。叶片丝状内卷，宽 0.5～1.0mm，疏生柔毛，纤细柔软，密集，艳绿，形成草坪富有弹性；叶鞘口具丝状长毛；叶舌膜质，顶端碎裂为纤毛状。总状花序顶生，小穗窄狭，黄绿色或有时略带紫色，穗轴短于叶片，常被叶所覆盖；种子小，成熟时易于脱落。

【生态习性】喜温暖湿润气候条件，耐高温，极少出现夏枯现象；耐寒力较结缕草差。匍匐茎和根茎蔓生，草坪致密，耐践踏，耐修剪，抗杂草侵入。密集的草层容易形成草丘，使得草坪表面透水透气性极大减弱，坪床表面易出现毡化，易造成草坪成片干枯死亡。抗旱，耐湿，适宜于排水好、肥沃的土壤。比结缕草易发生病害。

【繁殖要点】因种子采收困难，多用营养繁殖，一般在 5～9 月之间的旺盛生长期中进行，可用草块散铺法或营养节段撒播法。

【园林用途】草质柔软，弹性较好，极适用于儿童活动草坪，是我国南方应用较广的细叶型草坪草种，常栽培于花坛内作封闭式花坛草坪或塑造草坪造型供人观赏。也常植于堤坡、水池边、假山石缝等处，用于绿化和保持水土。

（8）沟叶结缕草（图 8-185）

别名：马尼拉草、马尼拉结缕草

图 8-185 沟叶结缕草
（引自胡林等，2001）

学名：***Zoysia matrella***（L.）Merr.

产地及分布：产于我国台湾、广东、海南等地，广泛分布于亚洲和大洋洲热带和亚热带地区。

【形态特征】具匍匐茎，须根细弱。基部节上常残存枯萎的叶鞘。节间短，每节具 1 至数个分枝。叶片质硬，内卷，上面具沟，无毛，宽 1～2mm，顶端尖锐；叶鞘无毛，长于节间；叶舌短而不明显，顶端撕裂为短柔毛状。总状花序呈细柱形，黄褐色或略带紫褐色。种子成熟时易脱落。

【观赏期】华南地区冬季不枯，在华东、华中、西南等地，绿色期比其他暖季型草坪草长 3～6 周。

【生态习性】喜温暖湿润气候条件，耐高温，极少出现夏枯现象；耐寒性介于结缕草和细叶结缕草之间。耐践踏，耐修剪，抗杂草侵入。易形成密集草层，土层表面易发生黏化。抗旱，适宜于排水好的肥沃土壤。抗病性和叶片弹性强于细叶结缕草。

【繁殖要点】多用营养繁殖，可用草块散铺法或营养节段撒播法。也可种子繁殖，播前种子应进行处理。

【园林用途】沟叶结缕草的抗性强于细叶结缕草，质地细于结缕草，应用广泛。应用于运动场和高尔夫球场的发球台、球道、果岭，常用于温暖潮湿和过渡地带的使用强度大的园林绿地，也可以用于固土护坡，保持水土。

（9）野牛草（图8-186）

别名：牛毛草、水牛草

学名：*Buchloe dactyloides*（Nutt.）Engelm.

产地及分布：原产美洲，最初用作牧草，在我国北方地区应用广泛。

【形态特征】具匍匐茎，植株纤细。叶片不舒展，有卷曲变形表现，两面均疏生细小柔毛，粗糙，叶色灰绿，叶宽1～3mm；幼叶卷叠式；叶鞘疏生柔毛；叶舌短小，具细柔毛；无叶耳；叶环宽，生有长绒毛。雌雄同株或异株，雄花序2～3枚，总状排列，草黄色；雄小穗无柄，成两列覆瓦状排列于穗轴一侧；雌花序常呈头状。通常种子成熟时自梗上整个脱落。

图8-186　野牛草
（引自胡林等，2001）

【观赏期】在北京地区，枯黄早，返青较晚，绿期较短，约180～190天。

【生态习性】适应性强，喜光耐半荫。极耐热，与大多数暖季型草坪草相比，耐寒性极强，在我国北方能安全过冬。抗旱性极强，严重干旱时叶片卷缩，休眠避旱，水分充足时重新生长。喜排水良好的土壤。

【繁殖要点】由于结实率低和采种困难，常采用分株繁殖或匍匐茎埋压繁殖。种子硬实率较高，常通过冷冻和去壳来提高发芽率。

【园林用途】野牛草极耐旱，非常适合在北方缺水城市的园林绿化，是管理最为粗放的草坪草之一，很适宜作固土护坡材料。

实训8.1　一、二年生花卉和种子识别

1. 实训意义、目的与要求

1.1　在园林植物造景中，应用最多最为频繁的是一、二年生花卉。一、二年生花卉种类繁多，品种多样，生长快，花色丰富，花期长，具有很高的观赏价值，并且每种花卉的生物学特性各不相同，既有观花的，又有观叶的，如羽衣甘蓝等，还有蔓性攀援的，如牵牛花、茑萝等。

1.2　本实训的目的是使学生通过对常见的一、二年生花卉基本特征的学习，掌握一、二年花卉播种适期与最佳观赏期，正确识别园林栽培种常见一、二年生花卉的形态特征、科属及主要习性，并了解其在园林中的作用，为以后花卉应用和配植提供一定的理论和实践基础。

1.3　要求学生必须熟悉20种一、二年生花卉的形态特征、生态习性及繁殖方法、

栽培要点与园林用途。

1.4 从外部形态识别常见花卉种子的特征，为鉴别种子优劣以及进行种子清洗、分级、包装和检验提供重要依据。

2. 材料用具

2.1 材料：常见的一、二年生花卉及其种子

2.2 工具：钢卷尺、直尺、卡尺、铅笔、笔记本、放大镜。

3. 方法步骤

3.1 观察一、二年生花卉植物植株的叶型（叶片类型、大小、裂刻）、叶色（正反两面）、株型、分枝状况和枝条类型等。

3.2 观察并记录所识别的花卉花序类别、花序轴的长度等内容。

3.3 识别并描述不同种一、二年生花卉的花型、瓣型、花瓣数、色泽、花器官的着生状态、花径大小、是否重瓣及重瓣数、花茎长度、花器官的完整性、花萼的描述等内容。

3.4 肉眼观察或借助放大镜观察各种花卉种子外部形态，并对相似的种子进行比较。选取常用的20种一、二年生花卉种子，绘制并描述每一类花卉种子的外观特征，包括种子大小、色泽、形状及其他识别特征。

4. 实训作业

4.1 常见一、二年生花卉的识别，教师随机抽取20种一、二生花卉，要求学生准确识别。(40分)

4.2 将20种花卉按照种名、科属、观赏用途等记录在表8-1中。(40分)

表8-1 一、二年生花卉识别记录表

序号	花卉名称	科名	叶			花				植株株高与分枝	园林用途
			叶型	叶色	叶裂	花型花径	花瓣	花序	花色		

4.3 记录20种一、二年生花卉种子形态（表8-2）。(20分)

表8-2 一、二年生花卉种子形态识别记录表

序号	花卉名称	千粒重	平均粒实直径	色泽	形状	附着物及其他特征

5. 考核评估

5.1 优秀：90分以上。

5.2 优良：80~89分。

5.3 良好：70~79分。

5.4 及格：60~69分。

实训 8.2 宿根花卉和种子识别

1. 实训目的

识别常见宿根花卉及常见宿根花卉的种子。

2. 方法步骤

2.1 标本采集

从标本园、花卉基地中现场采集各类宿根花卉及种子20种。也可从花卉市场购买现成的宿根花卉植株及种子。

2.2 观察记载

仔细观察各种宿根花卉种子的特征和地上部分茎、叶、花等器官的特征，并完成表8-3。

2.2.1 宿根花卉种子的观察：种子的大小、形状、色彩。

2.2.2 宿根花卉地上器官的观察：

1）茎干的特征。

2）叶的形状、颜色及质地等。

3）花的形态特征：花序种类、花色、花朵大小、花瓣特点等。

4）果实的形态特征（若已开花结果的）。

表8-3 宿根花卉识别记录表

种类	科名	种子的特征	茎、叶的特征	花、果实的特征

3. 考核评估

3.1 优秀：全部分析判断正确。

3.2 优良：16个以上分析判断正确。

3.3 良好：14个以上分析判断正确。

3.4 及格：12个以上分析判断正确。

实训 8.3 球根花卉和种球的识别

1. 实训目的

能依据球根花卉的分类，识别常见球根花卉及常见球根花卉的种球。

2. 材料用具

2.1 当地球根花卉植株及种球材料20种（如葱类、美人蕉、水仙、文殊兰、大丽花、唐菖蒲、杂种朱顶红、风信子、蜘蛛兰、蛇鞭菊、百合、石蒜、晚香玉、郁金香、韭兰等）。

2.2 小镢头，修枝剪，采集箱，相机。

3. 方法步骤

3.1 标本采集并拍摄照片

从标本园、花卉基地中现场采集各类球

根花卉及种球；也可从花卉市场购买现成的球根花卉种球及植株标本；拍摄各种花卉的照片。

3.2 观察记载

仔细观察各种球根花卉种球的特征和地上部分茎、叶、花等器官的特征，并将观察结果填入表8-4中。

3.2.1 地下器官的观察：

1）种球的类型，变态来源。

2）根系的生长情况：根的着生位置、根系的质地、根系的数量。

3）地下种球的形态特征：种球的大小、形状、色彩。

3.2.2 地上器官的观察：

1）茎干的特征。

2）叶的形状、颜色及质地等。

3）花的形态特征：花序种类、花色、花朵大小、花瓣特点等。

4）果实的形态特征（若已开花结果的）。

3.3 分析判断

根据观察的结果，结合各种球根花卉的主要特征，判断出每种球根花卉的种植类型及种球的类型。球根花卉种植类型可分为春植球根和秋植球根；球根花卉的种球可分为：鳞茎、球茎、块根、块茎、根茎等五类。

表8-4 球根花卉及种球类型识别记录表

种类	科名	地下球茎的特征	球根的类型	地上部分茎、叶、花、果实的特征	球根花卉种植类型

4. 考核评估

4.1 优秀：全部分析判断正确。

4.2 优良：16个以上分析判断正确。

4.3 良好：14个以上分析判断正确。

4.4 及格：12个以上分析判断正确。

实训8.4 水生花卉的识别

1. 实训目的

能依据水生花卉的分类，识别常见水生花卉。

2. 材料用具

2.1 当地水生花卉材料20种（如菖蒲、石菖蒲、凤眼莲、雨久花、千屈菜、荷花、萍蓬莲、睡莲、芡、荇菜、慈姑、水葱、香蒲、鸭舌草、大薸、泽泻、旱伞草、灯心草、海寿花、狐尾藻等）。

2.2 小镢头，修枝剪，采集箱，相机。

3. 方法步骤

3.1 标本采集并拍摄照片

从标本园、花卉基地中现场采集各类水生花卉标本20种，并对不便采集的种类或部位拍摄照片。

3.2 观察记载

仔细观察各种花卉地下部分和地上部分茎、叶、花、果实等器官的特征，并将观察结果填入表8-5中。

3.2.1 地下器官的观察：

(1) 只有细小的新根，无宿存的老根。

(2) 既有新根，又有老根或较细的根状茎。

(3) 地下根的形态特征，是否具有肥大的变态器官，并观察变态器官的特征。

(4) 水生植物地下茎的生长特点。

3.2.2 地上器官的观察：

(1) 茎干的特征。

(2) 叶的形状、颜色及质地等。

(3) 花的形态特征：花序种类、花色、花朵大小、花瓣特点等。

(4) 果实的形态特征（若已开花结果的）。

3.3 分析判断

根据观察的结果，结合各种水生花卉的主要特征，判断出每种水生花卉的类型。水生花卉类型可分为挺水植物、浮水植物、漂浮植物、沉水植物等四个类型。

表8-5 水生花卉类型识别记录表

种类	科名	水生花卉类型	地下部分的特征	地上部分的特征			
				茎	叶	花	果实

4. 考核评估

4.1 优秀：全部分析判断正确。

4.2 优良：16个以上分析判断正确。

4.3 良好：14个以上分析判断正确。

4.4 及格：12个以上分析判断正确。

实训8.5 常见室内花卉的识别

1. 实训目的

掌握室内花卉的形态特征、生态习性、繁殖方法、栽培管理与园林应用。

2. 组织形式

2.1 每5~8名学生为1组，教师带队讲解与分组活动相结合。

2.2 实习地点可选择室内花卉较集中的地方，如花卉市场、学校的温室、花卉企业等。

3. 方法步骤

3.1 识别常见室内花卉50种以上，并描述其形态特征、生活习性、繁殖方法、栽培管理与园林应用。

3.2 了解当地较为流行的年宵花卉种类。

4. 作业及评分标准

4.1 调查花卉市场上或花卉企业的室内花卉（包括年宵花卉），至少记录30种（其中年宵花卉10种）填写表8-6和表8-7。(60分)

表 8-6 主要室内花卉记录表

调查时间____________ 调查人员____________

序号	花卉名称	科名	主要观赏价值	观赏期

表 8-7 主要年宵花卉记录表

调查时间____________ 调查人员____________

序号	花卉名称	科名	主要观赏价值	市场价格

4.2 室内花卉种类识别，教师随机抽取 10 种以上室内花卉，要求学生准确识别，并描述其识别要点、生活习性、繁殖方法、观赏价值及观赏期。(40 分)

5. 考核评估

5.1 优秀：90 分以上。

5.2 优良：80～89 分。

5.3 良好：70～79 分。

5.4 及格：60～69 分。

实训 8.6 常见蕨类植物的识别

1. 实训目的

依据蕨类植物的形态特征对蕨类植物进行人为分类，并能识别常见蕨类植物。

2. 材料用具

当地蕨类植物 10 种。

3. 步骤方法

3.1 观察记载

观察植物标本园中的蕨类植物茎、叶、孢子囊的主要特征，把观察结果填入表 8-8 中。

表 8-8 蕨类植物识别记录表

花卉名称	科名	茎的特征	叶的特征	孢子囊特征

3.2　分析判断

根据观察结果，结合各种蕨类植物主要特征，判定每种植物类型。

4. 考核评估

4.1　优秀：全部分析判断正确。

4.2　优良：8个以上分析判断正确。

4.3　良好：7个以上分析判断正确。

4.4　及格：6个以上分析判断正确。

实训87　常见多肉多浆植物的识别

1. 实训目的

依据多肉多浆植物的形态特征对其进行识别。

2. 材料用具

当地多肉多浆植物15种（如山影拳、金琥、仙人球、昙花、令箭荷花、仙人掌、仙人指、蟹爪兰、龙舌兰、芦荟、石莲花、虎刺梅、佛手掌、条纹十二卷、翡翠珠等）。

3. 方法步骤

3.1　观察记载

由于多肉植物品种不同，其形态特征有变化，现场观察多肉多浆植物不同品种的形态特征，主要是茎、叶、花的特征，并将观察结果填入表8-9中。

表8-9　多肉多浆植物识别记录表

花卉名称	科名	叶的特征	茎的特征	花的特征

3.2　分析判断

根据所展示的多肉多浆植物的形态特征，识别其种类。

4. 考核评估

4.1　优秀：全部分析判断正确。

4.2　优良：13个以上分析判断正确。

4.3　良好：11个以上分析判断正确。

4.4　及格：8个以上分析判断正确。

实训8.8 常见观赏草的识别

1. 实训目的

了解城市绿地较为常见的观赏草应用形式，识别常见观赏草。

2. 组织形式

2.1 每5~8名学生为1组，教师带队讲解与分组活动相结合。

2.2 实训地点可选择有代表性的综合性公园、城市广场、景观道路等。

3. 方法步骤

3.1 观赏草应用形式的调查分两个阶段进行，一是教师现场讲解观赏草应用基本知识；二是学生分组，调查所处环境观赏草应用的主要形式，完成表格。

3.2 观赏草的识别 按照现场教学的形式，以教师带队讲解为主，要求学生记笔记、完成记录表，可以拍照。

4. 作业及评分标准

4.1 调查并完成表8-10和表8-11。(60分)

表8-10 观赏草应用形式调查表

__________（城市绿地） 调查时间__________ 调查人员__________

序号	应用形式	在绿地种所处位置	应用观赏草种类	外形及组栽图案	景观效果评价	备注

表8-11 观赏草种类调查表

调查时间__________ 调查人员__________

序号	观赏草名称	科名	高度	形态特征

4.2 观赏草种类识别

教师随机采集10种观赏草新鲜标本，要求学生准确识别，并描述其形态特征、生活习性、繁殖方法、栽培管理与园林应用。(40分)

5. 考核评估

5.1 优秀：90分以上。

5.2 优良：80~89分。

5.3 良好：70~79分。

5.4 及格：60~69分。

实训89 常见草坪草与地被植物和种子的识别

1. 实训目的

(1) 认识和了解当地种植的草坪草种类；掌握冷季型和暖季型草坪草的生态习性和建植养护要点；比较和掌握常见草坪草的植株和种子的形态特征。

(2) 认识、比较和掌握常见地被植物的植株和种子的形态特征。

2. 材料用具

2.1 草坪草和地被植物植株、标本和种子

2.2 小镢头，采集铲，采集箱，放大镜，解剖镜，解剖刀，解剖针，镊子，直尺，记录本，植物分类检索表。

3. 方法步骤

3.1 植株和标本采集

从校园和公园等绿地、温室盆栽地被植物、标本馆中采集各类草坪草地被植物新鲜植株或标本20种。

3.2 观察记录

(1) 仔细观察各种草坪草的形态特征，填写表8-12（20分）和表8-13（20分）。

表8-12 草坪草营养器官的形态特征

草坪草种	根	茎	叶										
			叶形	叶尖	截面	质地	叶色	叶长	叶宽	叶鞘	幼叶	叶舌	叶耳

表8-13 草坪草生殖器官的形态特征

草坪草种	花序			小穗		种子			
	类型	形状	颜色	形状	颜色	形状	大小	颜色	芒

(2) 仔细观察各种地被植物的根、茎、叶、花、果实、种子的特征，并将观察结果完成表8-14。(20分)

表8-14 地被植物的形态特征

植物种类	根	茎	叶	花	果实	种子

3.3 识别考核

(1) 对学生出示无挂牌的草坪草植株，要求学生判断所出示的草坪草植株的草种归属，并说出主要判断原因。(20分)

(2) 对学生出示无挂牌的地被植物植株或种子，要求学生判断所出示的地被植物植株或种子的种类，并说出主要判断原因。(20分)

4. 考核评估

4.1 优秀：90分以上。

4.2 优良：80～89分。

4.3 良好：70～79分。

4.4 及格：60～69分。

花卉在园林绿化中的作用

1. 花坛

花坛是一种古老的花卉应用形式，源于古罗马时代的文人园林，16世纪在意大利园林中应用，17世纪在法国凡尔赛宫中达到了高潮。

花坛是在一定范围的畦地上按照整形式或半整形式的图案栽植观赏植物以表现花卉群体美的园林设施。在具有几何形轮廓的植床内，种植各种不同色彩的花卉，运用花卉的群体效果来表现图案纹样或观盛花时绚丽景观的花卉运用形式，以突出色彩或华丽的纹样来表示装饰效果。

花坛用草花宜选择株形整齐、具有多花性、开花齐整而花期长、花色鲜明、能耐干燥、抗病虫害和矮生性的品种。常用的有金鱼草、雏菊、金盏菊、翠菊、鸡冠花、石竹、矮牵牛、一串红、万寿菊、三色堇、百日草等。

2. 花境

花境是根据自然风景中林缘野生花卉自然散布生长的规律，加以艺术提炼而用于园林中的花卉应用形式，是花卉配置由规则式向自然式的过渡。花境为一次设计种植，可多年使用，并能做到四季有景。此外，它还有分隔、围合空间和组织游览路线的功能。花境一般利用露地宿根花卉、球根花卉及一二年生花卉，栽植在树丛、绿篱、栏杆、绿地边缘、道路两旁及建筑物前，以带状自然式栽种，常作有变化的重复，其基本组成单元是高矮、花期不同的5～10种花卉。花境边缘可以是直线或曲线，依所处环境而定。花境依游人视线方向可设为单面观赏或两面观赏。单面观赏的花境通常以树丛、绿篱、墙垣或建筑物为背景，近游人的一侧植物低矮，逐远渐高，宽度约为3～4m；两侧植物渐低，宽度约为4～8m。花境植物材料通常选用露地宿根花卉、球根花卉及一二年生花卉，应以适应性强，耐粗放管理，可露地越冬的多年生花卉为宜。花卉配置时应体现出高低错落的自然景观，匍匐生长的在前，无限花序直立的在后。此外，还应考虑花期和花色两方面，以达到生长季节不断有花可赏，且每个季节有突出色调，构成不同的季相景观。镶边材料可选用草坪或其他低矮植物。

3. 花丛

花丛是用几株或几十株花卉组合成丛的自然式应用，以显示华丽色彩为主，极富自然之趣，管理比较粗放。花丛适宜布置在建筑物旁、路旁、林下、草地、岩缝和水边，特别适宜于自然式园林中应用。花丛多选用多年生，耐粗放管理的宿根或球根花卉，如蜀葵、芍药、鸢尾、萱草、菊花、百合、玉簪等。由于花丛体量较小，选材时应少而精，以一种或两种花卉为主体。同时，还应根据土壤条件和周边环境进行选材和配量。花丛要求自然式布置，栽种时各株间距不要相等，也不要成行成列地种植，避免形成直线。同时各种花卉要高低错落、疏密间致，富有层次变化，并注意游人前进的方向，各花丛应有变化，避免千篇一律。

4. 花带

花带是花卉呈带状的种植方式，其宽度一般为1m左右，长度为宽度的3倍以上。花带可设置在道路中央或两侧、水景岸边、建筑物的墙基或草地中，形成色彩绚丽、装饰性较强的连续景观。花带按栽种方式可分为规则式花带和自然花带；按植物材料可分为专类花带和混合花带。专类花带是由一种或一类观赏花木的不同品种组成的花带；如水仙花带、郁金香花带、鸢尾花带、百合花带、杜鹃花带等；混合花带是由几种或几类花卉组成的连续景观，该类花带设计时必须根据各种花卉的生物学特性进行选材，合理配置，以某种花卉为主调，其他花卉种类配合，并要求所选的花卉开花繁茂、花期一致。

5. 花台

又称高设花坛，是将花卉种植在高出地面的台座上面形成的花卉景观，一般面积较小，台座高度多在40～60cm。花台多用于广场、庭院、台阶旁、出入口两边及窗户下等处。花台按形式分为规则式和自然式两种，规则式花台有圆形、椭圆形、方形、梅花形、菱形等，多用于规则式园林中；自然式花台常用于中国传统的自然式园林中，形式较为灵活，常结合环境与地形布置。植物材料应根据花台形状、大小、及所在环境来选择。规则式花台多选用花色艳丽、株高整齐、花期一致的草本花卉，如鸡冠花、万寿菊、一串红、郁金香等，还可用麦冬类、南天竹、金叶女贞等作配植；自然式花台在植物种类选择上更为灵活，花灌木和宿根花卉最为常用，如芍药、玉簪、麦冬、牡丹、南天竹、迎春、竹类等，在配置上可以单种栽植如牡丹台等，也可以不同植物进行高低错落、疏密有致的搭配，不同植物种类混植时要考虑各种植物的生物学特性及生态要求。

6. 花卉立体应用

花卉立体应用是相对于常规平面应用而言的一种应用形式，主要是通过适当的载体和植物材料，结合环境色彩美学与立体造型艺术，通过合理搭配，将花卉的装饰功能从平面延伸到空间，从而达到较好的立面或三维立体的绿化装饰效果。根据景观特点及所使用的花卉材料不同，将花卉立体景观分为垂直绿化和花卉立体装饰两大类。垂直绿化是用各种攀援植物对建筑立面或局部环境、

篱垣、棚架、栏杆、灯柱及桥梁等进行竖向绿化，是增加城市绿量的一个重要方法。花卉立体装饰有立体花坛、花钵、悬挂花篮或花箱等形式，立体花坛、花钵广泛应用于广场、公园及街头等处，悬挂花箱、花篮、花槽多用于庭院、墙壁、门厅等处装饰，也可装饰护栏、栏杆等。花卉立体应用可以弥补地面空间不足，增加绿量，并能短时间内形成景观，符合现代化城市发展的要求，是值得推广的。

小　结

主要介绍了草本园林植物的分类，以及常见的一二年生花卉、宿根花卉、球根花卉、水生花卉、室内花卉、蕨类植物、多浆植物、观赏草、草坪草与地被植物的形态特征、观赏期、生态习性、繁殖要点、栽培管理技术及园林用途。

相关链接

1. 金波．花卉宝典［M］．北京：中国林业出版社，2005.
2. 彭东辉．园林景观花卉学［M］．北京：机械工业出版社，2007.
3. 中国花卉网 http://news.china-flower.com/
4. 花卉图片网 http://www.fpcn.net/
5. 花之苑 http://www.cnhua.net/
6. 中国数字植物标本馆 http://www.cvh.org.cn/

练习题

1. 一、二年生花卉的园林应用特点有哪些？
2. 举出当地春季、夏季、秋季开花的宿根花卉各5种。
3. 宿根花卉在园林应用中有哪些特点？
4. 球根花卉的主要类型及举例？
5. 水生花卉的主要类型？
6. 室内花卉应该具备哪些特性？
7. 列举当地常见室内花卉20种，并描述其主要特征。
8. 什么是多肉多浆植物？常见有哪些科？
9. 多肉植物常见繁殖方法有哪些？
10. 地被植物的特性？

主要参考文献

包满珠. 2001. 花卉栽培［M］. 北京：中国农业出版社.
北京林业大学园林系花卉教研室. 1990. 花卉学［M］. 北京：中国林业出版社.
曹春英. 2009. 花卉栽培［M］. 北京：中国农业出版社.
曹慧娟. 2005. 植物学［M］. 北京：中国林业出版社.
陈俊愉，程绪珂. 1990. 中国花经［M］. 上海：上海文化出版社.
陈其兵. 2007. 观赏竹配置与造景［M］. 北京：中国林业出版社.
陈松河. 2009. 观赏竹园林景观应用［M］. 北京：中国建筑工业出版社.
陈有民. 1990. 园林树木学［M］. 北京：中国林业出版社.
崔玲华. 2005. 植物学［M］. 北京：中国林业出版社.
邓莉兰. 2010. 风景园林树木学［M］. 北京：中国林业出版社.
付军. 2011. 城市立体绿化技术［M］. 北京：化学工业出版社.
高曾信. 1984. 植物学［M］. 北京：高等教育出版社.
关正君. 2006. 常见园林树木160种［M］. 沈阳：辽宁科学技术出版社.
贾东坡，齐伟. 2006. 园林植物［M］. 重庆：重庆大学出版社.
蒋永明，翁智林. 2002. 园林绿化树种手册［M］. 上海：上海科学技术出版社.
金波. 2005. 花卉宝典［M］. 北京：中国林业出版社.
李淑珍，关力. 2007. 植物学［M］. 北京：北京大学出版社.
李扬汉. 1984. 植物学［M］. 上海：上海科学技术出版社.
刘仁林. 2003. 园林植物学［M］. 北京：中国科学技术出版社.
刘燕. 2006. 园林花卉学［M］. 北京：中国林业出版社.
刘奕清，王大来. 2009. 观赏植物［M］. 北京：化学工业出版社.
龙雅宜. 2004. 园林植物栽培手册［M］. 北京：中国林业出版社.
楼炉焕. 2000. 观赏树木学［M］. 北京：中国林业出版社.
鲁涤非. 2004. 花卉学［M］. 北京：中国农业出版社.
陆时万，徐祥生，沈敏健，等. 1992. 植物学（上、下）［M］. 北京：高等教育出版社.
罗仲春，罗毅波. 2006. 城镇绿化树种引种指南［M］. 北京：中国林业出版社.
毛龙生. 2002. 观赏树木栽培大全［M］. 北京：中国林业出版社.
南京林业学校. 1993. 花卉学［M］. 北京：中国林业出版社.
南京林业学校. 1995. 园林树木学［M］. 北京：中国林业出版社.
潘文明. 2001. 观赏树木［M］. 北京：中国农业出版社.
彭东辉. 2007. 园林景观花卉学［M］. 北京：机械工业出版社.
祁承经，汤庚国. 2005. 树木学［M］（南方本）. 2版. 北京：中国林业出版社.
齐海鹰. 2008. 园林树木与花卉［M］. 北京：机械工业出版社.
强胜. 2006. 植物学［M］. 北京：高等教育出版社.
邱国金. 2006. 园林树木［M］. 北京：中国林业出版社.
史蒂夫·凯芬. 2010. 树百科［M］. 哈尔滨：黑龙江科学技术出版社.
孙居文. 2003. 园林树木学［M］. 上海：上海交通大学出版社.
王世动. 2008. 园林植物［M］. 北京：中国建筑工业出版社.
魏钰，张佐双，朱仁元. 2006. 花境设计与应用大全（下卷）［M］. 北京：北京出版社.
吴万春. 1991. 植物学［M］. 北京：高等教育出版社.
吴玉华. 2008. 园林树木［M］. 北京：中国农业大学出版社.
武菊英. 2007. 观赏草及其在园林景观中的应用［M］. 北京：中国园林出版社.

熊济华 . 1998. 观赏树木学［M］. 北京：中国林业出版社 .
徐汉卿 . 1994. 植物学［M］. 北京：北京农业大学出版社 .
徐晔春 . 2010. 观赏灌木［M］. 北京：中国电力出版社 .
杨先芬 . 1998. 花卉与花卉栽培［M］. 北京：中国农业出版社 .
英国皇家园艺学会编辑 . 2003. 多年生园林花卉［M］. 印丽萍，肖良英，译 . 北京：中国农业出版社 .
俞仲辂 . 2005. 新优园林植物选编［M］. 杭州：浙江科学技术出版社 .
臧德奎 . 2008. 园林植物造景［M］. 北京：中国林业出版社 .
张树宝 . 2006. 花卉生产技术［M］. 重庆：重庆大学出版社 .
张天麟 . 2010. 园林树木 1600 种［M］. 北京：中国建筑工业出版社 .
章守玉 . 1980. 花卉园艺［M］. 沈阳：辽宁科学技术出版社 .
赵九州 . 2006. 园林树木［M］. 重庆：重庆大学出版社 .
浙江植物志编辑委员会 . 1993. 浙江植物志（2 ~ 8 卷）［M］. 杭州：浙江科学技术出版社 .
郑莉兰 . 2009. 园林植物识别与应用实习教程［M］. 北京：中国林业出版社 .
郑万钧 . 2003. 中国树木志 1 ~ 4 卷［M］. 北京：中国林业出版社 .
中国科学院华南植物园 . 2005. 广东植物志（第六卷）［M］. 广州：广东科技出版社 .
中国科学院植物研究所 . 1972 ~ 1976. 中国高等植物图鉴（1 ~ 5）［M］. 北京：科学出版社 .
卓丽环 . 2006. 园林树木［M］. 北京：高等教育出版社 .
［德］卡尔・路德维格 . 2004. 攀援植物（引进版）［M］. 付天海译 . 沈阳：辽宁科学技术出版社 .
［美］兰西 J・奥德诺 . 2003. 观赏草及其景观配置［M］. 北京：中国林业出版社 .